MARZIA RE FRASCHINI - GABRIELLA GRAZZI

# FORMULE e figure

## 2

### Algebra
### Geometria
### Dati e previsioni

Questo volume è disponibile anche in versione digitale.
Per scaricarla:
1. prendi nota del codice stampato sul bollino, presente in questa pagina solo sulle copie destinate alla vendita;
2. segui le istruzioni sul sito della Casa Editrice **www.edatlas.it**

ISBN 978-88-268-1810-8

Edizione
                      6    7    8    9   10
                              2019

La casa editrice ATLAS opera con il Sistema Qualità conforme alla nuova norma UNI EN ISO 9001: 2008 certificato da CISQ CERTICARGRAF.

*Direzione Editoriale*: Progetti di Editoria s.r.l.
*Redazione*: Domenico Gesmundo, Mario Scalvini
*Coordinamento edizione digitale*: Roberto Rustico
*Progetto grafico*: Ufficio Tecnico Atlas
*Fotocomposizione, impaginazione e disegni*: GIERRE, Bergamo
*Copertina*: Vavassori & Vavassori
*Stampa*: L.E.G.O. S.p.A. - Vicenza

Con la collaborazione della Redazione e dei Consulenti dell'I.I.E.A.
Il presente volume è conforme alle nuove Indicazioni Nazionali e alle nuove disposizioni ministeriali in merito alle caratteristiche tecniche e tecnologiche dei libri di testo.

Si ringraziano le prof.sse Carla Melzani e Lorella Branduardi per la collaborazione editoriale. In particolare si ringraziano le prof.sse Francesca Maggioni e Sonia Trezzi per la realizzazione dei video in funzione di ripasso, verifica e recupero, e la prof.ssa Elena Refraschini per le traduzioni e la redazione dei testi in inglese.

Il coupon riprodotto nelle copie destinate alla vendita può essere associato ad un solo account per scaricare la versione digitale del libro.
L'accesso a tutti i contenuti digitali è riservato all'utente registrato, che ha accettato le relative condizioni generali di licenza d'uso riportate sul sito della Casa Editrice. Tale licenza non è trasferibile a terzi.

Per eventuali e comunque non volute omissioni o per gli aventi diritto tutelati dalla legge, l'Editore dichiara la propria disponibilità.

Ogni riproduzione del presente volume è vietata.

Le fotocopie per uso personale del lettore possono essere effettuate nei limiti del 15% di ciascun volume/fascicolo di periodico dietro pagamento alla SIAE del compenso previsto dall'art. 68, commi 4 e 5, della legge 22 aprile 1941 n. 633.

Le fotocopie effettuate per finalità di carattere professionale, economico o commerciale o comunque per uso diverso da quello personale possono essere effettuate a seguito di specifica autorizzazione rilasciata da **CLEARedi**, Centro Licenze e Autorizzazioni per le Riproduzioni Editoriali, Corso di Porta Romana 108, 20122 Milano, e-mail autorizzazioni@clearedi.org e sito web www.clearedi.org.

© 2014 by ISTITUTO ITALIANO EDIZIONI ATLAS
24123 Bergamo - Via Crescenzi, 88 - Tel. (035) 249711 - Fax (035) 216047
www.edatlas.it

# PREFAZIONE

## Un'opera mista e digitale per una nuova didattica della matematica

Una scuola superiore attenta alle esigenze di un mondo sempre più globale ha obiettivi e finalità che vanno al di là del puro sapere disciplinare; in particolare, la competenza matematica comporta (Asse matematico dei saperi):

*la capacità e la disponibilità ad usare modelli matematici di pensiero (dialettico ed algoritmico) e di rappresentazione grafica e simbolica (formule, costrutti, grafici), la capacità di comprendere ed esprimere adeguatamente informazioni qualitative e quantitative, di esplorare situazioni problematiche, di porsi e risolvere problemi, di progettare e costruire modelli di situazioni reali.*

Si vengono in questo modo ad individuare alcune competenze chiave da acquisire al termine del corso di studi obbligatorio che possiamo così sintetizzare:

- imparare ad imparare
- progettare
- comunicare
- collaborare e partecipare
- agire in modo autonomo e responsabile
- risolvere problemi
- individuare collegamenti e relazioni
- acquisire ed interpretare informazioni.

Scopo di questo testo è aiutare lo studente ad approfondire i procedimenti caratteristici del pensiero matematico (definizioni, dimostrazioni, generalizzazioni, formalizzazioni), a conoscere le metodologie di base per la costruzione di un modello appropriato di un insieme di fenomeni, a saper applicare quanto appreso per la risoluzione di problemi, anche utilizzando strumenti informatici opportuni.

## Impostazione dell'opera

Il corso **Formule e figure** si compone di due volumi, uno per ciascun anno di corso del primo biennio.
Nella versione a stampa, oltre alla trattazione teorica caratterizzata da rigore e chiarezza espositiva, da numerosi esempi e da un vasto repertorio di esercizi, sono in particolare presenti:

- esercizi per lo sviluppo delle **competenze**
- **test** di autovalutazione per la preparazione alle verifiche
- materiali per il **CLIL**, con schede in lingua inglese del tema trattato nel capitolo, con utili **file audio** per la corretta lettura, completate da esercizi
- temi connessi con le **Scienze** e con l'**Arte**, comprensivi di esercizi
- temi connessi con la **vita quotidiana**, comprensivi di esercizi
- esercizi dalle **Gare di Matematica** di diverse competizioni.

È inoltre presente un capitolo relativo alle frazione algebriche, che anticipa in parte i contenuti del secondo biennio, allo scopo di facilitare alcune applicazioni.

## Versione digitale eBook+ per computer, tablet e LIM con contenuti digitali integrativi ed espansioni multimediali

Di ciascun volume a stampa è anche disponibile la versione digitale; entrambe le versioni sono poi corredate da una serie di materiali online a cui è possibile accedere direttamente dal sito della Casa Editrice o direttamente con link dalla versione digitale. In particolare, dalla versione digitale eBook+ è possibile accedere direttamente a:

esempi svolti aggiuntivi e di completamento

 rimando agli esercizi del paragrafo

 approfondimenti relativi al tema trattato

 animazione delle figure per una migliore comprensione del significato

 video con richiami di teoria e svolgimento di esercizi utili anche per un eventuale recupero

 concetti chiave e regole: scheda riassuntiva del capitolo

 laboratorio di informatica con GeoGebra, Cabrì, Derive, Excel

 schede con richiami storici al tema oggetto del capitolo e/o curiosità

 un pacchetto consistente di ulteriori esercizi, utili per il consolidamento delle conoscenze e lo sviluppo delle abilità e la valorizzazione delle eccellenze

 altri temi di Scienze, Arte, vita quotidiana, ulteriori esercizi dalle Gare, ulteriori esercizi in lingua inglese

 verifiche interattive composte da una serie di esercizi con risposte a scelta multipla comprensiva di valutazione finale.

## Contenuti digitali integrativi disponibili sul sito della Casa Editrice

In piena aderenza con le nuove disposizioni ministeriali, sul sito www.edatlas.it sono presenti molti contenuti digitali integrativi dei volumi a stampa. In particolare per ogni capitolo sono presenti:

 schede di approfondimento

 concetti chiave e regole: scheda riassuntiva del capitolo

 diapositive in PowerPoint utili per il ripasso e il recupero dei concetti fondamentali

 computer e software.

## Materiali per il Docente

L'opera si completa con il materiale utile al Docente per la programmazione didattica, la preparazione delle verifiche scritte e dei test ed il ripasso; sono disponibili:
- la guida didattica a stampa e in formato digitale
- un eserciziario digitale su chiavetta USB per la composizione automatica delle verifiche.

LE AUTRICI

# INDICE GENERALE

## 1 I sistemi lineari

1. Sistemi e principi di equivalenza   8
   1.1 Il sistema
       e le sue caratteristiche   8
   1.2 I principi di equivalenza   9
2. La risoluzione dei sistemi lineari   11
   2.1 Considerazioni iniziali   11
   2.2 Il metodo di sostituzione   12
   2.3 Il metodo di riduzione   13
   2.4 Il metodo del confronto   15
   2.5 Sintesi dei vari metodi   16
3. Matrici, determinanti
   e metodo di Cramer   17
4. I sistemi lineari
   con più di due equazioni   20
5. Problemi che si risolvono
   con i sistemi   22

**Systems of linear equations**
**BASIC CONCEPTS**   25

**ESERCIZI**   175

Esercizi per lo
sviluppo delle competenze   199

**Test Finale**   200

Matematica&Scienze   202

**Matematica della vita quotidiana**   203

Gare di matematica   204

Math in English   204

■ *Approfondimenti:*
  • Relazioni tra coefficienti e soluzioni
  • Il metodo di Cramer per i sistemi
    con tre incognite
■ *Concetti chiave*
■ *Presentazione in PowerPoint*

## 2 I radicali

1. Potenze e radici   29
   1.1 Dal numero alla potenza
       e viceversa   29
   1.2 I radicali in $R_0^+$   30
2. La semplificazione di un radicale   31
   2.1 La proprietà invariantiva   31
   2.2 La semplificazione   32
   2.3 La semplificazione
       e il valore assoluto   33
3. I radicali quadratici
   e le operazioni fondamentali   35
   3.1 La moltiplicazione, la divisione
       e la potenza   35
   3.2 Il trasporto dentro e fuori
       il simbolo di radice   36
   3.3 Addizione e sottrazione   40
4. I radicali cubici   42
5. Estensione ai radicali di indice $n$
   qualsiasi   44
   5.1 Le operazioni fondamentali   44
   5.2 La radice di un radicale   47
6. I radicali quadratici doppi   48
7. La razionalizzazione   49
8. Potenze ad esponente razionale   53
9. Le equazioni della forma $x^n = k$   55

**Radicals**
**BASIC CONCEPTS**   58

**ESERCIZI**   205

Esercizi per lo
sviluppo delle competenze   240

**Test Finale**   242

Matematica&Scienze   244

**Matematica della vita quotidiana**   245

Gare di matematica   246

Math in English   246

■ *Concetti chiave*
■ *Presentazione in PowerPoint*

## 3 Il piano cartesiano e la retta

1. Il sistema di riferimento sulla retta   61
2. Il piano cartesiano   63
   2.1 Il sistema di coordinate   63
   2.2 I segmenti nel piano   65
3. Isometrie evidenti nel piano
   cartesiano   67
4. La retta e la sua equazione   70
   4.1 L'equazione di una retta   70
   4.2 Il grafico di una retta   74
   4.3 Il coefficiente angolare   75
5. Condizioni per determinare
   l'equazione di una retta   78
6. Rette parallele
   e rette perpendicolari   80
7. Rette e sistemi lineari   83
8. La distanza di un punto
   da una retta   85
9. Problemi sulla retta   87
10. Grafici di particolari funzioni
    lineari   89
11. I fasci di rette   90

**Straight lines**
**BASIC CONCEPTS**   93

**ESERCIZI**   247

Esercizi per lo
sviluppo delle competenze   283

**Test Finale**   285

Matematica&Scienze   287

**Matematica della vita quotidiana**   288

Gare di matematica   289

Math in English   289

■ *Approfondimenti:*
  • L'interpretazione grafica
    di una disequazione lineare
  • Problemi di scelta
■ *Concetti chiave*
■ *Presentazione in PowerPoint*

Indice 5

## 4 La probabilità

1. Il concetto di probabilità  98
   1.1 Esperimenti aleatori  98
   1.2 La definizione classica  100
2. Probabilità contraria e totale  102
3. Le altre definizioni di probabilità  105

**Probability**
BASIC CONCEPTS  110

**ESERCIZI**  290

Esercizi per lo sviluppo delle competenze  302

Test Finale  304

Matematica&Scienze  306

Matematica della vita quotidiana  307

Gare di matematica  308

Math in English  308

- Concetti chiave
- Presentazione in PowerPoint

## 5 L'equivalenza dei poligoni

1. Il concetto di equivalenza  113
   1.1 Estensione e area  113
   1.2 Figure equicomposte  115
2. I criteri di equivalenza per i poligoni  115
3. I teoremi di Pitagora e di Euclide  117

**Equivalent polygons**
BASIC CONCEPTS  121

**ESERCIZI**  309

Esercizi per lo sviluppo delle competenze  317

Test Finale  319

Matematica&Scienze  321

Matematica della vita quotidiana  322

Gare di matematica  323

Math in English  323

- Concetti chiave
- Presentazione in PowerPoint

## 6 Grandezze, misura, proporzionalità e aree

1. Il problema di misurare  123
   1.1 Le grandezze omogenee e la misura  123
   1.2 Rapporti e proporzioni  125
2. Grandezze proporzionali  126
   2.1 La proporzionalità diretta e inversa  126
   2.2 Le funzioni di proporzionalità e i loro grafici  129
   2.3 La proporzionalità quadratica  131
3. Il teorema di Talete  133
4. Le aree dei poligoni  134

**Proportionality and area**
BASIC CONCEPTS  139

**ESERCIZI**  324

Esercizi per lo sviluppo delle competenze  337

Test Finale  339

Matematica&Scienze  341

Matematica della vita quotidiana  342

Gare di matematica  343

Math in English  343

- Concetti chiave
- Presentazione in PowerPoint

## 7 Omotetie e similitudini

1. L'omotetia e le sue proprietà — 142
2. La similitudine — 145
3. I criteri di similitudine — 147
   - 3.1 I criteri di similitudine dei triangoli — 147
   - 3.2 Le proprietà dei triangoli simili — 149
   - 3.3 I criteri di similitudine dei poligoni — 150

**Homothety and similarity**
**BASIC CONCEPTS** — 152

**ESERCIZI** — 344

Esercizi per lo sviluppo delle competenze — 354

Test Finale — 356

Matematica Scienze&Arte — 358

Matematica della vita quotidiana — 359

Gare di matematica — 360

Math in English — 360

- Concetti chiave
- Presentazione in PowerPoint

## 8 Le frazioni algebriche, equazioni e disequazioni

1. Le frazioni algebriche e la semplificazione — 155
   - 1.1 Frazioni algebriche e dominio — 155
   - 1.2 La semplificazione — 156
2. Le operazioni con le frazioni algebriche — 158
   - 2.1 Addizione e sottrazione — 158
   - 2.2 Moltiplicazione e divisione — 160
   - 2.3 Espressioni con le frazioni algebriche — 161
3. Le equazioni frazionarie — 163
4. I sistemi frazionari e letterali — 165
   - 4.1 I sistemi frazionali — 165
   - 4.2 I sistemi letterali — 167
5. Le disequazioni frazionarie — 168

**Algebraic fractions, equations and inequalities**
**BASIC CONCEPTS** — 172

**ESERCIZI** — 361

Esercizi per lo sviluppo delle competenze — 390

Test Finale — 392

Matematica della vita quotidiana — 394

Gare di matematica — 395

Math in English — 395

- Concetti chiave
- Presentazione in PowerPoint

## Modelli e algoritmi

1. Dal problema al modello — 1
2. Il concetto di algoritmo — 3
3. La progettazione e la rappresentazione degli algoritmi — 6
   - 3.1 Il risolutore e l'esecutore — 6
   - 3.2 La rappresentazione degli algoritmi e la pseudocodifica — 7
   - *Approfondimenti*
     *Il diagramma di flusso* — 11
4. Le strutture di controllo — 12
   - 4.1 La sequenza — 13
   - 4.2 La selezione binaria — 13
   - *Approfondimenti*
     *La selezione multipla* — 15
   - 4.3 L'iterazione — 17
   - *Approfondimenti*
     *Le condizioni composte* — 23
5. Funzioni calcolabili — 24

**I CONCETTI CHIAVE** — 27

**ESERCIZI** — 28

Test Finale — 43

Indice 7

# CAPITOLO 1

# I sistemi lineari

**OBIETTIVI**
- comprendere il significato di sistema
- risolvere sistemi lineari
- risolvere problemi mediante l'utilizzo di sistemi lineari

## 1 SISTEMI E PRINCIPI DI EQUIVALENZA

### 1.1 Il sistema e le sue caratteristiche

Un'equazione del tipo
$$3x - y = 6$$
ha come soluzioni tutte le coppie $(x, y)$ che la soddisfano. Per esempio sono soluzioni le seguenti coppie:

- $(0, -6)$      infatti     $3 \cdot 0 - (-6) = 6$
- $(1, -3)$      infatti     $3 \cdot 1 - (-3) = 6$
- $(-2, -12)$      infatti     $3 \cdot (-2) - (-12) = 6$

Non è difficile intuire che le coppie soluzione sono infinite; se infatti riscriviamo l'equazione nella forma $y = 3x - 6$, basta assegnare a $x$ un valore reale qualsiasi e a $y$ il triplo di questo valore diminuito di 6 per avere una coppia soluzione.

> *Le equazioni in più incognite, avendo infinite soluzioni, sono sempre indeterminate.*

Se però consideriamo anche l'equazione
$$x - y + 2 = 0$$
fra le infinite soluzioni della prima e le infinite soluzioni di quest'ultima, può darsi che ce ne sia qualcuna in comune.
In effetti, la coppia $(4, 6)$ le soddisfa entrambe:

**I equazione:**    $3x - y = 6$    $\to$    $3 \cdot 4 - 6 = 6$    $\to$    $6 = 6$

**II equazione:**    $x - y + 2 = 0$    $\to$    $4 - 6 + 2 = 0$    $\to$    $0 = 0$

> Per indicare che di due o più equazioni nelle stesse incognite si vogliono trovare le soluzioni comuni si è soliti scrivere tali equazioni all'interno di una parentesi graffa aperta e di esse si dice che formano un **sistema**.
> L'**insieme delle soluzioni** di un sistema di equazioni è rappresentato dall'intersezione degli insiemi soluzione di ciascuna equazione.

Riferendoci al precedente esempio, il sistema delle due equazioni si rappresenta così:

$$\begin{cases} 3x - y = 6 \\ x - y + 2 = 0 \end{cases}$$

e una soluzione è data dalla coppia ordinata (4, 6).

## Il grado di un sistema

> **Grado** di un sistema è il prodotto dei gradi delle singole equazioni.

Per esempio:

- il sistema $\begin{cases} x^2 + 3x - 4y^2 = 2 \\ x^2y - 4y = 0 \end{cases}$

  è di grado 6 perché la prima equazione ha grado 2 e la seconda ha grado 3

- il sistema $\begin{cases} x - 2y = 3 \\ 3x - y + 1 = 0 \end{cases}$

  è di grado 1 perché entrambe le equazioni sono di primo grado.

*Un sistema di primo grado ha tutte le equazioni che sono di grado 1.*

## Sistemi determinati, indeterminati, impossibili

Ci sono sistemi che hanno un numero limitato di soluzioni; un esempio è il sistema presentato ad inizio paragrafo che, come avremo modo di vedere meglio più avanti, è verificato solo dalla coppia (4, 6).

Un sistema come il seguente $\begin{cases} x - 3y = 1 \\ x - 3y = 4 \end{cases}$

non ha invece nessuna soluzione perché se $x - 3y$ deve essere uguale a 1, non è possibile che sia contemporaneamente uguale a 4.

Il sistema $\begin{cases} 2x + 5y = 3 \\ 4x + 10y - 6 = 0 \end{cases}$

ha invece infinite soluzioni perché le due equazioni sono uguali (se semplifichi la seconda equazione ottieni la prima), quindi tutte le infinite coppie che soddisfano la prima, soddisfano anche la seconda.

Diciamo che un sistema è:

- **determinato** se ha un numero finito di soluzioni
- **indeterminato** se ha infinite soluzioni, cioè tutte le soluzioni di un'equazione sono soluzioni anche delle altre
- **impossibile** se non ha soluzioni.

## 1.2 I principi di equivalenza

Diciamo che:

> due sistemi sono **equivalenti** se hanno le stesse soluzioni.

**Cap. 1:** *I sistemi lineari*

Per risolvere un sistema si cerca di passare ad un altro ad esso equivalente ma di forma più semplice e per fare ciò ci vengono in aiuto due principi di equivalenza che illustriamo dapprima su alcuni esempi. La loro validità è comunque generale e riguarda sistemi di qualunque tipo, con un numero qualunque di equazioni e di incognite, di qualsiasi grado esso sia.

Consideriamo il sistema $\begin{cases} x + y = 1 \\ 2x + 3y - 5 = 0 \end{cases}$

e ricaviamo l'espressione dell'incognita $y$ dalla prima equazione: $y = 1 - x$

Questa scrittura significa che, al variare di $x$ in $R$, il valore di $y$ è $1 - x$; ma la soluzione di un sistema è la coppia $(x, y)$ che soddisfa entrambe le equazioni, quindi $1 - x$ deve anche essere il valore di $y$ della seconda equazione. Possiamo allora sostituire questa espressione al posto di $y$ ottenendo:

$$2x + 3(1 - x) - 5 = 0$$

Il sistema che si ottiene dalla prima equazione riscritta nella forma $y = 1 - x$ e dalla seconda dopo la sostituzione è:

$$\begin{cases} y = 1 - x \\ 2x + 3(1 - x) - 5 = 0 \end{cases}$$

e, per il ragionamento che abbiamo fatto, possiamo dire che questo sistema è equivalente a quello dato.
Questo metodo per ottenere un sistema equivalente è riassunto nel seguente primo principio di equivalenza.

**Principio di sostituzione.** Se in un sistema si sostituisce ad una incognita la sua espressione ricavata da un'altra equazione, si ottiene un sistema equivalente a quello dato.

$\begin{cases} y = \boxed{A} \\ y + x = 1 \end{cases}$

$\begin{cases} y = \boxed{A} \\ \boxed{A} + x = 1 \end{cases}$

Consideriamo adesso il sistema $\begin{cases} 2x + 3y - 1 = 0 \\ -x + 5y + 3 = 0 \end{cases}$

Se sommiamo membro a membro le due equazioni otteniamo:

$$(2x + 3y - 1) + (-x + 5y + 3) = 0$$

Associamo adesso all'equazione ottenuta una qualunque delle due del sistema, per esempio la prima:

$$\begin{cases} (2x + 3y - 1) + (-x + 5y + 3) = 0 \\ 2x + 3y - 1 = 0 \end{cases}$$

Quello che abbiamo ottenuto è un altro sistema, diverso dal precedente, che però ha le stesse soluzioni.
Infatti la coppia $(x, y)$ che soddisfa il primo sistema, deve soddisfare entrambe le equazioni e quindi anche la loro somma; essa è dunque una soluzione anche del secondo sistema.
Viceversa, la soluzione del secondo sistema deve rendere nullo il primo membro della seconda equazione (cioè $2x + 3y - 1$); quindi, per soddisfare anche la prima equazione, deve rendere nulla l'espressione $-x + 5y + 3$; essa è quindi anche soluzione del primo sistema.

Questo metodo per ottenere un sistema equivalente è riassunto nel seguente secondo principio di equivalenza.

Cap. 1: *I sistemi lineari*

**Principio di riduzione.** Se in un sistema si sommano membro a membro le sue equazioni (alcune o tutte) e si sostituisce ad una di esse l'equazione ottenuta, si ottiene un sistema equivalente a quello dato.

$$\begin{cases} A = 0 \\ + \quad + \\ B = 0 \end{cases} \rightarrow A + B = 0$$

$$\begin{cases} A + B = 0 \\ A = 0 \end{cases} \lor \begin{cases} A + B = 0 \\ B = 0 \end{cases}$$

Questo principio vale anche se si sottraggono membro a membro le due equazioni; infatti questo equivale a cambiare i segni di una delle due equazioni e poi a sommare.

**ESERCIZI E PROBLEMI**        **pag. 175**

# 2 LA RISOLUZIONE DEI SISTEMI LINEARI

## 2.1 Considerazioni iniziali

In questo capitolo ci occuperemo solamente dei **sistemi di primo grado** che si dicono anche **lineari**; per quanto detto a proposito del grado di un sistema, tutte le equazioni di un sistema lineare sono dunque di primo grado.
In particolare, affrontiamo in questo paragrafo la risoluzione dei sistemi **di due equazioni in due incognite**.
La forma tipica di questi sistemi, che si dice **forma normale**, è la seguente:

$$\begin{cases} ax + by = c \\ dx + ey = f \end{cases}$$

con $a, b, c, d, e, f \in R$ e non tutti contemporaneamente nulli.

Ci sono diversi modi per risolvere un sistema lineare, ma tutti si basano sull'applicazione dei due principi di sostituzione e di riduzione.
Prima di studiare uno alla volta questi metodi, è necessario fare qualche precisazione.

 Nella scrittura di un sistema, l'ordine con cui vengono presentate le equazioni non ha importanza, vale a dire che

$$\begin{cases} x - 3y + 1 = 0 \\ 2x + 4y - 3 = 0 \end{cases} \text{è la stessa cosa di} \begin{cases} 2x + 4y - 3 = 0 \\ x - 3y + 1 = 0 \end{cases}$$

• La soluzione di un sistema di due equazioni di incognite $x$ e $y$ è l'insieme delle coppie ordinate $(x, y)$ che soddisfano entrambe le equazioni.
Se il sistema è determinato, l'insieme delle soluzioni è costituito da una sola coppia di numeri e possiamo ritenere di aver risolto il sistema se riusciamo a scriverlo nella forma

$$\begin{cases} x = k \\ y = h \end{cases}$$

In questo caso diciamo che la coppia ordinata $(k, h)$ è la soluzione.

Per rappresentare l'insieme $S$ delle soluzioni, analogamente a quanto fatto per le equazioni, useremo una notazione di tipo insiemistico scrivendo

$$S = \{(k, h)\}$$

**LA FORMA NORMALE**

$$\begin{cases} x + 2y = 4 \\ 3x - y = 5 \end{cases}$$

è in forma normale
Le equazioni possono anche essere scritte in ordine inverso:

$$\begin{cases} 3x - y = 5 \\ x + 2y = 4 \end{cases}$$

Attenzione all'ordine con cui vengono scritti gli elementi della coppia soluzione: prima si indica l'elemento $x$ e poi l'elemento $y$.

$$\begin{cases} x = 3 \\ y = 2 \end{cases} \rightarrow S = \{(3, 2)\}$$

**È sbagliato** scrivere

$$S = \{(2, 3)\}$$

Cap. 1: *I sistemi lineari*    **11**

Scriveremo invece $S = \emptyset$ se il sistema è impossibile e indicheremo per esteso quando il sistema è indeterminato.

## 2.2 Il metodo di sostituzione

Questo metodo è conseguenza diretta dell'applicazione del primo principio; vediamo come si deve procedere usando come esempio il sistema

$$\begin{cases} 2x - 3y = 1 \\ x - 4y - 2 = 0 \end{cases}$$

**Passo 1** Ricaviamo l'espressione di $x$ oppure di $y$ da una delle due equazioni.
In questo caso conviene ricavare $x$ dalla seconda equazione perché questa variabile ha coefficiente 1 e quindi la sua espressione non avrà coefficienti frazionari:

$$\begin{cases} 2x - 3y = 1 \\ x = 4y + 2 \end{cases}$$

**Passo 2** Applichiamo il principio di sostituzione:

$$\begin{cases} 2(4y + 2) - 3y = 1 \\ x = \boxed{4y + 2} \end{cases}$$

Il vantaggio che deriva dall'applicazione di questo principio è evidente perché la prima equazione contiene adesso la sola incognita $y$ e può essere risolta rispetto a questa variabile.

**Passo 3** Svolgiamo i calcoli e risolviamo l'equazione in $y$:

$$\begin{cases} 8y + 4 - 3y = 1 \\ x = 4y + 2 \end{cases} \rightarrow \begin{cases} 5y = -3 \\ x = 4y + 2 \end{cases} \rightarrow \begin{cases} y = -\dfrac{3}{5} \\ x = 4y + 2 \end{cases}$$

**Passo 4** Applichiamo ancora il principio di sostituzione:

$$\begin{cases} y = \boxed{-\dfrac{3}{5}} \\ x = 4\left(-\dfrac{3}{5}\right) + 2 \end{cases} \rightarrow \begin{cases} y = -\dfrac{3}{5} \\ x = -\dfrac{2}{5} \end{cases}$$

Abbiamo così trovato la soluzione del sistema: $S = \left\{ \left( -\dfrac{2}{5}, -\dfrac{3}{5} \right) \right\}$.

## ESEMPI

1. $\begin{cases} \dfrac{x + y}{2} = 3 - \dfrac{1}{4}x \\ 2x - y = 1 \end{cases}$

Liberiamo innanzi tutto la prima equazione dai denominatori e scriviamo il sistema in forma normale:

$$\begin{cases} \dfrac{2x + 2y}{\cancel{4}} = \dfrac{12 - x}{\cancel{4}} \\ 2x - y = 1 \end{cases} \rightarrow \begin{cases} 3x + 2y = 12 \\ 2x - y = 1 \end{cases}$$

Cap. 1: *I sistemi lineari*

Ricaviamo l'espressione di y dalla seconda equazione e sostituiamola nella prima:

$$\begin{cases} 3x + 2y = 12 \\ y = \boxed{2x - 1} \end{cases} \rightarrow \begin{cases} 3x + 2(2x - 1) = 12 \\ y = 2x - 1 \end{cases} \rightarrow$$

$$\rightarrow \begin{cases} 3x + 4x - 2 = 12 \\ y = 2x - 1 \end{cases} \rightarrow \begin{cases} 7x = 14 \\ y = 2x - 1 \end{cases} \rightarrow$$

$$\rightarrow \begin{cases} \boxed{x} = 2 \\ y = 2x - 1 \end{cases} \rightarrow \begin{cases} x = 2 \\ y = 3 \end{cases} \rightarrow S = \{(2, 3)\}.$$

*ulteriori esempi*

## 2.3 Il metodo di riduzione

Il metodo consiste nel sommare (o sottrarre) opportunamente le due equazioni, applicando il principio di riduzione, in modo da eliminare una delle variabili da ciascuna equazione.
Vediamo anche in questo caso come si deve procedere su un esempio:

$$\begin{cases} 2x + y - 4 = 0 \\ -2x + 5y - 6 = 0 \end{cases}$$

**Passo 1** Eliminiamo la variabile x sommando membro a membro le due equazioni:

$(2x + y - 4) + (-2x + 5y - 6) = 0 \quad \rightarrow \quad 6y - 10 = 0 \quad \rightarrow \quad 3y - 5 = 0 \quad \rightarrow \quad y = \dfrac{5}{3}$

**Passo 2** Riprendiamo il sistema iniziale ed eliminiamo la variabile y; dobbiamo prima moltiplicare per $-5$ la prima equazione in modo che i coefficienti delle y siano opposti:

$$\begin{cases} -10x - 5y + 20 = 0 \\ -2x + 5y - 6 = 0 \end{cases}$$

Sommiamo membro a membro:

$(-10x - 5y + 20) + (-2x + 5y - 6) = 0 \quad \rightarrow \quad -12x + 14 = 0 \quad \rightarrow \quad 6x - 7 = 0 \quad \rightarrow \quad x = \dfrac{7}{6}$

**Passo 3** Il sistema delle due equazioni ottenute è dunque: $\begin{cases} y = \dfrac{5}{3} \\ x = \dfrac{7}{6} \end{cases}$

La soluzione è quindi la coppia $\left(\dfrac{7}{6}, \dfrac{5}{3}\right)$.

Spesso, dopo aver applicato il principio di riduzione per eliminare una delle due variabili, per completare la risoluzione del sistema è più comodo procedere per sostituzione; per esempio, riprendendo il precedente sistema, possiamo procedere così:

**RIDUZIONE E SOSTITUZIONE**

**Passo 1** Eliminiamo la variabile x come nel caso precedente ottenendo l'equazione $3y - 5 = 0$ dalla quale si ricava che $y = \dfrac{5}{3}$

Cap. 1: *I sistemi lineari* **13**

**Passo 2** Associamo all'equazione trovata una delle due del sistema (di solito si sceglie la più semplice), per esempio la prima:

$$\begin{cases} y = \dfrac{5}{3} \\ 2x + y - 4 = 0 \end{cases}$$

**Passo 3** Sostituiamo il valore di $y$ nella seconda equazione e risolviamo:

$$\begin{cases} y = \dfrac{5}{3} \\ 2x + \dfrac{5}{3} - 4 = 0 \end{cases} \rightarrow \begin{cases} y = \dfrac{5}{3} \\ 2x = \dfrac{7}{3} \end{cases} \rightarrow \begin{cases} y = \dfrac{5}{3} \\ x = \dfrac{7}{6} \end{cases}$$

## ESEMPI

**1.** Risolviamo il sistema: $\begin{cases} x + 5y = 7 \\ 3x - y = 5 \end{cases}$

Per eliminare la variabile $x$ dobbiamo moltiplicare la prima equazione per $-3$ e poi sommare membro a membro:

$$\begin{cases} -3x - 15y = -21 \\ 3x - y = 5 \end{cases}$$

otteniamo l'equazione: $-3x - 15y + 3x - y = -21 + 5 \rightarrow 16y = 16 \rightarrow y = 1$

Associamo l'equazione ottenuta a una del sistema, per esempio alla prima:

$$\begin{cases} y = 1 \\ x + 5y = 7 \end{cases}$$

Continuiamo con il metodo di sostituzione:

$$\begin{cases} y = 1 \\ x + 5 \cdot 1 = 7 \end{cases} \rightarrow \begin{cases} y = 1 \\ x = 7 - 5 \end{cases} \rightarrow \begin{cases} y = 1 \\ x = 2 \end{cases}$$

L'insieme delle soluzioni è: $S = \{(2, 1)\}$.

*ulteriori esempi*

## ATTENZIONE AGLI ERRORI

Quando applichi il metodo di riduzione **sottraendo** membro a membro le due equazioni devi stare attento ai segni; nel sistema

$$\begin{cases} 3x + 2y = 5 \\ 3x - y = -1 \end{cases}$$

- è sbagliato scrivere così $\begin{cases} (3x - 3x) + (2y - y) = 5 - 1 \\ 3x - y = -1 \end{cases}$

- è corretto scrivere così $\begin{cases} (3x - 3x) + (2y + y) = 5 + 1 \\ 3x - y = -1 \end{cases}$

Per evitare errori, è consigliabile prima cambiare segno ai termini dell'equazione che si deve sottrarre e poi sommare termine a termine.

## 2.4 Il metodo del confronto

Questo metodo è un'applicazione del principio di sostituzione e consiste nel ricavare l'espressione algebrica della stessa variabile da entrambe le equazioni e nel confrontare, cioè uguagliare, le due espressioni ottenute. Vediamo come procedere attraverso il sistema:

$$\begin{cases} x + y - 2 = 0 \\ x - y + 1 = 0 \end{cases}$$

**Passo 1** Ricaviamo l'espressione della stessa variabile, sia la $x$ che la $y$, da entrambe le equazioni:

- ricavando $x$: $\begin{cases} x = 2 - y \\ x = y - 1 \end{cases}$
- ricavando $y$: $\begin{cases} y = 2 - x \\ y = x + 1 \end{cases}$

**Passo 2** Confrontiamo le due espressioni di $x$ e le due espressioni di $y$:

$$2 - y = y - 1 \qquad\qquad 2 - x = x + 1$$

Abbiamo così ottenuto due equazioni in una sola incognita.

**Passo 3** Scriviamo il sistema di queste equazioni e risolviamo:

$$\begin{cases} 2 - y = y - 1 \\ 2 - x = x + 1 \end{cases} \rightarrow \begin{cases} y = \dfrac{3}{2} \\ x = \dfrac{1}{2} \end{cases}$$

L'insieme delle soluzioni è quindi $S = \left\{ \left( \dfrac{1}{2}, \dfrac{3}{2} \right) \right\}$.

Dopo il primo confronto che permette di eliminare una delle variabili è spesso più conveniente risolvere l'equazione ottenuta e procedere per sostituzione.
Riprendendo il precedente esempio, possiamo procedere così:

**CONFRONTO E SOSTITUZIONE**

**Passo 1** Ricaviamo l'espressione della variabile $x$ da entrambe le equazioni come nel caso precedente ottenendo l'equazione

$$2 - y = y - 1$$

**Passo 2** Associamo all'equazione trovata una delle due del sistema, per esempio la seconda:

$$\begin{cases} 2 - y = y - 1 \\ x - y + 1 = 0 \end{cases}$$

**Passo 3** Risolviamo la prima equazione e sostituiamo il valore trovato di $y$ nella seconda completando la risoluzione del sistema:

$$\begin{cases} y = \dfrac{3}{2} \\ x - \dfrac{3}{2} + 1 = 0 \end{cases} \rightarrow \begin{cases} y = \dfrac{3}{2} \\ x = \dfrac{1}{2} \end{cases}$$

Cap. 1: *I sistemi lineari* | 15

# ESEMPI

**1.** Risolviamo il sistema $\begin{cases} 3x + 2y = 5 \\ 5x - 4y = 1 \end{cases}$

Ricaviamo $x$ da entrambe le equazioni e confrontiamo: $\begin{cases} x = \dfrac{5-2y}{3} \\ x = \dfrac{1+4y}{5} \end{cases}$ → $\dfrac{5-2y}{3} = \dfrac{1+4y}{5}$

Ricaviamo $y$ da entrambe le equazioni e confrontiamo: $\begin{cases} y = \dfrac{5-3x}{2} \\ y = \dfrac{5x-1}{4} \end{cases}$ → $\dfrac{5-3x}{2} = \dfrac{5x-1}{4}$

Il sistema dato è equivalente a:

$\begin{cases} \dfrac{5-3x}{2} = \dfrac{5x-1}{4} \\ \dfrac{5-2y}{3} = \dfrac{1+4y}{5} \end{cases}$ → $\begin{cases} 10 - 6x = 5x - 1 \\ 25 - 10y = 3 + 12y \end{cases}$

$\begin{cases} 11x = 11 \\ 22y = 22 \end{cases}$ → $\begin{cases} x = 1 \\ y = 1 \end{cases}$

Quindi $S = \{(1, 1)\}$.

 *ulteriori esempi*

## 2.5 Sintesi dei vari metodi

Riassumiamo le regole per risolvere un sistema con i tre metodi visti finora; a lato indichiamo i diversi passaggi sul sistema $\begin{cases} 3x + 4y - 1 = 0 \\ x + y + 5 = 0 \end{cases}$.

**Col metodo di sostituzione:**

- si ricava una delle variabili da un'equazione e si sostituisce nell'altra

- si risolve l'equazione in una sola variabile ottenuta

- si effettua la sostituzione del valore trovato nella prima equazione

$\begin{cases} x = -y - 5 \quad \leftarrow \text{ dalla seconda equazione} \\ 3(-y-5) + 4y - 1 = 0 \quad \leftarrow \text{ sostituzione} \end{cases}$

$\begin{cases} x = -y - 5 \\ y = 16 \end{cases}$

$\begin{cases} x = -16 - 5 = -21 \\ y = 16 \end{cases}$

**Col metodo di riduzione:**

- si moltiplicano le due equazioni per opportuni coefficienti in modo che, sommandole (o sottraendole) membro a membro, si possa eliminare una delle due variabili

- si ripete il procedimento per eliminare l'altra variabile

- si risolve il sistema delle due equazioni ottenute.

$\begin{cases} 3x + 4y - 1 = 0 \\ 3x + 3y + 15 = 0 \end{cases}$ → $y - 16 = 0$

$\begin{cases} 3x + 4y - 1 = 0 \\ -4x - 4y - 20 = 0 \end{cases}$ → $-x - 21 = 0$

$\begin{cases} y - 16 = 0 \\ -x - 21 = 0 \end{cases}$ → $\begin{cases} y = 16 \\ x = -21 \end{cases}$

**Cap. 1:** *I sistemi lineari*

Col metodo del **confronto**:

- si ricava la stessa variabile dalle due equazioni e si confrontano le due espressioni ottenute

$$\begin{cases} x = \dfrac{1-4y}{3} \\ x = -y - 5 \end{cases} \rightarrow \dfrac{1-4y}{3} = -y - 5$$

- si procede allo stesso modo per l'altra variabile

$$\begin{cases} y = \dfrac{1-3x}{4} \\ y = -x - 5 \end{cases} \rightarrow \dfrac{1-3x}{4} = -x - 5$$

- si risolve il sistema delle due equazioni ottenute

$$\begin{cases} \dfrac{1-4y}{3} = -y - 5 \\ \dfrac{1-3x}{4} = -x - 5 \end{cases} \rightarrow \begin{cases} y = 16 \\ x = -21 \end{cases}$$

**ESERCIZI E PROBLEMI**     pag. 178

## 3 MATRICI, DETERMINANTI E METODO DI CRAMER

I metodi che abbiamo visto per la risoluzione di un sistema lineare si possono applicare per risolvere un sistema nel caso generale, cioè quando si presenta nella forma

$$\begin{cases} ax + by = c \\ dx + ey = f \end{cases}$$

dove i coefficienti $a$, $b$, $c$, $d$, $e$, $f$ sono numeri reali qualsiasi non tutti contemporaneamente nulli.
Se applichiamo il metodo di riduzione a questo sistema:

- per eliminare la variabile $y$, dobbiamo moltiplicare la prima equazione per $e$ e la seconda per $b$:

$$\begin{cases} aex + bey = ce \\ bdx + bey = bf \end{cases} \qquad \text{supposto che sia} \quad e \neq 0 \wedge b \neq 0$$

Sottraendo (prima equazione − seconda equazione) otteniamo:
$(ae - bd)x = ce - bf$

- riprendendo il sistema iniziale, per eliminare la variabile $x$, dobbiamo moltiplicare la prima equazione per $d$ e la seconda per $a$:

$$\begin{cases} adx + bdy = cd \\ adx + aey = af \end{cases} \qquad \text{supposto che sia} \quad d \neq 0 \wedge a \neq 0$$

Sottraendo (seconda equazione − prima equazione) otteniamo:
$(ae - bd)y = af - cd$

Troviamo così il sistema equivalente: $\begin{cases} (ae - bd)x = ce - bf \\ (ae - bd)y = af - cd \end{cases}$

Da queste due equazioni, nell'ipotesi in cui sia

$$ae - bd \neq 0 \qquad \text{cioè} \qquad ae \neq bd$$

Cap. 1: *I sistemi lineari*   **17**

ricaviamo che $\begin{cases} x = \dfrac{ce - bf}{ae - bd} \\ y = \dfrac{af - cd}{ae - bd} \end{cases}$ **(A)**

Queste formule possono essere ricordate mediante uno schema semplice ed efficace. Il metodo che deriva dall'applicazione di questo schema è noto come **metodo di Cramer**.
Per usare questo metodo, il sistema deve essere scritto nella sua forma normale già ricordata sopra; in questo caso, i coefficienti delle variabili possono essere raggruppati in una tabella bidimensionale in questo modo:

$$\begin{bmatrix} a & b \\ d & e \end{bmatrix}$$

*Gabriel Cramer (1704-1752) era un matematico svizzero. A lui si deve la regola per la risoluzione dei sistemi lineari di n equazioni in n incognite.*

dove nella prima colonna abbiamo messo i coefficienti della variabile $x$, nella seconda i coefficienti della variabile $y$.
A una tabella di questo tipo si dà il nome di **matrice** e poiché essa è formata da due righe e due colonne di numeri si dice che è una **matrice di ordine 2**. In questo specifico caso, essa prende poi il nome di **matrice dei coefficienti**. In essa si individuano due diagonali: quella indicata con una linea rossa è la diagonale principale, quella indicata con una linea blu è la diagonale secondaria.

Ad ogni matrice di forma quadrata come questa si può associare un numero che si chiama **determinante** e che si calcola in questo modo:

*Un determinante si indica mettendo fra due linee verticali gli elementi della matrice:*

$$\begin{vmatrix} a & b \\ d & e \end{vmatrix}$$

> prodotto dei termini sulla diagonale principale − prodotto dei termini sulla diagonale secondaria

Nel nostro caso, il determinante della matrice dei coefficienti, che indichiamo con il simbolo $\Delta$, è uguale a:

$\Delta = \begin{vmatrix} a & b \\ d & e \end{vmatrix} = ae - bd$

Consideriamo adesso la matrice che otteniamo da quella dei coefficienti sostituendo la prima colonna, quella dei coefficienti di $x$, con la colonna dei termini noti delle equazioni del sistema:

$$\begin{bmatrix} c & b \\ f & e \end{bmatrix}$$

Il suo determinante, che indicheremo brevemente con $\Delta x$, è dato da:

$\Delta x = \begin{vmatrix} c & b \\ f & e \end{vmatrix} = ce - bf$

*Per il calcolo di $\Delta x$:*

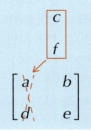

Da ultimo consideriamo la matrice che otteniamo da quella dei coefficienti sostituendo la colonna dei coefficienti di $y$ con quella dei termini noti delle due equazioni del sistema:

$$\begin{bmatrix} a & c \\ d & f \end{bmatrix}$$

Il suo determinante, che indicheremo brevemente con $\Delta y$, è dato da:

*Per il calcolo di $\Delta y$:*

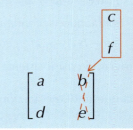

**Cap. 1:** *I sistemi lineari*

$$\Delta y = \begin{vmatrix} a & c \\ d & f \end{vmatrix} = af - cd$$

Confrontando i determinanti che abbiamo ottenuto con la soluzione generale del sistema scritta ad inizio paragrafo scopriamo che:

- $\Delta$ rappresenta il denominatore sia del valore di $x$ che di quello di $y$
- $\Delta x$ rappresenta il numeratore dell'espressione di $x$
- $\Delta y$ rappresenta il numeratore dell'espressione di $y$.

Allora, se il sistema è determinato, cioè se $\Delta \neq 0$, la sua soluzione è data dalla coppia che ha come primo elemento il rapporto $\dfrac{\Delta x}{\Delta}$, come secondo elemento il rapporto $\dfrac{\Delta y}{\Delta}$:

$$\begin{cases} x = \dfrac{ce - bf}{ae - bd} \\ y = \dfrac{af - cd}{ae - bd} \end{cases} \quad \text{corrisponde a} \quad \begin{cases} x = \dfrac{\Delta x}{\Delta} \\ y = \dfrac{\Delta y}{\Delta} \end{cases}$$

In definitiva, tenendo presenti anche le considerazioni fatte nel precedente paragrafo sui sistemi determinati, indeterminati o impossibili, possiamo riassumere la regola di Cramer in questo modo:

- ■ se $\Delta \neq 0$, il sistema è determinato con soluzione $\left(\dfrac{\Delta x}{\Delta}, \dfrac{\Delta y}{\Delta}\right)$
- ■ se $\Delta = 0$, il sistema non è determinato ed è:
  - indeterminato se $\Delta x = 0 \wedge \Delta y = 0$
  - impossibile se $\Delta x \neq 0 \vee \Delta y \neq 0$.

Se $\Delta = 0$, il sistema è:
- **indeterminato** se sia $\Delta x$ che $\Delta y$ sono entrambi nulli
- **impossibile** se anche uno solo fra $\Delta x$ e $\Delta y$ è non nullo.

Il metodo di Cramer, proprio perché segue uno schema preciso, si presta bene alla costruzione di algoritmi per risolvere sistemi lineari in modo automatico; nell'esercitazione di informatica che trovi on line puoi vedere come utilizzarlo a questo scopo.

# ESEMPI

1. $\begin{cases} 3x + 6y = -4 \\ x + 4y = -3 \end{cases}$

   Calcoliamo i tre determinanti:

   - determinante della matrice dei coefficienti:

   $$\Delta = \begin{vmatrix} 3 & 6 \\ 1 & 4 \end{vmatrix} = 3 \cdot 4 - 1 \cdot 6 = 12 - 6 = 6$$

   poiché $\Delta \neq 0$, il sistema è determinato

Cap. 1: *I sistemi lineari*

- determinante della matrice che si ottiene da quella dei coefficienti sostituendo la colonna dei coefficienti di x con quella dei termini noti:

$$\Delta x = \begin{vmatrix} -4 & 6 \\ -3 & 4 \end{vmatrix} = -4 \cdot 4 - (-3) \cdot 6 = -16 + 18 = 2$$

- determinante della matrice che si ottiene da quella dei coefficienti sostituendo la colonna dei coefficienti di y con quella dei termini noti:

$$\Delta y = \begin{vmatrix} 3 & -4 \\ 1 & -3 \end{vmatrix} = 3 \cdot (-3) - 1 \cdot (-4) = -9 + 4 = -5$$

Troviamo la soluzione: $\begin{cases} x = \dfrac{\Delta x}{\Delta} = \dfrac{2}{6} = \dfrac{1}{3} \\ y = \dfrac{\Delta y}{\Delta} = -\dfrac{5}{6} \end{cases}$.

L'insieme delle soluzioni è dunque $S = \left\{ \left( \dfrac{1}{3}, -\dfrac{5}{6} \right) \right\}$.

*ulteriori esempi*

 **Approfondimento**
Relazioni tra coefficienti e soluzioni

 **ESERCIZI E PROBLEMI**          pag. 184

## 4  I SISTEMI LINEARI CON PIÙ DI DUE EQUAZIONI

Un sistema può anche essere formato da più di due equazioni. Ci occupiamo adesso di risolvere sistemi lineari che hanno tre equazioni e tre incognite, che indicheremo con x, y, z; in ogni caso le procedure di calcolo per sistemi con un numero di equazioni e di incognite superiore a tre sono analoghe a quelle che vedremo ora.

Consideriamo per esempio il sistema: $\begin{cases} x + 2y - z = -2 \\ 2x - y - z = 5 \\ 4x + y + z = 1 \end{cases}$

Per risolvere un sistema di questo tipo si usa di solito un metodo misto fra quello di sostituzione e di riduzione a seconda della convenienza; nel nostro caso sembra conveniente ricavare la variabile x dalla prima equazione e sostituire la sua espressione nelle altre:

$\begin{cases} x = -2y + z - 2 \\ 2(-2y + z - 2) - y - z = 5 \\ 4(-2y + z - 2) + y + z = 1 \end{cases}$  →  $\begin{cases} x = -2y + z - 2 \\ -5y + z = 9 \\ -7y + 5z = 9 \end{cases}$

**20**  Cap. 1: *I sistemi lineari*

Possiamo adesso proseguire sulle ultime due equazioni ricavando la variabile $z$
dalla seconda equazione e sostituendo la sua espressione nella terza:

$$\begin{cases} x = -2y + z - 2 \\ z = 5y + 9 \\ -7y + 5(5y + 9) = 9 \end{cases} \rightarrow \begin{cases} x = -2y + z - 2 \\ z = 5y + 9 \\ 18y = -36 \end{cases} \rightarrow \begin{cases} x = -2y + z - 2 \\ z = 5y + 9 \\ y = -2 \end{cases}$$

Procedendo adesso a ritroso nelle sostituzioni otteniamo:

$$\begin{cases} x = -2 \cdot (-2) + z - 2 \\ z = 5 \cdot (-2) + 9 \\ y = -2 \end{cases} \rightarrow \begin{cases} x = 4 - 1 - 2 \\ z = -1 \\ y = -2 \end{cases} \rightarrow \begin{cases} x = 1 \\ z = -1 \\ y = -2 \end{cases}$$

Se conveniamo di rappresentare la soluzione mediante la terna ordinata $(x, y, z)$, abbiamo che $S = \{(1, -2, -1)\}$.

> La soluzione si indica con la terna ordinata
> $(x, y, z)$

## ESEMPI

**1.** $\begin{cases} 2x + 3y + z = 7 \\ 2x - y + 2z = 6 \\ 4x + y - z = 0 \end{cases}$

Ricaviamo $y$ dalla terza equazione e sostituiamo la sua espressione nelle altre (abbiamo scritto la terza equazione al primo posto):

$$\begin{cases} y = z - 4x \\ 2x + 3(z - 4x) + z = 7 \\ 2x - (z - 4x) + 2z = 6 \end{cases} \rightarrow \begin{cases} y = z - 4x \\ 2x + 3z - 12x + z = 7 \\ 2x - z + 4x + 2z = 6 \end{cases} \rightarrow \begin{cases} y = z - 4x \\ -10x + 4z = 7 \\ 6x + z = 6 \end{cases}$$

Ricaviamo $z$ dalla terza equazione e sostituiamo nella seconda (abbiamo scritto la terza equazione al secondo posto):

$$\begin{cases} y = z - 4x \\ z = 6 - 6x \\ -10x + 4(6 - 6x) = 7 \end{cases} \rightarrow \begin{cases} y = z - 4x \\ z = 6 - 6x \\ -10x + 24 - 24x = 7 \end{cases} \rightarrow \begin{cases} y = z - 4x \\ z = 6 - 6x \\ -34x = -17 \end{cases} \rightarrow \begin{cases} y = z - 4x \\ z = 6 - 6x \\ x = \dfrac{1}{2} \end{cases}$$

Procediamo adesso a ritroso nelle sostituzioni:
$$\begin{cases} y = z - 4 \cdot \dfrac{1}{2} \\ z = 6 - 6 \cdot \dfrac{1}{2} \\ x = \dfrac{1}{2} \end{cases} \rightarrow \begin{cases} y = 3 - 2 = 1 \\ z = 3 \\ x = \dfrac{1}{2} \end{cases}$$

Nello scrivere l'insieme delle soluzioni prestiamo attenzione all'ordine in cui dobbiamo scrivere la terna $(x, y, z)$: $S = \left\{\left(\dfrac{1}{2}, 1, 3\right)\right\}$.

**2.** $\begin{cases} x + y = 3 \\ x + 2y - z = 4 \\ x + 2y - z = 3 \end{cases}$

Osservando la seconda e la terza equazione, ci accorgiamo che non è possibile trovare una terna di valori per $x$, $y$ e $z$ tale che l'equazione $x + 2y - z$ valga una volta 4 e l'altra 3.
Il sistema è allora impossibile.

*ulteriori esempi*

Cap. 1: I sistemi lineari    21

## ATTENZIONE AGLI ERRORI

**Una cosa che non devi mai fare** nella risoluzione di un sistema con più di due equazioni è ricavare contemporaneamente due variabili diverse da due equazioni perché questo non porta, di solito, a nessuna semplificazione del sistema.

Riprendendo il sistema precedente, se ricaviamo $x$ dalla prima equazione e $y$ dalla seconda e poi sostituiamo nella terza otteniamo:

$$\begin{cases} x = -2y + z - 2 \\ y = 2x - z - 5 \\ 4(-2y + z - 2) + (2x - z - 5) + z = 1 \end{cases} \rightarrow \begin{cases} x = -2y + z - 2 \\ y = 2x - z - 5 \\ 2x - 8y + 4z = 14 \end{cases}$$

e non abbiamo in questo modo fatto alcun passo in avanti nella determinazione della soluzione.

**Approfondimento**
Il metodo di Cramer per i sistemi con tre incognite

**ESERCIZI E PROBLEMI**    pag. 186

## 5 PROBLEMI CHE SI RISOLVONO CON I SISTEMI

Sappiamo che le equazioni servono, fra le altre cose, a risolvere problemi. Ci sono problemi che si possono risolvere con un'equazione perché abbiamo scelto di lavorare con una sola incognita, ma ci sono anche problemi nei quali è necessario oppure conveniente usare due o più incognite.
La scelta di utilizzare una sola incognita o più di una dipende da diversi fattori:
- spesso i dati stessi del problema suggeriscono già quali elementi devono essere considerati come incognite;
- il tipo di ragionamento affrontato e il percorso risolutivo del problema possono essere diversi da soggetto a soggetto;
- qualche volta l'utilizzo di più incognite può ridurre la complessità delle equazioni.

In ogni caso qualunque sia il numero di incognite scelte, ciò che è importante comprendere è che

**il numero di equazioni da costruire deve essere pari al numero di incognite**

altrimenti il problema non è, in genere, determinato.
Queste equazioni, inoltre, essendo la trasposizione in forma matematica del problema, cioè il suo *modello matematico*, devono essere verificate dagli stessi valori delle variabili ed è quindi lecito scriverle in sistema.
Ricordiamo poi che valgono tutte le considerazioni fatte nel primo volume a proposito della risoluzione dei problemi e che quindi è indispensabile:
- individuare con precisione l'obiettivo del problema

- scrivere in modo completo i dati
- individuare il campo di variabilità delle incognite e, una volta trovati i loro valori, stabilirne l'accettabilità.

Nella risoluzione dei problemi che seguono privilegeremo l'aspetto di formalizzazione rispetto al calcolo.

### I problema

Un tappezziere deve ricoprire una parete rettangolare con della carta da parati che costa € 35 al metro quadrato; il committente, che è un tipo un po' bizzarro, gli comunica che un terzo di una dimensione è uguale ad un mezzo dell'altra e che il perimetro della parete è lungo 20m. Qual è l'importo della spesa del materiale che il tappezziere deve inserire nel preventivo?

Con riferimento alla **figura 1**, possiamo scrivere i dati in questo modo:

- $\frac{1}{3}\overline{AB} = \frac{1}{2}\overline{BC}$

- $2p(ABCD) = 20$m

**Figura 1**

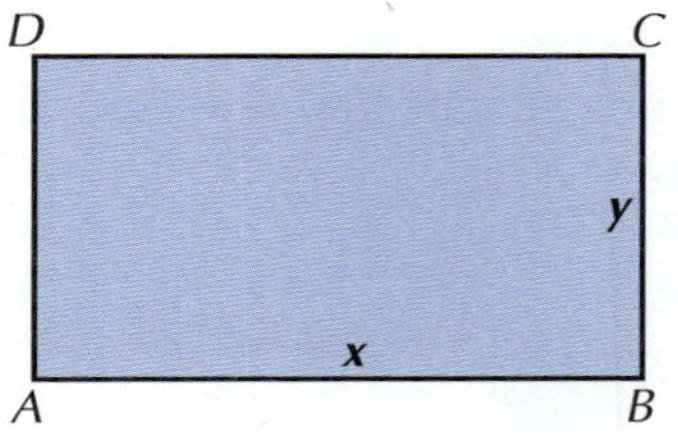

Per calcolare il costo del materiale dobbiamo conoscere la misura dell'area del rettangolo e quindi dobbiamo determinare come prima cosa le lunghezze dei lati.

Poniamo allora: $\overline{AB} = x$ e $\overline{BC} = y$ con $x > 0$ e $y > 0$

La prima informazione ci dice che: $\frac{1}{3}x = \frac{1}{2}y$

La seconda ci dice che: $2(x + y) = 20$ cioè $x + y = 10$

Poiché siamo riusciti a scrivere due equazioni, pari al numero di incognite che abbiamo posto, possiamo formalizzare il problema con il sistema

$$\begin{cases} x + y = 10 \\ \frac{1}{3}x = \frac{1}{2}y \end{cases}$$

Risolvendolo troviamo che $x = 6 \wedge y = 4$ e poiché questi valori soddisfano le limitazioni $x > 0$ e $y > 0$, possiamo dire che: $AB = 6$m e $BC = 4$m

L'area della superficie è quindi: area $= (6 \cdot 4)$m$^2 = 24$m$^2$

Il costo $C$ del materiale è: $C = 24 \cdot 35 = 840$€

### II problema

Da un quadrato di lato 10cm si tolgono una striscia di larghezza x e una striscia di larghezza y come indicato in **figura 2**; si ottiene così un rettangolo di perimetro 32cm. Se la differenza fra x e y è di 1cm, qual è l'area del rettangolo rimasto?

**Figura 2**

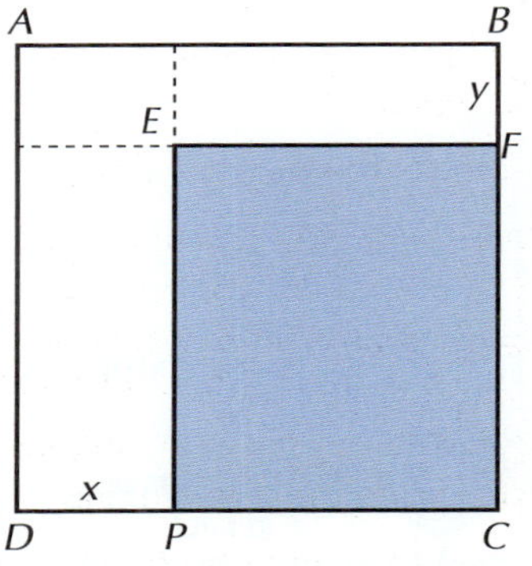

Le incognite sono già suggerite dal problema; poniamo dunque $\overline{BF} = y$ e $\overline{DP} = x$ e deve essere

$$0 < x < 10 \quad \wedge \quad 0 < y < 10.$$

Alcuni dati sono già in funzione delle incognite:

- $x - y = 1$
- il perimetro del rettangolo $EFCP$ è 32cm.

Questa seconda informazione deve ancora essere espressa in funzione di $x$ e $y$.

Cap. 1: *I sistemi lineari* | 23

Osserviamo allora che:

$$\overline{EF} = \overline{PC} = 10 - x \qquad \overline{EP} = \overline{FC} = 10 - y$$

quindi il perimetro di *EFCP* è: $2(10 - x + 10 - y) = 2(20 - x - y)$

La seconda equazione del problema è quindi

$2(20 - x - y) = 32$ che semplificata è **20 − x − y = 16**

Possiamo adesso scrivere il sistema modello del problema: $\begin{cases} x - y = 1 \\ 20 - x - y = 16 \end{cases}$

Risolvendo tale sistema si ottiene che $x = \dfrac{5}{2}$ e $y = \dfrac{3}{2}$, valori entrambi compresi nell'intervallo di accettabilità.

I lati del rettangolo *EFCP* hanno quindi lunghezza:

$$EF = 10 - \dfrac{5}{2} = 10 - 2,5 = 7,5 \text{cm} \qquad FC = 10 - \dfrac{3}{2} = 10 - 1,5 = 8,5 \text{cm}$$

e la sua area è $S = 7,5 \cdot 8,5 = 63,75 \text{cm}^2$.

*ulteriori esempi*

**ESERCIZI E PROBLEMI**  pag. 191

IL CAPITOLO SI COMPLETA CON:

Cap. 1: *I sistemi lineari*

# Systems of linear equations
## BASIC CONCEPTS

### Key Terms

system
consistent / inconsistent equations
equivalent systems
reduction principle

determinate, indeterminate, incompatible system
dependent / independent equations
substitution principle
determinant

## Definitions

A *system* of equations is a set or collection of equations, involving the same variables, that you deal with all together at once.
A *solution* to a system is an assignment of numbers to the variables such that all the equations are simultaneously satisfied.
The *degree* of a system is the product of the degrees of its equations; for example:

$\begin{cases} x + y^2 = 1 \\ x - xy = 3 \end{cases}$   has degree $2 \cdot 2 = 4$

$\begin{cases} 2x - y = 5 \\ 3x + 2y = 0 \end{cases}$   has degree $1 \cdot 1 = 1$

Therefore, a first-degree system is a system in which all its equations are first degree; in this case we talk of *linear systems*.

A linear system can be:
- a *determinate* system, that is a system having a unique solution;
- an *indeterminate* system, that is a system having an infinite number of solutions;
- an *incompatible* (or *contradictory*) system, that is a system having no solution.

When a system is determinate or indeterminate, the equations are called *consistent*; in this case we say that they are *independent* if we have a finite number of solutions, *dependent* othewise.
If there is no solution the equations are called *inconsistent*.
For example:

$\begin{cases} 3x + 5 = 2 \\ 3x + 5 = 8 \end{cases}$   has no solution because $3x + 5$ cannot be equal to 2 and 8 at the same time; the two equations are inconsistent

$\begin{cases} 2x + y = 1 \\ 4x + 2y = 2 \end{cases}$   has infinitely many solutions because the two equations are really the same equation; we say that they are dependent

$\begin{cases} x + y = 4 \\ 3x - y = 0 \end{cases}$   has only one solution, that is $x = 1$, $y = 3$ and the two equations are independent

## Equivalence between systems

Two linear systems with *n* unknowns are said to be *equivalent* if and only if they have the same set of solutions.
To solve a system we have to appy two fundamental rules.

- **First rule** (*substitution principle*). We can solve one of the equations in the system for a selected variable in terms of the other unknowns; then replace all occurrences of the selected variable in the other equations.
- **Second rule** (*reduction principle*). Any equation in the system may be replaced by its sum with some multiple of one of the other equations.

Cap. 1: *I sistemi lineari*   25

Consider for example: $\begin{cases} x - 4y = 1 \\ 2x - 3y = 5 \end{cases}$

- Let us apply the first rule by solving the first equation by x and then by substituting in the other equation:

$\begin{cases} x = \boxed{1 + 4y} \\ 2(1 + 4y) - 3y = 5 \end{cases}$

- Let us apply the second rule by multiplying the first equation by $-2$ and then by summing the two equations:

$\begin{cases} -2x + 8y = -2 \\ 2x - 3y = 5 \end{cases} \rightarrow \begin{cases} (-2x + 8y) + (2x - 3y) = -2 + 5 \\ 2x - 3y = 5 \end{cases} \rightarrow \begin{cases} 5y = 3 \\ 2x - 3y = 5 \end{cases}$

## Solving methods

The most common way to write a linear system of two equations in two variables is

$\begin{cases} ax + by = c \\ dx + ey = f \end{cases}$  where a, b, c, d, e, f are real numbers

The solution will consist of ordered pairs of numbers (x, y) satisfying both equations.
The most important methods to solve a system are the following.

## The substitution method

In this method we apply the first rule. These are the steps:
- solve one of the equations for a selected variable
- replace the expression of that variable in the other equation
- solve the second equation

We have to repeat the substitution until necessary if there are more than two equations.

Let us solve as an example $\begin{cases} 2x + y = 7 \\ 3x - 4y = 5 \end{cases}$

- solving the first equation for y we have: $\quad y = 7 - 2x$
- replacing the expression $(7 - 2x)$ to y in the second equation we have: $3x - 4(7 - 2x) = 5 \rightarrow 11x = 33$

  The system is now: $\begin{cases} y = 7 - 2x \\ 11x = 33 \end{cases}$

- solving the second equation for x we have: $\quad x = 3$

  The system is now: $\begin{cases} y = 7 - 2x \\ x = 3 \end{cases}$

- replacing x with 3 in the first equation we find the solution: $\begin{cases} y = 7 - 6 = 1 \\ x = 3 \end{cases}$

The solution of the system is the ordered couple (3, 1).

## The elimination method

In this method we apply the second rule. These are the steps.

**26**   Cap. 1: *I sistemi lineari*

- Multiply the equations by an appropriate constant (different from zero)
- Add (or subtract) an equation to another in order to eliminate one variable
- Repeat until necessary.

Let us solve as an example $\begin{cases} x - 2y = 3 \\ 4x + y = 2 \end{cases}$

- multiplying the first equation by 4 we have: $\begin{cases} 4x - 8y = 12 \\ 4x + y = 2 \end{cases}$
- subtracting the two equations we obtain: $-9y = 10 \rightarrow y = -\dfrac{10}{9}$
- multiplying the second equation by 2 we have: $\begin{cases} x - 2y = 3 \\ 8x + 2y = 4 \end{cases}$
- adding the two equations we obtain: $9x = 7 \rightarrow x = \dfrac{7}{9}$

The solution of the system is the ordered couple $\left(\dfrac{7}{9}, -\dfrac{10}{9}\right)$.

Notice that after having found one of the variables, we can also continue solving the system with the substitution method:

- having found that $y = -\dfrac{10}{9}$
- we can write the system $\begin{cases} y = -\dfrac{10}{9} \\ 4x + y = 2 \end{cases}$
- and solve by substitution $\begin{cases} y = -\dfrac{10}{9} \\ 4x - \dfrac{10}{9} = 2 \end{cases} \rightarrow \begin{cases} y = -\dfrac{10}{9} \\ x = \dfrac{7}{9} \end{cases}$

## Cramer's rule

By applying the reduction method, the solution of a linear system of two equations given in the form

$$\begin{cases} ax + by = c \\ dx + ey = f \end{cases}$$

can be found as: $x = \dfrac{\triangle x}{\triangle}$ and $y = \dfrac{\triangle y}{\triangle}$ if $\triangle \neq 0$

where $\triangle$, $\triangle x$, $\triangle y$ are the determinants defined by:

$\triangle = \begin{vmatrix} a & b \\ d & e \end{vmatrix} = ae - bd$

$\triangle x = \begin{vmatrix} c & b \\ f & e \end{vmatrix} = ce - bf$

$\triangle y = \begin{vmatrix} a & c \\ d & f \end{vmatrix} = af - cd$

Cap. 1: *I sistemi lineari*

Let us solve with this method the system $\begin{cases} 2x - y = 1 \\ 4x + 3y = 0 \end{cases}$

First, find the three determinants:

$\Delta = \begin{vmatrix} 2 & -1 \\ 4 & 3 \end{vmatrix} = 2 \cdot 3 - 4 \cdot (-1) = 10$

$\Delta x = \begin{vmatrix} 1 & -1 \\ 0 & 3 \end{vmatrix} = 1 \cdot 3 - 0 \cdot (-1) = 3$

$\Delta y = \begin{vmatrix} 2 & 1 \\ 4 & 0 \end{vmatrix} = 2 \cdot 0 - 4 \cdot 1 = -4$

As $\Delta \neq 0$, the solution is $x = \dfrac{3}{10}$ and $y = -\dfrac{4}{10} = -\dfrac{2}{5}$.

# CAPITOLO 2
# I radicali

> **OBIETTIVI**
> - comprendere le caratteristiche della funzione potenza e della funzione radice
> - semplificare un radicale aritmetico
> - operare con i radicali
> - eseguire operazioni di razionalizzazione
> - definire una potenza con esponente razionale

## 1 POTENZE E RADICI

### 1.1 Dal numero alla potenza e viceversa

In matematica tutte le volte che si esegue un'operazione ci si chiede sempre se si può *tornare indietro*, cioè se un'operazione è invertibile nell'insieme in cui è definita:

Domanda: se $5 + 3 = 8$ come posso tornare a 5 avendo 3 e 8?
Risposta: eseguo la sottrazione $5 = 8 - 3$.

Domanda: se $6 \cdot 9 = 54$ come posso tornare a 6 avendo 54 e 9?
Risposta: eseguo la divisione $54 : 9 = 6$.

Domanda: se $3^2 = 9$, come posso tornare a 3 avendo 9 e 2?
Risposta: calcolo la radice quadrata di 9.

Riguardo a quest'ultimo esempio, però, potrebbero nascere dei dubbi: anche $(-3)^2 = 9$, ma se con una calcolatrice cerchi la radice quadrata di 9 ti viene restituito 3 e non $-3$.
Il problema si può risolvere in modo molto semplice: basta considerare solo i numeri positivi e tutto va a posto.
Se però con la calcolatrice cerchi la radice cubica di $-8$ il risultato che ti viene restituito è $-2$, ed è corretto perché $(-2)^3 = -8$.
Sembrerebbe che la calcolatrice scelga di usare i numeri positivi quando i possibili risultati di un'operazione sono due valori opposti e mantenga invece il segno di competenza negli altri casi.
Ma perché la calcolatrice si comporta così? Quali sono le regole che segue? Occorre mettere ordine e costruire dei criteri di comportamento che indichino che cosa fare in ogni situazione.
Cominciamo a lavorare dapprima solo con i numeri non negativi e vediamo che cosa succede.

## 1.2 I radicali in $R_0^+$

Sia $R_0^+$ l'insieme dei numeri reali positivi o nulli; fissato un numero $n$ intero positivo:

- di ogni numero reale $b$ si può calcolare la potenza $n$-esima $a = b^n$:

$$3^2 = 9 \qquad 2^4 = 16 \qquad \left(\frac{2}{3}\right)^3 = \frac{8}{27}$$

- viceversa, ogni numero $b$ può essere visto come quel valore che, elevato a potenza $n$ dà come risultato $a$:

  3 è il numero che, elevato al quadrato, dà 9

  2 è il numero che, elevato alla quarta, dà 16

  $\frac{2}{3}$ è il numero che, elevato al cubo, dà $\frac{8}{27}$.

In $R_0^+$ esiste quindi corrispondenza biunivoca fra i numeri reali $a$, le potenze, e i numeri reali $b$, le basi delle potenze; questo significa che:

- la corrispondenza che ad ogni numero reale non negativo $b$ associa la sua potenza $n$-esima $a = b^n$ è una funzione (**figura 1a**);
- la corrispondenza inversa che ad ogni numero reale non negativo $a$ associa il numero $b$ che è la base della potenza è ancora una funzione (**figura 1b**).

**Figura 1**

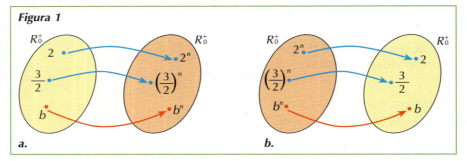

a.  b.

La prima relazione è la funzione potenza che già conosciamo, la seconda è una nuova funzione che si chiama **funzione radice $n$-esima assoluta**.
Diamo la seguente definizione.

> Dato un numero reale non negativo $a$ ed un numero intero positivo $n$, esiste uno ed un solo numero reale non negativo $b$ tale che $b^n = a$. Il numero $b$ si dice **radice $n$-esima assoluta** di $a$ ed in simboli si scrive
>
> $$b = \sqrt[n]{a}$$

Il simbolo $\sqrt[n]{a}$ prende il nome di **radicale**; inoltre, poiché $a^1 = a$ qualunque sia $a$, ha senso parlare di radicali solo se $n \geq 2$.
Le varie parti di un radicale si indicano in questo modo:

- il numero $a$ è l'**argomento** del radicale o **radicando**
- il numero $n$ è l'**indice** del radicale
- il numero $\sqrt[n]{a}$ è la **radice $n$-esima** di $a$
- se il numero $a$ si può esprimere come potenza, cioè il radicale si può esprimere nella forma $\sqrt[n]{p^m}$, il numero $p^m$ è il radicando e $m$ si dice **esponente del radicando**.

---

Un **numero reale** è un numero che si può esprimere:

- in forma di frazione o nella corrispondente forma decimale finita oppure periodica e in tal caso il numero è **razionale**

- in forma decimale illimitata non periodica e in tal caso il numero è **irrazionale**.

Se $f$ è una corrispondenza biunivoca, anche $f^{-1}$ è una funzione.

In $R_0^+$:
$\sqrt[n]{a} = b$ equivale a $b^n = a$
ed è:
- $a \geq 0, b \geq 0$
- $n$ intero positivo

Alcuni casi particolari.

- In base alla definizione si ha che $\left(\sqrt[n]{a}\right)^n = a$.

  Infatti, $\sqrt[n]{a}$ è proprio quel numero la cui potenza $n$-esima è uguale ad $a$. Inoltre anche
  $$\sqrt[n]{a^n} = a$$
  perché, sempre in base alla definizione, se eleviamo $a$ alla potenza $n$-esima troviamo proprio $a^n$.

- Un radicale di indice 2 è un **radicale quadratico**; il numero $\sqrt[2]{a}$ è la *radice quadrata di a* e normalmente l'indice 2 viene sottinteso scrivendo più semplicemente $\sqrt{a}$.

- Un radicale di indice 3 è un **radicale cubico** ed il numero $\sqrt[3]{a}$ si legge *radice cubica di a*.

$\sqrt{7}$ è un radicale quadratico

$\sqrt[3]{5}$ è un radicale cubico

Non esistono invece nomi particolari per radicali con un indice maggiore di 3.

 **Esercizi e problemi** pag. 205

# 2 La semplificazione di un radicale

## 2.1 La proprietà invariantiva

Le regole che permettono di operare con i radicali si basano sulla seguente proprietà fondamentale.

> **Proprietà invariantiva.** Il radicale che si ottiene moltiplicando l'indice della radice e l'esponente del radicando per uno stesso numero intero positivo ha lo stesso valore del radicale dato; in simboli:
> $$\sqrt[n]{a^m} = \sqrt[n \cdot p]{a^{m \cdot p}} \qquad \text{con } p \in \mathbb{Z}^+$$

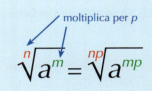

**Dimostrazione.**

Consideriamo separatamente i due membri della relazione scritta ed eleviamoli a potenza $n \cdot p$. Otteniamo:

- $\left(\sqrt[n]{a^m}\right)^{n \cdot p} = \left[\left(\sqrt[n]{a^m}\right)^n\right]^p = [a^m]^p = a^{m \cdot p}$

- $\left(\sqrt[n \cdot p]{a^{m \cdot p}}\right)^{n \cdot p} = a^{m \cdot p}$

Poiché i risultati ottenuti sono uguali, per la proprietà transitiva dell'uguaglianza, $\left(\sqrt[n]{a^m}\right)^{n \cdot p} = \left(\sqrt[n \cdot p]{a^{m \cdot p}}\right)^{n \cdot p}$ e quindi $\sqrt[n]{a^m} = \sqrt[n \cdot p]{a^{m \cdot p}}$. ◂

Per esempio:

- $\sqrt[3]{7^2} = \sqrt[3 \cdot 2]{7^{2 \cdot 2}} = \sqrt[6]{7^4}$
- $\sqrt{6} = \sqrt[2 \cdot 2]{6^{1 \cdot 2}} = \sqrt[4]{6^2}$
- $\sqrt[4]{5^2 \cdot 3^3} = \sqrt[4 \cdot 3]{(5^2 \cdot 3^3)^3} = \sqrt[12]{5^6 \cdot 3^9}$
- $\sqrt[3]{3^4 \cdot 2^5} = \sqrt[3 \cdot 5]{(3^4 \cdot 2^5)^5} = \sqrt[15]{3^{20} \cdot 2^{25}}$

## 2.2 La semplificazione

La prima cosa che la proprietà invariantiva ci permette di fare è **semplificare un radicale**; basta infatti leggere questa proprietà da destra verso sinistra, cioè $\sqrt[n \cdot p]{a^{m \cdot p}} = \sqrt[n]{a^m}$, per affermare che:

> se in un radicale l'indice della radice e l'esponente del radicando hanno un fattore comune, il radicale che si ottiene dividendoli per tale fattore ha lo stesso valore di quello dato.

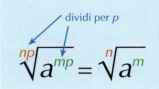

Per esempio:

- $\sqrt[6]{81} = \sqrt[6]{3^4}$

   l'indice 6 e l'esponente 4 hanno 2 come fattore comune: possiamo dividerli entrambi per 2 e dire che $\sqrt[6]{3^4} = \sqrt[3]{3^2} = \sqrt[3]{9}$

- $\sqrt[4]{2^6 \cdot 3^2} = \sqrt[4]{(2^3 \cdot 3)^2}$

   l'indice 4 e l'esponente 2 sono divisibili per 2, quindi:
   $$\sqrt[4]{(2^3 \cdot 3)^2} = \sqrt{2^3 \cdot 3} = \sqrt{24}$$

Quando l'indice della radice e l'esponente del radicando non hanno fattori comuni, si dice che il radicale è **irriducibile**; sono per esempio irriducibili i seguenti radicali:

$$\sqrt[4]{6} \qquad \sqrt[6]{15} \qquad \sqrt[8]{2^5} \qquad \sqrt{3^3}$$

**RADICALI IRRIDUCIBILI**

e quelli ottenuti dopo la semplificazione nei due esempi precedenti.
Osserviamo poi che è di solito conveniente dividere l'indice della radice e l'esponente del radicando per il più grande fattore comune, cioè per il loro *M.C.D.*, e che, in questo caso, il radicale che si ottiene è sempre irriducibile.

## ESEMPI

Semplifichiamo i seguenti radicali.

1. $\sqrt[6]{3^4 \cdot 2^6} = \sqrt[6]{(3^2 \cdot 2^3)^2}$      dividendo per 2 otteniamo      $\sqrt[3]{3^2 \cdot 2^3}$

2. $\sqrt[10]{6^5 \cdot 7^{15}} = \sqrt[10]{(6 \cdot 7^3)^5}$      dividendo per 5 otteniamo      $\sqrt{6 \cdot 7^3}$

3. $\sqrt[10]{2^6 \cdot 3^4 \cdot 7^8}$

   Spesso, per abbreviare il calcolo e **quando nel radicando non compaiono operazioni di addizione e sottrazione**, si effettua subito la divisione di ogni esponente dei fattori del radicando e dell'indice della radice per il loro *M.C.D.*; nel nostro caso, poiché *M.C.D.* (10, 6, 4, 8) = 2, dividiamo per 2 ogni esponente ottenendo subito il radicale semplificato:

   $$\sqrt[5]{2^3 \cdot 3^2 \cdot 7^4}$$

4. $\sqrt[8]{2^8 \cdot 3^{12}}$

   Se dividiamo indice della radice ed esponenti del radicando per 4 otteniamo      $\sqrt{2^2 \cdot 3^3}$

# ATTENZIONE AGLI ERRORI

- **È sbagliato scrivere** $\sqrt[4]{5^2 + 6^2} = \sqrt[\cancel{4}]{5^{\cancel{2}} + 6^{\cancel{2}}} = \sqrt{5+6} = \sqrt{11}$

  **È corretto scrivere** $\sqrt[4]{5^2 + 6^2} = \sqrt[4]{25 + 36} = \sqrt[4]{61}$

  In altre parole non si possono semplificare l'indice della radice e gli esponenti del radicando se questi si riferiscono ai termini di un'addizione o di una sottrazione.

- **È sbagliato scrivere** $\sqrt[6]{2 \cdot 3^3 \cdot 5^9} = \sqrt[\cancel{6}]{2 \cdot 3^{\cancel{3}} \cdot 5^{\cancel{9}3}} = \sqrt{2 \cdot 3 \cdot 5^3}$

  Gli esponenti dei fattori del radicando devono **tutti** essere multipli del divisore comune. Questo radicale è irriducibile.

## 2.3 La semplificazione e il valore assoluto

Nel dare la definizione di radicale abbiamo specificato che il radicando deve essere positivo o nullo; se il radicando è un numero, è immediato controllarne la non negatività, ma se è letterale occorre porre alcune condizioni. Per esempio:

- $\sqrt{x-1}$  ha significato solo se $x - 1 \geq 0$, cioè per $x \geq 1$

- $\sqrt[4]{5 - 4x}$ ha significato solo se $5 - 4x \geq 0$, cioè per $x \leq \dfrac{5}{4}$

- $\sqrt[6]{(2x+1)^2}$ ha significato $\forall x \in R$ perché il radicando, essendo un quadrato, è sempre positivo o nullo.

*In $R_0^+$ il radicale $\sqrt[n]{A(x)}$ esiste solo se*
$$A(x) \geq 0$$

Quando si semplifica un radicale che ha un radicando letterale si corre il rischio di non ottenerne uno che è definito per gli stessi valori delle variabili; non è detto cioè che un radicale e quello che si ottiene dalla sua semplificazione abbiano lo stesso dominio. Se riprendiamo l'ultimo degli esempi precedenti e scriviamo

$$\sqrt[6]{(2x+1)^2} = \sqrt[3]{2x+1}$$

ci accorgiamo subito che il radicale al primo membro di questa uguaglianza ha come insieme di esistenza l'insieme $R$, mentre quello al secondo membro esiste solo se è $x \geq -\dfrac{1}{2}$.

*Ricordiamo il significato del simbolo $\forall$:*
$$\forall x \in R$$
*significa "per tutti i numeri $x$ che sono reali".*

Affinché l'uguaglianza sussista dobbiamo fare in modo che anche il radicando al secondo membro abbia lo stesso dominio di quello del primo, cioè sia sempre positivo o nullo al variare di $x$ in $R$.
L'operatore che rende positiva un'espressione qualunque sia il suo valore è il **valore assoluto**, quindi se dell'espressione $2x + 1$ che abbiamo ottenuto dopo la semplificazione consideriamo il valore assoluto, il dominio del radicale dato e di quello semplificato diventano uguali. Possiamo allora scrivere che:

$$\sqrt[6]{(2x+1)^2} = \sqrt[3]{|2x+1|} \qquad \forall x \in R$$

*Il valore assoluto di un numero $a$ si definisce in questo modo:*
$$|a| = \begin{cases} a & \text{se } a \geq 0 \\ -a & \text{se } a < 0 \end{cases}$$

Ragionamenti analoghi si devono fare tutte le volte che si eseguono delle operazioni sui radicali; la domanda da porsi per evitare di commettere errori è sempre la stessa e la mettiamo bene in evidenza:

Cap. 2: I radicali

l'espressione che si ottiene ha lo stesso insieme di esistenza di quella iniziale?

Quando la risposta è negativa, occorre valutare di quali fattori o termini dell'espressione ottenuta si deve considerare il modulo affinché il dominio di questa espressione coincida con quello dell'espressione data. Vediamo altri esempi.

$\sqrt[8]{(-5)^4}$ semplificando per 4
- non è uguale a $\sqrt{-5}$
- ma è uguale a $\sqrt{|-5|}$ cioè $\sqrt{5}$

## ESEMPI

Semplifichiamo i seguenti radicali.

1. $\sqrt[6]{(4-x)^3}$

   Affinché questo radicale abbia significato deve essere $4 - x \geq 0$, cioè $x \leq 4$; semplificando otteniamo
   
   $$\sqrt[2 \cdot 6]{(4-x)^{3}} = \sqrt{4-x}$$
   
   e anche l'insieme di esistenza di questo radicale è $x \leq 4$; non occorre dunque porre ulteriori condizioni e si può scrivere che
   
   $$\sqrt[6]{(4-x)^3} = \sqrt{4-x}$$

2. $\sqrt[4]{a^2 b^8}$

   Il radicale ha significato per qualsiasi valore reale di $a$ e di $b$ perché è il prodotto di due numeri che, essendo elevati a potenza pari, sono positivi o nulli. Semplificando otteniamo:
   
   $$\sqrt[4]{a^2 b^8} = \sqrt[2 \cdot 4]{a^2 b^{8 \cdot 4}} = \sqrt{ab^4}$$
   
   Chiediamoci adesso se anche questo radicale è definito $\forall a, b \in R$:
   - $b^4$ è sempre positivo o nullo perché è una potenza con esponente pari
   - il fattore $a$ invece può assumere qualsiasi valore reale, anche negativo.
   
   Di conseguenza, affinché il dominio rimanga invariato, dopo la semplificazione dobbiamo considerare il modulo del fattore $a$ e scriviamo quindi che:
   
   $$\sqrt[4]{a^2 b^8} = \sqrt{|a|b^4}$$

*ulteriori esempi*

Dagli esempi visti possiamo trarre la seguente **regola pratica** che ci aiuta a stabilire quali sono i fattori di cui dobbiamo considerare il modulo:

**QUANDO METTERE IL MODULO A UN RADICALE**

- ■ in generale, si deve considerare il modulo di quei fattori che, elevati a potenza pari prima della semplificazione (il che garantisce sempre la non negatività) diventano elevati a potenza dispari dopo la semplificazione (che non garantisce la non negatività).

   Per esempio:  $\sqrt[4]{x^2} = \sqrt{|x|}$   $\sqrt{x^2} = |x|$

- ■ Non va mai messo il valore assoluto ai radicandi che complessivamente, prima della semplificazione, hanno potenza dispari perché la condizione di esistenza impone già che essi siano positivi.

   Per esempio:  $\sqrt[6]{x^3} = \sqrt{x}$   $\sqrt[3]{x^3} = x$

ESERCIZI E PROBLEMI

pag. 207

## 3 I RADICALI QUADRATICI E LE OPERAZIONI FONDAMENTALI

### 3.1 La moltiplicazione, la divisione e la potenza

I radicali quadratici sono quelli che si incontrano con maggiore frequenza nelle applicazioni; come abbiamo evidenziato, un radicale quadratico ha sempre la forma

$$\sqrt{a}$$

dove $a$ è un numero reale non negativo che può anche essere rappresentato da un'espressione algebrica.
In quest'ultimo caso ricordiamo che, per l'esistenza del radicale, si deve richiedere che l'espressione sia positiva o nulla.
Per esempio:

*Un radicale quadratico si può calcolare solo di un numero positivo o nullo.*

- $\sqrt{x-1}$ è definito solo se $x \geq 1$

- $\sqrt{ab}$ è definito solo se $ab \geq 0$, cioè se $a$ e $b$ sono numeri concordi oppure nulli.

Il prodotto o il quoziente tra due radicali si può eseguire solo se i radicali hanno lo stesso indice; vale infatti il seguente teorema.

**IL PRODOTTO E IL QUOZIENTE**

> **Teorema.** Il prodotto o il quoziente di due radicali quadratici è un radicale quadratico che ha come radicando rispettivamente il prodotto e il quoziente dei radicandi:
> 
> $\sqrt{a} \cdot \sqrt{b} = \sqrt{ab}$   con $a, b \geq 0$   $\dfrac{\sqrt{a}}{\sqrt{b}} = \sqrt{\dfrac{a}{b}}$   con $a \geq 0, b > 0$

Per esempio:

- $\sqrt{7} \cdot \sqrt{8} = \sqrt{7 \cdot 8} = \sqrt{56}$

- $\sqrt{3} \cdot \sqrt{12} = \sqrt{3 \cdot 12} = \sqrt{36} = 6$

- $\dfrac{\sqrt{2}}{\sqrt{6}} = \sqrt{\dfrac{2}{6}} = \sqrt{\dfrac{1}{3}}$

- $\sqrt{\dfrac{3}{4}} \cdot \sqrt{\dfrac{1}{6}} : \sqrt{\dfrac{3}{8}} = \sqrt{\dfrac{3}{4} \cdot \dfrac{1}{6} : \dfrac{3}{8}} = \sqrt{\dfrac{3}{4} \cdot \dfrac{1}{6} \cdot \dfrac{8}{3}} = \sqrt{\dfrac{1}{3}}$

- $\sqrt{x} \cdot \sqrt{x+2} = \sqrt{x(x+2)} = \sqrt{x^2 + 2x}$   se   $x \geq 0$

Sappiamo che la scrittura $a^k$, con $k$ numero naturale, indica il prodotto di $k$ fattori tutti uguali ad $a$; se il numero $a$ è un radicale la definizione non cambia:

**LA POTENZA**

$$(\sqrt{a})^k = \underbrace{\sqrt{a} \cdot \sqrt{a} \cdot \ldots \cdot \sqrt{a}}_{k \text{ volte}}$$

Eseguendo il prodotto otteniamo che:

$$(\sqrt{a})^k = \sqrt{\underbrace{a \cdot a \cdot \ldots \cdot a}_{k \text{ volte}}} = \sqrt{a^k}$$

Tutto ciò può essere riassunto nella seguente regola.

Cap. 2: I radicali — 35

Per elevare a potenza *n*-esima un radicale quadratico, si eleva a quella potenza il radicando:
$$\left(\sqrt{a}\right)^k = \sqrt{a^k}$$

Per esempio:
- $\left(\sqrt{3}\right)^4 = \sqrt{3^4} = 3^2 = 9$
- $\left(-\sqrt{2}\right)^3 = -\sqrt{2^3} = -\sqrt{8}$

## ESEMPI

**1.** Eseguiamo le operazioni indicate.

   **a.** $\sqrt{3} \cdot \sqrt{6} \cdot \sqrt{8} = \sqrt{3 \cdot 6 \cdot 8} = \sqrt{144} = 12$

   **b.** $\sqrt{\dfrac{2}{7}} \cdot \sqrt{14} : \sqrt{\dfrac{18}{5}} = \sqrt{\dfrac{2}{7} \cdot 14 \cdot \dfrac{5}{18}} = \sqrt{\dfrac{10}{9}}$

   **c.** $\sqrt{x} : \sqrt{\dfrac{3}{2}x} \cdot \sqrt{\dfrac{1}{4}xy} = \sqrt{x : \left(\dfrac{3}{2}x\right) \cdot \dfrac{1}{4}xy} = \sqrt{\dfrac{1}{6}xy}$

**2.** Eseguiamo le seguenti potenze:

   **a.** $\left(\sqrt{\dfrac{3}{2}}\right)^3 = \sqrt{\left(\dfrac{3}{2}\right)^3} = \sqrt{\dfrac{27}{8}}$

   **b.** $\left(\sqrt{ax^2}\right)^4 = \sqrt{(ax^2)^4} = (ax^2)^2 = a^2x^4$

Da questo secondo esempio possiamo dedurre che, quando l'esponente della potenza è multiplo di 2, cioè dell'indice della radice, si può omettere il passaggio intermedio ed eseguire subito la semplificazione del radicale:
$$\left(\sqrt{ax^2}\right)^{\cancel{4}^2} = (ax^2)^2$$

**3.** Come caso particolare dell'elevamento a potenza osserva i seguenti esempi in cui si sono applicate anche le regole dei prodotti notevoli.

   **a.** $\left(2 + \sqrt{3}\right)^2 = 4 + \left(\sqrt{3}\right)^2 + 2 \cdot 2 \cdot \sqrt{3} = 4 + 3 + 4\sqrt{3} = 7 + 4\sqrt{3}$

   **b.** $\left(1 - \sqrt{5}\right)^2 = 1 + \left(-\sqrt{5}\right)^2 - 2 \cdot \sqrt{5} = 1 + 5 - 2\sqrt{5} = 6 - 2\sqrt{5}$

   **c.** $\left(7 + \sqrt{3}\right)\left(7 - \sqrt{3}\right) = 7^2 - \left(\sqrt{3}\right)^2 = 49 - 3 = 46$

   **d.** $\left(4\sqrt{2} + 1\right)\left(4\sqrt{2} - 1\right) = \left(4\sqrt{2}\right)^2 - (1)^2 = 32 - 1 = 31$

### 3.2 Il trasporto dentro e fuori il simbolo di radice

Applicando la regola del prodotto e del quoziente è anche possibile eseguire il prodotto di un numero reale (non espresso in forma radicale) per un radicale. Consideriamo per esempio l'espressione

$$3 \cdot \sqrt{2}$$

**IL TRASPORTO DENTRO IL SIMBOLO DI RADICE**

Se interpretiamo il fattore 3 come $\sqrt{3^2}$, possiamo eseguire il prodotto indicato con la stessa regola:

$$3 \cdot \sqrt{2} = \sqrt{3^2} \cdot \sqrt{2} = \sqrt{3^2 \cdot 2} = \sqrt{18}$$

Sostanzialmente abbiamo trasportato il fattore 3, esterno al radicale, al suo interno, semplicemente elevandolo a una potenza uguale all'indice della radice, nel nostro caso 2.

$$3 \cdot \sqrt{2} = \sqrt{3^2 \cdot 2}$$

Analogamente:

- $5\sqrt{3} = \sqrt{5^2 \cdot 3} = \sqrt{75}$

- $\dfrac{3}{2}\sqrt{2} = \sqrt{\left(\dfrac{3}{2}\right)^2 \cdot 2} = \sqrt{\dfrac{9}{4} \cdot 2} = \sqrt{\dfrac{9}{2}}$

Se $a$ è un numero positivo, vale la seguente regola generale:

$$\boxed{a \cdot \sqrt{b} = \sqrt{a^2 \cdot b}}$$

Consideriamo adesso il prodotto: $-2 \cdot \sqrt{5}$

Per trasportare il fattore esterno sotto il simbolo di radice, dobbiamo lasciare il segno meno fuori dal radicale al fine di mantenere il segno negativo complessivo del numero:

$$-2 \cdot \sqrt{5} = -\sqrt{2^2 \cdot 5} = -\sqrt{20}$$

Sarebbe un **errore grave** trasportare il fattore esterno negativo sotto la radice perché si arriverebbe a scrivere un'uguaglianza assurda:

$$\underbrace{-2 \cdot \sqrt{5}}_{\text{numero negativo}} = \sqrt{(-2)^2 \cdot 5} = \underbrace{\sqrt{20}}_{\text{numero positivo}}$$

In sostanza:

sotto al simbolo di radice si trasporta sempre e solo il valore assoluto del fattore esterno e si lascia il segno fuori dalla radice.

Per i fattori numerici la regola risulta di semplice applicazione; quando il fattore esterno è letterale, si deve invece prestare maggiore attenzione perché il segno non è costante ma dipende dai valori assunti dalle lettere.
Per esempio:

- $(x+1)\sqrt{x}$

  Il radicale è definito per $x \geq 0$ e, per tali valori di $x$, il fattore esterno è sempre positivo (un numero positivo o nullo al quale si aggiunge 1 è sempre positivo); possiamo quindi scrivere:

  $$(x+1)\sqrt{x} = \sqrt{x(x+1)^2}$$

- $x\sqrt{2}$

  In questo caso non è noto il segno del fattore esterno; dobbiamo quindi distinguere due casi:
  - se $x \geq 0$ il radicale diventa: $\sqrt{2x^2}$
  - se $x < 0$ è necessario lasciare il segno negativo all'esterno; poiché vale l'uguaglianza $x = -(-x)$, possiamo scrivere: $-\sqrt{2 \cdot (-x)^2} = -\sqrt{2x^2}$

**Se un numero $x$ è negativo, il numero $-x$ è positivo**, perché il segno meno davanti a $x$ fa considerare il suo opposto. Scrivere $-x$ non vuol dire quindi che si sta trattando necessariamente con un numero negativo.

Cap. 2: I radicali

Riassumendo:

> per trasportare un fattore esterno *a* sotto il simbolo di radice quadrata ci si comporta così:
> - se $a \geq 0$ si eleva *a* al quadrato e si lascia un segno positivo all'esterno
> - se $a < 0$ si trasforma *a* in $-(-a)$, si eleva $-a$ al quadrato e si lascia il segno negativo all'esterno.

Se leggiamo la regola del prodotto e del quoziente da destra verso sinistra troviamo che, nel caso in cui *a* e *b* siano entrambi positivi:

$$\sqrt{ab} = \sqrt{a} \cdot \sqrt{b} \qquad \sqrt{\frac{a}{b}} = \frac{\sqrt{a}}{\sqrt{b}}$$

**IL TRASPORTO FUORI DAL SIMBOLO DI RADICE**

Ma il prodotto $ab$ e il quoziente $\dfrac{a}{b}$ sono positivi anche quando sia *a* che *b* sono negativi e in tale situazione le due espressioni $\sqrt{a}$ e $\sqrt{b}$ non hanno significato. Dobbiamo quindi modificare le precedenti relazioni considerando i valori assoluti dei due fattori *a* e *b* per garantire l'esistenza della seconda parte di entrambe le relazioni:

$$\boxed{\sqrt{ab} = \sqrt{|a|} \cdot \sqrt{|b|}} \qquad \boxed{\sqrt{\frac{a}{b}} = \frac{\sqrt{|a|}}{\sqrt{|b|}}}$$

Questa operazione consente, in determinate condizioni, di trasportare un fattore fuori dal simbolo di radice eseguendo, sostanzialmente, l'operazione inversa del trasporto sotto la radice.
Per esempio, consideriamo il radicale $\sqrt{12}$ e riscriviamolo scomponendo il radicando in fattori primi:

$$\sqrt{12} = \sqrt{2^2 \cdot 3}$$

Eseguiamo in senso inverso il procedimento precedente:

$$\sqrt{2^2 \cdot 3} = \sqrt{2^2} \cdot \sqrt{3} = 2 \cdot \sqrt{3}$$

Analogamente:
- $\sqrt{50} = \sqrt{5^2 \cdot 2} = \sqrt{5^2} \cdot \sqrt{2} = 5\sqrt{2}$
- $\sqrt{27} = \sqrt{3^3} = \sqrt{3^2 \cdot 3} = \sqrt{3^2} \cdot \sqrt{3} = 3\sqrt{3}$
- $\sqrt{\dfrac{8}{9}} = \sqrt{\dfrac{2^3}{3^2}} = \sqrt{\dfrac{2^2 \cdot 2}{3^2}} = \dfrac{\sqrt{2^2} \cdot \sqrt{2}}{\sqrt{3^2}} = \dfrac{2}{3}\sqrt{2}$

È evidente che un fattore può essere portato fuori dal simbolo di radice se il suo esponente è maggiore oppure uguale all'indice della radice, cioè, nel caso di radicali quadratici, se è maggiore oppure uguale a 2. Per esempio, dal radicale $\sqrt{30}$ non è possibile trasportare nulla fuori dal simbolo di radice perché $\sqrt{30} = \sqrt{2 \cdot 3 \cdot 5}$ e nessuno degli esponenti è maggiore o uguale a 2.
I passaggi per eseguire il trasporto di un fattore fuori dal simbolo di radice possono essere fatti in modo più veloce.
Consideriamo il radicale $\sqrt{2^3 \cdot 3^4 \cdot 5}$; se eseguiamo i passaggi degli esempi precedenti scriviamo

$$\sqrt{2^3 \cdot 3^4 \cdot 5} = \sqrt{2^2} \cdot \sqrt{2} \cdot \sqrt{3^2} \cdot \sqrt{3^2} \cdot \sqrt{5} = 2 \cdot 3 \cdot 3 \cdot \sqrt{2} \cdot \sqrt{5}$$

quindi, in definitiva $\quad \sqrt{2^3 \cdot 3^4 \cdot 5} = 2 \cdot 3^2 \cdot \sqrt{2 \cdot 5}$

Osserviamo che se dividiamo l'esponente di ciascun fattore che è trasportabile fuori dalla radice per l'indice della radice, che è 2, il quoziente intero è l'esponente del corrispondente fattore esterno, il resto della divisione è l'esponente del fattore interno:

$2^3$      esponente 3      $3 : 2 = 1$ con resto 1      fattore esterno $2^1$ fattore interno $2^1$

$3^4$      esponente 4      $4 : 2 = 2$ con resto 0      fattore esterno $3^2$ fattore interno $3^0$

In pratica poi, poiché $3^0 = 1$, il fattore 3 non compare all'interno della radice. Se consideriamo che i fattori con esponente 0 sono uguali a 1 e perciò si possono omettere nella scrittura del prodotto, da questa regola otteniamo subito il risultato finale.
Riassumendo:

> se indichiamo con:
> - $m$ l'esponente del radicando
> - $q$ il quoziente intero della divisione di $m$ per l'indice della radice (nel caso di radicali quadratici $m : 2$)
> - $r$ il resto di tale divisione
>
> allora, per ogni $a \geq 0$, vale la relazione $\sqrt{a^m} = a^q \sqrt{a^r}$

Nell'operare un trasporto fuori dal simbolo di radice occorre poi prestare attenzione ai fattori letterali al fine di garantire sia l'esistenza dei radicali sia l'uguaglianza dal punto di vista del segno.

Per esempio:
- $\sqrt{x^3} = x\sqrt{x}$ perché la condizione di esistenza del radicale $\sqrt{x^3}$ impone che sia $x \geq 0$
- $\sqrt{8ax^2} = 2|x|\sqrt{2a}$ perché del fattore $x$ non è noto il segno.

Osserva con attenzione gli esempi che seguono.

## ESEMPI

**1.** Trasportiamo sotto il simbolo di radice i seguenti fattori esterni.

**a.** $2 \cdot \sqrt{3a} = \sqrt{2^2 \cdot 3a} = \sqrt{12a}$

**b.** $-2\sqrt{2} = -\sqrt{2^2 \cdot 2} = -\sqrt{8}$

**c.** $-\dfrac{3}{4}\sqrt{\dfrac{8}{3}} = -\sqrt{\left(\dfrac{3}{4}\right)^2 \cdot \dfrac{8}{3}} = -\sqrt{\dfrac{9}{16} \cdot \dfrac{8}{3}} = -\sqrt{\dfrac{3}{2}}$

**d.** $\dfrac{1}{2}a \cdot \sqrt{2b}$

Per l'esistenza del radicale deve essere $b \geq 0$.
Poiché non conosciamo il segno del fattore esterno $a$, dobbiamo distinguere due casi:

- se $a \geq 0$ trasportiamo $\dfrac{1}{2}a$ sotto la radice elevando al quadrato: $\sqrt{\left(\dfrac{1}{2}a\right)^2 \cdot 2b} = \sqrt{\dfrac{1}{4}a^2 \cdot 2b} = \sqrt{\dfrac{1}{2}a^2 b}$

Cap. 2: I radicali

- se $a < 0$ scriviamo $\frac{1}{2}a$ nella forma $-\left(-\frac{1}{2}a\right)$ e lasciamo all'esterno il segno meno:

$$-\sqrt{\left(-\frac{1}{2}a\right)^2 \cdot 2b} = -\sqrt{\frac{1}{2}a^2 b}$$

**2.** Trasportiamo fuori dal simbolo di radice tutti i possibili fattori.

**a.** $\sqrt{2^4 \cdot 3^5 \cdot 7}$

Il fattore 7 non si può portare fuori dal simbolo di radice perché il suo esponente 1 è minore dell'indice 2 della radice; agli altri fattori invece si può applicare la regola precedente:

| $2^4$ | esponente 4 | $4 : 2 = 2$ con resto 0 | fattore esterno $2^2$ | fattore interno $2^0$ cioè 1 |
| $3^5$ | esponente 5 | $5 : 2 = 2$ con resto 1 | fattore esterno $3^2$ | fattore interno $3^1$ cioè 3 |

In definitiva: $\sqrt{2^4 \cdot 3^5 \cdot 7} = 2^2 \cdot 3^2 \cdot \sqrt{1 \cdot 3 \cdot 7} = 36\sqrt{21}$

**b.** $\sqrt{4a^3 b^2}$

Per l'esistenza del radicale deve essere $a \geq 0$

Non è necessario imporre alcuna condizione su $b$ perché, essendo elevato al quadrato, non è mai negativo.

Trasportiamo fuori dal radicale: il fattore numerico $4 = 2^2$, il fattore $a$ e il fattore $b$: $2ab\sqrt{a}$

Poiché non conosciamo il segno di $b$ dobbiamo considerare il modulo di questo fattore: $2a|b|\sqrt{a}$

*ulteriori esempi*

## ATTENZIONE AGLI ERRORI

Si possono portare dentro e fuori dal simbolo di radice **solo i fattori e non gli addendi**.

**È sbagliato scrivere:**
- $3 + \sqrt{5} = \sqrt{9 + 5}$
- $\sqrt{x^2 + 9} = x + 3$

In tutti questi casi non si può eseguire alcuna operazione sulle espressioni date.

### 3.3 Addizione e sottrazione

Le proprietà dei radicali che abbiamo usato finora ci hanno permesso di eseguire sostanzialmente solo moltiplicazioni e divisioni; non esistono teoremi che indichino proprietà che riguardano la somma e la sottrazione.

## ATTENZIONE AGLI ERRORI

Come abbiamo già più volte evidenziato **è assolutamente sbagliato scrivere**

$\sqrt{a} + \sqrt{b} = \sqrt{a + b}$     e anche     $\sqrt{a} - \sqrt{b} = \sqrt{a - b}$

Basta un semplice controesempio per verificarlo:

$\sqrt{25} + \sqrt{9} = 5 + 3 = 8$     mentre     $\sqrt{25 + 9} = \sqrt{34}$     e     $\sqrt{34} \neq 8$

Di conseguenza, quando si presenta un'operazione di questo tipo, per esempio $\sqrt{2} + \sqrt{7}$, non possiamo fare altro che lasciare indicata la somma o trovarne un valore approssimato.

Se però i radicali da sommare o sottrarre soddisfano alcune caratteristiche, si può trovare il valore esatto della somma o della differenza; non è difficile per esempio intuire che $3\sqrt{2} + 5\sqrt{2}$ è uguale a $8\sqrt{2}$ perché i due addendi hanno lo stesso fattore radicale; due radicali che hanno questa caratteristica si dicono **simili**. Per esempio:

- sono simili i radicali $\sqrt{3}$ e $-4\sqrt{3}$ $\quad -5\sqrt{2}$ e $\frac{1}{4}\sqrt{2}$

   perché hanno la stessa parte radicale

- non sono simili i radicali $\frac{1}{2}\sqrt{3}$ e $-\sqrt{2}$ $\quad 3\sqrt{5}$ e $3\sqrt{6}$

   perché non hanno la stessa parte radicale.

Per eseguire la somma o la differenza fra radicali simili ci si comporta in sostanza come con i monomi simili e si applica la proprietà di raccoglimento:

- con i monomi simili $\quad 3a + 5a = a(3+5) = 8a$
- con i radicali simili $\quad 3\sqrt{2} + 5\sqrt{2} = \sqrt{2}(3+5) = 8\sqrt{2}$

## Esempi

1. $4\sqrt{5} - \frac{1}{2}\sqrt{5} + \frac{1}{3}\sqrt{5} = \sqrt{5}\left(4 - \frac{1}{2} + \frac{1}{3}\right) = \frac{23}{6}\sqrt{5}$

2. $2\sqrt{3} - 4\sqrt{8} - \sqrt{27} + 3\sqrt{32}$

   Trasportiamo fuori dal simbolo di radice i possibili fattori:
   $2\sqrt{3} - 4\sqrt{8} - \sqrt{27} + 3\sqrt{32} = 2\sqrt{3} - 4\sqrt{2^3} - \sqrt{3^3} + 3\sqrt{2^5} = 2\sqrt{3} - 8\sqrt{2} - 3\sqrt{3} + 12\sqrt{2}$
   Sommiamo adesso i radicali simili: $(2-3)\sqrt{3} + (12-8)\sqrt{2} = -\sqrt{3} + 4\sqrt{2}$

3. Il trasporto dentro e fuori dal simbolo di radice dei possibili fattori facilita anche la semplificazione di alcuni prodotti notevoli:
   $(1-\sqrt{2})^3 = 1 + 3 \cdot 1^2 \cdot (-\sqrt{2}) + 3 \cdot 1 \cdot (-\sqrt{2})^2 + (-\sqrt{2})^3 = 1 - 3\sqrt{2} + 6 - \sqrt{8} = 7 - 3\sqrt{2} - 2\sqrt{2} = 7 - 5\sqrt{2}$

4. $\sqrt{a^5 b} - \sqrt{4a^3 b^3} + \sqrt{ab^5}$

   Trasportiamo fuori dal simbolo di radice i possibili fattori tenendo presente che il prodotto $ab$ è positivo per l'esistenza dei radicali:
   $\sqrt{a^5 b} - \sqrt{4a^3 b^3} + \sqrt{ab^5} = a^2 \cdot \sqrt{ab} - 2ab \cdot \sqrt{ab} + b^2 \cdot \sqrt{ab} = \sqrt{ab}(a^2 - 2ab + b^2) = \sqrt{ab}(a-b)^2$

*ulteriori esempi*

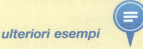

**Esercizi e problemi** $\qquad$ pag. 212

**Cap. 2:** *I radicali* $\quad$ **41**

## 4 I RADICALI CUBICI

Un radicale cubico ha la forma

$$\sqrt[3]{a}$$

In base alla definizione che abbiamo dato di radicale, scrivere:

- $\sqrt[3]{+8}$ significa trovare un numero reale che, elevato al cubo, sia uguale a $+8$; poiché $(+2)^3 = +8$ possiamo dire che $\sqrt[3]{+8} = +2$

- $\sqrt[3]{-8}$ significa trovare un numero reale che, elevato al cubo, sia uguale a $-8$; poiché $(-2)^3 = -8$ possiamo dire che $\sqrt[3]{-8} = -2$.

> Un radicale cubico si può calcolare di un qualunque numero reale.

Per estendere ai radicali cubici le proprietà che abbiamo visto a proposito dei radicali quadratici, così da poter eseguire le principali operazioni con regole analoghe, è però necessario poter considerare radicali il cui argomento è positivo. Dobbiamo quindi trovare un modo per esprimere correttamente il radicale $\sqrt[3]{-8}$ facendo in modo che il suo argomento diventi positivo.
Osserviamo allora che le due scritture

$$(-2)^3 \quad \text{oppure} \quad -(2^3)$$

sono formalmente diverse ma esprimono lo stesso numero reale $-8$.
E' quindi lecito considerare uguali le due scritture

$$\sqrt[3]{-8} \quad e \quad -\sqrt[3]{8}$$

In altre parole, nel caso di radicali di indice dispari, e in particolare nel caso di radicali cubici, vale l'uguaglianza:

$$\boxed{\sqrt[3]{-a} = -\sqrt[3]{a}} \qquad \text{con } a \geq 0$$

che possiamo interpretare dicendo che il segno *meno* all'interno di un radicale cubico può essere portato dentro e fuori dal simbolo di radice a seconda della convenienza.
In questo modo, per esempio:

- $\sqrt[3]{-4} = -\sqrt[3]{4}$

- $-\sqrt[3]{6} = \sqrt[3]{-6}$

Con questa posizione, le regole che abbiamo imparato per eseguire le principali operazioni con i radicali quadratici, si possono estendere in modo del tutto analogo ai radicali cubici.

**LE OPERAZIONI CON I RADICALI CUBICI**

■ **Prodotto e quoziente di radicali cubici:** $\sqrt[3]{a} \cdot \sqrt[3]{b} = \sqrt[3]{ab}$ e $\dfrac{\sqrt[3]{a}}{\sqrt[3]{b}} = \sqrt[3]{\dfrac{a}{b}}$

Per esempio:

- $\sqrt[3]{2} \cdot \sqrt[3]{18} = \sqrt[3]{2 \cdot 18} = \sqrt[3]{36}$

- $\sqrt[3]{\dfrac{1}{4}} : \sqrt[3]{8} \cdot \sqrt[3]{-16} = \sqrt[3]{\dfrac{1}{4}} \cdot \sqrt[3]{\dfrac{1}{8}} \cdot (-\sqrt[3]{16}) = -\sqrt[3]{\dfrac{1}{4} \cdot \dfrac{1}{8} \cdot 16} = -\sqrt[3]{\dfrac{1}{2}}$

- $\sqrt[3]{-a^2 b} \cdot \sqrt[3]{ab^2} = -\sqrt[3]{a^2 b} \cdot \sqrt[3]{ab^2} = -\sqrt[3]{a^2 b \cdot ab^2} = \sqrt[3]{a^3 b^3} = -ab$

■ **Potenza di radicali cubici:** $\left(\sqrt[3]{a}\right)^n = \sqrt[3]{a^n}$

Per esempio:

- $\left(\sqrt[3]{\dfrac{3}{5}}\right)^4 = \sqrt[3]{\left(\dfrac{3}{5}\right)^4}$

- $\left(\sqrt[3]{3x^2y}\right)^2 = \sqrt[3]{(3x^2y)^2} = \sqrt[3]{9x^4y^2}$

- $\left(\sqrt[3]{x} - 2\right)^3 = \left(\sqrt[3]{x}\right)^3 + 3 \cdot \left(\sqrt[3]{x}\right)^2(-2) + 3 \cdot \sqrt[3]{x} \cdot (-2)^2 + (-2)^3 = x - 6\sqrt[3]{x^2} + 12\sqrt[3]{x} - 8$

■ **Trasporto sotto al simbolo di radice**

Si eleva al cubo il valore assoluto del fattore esterno lasciando fuori il segno.
Per esempio:

- $3\sqrt[3]{2} = \sqrt[3]{3^3 \cdot 2} = \sqrt[3]{54}$

- $-2\sqrt[3]{\dfrac{1}{2}} = -\sqrt[3]{2^3 \cdot \dfrac{1}{2}} = -\sqrt[3]{4}$

■ **Trasporto fuori dal simbolo di radice**

Si possono trasportare all'esterno solo i fattori il cui esponente è maggiore o uguale a 3; se $m$ è l'esponente del radicando, $q$ è il quoziente intero della divisione di $m$ per 3 e $r$ è il resto della divisione:

$$\sqrt[3]{a^m} = a^q \sqrt[3]{a^r}$$

Per esempio:

- $\sqrt[3]{2^5} = 2\sqrt[3]{2^2}$   nella divisione 5 : 3, il quoziente è 1 e il resto è 2

- $\sqrt[3]{54a^4b^2} = \sqrt[3]{2 \cdot 3^3 a^4 b^2} = 3a\sqrt[3]{2ab^2}$   i fattori 2 e $b^2$ non si possono trasportare fuori dalla radice perché i loro esponenti sono minori di 3

■ **Addizione e sottrazione**

Si possono eseguire solo tra radicali simili. Per esempio:

- $\sqrt[3]{4} + 2\sqrt[3]{4} - 7\sqrt[3]{4} = (1 + 2 - 7)\sqrt[3]{4} = -4\sqrt[3]{4}$

- $\dfrac{1}{2}\sqrt[3]{16} + 5\sqrt[3]{2} = \dfrac{1}{2} \cdot 2\sqrt[3]{2} + 5\sqrt[3]{2} = 6\sqrt[3]{2}$

- $4\sqrt[3]{2} + \sqrt{2}$   non si può eseguire perché i radicali non sono simili (uno è cubico, l'altro è quadratico)

- $8\sqrt[3]{5} - 6\sqrt[3]{7}$ non si può eseguire perché i radicali non sono simili (sono due radicali cubici che non hanno lo stesso argomento)

## ESEMPI

**1.** Portiamo il fattore esterno sotto il simbolo di radice:

a. $\dfrac{3}{4}\sqrt[3]{\dfrac{2}{9}} = \sqrt[3]{\left(\dfrac{3}{4}\right)^3 \cdot \dfrac{2}{9}} = \sqrt[3]{\dfrac{27}{64}_{32} \cdot \dfrac{2}{9}_1} = \sqrt[3]{\dfrac{3}{32}}$

b. $-\dfrac{4}{5} \cdot \sqrt[3]{\dfrac{5}{4}} = -\sqrt[3]{\left(\dfrac{4}{5}\right)^3 \cdot \dfrac{5}{4}} = -\sqrt[3]{\dfrac{16}{25}}$

Cap. 2: I radicali  43

**2.** Portiamo fuori dal simbolo di radice i possibili fattori:

**a.** $\sqrt[3]{\dfrac{9}{16}x^7y^8}$  Scriviamo il coefficiente numerico sotto forma di potenza: $\sqrt[3]{\dfrac{3^2}{2^4}x^7y^8}$

Il fattore $3^2$ non si può portare fuori dal simbolo di radice; per gli altri fattori applichiamo la regola tenendo presente che l'indice della radice è 3:

| | | | | |
|---|---|---|---|---|
| $2^4$ | esponente 4 | $4 : 3 = 1$ con resto 1 | fattore esterno $2^1$ | fattore interno $2^1$ cioè 2 |
| $x^7$ | esponente 7 | $7 : 3 = 2$ con resto 1 | fattore esterno $x^2$ | fattore interno $x^1$ cioè $x$ |
| $y^8$ | esponente 8 | $8 : 3 = 2$ con resto 2 | fattore esterno $y^2$ | fattore interno $y^2$ |

In definitiva: $\sqrt[3]{\dfrac{9}{16}x^7y^8} = \dfrac{1}{2}x^2y^2 \cdot \sqrt[3]{\dfrac{9}{2}xy^2}$

**b.** $\sqrt[3]{72a^4b^7x^3}$  Scomponiamo dapprima il coefficiente numerico: $\sqrt[3]{2^3 \cdot 3^2 \cdot a^4b^7x^3}$

Il fattore $3^2$ rimane all'interno della radice, relativamente agli altri fattori:

| | | |
|---|---|---|
| $2^3$ | fattore esterno: 2 | fattore interno: non compare |
| $a^4$ | fattore esterno: $a$ | fattore interno: $a$ |
| $b^7$ | fattore esterno: $b^2$ | fattore interno: $b$ |
| $x^3$ | fattore esterno: $x$ | fattore interno: non compare |

Quindi: $\sqrt[3]{72a^4b^7x^3} = 2ab^2x\sqrt[3]{9ab}$

**c.** $\sqrt[3]{54a^4x^6y^2}$

Scomponiamo il coefficiente numerico e procediamo più rapidamente tenendo presente che il fattore $y^2$ non può essere trasportato fuori dal simbolo di radice:

$\sqrt[3]{2 \cdot 3^3 a^4x^6y^2} = 3ax^2\sqrt[3]{2ay^2}$

**3.** Semplifichiamo l'espressione: $\sqrt[3]{a^4y} - 2\sqrt[3]{ay} + 5\sqrt[3]{ay^4}$

Portiamo fuori dalla radice tutti i fattori possibili: $a\sqrt[3]{ay} - 2\sqrt[3]{ay} + 5y\sqrt[3]{ay}$

I radicali ottenuti sono simili e possono essere sommati applicando la proprietà di raccoglimento:

$(a - 2 + 5y)\sqrt[3]{ay}$

ESERCIZI E PROBLEMI                                              pag. 221

# 5 ESTENSIONE AI RADICALI DI INDICE *n* QUALSIASI

## 5.1 Le operazioni fondamentali

Le operazioni che abbiamo imparato ad eseguire tra radicali quadratici e cubici si possono eseguire tra radicali di indice *n* qualsiasi con le stesse regole già enunciate tenendo presente che:

- prodotti e quozienti di radicali si possono eseguire solo tra radicali aventi lo stesso indice; in questo caso:

  $\sqrt[n]{a} \cdot \sqrt[n]{b} = \sqrt[n]{ab}$    con    $a, b \geq 0$

  $\dfrac{\sqrt[n]{a}}{\sqrt[n]{b}} = \sqrt[n]{\dfrac{a}{b}}$    con    $a \geq 0, b > 0$

- per elevare a potenza un radicale si eleva a quella potenza il radicando:
  $\left(\sqrt[n]{a}\right)^k = \sqrt[n]{a^k}$

- un fattore positivo si può trasportare sotto il simbolo di radice elevandolo a potenza $n$:
  $a \cdot \sqrt[n]{b} = \sqrt[n]{a^n \cdot b}$

- un fattore si può trasportare fuori dal simbolo di radice solo se il suo esponente è maggiore o uguale all'indice della radice, ed è:
  $\sqrt[n]{a^m} = a^q \sqrt[n]{a^r}$
  con $q$ quoziente intero della divisione $m:n$ e $r$ resto della divisione

- somme e differenze di radicali si possono eseguire solo tra radicali simili.

> Per i radicali di indice n valgono le stesse considerazioni fatte per:
> - i radicali quadratici se n è pari
> - i radicali cubici se n è dispari.

> Se il fattore esterno è negativo, il segno si lascia all'esterno del radicale:
> $-2\sqrt[4]{3} = -\sqrt[4]{2^4 \cdot 3}$

Per esempio:
- $\sqrt[4]{3} \cdot \sqrt[4]{12} = \sqrt[4]{3 \cdot 12} = \sqrt[4]{36} = \sqrt[4]{6^2} = \sqrt{6}$
- $\left(\sqrt[5]{2}\right)^3 = \sqrt[5]{2^3} = \sqrt[5]{8}$
- $3\sqrt[4]{\dfrac{1}{3}} = \sqrt[4]{3^4 \cdot \dfrac{1}{3}} = \sqrt[4]{3^3} = \sqrt[4]{27}$
- $\sqrt[6]{128} = \sqrt[6]{2^7} = 2\sqrt[6]{2}$
- $\sqrt[4]{5} + 2\sqrt[4]{5} - 7\sqrt[4]{5} = \sqrt[4]{5}(1+2-7) = -4\sqrt[4]{5}$

Consideriamo adesso il seguente problema.
Un rettangolo ha un lato uguale al lato di un quadrato di area $32 cm^2$ e l'altro uguale al lato di un cubo di volume $40 cm^3$. Quanto misura la sua area?

La risposta a questa domanda prevede il calcolo di un prodotto di un radicale quadratico per un radicale cubico; infatti:

- il primo lato del rettangolo misura:    $\sqrt{32} = 4\sqrt{2}$
- il secondo lato del rettangolo misura:    $\sqrt[3]{40} = 2\sqrt[3]{5}$
- quindi l'area misura:    $4 \underbrace{\sqrt{2}}_{\text{radicale quadratico}} \cdot 2 \underbrace{\sqrt[3]{5}}_{\text{radicale cubico}}$

Per poter eseguire questo prodotto occorre dapprima ridurre i due radicali allo stesso indice applicando la proprietà invariantiva che abbiamo visto nel secondo paragrafo.
Poiché gli indici delle due radici sono rispettivamente 2 e 3, conviene usare come indice comune il loro *m.c.m.*, cioè 6; in questo modo:

$$\sqrt{2} = \sqrt[2\cdot 3]{2^3} = \sqrt[6]{8} \qquad \sqrt[3]{5} = \sqrt[3\cdot 2]{5^2} = \sqrt[6]{25}$$

E' ora possibile eseguire il prodotto; l'area del rettangolo è quindi:

$$4\sqrt{2} \cdot 2\sqrt[3]{5} = 8 \cdot \sqrt[6]{8} \cdot \sqrt[6]{25} = 8\sqrt[6]{8 \cdot 25} = 8\sqrt[6]{200}$$

**Cap. 2: I radicali**    **45**

**LA REGOLA PER IL PRODOTTO E IL QUOZIENTE**

La procedura per eseguire il prodotto o il quoziente tra radicali di indici diversi è quindi la seguente:

- si riducono i radicali allo stesso indice, che è il *m.c.m.* tra gli indici delle radici
- si esegue il prodotto o il quoziente
- si semplifica, se possibile, il radicale ottenuto.

## ESEMPI

**1.** Riduciamo allo stesso indice i seguenti radicali:

**a.** $\sqrt[4]{25}$  $\sqrt[6]{27}$  $\sqrt[3]{4}$

Scomponiamo innanzi tutto i radicandi e vediamo se è possibile semplificare i radicali:

$\sqrt[4]{25} = \sqrt[4]{5^2} = \sqrt{5}$   $\qquad$   $\sqrt[6]{27} = \sqrt[6]{3^3} = \sqrt{3}$   $\qquad$   $\sqrt[3]{4} = \sqrt[3]{2^2}$ il radicale è irriducibile

Le tre radici hanno rispettivamente indice 2, 2, 3, quindi l'indice comune è 6:

$\sqrt{5} = \sqrt[6]{5^3} = \sqrt[6]{125}$   $\qquad$   $\sqrt{3} = \sqrt[6]{3^3} = \sqrt[6]{27}$   $\qquad$   $\sqrt[3]{2^2} = \sqrt[6]{2^4} = \sqrt[6]{16}$

**b.** 2   $\sqrt{5}$   $\sqrt[4]{\dfrac{1}{6}}$

Qualunque numero reale positivo si può vedere sotto forma di radicale perché sappiamo che $\sqrt[n]{a^n} = a$; nel nostro caso consideriamo che 2, visto che l'indice comune alle altre due radici è 4, si può vedere come $\sqrt[4]{2^4}$. Riducendo tutto al comune indice 4 otteniamo:

$2 = \sqrt[4]{2^4} = \sqrt[4]{16}$   $\qquad$   $\sqrt{5} = \sqrt[4]{5^2} = \sqrt[4]{25}$   $\qquad$   $\sqrt[4]{\dfrac{1}{6}} = \sqrt[4]{\dfrac{1}{6}}$.

**2.** Eseguiamo le seguenti moltiplicazioni e divisioni:

**a.** $\sqrt{\dfrac{2}{3}} : \sqrt[3]{\dfrac{4}{3}} \cdot \sqrt[3]{24}$   $\qquad$ Riduciamo prima di tutto i radicali all'indice comune 6: $\sqrt[6]{\dfrac{2^3}{3^3}} : \sqrt[6]{\dfrac{4^2}{3^2}} \cdot \sqrt[6]{24^2}$

Riscriviamo usando un solo radicale e trasformando contemporaneamente la divisione in moltiplicazione:

$$\sqrt[6]{\dfrac{2^3}{3^3} \cdot \dfrac{3^2}{4^2} \cdot 24^2}$$

Eseguiamo le operazioni indicate scomponendo dapprima in fattori primi in modo da eseguire più facilmente il calcolo:

$$\sqrt[6]{\dfrac{2^3}{3^3} \cdot \dfrac{3^2}{2^4} \cdot 2^6 \cdot 3^2} = \sqrt[6]{2^5 \cdot 3} = \sqrt[6]{96}$$

**b.** $\sqrt{xy} \cdot \sqrt[3]{x^2 y} : \sqrt[6]{xy}$

Possiamo eseguire contemporaneamente la riduzione dei radicali allo stesso indice, che è 6, e la scrittura sotto lo stesso simbolo di radice:

$$\sqrt[6]{(xy)^3 \cdot (x^2 y)^2 : (xy)} = \sqrt[6]{x^3 y^3 \cdot x^4 y^2 : (xy)} = \sqrt[6]{x^6 y^4}$$

Semplificando il radicale e trasportando i possibili fattori al di fuori della radice otteniamo infine:

$$\sqrt[6]{x^6 y^4} = \sqrt[3]{x^3 y^2} = x\sqrt[3]{y^2}$$

**3.** Eseguiamo le potenze indicate:

**a.** $\left(\sqrt[5]{a^2b^3}\right)^2 = \sqrt[5]{(a^2b^3)^2} = \sqrt[5]{a^4b^6} = b \cdot \sqrt[5]{a^4b}$

**b.** $\left(\sqrt[6]{5xy}\right)^3 = \sqrt[6]{(5xy)^3} = \sqrt{5xy}$

In questo esempio l'indice della radice e l'esponente della potenza non sono primi fra loro ed il radicale ha quindi potuto essere semplificato. Quando questo accade, si può omettere in pratica il passaggio intermedio semplificando subito indice ed esponente:

$\left(\sqrt[\cancel{6}^{\,2}]{5xy}\right)^{\cancel{3}^{\,1}} = \sqrt{5xy}$

## 5.2 La radice di un radicale

Si dimostra che:

$$\sqrt[n]{\sqrt[m]{a}} = \sqrt[n \cdot m]{a}$$

cioè la radice $n$-esima della radice $m$-esima di un numero reale non negativo $a$ è uguale alla radice di indice $n \cdot m$ del numero $a$. Per esempio:

- $\sqrt{\sqrt{6}} = \sqrt[4]{6}$

- $\sqrt{\sqrt[3]{8}} = \sqrt[6]{8}$   e semplificando il radicale   $\sqrt[6]{2^3} = \sqrt{2}$

## ESEMPI

**1.** $\sqrt{3\sqrt{6}}$

Per semplificare questa espressione dobbiamo prima trasportare il fattore 3 sotto alla radice più interna:

$\sqrt{\sqrt{3^2 \cdot 6}} = \sqrt[4]{54}$

**2.** $\sqrt{2\sqrt{5}} = \sqrt{\sqrt{2^2 \cdot 5}} = \sqrt[4]{20}$

**3.** $\sqrt{\dfrac{1}{2}\sqrt{2}} = \sqrt{\sqrt{\left(\dfrac{1}{2}\right)^2 \cdot 2}} = \sqrt{\sqrt{\dfrac{1}{2}}} = \sqrt[4]{\dfrac{1}{2}}$

**4.** $\sqrt[3]{x^2 \cdot \sqrt{\dfrac{1}{x}}}$

Dal radicale più interno deduciamo che deve essere $x > 0$; scriviamo con una sola radice:

$\sqrt[3]{\sqrt{x^4 \cdot \dfrac{1}{x}}} = \sqrt[6]{x^4 : x} = \sqrt[6]{x^3}$   semplificando il radicale otteniamo $\sqrt{x}$.

**ESERCIZI E PROBLEMI**           pag. 224

## 6 I RADICALI QUADRATICI DOPPI

Un **radicale quadratico doppio** ha una forma del tipo $\sqrt{a \pm \sqrt{b}}$.

Per esempio: $\sqrt{2+\sqrt{3}}$ $\sqrt{4-\sqrt{7}}$ $\sqrt{1+2\sqrt{5}}$ sono radicali doppi.

Un radicale doppio (sottointendiamo d'ora in poi la parola *quadratico*) si può qualche volta trasformare in una forma che contenga solo radicali semplici e che quindi è più comoda da usare.

Consideriamo per esempio il radicale $\sqrt{7+2\sqrt{6}}$ e scriviamolo in questo modo:

$$\sqrt{7+2\sqrt{6}} = \sqrt{6+1+2\sqrt{6}} = \sqrt{(\sqrt{6}+1)^2} = \sqrt{6}+1$$

Questo tipo di trasformazione si può fare tutte le volte che si riesce a scrivere il radicando della radice più esterna sotto forma del quadrato di un binomio. Nel nostro caso abbiamo scritto il termine razionale (il numero 7) come somma di due numeri che rappresentino i due quadrati, ed il termine irrazionale (il numero $2\sqrt{6}$) come loro doppio prodotto.

> Ricordiamo che
> $a^2 + b^2 \pm 2ab = (a \pm b)^2$

Qualche altro esempio:

- $\sqrt{5-2\sqrt{6}}$

  Si parte dal doppio prodotto $2\sqrt{6}$ che si può vedere in modi diversi:

  $$2 \cdot \underset{\underset{a}{\uparrow}}{\sqrt{6}} \cdot \underset{\underset{b}{\uparrow}}{1} \quad \text{oppure} \quad 2 \cdot \underset{\underset{a}{\uparrow}}{\sqrt{3}} \cdot \underset{\underset{b}{\uparrow}}{\sqrt{2}}$$

  Nel nostro caso $a^2 + b^2$ deve essere uguale a 5, quindi $a = \sqrt{3}$ e $b = \sqrt{2}$.
  In definitiva:

  $$\sqrt{5-2\sqrt{6}} = \sqrt{3+2-2\sqrt{6}} = \sqrt{(\sqrt{3}-\sqrt{2})^2} = \sqrt{3}-\sqrt{2}$$

> L'ordine dei termini non è indifferente perché $\sqrt{3}-\sqrt{2}$ è un numero positivo mentre $\sqrt{2}-\sqrt{3}$ è negativo ed in questo secondo caso non può sussistere l'uguaglianza.

- $\sqrt{7+2\sqrt{10}}$

  Il doppio prodotto è $2\sqrt{10}$ che si può vedere come $2 \cdot \sqrt{5} \cdot \sqrt{2}$; allora scriviamo il numero 7 come $5 + 2$ ed otteniamo:

  $$\sqrt{7+2\sqrt{10}} = \sqrt{5+2+2\sqrt{5}\sqrt{2}} = \sqrt{(\sqrt{5}+\sqrt{2})^2} = \sqrt{5}+\sqrt{2}$$

Quando non è immediatamente riconoscibile il quadrato di un binomio si può usare la formula:

$$\boxed{\sqrt{a \pm \sqrt{b}} = \sqrt{\frac{a+\sqrt{a^2-b}}{2}} \pm \sqrt{\frac{a-\sqrt{a^2-b}}{2}}}$$

**LA FORMULA**

> La formula si può applicare solo se $a^2 - b \geq 0$ ed è conveniente applicarla solo se $a^2 - b$ è un quadrato perfetto perché, in questo caso, il radicale doppio si trasforma nella somma di due radicali semplici.

Infatti, se eleviamo al quadrato separatamente i suoi membri, otteniamo:

**I membro:** $\left(\sqrt{a \pm \sqrt{b}}\right)^2 = a \pm \sqrt{b}$

48   Cap. 2: I radicali

**II membro:** $\left(\sqrt{\dfrac{a+\sqrt{a^2-b}}{2}} \pm \sqrt{\dfrac{a-\sqrt{a^2-b}}{2}}\right)^2 =$

$= \dfrac{a+\sqrt{a^2-b}}{2} + \dfrac{a-\sqrt{a^2-b}}{2} \pm 2\sqrt{\dfrac{a+\sqrt{a^2-b}}{2}} \cdot \sqrt{\dfrac{a-\sqrt{a^2-b}}{2}} =$

$= \dfrac{a+\sqrt{a^2-b}+a-\sqrt{a^2-b}}{2} \pm 2\sqrt{\dfrac{a^2-(a^2-b)}{4}} = \dfrac{2a}{2} \pm \dfrac{2}{2}\sqrt{a^2-a^2+b} = a \pm \sqrt{b}$

Avendo ottenuto risultati uguali, la relazione è vera. Questa formula si può ovviamente usare per trasformare qualunque radicale doppio.

## ESEMPI

1. $\sqrt{4-\sqrt{7}}$

   Calcoliamo $a^2 - b = 16 - 7 = 9 = 3^2$

   Dunque abbiamo $\sqrt{4-\sqrt{7}} = \sqrt{\dfrac{4+\sqrt{3^2}}{2}} - \sqrt{\dfrac{4-\sqrt{3^2}}{2}} = \sqrt{\dfrac{4+3}{2}} - \sqrt{\dfrac{4-3}{2}} = \sqrt{\dfrac{7}{2}} - \sqrt{\dfrac{1}{2}}$

2. $\sqrt{12-3\sqrt{7}}$

   Prima di poter applicare la formula, dobbiamo riscrivere il radicale portando all'interno della radice il fattore 3

   $$\sqrt{12-\sqrt{63}}$$

   Calcoliamo $a^2 - b = 144 - 63 = 81 = 9^2$

   Dunque $\sqrt{12-3\sqrt{7}} = \sqrt{\dfrac{12+\sqrt{9^2}}{2}} - \sqrt{\dfrac{12-\sqrt{9^2}}{2}} = \sqrt{\dfrac{12+9}{2}} - \sqrt{\dfrac{12-9}{2}} = \sqrt{\dfrac{21}{2}} - \sqrt{\dfrac{3}{2}}$

*ulteriori esempi*

   **ESERCIZI E PROBLEMI**   pag. 227

## 7 LA RAZIONALIZZAZIONE

Quando una frazione ha per denominatore un radicale, può essere conveniente trasformarla in un'altra equivalente che abbia un denominatore razionale; per esempio, per eseguire una somma come la seguente:

$$\dfrac{1}{\sqrt{2}} + \dfrac{3}{\sqrt{2}+\sqrt{6}}$$

si deve trovare il *m.c.m.* fra $\sqrt{2}$ e $\sqrt{2}+\sqrt{6}$, che è sicuramente più laborioso che non trovare il *m.c.m.* fra due numeri interi.

**Cap. 2:** *I radicali*

L'operazione che permette di rendere razionale il denominatore di una frazione si chiama **razionalizzazione** e, per eseguirla, ci si avvale della proprietà invariantiva della divisione; in altre parole si moltiplica il numeratore e il denominatore della frazione per un opportuno fattore, detto **fattore razionalizzante**, in modo da rendere razionale il denominatore.

Per esempio, è facile intuire che per razionalizzare la frazione $\dfrac{1}{\sqrt{2}}$ basta moltiplicare numeratore e denominatore per $\sqrt{2}$:

$$\frac{1 \cdot \sqrt{2}}{\sqrt{2} \cdot \sqrt{2}} = \frac{\sqrt{2}}{\sqrt{2^2}} = \frac{\sqrt{2}}{2} \qquad \text{il fattore razionalizzante è } \sqrt{2}$$

E' invece meno facile intuire quale sia il fattore razionalizzante nel caso della frazione $\dfrac{3}{\sqrt{2}+\sqrt{6}}$; esaminiamo uno alla volta i casi che si possono presentare.

Nel dare le regole generali conveniamo di porre sempre uguale a 1 il numeratore della frazione perché il suo valore non influisce sulle considerazioni che faremo. Supporremo inoltre che ogni radicale sia irriducibile e che si siano già portati fuori dal simbolo di radice eventuali fattori.

> Proprietà invariantiva della divisione:
> $$\frac{a}{b} = \frac{a \cdot c}{b \cdot c}$$

## Razionalizzazione di frazioni del tipo $\dfrac{1}{\sqrt{a}}$

E' il caso che abbiamo visto prima; poiché $\sqrt{a^2} = a$, basta moltiplicare numeratore e denominatore per $\sqrt{a}$:

$$\frac{1}{\sqrt{a}} = \frac{1 \cdot \sqrt{a}}{\sqrt{a} \cdot \sqrt{a}} = \frac{\sqrt{a}}{\sqrt{a^2}} = \frac{\sqrt{a}}{a}$$

Quindi:

$$\frac{1}{\sqrt{a}} = \frac{\sqrt{a}}{a} \qquad \text{ed il fattore razionalizzante è } \sqrt{a}.$$

Per esempio:

- $\dfrac{1}{\sqrt{3}}$    fattore razionalizzante $\sqrt{3}$    $\dfrac{1 \cdot \sqrt{3}}{\sqrt{3} \cdot \sqrt{3}} = \dfrac{\sqrt{3}}{3}$

- $\dfrac{10}{\sqrt{5}}$    fattore razionalizzante $\sqrt{5}$    $\dfrac{10 \cdot \sqrt{5}}{\sqrt{5} \cdot \sqrt{5}} = \dfrac{10 \cdot \sqrt{5}}{5} = 2\sqrt{5}$

- $\dfrac{4}{3\sqrt{2}}$    fattore razionalizzante $\sqrt{2}$    $\dfrac{4 \cdot \sqrt{2}}{3 \cdot \sqrt{2} \cdot \sqrt{2}} = \dfrac{4 \cdot \sqrt{2}}{3 \cdot 2} = \dfrac{2\sqrt{2}}{3}$

**Attenzione** a quest'ultimo esempio: il fattore razionalizzante è $\sqrt{2}$ e non $3\sqrt{2}$; è inutile infatti moltiplicare anche per 3 che è un numero razionale.

## Razionalizzazione di frazioni del tipo $\dfrac{1}{\sqrt[3]{a^k}}$ con $k < 3$

Il caso è simile al precedente; poiché $\sqrt[3]{a^3} = a$ conviene moltiplicare per la radice cubica di $a^{3-k}$; si ha infatti che $a^k \cdot a^{3-k} = a^3$:

$$\frac{1}{\sqrt[3]{a^k}} = \frac{1 \cdot \sqrt[3]{a^{3-k}}}{\sqrt[3]{a^k} \cdot \sqrt[3]{a^{3-k}}} = \frac{\sqrt[3]{a^{3-k}}}{\sqrt[3]{a^k \cdot a^{3-k}}} = \frac{\sqrt[3]{a^{3-k}}}{\sqrt[3]{a^3}} = \frac{\sqrt[3]{a^{3-k}}}{a}$$

**Cap. 2:** I radicali

Quindi:

$$\frac{1}{\sqrt[3]{a^k}} = \frac{\sqrt[3]{a^{3-k}}}{a} \qquad \text{ed il fattore razionalizzante è} \qquad \sqrt[3]{a^{3-k}}$$

Per esempio:

- $\dfrac{1}{\sqrt[3]{5}}$ l'esponente del radicando è 1, il fattore razionalizzante è $\sqrt[3]{5^2}$ :

$$\frac{1 \cdot \sqrt[3]{5^2}}{\sqrt[3]{5} \cdot \sqrt[3]{5^2}} = \frac{\sqrt[3]{25}}{\sqrt[3]{5^3}} = \frac{\sqrt[3]{25}}{5}$$

- $\dfrac{6}{\sqrt[3]{4}} = \dfrac{6}{\sqrt[3]{2^2}}$ l'esponente del radicando è 2, il fattore razionalizzante è $\sqrt[3]{2}$ :

$$\frac{6}{\sqrt[3]{2^2}} \cdot \frac{\sqrt[3]{2}}{\sqrt[3]{2}} = \frac{6\sqrt[3]{2}}{\sqrt[3]{2^3}} = \frac{6\sqrt[3]{2}}{2} = 3\sqrt[3]{2}$$

## Razionalizzazione di frazioni del tipo $\dfrac{1}{\sqrt{a} \pm \sqrt{b}}$

Per scoprire quale sia il fattore razionalizzante ragioniamo in questo modo: dobbiamo fare in modo che $\sqrt{a}$ e $\sqrt{b}$ si trasformino rispettivamente in $\sqrt{a^2}$ e $\sqrt{b^2}$.

Allora, ricordando che $(a+b)(a-b) = a^2 - b^2$, possiamo dire che

$$(\sqrt{a} + \sqrt{b})(\sqrt{a} - \sqrt{b}) = (\sqrt{a})^2 - (\sqrt{b})^2 = a - b$$

Quindi per la frazione:

- $\dfrac{1}{\sqrt{a} + \sqrt{b}}$    il fattore razionalizzante è    $\sqrt{a} - \sqrt{b}$
- $\dfrac{1}{\sqrt{a} - \sqrt{b}}$    il fattore razionalizzante è    $\sqrt{a} + \sqrt{b}$

Nei due casi si ottiene:

$$\frac{1}{\sqrt{a} + \sqrt{b}} = \frac{1 \cdot (\sqrt{a} - \sqrt{b})}{(\sqrt{a} + \sqrt{b})(\sqrt{a} - \sqrt{b})} = \frac{\sqrt{a} - \sqrt{b}}{a - b}$$

$$\frac{1}{\sqrt{a} - \sqrt{b}} = \frac{1 \cdot (\sqrt{a} + \sqrt{b})}{(\sqrt{a} - \sqrt{b})(\sqrt{a} + \sqrt{b})} = \frac{\sqrt{a} + \sqrt{b}}{a - b}$$

Per esempio:

- $\dfrac{2}{\sqrt{3} - \sqrt{2}} = \dfrac{2(\sqrt{3} + \sqrt{2})}{(\sqrt{3} - \sqrt{2})(\sqrt{3} + \sqrt{2})} = \dfrac{2(\sqrt{3} + \sqrt{2})}{3 - 2} = 2(\sqrt{3} + \sqrt{2})$

- $\dfrac{4}{1 + \sqrt{3}} = \dfrac{4(1 - \sqrt{3})}{(1 + \sqrt{3})(1 - \sqrt{3})} = \dfrac{4(1 - \sqrt{3})}{1 - 3} = \dfrac{4(1 - \sqrt{3})}{-2} = 2(\sqrt{3} - 1)$

## Razionalizzazione di frazioni del tipo $\dfrac{1}{\sqrt[3]{a} \pm \sqrt[3]{b}}$

Il ragionamento è simile a quello fatto nel caso precedente: dobbiamo fare in modo che $\sqrt[3]{a}$ e $\sqrt[3]{b}$ si trasformino rispettivamente in $\sqrt[3]{a^3}$ e $\sqrt[3]{b^3}$.
Ricordando che

$$(a+b)(a^2-ab+b^2)=a^3+b^3 \quad \text{e che} \quad (a-b)(a^2+ab+b^2)=a^3-b^3$$

possiamo dire che

$$\left(\sqrt[3]{a}+\sqrt[3]{b}\right)\left(\sqrt[3]{a^2}-\sqrt[3]{ab}+\sqrt[3]{b^2}\right)=a+b \quad \text{e che} \quad \left(\sqrt[3]{a}-\sqrt[3]{b}\right)\left(\sqrt[3]{a^2}+\sqrt[3]{ab}+\sqrt[3]{b^2}\right)=a-b$$

Quindi per la frazione:

- $\dfrac{1}{\sqrt[3]{a}+\sqrt[3]{b}}$ il fattore razionalizzante è $\left(\sqrt[3]{a^2}-\sqrt[3]{ab}+\sqrt[3]{b^2}\right)$

- $\dfrac{1}{\sqrt[3]{a}-\sqrt[3]{b}}$ il fattore razionalizzante è $\left(\sqrt[3]{a^2}+\sqrt[3]{ab}+\sqrt[3]{b^2}\right)$

Nei due casi si ottiene:

$$\dfrac{1}{\sqrt[3]{a}+\sqrt[3]{b}}=\dfrac{1\cdot\left(\sqrt[3]{a^2}-\sqrt[3]{ab}+\sqrt[3]{b^2}\right)}{\left(\sqrt[3]{a}+\sqrt[3]{b}\right)\left(\sqrt[3]{a^2}-\sqrt[3]{ab}+\sqrt[3]{b^2}\right)}=\dfrac{\sqrt[3]{a^2}-\sqrt[3]{ab}+\sqrt[3]{b^2}}{a+b}$$

$$\dfrac{1}{\sqrt[3]{a}-\sqrt[3]{b}}=\dfrac{1\cdot\left(\sqrt[3]{a^2}+\sqrt[3]{ab}+\sqrt[3]{b^2}\right)}{\left(\sqrt[3]{a}-\sqrt[3]{b}\right)\left(\sqrt[3]{a^2}+\sqrt[3]{ab}+\sqrt[3]{b^2}\right)}=\dfrac{\sqrt[3]{a^2}+\sqrt[3]{ab}+\sqrt[3]{b^2}}{a-b}$$

Per esempio:

- $\dfrac{1}{\sqrt[3]{2}-\sqrt[3]{3}}=\dfrac{\sqrt[3]{4}+\sqrt[3]{6}+\sqrt[3]{9}}{\left(\sqrt[3]{2}-\sqrt[3]{3}\right)\left(\sqrt[3]{4}+\sqrt[3]{6}+\sqrt[3]{9}\right)}=\dfrac{\sqrt[3]{4}+\sqrt[3]{6}+\sqrt[3]{9}}{2-3}=-\left(\sqrt[3]{4}+\sqrt[3]{6}+\sqrt[3]{9}\right)$

- $\dfrac{3}{1+\sqrt[3]{2}}=\dfrac{3\left(1-\sqrt[3]{2}+\sqrt[3]{4}\right)}{\left(1+\sqrt[3]{2}\right)\left(1-\sqrt[3]{2}+\sqrt[3]{4}\right)}=\dfrac{3\left(1-\sqrt[3]{2}+\sqrt[3]{4}\right)}{1+2}=1-\sqrt[3]{2}+\sqrt[3]{4}$

Vediamo adesso qualche esempio riassuntivo sulla razionalizzazione.

## ESEMPI

1. $\dfrac{2}{5\sqrt[3]{4}}=\dfrac{2}{5\sqrt[3]{2^2}}$ il fattore razionalizzante è $\sqrt[3]{2} \rightarrow \dfrac{2\sqrt[3]{2}}{5\sqrt[3]{2^2}\cdot\sqrt[3]{2}}=\dfrac{2\sqrt[3]{2}}{5\cdot 2}=\dfrac{\sqrt[3]{2}}{5}$

2. $\dfrac{3-\sqrt{6}}{\sqrt{3}}=\dfrac{(3-\sqrt{6})\cdot\sqrt{3}}{\sqrt{3}\cdot\sqrt{3}}=\dfrac{3\sqrt{3}-\sqrt{18}}{3}=\dfrac{3\sqrt{3}-3\sqrt{2}}{3}=\dfrac{3(\sqrt{3}-\sqrt{2})}{3}=\sqrt{3}-\sqrt{2}$

3. $\dfrac{x^2-x}{\sqrt{x^3}}=\dfrac{x(x-1)}{x\cdot\sqrt{x}}=\dfrac{x-1}{\sqrt{x}}=\dfrac{(x-1)\sqrt{x}}{\sqrt{x}\cdot\sqrt{x}}=\dfrac{(x-1)\sqrt{x}}{x}$

**4.** Osserva il seguente esempio: dobbiamo razionalizzare $\dfrac{5}{\sqrt{5}}$.

Poiché $5 = \sqrt{5} \cdot \sqrt{5}$ possiamo anche scrivere: $\dfrac{5}{\sqrt{5}} = \dfrac{\sqrt{5} \cdot \sqrt{5}}{\sqrt{5}} = \sqrt{5}$

*ulteriori esempi*

## ATTENZIONE AGLI ERRORI

In nessun caso per eseguire una razionalizzazione si deve elevare a potenza:

- $\dfrac{2}{\sqrt{3}}$    non è equivalente a    $\left(\dfrac{2}{\sqrt{3}}\right)^2 = \dfrac{4}{3}$

             ma è equivalente a    $\dfrac{2}{\sqrt{3}} \cdot \dfrac{\sqrt{3}}{\sqrt{3}} = \dfrac{2\sqrt{3}}{3}$

- $\dfrac{1}{\sqrt{5}-1}$    non è equivalente a    $\dfrac{1}{(\sqrt{5}-1)^2}$

             ma è equivalente a    $\dfrac{1}{\sqrt{5}-1} \cdot \dfrac{\sqrt{5}+1}{\sqrt{5}+1} = \dfrac{\sqrt{5}+1}{4}$

Attenzione poi alla scelta dei fattori razionalizzanti; i seguenti procedimenti sono inutili al fine della razionalizzazione:

- $\dfrac{1}{\sqrt[3]{2}-1} = \dfrac{1}{\sqrt[3]{2}-1} \cdot \dfrac{\sqrt[3]{2}+1}{\sqrt[3]{2}+1}$    perché si ottiene    $\dfrac{\sqrt[3]{2}+1}{\sqrt[3]{4}-1}$

- $\dfrac{2}{3+\sqrt{2}} = \dfrac{2}{3+\sqrt{2}} \cdot \dfrac{\sqrt{2}}{\sqrt{2}}$    perché si ottiene    $\dfrac{2\sqrt{2}}{3\sqrt{2}+2}$

- $\dfrac{6}{\sqrt[3]{5}} = \dfrac{6}{\sqrt[3]{5}} \cdot \dfrac{\sqrt[3]{5}}{\sqrt[3]{5}}$    perché si ottiene    $\dfrac{6\sqrt[3]{5}}{\sqrt[3]{25}}$

In tutti questi casi non solo non si ottiene quello desiderato, ma a volte si peggiora la situazione.

 **ESERCIZI E PROBLEMI**      pag. 229

## 8 POTENZE AD ESPONENTE RAZIONALE

Conosciamo il significato di potenza di un numero reale *a* quando il suo esponente *n* è un numero intero. Ci si può domandare se è possibile attribuire un significato alla scrittura $a^n$ anche quando il suo esponente è un numero razionale, cioè ad esempio a scritture come $4^{\frac{1}{2}}, 5^{\frac{3}{4}}, \left(\dfrac{3}{5}\right)^{\frac{1}{3}}$.

Queste potenze infatti non possono più avere lo stesso significato che è stato attribuito alla potenza di un numero reale con esponente intero; non ha senso

Cap. 2: *I radicali*    **53**

dire, ad esempio, che $4^{\frac{1}{2}}$ significa che si deve calcolare il prodotto di $\frac{1}{2}$ fattori uguali a 4: la numerosità dei fattori di un prodotto è comunque un numero intero.

L'introduzione della radice $n$-esima di un numero reale positivo o nullo e le proprietà dei radicali ci consentono di dare significato anche a questo tipo di scritture.

Consideriamo, per esempio, le due scritture:

$$5^{\frac{2}{3}} \quad \text{e} \quad \sqrt[3]{5^2}$$

ed eleviamole entrambe al cubo:

$$\left(5^{\frac{2}{3}}\right)^3 = 5^2 \quad \text{e} \quad \left(\sqrt[3]{5^2}\right)^3 = 5^2$$

Avendo ottenuto lo stesso risultato, dobbiamo concludere che $\left(5^{\frac{2}{3}}\right)^3$ e $\left(\sqrt[3]{5^2}\right)^3$ sono espressioni uguali.

Inoltre, se due potenze di base positiva, come sono $5^{\frac{2}{3}}$ e $5^2$, sono uguali, anche le loro basi devono esserlo.

Possiamo quindi concludere che deve essere

$$5^{\frac{2}{3}} = \sqrt[3]{5^2}$$

E' allora lecito attribuire alla potenza ad esponente frazionario il significato di radicale, **a condizione che la base della potenza sia un numero non negativo**.

E' invece possibile che l'esponente sia un numero negativo; per esempio:

$$3^{-\frac{2}{5}} = \left(\frac{1}{3}\right)^{\frac{2}{5}} = \sqrt[5]{\left(\frac{1}{3}\right)^2}$$

Possiamo allora dire che:

> se $a > 0$ e $m$ e $n$ sono due numeri interi positivi:
>
> $$a^{\frac{m}{n}} = \sqrt[n]{a^m} \qquad a^{-\frac{m}{n}} = \sqrt[n]{\left(\frac{1}{a}\right)^m}$$

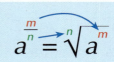

Per esempio:

- $4^{\frac{3}{2}} = \sqrt{4^3} = \sqrt{2^6} = 2^3 = 8$
- $\left(\frac{1}{2}\right)^{\frac{3}{4}} = \sqrt[4]{\left(\frac{1}{2}\right)^3} = \sqrt[4]{\frac{1}{8}}$
- $\left(\frac{1}{5}\right)^{-\frac{3}{2}} = 5^{\frac{3}{2}} = \sqrt{5^3} = 5\sqrt{5}$
- $\left(-\frac{4}{5}\right)^{\frac{1}{2}}$ non ha significato

Una volta attribuito alle potenze con esponente razionale il significato che abbiamo visto, ci rimane da verificare che anche le altre proprietà delle potenze siano ugualmente valide, cioè che:

- $a^{\frac{m}{n}} \cdot a^{\frac{p}{q}} = a^{\frac{m}{n} + \frac{p}{q}}$
- $a^{\frac{m}{n}} : a^{\frac{p}{q}} = a^{\frac{m}{n} - \frac{p}{q}}$
- $\left(a^{\frac{m}{n}}\right)^{\frac{p}{q}} = a^{\frac{mp}{nq}}$
- $(a \cdot b)^{\frac{m}{n}} = a^{\frac{m}{n}} \cdot b^{\frac{m}{n}}$
- $(a : b)^{\frac{m}{n}} = a^{\frac{m}{n}} : b^{\frac{m}{n}}$

Dimostriamo soltanto la prima di queste relazioni, lasciando a te la dimostrazione delle altre.
In base alla definizione posta e alle proprietà dei radicali abbiamo che:

$$a^{\frac{m}{n}} \cdot a^{\frac{p}{q}} = \sqrt[n]{a^m} \cdot \sqrt[q]{a^p} = \sqrt[nq]{a^{mq} \cdot a^{pn}} = \sqrt[nq]{a^{mq+pn}} = a^{\frac{mq+pn}{nq}} = a^{\frac{m}{n}+\frac{p}{q}}$$

Per esempio:

- $\left(3^{\frac{1}{5}} \cdot 3^{\frac{2}{3}}\right) : 3^{\frac{1}{2}} = 3^{\frac{1}{5}+\frac{2}{3}-\frac{1}{2}} = 3^{\frac{11}{30}}$

- $\left[\left(\frac{2}{3}\right)^{\frac{3}{4}}\right]^{\frac{2}{9}} \cdot \left(\frac{2}{3}\right)^{\frac{1}{3}} : \left(\frac{2}{3}\right)^{\frac{1}{2}} = \left(\frac{2}{3}\right)^{\frac{1}{6}} \cdot \left(\frac{2}{3}\right)^{\frac{1}{3}} : \left(\frac{2}{3}\right)^{\frac{1}{2}} = \left(\frac{2}{3}\right)^{\frac{1}{6}+\frac{1}{3}-\frac{1}{2}} = \left(\frac{2}{3}\right)^0 = 1$

L'analogia stabilita fra le potenze ad esponente frazionario ed i radicali ci consente di passare da una modalità di scrittura all'altra a seconda della convenienza.

## ESEMPI

1. $\sqrt{2} \cdot \sqrt[3]{4} : \sqrt[4]{8} = \sqrt{2} \cdot \sqrt[3]{2^2} : \sqrt[4]{2^3} = 2^{\frac{1}{2}} \cdot 2^{\frac{2}{3}} : 2^{\frac{3}{4}} = 2^{\frac{1}{2}+\frac{2}{3}-\frac{3}{4}} = 2^{\frac{5}{12}} = \sqrt[12]{2^5}$

2. $\left(2+3^{\frac{1}{2}}\right)^{\frac{1}{2}} \left(2-3^{\frac{1}{2}}\right)^{\frac{3}{2}} = \sqrt{2+\sqrt{3}} \cdot \sqrt{(2-\sqrt{3})^3} = \sqrt{(2+\sqrt{3})(2-\sqrt{3})^3} =$
$= \sqrt{(2+\sqrt{3})(2-\sqrt{3})(2-\sqrt{3})^2} = (2-\sqrt{3})\sqrt{4-3} = 2-\sqrt{3}$

3. $\left(3+5^{\frac{1}{2}}\right)^{\frac{1}{2}} \cdot \left(3-5^{\frac{1}{2}}\right)^{\frac{1}{2}} \cdot 2^{\frac{1}{2}} = \sqrt{3+\sqrt{5}} \cdot \sqrt{3-\sqrt{5}} \cdot \sqrt{2} = \sqrt{2(3+\sqrt{5})(3-\sqrt{5})} = \sqrt{2(9-5)} = \sqrt{8} = 2\sqrt{2}$

**ESERCIZI E PROBLEMI**       pag. 237

## 9 LE EQUAZIONI DELLA FORMA $x^n = k$

Il concetto di radicale ci permette di risolvere in modo semplice alcune equazioni di grado superiore al primo; in particolare le equazioni che, una volta eseguiti gli eventuali calcoli, si possono ricondurre alla forma

$$x^n = k$$

Consideriamo, per esempio, le seguenti equazioni:

■ $x^2 = 4$

> *Ricordiamo che $\sqrt{x^2} = |x|$*

Se calcoliamo la radice quadrata dei due membri otteniamo

$$\sqrt{x^2} = \sqrt{4} \qquad \text{cioè} \qquad |x| = 2$$

che equivale a scrivere $\quad x = -2 \quad \vee \quad x = 2$

L'equazione ha quindi due soluzioni opposte.

**Cap. 2: I radicali** — 55

- $x^2 = -9$

  Procedendo come nel caso precedente scriviamo:
  $$|x| = \sqrt{-9}$$
  In questo caso però l'equazione non ha soluzioni perché non esiste la radice quadrata di un numero negativo.

- $x^3 = 27$

  *Ricordiamo che $\sqrt[3]{x^3} = x$*

  Calcoliamo la radice cubica dei due membri dell'equazione
  $$\sqrt[3]{x^3} = \sqrt[3]{27} \qquad \text{cioè} \qquad x = 3$$
  L'equazione ha una sola soluzione reale.

- $x^3 = -\dfrac{1}{8}$

  Calcoliamo la radice cubica dei due membri dell'equazione
  $$\sqrt[3]{x^3} = \sqrt[3]{-\dfrac{1}{8}} \qquad \text{cioè} \qquad x = -\dfrac{1}{2}$$
  Anche in questo caso l'equazione ha una sola soluzione reale.

Possiamo sintetizzare quello che abbiamo visto negli esempi in una regola generale.

- L'equazione $x^2 = k$ è equivalente a $|x| = \sqrt{k}$ e si verifica che:
  - ammette due soluzioni opposte se $k > 0$: $x = \pm\sqrt{k}$
  - non ha soluzioni reali se $k < 0$.
- L'equazione $x^3 = k$ è equivalente a $x = \sqrt[3]{k}$ per qualsiasi valore di $k$.

*L'equazione $x^2 = 0$ ammette la sola soluzione $x = 0$.*

# ESEMPI

1. $4x^2 - 1 = 0$

   Trasportiamo il termine noto al secondo membro: $\qquad 4x^2 = 1$

   Dividiamo entrambi i membri per 4: $\qquad x^2 = \dfrac{1}{4}$

   Troviamo le soluzioni: $\qquad x = \pm\sqrt{\dfrac{1}{4}} \quad \rightarrow \quad x = \pm\dfrac{1}{2}$

2. $8 + 27x^3 = 0$

   Trasportiamo il termine noto al secondo membro: $\qquad 27x^3 = -8$

   Dividiamo entrambi i membri per 27: $\qquad x^3 = -\dfrac{8}{27}$

   Troviamo le soluzioni: $\qquad x = \sqrt[3]{-\dfrac{8}{27}} \quad \rightarrow \quad x = -\dfrac{2}{3}$

**3.** $2(x^2 + 1) + 7 = 0$

Svolgiamo i calcoli: $\quad 2x^2 + 2 + 7 = 0 \quad \rightarrow \quad 2x^2 + 9 = 0 \quad \rightarrow \quad x^2 = -\dfrac{9}{2}$

Poiché non è possibile calcolare la radice quadrata di un numero negativo, l'equazione non ha soluzioni in $R$.

**4.** $1 - (2 - x)(2 + x) = 5$

Svolgiamo i calcoli: $\quad 1 - 4 + x^2 = 5 \quad \rightarrow \quad x^2 = 8$

Troviamo le soluzioni: $\quad x = \pm\sqrt{8} \quad \rightarrow \quad x = \pm 2\sqrt{2}$

**5.** $\dfrac{(x + 2)^2}{4} = x + 6$

Svolgiamo i calcoli: $\quad (x + 2)^2 = 4(x + 6) \quad \rightarrow \quad x^2 + 4x + 4 = 4x + 24 \quad \rightarrow \quad x^2 = 20$

Troviamo le soluzioni: $\quad x = \pm\sqrt{20} \quad \rightarrow \quad x = \pm 2\sqrt{5}$

 **Esercizi e problemi**     pag. 239

**Il capitolo si completa con:**

Cap. 2: I radicali   **57**

# Radicals
## BASIC CONCEPTS

### Key Terms
nth-root
radical symbol, index, radicand
square root, cubed root

similar / like radicals
rationalize
rationalizing factor

## The definition of radical

If $n$ is a positive integer greater than 1 and $a$ is a postive real number, we define $nth - root$ of $a$ the positive real number $b$ such that $b^n = a$:

$$\sqrt[n]{a} = b \quad \text{means that} \quad b^n = a$$

The symbol $\sqrt{\phantom{a}}$ is called the **radical symbol**, $n$ is the **index** of the radical, $a$ is the **argument** of the radical or **radicand**.

The index 2 is usually not written in a radical, and we have:

$\sqrt{a}$      the square root of $a$ (less common is "second root")

$\sqrt[3]{a}$      the cube (or third) root of $a$

$\sqrt[4]{a}$      the fourth root of $a$

and so on.
The $nth$-root of a positive real number is a positive real number; for instance:

- $\sqrt{9}$ is 3     because     $3^2 = 9$
- $\sqrt[3]{8}$ is 2     because     $2^3 = 8$
- $\sqrt{5}$ is not an integer or a rational number, because there is no rational numer $b$ such that $b^2 = 5$; $\sqrt{5}$ is an irrational number.

## Simplifying a radical

The most important property of radicals is the following:

$$\sqrt[n]{a^m} = \sqrt[n \cdot p]{a^{m \cdot p}}$$

that is we can multiply (or divide) the index of the radical and the exponent of the argument by the same number $p \neq 0$ and we obtain a radical which is equal to given one.
For instance:

$$\sqrt[3]{2} = \sqrt[3 \cdot 2]{2^2} = \sqrt[6]{2^2}$$

By applying this property, it is possible to simplify a radical if the index and the exponent of the argument have a common factor; for example:

$$\sqrt[4]{5^6} = \sqrt[4:2]{5^{6:2}} = \sqrt{5^3}$$

Pay attention to the following if you have to do with algebraic expressions:
- the domain of the obtained expression has to be the same as the one of the given radical
- the sign of the obtained expression has to be the same as the one of the given radical.

If those two conditions are not satisfied, we have to evaluate of what factor we have to consider the absolute value, so that we can maintain the same domain and the same sign.
For example:

$$\sqrt[4]{(x-1)^2} = \sqrt{|x-1|}$$

**Cap. 2:** I radicali

## Multiplication and division

We can multiply or divide two radicals only if they have the same index; in this case the product (or the quotient) is a radical with the same index and with the radicand which is the product (or the quotient) of the two radicands:

$$\sqrt[n]{a} \cdot \sqrt[n]{b} = \sqrt[n]{ab} \qquad \sqrt[n]{a} : \sqrt[n]{b} = \sqrt[n]{a:b}$$

For instance:

$$\sqrt{3} \cdot \sqrt{6} = \sqrt{18} \qquad \sqrt{ax} : \sqrt{\frac{x}{a}} = \sqrt{ax \cdot \frac{a}{x}} = \sqrt{a^2} = |a|$$

When the two radicals do not have the same index, first we have to write them with a common index, which is the L.C.M. between the index of the two radicals:

$$\sqrt[3]{4} \cdot \sqrt{\frac{3}{2}} \qquad L.C.M.(3, 2) = 6 \qquad \sqrt[6]{4^2} \cdot \sqrt[6]{\left(\frac{3}{2}\right)^3} = \sqrt[6]{16 \cdot \frac{27}{8}} = \sqrt[6]{54}$$

The most common situation, however, is when the two radicals have index 2; in the following we will deal with these kind of radicals.

Applying the multiplication rule, we can simplify a radical taking some factors into or out of the radical symbol; for example:

- $3\sqrt{5}$      take the outside factor into the radical    $\sqrt{3^2} \cdot \sqrt{5} = \sqrt{45}$

  the expression $3\sqrt{5}$ is read "three times square root of five".

- $\sqrt{24} = \sqrt{2^2 \cdot 6}$    take the inside factor $2^2$ out of the radical    $\sqrt{2^2} \cdot \sqrt{6} = 2\sqrt{6}$

Pay attention: you can take a factor outside of the radical only if its exponent is greater than or equal to the index; in this case you divide by 2 the exponent and:

- the quotient is the external exponent
- the remainder is the internal exponent.

For example:

- $\sqrt{12a^3b^2x^4} = \sqrt{2^2 \cdot 3a^3b^2x^4} = 2abx^2\sqrt{3a} = 2a|b|x^2\sqrt{3a}$

In this last expression we have to consider the absolute value of $b$ because we do not know its sign.

## Addition of radicals

We say that two radicals are **similar** if they have the same index and the same radicand:

$3\sqrt{2}$ and $6\sqrt{2}$      are similar

$5\sqrt{3}$ and $2\sqrt{2}$      are not similar

We can add (or subtract) two radicals only if they are similar; we add them as like terms:

$\sqrt{5} - 4\sqrt{2} - 6\sqrt{5} + 8\sqrt{2} = (\sqrt{5} - 6\sqrt{5}) + (-4\sqrt{2} + 8\sqrt{2}) = -5\sqrt{5} + 4\sqrt{2}$

$\sqrt[3]{6} - 2\sqrt[3]{5} + 2\sqrt[3]{6} = (\sqrt[3]{6} + 2\sqrt[3]{6}) - 2\sqrt[3]{5} = 3\sqrt[3]{6} - 2\sqrt[3]{5}$

Sometimes, to see if an expression has like radicals, it is necessary to simplify them:

$\sqrt{8} - 3\sqrt{2} + 2\sqrt{18} = 2\sqrt{2} - 3\sqrt{2} + 2 \cdot 3\sqrt{2} = 5\sqrt{2}$

$\sqrt[3]{16} - 2\sqrt[3]{54} = \sqrt[3]{2^4} - 2\sqrt[3]{2 \cdot 3^3} = 2\sqrt[3]{2} - 2 \cdot 3\sqrt[3]{2} = -4\sqrt[3]{2}$

**Cap. 2:** I radicali

## Rationalizing denominators

If a fraction has a radical at the denominator we can **rationalize** it, that is write the fraction so that the denominator is a rational number or expression. To do this we have to multiply the numerator and the denominator of the fraction by an appropriate factor, that we call *rationalizing factor*, depending on the form of the denominator:

- $\dfrac{1}{\sqrt{a}}$    the rationalizing factor is $\sqrt{a}$ :    $\dfrac{1}{\sqrt{a}} \cdot \dfrac{\sqrt{a}}{\sqrt{a}} = \dfrac{\sqrt{a}}{a}$    for example: $\dfrac{3}{\sqrt{6}} = \dfrac{3}{\sqrt{6}} \cdot \dfrac{\sqrt{6}}{\sqrt{6}} = \dfrac{3\sqrt{6}}{6} = \dfrac{\sqrt{6}}{2}$

- $\dfrac{1}{\sqrt{a}+\sqrt{b}}$    the rationalizing factor is $\sqrt{a}-\sqrt{b}$ :    $\dfrac{1}{\sqrt{a}+\sqrt{b}} \cdot \dfrac{\sqrt{a}-\sqrt{b}}{\sqrt{a}-\sqrt{b}} = \dfrac{\sqrt{a}-\sqrt{b}}{\sqrt{a^2}-\sqrt{b^2}} = \dfrac{\sqrt{a}-\sqrt{b}}{a-b}$

  for example: $\dfrac{5}{\sqrt{2}+1} = \dfrac{5}{\sqrt{2}+1} \cdot \dfrac{\sqrt{2}-1}{\sqrt{2}-1} = \dfrac{5(\sqrt{2}-1)}{2-1} = 5(\sqrt{2}-1)$

- $\dfrac{1}{\sqrt{a}-\sqrt{b}}$    the rationalizing factor is $\sqrt{a}+\sqrt{b}$ :    $\dfrac{1}{\sqrt{a}-\sqrt{b}} \cdot \dfrac{\sqrt{a}+\sqrt{b}}{\sqrt{a}+\sqrt{b}} = \dfrac{\sqrt{a}+\sqrt{b}}{\sqrt{a^2}-\sqrt{b^2}} = \dfrac{\sqrt{a}+\sqrt{b}}{a-b}$

  for example: $\dfrac{4}{\sqrt{5}-\sqrt{3}} = \dfrac{4}{\sqrt{5}-\sqrt{3}} \cdot \dfrac{\sqrt{5}+\sqrt{3}}{\sqrt{5}+\sqrt{3}} = \dfrac{4(\sqrt{5}+\sqrt{3})}{5-3} = 2(\sqrt{3}+\sqrt{5})$

## Powers with rational exponents

We can give significance to a power with a rational exponent using a radical; if $a$ is a real number greater than or equal to zero we say that:
$$a^{\frac{m}{n}} = \sqrt[n]{a^m}$$

Basically, if the exponent of a power with base $a$ ($a \geq 0$) is a fraction, the base $a$ is the radicand, the denominator of the fraction is the index of the radical and the numerator is the exponent of the radicand and vice versa.
We can apply all the properties of powers with integer exponent to a power with a rational exponent.
Here are some examples:

- $3^{\frac{2}{3}} \cdot 3^{\frac{1}{2}} : 3^{\frac{5}{6}} = 3^{\frac{2}{3}+\frac{1}{2}-\frac{5}{6}} = 3^{\frac{1}{3}} = \sqrt[3]{3}$

- $\sqrt{2} : \sqrt[3]{2} \cdot \sqrt[3]{4} = 2^{\frac{1}{2}} : 2^{\frac{1}{3}} \cdot 2^{\frac{2}{3}} = 2^{\frac{1}{2}-\frac{1}{3}+\frac{2}{3}} = 2^{\frac{5}{6}} = \sqrt[6]{2^5} = \sqrt[6]{32}$

## Equations of the form $x^n = k$

Applying the concept of radical we can solve non linear equations of the form $x^n = k$, where $n$ is a natural number and $k$ is a real number.
In particular:

- $x^2 = k$    if $k \geq 0$, is equivalent to    $|x| = \sqrt{k}$

  that is    $x = \pm\sqrt{k}$

  The same equation has no solutions if    $k < 0$

- $x^3 = k$    for any $k$ is equivalent to    $x = \sqrt[3]{k}$

For example:

- $x^2 = 9$    is equivalent to    $|x| = \sqrt{9}$    that is    $x = \pm 3$
- $x^3 = 8$    is equivalent to    $x = \sqrt[3]{8}$    that is    $x = 2$
- $x^2 = -4$    has no solutions.

60    Cap. 2: *I radicali*

# CAPITOLO 3 — Il piano cartesiano e la retta

## OBIETTIVI

- fissare un sistema di riferimento nel piano
- operare con punti e segmenti dal punto di vista analitico
- operare con le principali isometrie nel piano cartesiano
- riconoscere e saper scrivere l'equazione di una retta
- riconoscere la perpendicolarità e il parallelismo fra rette
- risolvere problemi applicando il metodo delle coordinate

## 1 IL SISTEMA DI RIFERIMENTO SULLA RETTA

Sappiamo che i punti di una retta orientata $r$ sono in corrispondenza biunivoca con i numeri reali (lo abbiamo visto nel capitolo relativo agli insiemi numerici del primo volume); questo significa che, fissato un punto $O$ a cui far corrispondere il numero 0 e stabilito un segmento $u$ come unità, ad ogni punto sulla retta corrisponde un numero reale e, viceversa, ad ogni numero reale corrisponde un punto sulla retta. Se $a$ è il numero reale associato al punto $P$, questa corrispondenza si evidenzia con la scrittura

$$P(a)$$

e si dice che il punto $P$ ha **ascissa** $a$.

Per esempio, con riferimento alla **figura 1**, nella quale abbiamo fissato due quadretti come unità di misura, si ha che: $A(+2)$, $B\left(-\dfrac{3}{2}\right)$, $C(+2\sqrt{3})$.

**Figura 1**

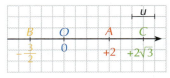

Nel seguito, quando vorremo distinguere le ascisse di due punti generici diversi, useremo la lettera $x$ munita di un indice numerico oppure letterale che indica il nome del punto; per esempio scriveremo $A(x_1)$ e $B(x_2)$ oppure $A(x_A)$ e $B(x_B)$.

Un segmento sulla retta è individuato dai suoi punti estremi; per esempio il segmento $AB$ in **figura 2** è individuato dai punti $A(+6)$ e $B\left(+\dfrac{3}{2}\right)$.

### I SEGMENTI SULLA RETTA

**Figura 2**

Per trovare la misura di questo segmento possiamo ragionare così:
- dire che il punto $A$ ha ascissa $+6$ significa che il segmento $OA$ è lungo 6 unità di misura (a destra di $O$)
- dire che il punto $B$ ha ascissa $+\dfrac{3}{2}$ significa che il segmento $OB$ è lungo $\dfrac{3}{2}$ unità di misura (a destra di $O$)
- la misura del segmento $AB$, che è uguale a $OA - OB$, vale quindi $6 - \dfrac{3}{2}$, cioè $\dfrac{9}{2}$.

Cap. 3: Il piano cartesiano e la retta — 61

In pratica abbiamo calcolato la differenza fra le ascisse dei due punti A e B

$$\underbrace{(+6)}_{\text{ascissa di }A} - \underbrace{\left(+\frac{3}{2}\right)}_{\text{ascissa di }B} = 6 - \frac{3}{2} = \frac{9}{2}$$

Questo ragionamento che abbiamo visto su un esempio vale in generale e consente di enunciare la seguente regola.

**LA MISURA DI UN SEGMENTO**

La misura di un segmento AB si determina calcolando la differenza fra le ascisse dei suoi punti estremi A e B, presi in un ordine qualsiasi, e considerandone poi il valore assoluto in modo da garantire la positività del risultato. Se $A(x_A)$ e $B(x_B)$, la misura di AB è data dalla relazione

$$\overline{AB} = |x_A - x_B| = |x_B - x_A|$$

Per esempio:

- se $A(+4)$ e $B(-2)$, allora $\overline{AB} = |-2 - (+4)| = |+4 - (-2)| = 6$
- se $A\left(-\frac{1}{2}\right)$ e $B\left(+\frac{5}{2}\right)$, allora $\overline{AB} = \left|+\frac{5}{2} - \left(-\frac{1}{2}\right)\right| = \left|-\frac{1}{2} - \left(+\frac{5}{2}\right)\right| = 3$
- se $A(-3)$ e $B(-8)$, allora $\overline{AB} = |-8 - (-3)| = |-3 - (-8)| = 5$

Osserviamo che l'ordine con cui si prendono i punti non ha nessuna importanza visto che del risultato si considera il valore assoluto. Se però si ha l'accortezza di scegliere come primo punto quello che ha l'ascissa maggiore (che corrisponde al punto che si trova più a destra), allora la differenza fra le ascisse è sempre positiva e non è necessario usare il modulo.
Relativamente ai casi precedenti:

- il punto A ha ascissa maggiore del punto B, quindi $\overline{AB} = x_A - x_B = +4 + 2 = 6$
- il punto B ha ascissa maggiore del punto A, quindi $\overline{AB} = x_B - x_A = +\frac{5}{2} + \frac{1}{2} = 3$
- il punto A ha ascissa maggiore del punto B, quindi $\overline{AB} = x_A - x_B = -3 + 8 = 5$

**PUNTO MEDIO DI UN SEGMENTO**

Dato un segmento capita frequentemente di dover trovare il suo punto medio; per esempio tutte le volte che si deve tracciare una mediana in un triangolo, quando si deve trovare l'altezza relativa alla base in un triangolo isoscele, quando si deve costruire l'asse di un segmento.
Se $A(x_A)$ e $B(x_B)$ sono gli estremi del segmento, il suo punto medio $M(x_M)$ deve essere tale che $\overline{AM} = \overline{MB}$ (**figura 3**), cioè:

**Figura 3**

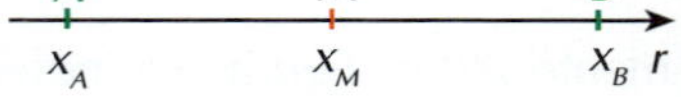

essendo $\quad \overline{AM} = x_M - x_A \quad$ e $\quad \overline{MB} = x_B - x_M$

si ha che $\quad x_M - x_A = x_B - x_M$

Risolvendo quest'ultima equazione rispetto a $x_M$ troviamo che deve essere

$$2x_M = x_A + x_B \qquad \text{cioè} \qquad \boxed{x_M = \frac{x_A + x_B}{2}}$$

L'ascissa del punto medio di un segmento è data dalla semisomma delle ascisse dei suoi estremi.

Cap. 3: *Il piano cartesiano e la retta*

Per esempio, se $A(+2)$ e $B(-7)$, il punto medio del segmento $AB$ ha ascissa:

$$\frac{2+(-7)}{2} = -\frac{5}{2}$$

# ESEMPI

**1.** Calcoliamo la misura dei segmenti individuati dalle coppie di punti:

$$A(+5) \quad B(+2) \qquad P(-3) \quad Q(+1) \qquad C(-2) \quad D(-7)$$

Applicando la formula troviamo subito che:

$$\overline{AB} = |+2-(+5)| = |-3| = 3 \qquad \overline{PQ} = |+1-(-3)| = 4 \qquad \overline{CD} = |-7-(-2)| = |-5| = 5$$

**2.** Dati i punti $A(-5)$, $B\left(+\frac{1}{2}\right)$, $C(+3)$, $D\left(-\frac{3}{2}\right)$, calcoliamo la misura del segmento $MN$ dove $M$ e $N$ sono rispettivamente i punti medi dei segmenti $AB$ e $CD$.

Calcoliamo le ascisse di $M$ e di $N$: $\quad x_M = \dfrac{x_A + x_B}{2} = \dfrac{-5 + \frac{1}{2}}{2} = -\dfrac{9}{4} \quad x_N = \dfrac{x_C + x_D}{2} = \dfrac{+3 - \frac{3}{2}}{2} = +\dfrac{3}{4}$

Calcoliamo la misura di $MN$: $\quad \overline{MN} = |x_M - x_N| = \left|-\dfrac{9}{4} - \left(+\dfrac{3}{4}\right)\right| = 3$

*ulteriori esempi*

**ESERCIZI E PROBLEMI** pag. 247

# 2 IL PIANO CARTESIANO

## 2.1 Il sistema di coordinate

**Figura 4**

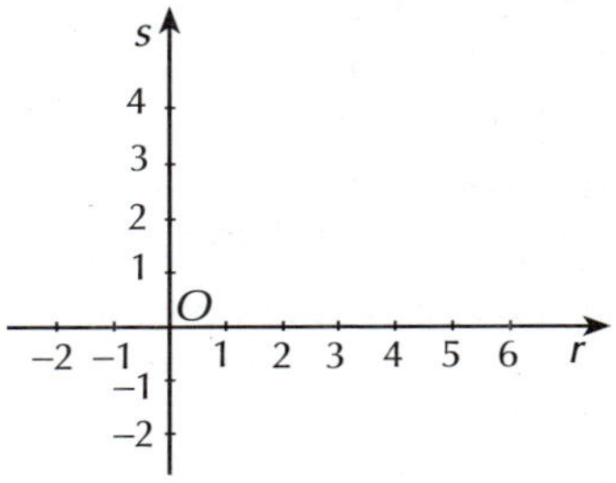

Fissare un sistema di ascisse su una retta orientata ci ha permesso di trattare enti geometrici come i punti e i segmenti dal punto di vista numerico. Sappiamo che è possibile estendere queste considerazioni al piano in modo da poter associare dei numeri anche ai suoi punti e quindi alle sue figure; ricordiamo come fare.
Consideriamo due rette orientate qualsiasi $r$ e $s$, che siano incidenti e distinte e che per comodità supponiamo perpendicolari, anche se ciò non è strettamente necessario. Fissiamo su ciascuna di esse un sistema di ascisse in modo che il punto origine $O$ sia il loro punto di intersezione; supponiamo, almeno inizialmente, anche se vedremo in seguito che ciò non è indispensabile, che l'unità di misura sia la stessa su entrambe le rette (**figura 4**).
Consideriamo un punto qualunque $P$ del piano e da esso tracciamo le parallele ad $r$ e $s$ che le incontrano rispettivamente in $P'$ e $P''$; per come abbiamo definito $r$ e $s$, al punto $P'$ è associata un'ascissa $x$ e al punto $P''$ un'ascissa $y$ (**figura 5**). Viceversa, assegnati un punto $P'$ di ascissa $x$ sulla retta $r$ ed un punto $P''$ di ascissa $y$ sulla retta $s$ e tracciate da essi le parallele ad $s$ e $r$, si viene ad individuare come loro intersezione un unico punto $P$.

**Figura 5**

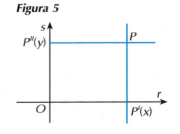

**Cap. 3**: Il piano cartesiano e la retta

Fra le coppie ordinate (x, y) di numeri reali e i punti del piano si può dunque stabilire una corrispondenza biunivoca. Possiamo allora identificare le coppie (x, y), che sono elementi del prodotto cartesiano $R \times R$, con i punti del piano, compiendo in questo modo il primo passo verso quella trasformazione che ci siamo prefissati di effettuare da legami geometrici a equivalenti legami algebrici.
Se (x, y) è la coppia ordinata di numeri reali associata al punto P, si dice che P ha coordinate (x, y) e si scrive
$$P(x, y)$$
Il primo numero della coppia (il numero x), si dice **ascissa** del punto P, il secondo numero della coppia (il numero y), si dice **ordinata**.
Per questo motivo l'asse r, che di solito viene disegnato orizzontalmente ed orientato verso destra, si dice **asse delle ascisse** (o anche **asse x**); l'asse s, che di conseguenza viene disegnato verticalmente ed orientato verso l'alto, si dice **asse delle ordinate** (o anche **asse y**).
Il sistema di riferimento nel piano che si viene in questo modo a determinare prende il nome di cartesiano, e, più specificatamente, si parla di **sistema di riferimento cartesiano ortogonale** di origine O per il fatto che i due assi sono perpendicolari fra loro e si intersecano in O (**figura 6**).

**Figura 6**

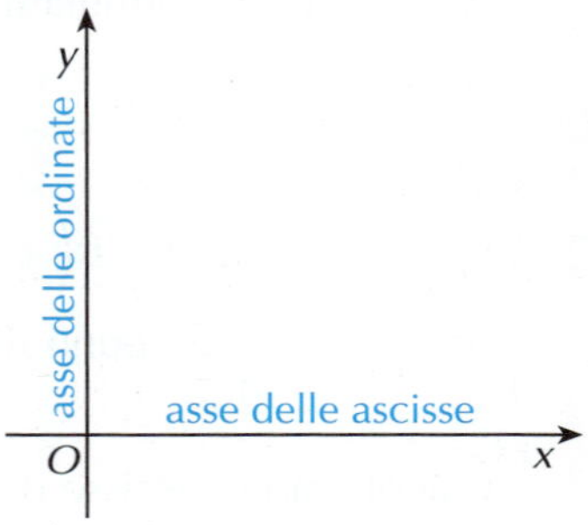

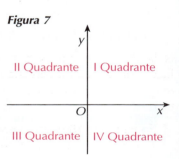

### Alcune osservazioni.

■ Fissato un sistema di riferimento cartesiano ortogonale i punti che appartengono all'asse delle ascisse hanno ordinata nulla, quelli che appartengono all'asse delle ordinate hanno ascissa nulla. L'origine del sistema di riferimento ha coordinate (0, 0).

■ Tracciando gli assi cartesiani, dividiamo il piano in quattro regioni che chiamiamo **quadranti**; essi vengono indicati con un numero ordinale come appare in **figura 7**.

**Figura 7**

■ I punti che appartengono al primo quadrante hanno entrambe le coordinate positive; quelli che appartengono al secondo hanno l'ascissa negativa e l'ordinata positiva; quelli che appartengono al terzo hanno entrambe le coordinate negative; infine, quelli che appartengono al quarto hanno l'ascissa positiva e l'ordinata negativa (in **figura 8** alcuni esempi).

**Figura 8**

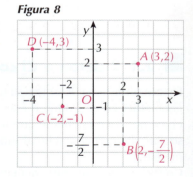

■ I punti del piano sono individuati da **coppie ordinate** di numeri reali; questo significa che i due numeri devono essere dati in un ordine preciso: prima l'ascissa e poi l'ordinata. Scambiando fra loro tali valori si ottiene un punto diverso (in **figura 9** alcuni esempi).

**Figura 9**

■ Fino ad ora abbiamo usato la stessa unità di misura sui due assi cartesiani; si dice in questo caso che il sistema di riferimento è **monometrico**. E' tuttavia possibile scegliere una unità per l'asse delle ascisse ed una diversa per l'asse delle ordinate; si parla allora di sistema di riferimento **dimetrico**.
In genere, si sceglie la prima soluzione per relazioni di tipo matematico, mentre è spesso più conveniente la seconda per problemi di tipo economico, fisico, chimico oppure quando sui due assi si devono rappresentare numeri di grandezze diverse (ad esempio numeri molto piccoli sull'asse delle ascisse e numeri molto grandi sull'asse delle ordinate o viceversa).

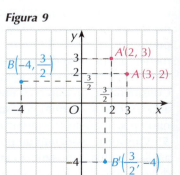

**64** Cap. 3: *Il piano cartesiano e la retta*

## 2.2 I segmenti nel piano

Dati nel piano cartesiano due punti $A(x_1, y_1)$ e $B(x_2, y_2)$, vogliamo esprimere la misura del segmento $AB$ e le coordinate del suo punto medio in funzione delle coordinate dei suoi estremi.
Si possono presentare i seguenti casi.

### ■ Il segmento AB è parallelo all'asse delle ascisse

Poiché $AB \cong A'B'$ (**figura 10a**), la misura di $AB$ è uguale al valore assoluto della differenza fra l'ascissa del punto $B$ e quella del punto $A$ presi in ordine qualsiasi:

$$\overline{AB} = |x_2 - x_1|$$

Per esempio, dato il segmento di estremi $A(3, 2)$ e $B(-5, 2)$, si ha che $\overline{AB} = |-5 - 3| = 8$.

### ■ Il segmento AB è parallelo all'asse delle ordinate

Analogamente, la misura di $AB$ è uguale al valore assoluto della differenza fra l'ordinata del punto $B$ e quella del punto $A$ presi in ordine qualsiasi (**figura 10b**):

$$\overline{AB} = |y_2 - y_1|$$

Per esempio, dato il segmento di estremi $A(3, -4)$ e $B(3, 7)$ si ha che $\overline{AB} = |7 - (-4)| = 11$.

Nelle due formule precedenti si può evitare di considerare il modulo se si valuta la differenza fra l'ascissa maggiore e quella minore (oppure fra l'ordinata maggiore e quella minore) perché in tal caso la differenza è sicuramente positiva.

### ■ Il segmento AB non è parallelo agli assi

Tracciamo da $A$ la parallela all'asse delle ascisse e da $B$ la parallela all'asse delle ordinate e indichiamo con $C$ il loro punto di intersezione (**figura 10c**); il punto $C$ ha coordinate $(x_2, y_1)$. Se applichiamo il teorema di Pitagora al triangolo rettangolo $ABC$ così ottenuto, troviamo che

$$\overline{AB}^2 = \overline{AC}^2 + \overline{CB}^2$$

Ma il segmento $AC$ è parallelo all'asse delle ascisse e quindi la sua misura è $|x_2 - x_1|$; il segmento $CB$ è parallelo all'asse delle ordinate e quindi la sua misura è $|y_2 - y_1|$. Si ha quindi che

$$\overline{AB}^2 = (x_2 - x_1)^2 + (y_2 - y_1)^2$$

da cui ricaviamo che

$$\boxed{\overline{AB} = \sqrt{(x_2 - x_1)^2 + (y_2 - y_1)^2}}$$

Per esempio, la misura del segmento $AB$ di estremi $A(-2, 1)$ e $B(3, 4)$ è

$$\overline{AB} = \sqrt{[3 - (-2)]^2 + (4 - 1)^2} = \sqrt{(3 + 2)^2 + 3^2} = \sqrt{25 + 9} = \sqrt{34}$$

Determiniamo adesso le coordinate del punto medio di un segmento. Sia $AB$ un segmento di estremi $A(x_1, y_1)$ e $B(x_2, y_2)$ e sia $M(x_M, y_M)$ il punto medio del segmento; vogliamo esprimere le coordinate di $M$ in funzione di quelle dei punti $A$ e $B$. Proiettiamo i punti $A$, $B$ e $M$ sugli assi cartesiani (**figura 11**); per il teorema di Talete, se $M$ è il punto medio di $AB$, $M'$ è il punto medio di $A'B'$ e $M''$ è il punto medio di $A''B''$. Le coordinate di $M$ sono quindi rispet-

Figura 10

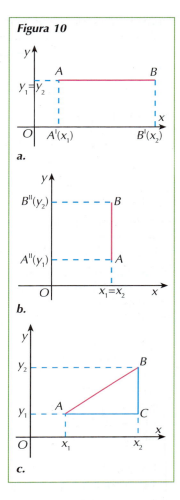

a.

b.

c.

Figura 11

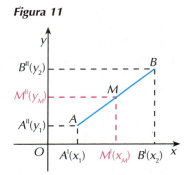

**Teorema di Talete.** Un fascio di rette parallele individua su due trasversali segmenti proporzionali. Quindi se su una trasversale si individuano due segmenti congruenti, anche i loro corrispondenti sull'altra trasversale sono congruenti.

Cap. 3: *Il piano cartesiano e la retta*

tivamente l'ascissa e l'ordinata dei punti medi dei segmenti A'B' e A"B":

$$x_M = \frac{x_1 + x_2}{2} \quad \text{e} \quad y_M = \frac{y_1 + y_2}{2}$$

Per esempio, se $A(5, -1)$ e $B(3, 5)$, si ha che $x_M = \frac{5+3}{2} = 4$ e $y_M = \frac{-1+5}{2} = 2$, quindi $M(4, 2)$.

## ESEMPI

**1.** Calcoliamo le misure dei segmenti che hanno per estremi le seguenti coppie di punti:

    **a.** $A(0, 3)$    $B(0, 5)$      **b.** $C(1, 5)$    $D(4, 5)$      **c.** $P(-2, 3)$    $Q(1, -1)$

    **a.** I punti A e B hanno la stessa ascissa; il segmento AB è quindi parallelo all'asse y, anzi, in questo caso, AB appartiene all'asse y; la sua misura è quindi data dalla differenza in modulo delle ordinate degli estremi:

$$\overline{AB} = |5 - 3| = 2$$

    **b.** I punti C e D hanno la stessa ordinata, quindi CD è un segmento parallelo all'asse x; la sua misura è data dalla differenza in modulo delle ascisse degli estremi:

$$\overline{CD} = |4 - 1| = 3$$

    **c.** Il segmento PQ non è parallelo agli assi cartesiani; applicando la formula generale si ha che:

$$\overline{PQ} = \sqrt{[1-(-2)]^2 + (-1-3)^2} = \sqrt{3^2 + (-4)^2} = \sqrt{9+16} = 5$$

**2.** Verifichiamo che il quadrilatero ABCD di vertici $A(4, 1)$, $B(5, 6)$, $C(-1, 3)$, $D(-2, -2)$ è un parallelogramma.

Per riconoscere se un quadrilatero è un parallelogramma si può:

- **I modo:** verificare che i lati opposti siano congruenti;
- **II modo:** verificare che le diagonali abbiano lo stesso punto medio.

**Figura 12**

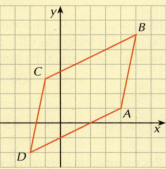

Naturalmente si può anche verificare che i lati opposti siano paralleli oppure che gli angoli opposti siano congruenti, ma con le conoscenze che abbiamo acquisito finora non è possibile riconoscere il parallelismo fra rette o la congruenza fra angoli.
Costruiamo allora la figura del problema (**figura 12**) e procediamo alla risoluzione.

**I modo.**
Calcoliamo le lunghezze dei lati:

$\overline{AB} = \sqrt{(5-4)^2 + (6-1)^2} = \sqrt{26}$      $\overline{CD} = \sqrt{(-2+1)^2 + (-2-3)^2} = \sqrt{26}$    →    $\overline{AB} = \overline{CD}$

$\overline{AD} = \sqrt{(4+2)^2 + (1+2)^2} = 3\sqrt{5}$      $\overline{BC} = \sqrt{(5+1)^2 + (6-3)^2} = 3\sqrt{5}$    →    $\overline{AD} = \overline{BC}$

Il quadrilatero è un parallelogramma.

**Cap. 3:** *Il piano cartesiano e la retta*

### II modo.
Troviamo il punto medio M della diagonale AC:

$$x_M = \frac{4-1}{2} = \frac{3}{2} \qquad y_M = \frac{1+3}{2} = 2 \qquad \rightarrow \qquad M\left(\frac{3}{2}, 2\right)$$

Troviamo il punto medio N della diagonale BD:

$$x_N = \frac{5-2}{2} = \frac{3}{2} \qquad y_N = \frac{6-2}{2} = 2 \qquad \rightarrow \qquad N\left(\frac{3}{2}, 2\right)$$

Le diagonali hanno lo stesso punto medio, quindi ABCD è un parallelogramma.

*ulteriori esempi*

## ATTENZIONE AGLI ERRORI

Se due punti hanno coordinate $A(-4, -3)$ e $B(2, -1)$:

- per trovare la misura di AB si deve calcolare la differenza tra le ascisse e le ordinate e non la somma:

   **è sbagliato** scrivere $\overline{AB} = \sqrt{(2-4)^2 + (-1-3)^2}$

   **è corretto** scrivere $\overline{AB} = \sqrt{(2+4)^2 + (-1+3)^2}$

- per trovare il punto medio di AB si deve calcolare la semisomma delle ascisse e delle ordinate, non la semidifferenza:

   **è sbagliato** scrivere $x_M = \frac{-4-2}{2} \qquad y_M = \frac{-3+1}{2}$

   **è corretto** scrivere $x_M = \frac{-4+2}{2} \qquad y_M = \frac{-3-1}{2}$

**ESERCIZI E PROBLEMI**                                                pag. 249

## 3 ISOMETRIE EVIDENTI NEL PIANO CARTESIANO

Sappiamo che un'isometria è una trasformazione geometrica che ad ogni segmento di un piano ne associa un altro congruente al primo.
Fra tutte le isometrie, quelle che ora ci interessano più da vicino sono le simmetrie e le traslazioni.

### Le simmetrie assiali

Data una retta r, la simmetria assiale di asse r è la funzione che ad ogni punto P del piano fa corrispondere il punto P' in modo che r sia l'asse del segmento PP'; del punto P' si dice che è il simmetrico di P.
In pratica, per trovare il simmetrico di un punto P rispetto a r si traccia da P la perpendicolare a r che la incontra in H e si prende su di essa, da parte opposta

> *Trasformazione geometrica è una corrispondenza biunivoca fra i punti di un piano; essa è definita mediante una legge che indica come associare le coppie di punti. Trattandosi di una corrispondenza biunivoca, ogni trasformazione geometrica è una funzione del piano in sé.*

**Cap. 3:** *Il piano cartesiano e la retta*

rispetto a *r*, il punto *P'* in modo che sia *PH* ≅ *P'H* (**figura 13**).
Nel piano cartesiano sono significative le simmetrie rispetto agli assi cartesiani.
Dato un punto *P(x, y)* :

■ il suo **simmetrico rispetto all'asse** *x* è il punto *P'* che ha la stessa ascissa di *P* ma ordinata opposta (**figura 14a**):

$$P(x, y) \quad \rightarrow \quad \mathbf{P'(x, -y)}$$

■ il suo **simmetrico rispetto all'asse** *y* è il punto *P''* che ha la stessa ordinata di *P* ma ascissa opposta (**figura 14b**):

$$P(x, y) \quad \rightarrow \quad \mathbf{P''(-x, y)}$$

Per esempio, i simmetrici del punto $P(-1, 2)$ rispetto ai due assi sono: $P'(-1, -2)$ rispetto all'asse *x*, $P''(1, 2)$ rispetto all'asse *y* (**figura 14c**).

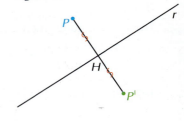

Figura 13

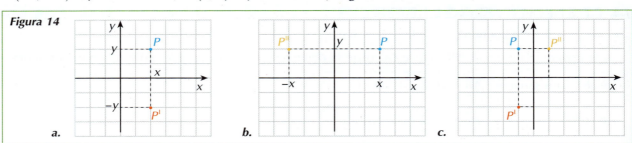

Figura 14
a.   b.   c.

## Le simmetrie centrali

Dato un punto *A*, la simmetria centrale di centro *A* è la funzione che ad ogni punto *P* del piano fa corrispondere il punto *P'* in modo che *A* sia il punto medio del segmento *PP'*. In pratica, per trovare il simmetrico di un punto *P* rispetto al centro *A* si traccia da *P* la semiretta *PA* e si prende su di essa, da parte opposta rispetto ad *A*, il punto *P'* in modo che sia *PA* ≅ *P'A* (**figura 15**).
Particolarmente semplice nel piano cartesiano è la **simmetria rispetto all'origine** *O*; dato un punto *P(x, y)*, il suo simmetrico rispetto ad *O* è il punto *P'* che ha ascissa e ordinata opposte rispetto a *P* (**figura 16a**):

$$P(x, y) \quad \rightarrow \quad \mathbf{P'(-x, -y)}$$

È facile anche calcolare il simmetrico di *P(x, y)* rispetto ad un punto qualsiasi *A(a, b)* se teniamo presente che *A* è il punto medio di *PP'*; se *(x', y')* sono le coordinate di *P'* si ha che (**figura 16b**):

$$\frac{x + x'}{2} = a \quad \rightarrow \quad x' = 2a - x \quad \text{e} \quad \frac{y + y'}{2} = b \quad \rightarrow \quad y' = 2b - y$$

$$P(x, y) \quad \rightarrow \quad \mathbf{P'(2a - x, 2b - y)}$$

Per esempio, dato il punto $P(5, -4)$:

- il suo simmetrico rispetto all'origine è il punto $P'(-5, 4)$
- il suo simmetrico rispetto ad $A(-1, 2)$ ha coordinate:

$$x' = 2(-1) - 5 = -7 \qquad y' = 2 \cdot 2 - (-4) = 8 \quad \rightarrow \quad P'(-7, 8)$$

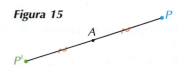

Figura 15

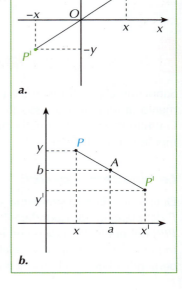

Figura 16
a.
b.

Cap. 3: Il piano cartesiano e la retta

## La traslazione

Dato un segmento orientato $\vec{v}$, la traslazione è la funzione che ad ogni punto $P$ del piano fa corrispondere il punto $P'$ in modo che il segmento $\vec{v}$ abbia il primo estremo in $P$ ed il secondo in $P'$ (**figura 17**). Un segmento orientato del piano si chiama anche **vettore**.

Nel piano cartesiano, un vettore $\vec{v}$ è individuato dai segmenti che ne sono la proiezione lungo gli assi cartesiani e che ne rappresentano le componenti (**figura 18a**). Se $A(x_1, y_1)$ e $B(x_2, y_2)$ sono rispettivamente il primo e il secondo estremo del vettore, le misure $v_x$ e $v_y$ di tali componenti sono date da:

$$v_x = x_2 - x_1 \quad \text{e} \quad v_y = y_2 - y_1 \quad \text{e si scrive} \quad \vec{v}(v_x, v_y).$$

Le componenti cartesiane di un vettore sono quindi numeri positivi se sono orientate come gli assi cartesiani, sono numeri negativi se sono orientate in verso opposto. Per esempio, il vettore $\vec{v} = \overrightarrow{AB}$ con $A(3, -1)$ e $B(-2, 5)$ in **figura 18b** ha componenti $v_x = -2 - 3 = -5$ e $v_y = 5 + 1 = 6$ e scriviamo $\vec{v}(-5, 6)$.

Figura 17
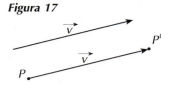

Nel calcolo di $v_x$ e $v_y$ è importante l'ordine in cui vengono presi i punti:

secondo estremo − primo estremo

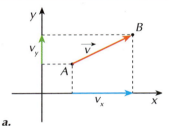

a.     b.

Dato dunque un vettore $\vec{v}$ di componenti $(v_x, v_y)$ ed un punto $P(x, y)$ del piano, le coordinate del punto $P'$ ad esso corrispondente nella traslazione di vettore $\vec{v}$ si ottengono aggiungendo $v_x$ e $v_y$ rispettivamente alla sua ascissa e alla sua ordinata (**figura 19**):

$$\boxed{P(x, y) \quad \to \quad P'(x + v_x, y + v_y)}$$

Per esempio, considerando ancora il vettore $\vec{v}(-5, 6)$, il punto $P'$ che corrisponde a $P(1, -4)$ ha coordinate:

ascissa: $1 - 5 = -4$ \qquad ordinata: $-4 + 6 = 2$ \quad $\to$ \quad $P'(-4, 2)$

Figura 19
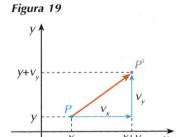

## ESEMPI

1. Dato il triangolo $ABC$ di vertici $A(2, 3)$, $B(-2, 0)$, $C(3, -1)$, troviamo le coordinate dei vertici del triangolo $A'B'C'$ corrispondente del triangolo $ABC$ nella simmetria:

   a. rispetto all'asse $x$
   b. rispetto all'asse $y$
   c. rispetto all'origine degli assi

   a. I punti $A'$, $B'$, $C'$ hanno la stessa ascissa dei punti $A$, $B$, $C$ ma ordinate opposte; quindi (**figura 20a**)

   $A'(2, -3)$ \qquad $B'(-2, 0)$ \qquad $C'(3, 1)$.

   Poiché $B$ coincide con $B'$, si tratta di un **punto unito** (ricorda che i punti uniti sono quelli che hanno per trasformati se stessi).

Figura 20a
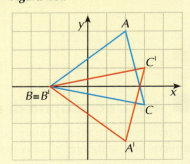

**Cap. 3:** *Il piano cartesiano e la retta*

**b.** I punti $A'$, $B'$, $C'$ hanno la stessa ordinata dei punti $A$, $B$, $C$ ma ascisse opposte; quindi (**figura 20b**)

$A'(-2, 3)$    $B'(2, 0)$    $C'(-3, -1)$

**c.** I punti $A'$, $B'$, $C'$ hanno ascisse ed ordinate opposte a quelle di $A$, $B$, $C$; quindi (**figura 20c**)

$A'(-2, -3)$    $B'(2, 0)$    $C'(-3, 1)$

**Figura 20**

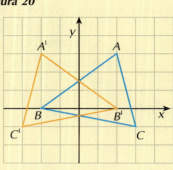
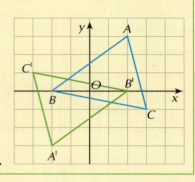

b.                         c.

**2.** Dato il segmento di estremi $A(2, -1)$ e $B(-5, 3)$, troviamo il suo corrispondente $A'B'$ nella traslazione di vettore $\vec{v}\left(\dfrac{3}{2}, 1\right)$.

Le coordinate dei punti $A'$ e $B'$ si ottengono da quelle di $A$ e $B$ aggiungendo $\dfrac{3}{2}$ alle ascisse e 1 alle ordinate (**figura 21**).

**Figura 21**

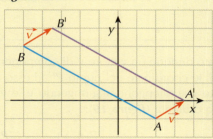

Risolvendo i due sistemi:

$\begin{cases} x_{A'} = 2 + \dfrac{3}{2} = \dfrac{7}{2} \\ y_{A'} = -1 + 1 = 0 \end{cases}$    $\begin{cases} x_{B'} = -5 + \dfrac{3}{2} = -\dfrac{7}{2} \\ y_{B'} = 3 + 1 = 4 \end{cases}$

si ottengono i punti:    $A'\left(\dfrac{7}{2}, 0\right)$ e $B'\left(-\dfrac{7}{2}, 4\right)$

*ulteriori esempi*

 **ESERCIZI E PROBLEMI**    pag. 255

# 4 LA RETTA E LA SUA EQUAZIONE

## 4.1 L'equazione di una retta

Dopo aver imparato a lavorare con i segmenti, ci chiediamo come sia possibile trovare una relazione di tipo algebrico che esprima il legame esistente fra i punti di una retta.
Cominciamo dalle rette più semplici che possiamo tracciare nel piano: gli assi cartesiani e le rette ad essi parallele.

## L'asse delle ascisse

I punti che appartengono all'asse x hanno la caratteristica di avere un'ascissa che varia a seconda della loro posizione (in **figura 22a** abbiamo rappresentato i punti di ascissa $-5, -3, 2, 4$), ma un'ordinata che vale sempre zero; questa caratteristica si può esprimere scrivendo che, per qualsiasi $x$ è $y = 0$.
L'asse $x$ è quindi rappresentato dall'equazione

$$\boxed{y = 0}$$

## L'asse delle ordinate

I punti che appartengono all'asse y hanno la caratteristica di avere un'ordinata che varia a seconda della loro posizione (in **figura 22b** abbiamo rappresentato i punti di ordinata $-4, -1, 2$), ma un'ascissa che vale sempre zero; in questo caso, quindi, la relazione che individua l'asse $y$ si può esprimere mediante l'equazione

$$\boxed{x = 0}$$

## La retta parallela all'asse delle ascisse

Consideriamo per esempio la retta parallela all'asse $x$ che passa per il punto di coordinate $(0, 3)$; i punti di questa retta hanno un'ascissa variabile, ma un'ordinata costante sempre uguale a 3 (**figura 22c**). Possiamo quindi dire che la sua equazione è $y = 3$.
In generale, se $k$ è il valore della costante che caratterizza l'ordinata di tutti i punti che appartengono a una retta parallela all'asse $x$, la sua equazione è (**figura 22d**)

$$\boxed{y = k}$$

## La retta parallela all'asse delle ordinate

Consideriamo per esempio la retta parallela all'asse $y$ che passa per il punto di coordinate $(2, 0)$; i punti di questa retta hanno un'ordinata variabile, ma un'ascissa costante sempre uguale a 2 (**figura 22e**). Possiamo quindi dire che la sua equazione è $x = 2$.
In generale, se $h$ è il valore della costante che caratterizza i punti che appartengono a una retta parallela all'asse $y$, la sua equazione è (**figura 22f**)

$$\boxed{x = h}$$

## La retta passante per l'origine

Consideriamo una retta non parallela agli assi che passa per l'origine $O$ del piano cartesiano, prendiamo su di essa alcuni punti distinti dall'origine e tracciamo da questi punti le parallele all'asse delle ordinate (**figura 23** di pagina seguente).
I triangoli che si vengono in questo modo a formare sono tutti triangoli rettangoli simili fra loro ed hanno perciò i cateti proporzionali, vale a dire che:

$$\frac{A'A}{OA'} = \frac{B'B}{OB'} = \frac{C'C}{OC'} = \ldots\ldots$$

Se consideriamo tali segmenti come segmenti orientati, $A'A$ ha come misura l'ordinata del punto $A$, $OA'$ ha come misura l'ascissa del punto $A$ e analoga-

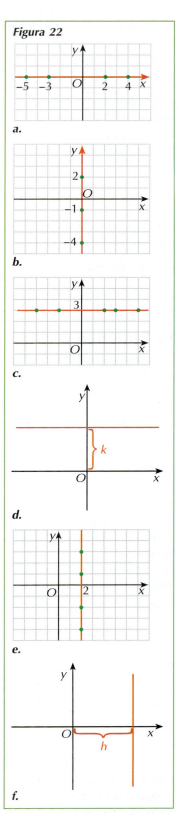

**Figura 22**

a.

b.

c.

d.

e.

f.

**Cap. 3:** Il piano cartesiano e la retta

mente per gli altri punti; le precedenti uguaglianze possono quindi essere scritte in questo modo:

$$\frac{y_A}{x_A} = \frac{y_B}{x_B} = \frac{y_C}{x_C} = \ldots\ldots$$

vale a dire che il rapporto fra le ordinate e le ascisse dei punti di questa retta rimane costante al variare del punto su di essa. Se chiamiamo $m$ il valore numerico di tale rapporto e indichiamo genericamente con $y$ e $x$ rispettivamente l'ordinata e l'ascissa di un punto qualsiasi della retta distinto dall'origine, deve essere

$$\frac{y}{x} = m \qquad \text{che possiamo anche scrivere nella forma} \qquad y = mx$$

In questa seconda forma, anche l'origine soddisfa questa equazione, quindi possiamo concludere che

**una retta passante per l'origine ha equazione** $\boxed{y = mx}$

Il numero $m$ viene detto **coefficiente angolare** della retta.

### La retta non passante per l'origine

Da ultimo consideriamo il caso di una retta $r$ non parallela agli assi che non passa per l'origine. Qualunque siano i punti $A, B, C, D \ldots$ di $r$, i triangoli rettangoli che si vengono a formare tracciando da essi le parallele agli assi cartesiani sono simili fra loro ed hanno quindi i cateti proporzionali (**figura 24**); per essi valgono le relazioni

$$\frac{HB}{AH} = \frac{KC}{BK} = \frac{RD}{CR} = \ldots\ldots$$

cioè $\quad \dfrac{y_B - y_A}{x_B - x_A} = \dfrac{y_C - y_B}{x_C - x_B} = \dfrac{y_D - y_C}{x_D - x_C} = \ldots$

È quindi il rapporto fra la differenza delle ordinate e la differenza delle ascisse di due qualsiasi punti che si mantiene costante; indichiamo ancora con $m$ questo rapporto.
Per trovare l'equazione di questa retta ragioniamo così: fissato un punto $A(x_0, y_0)$, qualunque altro punto $P(x, y)$ variabile sulla retta, per quanto detto in precedenza, deve soddisfare la relazione

$$\frac{y - y_0}{x - x_0} = m \quad \text{cioè} \quad y - y_0 = m(x - x_0) \quad \rightarrow \quad y = mx - mx_0 + y_0$$

Ma $m, x_0, y_0$ sono numeri e quindi anche l'espressione $-mx_0 + y_0$ è un numero che indichiamo con $q$; possiamo quindi concludere che:

**una retta non parallela agli assi e che non passa per l'origine ha equazione**

$$\boxed{y = mx + q}$$

Il numero $q$ si ottiene dall'equazione della retta per $x = 0$ e rappresenta quindi l'ordinata del punto di intersezione con l'asse $y$; per questo motivo viene detto **ordinata all'origine**.
Se $q > 0$ la retta interseca l'asse $y$ in un punto di ordinata positiva, se $q < 0$ la retta interseca l'asse $y$ in un punto di ordinata negativa (**figura 25**); è poi evidente che se $q = 0$ ritroviamo la retta per l'origine.

**72** Cap. 3: *Il piano cartesiano e la retta*

Figura 23
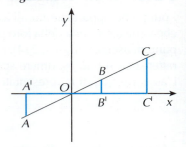

Figura 24
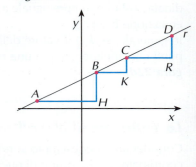

Nell'equazione
$$y = mx + q$$
$m$ è il coefficiente angolare
$q$ è l'ordinata all'origine

Figura 25
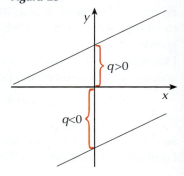

## L'equazione generale di una retta

In tutti i casi che abbiamo analizzato abbiamo sempre trovato un'equazione di primo grado nelle variabili $x$ e $y$; viceversa, si può dimostrare che una qualunque equazione di primo grado nelle stesse variabili rappresenta una retta.
**Possiamo quindi identificare le equazioni lineari in due variabili con le rette del piano cartesiano.**

Un'equazione di primo grado nelle variabili $x$ e $y$ assume sempre la forma
$$ax + by + c = 0$$
quindi l'equazione di una retta può sempre essere scritta in questo modo.

Per esempio, la retta $y = \frac{1}{4}x - 3$ si può scrivere così:
$$4y = x - 12 \quad \rightarrow \quad x - 4y - 12 = 0$$

Viceversa, la retta $2x + 3y - 1 = 0$ si può scrivere così:
$$3y = -2x + 1 \quad \rightarrow \quad y = -\frac{2}{3}x + \frac{1}{3}$$

In generale quindi, con opportuni calcoli e sotto opportune condizioni, è sempre possibile passare da una forma all'altra.

> ■ La forma $ax + by + c = 0$ si dice **forma implicita** dell'equazione della retta.
> 
> ■ La forma $y = mx + q$ si dice **forma esplicita**.

In particolare:

■ se $b \neq 0$ dall'equazione $ax + by + c = 0$ si ricava $y = -\frac{a}{b}x - \frac{c}{b}$

le relazioni che legano i coefficienti $a$, $b$, $c$ della forma implicita ai coefficienti $m$ e $q$ della forma esplicita sono quindi le seguenti:

$$\boxed{m = -\frac{a}{b}} \quad \text{e} \quad \boxed{q = -\frac{c}{b}}$$

Se inoltre:
- $c = 0$, l'equazione assume la forma $y = -\frac{a}{b}x$ e quindi, avendo un'ordinata all'origine nulla, la retta passa per l'origine degli assi e ancora $m = -\frac{a}{b}$;

- $a = 0$, l'equazione assume la forma $y = -\frac{c}{b}$ e quindi, essendo $-\frac{c}{b}$ una costante, la retta è parallela all'asse $x$.
  **Una retta parallela all'asse $x$ ha quindi coefficiente angolare nullo.**

■ se $b = 0$ l'equazione diventa $ax + c = 0 \quad \rightarrow \quad x = -\frac{c}{a}$

che rappresenta l'equazione di una retta parallela all'asse $y$.

Poiché non esiste il rapporto $-\frac{a}{b}$ perché $b = 0$, **di una retta parallela all'asse $y$ non si può definire il coefficiente angolare**.

**Cap. 3:** Il piano cartesiano e la retta

## 4.2 Il grafico di una retta

Il **grafico** di una retta, così come quello di una qualsiasi curva, è costituito da tutti e soli i punti le cui coordinate ne soddisfano l'equazione.

Uno dei primi assiomi della geometria ci assicura che per due punti passa una e una sola retta; di conseguenza, per tracciare il grafico di una retta è sufficiente individuare due suoi punti. Di solito conviene scrivere l'equazione della retta in forma esplicita, attribuire alla variabile $x$ due valori a scelta e calcolare poi l'ordinata sostituendo nell'equazione. Per esempio, per disegnare il grafico della retta $2x - 3y + 1 = 0$ procediamo così:

- scriviamo l'equazione in forma esplicita $y = \frac{2}{3}x + \frac{1}{3}$

- troviamo il primo punto attribuendo il valore 1 alla variabile $x$:
  $y = \frac{2}{3} \cdot 1 + \frac{1}{3} = 1$ → il punto ha coordinate $(1, 1)$

- troviamo il secondo punto attribuendo il valore $-2$ a $x$:
  $y = \frac{2}{3} \cdot (-2) + \frac{1}{3} = -1$ → il punto ha coordinate $(-2, -1)$.

*Per trovare le coordinate di due punti della retta, si può attribuire a $x$ qualunque valore; è però conveniente, se è possibile, attribuire valori che determinano punti a coordinate intere, più facilmente rappresentabili nel piano cartesiano.*

Ricordiamo che per determinare le coordinate di alcuni punti di una qualsiasi funzione $y = f(x)$ è comodo servirsi di una tabella in cui, per ogni punto, indicare il valore di $x$ scelto e quello corrispondente calcolato di $y$ (la tabella può svilupparsi in orizzontale oppure in verticale). Relativamente ai due punti precedenti:

| x | 1 | −2 |
|---|---|----|
| y | 1 | −1 |

Il grafico è in **figura 26**.

**Figura 26**

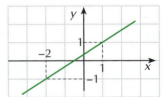

## ESEMPI

1. L'equazione $y = 2x$ è in forma esplicita e rappresenta una retta passante per l'origine degli assi di coefficiente angolare 2.

   Per costruire il suo grafico è sufficiente determinare le coordinate di un altro punto diverso da $O$; per esempio, si ha che se $x = 1$, $y = 2$. Il grafico è in **figura 27**.

   **Figura 27**

   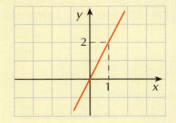

2. L'equazione $y + 2 = 0$ (forma implicita) può essere scritta nella forma $y = -2$ e rappresenta perciò una retta parallela all'asse delle ascisse il cui grafico è in **figura 28**.

   **Figura 28**

   **Figura 29**

   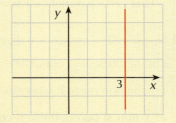

3. L'equazione $x - 3 = 0$ può essere scritta nella forma $x = 3$ e rappresenta quindi una retta parallela all'asse delle ordinate il cui grafico è in **figura 29**.

4. L'equazione $x - y + 4 = 0$ può essere scritta nella forma $y = x + 4$ e rappresenta perciò una retta non parallela agli assi cartesiani e non passante per l'origine. Il coefficiente angolare della retta è 1 e l'ordinata all'origine vale 4.

Per tracciarne il grafico è sufficiente individuare due suoi punti che troviamo costruendo la tabella di coordinate attribuendo a x due valori a nostra scelta, per esempio 0 e −4 (**figura 30**):

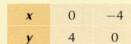

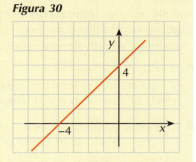

Figura 30

## 4.3 Il coefficiente angolare

Nell'equazione $y = mx + q$ il coefficiente angolare $m$ esprime il rapporto fra la differenza delle ordinate, che indichiamo con $\Delta y$, e la differenza delle ascisse, che indichiamo con $\Delta x$, di due punti qualsiasi della retta; dati cioè due punti qualsiasi di coordinate $(x_1, y_1)$ e $(x_2, y_2)$, il coefficiente angolare $m$ della retta che passa per tali punti si ottiene con la formula

$$m = \frac{\Delta y}{\Delta x} = \frac{y_2 - y_1}{x_2 - x_1}$$

Una retta di equazione
$$y = mx + q$$
non è parallela all'asse y, quindi non può capitare che sia $x_1 = x_2$ e che quindi l'espressione $\frac{\Delta y}{\Delta x}$ perda significato.

che è indipendente dall'ordine con cui si considerano i punti.
Per esempio, il coefficiente angolare della retta che passa per i punti di coordinate $(3, -2)$ e $(4, 1)$ ha valore:

$$m = \frac{1 - (-2)}{4 - 3} = 3 \quad \text{oppure anche} \quad m = \frac{-2 - 1}{3 - 4} = 3$$

L'importante è che, una volta stabilito un ordine, questo venga rispettato sia nel calcolare la differenza fra le ordinate che nel calcolare la differenza fra le ascisse. Il coefficiente angolare di una retta per l'origine è un caso particolare di questa formula se poniamo che il punto $(x_1, y_1)$ sia l'origine; in questo caso si ottiene infatti

$$m = \frac{y_2 - 0}{x_2 - 0} = \frac{y_2}{x_2}$$

cioè $m$ è il rapporto fra l'ordinata e l'ascissa di un suo punto qualsiasi.

Al variare di $m$ si possono presentare i seguenti casi:

- $m > 0$
  ed allora $\Delta y$ e $\Delta x$ devono essere concordi, cioè essere entrambi positivi oppure entrambi negativi. Questo significa che ad incrementi positivi (o negativi) delle ascisse devono corrispondere incrementi positivi (o negativi) delle ordinate (**figura 31a**); di conseguenza, la retta deve formare un angolo acuto con la direzione positiva dell'asse x e diremo in questo caso che è **inclinata positivamente** rispetto a tale asse.

Figura 31a

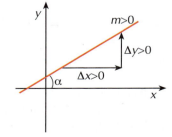

- $m < 0$
  ed allora $\Delta y$ e $\Delta x$ devono essere discordi, cioè se $\Delta x$ è negativo, $\Delta y$ deve essere positivo e viceversa. Questo significa che ad incrementi negativi (o

Cap. 3: *Il piano cartesiano e la retta*

positivi) delle ascisse devono corrispondere incrementi positivi (o negativi) delle ordinate (**figura 31b**); di conseguenza, la retta deve formare un angolo ottuso con la direzione positiva dell'asse x e diremo in questo caso che è **inclinata negativamente** rispetto a tale asse.

■ $m = 0$
la retta assume la forma $y = q$ e rappresenta l'asse x se $q = 0$, una retta parallela all'asse x se $q \neq 0$ (**figura 31c**).

■ Una retta parallela all'asse y non si può invece ottenere dall'equazione $y = mx + q$ per alcun valore di m ed in effetti di queste rette non si definisce il coefficiente angolare (**figura 31d**).

Un'altra osservazione che possiamo fare è la seguente: se disegniamo le rette $y = \frac{1}{2}x$, $y = 2x$, $y = 3x$ (**figura 32a**) (per semplicità abbiamo preso delle rette per l'origine ma le conclusioni a cui arriveremo sono valide per ogni retta del tipo $y = mx + q$), ci accorgiamo che la prima $\left(m = \frac{1}{2}\right)$ ha un'inclinazione minore della seconda ($m = 2$) che, a sua volta, ha un'inclinazione minore della terza ($m = 3$); questo perché il rapporto fra l'ordinata e l'ascissa di un punto cresce al crescere di m.

Possiamo ripetere un ragionamento analogo sulle rette $y = -\frac{1}{2}x$, $y = -2x$, $y = -3x$ (**figura 32b**): la retta di coefficiente angolare $-\frac{1}{2}$ è meno ripida di quella di coefficiente angolare $-2$ che, a sua volta, è meno ripida di quella di coefficiente angolare $-3$.

Il coefficiente angolare determina quindi la **pendenza** della retta: al crescere di m in valore assoluto aumenta anche la pendenza della retta.

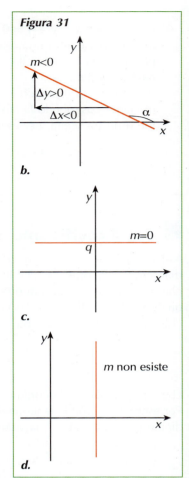

Figura 31

b.

c.

d.

**Figura 32**

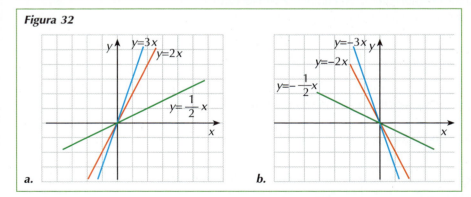

a.
b.

Fra le rette per l'origine vale poi la pena di ricordare le seguenti (**figura 33**):

• quella di equazione **y = x** che, rappresentando i punti che hanno l'ascissa uguale all'ordinata, corrisponde alla **bisettrice del primo e terzo quadrante**

• quella di equazione **y = −x** che, rappresentando i punti che hanno l'ordinata uguale all'opposto dell'ascissa, corrisponde alla **bisettrice del secondo e quarto quadrante**.

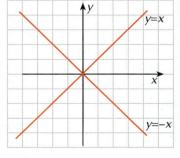

Figura 33

# ESEMPI

1. Calcoliamo il coefficiente angolare della retta che passa per le seguenti coppie di punti:

   **a.** $\left(\dfrac{1}{2}, -1\right)$ e $(-2, -4)$   **b.** $(0, 0)$ e $(5, -2)$   **c.** $(3, 4)$ e $(-1, 4)$   **d.** $(-2, 6)$ e $(-2, 1)$

   **a.** $m = \dfrac{-4+1}{-2-\dfrac{1}{2}} = \dfrac{6}{5}$   la retta è inclinata positivamente rispetto all'asse $x$ e forma quindi un angolo acuto con esso.

   **b.** E' una retta che passa per l'origine, quindi $m = \dfrac{-2}{5} = -\dfrac{2}{5}$

   la retta è inclinata negativamente rispetto all'asse $x$ e forma quindi un angolo ottuso con esso.

   **c.** I due punti hanno la stessa ordinata, quindi appartengono ad una retta parallela all'asse $x$, in particolare alla retta $y = 4$; il coefficiente angolare è quindi 0 e la pendenza della retta è nulla.

   Osserviamo che $m$ si può trovare anche applicando la formula:   $m = \dfrac{4-4}{-1-3} = 0$

   **d.** I due punti hanno la stessa ascissa, quindi appartengono ad una retta parallela all'asse $y$, in particolare alla retta di equazione $x = -2$; sappiamo che il coefficiente angolare di una tale retta non esiste e ciò è anche confermato dall'applicazione della formula:

   $m = \dfrac{6-1}{-2+2} = \dfrac{5}{0}$   che, avendo un denominatore nullo, non ha significato.

2. Stabiliamo se i punti $A(0, -1)$, $B(1, 2)$ e $C(-2, -7)$ sono allineati.

   I punti $A$ e $B$ definiscono una retta, così come i punti $B$ e $C$; i tre punti sono allineati se le rette definite nei due casi sono la stessa retta; osserviamo allora che, poiché entrambe le rette passano per $B$, è sufficiente che abbiano lo stesso coefficiente angolare.

   Il coefficiente angolare della retta $AB$ è   $m = \dfrac{2-(-1)}{1-0} = 3$

   quello della retta $BC$ è   $m = \dfrac{-7-2}{-2-1} = 3$

   Le due rette hanno lo stesso coefficiente angolare e si può concludere che i punti sono allineati.

---

L'ultimo esempio che abbiamo proposto ci dà indicazioni su come trovare la condizione di allineamento di tre punti quando questi non appartengono a una retta parallela all'asse $y$.

**CONDIZIONE DI ALLINEAMENTO DI TRE PUNTI**

Dati dunque i punti $A(x_1, y_1)$, $B(x_2, y_2)$, $C(x_3, y_3)$ con $x_1 \neq x_2 \neq x_3$ (**figura 34**)

**Figura 34**

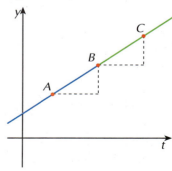

- il coefficiente angolare della retta $AB$ è $\dfrac{y_2 - y_1}{x_2 - x_1}$

- il coefficiente angolare della retta $BC$ è $\dfrac{y_3 - y_2}{x_3 - x_2}$.

Se i due coefficienti angolari sono uguali, allora la retta $AB$ e la retta $BC$ sono la stessa retta e quindi i tre punti sono allineati. La condizione di allineamento di tre punti richiede quindi che sia vera l'uguaglianza

$$\boxed{\dfrac{y_2 - y_1}{x_2 - x_1} = \dfrac{y_3 - y_2}{x_3 - x_2}}$$

Cap. 3: Il piano cartesiano e la retta

## ATTENZIONE AGLI ERRORI

La formula per calcolare il coefficiente angolare di una retta è:

$$m = \frac{y_2 - y_1}{x_2 - x_1} \quad \text{e non} \quad m = \frac{x_2 - x_1}{y_2 - y_1}$$

Attenzione poi a rispettare l'ordine delle coordinate.
Se $A(-2, 3)$ e $B(4, -6)$, il coefficiente angolare della retta $AB$:

**non è** $\quad \dfrac{4+2}{-6-3} = -\dfrac{2}{3} \quad$ **non è** $\quad \dfrac{-6-3}{-2-4} = \dfrac{3}{2} \quad$ ma è $\quad \dfrac{-6-3}{4+2} = -\dfrac{3}{2}$

Inoltre una retta parallela all'asse $y$ non ha coefficiente angolare; se $C(7, 1)$ e $D(7, -3)$:

**è sbagliato** dire che $\quad m_{CD} = \dfrac{1+3}{7-7} = \dfrac{4}{0}$

perché questo numero non esiste e non è uguale né a 0 né a 4.

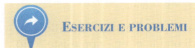

**ESERCIZI E PROBLEMI**          pag. 260

## 5 CONDIZIONI PER DETERMINARE L'EQUAZIONE DI UNA RETTA

L'equazione di una retta, se non è parallela all'asse $y$, dipende sostanzialmente dai due parametri $m$ e $q$; scriverne l'equazione significa determinare il valore numerico di questi due parametri. I casi che si possono presentare si possono tutti ricondurre a due problemi fondamentali:

- scrivere l'equazione della retta che passa per un punto dato e che ha un certo coefficiente angolare
- scrivere l'equazione della retta che passa per due punti assegnati.

Vediamo dunque come procedere nei due casi.

### Retta di dato coefficiente angolare passante per un punto assegnato

Risolvere questo problema è semplice se ricordiamo il procedimento che avevamo seguito nel paragrafo 4.1. per determinare l'equazione di una retta generica. Se $m$ è il coefficiente angolare noto e $A(x_0, y_0)$ è il punto assegnato, un punto $P$ di coordinate $(x, y)$ variabile sulla retta deve essere tale da soddisfare la relazione

$$\boxed{y - y_0 = m(x - x_0)}$$

Basta quindi sostituire in questa equazione le coordinate del punto $A$ ed il valore del coefficiente angolare per avere l'equazione cercata.
Per esempio, la retta che passa per il punto di coordinate $(2, -3)$ ed ha coefficiente angolare 4 ha equazione

$$y - (-3) = 4(x - 2)$$

**78**   Cap. 3: *Il piano cartesiano e la retta*

cioè, sviluppando i calcoli

$y = 4x - 11$     oppure in forma implicita     $4x - y - 11 = 0$

### Retta per due punti assegnati

La retta che passa per i punti di coordinate $(x_1, y_1)$ e $(x_2, y_2)$, se non è parallela all'asse $y$, cioè se $x_1 \neq x_2$, ha coefficiente angolare $m = \dfrac{y_2 - y_1}{x_2 - x_1}$.

Possiamo adesso applicare la formula precedente e scrivere l'equazione della retta che ha quel coefficiente angolare e che passa per uno dei punti dati, per esempio il primo:

$$y - y_1 = \underbrace{\dfrac{y_2 - y_1}{x_2 - x_1}}_{m}(x - x_1)$$

Se la retta non è nemmeno parallela all'asse $x$, cioè se $y_1 \neq y_2$, possiamo dividere entrambi i membri dell'equazione per $y_2 - y_1$ in modo da raggruppare al primo membro tutti i termini che riguardano le ordinate e al secondo membro tutti i termini che riguardano le ascisse, ottenendo così la relazione:

$$\boxed{\dfrac{y - y_1}{y_2 - y_1} = \dfrac{x - x_1}{x_2 - x_1}}$$

*Questa formula si può usare solo se $x_1 \neq x_2$ e $y_1 \neq y_2$, cioè se la retta non è parallela né all'asse $x$, né all'asse $y$.*

Per esempio, la retta che passa per i punti di coordinate $(-4, 1)$ e $(3, 2)$ ha equazione:

$$\dfrac{y - 1}{2 - 1} = \dfrac{x + 4}{3 + 4} \quad \text{cioè svolgendo i calcoli} \quad x - 7y + 11 = 0$$

Osserviamo che si trova lo stesso risultato invertendo l'ordine con cui vengono presi i due punti:

$$\dfrac{y - 2}{1 - 2} = \dfrac{x - 3}{-4 - 3} \quad \rightarrow \quad x - 7y + 11 = 0$$

In definitiva:

- la retta di coefficiente angolare $m$ e passante per $A(x_0, y_0)$ ha equazione
$$y - y_0 = m(x - x_0)$$

- la retta non parallela agli assi cartesiani che passa per i punti di coordinate $(x_1, y_1)$ e $(x_2, y_2)$ ha equazione
$$\dfrac{y - y_1}{y_2 - y_1} = \dfrac{x - x_1}{x_2 - x_1}$$

## ESEMPI

**1.** Determiniamo l'equazione della retta che passa per $P(1, -2)$ e ha coefficiente angolare $-\dfrac{1}{2}$.

Applicando la formula $y - y_0 = m(x - x_0)$, otteniamo con pochi passaggi l'equazione della retta:

$y + 2 = -\dfrac{1}{2}(x - 1)$     cioè     $y = -\dfrac{1}{2}x - \dfrac{3}{2}$     o anche, in forma implicita     $x + 2y + 3 = 0$

Cap. 3: *Il piano cartesiano e la retta*

2. Scriviamo l'equazione della retta che passa per $A(-2, -1)$ e $B(0,5)$.

   Poiché i punti dati non hanno la stessa ascissa e nemmeno la stessa ordinata, possiamo usare la seconda formula; in essa considereremo $A$ come primo punto e $B$ come secondo (sarebbe la stessa cosa fare il contrario)
   $$\frac{y+1}{5+1} = \frac{x+2}{0+2} \qquad \text{da cui} \qquad y = 3x + 5$$

   Devi fare attenzione al modo di usare le coordinate dei due punti, rispettando soprattutto l'ordine; osserva allora che i secondi addendi del numeratore e del denominatore dei due membri dell'equazione devono essere uguali perché rappresentano la stessa coordinata: .

   Ricorda comunque che hai sempre modo di controllare se hai commesso errori di calcolo: basta verificare se le coordinate dei punti dati soddisfano l'equazione ottenuta oppure no.

3. Scriviamo l'equazione della retta che passa per $A(2, 5)$ e $B(-3, 5)$.

   Questa volta i due punti hanno la stessa ordinata e quindi non è possibile usare la formula. Troviamo però subito l'equazione cercata osservando che essa deve rappresentare una retta parallela all'asse delle ascisse; l'equazione è pertanto $y = 5$.

4. Scriviamo l'equazione della retta che passa per i punti $A(-4, 1)$ e $B(-4, 0)$.

   I due punti hanno la stessa ascissa, quindi la retta è parallela all'asse $y$. La sua equazione è $x = -4$.

### Esercizi e problemi                                    pag. 262

## 6 RETTE PARALLELE E RETTE PERPENDICOLARI

In questo paragrafo ci proponiamo di trovare le relazioni che sussistono fra i coefficienti angolari di due rette parallele oppure perpendicolari fra loro.

### Rette parallele

Siano $r$ e $s$ due rette fra loro parallele di equazioni (**figura 35**)

$$r: y = mx + q \qquad e \qquad s: y = m'x + q'$$

**Figura 35**

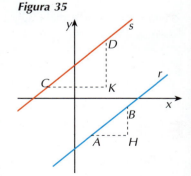

Prendiamo due punti $A$ e $B$ sulla prima retta e calcoliamo il rapporto incrementale; si ha che
$$m = \frac{y_B - y_A}{x_B - x_A}$$

Prendiamo due punti $C$ e $D$ sulla seconda retta e calcoliamo il rapporto incrementale
$$m' = \frac{y_D - y_C}{x_D - x_C}$$

Osserviamo adesso che, essendo le rette parallele, i triangoli $ABH$ e $CDK$ sono simili, perciò $\frac{HB}{AH} = \frac{KD}{CK}$ e quindi i due rapporti incrementali sono uguali; allora se due rette sono parallele $m = m'$.

Viceversa, se due rette hanno coefficienti angolari uguali, anche i rapporti fra i cateti dei triangoli ABH e CDK sono uguali; poiché tali cateti sono a due a due paralleli, possiamo concludere che anche le rette sono parallele.
In definitiva:

> due rette sono parallele se e solo se hanno coefficienti angolari uguali; la condizione di parallelismo è quindi espressa dalla relazione
>
> $$m = m'$$

Per esempio, le rette di equazioni $3x - 2y + 1 = 0$ e $6x - 4y - 5 = 0$ sono parallele perché il coefficiente angolare di entrambe vale $\frac{3}{2}$.

È poi evidente che sono parallele anche due rette parallele all'asse y, per le quali il coefficiente angolare non è definito.

### Rette perpendicolari

Consideriamo due rette r e s, non parallele agli assi cartesiani, di equazioni

$$r : y = mx + q \qquad e \qquad s : y = m'x + q'$$

**Figura 36**

e supponiamo che siano perpendicolari; osserviamo che, se esiste una relazione fra r ed s, la stessa relazione sussiste anche per le rette r' e s' di equazioni

$$r' : y = mx \qquad e \qquad s' : y = m'x$$

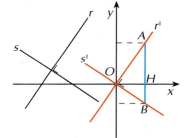

che sono parallele ad r e s ma che passano per l'origine O degli assi (**figura 36**). Consideriamo ora il punto A di r' ed il punto B di s' entrambi di ascissa 1; le ordinate di tali punti si ottengono sostituendo nell'equazione di ogni retta il valore dell'ascissa; sarà quindi

$$A(1, m) \qquad e \qquad B(1, m')$$

Se le rette sono perpendicolari, il triangolo ABO è rettangolo in O, il segmento OH rappresenta l'altezza relativa all'ipotenusa, i segmenti AH e BH sono le proiezioni dei cateti sull'ipotenusa; per il secondo teorema di Euclide, possiamo scrivere che

$$\overline{OH}^2 = \overline{AH} \cdot \overline{BH} \qquad \text{cioè} \qquad 1 = |m| \cdot |m'|$$

**Secondo teorema di Euclide.** In ogni triangolo rettangolo il quadrato della misura dell'altezza relativa all'ipotenusa è uguale al prodotto delle misure delle proiezioni dei cateti sull'ipotenusa.

Osserviamo ora che, se la retta r' appartiene al primo e terzo quadrante, la sua perpendicolare s' appartiene al secondo e quarto quadrante e viceversa.
I coefficienti angolari di tali rette sono allora di segno opposto e quindi possiamo scrivere la precedente relazione in questo modo

$$1 = -m \cdot m' \qquad \text{cioè} \qquad m \cdot m' = -1$$

Viceversa, poiché del teorema di Euclide vale anche l'inverso, se il prodotto dei coefficienti angolari di due rette vale $-1$, le rette sono perpendicolari. In definitiva

> due rette non parallele agli assi cartesiani sono perpendicolari se e solo se il prodotto dei loro coefficienti angolari è $-1$:
>
> $$m \cdot m' = -1 \qquad \text{o anche} \qquad m' = -\frac{1}{m}$$

Due rette perpendicolari e non parallele agli assi cartesiani hanno i coefficienti angolari che sono uno l'antireciproco dell'altro.

Cap. 3: Il piano cartesiano e la retta

Per esempio la retta $3x + 4y - 1 = 0$ di coefficiente angolare $-\frac{3}{4}$ è perpendicolare alla retta $4x - 3y + 2 = 0$ che ha coefficiente angolare $\frac{4}{3}$.

È poi evidente che una retta parallela all'asse $x$ è sempre perpendicolare a una retta parallela all'asse $y$.

## ESEMPI

**1.** Fra le seguenti rette individuiamo se ve ne sono di parallele o di perpendicolari:

  **a.** $x - 2y + 1 = 0$    **b.** $x + 3 = 0$    **c.** $2x + y - 5 = 0$
  **d.** $y - 5 = 0$    **e.** $x - 2y + 7 = 0$    **f.** $x - 8 = 0$

Individuiamo le caratteristiche di ogni retta (ricorda che se l'equazione della retta è data in forma implicita cioè nella forma $ax + by + c = 0$, il coefficiente angolare è dato dal rapporto $-\frac{a}{b}$):

**a.** $x - 2y + 1 = 0$    $m = -\frac{a}{b} = \frac{1}{2}$

**b.** $x + 3 = 0$    è una retta parallela all'asse $y$, non ha coefficiente angolare

**c.** $2x + y - 5 = 0$    $m = -\frac{a}{b} = -2$

**d.** $y - 5 = 0$    è una retta parallela all'asse $x$, $m = 0$

**e.** $x - 2y + 7 = 0$    $m = -\frac{a}{b} = \frac{1}{2}$

**f.** $x - 8 = 0$    è una retta parallela all'asse $y$, non ha coefficiente angolare

Possiamo allora concludere che:
- sono parallele le rette: **a.**, **e.** e anche **b.**, **f.** perché entrambe parallele all'asse $y$
- sono perpendicolari le rette: **a.**, **c.**; **c.**, **e.**; **b.**, **d.** e **d.**, **f.**

**2.** Scriviamo l'equazione della retta $r$ passante per $P\left(-2, \frac{2}{3}\right)$ che sia

  **a.** parallela a quella di equazione $3x - 5y + 1 = 0$
  **b.** perpendicolare a quella di equazione $y = -2x + 5$.

  **a.** La condizione di parallelismo implica che il coefficiente angolare di $r$ sia uguale a quello della retta data, che è $\frac{3}{5}$; essa ha quindi equazione:

  $y - \frac{2}{3} = \frac{3}{5}(x + 2)$ → in forma esplicita $y = \frac{3}{5}x + \frac{28}{15}$    in forma implicita $9x - 15y + 28 = 0$

  **b.** La condizione di perpendicolarità implica che il prodotto dei coefficienti angolari delle due rette sia uguale a $-1$, quindi poiché nella retta data $m = -2$, la retta $r$ ha coefficiente angolare $m' = \frac{1}{2}$ ed ha perciò equazione:

  $y - \frac{2}{3} = \frac{1}{2}(x + 2)$ → in forma esplicita $y = \frac{1}{2}x + \frac{5}{3}$

  in forma implicita $3x - 6y + 10 = 0$

**ulteriori esempi**

## ATTENZIONE AGLI ERRORI

In questa fase sono diversi gli errori che si possono compiere.

- La retta $3y + 2x - 4 = 0$ ha coefficiente angolare $-\dfrac{2}{3}$ e non $\dfrac{3}{2}$ o $\dfrac{2}{3}$ o $-\dfrac{3}{2}$.

- Se una retta ha coefficiente angolare $\dfrac{1}{2}$, la sua perpendicolare ha coefficiente angolare $-2$ e non $-\dfrac{1}{2}$ o $2$.

- Se una retta passa per i punti $A(2, 0)$ e $B(2, 8)$, punti di uguale ascissa, la sua equazione è $x = 2$ e non è possibile applicare la formula della retta per due punti perché troveremmo un denominatore nullo.

- Analogamente, se una retta passa per i punti $C(1, 3)$ e $D(-4, 3)$, punti di uguale ordinata, la sua equazione è $y = 3$ e, per lo stesso motivo, non si può applicare la formula della retta per due punti.

### ESERCIZI E PROBLEMI  pag. 265

## 7 RETTE E SISTEMI LINEARI

Sappiamo dallo studio della geometria euclidea che due rette complanari possono essere incidenti, quando si intersecano in un punto, oppure parallele quando non si intersecano o sono la stessa retta.
Dal punto di vista analitico, determinare la posizione reciproca di due rette significa stabilire se le equazioni che le rappresentano hanno delle soluzioni comuni, cioè se esistono delle coppie $(x, y)$ che soddisfano entrambe le equazioni; ma le soluzioni comuni a due equazioni in due variabili si determinano risolvendo il sistema da esse formato. Possiamo quindi affermare che:

> per ricercare i punti di intersezione di due rette si deve risolvere il sistema delle loro equazioni. In particolare:
> - se le rette sono incidenti, e questo significa che hanno coefficienti angolari diversi, il sistema è determinato e la sua soluzione rappresenta le coordinate del punto intersezione
> - se le rette sono parallele, e questo significa che hanno coefficienti angolari uguali, il sistema è:
>   - impossibile se le rette sono parallele e distinte
>   - indeterminato se le rette sono coincidenti.

*Un sistema lineare di due equazioni in due incognite rappresenta, dal punto di vista grafico, l'intersezione tra le due rette. La sua soluzione, se esiste, rappresenta le coordinate del punto in cui esse si intersecano.*

Per esempio:

- le rette di equazioni $r: x - 2y + 1 = 0$ e $s: 3x + y + 2 = 0$ sono incidenti perché il coefficiente angolare di $r$ è $\dfrac{1}{2}$ mentre il coefficiente angolare di $s$ è $-3$.
  Il loro punto di intersezione $P$ si trova risolvendo il sistema

$$\begin{cases} x - 2y + 1 = 0 \\ 3x + y + 2 = 0 \end{cases} \rightarrow \begin{cases} x = -\dfrac{5}{7} \\ y = \dfrac{1}{7} \end{cases} \quad \text{quindi} \quad P\left(-\dfrac{5}{7}, \dfrac{1}{7}\right) \text{ (figura 37a)}$$

**Figura 37a**

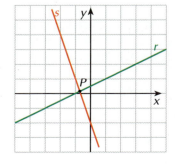

Cap. 3: Il piano cartesiano e la retta | 83

- le rette di equazioni $r: 5x + 3y - 2 = 0$ e $s: 5x + 3y - 9 = 0$ sono parallele perché $m_r = m_s = -\dfrac{5}{3}$ e sono distinte perché non hanno la stessa ordinata all'origine; il sistema delle loro equazioni è quindi impossibile come puoi facilmente verificare risolvendolo (**figura 37b**).

- le rette di equazioni $r: x - 2y + 1 = 0$ e $s: 4x - 8y + 4 = 0$ sono parallele perché $m_r = m_s = \dfrac{1}{2}$ e sono coincidenti perché i coefficienti delle due equazioni sono proporzionali; il sistema delle loro equazioni è quindi indeterminato (**figura 37c**).

**Figura 37**

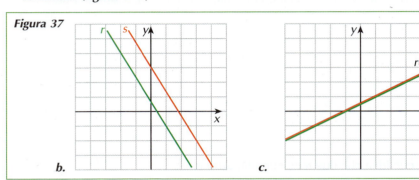

## Gli zeri di una funzione

Come caso particolare di intersezione tra rette consideriamo adesso il sistema tra una retta qualsiasi non parallela all'asse $x$ e l'asse $x$ stesso:

$$\begin{cases} y = mx + q \\ y = 0 \end{cases}$$

Sostituendo 0 al posto di $y$ nell'equazione della retta troviamo: $mx + q = 0$ che è un'equazione lineare la cui soluzione è:

$$x = -\dfrac{q}{m}$$

La retta interseca dunque l'asse delle ascisse nel punto di coordinate:

$$\left(-\dfrac{q}{m},\ 0\right)$$

L'ascissa del punto d'intersezione di una retta con l'asse $x$ prende il nome di *zero* della funzione che la retta rappresenta (**figura 38**).
Questa definizione può essere estesa a una funzione qualsiasi di equazione $y = f(x)$.

**Figura 38**

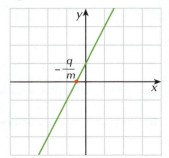

> Chiamiamo **zeri** di una funzione $f(x)$ le ascisse dei punti di intersezione del grafico della funzione stessa con l'asse $x$.
> Essi si determinano risolvendo l'equazione $f(x) = 0$.

Per esempio:

- lo zero della funzione $y = 3x - 4$ si ottiene risolvendo l'equazione $3x - 4 = 0$ ed è il punto di ascissa $x = \dfrac{4}{3}$

**Cap. 3**: *Il piano cartesiano e la retta*

- viceversa, possiamo interpretare graficamente la soluzione dell'equazione $2x + 1 = 0$, cioè $x = -\dfrac{1}{2}$ come l'ascissa del punto di intersezione della retta $y = 2x + 1$ con l'asse $x$.

## ESEMPI

**1.** Determiniamo le coordinate dei vertici del triangolo i cui lati appartengono alle rette di equazione

$$r: 3x - 2y + 5 = 0 \qquad s: x - 7y - 11 = 0 \qquad t: 5x + 3y - 17 = 0$$

Dobbiamo determinare le intersezioni, a due a due, delle tre rette (**figura 39**); cominciamo dalle prime due risolvendo il sistema

$$\begin{cases} 3x - 2y + 5 = 0 \\ x - 7y - 11 = 0 \end{cases} \qquad \begin{cases} x = -3 \\ y = -2 \end{cases} \qquad A(-3, -2)$$

**Figura 39**

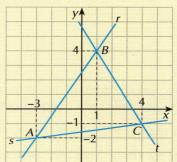

Intersechiamo ora le rette $r$ e $t$:

$$\begin{cases} 3x - 2y + 5 = 0 \\ 5x + 3y - 17 = 0 \end{cases} \qquad \begin{cases} x = 1 \\ y = 4 \end{cases} \qquad B(1, 4)$$

Da ultimo, intersechiamo le rette $s$ e $t$:

$$\begin{cases} x - 7y - 11 = 0 \\ 5x + 3y - 17 = 0 \end{cases} \qquad \begin{cases} x = 4 \\ y = -1 \end{cases} \qquad C(4, -1)$$

 ulteriori esempi

 **Approfondimento**
L'interpretazione grafica di una disequazione lineare

 **ESERCIZI E PROBLEMI**     pag. 268

## 8   LA DISTANZA DI UN PUNTO DA UNA RETTA

Sappiamo che la distanza di un punto da una retta è rappresentata dal segmento $PH$ di perpendicolare condotto dal punto alla retta (**figura 40**). In questo paragrafo cercheremo un metodo per calcolare la misura di tale distanza; esso infatti ci sarà utile, ad esempio, ogni volta che dovremo calcolare un'altezza, oppure la misura di un cateto di un triangolo rettangolo, oppure la distanza fra due rette parallele.

**Figura 40**

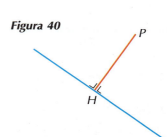

Vediamo come procedere attraverso un esempio. Consideriamo la retta $r$ di equazione $x - 2y + 2 = 0$ ed il punto $P$ di coordinate $(5, 1)$.
Per risolvere il problema, possiamo determinare il punto $H$ come intersezione

Cap. 3: Il piano cartesiano e la retta    **85**

della retta data con la sua perpendicolare passante per P. Noto H, è poi immediato il calcolo di $\overline{PH}$ (**figura 41**).

**Figura 41**

Retta per P perpendicolare a r
$$y - 1 = -2(x - 5)$$
$$y + 2x - 11 = 0$$

Calcolo di H
$$\begin{cases} y + 2x - 11 = 0 \\ x - 2y + 2 = 0 \end{cases} \quad H(4, 3)$$

Calcolo di $\overline{PH}$
$$\overline{PH} = \sqrt{(5-4)^2 + (1-3)^2} = \sqrt{5}$$

La distanza del punto P dalla retta r è dunque $\sqrt{5}$.

Se adesso eseguiamo gli stessi calcoli per determinare la distanza d di un generico punto $P(x_0, y_0)$ da una generica retta r di equazione $ax + by + c = 0$, giungiamo alla relazione

$$\boxed{d = \frac{|ax_0 + by_0 + c|}{\sqrt{a^2 + b^2}}}$$

**ANIMAZIONE**

Il secondo membro di questa formula rappresenta quindi la **distanza del punto $P(x_0, y_0)$ dalla retta di equazione $ax + by + c = 0$.**

Per usarla correttamente osserva che:

- l'equazione della retta deve essere scritta in forma implicita

- il numeratore della frazione si ottiene sostituendo le coordinate del punto P al posto di x e di y nel polinomio $ax + by + c$; del valore ottenuto si deve poi considerare il modulo

- il denominatore è la radice quadrata della somma dei quadrati dei coefficienti di x e di y dello stesso polinomio.

Calcoliamo con questa formula la distanza del punto P dalla retta dell'esempio introduttivo:

la retta ha equazione implicita: $x - 2y + 2 = 0$; il punto è: $P(5, 1)$

applichiamo la formula

$$d = \frac{|1 \cdot 5 - 2 \cdot 1 + 2|}{\sqrt{1^2 + 2^2}} = \frac{5}{\sqrt{5}} = \sqrt{5}$$

si sostituisce 5 al posto di x e 1 al posto di y

1 è il coefficiente di x
2 è il coefficiente di y

Ritroviamo naturalmente lo stesso risultato.

## ESEMPI

**1.** Calcoliamo la distanza del punto $P(3, -2)$ dalla retta di equazione $x - 5y + 5 = 0$.

$$d = \frac{|3 - 5(-2) + 5|}{\sqrt{1 + 25}} = \frac{18}{\sqrt{26}} = \frac{9\sqrt{26}}{13}$$

**2.** Calcoliamo la distanza del punto $P\left(\dfrac{1}{2}, -2\right)$ dalla retta di equazione $y = \dfrac{1}{3}x - 2$.

Scriviamo innanzi tutto l'equazione della retta in forma implicita: $x - 3y - 6 = 0$.

Applichiamo la formula: $d = \dfrac{\left|\dfrac{1}{2} - 3(-2) - 6\right|}{\sqrt{1+9}} = \dfrac{\sqrt{10}}{20}$.

### ESERCIZI E PROBLEMI   pag. 270

## 9 PROBLEMI SULLA RETTA

Quello che abbiamo imparato nei precedenti paragrafi ci permette di risolvere alcuni problemi geometrici riferendoci ad un piano cartesiano. Tenendo presente che, a volte, uno stesso problema può essere affrontato da diversi punti di vista, di alcuni di essi presenteremo differenti percorsi risolutivi mettendo in evidenza per ognuno il ragionamento seguito.

### I problema

Calcoliamo l'area del triangolo di vertici $A(0, 4)$, $B(-1, -2)$, $C(5, 0)$.

Costruiamo prima di tutto il modello grafico del problema (**figura 42a**).
Per trovare l'area possiamo procedere in due modi.

*Primo metodo.*
Consideriamo il rettangolo con i lati paralleli agli assi cartesiani circoscritto al triangolo (**figura 42b**); se dalla sua area togliamo le aree dei triangoli rettangoli AQC, PBC e RAB, otteniamo l'area di ABC.
Calcolare le aree del rettangolo e dei triangoli che abbiamo indicato è semplice perché questi poligoni hanno i lati paralleli agli assi cartesiani; si ha quindi che:

$\overline{BP} = |5 + 1| = 6$ $\qquad$ $\overline{BR} = |4 + 2| = 6$ $\quad \to \quad$ area$(BPQR) = 6 \cdot 6 = 36$

$\overline{PC} = |0 + 2| = 2$ $\qquad$ $\overline{QC} = |4 - 0| = 4$

$\overline{AQ} = |5 - 0| = 5$ $\qquad$ $\overline{AR} = |0 + 1| = 1$

quindi:

area$(\widehat{BPC}) = \dfrac{6 \cdot 2}{2} = 6$ $\qquad$ area$(\widehat{AQC}) = \dfrac{5 \cdot 4}{2} = 10$ $\qquad$ area$(\widehat{ARB}) = \dfrac{6 \cdot 1}{2} = 3$

L'area del triangolo è quindi: $36 - (6 + 10 + 3) = 17$.

*Secondo metodo.*
Applichiamo la formula per il calcolo dell'area del triangolo; scegliamo un lato come base, per esempio $BC$ e troviamo la misura dell'altezza calcolando la distanza del punto $A$ dalla retta $BC$.

**Figura 42**

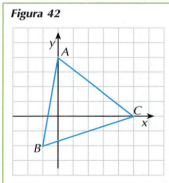

a.

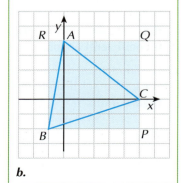

b.

Cap. 3: *Il piano cartesiano e la retta* | **87**

- Segmento $BC$: $\qquad BC = \sqrt{(5+1)^2 + (0+2)^2} = \sqrt{40} = 2\sqrt{10}$

- Retta $BC$: $\qquad \dfrac{y+2}{0+2} = \dfrac{x+1}{5+1} \quad \rightarrow \quad x - 3y - 5 = 0$

- Calcolo dell'altezza come distanza di $A$ dalla retta $BC$:

$$\dfrac{|0 - 3 \cdot 4 - 5|}{\sqrt{1+9}} = \dfrac{17}{\sqrt{10}}$$

L'area del triangolo è quindi: $\dfrac{1}{2} \cdot 2\sqrt{10} \cdot \dfrac{17}{\sqrt{10}} = 17$.

### Il problema

Data la retta $r$ di equazione $y = \dfrac{1}{2}x + 1$, troviamo l'equazione:

**a.** di quella ad essa simmetrica rispetto all'asse $x$
**b.** di quella ad essa simmetrica rispetto all'asse $y$
**c.** di quella ad essa simmetrica rispetto all'origine
**d.** di quella ad essa corrispondente nella traslazione di vettore $\vec{v}(4, 3)$.

**a.** La retta $r$ interseca l'asse delle ascisse nel punto $A(-2, 0)$ e l'asse delle ordinate nel punto $B(0, 1)$; la sua simmetrica rispetto all'asse $x$ deve passare ancora per il punto $A$ e per il simmetrico di $B$ che è $B'(0, -1)$ (**figura 43a**); possiamo quindi scrivere l'equazione della retta $s$ che passa per $A$ e $B'$:

$$\dfrac{y-0}{-1-0} = \dfrac{x+2}{0+2} \quad \rightarrow \quad s: y = -\dfrac{1}{2}x - 1$$

Osserviamo che l'ordinata all'origine di questa retta, come è prevedibile, è l'opposto di quella della retta $r$, e che anche il coefficiente angolare è opposto; in effetti, la pendenza di $s$ è la stessa di quella di $r$ ma negativa. In generale:

**due rette simmetriche rispetto all'asse $x$ hanno ordinate all'origine e coefficienti angolari opposti.**

**b.** La simmetrica di $r$ rispetto all'asse $y$ passa ancora per il punto $B(0, 1)$ e per il punto $A'(2, 0)$ simmetrico di $A$ (**figura 43b**); scriviamo allora l'equazione della retta $t$ per $B$ e $A'$:

$$\dfrac{y-0}{1-0} = \dfrac{x-2}{0-2} \quad \rightarrow \quad t: y = -\dfrac{1}{2}x + 1$$

Con considerazioni analoghe alle precedenti, possiamo generalizzare il risultato ottenuto e dire che:

**due rette simmetriche rispetto all'asse $y$ hanno la stessa ordinata all'origine e coefficienti angolari opposti.**

**c.** La simmetrica di $r$ rispetto all'origine passa per il simmetrico di $A$ che è $A'(2, 0)$ e per il simmetrico di $B$ che è $B'(0, -1)$ ed ha quindi equazione (**figura 43c**):

$$\dfrac{y-0}{-1-0} = \dfrac{x-2}{0-2} \quad \rightarrow \quad p: y = \dfrac{1}{2}x - 1$$

Le rette $r$ e $p$, come prevedibile dalla definizione di simmetria centrale, sono dunque parallele:

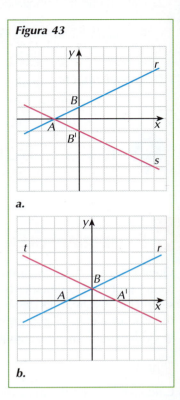

**Figura 43**

a.

b.

La simmetrica rispetto all'asse $x$ della retta
$$y = mx + q$$
ha equazione
$$y = -mx - q$$

La simmetrica rispetto all'asse $y$ della retta
$$y = mx + q$$
ha equazione
$$y = -mx + q$$

**Figura 43c**

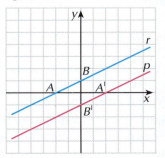

due rette simmetriche rispetto all'origine hanno lo stesso coefficiente angolare e ordinate all'origine opposte.

*La simmetrica rispetto all'origine della retta*
$$y = mx + q$$
*ha equazione*
$$y = mx - q$$

**d.** Anche in questo caso scegliamo due punti su $r$, per esempio ancora i punti $A(-2, 0)$ e $B(0, 1)$, troviamo i loro corrispondenti nella traslazione di vettore $\vec{v}(4, 3)$ e poi scriviamo l'equazione della retta che passa per questi punti (**figura 43d**):

- i corrispondenti di $A$ e $B$ nella traslazione sono i punti
$$A'(-2+4, 0+3) = (2, 3) \quad \text{e} \quad B'(0+4, 1+3) = (4, 4)$$

- la retta per $A'$ e $B'$ ha equazione:
$$\frac{y-4}{3-4} = \frac{x-4}{2-4} \quad \rightarrow \quad y = \frac{1}{2}x + 2$$

*ulteriori esempi*

**Figura 43d**

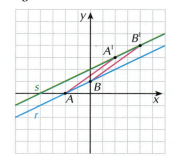

**ESERCIZI E PROBLEMI**      pag. 272

## 10 GRAFICI DI PARTICOLARI FUNZIONI LINEARI

Vogliamo tracciare il grafico della funzione $y = |x|$.

Sappiamo che $|x|$ significa:
$$\begin{cases} x & \text{quando } x \geq 0 \\ -x & \text{quando } x < 0 \end{cases}$$

**FUNZIONI LINEARI CON I MODULI**

Possiamo allora riscrivere l'equazione di questa funzione in questo modo:
$$y = \begin{cases} x & \text{se } x \geq 0 \\ -x & \text{se } x < 0 \end{cases}$$

**Figura 44**

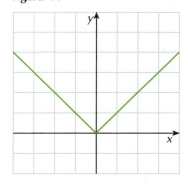

e disegnare (**figura 44**):
- la retta di equazione $y = x$ nel semipiano delle ascisse positive o nulle
- la retta $y = -x$ nel semipiano delle ascisse negative.

Osserviamo che il grafico trovato si può ottenere anche con questa procedura (**figura 45**):
- si disegna la retta $y = x$ per intero
- si esegue una simmetria rispetto all'asse $x$ della sola parte negativa del grafico (in pratica si esegue un ribaltamento della parte del grafico che si trova sotto l'asse $x$).

Infatti considerare il modulo di una qualsiasi espressione significa in pratica far diventare positivo ciò che è negativo.

**Figura 45**

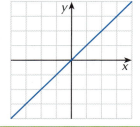
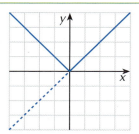

Questa procedura può essere generalizzata a una qualunque funzione di equazione $y = |f(x)|$ :

■ si disegna il grafico di $f(x)$
■ si ribaltano le parti di grafico che si trovano nel semipiano delle ordinate negative.

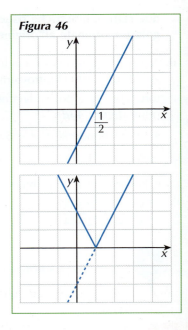

Figura 46

Costruiamo seguendo questa procedura il grafico di $y = |2x - 1|$ (**figura 46**):
- disegniamo la retta $y = 2x - 1$
- disegniamo la simmetrica rispetto all'asse $x$ della sola parte negativa.

Alcune funzioni lineari possono essere definite da espressioni diverse in intervalli diversi: si parla di **funzioni lineari a tratti**. Consideriamo per esempio la funzione
$$y = \begin{cases} x - 2 & \text{se } x < 1 \\ 3 - 2x & \text{se } x \geq 1 \end{cases}$$

Essa ha come dominio l'insieme $R$, ma ha due espressioni distinte a seconda che $x$ sia maggiore o minore di 1. Il suo grafico è quindi formato da (**figura 47**):
- quello della retta $y = x - 2$ disegnata solo per valori di $x$ più piccoli di 1 (in pratica consideriamo solo la semiretta a sinistra del punto di ascissa di 1)
- quello della retta $y = 3 - 2x$ disegnata solo per valori di $x$ maggiori o uguali a 1 (in pratica consideriamo solo la semiretta a destra del punto di ascissa di 1).

**FUNZIONI LINEARI A TRATTI**

Figura 47

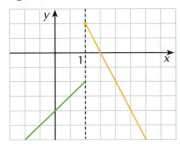

Funzioni di questo tipo sono il modello di molti problemi reali; per esempio i costi delle telefonate, dove si paga in funzione dei minuti di conversazione ed il costo al minuto è diverso a seconda della lunghezza della telefonata. Una possibile funzione dei costi in funzione del tempo $t$ potrebbe essere la seguente:
$$y = \begin{cases} 0{,}5 + \dfrac{1}{2}t & \text{se } 0 < t \leq 5 \\ 3 + (t - 5) & \text{se } t > 5 \end{cases}$$

che ha questo significato:
- si paga un costo fisso di 0,5 euro più mezzo euro al minuto per telefonate di al massimo 5 minuti
- si paga un costo fisso di 3 euro (corrispondente al costo di una telefonata di 5 minuti) più 1 euro al minuto per telefonate più lunghe di 5 minuti.

Il grafico di questa funzione è in **figura 48** dove sull'asse delle ascisse è rappresentato il tempo $t$ (in minuti).

Figura 48

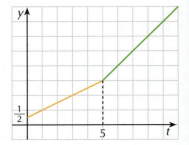

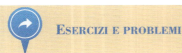

ESERCIZI E PROBLEMI     pag. 276

## 11 I FASCI DI RETTE

In geometria euclidea esistono due tipi di fasci di rette, quelli propri e quelli impropri.

■ Un **fascio proprio** è l'insieme di tutte e sole le rette che passano per un punto $P$ assegnato. Se $P$ ha coordinate $(x_0, y_0)$, per scrivere l'equazione di tale

**90**    Cap. 3: *Il piano cartesiano e la retta*

fascio possiamo usare la formula $y - y_0 = m(x - x_0)$. Per esempio, il fascio di centro $P(2, -3)$ ha equazione:
$$y + 3 = m(x - 2) \quad \rightarrow \quad mx - y - 2m - 3 = 0$$
Al variare di $m$ otteniamo tutte le rette del fascio tranne quella parallela all'asse $y$ che non ha coefficiente angolare.

- Un **fascio improprio** è l'insieme di tutte e sole le rette parallele a una retta data; l'equazione di un fascio di questo tipo deve quindi avere un coefficiente angolare fisso e un'ordinata all'origine variabile. Per esempio, il fascio di rette parallele a quella di equazione $3x + 5y - 1 = 0$ ha equazione:
$$3x + 5y + k = 0$$
oppure se scriviamo l'equazione della retta in forma esplicita $y = -\frac{3}{5}x + \frac{1}{5}$:
$$y = -\frac{3}{5}x + k$$
Al variare di $k$ otteniamo tutte le rette del fascio.

In generale, possiamo dire che, se un'equazione lineare in $x$ e $y$ contiene un parametro lineare $k$, allora non rappresenta una sola retta ma un insieme di rette, tutte quelle di un fascio, che può essere proprio o improprio a seconda dei casi. Per esempio:

- l'equazione $\quad kx + (k - 1)y - 2k = 0$
  rappresenta un fascio di rette proprio perché il suo coefficiente angolare $m = -\dfrac{k}{k-1}$ varia al variare di $k$ in $R$

- l'equazione $\quad 3kx - 2ky + k - 4 = 0$
  rappresenta un fascio improprio perché il suo coefficiente angolare $m = -\dfrac{3k}{-2k} = \dfrac{3}{2}$ è fisso e dunque le rette sono tutte tra loro parallele qualunque sia il valore di $k$.

Una qualunque retta del fascio si può ottenere attribuendo a $k$ un valore particolare; nel caso dei due precedenti esempi si ha che:

- $kx + (k-1)y - 2k = 0$ dà luogo alle seguenti rette:
  per $k = 2$: $\qquad\qquad 2x + y - 4 = 0$
  per $k = -1$: $\qquad\quad -x - 2y + 2 = 0 \qquad$ e così via

L'equazione di un qualsiasi fascio, sviluppando opportunamente i calcoli, può essere riscritta in modo da mettere in evidenza il parametro $k$; per esempio:
$$(2k+1)x - (k-2)y + k - 3 = 0 \quad \text{diventa} \quad x + 2y - 3 + k(2x - y + 1) = 0$$

In questa forma, nell'equazione del fascio vengono evidenziate due particolari rette:

$$\underbrace{x + 2y - 3}_{\text{parte che non contiene } k} = 0 \qquad \text{e} \qquad \underbrace{2x - y + 1}_{\text{parte moltiplicata per } k} = 0$$

che prendono il nome di **rette generatrici del fascio**, in quanto qualsiasi altra retta si può ottenere da esse sommando la prima con la seconda moltiplicata per un particolare valore di $k$. In particolare, la prima generatrice si ottiene per $k = 0$, la seconda (quella moltiplicata per $k$) non si ottiene per alcun valore di $k$.

**Cap. 3**: Il piano cartesiano e la retta

# ESEMPI

**1.** Individuiamo la natura del fascio di rette di equazione $3x + ky - k + 1 = 0$ e determiniamo poi fra tali rette quella che passa per il punto $A(0, 2)$.

Per stabilire la natura del fascio, calcoliamo il suo coefficiente angolare: $m = -\dfrac{3}{k}$

Avendo trovato un coefficiente angolare variabile, possiamo concludere che si tratta di un fascio proprio.
Per trovare la retta del fascio che passa per $A$, imponiamo alle coordinate di $A$ di soddisfarne l'equazione:

$$3 \cdot 0 + 2k - k + 1 = 0 \quad \rightarrow \quad k + 1 = 0 \quad \rightarrow \quad k = -1$$

La retta per $A$ si ottiene per $k = -1$ ed ha quindi equazione $3x - y + 2 = 0$

**2.** Dato il fascio di rette di equazione $(2k + 1)x + 3y + 1 + k = 0$, individuiamo:
   **a.** le caratteristiche del fascio (tipo, equazioni delle generatrici)
   **b.** per quale valore di $k$ si ottiene la retta parallela a quella di equazione $5x + 3y + 1 = 0$.

**a.** Poiché $m = -\dfrac{2k+1}{3}$, si tratta di un fascio proprio.

Le due generatrici si ottengono riscrivendo l'equazione del fascio in modo da evidenziare il parametro $k$:

$$2kx + x + 3y + 1 + k = 0 \quad \rightarrow \quad x + 3y + 1 + k(2x + 1) = 0$$

Le equazioni delle generatrici sono: $x + 3y + 1 = 0$ e $2x + 1 = 0$
Per determinare il centro $C$ del fascio intersechiamo le due generatrici:

$$\begin{cases} x + 3y + 1 = 0 \\ 2x + 1 = 0 \end{cases} \quad \rightarrow \quad C\left(-\dfrac{1}{2}, -\dfrac{1}{6}\right)$$

**b.** La condizione di parallelismo prevede che le due rette abbiano lo stesso coefficiente angolare:

$$m_{fascio} = -\dfrac{2k+1}{3} \qquad m_{retta} = -\dfrac{5}{3} \quad \rightarrow \quad -\dfrac{2k+1}{3} = -\dfrac{5}{3}$$

Risolvendo l'equazione troviamo che deve essere $k = 2$

e la retta ha equazione: $(2 \cdot 2 + 1)x + 3y + 1 + 2 = 0 \quad \rightarrow \quad 5x + 3y + 3 = 0$

 **Approfondimento**
**Problemi di scelta**

 **ESERCIZI E PROBLEMI**  pag. 279

**IL CAPITOLO SI COMPLETA CON:**

**92** Cap. 3: *Il piano cartesiano e la retta*

# Straight lines
## BASIC CONCEPTS

### Key Terms

Cartesian coordinates
axis (pl. axes)
origin
quadrant
ordered pairs of numbers

collinear points
steepness
slope
intercept

## The Cartesian Coordinates System

A real number line establishes a one-to-one correspondence between the points on a line and the set of the real numbers.
Let us take two perpendicular number lines crossing at a point O; the horizontal line is called the *x–axis* and the vertical line is called the *y-axis*; the point O is called the *origin*.
The plane is now divided into four quadrants so that:

- in the first quadrant both *x* and *y* are positive
- in the second quadrant *x* is negative and *y* is positive
- in the third quadrant both *x* and *y* are negative
- in the fourth quadrant *x* is positive and *y* is negative.

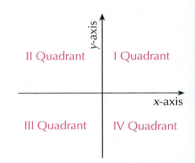

In this plane we can establish a one-to-one correspondence between the points *P* and the ordered pairs (*x*, *y*) of real numbers drawing a vertical line from *x* and a horizontal line from *y*; we say that the ordered couple (*x*, *y*) represents the coordinates of the point *P*:

$$P(x, y)$$

In the figure you can see some examples; note that when $x = 0$ the point belongs to the *y*–axis and when $y = 0$ the point belongs to the *x*–axis. The origin is represented by the couple (0, 0).

## Distance and midpoints formula

The **distance** between two given points $A(x_1, y_1)$ and $B(x_2, y_2)$, that is the length of the segment *AB*, can be found by applying the Pythagorean theorem to the right angled triangle *ABC* in the figure:

$$\overline{AB} = \sqrt{(x_2 - x_1)^2 + (y_2 - y_1)^2}$$

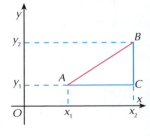

The **midpoint** *M* between these two points can be found by taking the average of their coordinates:

$$M\left(\frac{x_1 + x_2}{2}, \frac{y_1 + y_2}{2}\right)$$

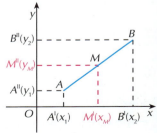

*Cap. 3: Il piano cartesiano e la retta*

Considering as an example the triangle ABC, where $A(1, 1)$, $B(-1, 3)$, $C\left(-\frac{1}{2}, -\frac{3}{2}\right)$, we want to find the length of its sides and the length of the median from A.

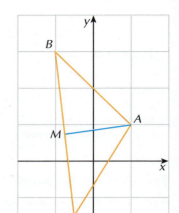

Let us apply the distance formula:
$$\overline{AB} = \sqrt{(-1-1)^2 + (3-1)^2} = 2\sqrt{2}$$
$$\overline{AC} = \sqrt{\left(-\frac{1}{2}-1\right)^2 + \left(-\frac{3}{2}-1\right)^2} = \frac{1}{2}\sqrt{34}$$
$$\overline{BC} = \sqrt{\left(-\frac{1}{2}+1\right)^2 + \left(-\frac{3}{2}-3\right)^2} = \frac{1}{2}\sqrt{82}$$

To find the length of the median first we have to find the midpoint M of the segment BC:
$$x_M = \frac{-1-\frac{1}{2}}{2} = -\frac{3}{4} \qquad y_M = \frac{3-\frac{3}{2}}{2} = \frac{3}{4} \qquad \rightarrow \qquad M\left(-\frac{3}{4}, \frac{3}{4}\right)$$

The length of the median, then, is: $\quad \overline{AM} = \sqrt{\left(-\frac{3}{4}-1\right)^2 + \left(\frac{3}{4}-1\right)^2} = \frac{5}{4}\sqrt{2}$

## Isometries in the Cartesian plane

In a Cartesian system of coordinates, the main isometries we can think of are the following:

① reflection in the x-axis:
the simmetric point of $P(x, y)$ is the point $P'(x, -y)$

② reflection in the y-axis:
the simmetric point of $P(x, y)$ is the point $P'(-x, y)$

③ reflection in the origin O:
the simmetric point of $P(x, y)$ is the point $P'(-x, -y)$

④ translation of vector $\vec{v}(v_x, v_y)$:
given that a vector $\vec{v}$ in the Cartesian plane can be represented by its two components $v_x$ and $v_y$ along the axes, the corresponding of the point $P(x, y)$ is the point $P'(x + v_x, y + v_y)$.

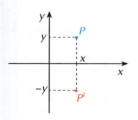

①

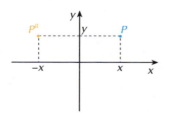

②

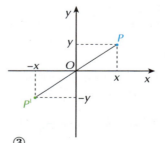

③

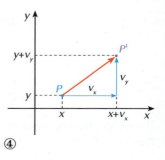

④

For example, given the point $P(-2, 5)$, its corresponding point in:

- a reflection in the x-axis is $P'(-2, -5)$

94    Cap. 3: Il piano cartesiano e la retta

- a reflection in the $y$–axis is $P'(2, 5)$
- a reflection in the origin $O$ is $P'(2, -5)$
- a translation of vector $\vec{v}(1, -3)$ is $P'(-2+1, 5-3) \rightarrow P'(-1, 2)$.

## The general equation of a straight line

In a Cartesian system of coordinates:

① a line which is parallel to the $x$–axis has equation $\quad y = k$
where $k$ is the ordinate of the intersection point of the line with the $y$-axis
In particular, the $x$–axis has equation $y = 0$

② a line which is parallel to the $y$–axis has equation $\quad x = h$
where $h$ is the abscissa of the intersection point of the line with the $x$-axis
In particular, the $y$–axis has equation $x = 0$

③ a line which is not parallel to the axes has equation $\quad y = mx + q$
where $m$ is called the **slope** of the line and $q$ is the **intercept**. This is why this equation is called the **slope-intercept** equation.

Note that $q$ is the ordinate of the point of intersection of the line with the $y$–axis; therefore:

- if $q = 0$: the line passes through the origin and its equation is $\quad y = mx$.

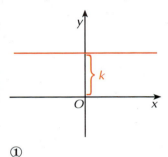
①

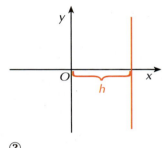
②

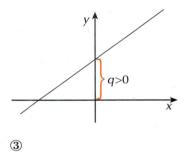
③

To sum up, in any case the equation of a line is a first-degree equation and its general form (*implicit form*) is:

$$ax + by + c = 0$$

For example:
- $2x - y = 0 \quad$ that is $y = 2x$ is the equation of a line which passes through the origin and has slope $m = 2$
- $x = 4 \quad\quad\quad$ is the equation of a line which is parallel to the $y$–axis
- $y = -2 \quad\quad$ is the equation of a line which is parallel to the $x$–axis
- $y = \dfrac{1}{2}x - 1 \quad$ is the equation of a line with intercept $q = -1$ and slope $m = \dfrac{1}{2}$.

The slope $m$ represents the *steepness* of the line; whatever the points $A(x_1, y_1)$ and $B(x_2, y_2)$ on the line, the steepness is measured by the expression:

$$m = \frac{y_2 - y_1}{x_2 - x_1}$$

Thus, the slope represents the ratio of a change in the $y$ direction to the corresponding change in the $x$ direction.

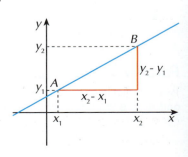

*Cap. 3: Il piano cartesiano e la retta*

If *m* is a positive number, the line forms an acute angle with the positive direction of the x−axis, while if *m* is a negative number the angle is obtuse.

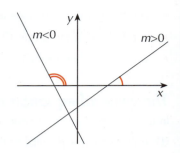

A line which is parallel to the x−axis has slope $m = 0$, while a line which is parallel to the y−axis does not have a slope.
Besides, as a particular case:
- the equation of the bisector line of the first and third quadrant is:
$y = x$
- the equation of the bisector line of the second and fourth quadrant is:
$y = -x$.

## How to write the equation of a line

We can write the equation of a line if we have two information and the most important cases are the following.
- The coordinates of a point $A(x_1, y_1)$ on the line and the slope *m* are known.

  A point $P(x, y)$ on the plane belongs to the line if the ratio between $y - y_1$ (the increase on the y−axis) and $x - x_1$ (the increase on the x−axis) equals *m*:

  $$\frac{y - y_1}{x - x_1} = m \qquad \text{that is} \qquad \boxed{y - y_1 = m(x - x_1)}$$

  this equation is called the **point-slope equation**.

- The coordinates of two points on the line $A(x_1, y_1)$ and $B(x_2, y_2)$ are known.
  The slope of the line is: $m = \dfrac{y_2 - y_1}{x_2 - x_1}$

  If the line passes through A the equation is: $y - y_1 = \dfrac{y_2 - y_1}{x_2 - x_1} \cdot (x - x_1)$

  Rearranging the terms of this equation we have: $\boxed{\dfrac{y - y_1}{y_2 - y_1} = \dfrac{x - x_1}{x_2 - x_1}}$

This equation has significance if the line is not parallel to one of the axes, otherwise the first or the second denominator are zero.

Some examples:
- the equation of the line passing through the point $A\left(-1, \dfrac{1}{2}\right)$ and with slope $m = \dfrac{3}{4}$, using the first formula is:

  $y - \dfrac{1}{2} = \dfrac{3}{4}(x + 1) \quad \rightarrow \quad y = \dfrac{3}{4}x + \dfrac{5}{4}$

- the equation of the line passing through the points $A(0, 2)$ and $B(-4, 3)$ (the two points do not belong to a line which is parallel to the x−axis or to the y−axis), applying the second formula is:

  $\dfrac{y - 2}{3 - 2} = \dfrac{x - 0}{-4 - 0} \quad \rightarrow \quad y = -\dfrac{1}{4}x + 2$

## Parallel lines and perpendicular lines

Two parallel lines have the same steepness; so they must have the same slope. If *m* and *m'* are the slopes of the two lines, it has to be $m = m'$.

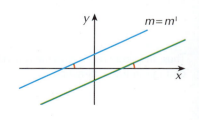

Two perpendicular lines have negative reciprocal slopes; that is: $m' = -\dfrac{1}{m}$.

The line $2x - 3y + 1 = 0$ has slope $m = \dfrac{2}{3}$; the line $4x - 6y - 5 = 0$ has slope $m' = \dfrac{4}{6} = \dfrac{2}{3}$. The two lines are parallel.

The line $4x - 2y + 3 = 0$ has slope $m = \dfrac{4}{2} = 2$; the line $x + 2y - 1 = 0$ has slope $m' = -\dfrac{1}{2}$. The two lines are perpendicular.

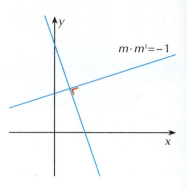

## The distance from a point to a line

The distance from a point $P$ to a line $r$ is the segment which is perpendicular to the line, beginning at $P$ and ending on $r$.

If $ax + by + c = 0$ is the equation (in the implicit form) of the line, and $P(x_0, y_0)$ is the point, the distance $d$ is given by:

$$d = \frac{|ax_0 + by_0 + c|}{\sqrt{a^2 + b^2}}$$

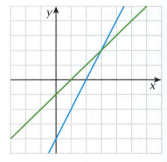

Let us find the distance of $P(-2, 3)$ from the line $y = 3x - 4$.
First we have to write the equation of the line in the implicit form: $3x - y - 4 = 0$
Now we can apply the formula (at the numerator we have to substitute the coordinates of $P$ in the equation of the line):

$$d = \frac{|3 \cdot (-2) - 3 - 4|}{\sqrt{3^2 + 1^2}} = \frac{13\sqrt{10}}{10}$$

## Linear functions and zeroes

Two non-parallel lines intersect at only one point; to find it we have to solve the system of the equations of the two lines.
For example, the two lines $y = 2x - 4$ and $y = x - 1$ intersect at the point whose coordinates are the solution of the system:

$\begin{cases} y = 2x - 4 \\ y = x - 1 \end{cases}$  that is  $P(3, 2)$

In particular, the abscissa of the intersection point of a line with the x-axis is called the **zero** of the line.

For example, the zero of the function $f(x) = 2x - 5$ is the point $x$ where $2x - 5 = 0$ that is $x = \dfrac{5}{2}$.

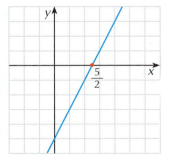

Cap. 3: Il piano cartesiano e la retta

# CAPITOLO 4 — La probabilità

**OBIETTIVI**

- definire e calcolare un valore di probabilità
- applicare i teoremi sul calcolo delle probabilità:
  – probabilità contraria
  – probabilità totale
- comprendere il concetto di variabile aleatoria discreta

## 1 IL CONCETTO DI PROBABILITÀ

### 1.1 Esperimenti aleatori

Per comprendere il significato che dobbiamo attribuire alla parola *probabilità*, dobbiamo prima imparare il significato di alcuni termini.

> Chiamiamo **esperimento aleatorio** ogni fenomeno del mondo reale alle cui manifestazioni può essere associata una situazione di incertezza.

**L'ESPERIMENTO ALEATORIO**

Sono per esempio esperimenti aleatori:
- il lancio di un dado
- l'estrazione dei numeri della Roulette, della tombola o del Lotto
- una interrogazione nella quale la scelta dello studente avviene per sorteggio
- un sondaggio
- la sperimentazione di un nuovo farmaco
- l'immissione sul mercato di un nuovo prodotto.

Un esperimento aleatorio può avere diversi risultati, tutti però nell'ambito di un certo insieme; se giochiamo alla Roulette, sappiamo che ad ogni giro della ruota può uscire un numero compreso fra 0 e 36 e che il numero, se non è lo zero, può essere pari o dispari oppure rosso o nero; non è quindi possibile che l'esito di questo esperimento aleatorio sia il numero 48 o che il numero uscito sia giallo.

> L'insieme dei possibili risultati di un esperimento aleatorio si dice **spazio campionario** e viene di solito indicato con $\Omega$.

**LO SPAZIO CAMPIONARIO**

Per esempio:
- nel lancio di un dado, lo spazio campionario è dato dall'insieme $\Omega = \{1, 2, 3, 4, 5, 6\}$
- nel lancio di una moneta, lo spazio campionario è l'insieme $\Omega = \{T, C\}$ dove $T$ sta per *Testa* e $C$ sta per *Croce*

- nell'estrazione di una pallina da un'urna che ne contiene una gialla (G), una rossa (R) e una blu (B), lo spazio campionario è l'insieme $\Omega = \{G, R, B\}$
- nel gioco della tombola, lo spazio campionario è l'insieme $\Omega$ dei numeri naturali da 1 a 90
- nell'estrazione di uno studente in una interrogazione di matematica, lo spazio campionario è l'insieme $\Omega$ degli studenti della classe.

Qualunque esperimento aleatorio, quando viene eseguito, ha sempre un solo risultato che può confermare o meno le previsioni; per esempio, se lanciamo un dado e, prima del lancio, facciamo l'affermazione «esce un numero pari» possono capitare due cose: l'esecuzione dell'esperimento aleatorio è favorevole a quanto affermato se il dado presenta la faccia con i numeri 2, 4, o 6, è sfavorevole se la faccia è quella dei numeri 1, 3, 5.

**L'EVENTO ALEATORIO**

Chiamiamo **evento aleatorio** uno dei possibili esiti di un esperimento aleatorio. In particolare si parla di **evento elementare** quando l'evento aleatorio coincide con uno dei possibili elementi dello spazio campionario, di **evento composto** negli altri casi.

Sono per esempio eventi aleatori:
- nell'estrazione di un numero della tombola: «esce un numero pari», «esce un numero minore di 10» (eventi composti), «esce il 5» (evento elementare)
- nell'estrazione di una carta da un mazzo di carte da gioco: «esce una carta di quadri», «esce una figura» (eventi composti); «esce il re di cuori», «esce il 2 di picche» (eventi elementari).

*Le parole chiave della probabilità:*
- *esperimento aleatorio*
- *spazio campionario*
- *evento aleatorio*

Un evento aleatorio è verificato solo da alcuni elementi dello spazio campionario; per esempio, nell'esperimento del lancio di un dado, l'evento «esce un numero pari» è un evento composto e si verifica se esce uno qualunque dei numeri 2, 4, 6, e l'insieme $\{2, 4, 6\}$ è un sottoinsieme di $\Omega$.
Ad ogni evento corrisponde quindi un sottoinsieme proprio dello spazio campionario $\Omega$, costituito da tutti e soli gli elementi di $\Omega$ che lo verificano; diciamo che questo sottoinsieme è l'**insieme di verità** dell'evento.
Nel seguito conveniamo di indicare con la stessa lettera maiuscola dell'alfabeto sia l'evento aleatorio che il suo insieme di verità.
Relativamente al precedente esempio scriveremo quindi:

$A$: «esce un numero pari»   e   $A = \{2, 4, 6\}$   con $A \subset \Omega$
        ↑                              ↑
     evento                    insieme di verità

Fra tutti i possibili eventi di un esperimento aleatorio ce ne sono due di tipo particolare:
- l'evento che ha come insieme di verità l'intero spazio campionario e che, poiché si verifica sempre, viene detto **evento certo**
- l'evento che ha come insieme di verità un insieme vuoto e che, visto che non si verifica mai, viene detto **evento impossibile.**

Per esempio, nel lancio di un dado:
- sono eventi certi: «esce un numero intero minore di 7», «esce un numero positivo»
- sono eventi impossibili: «esce il numero 8», «esce un numero di due cifre».

Vogliamo adesso vedere come sia possibile valutare la possibilità che un evento aleatorio ha di realizzarsi; diamo la seguente definizione.

Cap. 4: *La probabilità*

**LA DEFINIZIONE DI PROBABILITÀ**

> Chiamiamo **probabilità** di un evento *E* un numero che esprime una stima della possibilità che esso si verifichi.

La valutazione di questa stima può essere fatta in diversi modi, ciascuno associato alle diverse tipologie di esperimenti aleatori. Nei prossimi paragrafi ci occuperemo di quegli esperimenti che sono in genere associati alle estrazioni come, per esempio, la Roulette, la tombola, il Lotto, il lancio dei dadi; solo verso la fine dell'unità ci occuperemo di altri tipi di esperimenti legati maggiormente alla frequenza con cui gli eventi si verificano (come per esempio l'efficacia di un particolare farmaco nella cura di una malattia o la possibilità che un certo individuo sia ancora in vita all'età di 80 anni); concluderemo infine con quegli esperimenti nei quali è il soggetto che, con le informazioni che possiede e con la propria percezione della situazione, esprime una stima personale.

## 1.2 La definizione classica

Per valutare in modo corretto la probabilità di un evento si devono tenere presenti alcune considerazioni che riguardano sostanzialmente le condizioni nelle quali viene eseguito l'esperimento. Per esempio, nell'esperimento aleatorio che consiste nell'estrazione dei numeri della Tombola, occorre essere a conoscenza della composizione dell'urna (cioè quanti e quali numeri contiene), occorre che i dischetti siano tutti uguali nel loro aspetto fisico (a parte il numero impresso), occorre che i dischetti vengano ben mescolati prima di ogni estrazione, occorre che chi esegue l'estrazione non possa vedere il contenuto dell'urna.
Tutte queste ipotesi portano ad introdurre un modello secondo il quale ogni numero della tombola ha le stesse possibilità di essere estratto di un altro; parleremo allora di equiprobabilità nell'estrazione.
Se un evento elementare ha la stessa possibilità di accadere di un altro, diremo che gli eventi sono **equiprobabili**. Ad esempio, anche l'estrazione di carte da un mazzo da gioco regolare è un modello di equiprobabilità, così come il lancio di un dado o di una moneta non truccati, o come qualunque fenomeno che abbia a che fare con estrazioni di tipo casuale.

**IL MODELLO DI EQUIPROBABILITÀ**

> In quest'ottica si concepisce la probabilità di un evento come il rapporto fra il numero *f* dei casi ad esso favorevoli ed il numero *n* degli eventi elementari dello spazio campionario $\Omega$, nell'ipotesi che questo sia un insieme finito.
> Si pone cioè $p(E) = \dfrac{f}{n}$

*Definizione classica:*
$$p = \dfrac{\text{numero casi favorevoli}}{\text{numero casi possibili}}$$

Così, per esempio, diremo che:

- nell'estrazione del primo numero di una tombola la probabilità che esca un numero di una sola cifra è $\dfrac{9}{90} = \dfrac{1}{10}$ perché ci sono 9 dischetti che hanno un numero di una sola cifra su un numero complessivo di 90;

- nel lancio di un dado la probabilità che esca 5 è $\dfrac{1}{6}$ perché uno solo è il caso favorevole all'evento sui 6 possibili, la probabilità che esca un numero minore di 4 è $\dfrac{3}{6} = \dfrac{1}{2}$ perché 3 sono i casi favorevoli all'evento (può uscire sia 1 che 2 che 3) sui 6 possibili;

**100** Cap. 4: *La probabilità*

- nell'estrazione di una carta da un mazzo di 52, la probabilità che esca una carta di fiori è $\frac{13}{52} = \frac{1}{4}$ perché nel mazzo ci sono 13 carte di fiori.

Poiché $f$ è un numero naturale che è sempre minore o uguale a $n$, la probabilità di un evento $E$ è un numero reale compreso fra 0 e 1; si ha cioè che

$$0 \leq p(E) \leq 1$$

In particolare,
- l'evento impossibile ha probabilità 0 (il numero dei casi favorevoli è 0);
- l'evento certo ha probabilità 1 (il numero dei casi favorevoli è $n$).

Per esempio, la probabilità che nell'estrazione di un numero della tombola esca 93 è zero; l'evento «esce 93» è un evento impossibile. La probabilità che, nello stesso esperimento, esca un numero compreso tra 1 e 90 è 1 e tale evento è certo.

# ESEMPI

**1.** Calcoliamo la probabilità che abbiamo di ottenere testa nel lancio di una moneta.

L'evento è $E$: «viene testa», lo spazio campionario è $\Omega = \{T, C\}$, dunque $n = 2$. Possiamo ritenere che la possibilità di ottenere testa sia uguale a quella di ottenere croce, cioè che gli eventi elementari siano ugualmente possibili; infatti se la moneta non è truccata non esiste un elemento che ci faccia pensare il contrario. L'evento $E$: «viene testa» ha un solo caso favorevole, quindi $f = 1$.

La probabilità di questo evento è dunque: $p(E) = \frac{f}{n} = \frac{1}{2}$

Spesso la probabilità di un evento si esprime in termini percentuali; nel nostro caso, essendo $\frac{1}{2} = 0{,}5$, abbiamo una probabilità del 50%.

**2.** Un sacchetto contiene 5 confetti, di cui 3 sono al cioccolato e 2 alle mandorle. Quale probabilità abbiamo di estrarre, al primo tentativo, un confetto al cioccolato? Se il confetto estratto è proprio al cioccolato e lo mangiamo, quale probabilità abbiamo di estrarne successivamente ancora uno al cioccolato?

Indicando con $C_1$, $C_2$, $C_3$ ed $M_1$, $M_2$ rispettivamente i tre confetti al cioccolato e i due alle mandorle, lo spazio campionario è $\Omega = \{C_1, C_2, C_3, M_1, M_2\}$, quindi $n = 5$; inoltre possiamo supporre tutti i casi egualmente possibili.
L'evento $E$: «estraiamo un confetto al cioccolato» ha tre casi favorevoli perché questo è il numero dei confetti al cioccolato, quindi $f = 3$. Allora la probabilità di questo evento è

$p(E) = \frac{f}{n} = \frac{3}{5} = 0{,}6$          pari al 60% in termini percentuali

Supponendo di aver davvero tolto dal sacchetto un confetto al cioccolato, lo spazio campionario diventa $\Omega = \{C_1, C_2, M_1, M_2\}$, quindi $n = 4$. L'evento è ancora lo stesso $E$: «estraiamo un confetto al cioccolato», ma questa volta i casi favorevoli sono 2 perché ci sono ancora due confetti al cioccolato nel sacchetto, quindi:

$p(E) = \frac{f}{n} = \frac{2}{4} = \frac{1}{2} = 0{,}5$          pari al 50% in termini percentuali

*ulteriori esempi*

**ESERCIZI E PROBLEMI**        pag. 290

Cap. 4: *La probabilità*    **101**

## 2 PROBABILITÀ CONTRARIA E TOTALE

Quando gli eventi sono più complessi di quelli che abbiamo visto nei precedenti esempi, la valutazione di un valore di probabilità non è spesso immediata.

Consideriamo per esempio un'azienda che affida il controllo della sua produzione a due controllori che, prelevando dei pezzi a caso, ne verificano la funzionalità; può capitare anche che uno stesso pezzo venga controllato da entrambi gli addetti. Supponiamo che, dopo il controllo, uno dei pezzi risulti difettoso e ci si chieda quale sia la probabilità che sia stato controllato. Se conosciamo il numero di pezzi controllati dal primo addetto e il numero dei pezzi controllati dal secondo, possiamo valutare la probabilità che il controllo sia stato fatto dal primo addetto e la probabilità che il controllo sia stato fatto dal secondo addetto, ma non sappiamo poi come operare con i valori di probabilità trovati per ottenere quello cercato.

Per risolvere questo problema dobbiamo fare due cose:
- capire che relazione c'è fra gli eventi composti e quelli elementari che li compongono
- dare delle regole per determinare i valori di probabilità degli eventi composti.

### Il teorema della probabilità contraria

Per affrontare la prima questione dobbiamo riflettere sul significato di un evento dal punto di vista insiemistico. Consideriamo l'esperimento aleatorio dell'estrazione di una carta da un mazzo e gli eventi ad esso relativi definiti dagli enunciati aperti «esce una carta di cuori» e «esce una carta che non è di cuori». Possiamo ritenere che questi due eventi siano uno la negazione dell'altro e considerare che, dal punto di vista insiemistico, se $E$ è l'insieme di verità dell'uno, il suo complementare $\overline{E}$ è l'insieme di verità dell'altro (**figura 1**). È allora evidente che la probabilità $p(E)$ di un evento $E$ e quella $p(\overline{E})$ del suo complementare sono legati dalla relazione $p(E) + p(\overline{E}) = 1$.

**Figura 1**

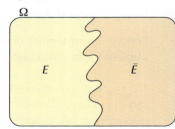

Infatti, se $n$ è il numero dei casi possibili e $f$ è il numero dei casi favorevoli all'evento $E$, il numero dei casi favorevoli all'evento $\overline{E}$ è $n - f$, quindi

$$p(\overline{E}) = \frac{n-f}{n} = 1 - \frac{f}{n} = 1 - p(E).$$

Questa relazione è espressa dal seguente teorema.

> **Teorema della probabilità contraria.** Se $p$ è la probabilità di un evento $E$, allora la probabilità dell'evento contrario $\overline{E}$ è $p(\overline{E}) = 1 - p$.

Nel precedente esperimento aleatorio, se il mazzo ha 52 carte:
- dato l'evento $E$: «esce una carta di cuori» dove $p(E) = \frac{13}{52} = \frac{1}{4}$, allora $\overline{E}$: «non esce una carta di cuori» ed è $p(\overline{E}) = 1 - \frac{1}{4} = \frac{3}{4}$

- dato l'evento $E$: «esce una donna» dove $p(E) = \frac{4}{52} = \frac{1}{13}$, allora $\overline{E}$: «non esce una donna» ed è $p(\overline{E}) = 1 - \frac{1}{13} = \frac{12}{13}$

## L'evento unione e l'evento intersezione

Estraiamo una pallina da un'urna che ne contiene di rosse, nere e gialle e consideriamo adesso l'evento:

*E* : «esce una pallina rossa o nera»

Interpretando *E* come l'unione dei seguenti due eventi elementari:

*A* : «esce una pallina rossa»   *B* : «esce una pallina nera»

possiamo ritenere che *E* sia verificato se si verifica uno dei due eventi *A* o *B*.

Diciamo allora che *E* è l'**evento unione** di *A* e *B* e scriviamo

$$E = A \cup B$$

Consideriamo adesso l'esperimento aleatorio dell'estrazione di una carta da un mazzo e l'evento:

*E* : «esce una figura di fiori»

In questo caso possiamo considerare l'evento come l'intersezione di altri due eventi:

*A* : «esce una figura»   *B* : «esce una carta di fiori»

e possiamo ritenere che *E* sia verificato se si verificano entrambi gli eventi *A* e *B*.

Diciamo allora che *E* è l'**evento intersezione** di *A* e *B* e scriviamo

$$E = A \cap B$$

Conoscendo la composizione dell'urna nel primo caso e la composizione del mazzo di carte nel secondo non è difficile calcolare la probabilità di ciascuno dei due eventi *E*:

**L'EVENTO UNIONE**

*Diciamo che E è l'evento unione di A e B se riteniamo E verificato quando si verifica A oppure si verifica B.*

**L'EVENTO INTERSEZIONE**

*Diciamo che E è l'evento intersezione di A e B se riteniamo E verificato quando si verificano contemporaneamente sia A che B.*

■ se l'urna ha 10 palline gialle, 20 nere e 5 rosse, allora:

  evento *E* : «esce una pallina rossa o nera»
  - i casi favorevoli sono $20 + 5 = 25$
  - i casi possibili sono $10 + 20 + 5 = 35$
  - quindi $p(E) = \dfrac{25}{35} = \dfrac{5}{7}$

■ se il mazzo ha 52 carte allora:

  evento *E* : «esce una figura di fiori»
  - i casi favorevoli sono 3 (le tre figure di fiori)
  - i casi possibili sono 52
  - quindi $p(E) = \dfrac{3}{52}$

## Il teorema della probabilità totale

Stabilito il significato di *evento unione* ed *evento intersezione*, vogliamo adesso cercare una regola generale che permetta di calcolare la probabilità dell'evento unione di due eventi elementari *A* e *B*.

Per calcolare il valore di probabilità associato all'evento *E* dobbiamo tenere presenti due possibili situazioni.

■ **I due insiemi di verità *A* e *B* sono disgiunti** (si parla in questo caso di eventi **incompatibili**)

  Per calcolare la probabilità di *E* possiamo ragionare in questo modo (**figura 2**):

**Figura 2**

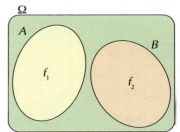

Cap. 4: *La probabilità*   **103**

se $f_1$ è il numero dei casi favorevoli all'evento $A$ e $f_2$ è il numero dei casi favorevoli a $B$, il numero dei casi favorevoli ad $A \cup B$ è $f_1 + f_2$; dunque, se $n$ è il numero dei casi possibili:

$$p(E) = \frac{f_1 + f_2}{n} = \frac{f_1}{n} + \frac{f_2}{n} = p(A) + p(B)$$

Per esempio, nell'estrazione di una carta da un mazzo di 52, l'evento $E$: «esce una donna oppure un re» è formato dai due eventi disgiunti $A$: «esce una donna» e $B$: «esce un re», e poiché $p(A) = \frac{4}{52} = \frac{1}{13}$ e anche $p(B) = \frac{1}{13}$, si ha subito che:

$$p(E) = \frac{1}{13} + \frac{1}{13} = \frac{2}{13}$$

■ **I due insiemi di verità $A$ e $B$ non sono disgiunti** (si dice che i due eventi sono **compatibili**)
Se l'intersezione fra i due insiemi non è vuota, e supponiamo che in essa vi siano $k$ elementi, il numero dei casi favorevoli all'evento $E$ è dato dall'espressione (**figura 3**)

$$\underbrace{(f_1 - k)}_{\text{elementi di } A-B} + \underbrace{(f_2 - k)}_{\text{elementi di } B-A} + \underbrace{k}_{\text{elementi di } A\cap B} = f_1 + f_2 - k$$

Quindi $p(E) = \dfrac{f_1 + f_2 - k}{n} = \dfrac{f_1}{n} + \dfrac{f_2}{n} - \dfrac{k}{n} = p(A) + p(B) - p(A \cap B)$

**Figura 3**

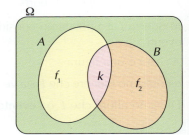

Per esempio, considerando sempre l'esempio dell'estrazione di una carta da un mazzo, l'evento $E$: «esce una donna oppure una carta di un seme rosso» è formato dai due eventi
$A$: «esce una donna»   $B$: «esce una carta di un seme rosso».
Questi due eventi sono compatibili e la loro intersezione è formata da due elementi (**figura 4**).
Tenendo presente che $p(A) = \dfrac{4}{52} = \dfrac{1}{13}$ e $p(B) = \dfrac{26}{52} = \dfrac{1}{2}$, si ha quindi che:

$$p(E) = \frac{1}{13} + \frac{1}{2} - \frac{2}{52} = \frac{7}{13}$$

**Figura 4**

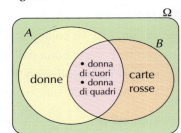

In definitiva, le osservazioni che abbiamo fatto si possono riassumere nel seguente teorema.

> **Teorema (della probabilità totale).** Dati due eventi $A$ e $B$ dello stesso spazio campionario $\Omega$, si ha che
> $$p(A \cup B) = p(A) + p(B) - p(A \cap B)$$

E' evidente che se i due eventi sono incompatibili $p(A \cap B) = 0$ e quindi in questo enunciato ritroviamo che $p(A \cup B) = p(A) + p(B)$.

## ESEMPI

**1.** Consideriamo l'evento $E$: «il primo estratto sulla ruota di Milano è 1», relativo all'estrazione del lotto. L'evento contrario è allora $\overline{E}$: «non esce il numero 1».
Poiché $p(E) = \dfrac{1}{90}$, $p(\overline{E}) = 1 - \dfrac{1}{90} = \dfrac{89}{90} = 0,9\overline{8}$ cioè circa il 99%.

**104** Cap. 4: *La probabilità*

**2.** Riprendiamo l'esempio fatto all'inizio del paragrafo e supponiamo che su 100 pezzi prodotti dalla macchina, 10 siano stati controllati dal tecnico A e 16 dal tecnico B; fra i pezzi controllati, si ha poi che 3 sono passati attraverso il controllo di entrambi i tecnici. Qual è la probabilità che, scegliendo un pezzo a caso fra i 100, questo sia stato controllato?

Dobbiamo calcolare la probabilità dell'evento E: «il pezzo è stato controllato da A o da B»; possiamo ragionare così (riferisciti alla **figura 5** in cui Ω è l'insieme dei 100 pezzi prodotti): A ha controllato il pezzo con probabilità $\frac{10}{100} = \frac{1}{10}$, B ha controllato il pezzo con probabilità $\frac{16}{100} = \frac{4}{25}$, entrambi lo hanno controllato con probabilità $\frac{3}{100}$. Allora $p(E) = \frac{1}{10} + \frac{4}{25} - \frac{3}{100} = \frac{23}{100}$, pari al 23%.

**Figura 5**

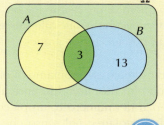

*ulteriori esempi*

 **ESERCIZI E PROBLEMI**  pag. 295

# 3 LE ALTRE DEFINIZIONI DI PROBABILITÀ

Il modello classico di probabilità si adatta bene a tutti quegli esperimenti aleatori nei quali è possibile valutare il numero dei casi favorevoli rispetto a quello dei casi possibili, ma non è di nessuna utilità se si deve calcolare la probabilità di successo di un farmaco su una malattia oppure la probabilità che la squadra del cuore vinca lo scudetto; questo perché i casi che si possono presentare, e cioè *ha successo / non ha successo* e *vince / non vince*, non hanno la stessa possibilità di verificarsi, non sono cioè equiprobabili.

In questi casi occorre valutare la probabilità in modo diverso a seconda della tipologia dell'esperimento; in particolare si deve tener conto del fatto che un esperimento si possa ripetere un numero molto grande di volte oppure sia irripetibile: l'efficacia di un farmaco si può testare su molti pazienti, un campionato di calcio oppure l'esito di una interrogazione in matematica sono eventi unici e irripetibili.

Vediamo dunque come definire la probabilità in questi casi.

## Il modello statistico o frequentista

Questo modello si adatta a tutti quegli esperimenti aleatori che possono essere ripetuti un numero molto grande di volte.

Consideriamo, per esempio, un tiratore scelto e chiediamoci quale sia la probabilità che abbia di centrare il bersaglio con un solo tiro; quello che possiamo fare è osservare il comportamento del tiratore in numerose prove e attribuire un valore alla probabilità richiesta calcolando il rapporto fra il numero di repliche dell'esperimento che hanno dato esito favorevole e quello delle prove fatte. Se il tiratore, su 1000 prove, avesse centrato il bersaglio per 800 volte e se si ritenesse sufficientemente grande il numero di prove effettuate, potremmo dire che ha una probabilità di centrare il bersaglio pari a $\frac{800}{1000} = \frac{4}{5}$.

In generale diciamo che:

> relativamente ad un esperimento aleatorio A, che può essere osservato molte volte, la probabilità di un evento E è il valore a cui tende il rapporto tra il numero di prove che hanno avuto esito favorevole ad E ed il numero totale di prove fatte (tutte alle stesse condizioni) quando queste tendono ad essere un numero molto grande.

**LA PROBABILITÀ STATISTICA**

Ad esempio, supponiamo di prendere un comune dado da gioco di plastica rigida e di riuscire ad inserire al suo interno, attaccato alla faccia in corrispondenza del numero 6, un piccolo peso di ferro. È evidente che il dado non è più «regolare», nel senso che ad ogni lancio, le sue facce non hanno più la stessa probabilità di presentarsi. Per determinare allora le nuove probabilità dovremo effettuare un grande numero di lanci e vedere quante volte si presenta ciascuna faccia; ciascuna probabilità è quindi determinabile come limite, al crescere del numero delle prove, del rapporto fra la frequenza degli esiti favorevoli ed il numero delle prove stesse. Anche in questo caso si verifica che la probabilità $p$ è un numero reale compreso tra 0 e 1, estremi inclusi.

Occorre sottolineare che, con questa concezione, la probabilità di un evento non può essere calcolata a priori, ma viene determinata solo dopo aver effettuato delle osservazioni sperimentali e che essa non ha significato separatamente da tali prove; inoltre ha senso parlare di probabilità solo all'interno di una certa popolazione: se, ad esempio, si è valutata, sulla base di osservazioni ripetute, una probabilità del 40% di sopravvivenza fino a 80 anni degli esseri umani che vivono in Europa, questa probabilità può non essere la stessa per le popolazioni dell'Africa, dell'Asia o di un'altra zona della Terra. In ogni caso si verifica che il modello frequentista approssima quello classico nelle situazioni in cui, potendo dare anche una valutazione in senso classico, si può effettuare un numero molto grande di prove. Se, per esempio, lanciamo una moneta moltissime volte, si verifica che il numero di quelle in cui esce Testa si avvicina al numero delle volte in cui esce Croce; inoltre la vicinanza è tanto maggiore quanto più grande è il numero di lanci effettuati (vedi a questo proposito l'esercitazione del laboratorio di informatica). Questo significa che, per questo tipo di esperimenti aleatori, la probabilità statistica approssima quella classica. Questa constatazione va sotto il nome di legge **empirica del caso** o **legge dei grandi numeri**:

> in un grande numero di prove, ripetute alle stesse condizioni, la probabilità a posteriori di un evento, cioè la sua frequenza relativa, tende ad essere uguale alla sua probabilità teorica.

## Il modello soggettivista

Né il modello classico, né il modello statistico sono però in grado di dare valutazioni di probabilità su esperimenti aleatori che ci coinvolgono direttamente o che non possono essere ripetuti sempre alle stesse condizioni: per esempio non possiamo determinare quale sia la probabilità che il cavallo su cui abbiamo puntato vincerà nella prossima corsa perché ogni corsa è diversa da un'al-

tra e non possiamo fare confronti, oppure stabilire chi vincerà fra i quattro giocatori di una partita di poker perché ogni partita è diversa da un'altra e anche la fortuna gioca un ruolo importante; inoltre non ha senso parlare di rapporto fra casi favorevoli e casi possibili perché questo significherebbe dire che ogni cavallo ha esattamente le stesse possibilità di vincere di un altro, così come ogni giocatore della partita di poker. La probabilità diventa in questo caso una misura della fiducia che noi riponiamo nel fatto che si verifichi o meno un certo evento; tale fiducia si può misurare in termini di somma di denaro che il soggetto che sta valutando la probabilità è disposto a versare in anticipo per poter ricevere una quota maggiore se l'evento si verifica.
In altri termini:

> la probabilità di un evento $E$ è rappresentata dal rapporto fra il prezzo $P$ che un individuo ritiene giusto pagare e la somma $S$ che ha diritto ad avere in cambio se l'evento si verifica, perdendo $P$ se l'evento non si verifica:
>
> $$p(E) = \frac{P}{S}$$

**LA PROBABILITÀ SOGGETTIVA**

Vi è un'unica limitazione alla libertà di scommessa dell'individuo, che risponde ad un **principio di coerenza**: l'individuo che accetta di pagare $P$ per ricevere $S$, deve anche essere disposto a ricevere $P$ da un'altra persona pagandole $S$ nel caso in cui l'evento si verifichi.
Per esempio, se in una corsa di cavalli la probabilità che un cavallo vinca è stimata da una persona pari a $\frac{1}{8}$, significa che egli considera equo pagare € 1 per vincerne 8 nel caso in cui l'evento si verifichi; per coerenza, però, egli deve ritenere giusto pagare € 8 ad un'altra persona quando questa è disposta a versarne 1.
Conseguenza di ciò è che anche questo modo di concepire la probabilità dà origine ad un numero compreso fra 0 e 1, estremi inclusi.
Va poi sottolineato che se un individuo $A$, in base alle informazioni in suo possesso, attribuisce probabiltà $p$ ad un evento, un individuo $B$ potrebbe attribuire allo stesso evento una probabilità diversa perché in possesso di informazioni diverse oppure perché, pur avendo le stesse informazioni, ha un diverso grado di fiducia che l'evento si realizzi; la probabilità di un evento dipende cioè principalmente dalle informazioni che il soggetto possiede e dalla sua propensione al rischio.

# ESEMPI

**1.** Un dado viene lanciato 10000 volte e le sue facce si sono presentate con queste frequenze:

| faccia | 1 | 2 | 3 | 4 | 5 | 6 |
|---|---|---|---|---|---|---|
| frequenza | 2766 | 3715 | 1728 | 436 | 1271 | 84 |

In base alla legge empirica del caso, si può affermare che il dado non è truccato?

Le facce di un dado regolare hanno, ciascuna, una probabilità teorica di presentarsi pari a $\frac{1}{6} \approx 0{,}167$; per concludere che il dado è regolare, le corrispondenti probabilità statistiche non devono scostarsi di molto da questo valore.

Calcoliamo ciascuna probabilità facendo il rapporto fra la frequenza e il numero di lanci:

| faccia | 1 | 2 | 3 | 4 | 5 | 6 |
|---|---|---|---|---|---|---|
| probabilità | 0,2766 | 0,3715 | 0,1728 | 0,0436 | 0,1271 | 0,0084 |

Poiché le probabilità trovate sono molto diverse tra loro e anche dal valore teorico 0,167, dobbiamo concludere che il dado potrebbe essere truccato.

2. Un'urna contiene 1 200 palline ma non si sa di che colore sono. Per stimare la composizione dell'urna possiamo fare in questo modo: estraiamo una pallina, prendiamo nota del colore, la rimettiamo nell'urna e ripetiamo molte volte questo stesso esperimento aleatorio.

Supponiamo che, dopo aver fatto 100 estrazioni si siano ottenuti questi risultati:

| Colore | Bianco | Rosso | Verde | **TOTALE** |
|---|---|---|---|---|
| N. Palline | 12 | 36 | 52 | **100** |

Se riteniamo che il numero delle prove effettuate sia sufficiente, possiamo dire che:

$$p(B) = \frac{12}{100} = \frac{3}{25} \qquad p(R) = \frac{36}{100} = \frac{9}{25} \qquad p(V) = \frac{52}{100} = \frac{13}{25}$$

e che quindi l'urna potrebbe contenere:

- $1200 \cdot \frac{3}{25} = 144$ palline bianche

- $1200 \cdot \frac{9}{25} = 432$ palline rosse

- $1200 \cdot \frac{13}{25} = 624$ palline verdi

E' probabile che facendo altre 100 estrazioni si trovino valori diversi di probabilità e quindi una diversa composizione dell'urna; ricordiamo infatti che stiamo trattando problemi non deterministici nei quali non è possibile avere la certezza del risultato.
Una seconda osservazione che possiamo fare è che il non aver trovato palline nere non garantisce che l'urna non ne contenga, cioè un evento che ha probabilità statistica nulla non è necessariamente impossibile; analogamente, un evento che ha probabilità statistica uguale a 1 non è l'evento certo: trovare nelle 100 estrazioni solo palline bianche, quindi con $p(B) = 1$, non implica che non ve ne siano di altri colori.

3. Carla dice che la sua squadra ha una probabilità del 60% di vincere la partita, mentre secondo Anna la probabilità è solo del 35%. Che significato si attribuisce a queste probabilità?

Carla è disposta a pagare € 60 per riceverne 100 in cambio se la squadra vince, Anna invece è disposta a pagarne solo 35 perché ha una valutazione più negativa dell'evento «la squadra vince».

4. Marco è disposto a pagare € 20 per riceverne in cambio 80 se si verifica un certo evento E; per lo stesso evento Giulio è disposto a pagare € 30 per averne in cambio 100. Quale dei due attribuisce una maggiore probabilità all'evento?

Per Marco $p(E) = \frac{20}{80} = \frac{1}{4} = 0,25$; per Giulio $p(E) = \frac{30}{100} = \frac{3}{10} = 0,3$. Poiché $\frac{3}{10} > \frac{1}{4}$, dobbiamo concludere che Giulio è più fiducioso che accada l'evento E.

## Conclusioni sulle diverse concezioni di probabilità

Nei paragrafi precedenti abbiamo cercato di illustrare le diverse concezioni di probabilità. È importante però comprendere che non si tratta di tre teorie distinte e contrapposte fra loro; esse differiscono l'una dall'altra solo per il modo di concepire ed interpretare le applicazioni.
Dal punto di vista matematico esse possono essere riunite in un'unica teoria assiomatica che, se proseguirai in questi studi, avrai modo di conoscere.
Quello che riteniamo fondamentale è che si comprenda l'importanza di questa disciplina, che ci consente di analizzare in modo coerente le nostre decisioni nei casi di incertezza che quotidianamente dobbiamo affrontare.
Riassumiamo dunque brevemente le principali differenze fra le tre concezioni e le situazioni in cui si possono applicare.

- La **concezione classica** si adatta ad esperimenti aleatori, quali il lancio di dadi, estrazioni casuali da un gruppo, nei quali si può parlare di eventi favorevoli in rapporto ai casi possibili, tutti equiprobabili.
  Essa non è adatta a valutare la probabilità di eventi in cui non si conosce il numero dei casi possibili o quello dei casi favorevoli, oppure in casi in cui gli eventi non sono equiprobabili.

- La **concezione frequentista** si adatta ad esperimenti aleatori che possono essere ripetuti molte volte alle stesse condizioni, o per i quali si hanno grandi masse di dati a disposizione.
  Secondo questa concezione la probabilità è intesa come rapporto fra il numero degli esiti che sono risultati favorevoli all'evento e la totalità delle osservazioni fatte.

- La **concezione soggettivista** esprime il grado di fiducia che si ha nella realizzazione di un evento. La sua misura si valuta considerando il rapporto fra la somma $P$ che si stima giusto pagare e la somma $S$ che si ha il diritto di ricevere se l'evento si verifica. In base a questa definizione, nella misura della probabilità di un evento diventa preponderante il fattore soggettivo; essa si adatta perciò a valutare probabilità di eventi quali le scommesse o eventi singoli non ripetibili, come ad esempio una gara sportiva.

Esercizi e problemi — pag. 300

**Il capitolo si completa con:**

# Probability
## BASIC CONCEPTS

### Key Terms
- probability
- random experiment
- sample space
- event
- outcome
- elementary / compound events
- certain / impossible event
- die (pl. dice) (rolling/throwing a die, rolling/throwing dice)
- Heads / Tails (tossing a coin)
- complementary events
- union / intersection of two events
- mutually exclusive events

## The concept of probability

Probability is a measure or estimation of likelihood of occurrence of an event. In order to understand this concept, we first need to know the meaning of a few words.

A **random experiment** is a situation where the result is uncertain.
Tossing a coin, throwing dice, playing bingo, are all examples of random experiments.

The **sample space** is the set $\Omega$ of all the possible outcomes of an experiment.
For example:
- when rolling a single die the sample space is the set $\quad \Omega = \{1, 2, 3, 4, 5, 6\}$
- when tossing a coin the sample space is the set $\quad \Omega = \{Heads, Tails\}$

An **event** is any collection of outcomes of an experiment.
An event which consists of a single outcome in the sample space is called an *elementary event*; an event which consists of more than one outcome is called a *compound event*.
For example:
- choosing a Queen from a deck of cards is an elementary event
- rolling an even number (that is 2, 4 or 6) when throwing dice is a compound event.

Any event which does not belong to the sample space is an *impossible event*; the event which is the sample space is a *certain event*. For example, throwing dice:
- rolling 7 is an impossible event
- rolling a number less then 7 is a certain event.

The probability of an event $E$ measures how likely the event is going to happen. We can define the probability $p$ of $E$ as:

$$p(E) = \frac{\text{number of ways the event } E \text{ can happen}}{\text{total number of possible outcomes}}$$

As the numerator of $p$ is less than or equal to the denominator, the probability $p$ of any event is a real number between 0 and 1:

$$0 \leq p \leq 1$$

In particular, the probability of the certain event is 1, while the probability of the impossible event is 0.
For example, in throwing dice:
- the probability of getting 5 is $\frac{1}{6}$ because there is 1 way of having a 5 and the total number of possible outcomes is 6
- the probability of getting a number which is less than 4 is $\frac{3}{6} = \frac{1}{2}$ because there are 3 cases out of 6 that are in favour of that event happening (1, 2, 3).

**110**   Cap. 4: *La probabilità*

- the probability of getting 7 (the impossible event) is 0
- the probability of getting a number less than 7 (the certain event) is $\frac{6}{6} = 1$.

## Complementary events

Venn diagrams provide a useful way to represent information about probability.

Consider the experiment of rolling a die and:
- let A be the event that the number rolled is 2 or less (1, 2)
- let B be the event that the number rolled is greater than 2 (3, 4, 5, 6).

As the Venn diagram shows, B is A complement and we have that:

$p(A) = \frac{2}{6} = \frac{1}{3}$ $\qquad p(B) = \frac{4}{6} = \frac{2}{3}$ and $\qquad p(A) + p(B) = 1$

The **complement** of an event A is the event $\overline{A}$ that contains all the elements of the sample space $\Omega$ that do not belong to A and we have that:

$$p(\overline{A}) = 1 - p(A)$$

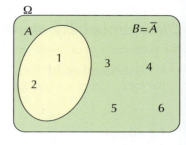

## The union event

Let us now consider two events A and B; we define:

the **union of A and B** the event that contains all the outcomes of A alone, all the outcomes of B alone and all the outcomes that belong to both A and B.
It is written as $A \cup B$ and we have that:

$$p(A \cup B) = p(A) + p(B) - p(A \cap B)$$

To understand this result just look at the picture: the probability is the sum of the probabilities of the two events A and B, but the probability of their intersection needs to be subtracted out, since the intersection is counted twice in the sum $p(A) + p(B)$.
If $A \cap B = \emptyset$, we have that $p(A \cap B) = 0$ and we say that A and B are *mutually exclusive*; in this particular case:

$$p(A \cup B) = p(A) + p(B)$$

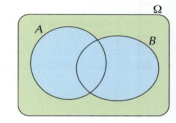

Consider the following examples.

1. We have a box full of balls, 5 of which are red, 20 are black and 10 are yellow; consider the following event:
   E: «a red or black ball is drawn»

   We interpret E as the union of the two following elementary events:
   A: «a red ball is drawn»
   B: «a black ball is drawn»

   As $p(A) = \frac{5}{35}$ $\qquad p(B) = \frac{20}{35}$ and $p(A \cap B) = 0$

   we have that $p(E) = \frac{5}{35} + \frac{20}{35} = \frac{5}{7}$.

2. We have a deck of 52 cards without jokers; consider the following event E: «a face card or a club card is drawn»

   E is the union of the two events:
   A: «a face card is drawn»
   B: «a club card is drawn»

Cap. 4: *La probabilità*

As there are 12 face cards in a deck: $p(A) = \dfrac{12}{52}$

As there are 13 club cards in a deck: $p(B) = \dfrac{13}{52}$

As there are 3 face cards among the clubs: $p(A \cap B) = \dfrac{3}{52}$

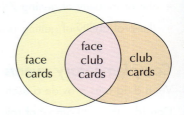

Thus: $p(E) = \dfrac{12}{52} + \dfrac{13}{52} - \dfrac{3}{52} = \dfrac{11}{26}$.

## Other probability models

The probability of an event can be evaluated through other models.

- In the **statistical model**, the probability is the ratio between the number $f$ of outcomes corresponding to the event and the total number $n$ of outcomes:

$$p = \frac{f}{n}$$

For example, if we hit a target 30 times on 100 shots, the probability to hit the target at the next shot is $\dfrac{30}{100} = \dfrac{3}{10}$.

The law of large numbers in statistics also tells us that the value of probability, when $n$ is a very big number, tends to be equal to the theorical probability in the traditional sense.

- In the **subjective model**, the probability describes an individual's personal judgment about how likely a particular event is to occur and describes his/her degree of belief in the event.
We can define this probability as the ratio between the price $P$ that an individual is willing to pay (and possibly to lose, if the event does not occur), and the sum $S$ he/she will receive in exchange in case the event occurs:

$$p = \frac{P}{S}$$

Cap. 4: *La probabilità*

# CAPITOLO 5 — L'equivalenza dei poligoni

**OBIETTIVI**

- comprendere il concetto di equivalenza
- riconoscere poligoni equicomposti
- conoscere e saper applicare i criteri di equivalenza
- conoscere e saper applicare i teoremi di Pitagora e di Euclide

## 1 IL CONCETTO DI EQUIVALENZA

### 1.1 Estensione e area

Il concetto di **superficie piana** può essere annoverato fra quelli primitivi e per averne un'idea basta pensare a una linea chiusa e alla parte di piano che essa delimita; qualsiasi poligono, un cerchio o una sua parte sono esempi di superfici piane.

E' poi naturale ed intuitivo associare ad ogni superficie una **estensione** che però assume un significato nel momento in cui si mettono a confronto due superfici.

Se per pavimentare due stanze, per la prima occorre un numero maggiore di piastrelle che per la seconda e abbiamo usato lo stesso tipo di piastrella, possiamo dire che la prima stanza ha un'estensione maggiore della seconda; mentre se ne abbiamo usato lo stesso numero, possiamo concludere che le due stanze hanno la medesima estensione anche se hanno una forma diversa.

Delle superfici in **figura 1** possiamo dire che:

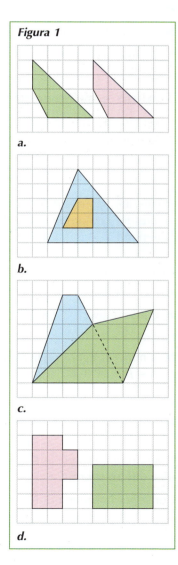

Figura 1

a.

b.

c.

d.

- le due del caso **a.** hanno la stessa estensione perché sono congruenti e quindi, sovrapponendole, occupano una stessa parte di piano;

- di quelle nel caso **b.** possiamo dire che quella in azzurro è più estesa di quella in arancio perché, nella sovrapposizione, quest'ultima risulta completamente interna;

- nel caso **c.** non sappiamo che cosa dire perché la sovrapposizione è solo parziale e non ci consente di stabilire se la superficie di colore azzurro è più estesa, meno estesa o ugualmente estesa rispetto a quella in verde;

- nel caso **d.** possiamo dire che le due superfici hanno la medesima estensione anche se hanno forme diverse perché il numero di quadretti di cui sono composte è lo stesso.

Chiameremo **equiestese** o anche **equivalenti** due figure $A$ e $B$ che hanno la stessa estensione e scriveremo $A \doteq B$.

La relazione di equiestensione così introdotta gode delle seguenti proprietà che assumiamo come assiomi.

**A15.** • Superfici congruenti sono anche equiestese.
- Ogni figura è equiestesa a se stessa (proprietà **riflessiva**).
- Se una figura $A$ è equiestesa ad una figura $B$, anche $B$ è equiestesa ad $A$ (proprietà **simmetrica**).
- Se una figura $A$ è equiestesa ad una figura $B$, e $B$ è equiestesa ad una figura $C$, allora $A$ è equiestesa a $C$ (proprietà **transitiva**).

Di tutte le figure che sono equiestese diciamo che hanno la stessa area.

> **Area** è la caratteristica comune a tutte le figure tra loro equivalenti.

Due superfici $A$ e $B$ si possono sempre confrontare dal punto di vista della loro estensione e i casi che si possono presentare sono i seguenti:

- $A$ ha la stessa estensione di $B$: $A \doteq B$
- $A$ è meno estesa di $B$: $A < B$
- $A$ è più estesa di $B$: $A > B$

e una qualsiasi delle precedenti relazioni esclude l'altra.

## Somma e differenza di figure

Consideriamo adesso le due figure $A$ e $B$ in **figura 2** e accostiamole in modo che abbiano in comune soltanto una parte del loro contorno e quindi nessun punto interno. Esse, considerate insieme, formano una nuova figura $F$ che si dice somma di $A$ e di $B$.

> Date due figure $A$ e $B$ la cui intersezione è costituita solo dai punti di una parte del contorno, si dice loro **somma** la figura $F$ ottenuta come unione dei punti di $A$ con i punti di $B$.

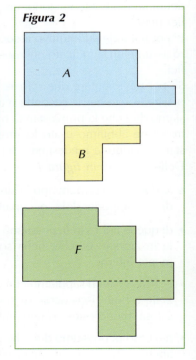

*Figura 2*

La somma di superfici gode delle seguenti proprietà:
- è commutativa: $A + B \doteq B + A$
- è associativa: $(A + B) + C \doteq A + (B + C)$

Inoltre:
- somme di figure equivalenti sono equivalenti: se $A \doteq A'$ e $B \doteq B'$, allora $A + B \doteq A' + B'$

e, tenendo presente che due figure congruenti sono anche equivalenti,
- somme di figure congruenti sono equivalenti: se $A \cong A'$ e $B \cong B'$, allora $A + B \doteq A' + B'$.

Quando una superficie $C$ è la somma di due superfici $A$ e $B$, la superficie $B$ si dice **differenza** di $C$ e $A$ e si scrive che $B \doteq C - A$.

Come per la somma di figure ammetteremo che:
- differenze di figure equivalenti sono equivalenti
- differenze di figure congruenti sono equivalenti.

### 1.2 Figure equicomposte

In base a quanto affermato nel precedente paragrafo, possiamo sicuramente dire che due figure sono equivalenti se sono formate da parti a due a due congruenti.
Il *Tangram*, un antico gioco di origini cinesi, si basa proprio su questa proprietà delle figure equivalenti e permette di creare forme completamente diverse usando sempre gli stessi pezzi; in **figura 3** puoi vedere qualche esempio.

> Due figure A e B che si ottengono come somma di figure congruenti si dicono **equicomposte**.
> Reciprocamente, due figure che si possono suddividere in modo che siano formate da parti congruenti si dicono **equiscomponibili**.

L'equiscomponibilità può quindi essere considerata un criterio per riconoscere figure equivalenti:

> per vedere se due figure sono equivalenti basta andare a ricercare se si possono scomporre in parti a due a due congruenti in modo che, sommando queste parti in modo diverso, da una figura si ottenga l'altra.

L'applicazione di questo criterio ci consentirà di dimostrare nel prossimo paragrafo alcuni criteri di equivalenza molto importanti che riguardano i poligoni. Occorre però tenere presente che l'operazione di equiscomposizione di due figure equivalenti non è sempre possibile. Per esempio, un quadrato e un cerchio che hanno la stessa area non si possono suddividere in parti congruenti; per questi casi dovremo enunciare teoremi appositi.

ESERCIZI E PROBLEMI                                              pag. 309

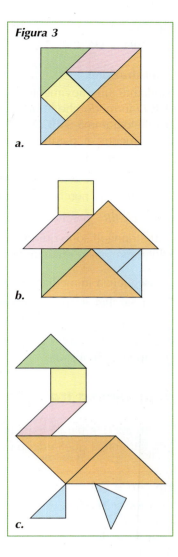

Figura 3

a.

b.

c.

## 2 I CRITERI DI EQUIVALENZA PER I POLIGONI

Sulla base di quanto appreso nel precedente paragrafo, per stabilire se due poligoni sono equivalenti si possono seguire sostanzialmente due percorsi simili:
- cercare, se possibile, di scomporre ciascun poligono in parti a due a due congruenti
- cercare, se possibile, di individuare nei due poligoni parti a due a due equivalenti (e non necessariamente congruenti).

In entrambi i casi, sommando le figure congruenti individuate, oppure le figure equivalenti, si ottengono poligoni equivalenti.
I teoremi che seguono si deducono tutti da queste semplici considerazioni.

### Equivalenza tra parallelogrammi

> **Teorema.** Due parallelogrammi che hanno basi ed altezze ordinatamente congruenti sono equivalenti.

Cap. 5: *L'equivalenza dei poligoni*    **115**

**Hp.** $AB \cong PQ$    **Th.** $ABCD \doteq PQRS$    (*figura 4a*)
$DH \cong SK$

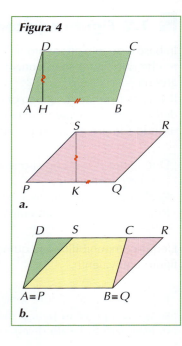

Figura 4

**Dimostrazione.**
Mediante un movimento rigido trasportiamo il parallelogramma $PQRS$ su $ABCD$ in modo che le basi coincidano (*figura 4b*). Osserviamo adesso che il parallelogramma $ABCD$ è formato dal quadrilatero $ABCS$ e dal triangolo $ASD$, mentre il parallelogramma $ABRS$ è formato dallo stesso quadrilatero $ABCS$ e dal triangolo $BRC$. I due triangoli $ASD$ e $BRC$ hanno:

$AD \cong BC$    perché lati opposti del parallelogramma $ABCD$
$AS \cong BR$    perché lati opposti del parallelogramma $PQRS$
$\widehat{DAS} \cong \widehat{CBR}$    perché formati da lati paralleli e concordi.

I due triangoli sono quindi congruenti per il primo criterio. Allora i due parallelogrammi sono equicomposti e perciò equivalenti.    ◀

Conseguenza immediata di questo teorema è che (*figura 5*):

■ **un parallelogramma è equivalente ad un rettangolo che ha la base e l'altezza rispettivamente congruenti alla base e all'altezza del parallelogramma**.

Un rettangolo infatti è un particolare parallelogramma e per esso vale il teorema appena dimostrato.

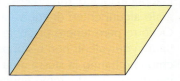

Figura 5

### Equivalenza tra parallelogrammi e triangoli

**Teorema.** Un parallelogramma è equivalente a un triangolo che ha la base congruente a quella del parallelogramma e altezza doppia.

**Hp.** $AB \cong PQ$    **Th.** $ABCD \doteq \widehat{RPQ}$    (*figura 6*)
$RK \cong 2DH$

**Dimostrazione.**
Sovrapponiamo il triangolo $PQR$ al parallelogramma $ABCD$; se l'altezza del triangolo è doppia di quella del parallelogramma, per il teorema della corrispondenza parallela di Talete, i lati $PR$ e $QR$ del triangolo vengono divisi in due parti congruenti dal lato $DC$ del parallelogramma. Tracciando da $R$ il segmento $RS$ parallelo ai lati $AD$ e $BC$ del parallelogramma, si nota subito che:

• i due triangoli di colore arancio sono congruenti (II criterio: $AM \cong MR$, $\widehat{DMA} \cong \widehat{RMS}$ perché opposti al vertice, $\widehat{DAM} \cong \widehat{MRS}$ perché alterni interni)

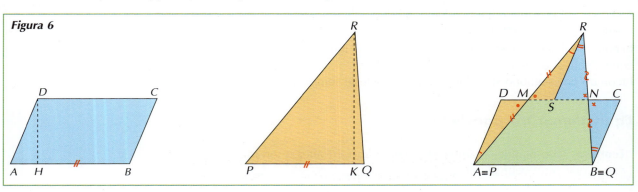

Figura 6

- i due triangoli di colore blu sono congruenti (II criterio: $BN \cong RN$, $\widehat{BNC} \cong \widehat{RNS}$ perché opposti al vertice, $\widehat{NBC} \cong \widehat{NRS}$ perché alterni interni)
- il parallelogramma è costituito dal trapezio in verde, da uno dei due triangoli arancio e da uno dei due triangoli blu
- il triangolo è costituito dallo stesso trapezio verde e dagli altri due triangoli in arancio e in blu.

Le due figure sono quindi equivalenti perché equicomposte. ◀

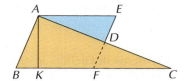
Figura 7

Con considerazioni analoghe a quelle precedenti si deduce anche che:

■ un parallelogramma è equivalente a un triangolo che ha la stessa altezza del parallelogramma e base doppia di quella del parallelogramma (**figura 7**, sono congruenti i triangoli ADE e DFC)

■ un parallelogramma è equivalente al doppio di un triangolo che ha la stessa base e la stessa altezza del parallelogramma (**figura 8**, sono congruenti i triangoli ABC e ACD)

■ due triangoli che hanno basi e altezze congruenti sono equivalenti (**figura 9**, sono entrambi equivalenti a uno stesso parallelogramma).

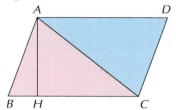
Figura 8

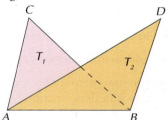
Figura 9

## Equivalenza tra trapezi e triangoli

**Teorema.** Un trapezio è equivalente a un triangolo che ha per base la somma delle basi del trapezio e per altezza la stessa altezza del trapezio.

**Dimostrazione.**
Basta osservare la **figura 10** per rendersene conto:

- il trapezio è la figura ABCD
- il triangolo è la figura AED, ottenuta prolungando la base maggiore del trapezio di un segmento BE congruente a DC; ne consegue che i due triangoli in verde e in giallo sono congruenti
  (II criterio: $BE \cong DC$, $\widehat{MBE} \cong \widehat{MCD}$ perché alterni interni, $\widehat{MEB} \cong \widehat{MDC}$ perché alterni interni)
- il trapezio è costituito dal poligono di colore rosa e dal triangolo verde
- il triangolo è costituito dallo stesso poligono in rosa e dal triangolo giallo.

Le due figure sono quindi equivalenti perché equicomposte. ◀

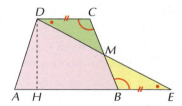
Figura 10

ESERCIZI E PROBLEMI     pag. 312

## 3 | I TEOREMI DI PITAGORA E DI EUCLIDE

I triangoli rettangoli sono triangoli particolari che hanno delle proprietà in più rispetto agli altri triangoli; fra queste rivestono particolare importanza quelle

Cap. 5: *L'equivalenza dei poligoni*    **117**

enunciate dai teoremi di Euclide e di Pitagora che hai imparato ad usare dal punto di vista numerico alla scuola di base. Li rivediamo in questa sede dal punto di vista dell'equivalenza.

**I teorema di Euclide.** In ogni triangolo rettangolo il quadrato costruito su un cateto è equivalente al rettangolo che ha per lati l'ipotenusa e la proiezione di quel cateto sull'ipotenusa.

Possiamo renderci conto del significato di questo teorema osservando la **figura 11a**; in essa:

Figura 11a

- il triangolo ABC è rettangolo in A
- Q è il quadrato costruito sul cateto AB.

Per ottenere il rettangolo R che ha per lati l'ipotenusa e la proiezione di AB sull'ipotenusa, facciamo questa costruzione:

- dal vertice B tracciamo la perpendicolare all'ipotenusa BC e prendiamo su di essa il segmento $BE \cong BC$
- tracciamo dal vertice A dell'angolo retto la perpendicolare a BC: il segmento BH è la proiezione di AB sull'ipotenusa
- costruiamo adesso il rettangolo che ha per lati BE e BH.

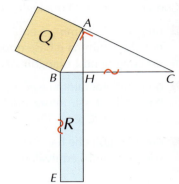

Il teorema afferma che il quadrato Q è equivalente al rettangolo R; veniamo adesso alla dimostrazione del teorema.

**Dimostrazione.**
La dimostrazione è abbastanza semplice se consideriamo il parallelogramma ausiliario P che otteniamo prolungando il lato superiore ST del quadrato e le due rette dei lati BE e HK del rettangolo (in **figura 11b** evidenziato in colore giallo).

Figura 11b

Osserviamo prima di tutto che il triangolo ABC e il triangolo BSF che si è venuto in questo modo a formare sono congruenti (hanno ordinatamente congruenti i cateti AB e SB e gli angoli $\widehat{ABC}$ e $\widehat{SBF}$ perché complementari dello stesso angolo $\widehat{ABF}$); di conseguenza, essendo $BF \cong BC$, anche $BF \cong BE$.

Per i teoremi sull'equivalenza che abbiamo studiato nel precedente paragrafo abbiamo che:

- il quadrato Q è equivalente al parallelogramma P (hanno la stessa base AB e la stessa altezza AT)
- il parallelogramma P è equivalente al rettangolo R (hanno rispettivamente come basi BF e BE che sono segmenti congruenti, e la stessa altezza BH).

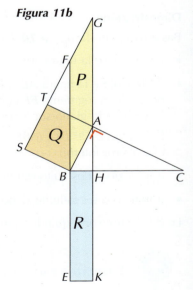

Per la proprietà transitiva avremo dunque che:

$$Q \doteq P \quad P \doteq R \quad \rightarrow \quad Q \doteq R.$$

◀

**Teorema di Pitagora.** In ogni triangolo rettangolo, la somma dei quadrati costruiti sui cateti è equivalente al quadrato costruito sull'ipotenusa.

**118** Cap. 5: *L'equivalenza dei poligoni*

**Dimostrazione.**

La dimostrazione è molto semplice se sfruttiamo il primo teorema di Euclide; con riferimento alla **figura 12**, indicando con:

- $Q_1$ il quadrato costruito sul cateto $AB$
- $Q_2$ il quadrato costruito sul cateto $AC$
- $Q_3$ il quadrato costruito sull'ipotenusa $BC$

dobbiamo dimostrare che: $Q_1 + Q_2 \doteq Q_3$.

Basta tracciare dal vertice $A$ la semiretta perpendicolare a $BC$ che divide il quadrato $Q_3$ nei due rettangoli $R_1$ e $R_2$ e osservare che, per il primo teorema di Euclide:

$Q_1 \doteq R_1 \qquad Q_2 \doteq R_2 \qquad$ quindi $\qquad Q_1 + Q_2 \doteq R_1 + R_2$

cioè $\qquad Q_1 + Q_2 \doteq Q_3$ ◀

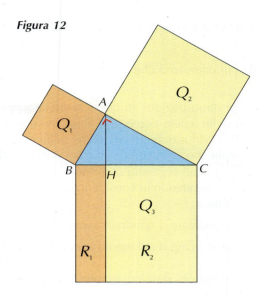

Figura 12

> **II teorema di Euclide.** In ogni triangolo rettangolo, il quadrato costruito sull'altezza relativa all'ipotenusa è equivalente al rettangolo che ha per lati le proiezioni dei cateti sull'ipotenusa.

Anche in questo caso, per renderci conto del significato di questo teorema osserviamo la **figura 13a**; in essa:

- il triangolo $ABC$ è rettangolo in $A$
- $Q$ è il quadrato costruito sull'altezza $AH$ relativa all'ipotenusa.

Per ottenere il rettangolo $R$ che ha per lati le proiezioni dei cateti sull'ipotenusa, facciamo questa costruzione:

- prolunghiamo l'altezza e tracciamo da $B$ la perpendicolare all'ipotenusa $BC$ in modo da costruire il rettangolo che ha per lati il segmento $BH$, proiezione di $AB$ sull'ipotenusa, e un segmento $BS$ congruente a $BC$
- su $BS$ prendiamo un punto $D$ in modo che sia $BD \cong BH$ e dividiamo il rettangolo precedente nel quadrato di lato $BH$ e nel rettangolo di lati $BH$ e $DS$; essendo $DS \cong HC$, il rettangolo in colore azzurro della figura è proprio quello che stiamo cercando.

Il teorema afferma che il quadrato $Q$ è equivalente al rettangolo $R$; dimostriamo adesso il teorema.

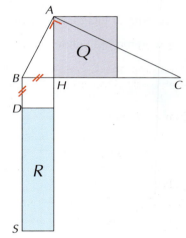

Figura 13a

**Dimostrazione.**

Per il teorema di Pitagora applicato al triangolo $ABH$ abbiamo che (**figura 13b**):

$$Q_1 \doteq Q + Q_2$$

Per il primo teorema di Euclide applicato al triangolo $ABC$ abbiamo che:

$$Q_1 \doteq Q_2 + R$$

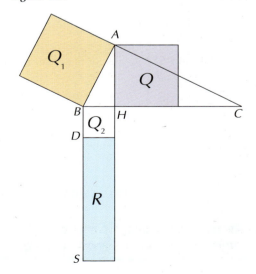

Figura 13b

Cap. 5: *L'equivalenza dei poligoni* **119**

Dal confronto delle due relazioni abbiamo che:
$$Q + Q_2 \doteq Q_2 + R$$
da cui otteniamo che: $Q \doteq R$. ◀

Nella dimostrazione di questi teoremi abbiamo indicato quadrati e rettangoli con delle lettere come $Q$ e $R$ perché non c'è mai stato rischio di confusione nell'individuazione di tali figure; nella maggior parte dei casi, tuttavia, quando si applicano i teoremi di Pitagora e di Euclide, è necessario indicare in modo preciso quali segmenti rappresentano i lati dei quadrati e dei rettangoli che si stanno prendendo in considerazione. Useremo allora la seguente convenzione di scrittura:

- per indicare il quadrato avente per lato un segmento $AB$ :     $q(AB)$
- per indicare il rettangolo avente per lati i segmenti $AB$ e $BC$ :     $r(AB, BC)$.

Con questa modalità di rappresentazione, gli stessi teoremi verrebbero rappresentati in questo modo (**figura 14**):

**Figura 14**

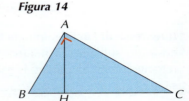

- I teorema di Euclide:    $q(AB) \doteq r(BH, BC)$
- teorema di Pitagora:    $q(BC) \doteq q(AB) + q(AC)$
- II teorema di Euclide:    $q(AH) \doteq r(BH, HC)$

**Esercizi e problemi**          pag. 314

**Il capitolo si completa con:**

**120**    Cap. 5: *L'equivalenza dei poligoni*

# Equivalent polygons
## BASIC CONCEPTS

### Key Terms
equivalent      area      equivalent by addition

## Equivalent figures

A closed curve in the plane encloses a region which has an extension.
We say that two plane closed region $A$ and $B$ of the plane are **equivalent** if they have the same extension and we write $A \doteq B$.
Equivalent figures have the same *area*.

Consider the two figures at the side of the page.
They are composed by the same polygons, congruent in pairs, but fitted together differently; it is natural to say that these two figures have the same extension and, more specifically, we say that they are *equivalent by addition*.

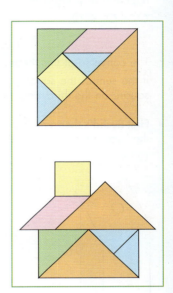

- Two polygons $A$ and $B$ are **equivalent by addition** if they can be dissected into the same number of simple polygons, congruent in pairs.

It is implicit that no two of the polygons must have common inside points.
It is true that:

- if two polygons are equivalent by addition, they are equivalent

- if two polygons can be dissected into the same number of polygons equivalent in pairs, they are equivalent.

This can be the way to show when two polygons are equivalent; in particular, we can state the following theorems.

① Two parallelograms with congruent bases and corresponding congruent altitudes are equivalent.
Therefore a parallelogram is equivalent to a rectangle which has the same base and the same altitude of the parallelogram.

② A parallelogram and a triangle are equivalent if they have congruent bases and if the altitude of the triangle is double the altitude of the parallelogram.
Or, if they have the same altitude but the base of the triangle is double the base of the parallelogram.
Therefore two triangles with congruent bases and corresponding congruent altitudes are equivalent.

③ A trapezoid is equivalent to a triangle which has the sum of the two bases of the trapezoid as the base, and the altitude of the trapezoid as the altitude.

①      ② 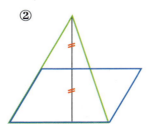     ③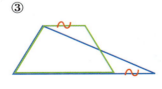

Cap. 5: *L'equivalenza dei poligoni*

## Pythagoras' and Euclid's theorems

Right angled triangles have some more properties that are stated by the following theorems.

- **Pythagoras' theorem.** In a right angled triangle, the square on the hypotenuse is equivalent to the sum of the squares on the legs:
$Q_1 + Q_2 \doteq Q_3$

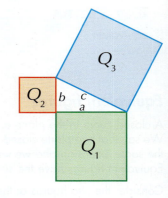

The converse of this theorem is also true:

if the sum of the squares on two sides of a triangle is equivalent to the square on the third side, the triangle is a right angled triangle.

- **First Euclid's theorem.** In a right angled triangle, the square on a leg is equivalent to the rectangle which has as sides the hypotenuse and and the projection of that leg on the hypotenuse:
$Q \doteq R$

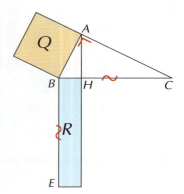

- **Second Euclid's theorem.** In a right angled triangle, the square on the altitude to the hypotenuse is equivalent to the rectangle which has as sides the projections of the legs on the hypotenuse itself:
$Q \doteq R$

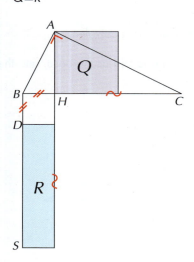

122  Cap. 5: *L'equivalenza dei poligoni*

# CAPITOLO 6
# Grandezze, misura, proporzionalità e aree

> **OBIETTIVI**
> - misurare una grandezza
> - riconoscere grandezze proporzionali
> - calcolare la misura dell'area di un poligono
> - applicare dal punto di vista numerico i teoremi di Pitagora e di Euclide e le loro conseguenze a poligoni particolari

## 1 IL PROBLEMA DI MISURARE

### 1.1 Le grandezze omogenee e la misura

Oggetto della misurazione sono quelle grandezze per le quali ha senso stabilire un confronto e che in qualche modo possono essere "sommate" così da ottenere una grandezza dello stesso tipo di quelle date.

Per esempio, due segmenti possono sempre essere confrontati per stabilire se uno è maggiore dell'altro e sommandoli otteniamo ancora un segmento; anche due superfici si possono sempre confrontare e sommandole si ottiene ancora una superficie; non ha senso invece confrontare un segmento con un angolo e tanto meno sommarli, oppure confrontare un peso con un volume.

Per distinguere le due situazioni diciamo che oggetti come i segmenti, o meglio le lunghezze, e come le superfici, sono grandezze fra loro omogenee.

> Un insieme $G$ di elementi costituisce una **classe di grandezze omogenee** se:
> - due qualsiasi elementi di $G$ sono sempre confrontabili fra loro, cioè $\forall a, b \in G$ è vera una sola fra le relazioni $a < b$, $a = b$, $a > b$
> - si può definire in $G$ un'operazione di addizione (che sia commutativa, associativa e che abbia elemento neutro), cioè tale che $\forall a, b \in G$ anche l'elemento $c = a + b$ appartenga a $G$.

**DEFINIZIONE DI GRANDEZZE OMOGENEE**

In altre parole, in una classe di grandezze omogenee ci stanno tutti quegli oggetti che si possono confrontare e sommare. In questo capitolo conveniamo di rappresentare una generica grandezza con una lettera maiuscola dell'alfabeto.
I concetti di multiplo e sottomultiplo che abbiamo definito per segmenti e angoli possono essere estesi a qualunque grandezza; diciamo allora che:

- una grandezza $B$ è **multipla** di una grandezza $A$ ad essa omogenea secondo il numero naturale $n > 0$ se $B$ è la somma di $n$ grandezze uguali ad $A$ (se $n = 1$ allora $B = A$) e scriviamo che

$$B = nA$$

Diciamo anche che $A$ è **sottomultipla** di $B$ secondo $n$.

Cap. 6: *Grandezze, misura, proporzionalità e aree* **123**

**GRANDEZZE COMMENSURABILI**

> Due grandezze che hanno un sottomultiplo comune si dicono **commensurabili**.

Chiediamoci ora: se due grandezze sono commensurabili, che relazione c'è fra di esse?
Per esempio, fissato un segmento $U$, prendiamo un segmento $P = 5U$ ed un segmento $Q = 7U$ (**figura 1**); le due grandezze $P$ e $Q$ sono commensurabili (hanno $U$ come sottomultiplo comune) ed essendo

*Figura 1*

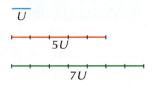

$$U = \frac{P}{5} \qquad \text{e anche} \qquad U = \frac{Q}{7}$$

si ha che $\qquad \dfrac{P}{5} = \dfrac{Q}{7} \qquad$ cioè $\qquad P = \dfrac{5}{7} Q$

Più in generale: se $\quad P = nU \quad$ e $\quad Q = mU \quad$ allora $\quad P = \dfrac{n}{m} Q$

Dunque, se due grandezze sono commensurabili, una di esse è multipla di una frazione dell'altra ($P$ è multipla secondo $n$ della $m$-esima parte di $Q$); in altre parole, per avere $P$ si deve dividere $Q$ in $m$ parti congruenti e prendere poi $n$ di queste parti. E' quindi ragionevole assumere la frazione $\dfrac{n}{m}$ come misura di $P$ rispetto a $Q$.
Diamo allora la seguente definizione.

**DEFINIZIONE DI MISURA DI GRANDEZZE COMMENSURABILI**

> Date due grandezze omogenee $P$ e $Q$ fra loro commensurabili, si dice **misura** di $P$ rispetto a $Q$ il numero razionale $\dfrac{n}{m}$ tale che $P = \dfrac{n}{m} Q$. La grandezza $Q$ si dice **unità di misura**.

In conseguenza della definizione data, possiamo dire che se due grandezze hanno un sottomultiplo comune, allora la misura di una rispetto all'altra è un numero razionale.
Esistono però grandezze che non sono commensurabili, cioè che non hanno sottomultipli comuni; un classico esempio è dato dal lato di un quadrato e dalla sua diagonale (**figura 2**). Si dimostra infatti che questi due segmenti non hanno un sottomultiplo comune.

*Figura 2*

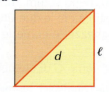

**GRANDEZZE INCOMMENSURABILI**

> Due segmenti che non hanno un sottomultiplo comune si dicono **incommensurabili**.

In questi casi la misura di uno rispetto all'altro non è un numero razionale e dobbiamo ricercare il valore della misura in un altro insieme numerico; si può dimostrare che:

> La misura di una grandezza incommensurabile con l'unità di misura prescelta si esprime mediante un numero irrazionale.

Questo significa che la misura di una grandezza $G$ rispetto ad una unità $U$ ad essa omogenea è espressa da un numero reale positivo che è:
- razionale se $G$ è commensurabile con $U$
- irrazionale se $G$ è incommensurabile con $U$.

*In particolari situazioni, la misura di una grandezza può anche assumere valori dotati di segno positivo o negativo. Si dice per esempio che una temperatura è $-10°C$ oppure $+20°C$; un titolo in Borsa può avere una variazione pari a $-3,6\%$ oppure a $+1,8\%$.*

## 1.2 Rapporti e proporzioni

Il problema della misura fa nascere quello del confronto tra due grandezze. Per esempio, se un segmento $AB$ è lungo 12cm e un secondo segmento $CD$ è lungo 4cm, che relazione c'è tra $AB$ e $CD$?
Introduciamo la seguente definizione.

**IL CONCETTO DI RAPPORTO**

> Si dice **rapporto** tra due grandezze omogenee $A$ e $B$, la seconda delle quali non nulla, la misura di $A$ rispetto a $B$.
> Tale rapporto si indica con il simbolo $\dfrac{A}{B}$.

Si dimostra poi che, se la misura delle due grandezze è espressa mediante la stessa unità:

> il rapporto tra due grandezze omogenee è uguale al quoziente tra le loro misure.

Riprendendo l'esempio precedente, il rapporto $\dfrac{AB}{CD}$ è uguale a $\dfrac{12}{4} = 3$.

Questo teorema è molto importante perché ci dice che, ogni volta che abbiamo la necessità di confrontare grandezze omogenee, possiamo confrontare le loro misure ed è sicuramente più semplice confrontare due numeri che due grandezze.

Abbiamo già parlato di proporzioni numeriche nel volume 1 di Algebra; riprendiamo ora questo concetto estendendolo alle grandezze

**PROPORZIONI FRA GRANDEZZE**

> Quattro grandezze $A$, $B$, $C$, $D$, delle quali le prime due omogenee tra loro e le seconde due omogenee tra loro, sono **in proporzione** se il rapporto tra le prime due è uguale al rapporto tra le seconde due:
> $$\frac{A}{B} = \frac{C}{D}$$

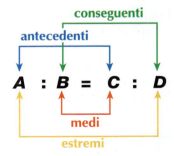

Oltre che con l'uguaglianza precedente, una proporzione, come è noto, si può scrivere anche nella forma

$$A : B = C : D$$

dove le quattro grandezze, a seconda delle posizione che occupano, prendono nomi diversi.

Inoltre, poiché il rapporto tra due grandezze omogenee è uguale al quoziente tra le loro misure, la stessa proporzione può essere scritta tra le misure $a$, $b$, $c$, $d$ delle quattro grandezze (rispetto alla stessa unità); le due relazioni:

$$A : B = C : D \quad \text{e} \quad a : b = c : d$$

si possono quindi ritenere equivalenti.

> Quattro grandezze, omogenee tra loro le prime due e omogenee tra loro le seconde due, sono in proporzione se e solo se lo sono le loro misure.

Cap. 6: *Grandezze, misura, proporzionalità e aree*

Vale poi il seguente teorema che ci limitiamo ad enunciare.

> **Teorema (di unicità della quarta proporzionale).** Date tre grandezze $A$, $B$, $C$, con $A$ e $B$ omogenee fra loro, esiste sempre ed è unica una quarta grandezza $D$, omogenea a $C$, che forma una proporzione con le prime tre, cioè tale che $A : B = C : D$.

Grazie ai teoremi enunciati, per le proporzioni tra grandezze valgono tutte le proprietà che sono relative alle proporzioni numeriche e che ricordiamo brevemente.

Data la proporzione numerica $a : b = c : d$ si ha che:

**PROPRIETÀ DELLE PROPORZIONI**

- **proprietà fondamentale**: il prodotto dei medi è uguale al prodotto degli estremi
$$bc = ad$$

- **proprietà dell'invertire**: scambiando ogni antecedente con il proprio conseguente si ottiene ancora una proporzione
$$b : a = d : c$$

- **proprietà del permutare**: scambiando fra loro i medi oppure gli estremi si ottiene ancora una proporzione
$$a : c = b : d \qquad \text{oppure} \qquad d : b = c : a$$

- **proprietà del comporre**: la somma tra il primo ed il secondo termine sta al primo (o al secondo) come la somma del terzo e del quarto sta al terzo (o al quarto)
$$(a + b) : a = (c + d) : c \qquad \text{oppure} \qquad (a + b) : b = (c + d) : d$$

- **proprietà dello scomporre**: se $a > b$ e $c > d$, la differenza fra il primo ed il secondo termine sta al primo (o al secondo) come la differenza fra il terzo ed il quarto sta al terzo (o al quarto)
$$(a - b) : a = (c - d) : c \qquad \text{oppure} \qquad (a - b) : b = (c - d) : d$$

**ESERCIZI E PROBLEMI** — pag. 324

# 2 GRANDEZZE PROPORZIONALI

## 2.1 La proporzionalità diretta e inversa

Fra due insiemi di grandezze omogenee si può spesso stabilire un legame di tipo biunivoco che descrive come varia una grandezza in dipendenza dall'altra. In questi casi diventa importante studiare quali siano le caratteristiche di questa dipendenza in modo da poterla riconoscere anche in altri ambiti.
Per esempio, possiamo sicuramente dire che:

- il prezzo che paghiamo per l'acquisto di una data merce è in relazione con il peso della merce stessa
- il perimetro di un quadrato è in relazione con la lunghezza del suo lato

Cap. 6: *Grandezze, misura, proporzionalità e aree*

- il tempo impiegato per percorrere un certo numero di chilometri dipende dalla velocità, supposta costante, con cui un'auto viaggia.

Nei primi due casi le grandezze coinvolte si comportano in questo modo: quando la prima grandezza raddoppia, triplica o dimezza, anche la seconda raddoppia, triplica o dimezza. Questo significa che il rapporto fra due grandezze del primo insieme è uguale al rapporto fra le corrispondenti due grandezze del secondo insieme.

Nel terzo caso, se la strada da percorrere rimane la stessa, quando la velocità raddoppia il tempo si dimezza, quando la velocità triplica il tempo diventa un terzo, quando la velocità dimezza il tempo raddoppia. Questo significa che il rapporto fra due grandezze del primo insieme è uguale al rapporto inverso fra le corrispondenti due del secondo insieme.

Per caratterizzare i due diversi tipi di comportamento introduciamo le seguenti definizioni.

**GRANDEZZE DIRETTAMENTE E INVERSAMENTE PROPORZIONALI**

Due insiemi di grandezze omogenee sono **direttamente proporzionali** o più semplicemente **proporzionali** se:
- sono in corrispondenza biunivoca
- il rapporto fra due grandezze del primo insieme è uguale al rapporto fra le corrispondenti grandezze del secondo insieme.

Due insiemi di grandezze omogenee sono **inversamente proporzionali** se:
- sono in corrispondenza biunivoca
- il rapporto fra due grandezze del primo insieme è uguale al rapporto inverso fra le corrispondenti grandezze del secondo insieme.

Allora, in base a queste definizioni, possiamo dire che:
- il prezzo pagato è direttamente proporzionale alla merce acquistata
- il perimetro di un quadrato è direttamente proporzionale alla lunghezza del lato
- la velocità dell'automobile è inversamente proporzionale al tempo impiegato a percorrere una distanza stabilita.

## ATTENZIONE AGLI ERRORI

È **assolutamente sbagliato** dire che:
- due insiemi di grandezze sono direttamente proporzionali se, all'aumentare dell'una, anche l'altra aumenta;
- due insiemi di grandezze sono inversamente proporzionali se, all'aumentare dell'una, l'altra diminuisce.

Per esempio, nella relazione $y = x^2$, quando $x$ cresce, cresce anche $y$ ma le sue grandezze non sono proporzionali perché, se $x$ raddoppia, $y$ diventa il quadruplo e non il doppio.

Per riconoscere se due insiemi di grandezze sono direttamente proporzionali, oltre alla definizione ci viene in aiuto un teorema che esprime un criterio di semplice applicazione.

Cap. 6: *Grandezze, misura, proporzionalità e aree*

**IL CRITERIO DI PROPORZIONALITÀ DIRETTA**

> **Criterio generale di proporzionalità (diretta).** Condizione necessaria e sufficiente affinché due insiemi di grandezze in corrispondenza biunivoca siano direttamente proporzionali è che:
> 
> **a.** a grandezze uguali del primo insieme corrispondano grandezze uguali del secondo
> 
> **b.** alla somma di due o più grandezze del primo insieme corrisponda la somma delle corrispondenti grandezze del secondo.

Le due condizioni previste dal criterio si possono sintetizzare dicendo che **una corrispondenza di proporzionalità diretta conserva la congruenza e la somma**. Vediamo qualche esempio di applicazione di questo criterio.

# ESEMPI

1. Consideriamo l'insieme degli angoli al centro di una circonferenza e l'insieme degli archi che li sottendono. Per stabilire se fra le due classi di grandezze esiste proporzionalità diretta applichiamo il criterio; dobbiamo vedere se:

   **a.** ad angoli al centro congruenti corrispondono archi congruenti
   
   **b.** alla somma di due angoli al centro corrisponde la somma dei rispettivi archi.

   Sappiamo già che il punto **a.** è verificato (**figura 3a**). Per quanto riguarda il punto **b.** osserviamo (**figura 3b**) che $\widehat{AOB} + \widehat{BOC} = \widehat{AOC}$ e che $\widehat{AB} + \widehat{BC} = \widehat{AC}$; ma l'arco $\widehat{AC}$ è il corrispondente dell'angolo $\widehat{AOC}$, quindi anche questo punto è verificato.

   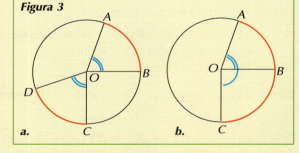
   
   Figura 3  a.  b.

   Un analogo ragionamento può essere condotto per l'insieme dei settori circolari e l'insieme degli angoli al centro.
   
   **Archi ed angoli al centro di una circonferenza sono dunque insiemi di grandezze proporzionali, così come angoli al centro e settori circolari.**

2. Siano $R_1$, $R_2$, $R_3$, .... rettangoli aventi tutti la stessa altezza $h$, indichiamo con $b_1$, $b_2$, $b_3$, ....le loro basi e consideriamo la corrispondenza che associa ad ogni rettangolo la propria base.

   Osserviamo che si tratta di una corrispondenza biunivoca che conserva la congruenza e la somma. Infatti (**figura 4**), se $b_1 \cong b_2$, i rettangoli $R_1$ e $R_2$, avendo basi ed altezze ordinatamente congruenti sono congruenti; se il segmento $b_3$ è la somma di $b_1$ con $b_2$, anche $R_3$ è la somma di $R_1$ con $R_2$.

   Possiamo quindi concludere che **rettangoli aventi la stessa altezza sono proporzionali alle rispettive basi**.

   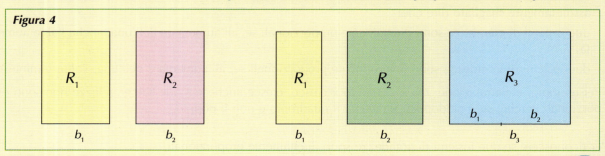
   
   Figura 4

*ulteriori esempi*

**128** Cap. 6: *Grandezze, misura, proporzionalità e aree*

## 2.2 Le funzioni di proporzionalità e il loro grafici

Siano $R = \{A, B, C,....\}$ e $R' = \{A', B', C', ....\}$ due insiemi di grandezze, omogenee tra loro quelle del primo insieme e omogenee tra loro quelle del secondo insieme. Se le grandezze del primo insieme sono direttamente proporzionali a quelle del secondo, possiamo scrivere per esempio che:

$$\frac{A}{B} = \frac{A'}{B'} \quad \text{o anche, passando alle loro misure} \quad \frac{a}{b} = \frac{a'}{b'}$$

**LA PROPORZIONALITÀ DIRETTA**

e la precedente relazione tra le misure può essere riscritta nella forma:

$$\frac{a}{a'} = \frac{b}{b'}$$

Poiché le grandezze nei due insiemi possono essere scelte in modo arbitrario, questa relazione vale per qualunque coppia di elementi corrispondenti nei due insiemi. Per esempio:

da $\quad \dfrac{B}{C} = \dfrac{B'}{C'} \quad$ cioè $\quad \dfrac{b}{c} = \dfrac{b'}{c'} \quad$ segue che $\quad \dfrac{b}{b'} = \dfrac{c}{c'} \quad$ e così via

In altre parole, possiamo dire che: $\quad \dfrac{a}{a'} = \dfrac{b}{b'} = \dfrac{c}{c'} = ......$

cioè:

**Figura 5**

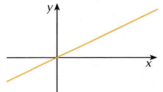

> se due insiemi di grandezze A e B sono direttamente proporzionali, i rapporti fra le misure di grandezze corrispondenti sono costanti; il valore comune di tutti i rapporti prende il nome di **costante di proporzionalità diretta**.

Se indichiamo con $x$ e $y$ le misure delle grandezze rispettivamente di $R$ e di $R'$ e con $m$ la costante di proporzionalità (in generale è $m \neq 0$), possiamo esprimere la relazione di proporzionalità diretta con la relazione:

$$\boxed{\frac{y}{x} = m}$$

Nel piano cartesiano, una proporzionalità diretta è quindi il *luogo dei punti per i quali rimane costante il rapporto tra l'ordinata e l'ascissa.*
Questa relazione, che possiamo riscrivere nella forma $y = mx$, rappresenta quindi una retta che passa per l'origine (**figura 5**).

*Una relazione di proporzionalità diretta è sempre rappresentata da una retta passante per l'origine degli assi cartesiani nella quale il coefficiente angolare rappresenta la costante di proporzionalità.*

Un discorso analogo può essere fatto per due insiemi di grandezze inversamente proporzionali. Riferendoci agli stessi due insiemi $R$ e $R'$ e supponendo che essi siano di grandezze inversamente proporzionali, possiamo scrivere che:

**LA PROPORZIONALITÀ INVERSA**

$$\frac{A}{B} = \frac{B'}{A'}$$

cioè, relativamente alle misure: $\quad \dfrac{a}{b} = \dfrac{b'}{a'} \quad$ o anche $\quad a \cdot a' = b \cdot b'$

Poiché queste considerazioni possono essere fatte per qualunque coppia di elementi corrispondenti nei due insiemi, possiamo dire che:

$$a \cdot a' = b \cdot b' = c \cdot c' = ....$$

cioè:

Cap. 6: *Grandezze, misura, proporzionalità e aree*

se due insiemi di grandezze *A* e *B* sono inversamente proporzionali, il prodotto fra le misure di due elementi che si corrispondono non cambia al variare della coppia scelta; il valore comune di tutti i prodotti prende il nome di **costante di proporzionalità inversa**.

Se indichiamo con *x* e *y* le misure delle grandezze rispettivamente di *A* e di *B* e con *k* la costante di proporzionalità ($k \neq 0$), possiamo esprimere la relazione di proporzionalità inversa con l'equazione:

$$xy = k$$

*La proporzionalità inversa è sempre rappresentata da un'iperbole equilatera.*

Nel piano cartesiano, una proporzionalità inversa è quindi il *luogo dei punti per i quali rimane costante il prodotto tra l'ascissa e l'ordinata*.
La curva associata a questa equazione prende il nome di **iperbole equilatera** e di essa si può dire che:

- non incontra gli assi cartesiani non potendo essere né $x = 0$, né $y = 0$ (ricordiamo che è $k \neq 0$)

- se $k > 0$, le coordinate dei punti $P(x, y)$ che le appartengono sono entrambe positive oppure entrambe negative, quindi il grafico deve appartenere interamente al primo e al terzo quadrante

- se $k < 0$, le coordinate dei punti $P(x, y)$ che le appartengono sono discordi, quindi il grafico deve appartenere interamente al secondo e al quarto quadrante

- qualunque sia il valore di *k*, la curva è simmetrica rispetto all'origine; infatti se $(a, b)$ è un punto della curva, anche il punto $(-a, -b)$ le appartiene.

Tenendo conto di queste osservazioni, il grafico di questa curva ha la forma rappresentata in **figura 6**.

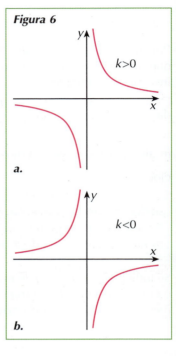

**Figura 6**

a.

b.

# Esempi

1. Quando si deve acquistare un'auto, uno degli aspetti che si valuta è il consumo di carburante. Normalmente nel depliant pubblicitario si trovano indicazioni di questo tipo:

   - consumo in città: 12km con 1 litro.

   Questa informazione esprime il fatto che, con un normale utilizzo dell'auto, esiste proporzionalità diretta fra il numero *y* di chilometri percorsi ed il consumo *x* (in litri) di carburante, esprimibile con l'equazione

   $$y = 12x$$

   Ci si aspetta quindi ci consumare 2 litri di carburante per fare 24km, 5 litri per farne 60 e così via.
   Il grafico di questa relazione è in **figura 7**. Osserviamo che il sistema di riferimento è necessariamente dimetrico e che della retta $y = 12x$ abbiamo rappresentato solo la parte che appartiene al primo quadrante; per il significato che hanno le variabili *x* e *y*, non ha infatti senso considerare valori negativi.

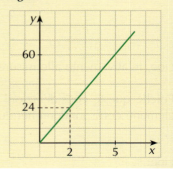

**Figura 7**

**2.** Un rettangolo ha area uguale a 20cm$^2$; indicando con $x$ e $y$ le misure dei suoi lati, la relazione che esprime l'area è

$$xy = 20.$$

Si tratta quindi di una proporzionalità inversa la cui rappresentazione grafica, tenendo conto che $x$ e $y$ devono essere positivi perché rappresentano misure di segmenti, è il ramo di iperbole in **figura 8**.

ulteriori esempi

Figura 8
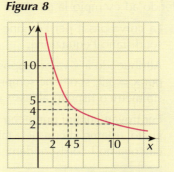

## 2.3 La proporzionalità quadratica

Oltre alla proporzionalità diretta e inversa che, come abbiamo visto, rappresentano il modello di alcuni fenomeni, un'altra importante relazione è rappresentata dalla proporzionalità quadratica.

Due insiemi di grandezze $A$ e $B$ sono in relazione di **proporzionalità quadratica** diretta se:
- gli elementi dei due insiemi sono in corrispondenza biunivoca
- il rapporto tra le misure di due qualsiasi grandezze del primo insieme è uguale al rapporto dei quadrati delle misure delle corrispondenti due del secondo insieme.

Ripetendo un ragionamento analogo a quello visto nel paragrafo precedente, se indichiamo con $a, b, c, d, ...$ le misure degli elementi dell'insieme $A$ e con $a', b', c', d', ...$ le misure degli elementi corrispondenti dell'insieme $B$ abbiamo che:

$$\text{dovendo essere} \quad \frac{a}{b} = \frac{a'^2}{b'^2} \quad \text{anche} \quad \frac{a}{a'^2} = \frac{b}{b'^2}$$

e relazioni analoghe valgono per tutte le altre coppie di elementi dei due insiemi.
Ne consegue che sono uguali tutti i rapporti fra la misura di un elemento e quella al quadrato del suo corrispondente:

$$\frac{a}{a'^2} = \frac{b}{b'^2} = \frac{c}{c'^2} = \frac{d}{d'^2} = ....$$

In altre parole:

> se due insiemi di grandezze $A$ e $B$ sono in relazione di proporzionalità quadratica, i rapporti tra le misure di una grandezza di $A$ e il quadrato della misura della sua corrispondente in $B$ sono costanti.

Se indichiamo con $x$ e $y$ le misure delle grandezze rispettivamente di $B$ e di $A$ e con $k$ la costante di proporzionalità, possiamo esprimere questa condizione con la relazione

$$y = kx^2$$

Una curva che ha un'equazione di questo tipo prende il nome di **parabola**.

Per costruire il suo grafico facciamo qualche considerazione preliminare prendendo ad esempio la parabola $y = x^2$.

**Figura 9**

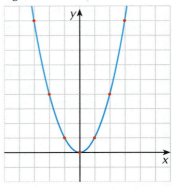

- La curva passa per l'origine degli assi perché le coordinate dell'origine ne soddisfano l'equazione.
- Attribuendo a $x$ valori opposti si ottiene lo stesso valore per $y$ (per esempio per $x = \pm 2$, si ottiene sempre $y = 4$) dunque il grafico di questa parabola è simmetrico rispetto all'asse $y$.
- Per trovare alcuni punti che permettano di costruire il grafico in modo adeguato, usiamo la consueta tabella nella quale attribuiamo alcuni valori a $x$ e calcoliamo i corrispondenti valori di $y$:

| $x$ | $\pm 1$ | $\pm 2$ | $\pm 3$ |
|---|---|---|---|
| $y$ | 1 | 4 | 9 |

Il grafico che ne risulta è in **figura 9**.

Osserviamo che l'origine è il punto unito dell'asse di simmetria della parabola, che è l'asse $y$; questo punto prende il nome di **vertice**.
Una ulteriore osservazione riguarda il valore della costante $k$:

**Figura 10**

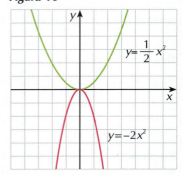

- se è $k > 0$, la variabile $y$ assume solo valori positivi per ogni valore attribuito a $x$, quindi tutti i punti del grafico appartengono al primo e secondo quadrante
- se è $k < 0$, la variabile $y$ assume solo valori negativi per ogni valore attribuito a $x$, quindi tutti i punti del grafico appartengono al terzo e quarto quadrante.

Per esempio, in **figura 10** abbiamo rappresentato le due parabole di equazioni

$$y = \frac{1}{2}x^2 \quad \text{e} \quad y = -2x^2$$

# Esempi

**1.** La relazione tra il lato $x$ di un quadrato e la sua area $y$ è una relazione di proporzionalità quadratica:

$$y = x^2$$

il cui grafico è quello che abbiamo già rappresentato in **figura 9**.

**2.** Per comprendere il moto di caduta di un corpo, usando degli strumenti di precisione, vengono misurati (in metri) gli spazi $s$ percorsi ad ogni decimo di secondo e i dati rilevati sono nella tabella che segue:

| $t$ | $s$ |
|---|---|
| 0,1 | 0,05 |
| 0,2 | 0,2 |
| 0,3 | 0,45 |
| 0,4 | 0,8 |
| 0,5 | 1,25 |

Nella figura a lato è fotografata la posizione di una pallina in caduta libera ogni decimo di secondo

Osserviamo che in questo caso non si mantengono costanti né i rapporti tra $s$ e $t$, né i prodotti; non si tratta quindi di una relazione di proporzionalità diretta o inversa.

**132**  Cap. 6: *Grandezze, misura, proporzionalità e aree*

Se però consideriamo i quadrati dei tempi e calcoliamo i rapporti tra $s$ e $t^2$ otteniamo:

| $t$ | $s$ | $t^2$ | $s/t^2$ |
|---|---|---|---|
| 0,1 | 0,05 | 0,01 | $\dfrac{0,05}{0,01} = 5$ |
| 0,2 | 0,20 | 0,04 | $\dfrac{0,20}{0,04} = 5$ |
| 0,3 | 0,45 | 0,09 | $\dfrac{0,45}{0,09} = 5$ |
| 0,4 | 0,80 | 0,16 | $\dfrac{0,80}{0,16} = 5$ |
| 0,5 | 1,25 | 0,25 | $\dfrac{1,25}{0,25} = 5$ |

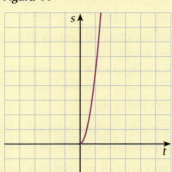

**Figura 11**

Dunque i rapporti tra $s$ e $t^2$ si mantengono costanti ed uguali a 5; possiamo allora affermare che tra queste grandezze esiste una relazione di proporzionalità quadratica espressa dalla legge

$$s = 5t^2$$

Il grafico corrispondente è l'arco di parabola in **figura 11**.

 **ESERCIZI E PROBLEMI** pag. 326

## 3 IL TEOREMA DI TALETE

Consideriamo un fascio di rette parallele e tagliamolo con due trasversali (**figura 12**); ad ogni segmento individuato su una trasversale si può associare quello individuato sull'altra dalle stesse rette parallele; così al segmento $AB$ corrisponde il segmento $A'B'$, al segmento $CE$ corrisponde il segmento $C'E'$ e così via. Si tratta quindi di una corrispondenza biunivoca fra i segmenti di una trasversale e quelli dell'altra che abbiamo già incontrato nel capitolo sui parallelogrammi. Sappiamo che, in una tale situazione, se su una trasversale ci sono due segmenti congruenti, anche quelli corrispondenti sull'altra sono congruenti; inoltre se sommiamo per esempio $AB$ e $BC$ ottenendo $AC$, sommando i loro corrispondenti $A'B'$ e $B'C'$ sull'altra trasversale otteniamo $A'C'$ che è il corrispondente di $AC$; in altre parole alla somma di due segmenti su una trasversale corrisponde la somma dei corrispondenti segmenti sull'altra trasversale.
Sono dunque rispettate le condizioni del criterio generale di proporzionalità e possiamo quindi concludere che i segmenti sulle due trasversali sono proporzionali; vale cioè il seguente teorema.

**Figura 12**

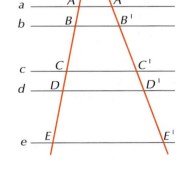

**Teorema (di Talete).** Un fascio di rette parallele tagliate da due trasversali determina su di esse due insiemi di segmenti direttamente proporzionali.

Di questo teorema vale anche l'inverso, vale a dire che

Cap. 6: *Grandezze, misura, proporzionalità e aree* **133**

- considerate due rette parallele *a* e *b* tagliate da due trasversali *r* e *s* e considerata poi una ulteriore retta *c* che incontra tali trasversali, se $\frac{AB}{BC} = \frac{A'B'}{B'C'}$ allora la retta *c* è parallela alle rette *a* e *b* (**figura 13**).

**Figura 13**

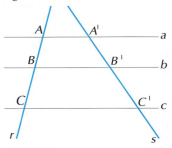

Applicazioni immediate del teorema di Talete e del suo inverso sono le seguenti proprietà relative ai triangoli:

- **una parallela ad un lato di un triangolo divide gli altri due lati in parti proporzionali.**
  Infatti (**figura 14**) se immaginiamo di tracciare per *A* la retta parallela al lato *BC*, abbiamo un fascio di rette parallele per cui valgono le relazioni
  
  $AD : DB = AE : EC$  $\qquad$  $AB : AD = AC : AE$  $\qquad$  $AB : DB = AC : EC$

**Figura 14**

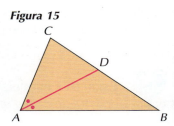

- **Viceversa, se una retta interseca due lati di un triangolo e li divide in parti proporzionali, essa è parallela al terzo lato.**

- **Una corda di un triangolo parallela a uno dei lati stacca un triangolo che ha i lati proporzionali al primo.**

Tracciando le bisettrici degli angoli interni ed esterni di un triangolo si può dimostrare che valgono le seguenti proprietà.

**Figura 15**

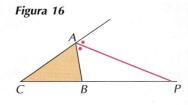

- **Teorema (della bisettrice dell'angolo interno).** La bisettrice di un angolo interno di un triangolo divide il lato opposto in parti proporzionali agli altri due lati.
  Con riferimento alla **figura 15** si ha cioè che: $\quad CD : AC = DB : AB$.

- **Teorema (della bisettrice dell'angolo esterno).** La bisettrice di un angolo esterno di un triangolo, se non è parallela al lato opposto, incontra la retta di quest'ultimo in un punto che individua con quel lato segmenti proporzionali agli altri due lati.
  Con riferimento alla **figura 16**: $\quad CP : AC = BP : AB$.

**Figura 16**

**ESERCIZI E PROBLEMI** $\qquad$ pag. 331

## 4 LE AREE DEI POLIGONI

Abbiamo visto che la misura di una grandezza si esprime sempre mediante un numero reale che indica il rapporto fra quella grandezza e una ad essa omogenea che si assume come unità. In base a ciò, se dobbiamo misurare un segmento prendiamo un segmento come unità di misura, se dobbiamo misurare un angolo prendiamo un angolo, e quindi se dobbiamo misurare un'area dovremo considerare un'area come unità di misura.

In generale, se si fissa un segmento *U* come unità di misura delle lunghezze, conviene fissare un quadrato *Q* di lato *U* come unità di misura delle aree. Per trovare poi delle formule che esprimono la misura delle aree dei principali poligoni ragioniamo in questo modo: troviamo un procedimento per calcolare l'area di un poligono particolare, il rettangolo, e poi, in base ai teoremi di equivalenza studiati nel precedente capitolo, costruiamo le formule per il calcolo delle aree degli altri poligoni. Enunciamo quindi il seguente teorema.

## AREA DEL RETTANGOLO

> **Teorema.** La misura dell'area di un rettangolo è uguale al prodotto della misura della sua base per quella della sua altezza.

**Dimostrazione.**

Consideriamo un rettangolo $R$ di base $A$ e altezza $B$ (indichiamo con le lettere maiuscole i segmenti e con quelle minuscole corrispondenti le loro misure) e costruiamo un rettangolo ausiliario $R'$ che abbia per base un segmento congruente all'unità di misura $U$ scelta per le lunghezze e come altezza il segmento $B$; costruiamo poi anche il quadrato $Q$ di lato congruente ad $U$ (**figura 17**). I due rettangoli $R$ e $R'$, avendo le altezze congruenti, sono proporzionali alle rispettive basi e possiamo quindi scrivere che

$$R : R' = A : U$$

*Figura 17*

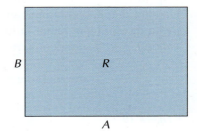

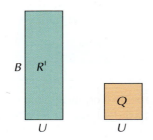

$R'$ e $Q$, avendo le stesse basi, sono invece proporzionali alle rispettive altezze e possiamo scrivere che

$$R' : Q = B : U$$

Sappiamo inoltre che se quattro grandezze sono in proporzione, lo sono anche le loro misure, quindi, se indichiamo con $r$, $r'$ e $1$ rispettivamente le aree di $R$, $R'$, e $Q$ e con $a$, $b$ e $1$ le misure rispettivamente dei segmenti $A$, $B$ e $U$, le precedenti proporzioni fra grandezze valgono anche fra le loro misure e quindi

$$r : r' = a : 1 \quad \text{e} \quad r' : 1 = b : 1$$

da cui, applicando la proprietà fondamentale delle proporzioni numeriche, si ottiene

$$r' \cdot a = r \quad \text{e} \quad r' = b$$

Confrontando queste ultime relazioni otteniamo poi che

$$r = b \cdot a$$

cioè la misura dell'area del rettangolo $R$ è data dal prodotto della misura della sua base per quella della sua altezza. ◀

Da questo teorema e da quelli di equivalenza discendono subito le seguenti formule per il calcolo delle aree dei poligoni.

Un quadrato è un rettangolo che ha la base e l'altezza congruenti; se quindi indichiamo con $\ell$ la misura del lato del quadrato abbiamo che:

## AREA DEL QUADRATO

$$\text{area del quadrato} = \ell^2$$

Un parallelogramma è equivalente a un rettangolo che ha la base e l'altezza congruenti a quelli del parallelogramma (**figura 18**); se $b$ è la misura della base e $h$ è quella dell'altezza si ha quindi che:

## AREA DEL PARALLELOGRAMMA

$$\text{area del parallelogramma} = b \cdot h$$

*Figura 18*

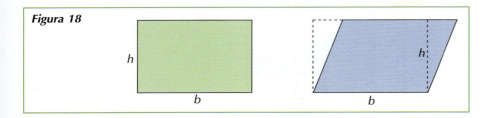

**Cap. 6:** *Grandezze, misura, proporzionalità e aree*

Un triangolo è equivalente a un parallelogramma che ha la stessa base e l'altezza pari alla metà di quella del triangolo (**figura 19**); se $b$ è la misura della base e $h$ è quella dell'altezza si ha quindi che:

**AREA DEL TRIANGOLO**

$$\text{area del triangolo} = \frac{1}{2} b \cdot h$$

Un'altra regola che ci limitiamo ad enunciare è la **formula di Erone** che permette di esprimere l'area in funzione delle misure dei lati del triangolo; indicando con $p$ il semiperimetro e con $a$, $b$, $c$ le misure dei lati si ha che:

$$\text{area del triangolo} = \sqrt{p(p-a)(p-b)(p-c)}$$

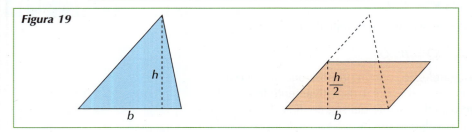

Figura 19

Un trapezio è equivalente a un triangolo che ha la base congruente alla somma delle basi del trapezio e l'altezza congruente a quella del trapezio (**figura 20**); se $b_1$ e $b_2$ sono le misure delle due basi e $h$ è quella dell'altezza si ha che

**AREA DEL TRAPEZIO**

$$\text{area del trapezio} = \frac{1}{2}(b_1 + b_2) \cdot h$$

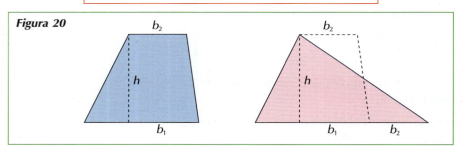

Figura 20

Un rombo è un particolare parallelogramma, quindi la sua area si può calcolare con la stessa formula vista per il parallelogramma; tuttavia, poiché un rombo è anche equivalente alla metà di un rettangolo che ha per dimensioni le diagonali del rombo (**figura 21**), se indichiamo con $d_1$ e $d_2$ le misure di tali diagonali, si ha anche che:

**AREA DEL ROMBO**

$$\text{area del rombo} = \frac{1}{2} d_1 \cdot d_2$$

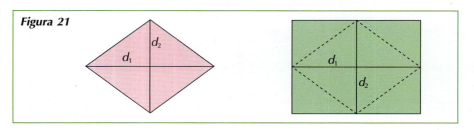

Figura 21

**136** Cap. 6: *Grandezze, misura, proporzionalità e aree*

## I teoremi di Pitagora e di Euclide dal punto di vista numerico

Ora che sappiamo come calcolare la misura di un'area possiamo interpretare da un punto di vista metrico, cioè prendendo in considerazione le misure, anche la relazione del teorema di Pitagora e quelle dei teoremi di Euclide.
Questi teoremi risultano così riformulati:

- **teorema di Pitagora:** in ogni triangolo rettangolo la somma dei quadrati delle misure dei cateti è uguale al quadrato della misura dell'ipotenusa (**figura 22a**); in simboli:
$$c^2 = a^2 + b^2$$

- **I teorema di Euclide:** in ogni triangolo rettangolo il quadrato della misura di un cateto è uguale al prodotto della misura dell'ipotenusa per la misura della proiezione del cateto stesso sull'ipotenusa (**figura 22b**); in simboli:
$$a^2 = c \cdot d$$

- **II teorema di Euclide:** in ogni triangolo rettangolo il quadrato della misura dell'altezza relativa all'ipotenusa è uguale al prodotto delle misure delle proiezioni dei cateti sull'ipotenusa (**figura 22c**); in simboli:
$$h^2 = d \cdot m$$

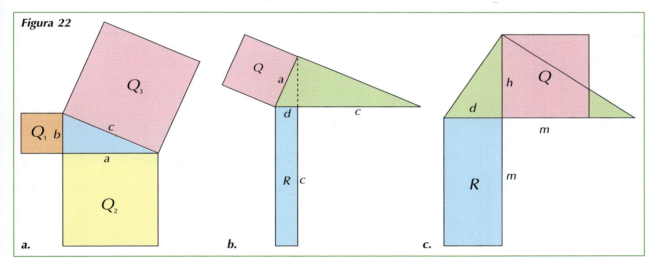

Figura 22

Alcune conseguenze immediate di questi teoremi si possono riscontrare nelle formule che legano alcuni elementi di particolari poligoni.
Evidenziamo le più importanti che ricorrono spesso nella risoluzione dei problemi.

- Indicata con $\ell$ la misura del lato di un quadrato e con $d$ quella della sua diagonale si ha che
$$d = \ell \cdot \sqrt{2}$$

Basta infatti applicare il teorema di Pitagora al triangolo ABC (**figura 23**):
$$d = \sqrt{\ell^2 + \ell^2} = \sqrt{2\ell^2} = \ell\sqrt{2}$$

- Indicata con $\ell$ la misura del lato di un triangolo equilatero e con $h$ quella della sua altezza si ha che
$$h = \frac{\ell\sqrt{3}}{2}$$

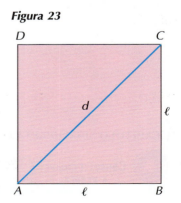

Figura 23

Cap. 6: *Grandezze, misura, proporzionalità e aree*

Basta infatti applicare il teorema di Pitagora al triangolo ABH (**figura 24**):

$$h = \sqrt{\ell^2 - \frac{\ell^2}{4}} = \sqrt{\frac{3}{4}\ell^2} = \frac{\ell\sqrt{3}}{2}$$

**Figura 24**

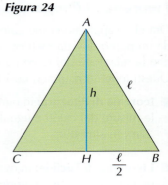

■ Analoghe relazioni valgono nei triangoli rettangoli che hanno gli angoli acuti di 45° oppure di 30° e 60° che sono rispettivamente la metà di un quadrato e la metà di un triangolo equilatero (osserva la **figura 25**).

**Figura 25**

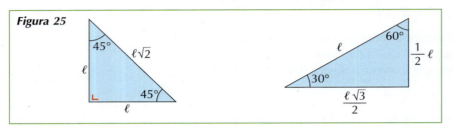

 Esercizi e problemi                                  pag. 334

Il capitolo si completa con:

**138**  Cap. 6: *Grandezze, misura, proporzionalità e aree*

# Proportionality and area
## BASIC CONCEPTS

### Key Terms
- like quantities
- ratio
- commensurable
- incommensurable
- proportion
- direct/inverse/quadratic proportion
- sheaf of lines
- unit of measurement

## Ratios and proportions

Things of the same kind are called **like quantities**, as for instance lenght of segments all expressed in metres, or times all expressed in minutes.

A *ratio* is a comparison between two or more like quantities in the same units; a ratio does not have any unit of measurement.

Ratios are used to compare quantities by division; for instance, if in a group of people there are 15 men and 20 women:

- the ratio of men to women is $\frac{15}{20} = \frac{3}{4}$, and this means that, for every 3 men, there are 4 women

- the ratio of women to men is $\frac{20}{15} = \frac{4}{3}$, and this means that, for every 4 women, there are 3 men.

- the ratio of 3 years to 4 months (these quantities are unlike quantities) is expressed by: $\frac{12 \text{ months}}{4 \text{ months}} = 3$.

In doing a ratio, it may happen that the number we obtain is a rational or an irrational number; we say that two quantities $a$ and $b$ are:

- **commensurable** if their ratio $\frac{a}{b}$ is a rational number

- **incommensurable** if their ratio $\frac{a}{b}$ is an irrational number.

A segment which is 3m and a segment which is 4m are commensurable quantities because their ratio is the rational number $\frac{3}{4}$; the side of a square and its diagonal are incommensurable quantities because their ratio is the irrational number $\sqrt{2}$.

Two equal ratios, as for instance $\frac{3}{4} = \frac{9}{12}$, form a **proportion**. Generally speaking, a propostion can be written as:

$$\frac{a}{b} = \frac{c}{d} \quad \text{or} \quad a : b = c : d \quad \text{(read: } a \text{ is to } b \text{ as } c \text{ is to } d\text{)}$$

In this proportion:
- $a$ and $d$ are the extremes
- $b$ and $c$ are the means.

The fundamental properties of proportions are the following; we explain them on the proportion $a : b = c : d$.

- Cross product. The product of the extremes is equal to the product of the means: $bc = ad$.
  This property can be used to solve a proportion to find the unknown term:
  $$3 : x = 4 : 6 \quad \rightarrow \quad 4x = 3 \cdot 6 \quad \rightarrow \quad x = \frac{9}{2}$$

- Means or Extremes Switching Property. $\quad d : b = c : a \quad$ and $\quad a : c = b : d$

- Upside-Down Property. $\quad b : a = d : c$

- Denominator Addition/Subtraction Property. $\quad (a \pm b) : a = (c \pm d) : c \quad$ and $\quad (a \pm b) : b = (c \pm d) : d$

Cap. 6: *Grandezze, misura, proporzionalità e aree*

## Proportionality

Two quantities *a* and *b* are **directly proportional** when, if *a* increases, also *b* increases at the same rate; we say that *a* is proportional to *b*. The ratio between *b* and *a* is the *constant of direct proportionality*. For instance:
- the amount you pay for bread (*b*) is proportional to the quantity you buy (*a*) and the constant of proportionality is the cost per kilo of bread
- the perimeter of a square (*b*) is proportional to its side (*a*) and the constant of proportionality is 4.

Two quantities *a* and *b* are **inversely proportional** when if *a* increases, *b* decreases at the same rate. The product of *a* and *b* is the *constant of inverse proportionality*. For instance:
- if 6 people can do a job in 4 hours, 12 people can do the same job in 2 hours; the time needed to do the job is inversely proportional to the number of people that do it; the constant of inverse proportionality is 24.

There is a criterion to verify that two quantities are directly proportional.

- Two quantities A and B are directly proportional if and only if:
  - to equal elements in A correspond equal elements in B
  - to the sum of elements in A corresponds the sum of the corresponding elements in B.

## Proportionality functions

If two variables *x* and *y* are **directly proportional**, the functional dependance between them is represented by the equation

$y = kx$   where *k* is the *factor of proportionality*.

Therefore, the graph of a direct proportionality is a straight line through the origin which has as the slope the constant *k*.

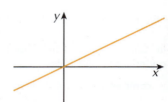

If two variables *x* and *y* are **inversely proportional**, the functional dependance between them is represented by the equation

$xy = k$   or   $y = \dfrac{k}{x}$   where *k* is the *factor of inverse proportionality*.

The graph of an inverse proportionality is an equilateral hyperbola.

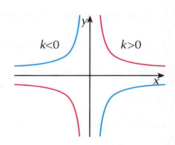

In addition, if a variable *y* is proportional to the square of a variabile *x*, the functional dependance between them is a **quadratic proportionality**, represented by the equation

$y = kx^2$   where *k* is the *factor of quadratic proportionality*.

Its graph is a parabola.

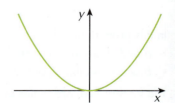

## Thales theorem

The following is known as **Thales' theorem** of parallel lines.

- If several parallel straight lines (a *sheaf of parallel lines*) are cut by two transversal lines, the ratio of any two segments on one of these transversals is equal to the ratio of the corresponding segments on the other transversal.

For instance   $\dfrac{AB}{BC} = \dfrac{A'B'}{B'C'}$

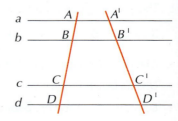

**140**   Cap. 6: *Grandezze, misura, proporzionalità e aree*

As a consequence of this theorem we have some properties about triangles.

- Any line parallel to one of the sides of a triangle, which cuts the other two sides, produces segments which are in proportion to each other:
  $AD : AE = DB : EC$

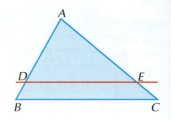

- If a line divides any two sides of a triangle in the same ratio, then the line must be parallel to the third side (this theorem is the converse of the previous one).

- The bisector line of an internal angle of a triangle divides the opposite side into segments which are proportional to the adjacent sides:
  $BD : AB = DC : AC$

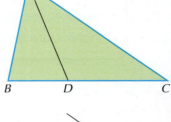

- The external bisector of an angle of a triangle divides the opposite side externally in the ratio of the sides containing the angle:
  $PC : AC = PB : AB$

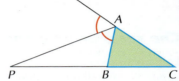

## Areas of polygons

An area is always a positive number that represents the number of square units needed to cover a shape, such as a polygon or a circle.

To find the areas of polygons we start from the area of a rectangle; if $b$ is the base and $h$ is the altitude, the area $A$ is found with the formula: $\quad A = b \cdot h$

Therefore, just because a square is a special rectangle, the area $A$ of a square of side $\ell$ is: $\quad A = \ell^2$

A parallelogram is equivalent to a rectangle with the same base and the same altitude; thus its area is found with the formula: $\quad A = b \cdot h$

A triangle is equivalent to a parallellogram which has the same altitude and half the base: $\quad A = \dfrac{1}{2} b \cdot h$

A trapezium is equivalent to a triangle which has the sum of the two bases of the trapezium as the base, and the same altitude: $\quad A = \dfrac{1}{2} h (b_1 + b_2)$

A rhombus is equivalent to half a rectangle which has the diagonals as sides: $\quad A = \dfrac{1}{2} d_1 \cdot d_2$

**Cap. 6:** *Grandezze, misura, proporzionalità e aree*

# CAPITOLO 7
# Omotetie e similitudini

## OBIETTIVI

- costruire e riconoscere figure omotetiche
- conoscere e saper applicare le proprietà dell'omotetia
- comporre omotetie
- definire una similitudine
- riconoscere figure simili con particolare riferimento ai triangoli
- individuare segmenti proporzionali nei triangoli rettangoli

## 1 L'OMOTETIA E LE SUE PROPRIETÀ

### Che cos'è un'omotetia

La parola *omotetia* deriva dal greco *Omos tithemi* che significa *porre in modo simile*; si tratta di una trasformazione geometrica che descrive come ingrandire o ridurre una figura lasciandone invariata la forma. Vediamo come si costruisce la legge che la descrive.

Fissato un punto $O$ in un piano $\alpha$, consideriamo un punto $P$ e la semiretta $OP$ di origine $O$; scelto un numero $k$ reale e positivo, esiste un solo punto $P'$ sulla semiretta $OP$ tale che sia (**figura 1**)

$$\frac{OP'}{OP} = k$$

Ad esempio se $k = 4$, il punto $P'$ deve essere tale che $\frac{OP'}{OP} = 4$.

La corrispondenza così stabilita fra i punti $P$ e i punti $P'$ di $\alpha$ è biunivoca e può quindi essere considerata come una trasformazione del piano $\alpha$ in sè.
Chiameremo **omotetia di centro $O$ e rapporto $k$** o **omotetia diretta** questa trasformazione. Essa verrà indicata, in notazione funzionale, con il simbolo $\omega_{O,k}$.
Esiste però anche un altro punto di $\alpha$, che indicheremo con $P''$, che si trova sulla semiretta opposta a $OP$ tale che $\frac{OP''}{OP} = k$ (**figura 2**). Per indicare che $P''$ si trova da parte opposta di $P$ rispetto ad $O$, assumeremo convenzionalmente come negativo tale rapporto e scriveremo perciò, se consideriamo $k > 0$

$$\frac{OP''}{OP} = -k$$

Anche la corrispondenza che associa i punti $P$ ai punti $P''$ è biunivoca ed è perciò una trasformazione che chiameremo **omotetia di centro $O$ e rapporto $-k$** o **omotetia inversa**. Essa verrà indicata con il simbolo $\omega_{O,-k}$.

*Ricorda:*
*trasformazione geometrica è una corrispondenza biunivoca fra i punti di un piano. Si esprime mediante una legge che indica il modo in cui i punti vengono associati.*

Figura 1

Figura 2

Diamo allora la seguente definizione.

**DEFINIZIONE DI OMOTETIA**

> Dati un punto $O$ del piano $\alpha$ e un numero reale $k \neq 0$, si dice **omotetia di centro $O$ e rapporto $k$** la trasformazione del piano in sé che associa ad ogni punto $P$ di $\alpha$ il punto $P'$ di $\alpha$ tale che:
> 
> ■ $O, P, P'$ siano allineati
> 
> ■ $OP' \cong |k|OP$
> 
> ■ $P'$ appartenga alla semiretta $OP$ se $k > 0$ (omotetia **diretta**)
> $P'$ appartenga alla semiretta opposta ad $OP$ se $k < 0$ (omotetia **inversa**).

Il punto $P'$ corrispondente di $P$ in $\omega_{O,k}$ si dice anche **omotetico** di $P$.

L'omotetia è allora la trasformazione geometrica che mantiene costante il rapporto fra segmenti corrispondenti. In particolare:

■ se $k = 1$, il rapporto $\dfrac{OP'}{OP} = 1$, cioè $OP' \cong OP$ e quindi $P'$ coincide con $P$; allora ogni punto $P$ ha per trasformato se stesso e dunque **l'omotetia di rapporto 1 coincide con l'identità** (*figura 3a*);

■ se $k = -1$, $\dfrac{OP'}{OP} = -1$, i segmenti $OP'$ ed $OP$ sono congruenti ma opposti rispetto ad $O$; allora ad ogni punto $P$ viene associato nella $\omega_{O,-1}$ il suo simmetrico rispetto ad $O$ e quindi **l'omotetia di rapporto $-1$ coincide con la simmetria centrale** (*figura 3b*).

**Figura 3**

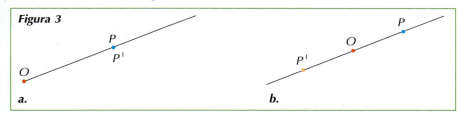

a.  b.

## Le proprietà dell'omotetia

Un'omotetia di centro $O$ e rapporto $k$ gode delle seguenti proprietà.

■ Un segmento $AB$ viene trasformato in un segmento $A'B'$ ad esso parallelo e tale che $A'B' \cong |k|AB$.

Per esempio, se $\overline{AB} = 5$ e $k = 2$, allora $A'B' \parallel AB$ e $\overline{A'B'} = 5 \cdot 2 = 10$.

■ Una retta viene trasformata in una retta ad essa parallela.

■ Un angolo viene trasformato in un angolo ad esso congruente.

**Figura 4**

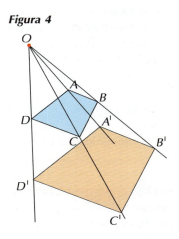

Da queste proprietà consegue che:

■ se due poligoni si corrispondono in un'omotetia, allora hanno i lati omologhi paralleli e di rapporto $|k|$ e gli angoli omologhi congruenti (*figura 4*).

Inoltre:

• se $|k| > 1$ si ottiene un ingrandimento della figura, se $|k| < 1$ si ottiene una riduzione (*figura 5* di pagina seguente)

• se $k \neq 1$ il solo punto unito della trasformazione è il centro $O$

Cap. 7: Omotetie e similitudini  **143**

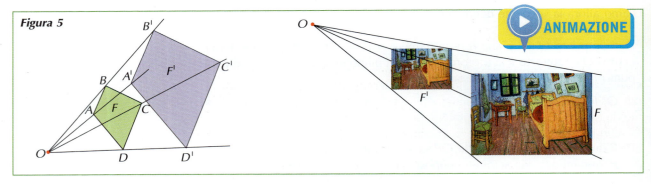

Figura 5

- ogni retta passante per il centro dell'omotetia è una retta unita (ma non una retta di punti uniti).

Si dimostra poi che, se due poligoni si corrispondono in una omotetia di rapporto $k$, allora:

- il rapporto fra i loro perimetri è $|k|$
- il rapporto fra le loro aree è $k^2$.

## ESEMPI

**1.** Dato un segmento $AB$ ed un punto $O$ troviamo il segmento $A'B'$ omotetico di $AB$ rispetto al centro $O$ e di rapporto $k = 2$.

Disegnato il segmento $AB$ ed il punto $O$, tracciamo le semirette $OA$ e $OB$ (**figura 6**). Poiché un segmento è univocamente individuato dai suoi estremi, è sufficiente trovare i punti $A'$ e $B'$ corrispondenti di $A$ e di $B$ nell'omotetia. Per fare ciò scegliamo:

Figura 6

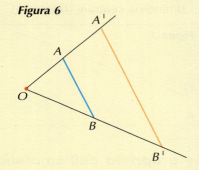

- sulla semiretta $OA$ un punto $A'$ tale che $\dfrac{OA'}{OA} = 2$

- sulla semiretta $OB$ un punto $B'$ tale che $\dfrac{OB'}{OB} = 2$.

Il segmento $A'B'$ così ottenuto corrisponde ad $AB$ nell'omotetia $\omega_{O,2}$.

**2.** Dato un triangolo $ABC$ costruiamo $\widehat{A'B'C'} = \omega_{O,-\frac{1}{2}}(\widehat{ABC})$.

Poiché un poligono è completamente individuato dai suoi vertici, sarà sufficiente trovare i punti corrispondenti di $A$, $B$, $C$. Osserviamo inoltre che il rapporto di omotetia è negativo, quindi i punti omotetici dei vertici del triangolo si trovano sulle semirette opposte ad $OA$, $OB$, $OC$. Tracciamo dunque le rette $OA$, $OB$, $OC$ e su queste, da parte opposta rispetto ad $O$, scegliamo i punti $A'$, $B'$, $C'$ tali che

Figura 7

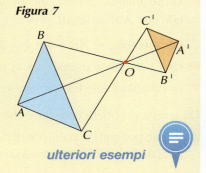

$$OA' = \frac{1}{2}OA, \qquad OB' = \frac{1}{2}OB, \qquad OC' = \frac{1}{2}OC \qquad \text{(figura 7)}.$$

Il triangolo $A'B'C'$ così ottenuto è quello cercato.

*ulteriori esempi*

ESERCIZI E PROBLEMI     pag. 344

144  Cap. 7: *Omotetie e similitudini*

## 2 LA SIMILITUDINE

Consideriamo un punto O nel piano, disegniamo una figura F e troviamo la sua corrispondente F' nell'omotetia di centro O e rapporto k (**figura 8a**); troviamo poi la corrispondente di F' in una qualunque isometria, per esempio nella simmetria di asse r e chiamiamo F'' la figura trasformata.
Osserviamo adesso che, essendoci corrispondenza biunivoca fra i punti di F e quelli di F' e corrispondenza biunivoca fra i punti di F' e quelli di F'' si può far corrispondere ad ogni punto di F uno ed un solo punto di F''; per esempio, poiché A' corrisponde ad A e A'' corrisponde ad A', possiamo far corrispondere A'' ad A.

$$A \longrightarrow A' \longrightarrow A''$$

Fra i punti di F e quelli di F'' viene così a stabilirsi una corrispondenza biunivoca. La stessa cosa accade se F' corrisponde a F in una isometria e F'' corrisponde a F' in una omotetia (**figura 8b**).

**DEFINIZIONE DI SIMILITUDINE**

Si chiama **similitudine** la trasformazione geometrica che si ottiene dal prodotto di una omotetia con una isometria, in qualunque ordine queste trasformazioni vengano applicate.
Per indicare che due figure G e G' sono simili si scrive G ~ G'.

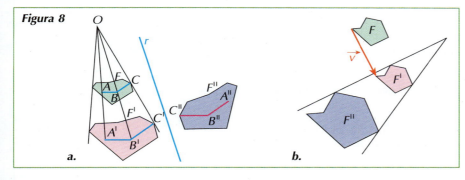

Figura 8

Per scoprire le proprietà di questa nuova trasformazione, riprendiamo i discorsi precedenti e osserviamo che l'isometria che trasforma F' in F'' conserva la congruenza fra segmenti corrispondenti, quindi le relazioni che sussistono fra F' e F, sussistono anche fra F'' e F; per esempio:

visto che $\dfrac{A'B'}{AB} = |k|$   e   $A'B' \cong A''B''$   anche   $\dfrac{A''B''}{AB} = |k|$

visto che $\widehat{ABC} \cong \widehat{A'B'C'}$   e   $\widehat{A'B'C'} \cong \widehat{A''B''C''}$   anche   $\widehat{ABC} \cong \widehat{A''B''C''}$

cioè il rapporto fra segmenti corrispondenti si mantiene costante e gli angoli che si corrispondono sono congruenti.
Inoltre, per la similitudine valgono tutte quelle proprietà che valgono contemporaneamente per un'omotetia e per una isometria.
In definitiva possiamo quindi enunciare le seguenti proprietà.

**LE PROPRIETÀ**

In una similitudine:

- il rapporto fra segmenti corrispondenti è costante ed è uguale al valore

Cap. 7: *Omotetie e similitudini*

> assoluto del rapporto di omotetia; esso prende il nome di **rapporto di similitudine** e lo indicheremo con *k*
> - angoli che si corrispondono sono congruenti
> - la figura simile a una retta è una retta
> - se due rette sono parallele anche le loro corrispondenti lo sono e se due rette sono incidenti anche le loro corrispondenti sono incidenti allo stesso modo.

È poi evidente che:

- due figure omotetiche sono anche simili (l'isometria in questo caso coincide con l'identità)
- due figure congruenti sono anche simili (l'omotetia ha rapporto $k = 1$).

## Poligoni con la stessa forma

In geometria i poligoni rivestono particolare importanza perché sono le figure più semplici da studiare e perché ad essi ci si può ricondurre in molte situazioni; nel seguito della nostra trattazione ci occuperemo quindi prevalentemente della similitudine dei poligoni e delle relazioni che da tali similitudini si possono dedurre. Cominciamo allora a chiederci: dati due poligoni, come facciamo a sapere se sono simili? Facciamo qualche prova.

Costruiamo due poligoni che hanno i lati proporzionali; possiamo concludere che sono simili? Se riflettiamo sul fatto che un poligono non è una struttura rigida e che può cambiare la sua forma pur mantenendo le lunghezze dei lati, dobbiamo concludere che

**avere i lati proporzionali non è sufficiente per poter concludere che due poligoni sono simili.**

Costruiamo due poligoni che hanno gli angoli a due a due congruenti; possiamo dire che sono simili? Basta osservare la *figura 9* per rendersene conto: i due esagoni hanno tutti gli angoli di ampiezza 120° ma non sono certo simili. Dunque:

**avere gli angoli ordinatamente congruenti non è sufficiente per poter concludere che due poligoni sono simili.**

Ma se le due cose accadono contemporaneamente, allora possiamo essere sicuri che i due poligoni sono simili. In altre parole:

> se due poligoni hanno i lati proporzionali e gli angoli ordinatamente congruenti, allora sono simili.

Verificare la congruenza fra tutti gli angoli e la proprozionalità fra tutti i lati di due poligoni è però laborioso e, come nel caso della congruenza, ci si può chiedere se sia possibile effettuare un numero minore di confronti; nel prossimo paragrafo daremo una risposta a questa domanda.

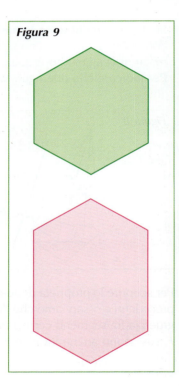

*Figura 9*

# 3 I CRITERI DI SIMILITUDINE

## 3.1 I criteri di similitudine dei triangoli

I triangoli, a differenza dei poligoni sono figure rigide, indeformabili, quindi il fatto di avere i lati proporzionali oppure gli angoli a due a due congruenti potrebbe essere sufficiente per concludere che sono simili.

Queste intuizioni sono avvalorate dai seguenti teoremi che rappresentano i **criteri di similitudine dei triangoli**.

> **Teorema (I criterio di similitudine).** Due triangoli sono simili se hanno due angoli ordinatamente congruenti.

**Hp.** $\hat{A} \cong \hat{A}'$        **Th.** $\widehat{ABC} \sim \widehat{A'B'C'}$     (*figura 10*)
$\hat{B} \cong \hat{B}'$

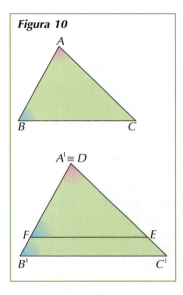

Figura 10

**Dimostrazione.**

Se i due triangoli avessero anche una coppia di lati congruenti, ad esempio se fosse $AB \cong A'B'$ (oppure $BC \cong B'C'$), essi sarebbero congruenti per il secondo criterio di congruenza dei triangoli (o per il quarto) e perciò anche simili.

Se ciò non accade, poiché $\hat{A} \cong \hat{A}'$, con un'isometria è possibile trasformare il triangolo $ABC$ nel triangolo $DFE$ ad esso congruente in modo che il vertice $D$ si sovrapponga ad $A'$, il lato $DE$ sia sulla semiretta $A'C'$ ed il lato $DF$ sulla semiretta $A'B'$.

Allora, poiché $\hat{B}' \cong \hat{B}$ per ipotesi, $\hat{B} \cong \hat{F}$ per costruzione, anche $\hat{B}' \cong \hat{F}$; la retta $FE$ è quindi parallela alla retta $B'C'$.

Questo significa che i triangoli $A'B'C'$ e $DFE$ si corrispondono in un'omotetia di centro $A'$.

Allora il triangolo $A'B'C'$ è il risultato della composizione di un'isometria e di un'omotetia, dunque $\widehat{ABC} \sim \widehat{A'B'C'}$. ◂

> **Teorema (II criterio di similitudine).** Due triangoli sono simili se hanno due lati ordinatamente proporzionali e gli angoli fra essi compresi congruenti.

**Hp.** $AB : A'B' = AC : A'C'$      **Th.** $\widehat{ABC} \sim \widehat{A'B'C'}$
$\hat{A} \cong \hat{A}'$

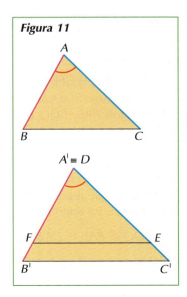

Figura 11

**Dimostrazione.**

Se il rapporto $\dfrac{AB}{A'B'}$ fosse uguale a 1, i due triangoli sarebbero congruenti per il primo criterio e perciò anche simili.

In caso contrario, essendo $\hat{A} \cong \hat{A}'$, è possibile, come nella dimostrazione del teorema precedente, trasformare con un'isometria il triangolo $ABC$ nel triangolo $DFE$ in cui $D \equiv A'$ (*figura 11*).

Cap. 7: *Omotetie e similitudini*

Dalla relazione $AB : A'B' = AC : A'C'$ dell'ipotesi, essendo $DF \cong AB$ e $DE \cong AC$, possiamo scrivere la proporzione $DF : A'B' = DE : A'C'$.
Le rette $FE$ e $B'C'$ sono quindi parallele per l'inverso del teorema di Talete e perciò i triangoli $A'B'C'$ e $DFE$ sono omotetici. I triangoli $ABC$ ed $A'B'C'$ sono allora simili perché si corrispondono nel prodotto di una omotetia con una isometria. ◂

**Teorema (III criterio di similitudine).** Due triangoli sono simili se hanno i tre lati ordinatamente proporzionali.

**Hp.** $\dfrac{A'B'}{AB} = \dfrac{A'C'}{AC} = \dfrac{B'C'}{BC} = k$    **Th.** $\widehat{ABC} \sim \widehat{A'B'C'}$

**Figura 12**

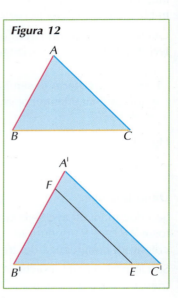

**Dimostrazione.**

Consideriamo l'omotetia di rapporto $k > 0$ con centro in un vertice del triangolo $A'B'C'$, ad esempio $B'$, e indichiamo con $F$ ed $E$ i punti a cui corrispondono $A'$ e $C'$ in tale omotetia (**figura 12**). Il triangolo $B'FE$ così ottenuto è tale che

$$\dfrac{A'B'}{FB'} = \dfrac{A'C'}{FE} = \dfrac{B'C'}{B'E} = k$$

Se confrontiamo questi rapporti con quelli dell'ipotesi, deduciamo che $AB \cong FB'$, $AC \cong FE$, $BC \cong B'E$; dunque i triangoli $ABC$ ed $FB'E$ sono congruenti per il terzo criterio di congruenza dei triangoli ed esiste perciò un'isometria nella quale si corrispondono. Allora i triangoli $ABC$ ed $A'B'C'$ si corrispondono in una similitudine. ◂

Dai teoremi dimostrati si deducono immediatamente le seguenti proposizioni:

- tutti i triangoli equilateri sono simili tra loro;
- due triangoli isosceli che hanno un angolo alla base oppure l'angolo al vertice ordinatamente congruenti sono simili;
- due triangoli rettangoli che hanno una coppia di angoli acuti ordinatamente congruenti sono simili.

# Esempi

1. Prolunghiamo il lato $AD$ di un parallelogramma $ABCD$, dalla parte di $D$; prendiamo su tale prolungamento un punto $P$ e tracciamo il segmento $PB$ che incontra in $Q$ il lato $CD$. Dimostriamo che sono simili i triangoli $PAB$, $PDQ$ e $QCB$.

   **Hp.** $DC \parallel AB \wedge AD \parallel BC$    **Th.** $\widehat{PAB} \sim \widehat{PDQ} \sim \widehat{QCB}$    (**figura 13**)

   **Figura 13**

   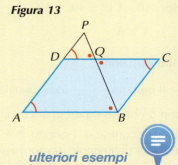

   Osserviamo che, poiché i lati opposti di un parallelogramma sono paralleli e gli angoli opposti sono congruenti, sussistono le seguenti congruenze fra angoli:

   $\widehat{PDQ} \cong \widehat{PAB} \cong \widehat{DCB}$    $\widehat{PQD} \cong \widehat{PBA} \cong \widehat{BQC}$

   I tre triangoli sono quindi simili per il primo criterio.

   *ulteriori esempi*

## 3.2 Le proprietà dei triangoli simili

Se due triangoli si corrispondono in una similitudine, non solo i lati sono proporzionali, ma lo sono anche tutte le coppie di segmenti che si corrispondono; se allora tracciamo le altezze, le mediane o le bisettrici, oppure valutiamo i perimetri, anche fra questi elementi esiste proporzionalità. In particolare, con riferimento alla **figura 14**, possiamo enunciare le seguenti proprietà.

Se due triangoli sono simili con rapporto di similitudine uguale a $k$:

**PROPRIETÀ DEI TRIANGOLI SIMILI**

- le altezze, le mediane e le bisettrici che si corrispondono sono proporzionali ad una coppia di lati omologhi, cioè il loro rapporto è uguale al rapporto di similitudine.

In simboli: $\left.\begin{array}{l} AB : A'B' = CH : C'H' \\ AB : A'B' = CM : C'M' \\ AB : A'B' = CF : C'F' \end{array}\right\}$ $\quad \dfrac{CH}{C'H'} = \dfrac{CM}{C'M'} = \dfrac{CF}{C'F'} = k$

**Figura 14**

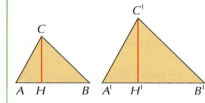  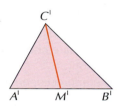  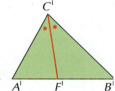

- i perimetri sono proporzionali ad una coppia di lati omologhi, cioè il loro rapporto è uguale al rapporto di similitudine

$$\frac{2p}{2p'} = k$$

- le aree sono proporzionali al quadrato di una coppia di lati omologhi, cioè il loro rapporto è uguale al quadrato del rapporto di similitudine

$$\frac{S}{S'} = k^2$$

Consideriamo adesso un triangolo rettangolo e tracciamo l'altezza relativa all'ipotenusa (**figura 15**).

**Figura 15**

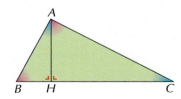

Osserviamo che gli angoli $\widehat{ABH}$ e $\widehat{HAC}$ sono congruenti perché entrambi complementari dell'angolo $\widehat{BAH}$; i triangoli $ABH$ e $AHC$ sono quindi simili al triangolo $ABC$ per il primo criterio di similitudine e si possono scrivere le seguenti proporzioni:

- confrontando i triangoli $ABC$ e $ABH$: $\quad BC : AB = AB : BH$
- confrontando i triangoli $ABC$ e $ACH$: $\quad BC : AC = AC : CH$
- confrontando i triangoli $ABH$ e $ACH$: $\quad BH : AH = AH : HC$

Le prime due relazioni ci dicono che:

in ogni triangolo rettangolo ciascun cateto è medio proporzionale fra l'ipotenusa e la proiezione del cateto stesso sull'ipotenusa

**CORRISPONDENZA CON I TEOREMI DI EUCLIDE**

La terza relazione ci dice che:

> in ogni triangolo rettangolo l'altezza relativa all'ipotenusa è media proporzionale fra le proiezioni dei cateti sull'ipotenusa.

Ripensando alle equivalenze fra figure geometriche, possiamo ritenere che queste due ultime proprietà siano equivalenti ai teoremi di Euclide.
Infatti:

- la prima ci dice che il quadrato costruito su ciascun cateto è equivalente al rettangolo che ha per lati l'ipotenusa e la proiezione del cateto stesso sull'ipotenusa (primo teorema di Euclide);

- la seconda ci dice che il quadrato costruito sull'altezza relativa all'ipotenusa è equivalente al rettangolo che ha per lati le due proiezioni dei cateti sull'ipotenusa (secondo teorema di Euclide).

## ATTENZIONE AGLI ERRORI

Spesso si fa confusione nello stabilire l'esatto ordine in cui scrivere i termini di una proporzione relativa ai lati di due poligoni simili. Occorre perciò ricordare che si corrispondono in una similitudine i lati che sono opposti agli angoli congruenti dei due poligoni.
Per scrivere le proporzioni dei due teoremi precedenti abbiamo tenuto conto del fatto che nei triangoli $ABC$ ed $ABH$ di **figura 15** a pagina precedente:

- il lato $BC$ del triangolo $ABC$ è l'omologo del lato $AB$ del triangolo $ABH$ perché entrambi opposti all'angolo retto;

- il lato $AB$ del triangolo $ABC$ è l'omologo del lato $BH$ del triangolo $ABH$ perché questi segmenti sono opposti ai due angoli congruenti $\widehat{ACB}$ e $\widehat{BAH}$.

### ■ 3.3 I criteri di similitudine dei poligoni

Anche per dimostrare la similitudine dei poligoni con più di tre lati ci vengono in aiuto alcuni criteri che ci limitiamo ad enunciare.

> **Teorema.** Due poligoni di uguale numero di lati sono simili se hanno i lati omologhi proporzionali e gli angoli ordinatamente congruenti, ad eccezione di:
> - tre angoli consecutivi, oppure
> - due angoli consecutivi ed il lato ad essi comune, oppure
> - due lati consecutivi e l'angolo fra essi compreso
>
> sui quali non si fanno ipotesi.

**I CRITERI E LE PROPRIETÀ**

Come nel caso della congruenza tra poligoni, la frase "ad eccezione di" non significa che gli angoli che non si prendono in considerazione non sono ordinatamente congruenti, o che i lati non sono proporzionali, semplicemente non è necessario verificare rispettivamente la congruenza o la proporzionalità.

Conseguenza immediata di questo teorema è che

- due poligoni regolari con lo stesso numero di lati sono simili.

I poligoni simili godono delle seguenti proprietà:

- il rapporto fra i perimetri di due poligoni simili è uguale a quello di due lati omologhi.
- Se da due vertici omologhi di due poligoni simili si tracciano le diagonali, i due poligoni rimangono divisi in triangoli simili (**figura 16**).
- In poligoni simili il rapporto fra le aree è uguale al quadrato del rapporto di similitudine.

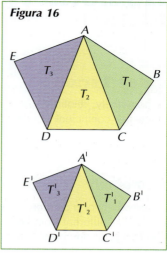

**Figura 16**

**ESERCIZI E PROBLEMI**     pag. 350

IL CAPITOLO SI COMPLETA CON:

Cap. 7: Omotetie e similitudini

# Homothety and similarity
## BASIC CONCEPTS

### Key Terms

homothety, dilation
centre, coefficient of homothety

similarity
ratio of similarity

## Homothety

A **homothety** or a **dilation** is a geometric transformation defined by a point O called the *centre of homothety* and a real number k, different from zero, known as its *coefficient*.
The image of any point P in the plane is the point P' which lies onto the line OP and satifies the condition

$$\frac{OP'}{OP} = k$$

If k is a positive number P' lies on the same side of P respect to O, if k is a negative number P' lies on the opposite side of P.
If P' is the image of P in an homothety with centre O and coefficient k we write

$$P' = \omega_{O,k}(P)$$

Particular cases are:
- $k = 1$   the homothety is the identity transformation
- $k = -1$   the homothety is a reflection in the point O.

We can also say that if $|k| > 1$ the image F' of a figure F is an expansion of F; if $|k| < 1$ the image is a contraction of F.

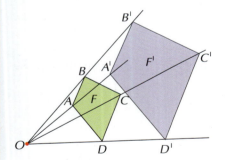 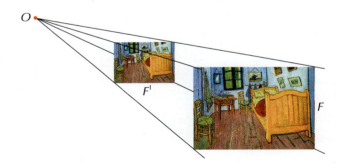

The main features of a homothety are the following:
- a line and its image are parallel
- a line segment and its image are parallel and the length of the image is k times the original length
- an angle and its image are congruent
- there is only one fixed point which is the point O
- every line through O is a fixed line although not pointwise.

Besides of these, if F and F' are two polygons and $F' = \omega_{O,k}(F)$, then:
- the ratio between their perimeters is k
- the ratio between their areas is $k^2$.

Cap. 7: Omotetie e similitudini

## Similarity

A **similarity transformation** is the composition of a homothety and an isometry, in whichever order they are applied.
Any two figures related by a similarity transformation are called *similar*.
To indicate that two figures $F$ and $F'$ are similar, we write $F \sim F'$.
Similar figures are figures that have the same shape, but not necessarily the same size.

In a similarity with ratio $k$:

- the image of a line segment $AB$ is a line segment $A'B'$ where the $A'B' \cong kAB$
- corresponding angles are congruent
- the image of a line is a line
- parallel lines map onto parallel lines.

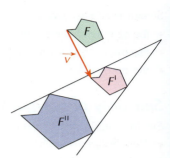

As a consequence, when two figures, and in particular two polygons, are similar, then corresponding angles are congruent and line segments are in proportion. The converse is also true:

- two polygons are similar if their corresponding sides are proportional and their corresponding angles are congruent.

## Similarity of triangles

As any polygon, two triangle are similar if they have proportional sides and corresponding congruent angles. As a matter of fact, to show that two triangles are similar, we do not need to know all these six measures; the following theorems state the conditions.

- **First criterion.** Two triangles are similar if two interior angles in one triangle are congruent to the corresponding angles in the other.
  It is also true that the third pair of angles are congruent; thus this is called the AAA (angle angle angle) criterion.
- **Second criterion.** Two triangles are similar if two sides in one triangle are in the same proportion to the corresponding sides in the other, and the included angles are congruent.
  This is called the SAS (side angle side) criterion.
- **Third criterion.** Two triangles are similar if all three sides in one triangle are in the same proportion to the corresponding sides in the other.
  This is called the SSS (side side side) criterion.

Thanks to these theorems we can say that:

- all equilateral triangles are similar
- two isosceles triangles that have either the base angles or the vertex angle orderly congruent are similar
- two right angled triangles that have a couple of acute orderly congruent angles are similar
- if a line is parallel to one side of a triangle and intersects the other two sides of the triangle, the line divides these two sides proportionally.

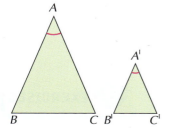
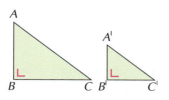
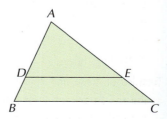

Cap. 7: *Omotetie e similitudini*

Similar triangles have a few properties:
- the altitude, the medians and the bisectors of the interior angles are proportional to a couple of corresponding sides
- the perimeters are proportional to a couple of corresponding sides
- the areas are proportional to the square of a couple of corresponding sides.

## Similarity of polygons

Similar criteria can be set out to verify similarity between two polygons.
- Two polygons with the same number of sides are similar if they have proportional sides and congruent corresponding angles except:
  - three consecutive angles, or
  - two consecutive angles and the common side, or
  - two consecutive sides and the interior angle between them
  
  on which we do not make any assumption.

This means that, to verify that two polygons are similar, we have to check all the sides and all the angles except the elements specified in the theorem.
As a consequence, we can state that two regular polygons with the same number of sides are similar.

# CAPITOLO 8

# Le frazioni algebriche, equazioni e disequazioni

## OBIETTIVI

- saper semplificare frazioni algebriche
- saper operare con le frazioni algebriche
- saper risolvere equazioni, disequazioni e sistemi frazionari

## 1 LE FRAZIONI ALGEBRICHE E LA SEMPLIFICAZIONE

### 1.1 Frazioni algebriche e dominio

Una **frazione algebrica** è un'espressione letterale data dal rapporto $\dfrac{A}{B}$ tra due polinomi $A$ e $B$, il secondo dei quali non deve essere il polinomio nullo.

Per esempio: $\quad \dfrac{2x-5}{x-1} \qquad \dfrac{4a^2}{5b} \qquad \dfrac{3y}{y+3}$

Una frazione algebrica assume valori numerici diversi al variare dei valori assunti dalle lettere che in essa compaiono, è cioè **funzione** delle sue lettere.
Come ogni frazione, anche una frazione algebrica perde significato quando il denominatore è uguale a zero; essa è quindi definita per qualsiasi valore delle lettere eccettuati quelli che rendono nullo il denominatore.
Le condizioni che esprimono il non annullamento del denominatore si dicono **condizioni di esistenza** della frazione (abbreviato c.d.e.); l'insieme che ne risulta costituisce il **dominio** della frazione stessa.
Relativamente alle precedenti frazioni:

- $\dfrac{2x-5}{x-1}\quad$ ha come c.d.e. $\;x-1 \neq 0$, che è verificata se $\;x \neq 1$

  il *dominio* della variabile $x$ è l'insieme dei numeri reali escluso il numero 1; diciamo sinteticamente che la frazione è definita $\forall x \neq 1$

- $\dfrac{4a^2}{5b}\quad$ ha come c.d.e. $\;5b \neq 0$, che è verificata se $\;b \neq 0$

  il *dominio* della variabile $a$ è l'insieme dei numeri reali, quello della variabile $b$ è l'insieme dei numeri reali escluso lo zero; diciamo che la frazione è definita $\forall a \in R$ e $\forall b \neq 0$

- $\dfrac{3y}{y+3}\quad$ ha come c.d.e. $\;y+3 \neq 0$, che è verificata se $\;y \neq -3$

  il *dominio* è l'insieme dei numeri reali escluso il numero $-3$, diciamo che la frazione è definita $\forall y \neq -3$.

Cap. 8: *Le frazioni algebriche, equazioni e disequazioni*

Sappiamo che due frazioni numeriche sono equivalenti se rappresentano lo stesso numero razionale.

Una definizione analoga vale anche per le frazioni algebriche.

> Due frazioni algebriche, funzioni delle stesse variabili, sono **equivalenti** se assumono lo stesso valore numerico in corrispondenza di ogni valore che sia possibile attribuire alle variabili, nell'ambito del loro dominio.

Appare tuttavia evidente che non è possibile applicare la definizione per scoprire se, nell'ambito del loro dominio, sono per esempio equivalenti le frazioni

$$\frac{x}{2x-3} \quad \text{e} \quad \frac{x^2+x}{2x^2-x-3}$$

Ricordiamo però che, per stabilire se due frazioni numeriche sono equivalenti si può poi ricorrere a quello che avevamo chiamato "prodotto incrociato":

$$\frac{5}{6} \text{ è equivalente a } \frac{10}{12} \text{ perché } 5 \cdot 12 = 6 \cdot 10.$$

Un criterio analogo vale anche per le frazioni algebriche.

> Due frazioni algebriche $\frac{A}{B}$ e $\frac{C}{D}$ sono equivalenti nell'ambito del loro dominio se $AD = BC$.

Per verificare se sono equivalenti le due precedenti frazioni, dobbiamo quindi controllare se:

$$x(2x^2 - x - 3) = (x^2 + x)(2x - 3)$$

Eseguendo i prodotti ai due membri troviamo come risultato $2x^3 - x^2 - 3x$ in entrambi i casi e possiamo concludere che le due frazioni sono equivalenti.

## 1.2 La semplificazione

Frazioni numeriche come $\frac{3}{4}$ non si possono semplificare perché 3 e 4 non hanno divisori comuni oltre all'unità; frazioni come $\frac{8}{12}$ si possono invece semplificare applicando la proprietà invariantiva: $\frac{8}{12} = \frac{8:4}{12:4} = \frac{2}{3}$.

Una frazione algebrica $\frac{A}{B}$ si può semplificare se $A$ e $B$ hanno dei divisori comuni oltre all'unità, e questo accade se il *M.C.D.* tra $A$ e $B$ non è uguale a 1; in caso contrario la frazione è già ridotta ai minimi termini e si dice che è **irriducibile**.

Per esempio:

■ la frazione $\frac{3ab}{b^2x}$ si può semplificare perché sia il numeratore che il denominatore sono divisibili per $b$: $\frac{3ab:b}{b^2x:b} = \frac{3a}{bx}$

■ la frazione $\frac{2x-1}{x+1}$ è irriducibile perché il numeratore e il denominatore non hanno divisori comuni e il loro *M.C.D.* è 1

> Ricordiamo la **proprietà invariantiva** della divisione: il quoziente di due numeri non cambia se entrambi vengono moltiplicati o divisi per uno stesso numero non nullo.

Per semplificare una frazione algebrica non irriducibile si procede come per le frazioni numeriche dividendo numeratore e denominatore per uno stesso divisore comune, con la condizione che sia diverso da 0; la procedura è la seguente:

**LA PROCEDURA DI SEMPLIFICAZIONE**

- si scompongono il polinomio al numeratore e quello al denominatore
- si individuano i fattori comuni
- si dividono numeratore e denominatore per tali fattori comuni (non nulli).

## ESEMPI

1. $\dfrac{3a^2bx}{6aby}$  c.d.e.: $a \neq 0 \wedge b \neq 0 \wedge y \neq 0$

   Il numeratore e il denominatore sono monomi e si vede subito che il loro $M.C.D.$ è $3ab$.
   Per eseguire la semplificazione applichiamo la proprietà invariantiva:

   $$\dfrac{3a^2bx : (3ab)}{6aby : (3ab)} = \dfrac{ax}{2y}$$

   Nella pratica si procede in modo più rapido mettendo dei tratti di semplificazione sui fattori uguali:

   $$\dfrac{\cancel{3}a^2\cancel{b}x}{\underset{2}{\cancel{6}}\cancel{a}\cancel{b}y} = \dfrac{ax}{2y}$$

2. $\dfrac{4x^2 - 1}{2x^2 + x}$

   Scomponiamo i termini della frazione: $\dfrac{(2x - 1)(2x + 1)}{x(2x + 1)}$   c.d.e.: $x \neq 0 \wedge x \neq -\dfrac{1}{2}$

   Dividiamo numeratore e denominatore per il fattore comune $(2x + 1)$:

   $$\dfrac{(2x - 1)\cancel{(2x + 1)}}{x\cancel{(2x + 1)}} = \dfrac{2x - 1}{x}$$

3. $\dfrac{2b^3 - 2b}{b^3 - 2b^2 - 3b}$

   Scomponiamo numeratore e denominatore:
   $2b^3 - 2b = 2b(b^2 - 1) = 2b(b - 1)(b + 1)$
   $b^3 - 2b^2 - 3b = b(b^2 - 2b - 3) = b(b + 1)(b - 3)$   c.d.e.: $b \neq 0 \wedge b \neq -1 \wedge b \neq 3$

   Quindi: $\dfrac{2b^3 - 2b}{b^3 - 2b^2 - 3b} = \dfrac{2\cancel{b}(b - 1)\cancel{(b + 1)}}{\cancel{b}\cancel{(b + 1)}(b - 3)} = \dfrac{2(b - 1)}{b - 3}$

*ulteriori esempi*

## ATTENZIONE AGLI ERRORI

■ $\dfrac{x^2 + y^2}{x^2}$

è irriducibile; **non si può** semplificare in questo modo: $\dfrac{\cancel{x^2} + y^2}{\cancel{x^2}} = y^2$

**Cap. 8:** *Le frazioni algebriche, equazioni e disequazioni*   **157**

- $\dfrac{2+x}{2-a}$ è irriducibile; **non si può** semplificare in questo modo: $\dfrac{\cancel{2}+x}{\cancel{2}-a} = -\dfrac{x}{a}$

- $\dfrac{a(a-1)+a}{a(a-1)}$ non è uguale a $\dfrac{a\cancel{(a-1)}+a}{a\cancel{(a-1)}} = a$

  ma è uguale a $\dfrac{a^2-a+a}{a(a-1)} = \dfrac{\cancel{a^2}}{\cancel{a}(a-1)} = \dfrac{a}{a-1}$

In sostanza: **in una frazione algebrica si semplificano i fattori, non si semplificano gli addendi**.

ESERCIZI E PROBLEMI   pag. 361

## 2 LE OPERAZIONI CON LE FRAZIONI ALGEBRICHE

### 2.1 Addizione e sottrazione

Come per le frazioni numeriche, la somma o la differenza di frazioni algebriche **che hanno lo stesso denominatore** si calcola sommando o sottraendo i rispettivi numeratori.

Con le frazioni numeriche: $\dfrac{1}{3} + \dfrac{5}{3} - \dfrac{8}{3} = \dfrac{1+5-8}{3} = -\dfrac{2}{3}$

Con le frazioni algebriche: $\dfrac{2a}{a+2} - \dfrac{3a-1}{a+2} + \dfrac{4-a}{a+2} = \dfrac{2a-(3a-1)+(4-a)}{a+2} = \dfrac{2a-3a+1+4-a}{a+2} = \dfrac{5-2a}{a+2}$

Se le frazioni non hanno lo stesso denominatore, occorre prima determinare un denominatore comune, di solito il *m.c.m.* fra i denominatori, e poi eseguire la somma o la differenza come nel caso precedente.

| Con le frazioni numeriche | Con le frazioni algebriche |
|---|---|
| $\dfrac{1}{4} + \dfrac{5}{6}$ | $\dfrac{x+1}{x} + \dfrac{2x}{x-1}$   c.d.e.: $x \neq 0 \land x \neq 1$ |
| $m.c.m.(4, 6) = 12$ | $m.c.m.(x, (x-1)) = x(x-1)$ |
| $\dfrac{3 \cdot 1 + 2 \cdot 5}{12}$ | $\dfrac{(x-1)(x+1) + x \cdot 2x}{x(x-1)}$ |
| $\dfrac{3+10}{12} = \dfrac{13}{12}$ | $\dfrac{x^2-1+2x^2}{x(x-1)} = \dfrac{3x^2-1}{x(x-1)}$ |

La procedura per sommare o sottrarre due frazioni algebriche può essere sintetizzata nei seguenti passaggi:

**Cap. 8:** *Le frazioni algebriche, equazioni e disequazioni*

- si scompongono i denominatori di ciascuna frazione e si pongono le condizioni di esistenza
- se qualche frazione può essere semplificata si esegue dapprima la semplificazione
- si determina il denominatore comune, cioè il *m.c.m.* tra i denominatori
- si esegue la somma o la sottrazione:
   - il denominatore comune va diviso per il denominatore di ciascuna frazione
   - il risultato va moltiplicato per il numeratore della frazione
- si riducono i termini simili al numeratore
- si semplifica la frazione ottenuta se necessario.

# ESEMPI

1. $\dfrac{2x+3}{x-1} + \dfrac{x+2}{x+1}$

   c.d.e.: $x \neq 1 \wedge x \neq -1$

   Entrambi i denominatori sono irriducibili ed il loro *M.C.D.* è $(x-1)(x+1)$
   Eseguiamo la somma:

   $$\dfrac{(x+1)(2x+3)+(x-1)(x+2)}{(x-1)(x+1)} = \dfrac{2x^2+2x+3x+3+x^2-x+2x-2}{(x-1)(x+1)} = \dfrac{3x^2+6x+1}{(x-1)(x+1)}$$

   La frazione ottenuta è irriducibile.

2. $\dfrac{a}{a-2b} - \dfrac{a^2+b^2}{a^2-4b^2} - \dfrac{b}{a+2b}$

   Scomponiamo il denominatore della seconda frazione: $\dfrac{a}{a-2b} - \dfrac{a^2+b^2}{(a-2b)(a+2b)} - \dfrac{b}{a+2b}$

   c.d.e.: $a-2b \neq 0 \wedge a+2b \neq 0$ cioè $a \neq 2b \wedge a \neq -2b$

   Il *m.c.m.* tra i denominatori è: $(a-2b)(a+2b)$
   Eseguiamo le operazioni indicate:

   $$\dfrac{a(a+2b)-(a^2+b^2)-b(a-2b)}{(a-2b)(a+2b)} = \dfrac{a^2+2ab-a^2-b^2-ab+2b^2}{(a-2b)(a+2b)} = \dfrac{b^2+ab}{(a-2b)(a+2b)} = \dfrac{b(b+a)}{(a-2b)(a+2b)}$$

   La frazione ottenuta è irriducibile.

3. $\dfrac{y}{4y-2} - \dfrac{y-3}{y} + \dfrac{3}{2y^2-y} - \dfrac{1+y}{1-2y}$

   Scomponiamo i denominatori: $\dfrac{y}{2(2y-1)} - \dfrac{y-3}{y} + \dfrac{3}{y(2y-1)} - \dfrac{1+y}{1-2y}$

   Osserviamo che l'ultimo denominatore differisce da $2y-1$ solo per il segno, coè $1-2y = -(2y-1)$
   Prima di procedere all'individuazione del denominatore comune, conviene allora riscrivere l'espressione trasportando il segno "meno" evidenziato davanti alla linea di frazione

   $\dfrac{y}{2(2y-1)} - \dfrac{y-3}{y} + \dfrac{3}{y(2y-1)} + \dfrac{1+y}{2y-1}$

**Cap. 8:** *Le frazioni algebriche, equazioni e disequazioni*

Possiamo adesso procedere nel calcolo:

c.d.e.: $y \neq 0 \wedge 2y - 1 \neq 0$ cioè $y \neq 0 \wedge y \neq \frac{1}{2}$

Il *m.c.m.* tra i denominatori è: $2y(2y-1)$

Eseguiamo le operazioni indicate: $\dfrac{y \cdot y - 2(2y-1)(y-3) + 3 \cdot 2 + 2y(1+y)}{2y(2y-1)} = \dfrac{16y - y^2}{2y(2y-1)}$

Semplifichiamo la frazione: $\dfrac{16y - y^2}{2y(2y-1)} = \dfrac{y(16-y)}{2y(2y-1)} = \dfrac{16-y}{2(2y-1)}$

*ulteriori esempi*

**ESERCIZI E PROBLEMI** pag. 363

## 2.2 Moltiplicazione e divisione

Anche per eseguire queste operazioni con le frazioni algebriche ci rifacciamo alle analoghe operazioni con le frazioni numeriche:

| | Con le frazioni numeriche | Con le frazioni algebriche |
|---|---|---|
| **Moltiplicazione** | $\dfrac{3}{4} \cdot \dfrac{8}{5} = \dfrac{6}{5}$ | $\dfrac{x-1}{x+1} \cdot \dfrac{2(x+1)}{x} = \dfrac{2(x-1)}{x}$ |
| **Potenza** | $\left(\dfrac{2}{3}\right)^2 = \dfrac{2^2}{3^2} = \dfrac{4}{9}$ | $\left(\dfrac{3x+1}{2ax}\right)^2 = \dfrac{(3x+1)^2}{4a^2x^2}$ |
| **Divisione** | $\dfrac{7}{8} : \dfrac{21}{2} = \dfrac{7}{8} \cdot \dfrac{2}{21} = \dfrac{1}{12}$ | $\dfrac{ab^2}{4a^2-b^2} : \dfrac{b^2}{2a+b} = \dfrac{ab^2}{(2a-b)(2a+b)} \cdot \dfrac{2a+b}{b^2} = \dfrac{a}{2a-b}$ |

Riassumendo, nell'ambito del dominio di ciascuna frazione:

- per eseguire il **prodotto** di due frazioni algebriche si scompongono i numeratori e i denominatori delle due frazioni, si eseguono le semplificazioni e si calcola infine il prodotto dei numeratori e dei denominatori rimasti
- per eseguire la **potenza** di una frazione algebrica si elevano a quella potenza il numeratore e il denominatore della frazione
- per eseguire il **quoziente** di due frazioni algebriche si moltiplica la prima per il reciproco della seconda.

*Volendo concentrare l'attenzione sulle procedure di calcolo, in questo e nei prossimi paragrafi non indicheremo più le condizioni di esistenza di ciascuna frazione lasciandole sottintese.*

## ESEMPI

1. $\dfrac{a^2 - 2a - 3}{a - 4} \cdot \dfrac{a^2 - 4a}{a^2 - 1}$

Scomponiamo i numeratori e i denominatori delle due frazioni: $\dfrac{(a+1)(a-3)}{a-4} \cdot \dfrac{a(a-4)}{(a-1)(a+1)}$

**160** Cap. 8: *Le frazioni algebriche, equazioni e disequazioni*

Procediamo alle semplificazioni: $\dfrac{(a+1)(a-3)}{a-4} \cdot \dfrac{a(a-4)}{(a-1)(a+1)}$

Eseguiamo il prodotto: $\dfrac{a(a-3)}{a-1} = \dfrac{a^2 - 3a}{a-1}$

2. $\left(\dfrac{x}{x-3}\right)^2 \cdot \dfrac{x^2 - 9}{x}$

Eseguiamo dapprima la potenza lasciando indicata la potenza del binomio al denominatore:

$$\dfrac{x^2}{(x-3)^2} \cdot \dfrac{x^2 - 9}{x}$$

Scomponiamo il numeratore della seconda frazione: $\dfrac{x^2}{(x-3)^2} \cdot \dfrac{(x-3)(x+3)}{x}$

Eseguiamo le semplificazioni: $\dfrac{x^2}{(x-3)^2} \cdot \dfrac{(x-3)(x+3)}{x}$

Eseguiamo il prodotto: $\dfrac{x(x+3)}{x-3} = \dfrac{x^2 + 3x}{x-3}$

3. $\dfrac{x^2 + 6x + 9}{x^2 - x} : \dfrac{x^2 + 4x + 3}{x^2 + x}$

Trasformiamo la divisione in un prodotto: $\dfrac{x^2 + 6x + 9}{x^2 - x} \cdot \dfrac{x^2 + x}{x^2 + 4x + 3}$

Scomponiamo: $\dfrac{(x+3)^2}{x(x-1)} \cdot \dfrac{x(x+1)}{(x+3)(x+1)}$

Eseguiamo le semplificazioni e poi moltiplichiamo: $\dfrac{(x+3)^2}{x(x-1)} \cdot \dfrac{x(x+1)}{(x+3)(x+1)} = \dfrac{x+3}{x-1}$

*ulteriori esempi*

**Esercizi e problemi**  pag. 367

## 2.3 Espressioni con le frazioni algebriche

La semplificazione di un'espressione algebrica deve tenere conto della consueta priorità delle operazioni; nell'ordine devono esere eseguite:

- le potenze
- le moltiplicazioni e le divisioni
- le addizioni e le sottrazioni

a partire dalle parentesi più interne.

**Cap. 8:** *Le frazioni algebriche, equazioni e disequazioni*

# ESEMPI

**1.** $\left(\dfrac{2x-y}{xy} - \dfrac{x+2y}{x^2+xy} + \dfrac{x}{xy+y^2}\right) : \dfrac{x-y}{x^2}$

La priorità è alle operazioni che si trovano all'interno delle parentesi tonde; scomponiamo dunque i denominatori per poter eseguire le somme indicate:

$$\left(\dfrac{2x-y}{xy} - \dfrac{x+2y}{x(x+y)} + \dfrac{x}{y(x+y)}\right) : \dfrac{x-y}{x^2} = \left(\dfrac{(x+y)(2x-y) - y(x+2y) + x^2}{xy(x+y)}\right) : \dfrac{x-y}{x^2} =$$

$$= \dfrac{2x^2 + 2xy - xy - y^2 - xy - 2y^2 + x^2}{xy(x+y)} : \dfrac{x-y}{x^2} = \dfrac{3x^2 - 3y^2}{xy(x+y)} : \dfrac{x-y}{x^2}$$

Trasformiamo la divisione in moltiplicazione e contemporaneamente scomponiamo:

$$\dfrac{3(x-y)(x+y)}{xy(x+y)} \cdot \dfrac{x^2}{x-y} = \dfrac{3x}{y}$$

**2.** $\left(\dfrac{-5a}{a^2 - 5a + 6} + \dfrac{1}{a^2 - a - 2}\right) : \dfrac{-5a^2 - 4a - 3}{a+1}$

Eseguiamo prima l'addizione all'interno della parentesi:

$$= \left[\dfrac{-5a}{(a-3)(a-2)} + \dfrac{1}{(a-2)(a+1)}\right] \cdot \dfrac{a+1}{-5a^2 - 4a - 3} = \dfrac{-5a(a+1) + (a-3)}{(a-3)(a-2)(a+1)} \cdot \dfrac{a+1}{-5a^2 - 4a - 3} =$$

$$= \dfrac{-5a^2 - 5a + a - 3}{(a-3)(a-2)(a+1)} \cdot \dfrac{a+1}{-5a^2 - 4a - 3} = \dfrac{-5a^2 - 4a - 3}{(a-3)(a-2)(a+1)} \cdot \dfrac{a+1}{-5a^2 - 4a - 3} = \dfrac{1}{(a-3)(a-2)}$$

**3.** $\left[\left(\dfrac{a}{a-b} - \dfrac{a-b}{a}\right) : \dfrac{b}{a} + \dfrac{2a}{a-b}\right]^2 \cdot \left(\dfrac{2a}{4a-b} + \dfrac{4a-b}{2a} - 2 - \dfrac{b^2 - 8a^2 + 6ab}{8a^2 - 2ab}\right) =$

$$= \left[\dfrac{a^2 - (a-b)^2}{a(a-b)} : \dfrac{b}{a} + \dfrac{2a}{a-b}\right]^2 \cdot \left[\dfrac{2a}{4a-b} + \dfrac{4a-b}{2a} - 2 - \dfrac{b^2 - 8a^2 + 6ab}{2a(4a-b)}\right] =$$

$$= \left[\dfrac{a^2 - a^2 + 2ab - b^2}{a(a-b)} \cdot \dfrac{a}{b} + \dfrac{2a}{a-b}\right]^2 \cdot \dfrac{4a^2 + (4a-b)^2 - 4a(4a-b) - b^2 + 8a^2 - 6ab}{2a(4a-b)} =$$

$$= \left[\dfrac{b(2a-b)}{a(a-b)} \cdot \dfrac{a}{b} + \dfrac{2a}{a-b}\right]^2 \cdot \dfrac{4a^2 + 16a^2 - 8ab + b^2 - 16a^2 + 4ab - b^2 + 8a^2 - 6ab}{2a(4a-b)} =$$

$$= \left[\dfrac{2a-b}{a-b} + \dfrac{2a}{a-b}\right]^2 \cdot \dfrac{12a^2 - 10ab}{2a(4a-b)} = \left(\dfrac{4a-b}{a-b}\right)^2 \cdot \dfrac{2a(6a-5b)}{2a(4a-b)} = \dfrac{(4a-b)^2}{(a-b)^2} \cdot \dfrac{6a-5b}{4a-b} = \dfrac{(4a-b)(6a-5b)}{(a-b)^2}$$

*ulteriori esempi*

**ESERCIZI E PROBLEMI**     pag. 372

**162**   Cap. 8: *Le frazioni algebriche, equazioni e disequazioni*

## 3 LE EQUAZIONI FRAZIONARIE

Nel capitolo sulle equazioni abbiamo imparato a risolvere equazioni lineari polinomiali nelle quali, cioè, l'incognita $x$ si trova solo al numeratore di eventuali frazioni; saper operare con le frazioni algebriche ci permette di risolvere equazioni nelle quali l'incognita si trova anche al denominatore.
In generale, le equazioni si possono classificare in base a dove si trova l'incognita.

> Diciamo che un'equazione è:
> - **intera** se l'incognita non compare al denominatore delle eventuali frazioni che la formano
> - **frazionaria** se l'incognita si trova in uno o più degli eventuali denominatori.

L'equazione $\dfrac{3x-2}{4} + x = \dfrac{x-1}{2}$ è intera

L'equazione $\dfrac{1-x}{x} + \dfrac{3}{x+1} = 1$ è frazionaria

In un'equazione intera il dominio è sempre $R$; in un'equazione frazionaria il dominio è $R$ con l'esclusione di tutti quei valori che annullano i denominatori.
Nella precedente equazione frazionaria il dominio è $R$ ad esclusione di 0 che annulla il primo denominatore e di $-1$ che annulla il secondo; scriviamo quindi che:

dovendo essere $x \neq 0 \wedge x \neq -1$ il dominio è l'insieme $D = R - \{0, -1\}$

Per **determinare il dominio di un'equazione frazionaria** si deve quindi:

■ scomporre i denominatori delle frazioni

■ porre le condizioni di esistenza di ciascuna frazione imponendo che ogni fattore al denominatore sia diverso da zero.

Per **risolvere un'equazione frazionaria** si applicano i principi di equivalenza e le regole che da essi derivano con l'obiettivo di trasformare l'equazione frazionaria in una intera equivalente.
Dopo averne determinato il dominio ed eseguito eventuali operazioni di moltiplicazione e divisione, conviene quindi:

- trovare il denominatore comune fra **tutti** i denominatori dell'equazione, sia nel primo che nel secondo membro
- moltiplicare entrambi i membri per tale denominatore comune applicando il secondo principio di equivalenza e tenendo presente che, nell'ambito del dominio, questi fattori non sono uguali a zero
- risolvere l'equazione intera ottenuta
- stabilire se le soluzioni di questa equazione appartengono al dominio; i valori dell'incognita che coincidono con uno di quelli scartati non sono accettabili.

> **Primo principio di equivalenza:** ai due membri di un'equazione si può aggiungere o togliere la stessa espressione.
>
> **Secondo principio di equivalenza:** i due membri di un'equazione si possono moltiplicare o dividere per uno stesso fattore non nullo.

**Cap. 8:** *Le frazioni algebriche, equazioni e disequazioni*

# ESEMPI

**1.** Risolviamo l'equazione  $\dfrac{2}{x-3} - \dfrac{1}{x} = \dfrac{5}{x^2 - 3x}$

Scomponiamo il denominatore della terza frazione e troviamo le condizioni di esistenza:

$$\dfrac{2}{x-3} - \dfrac{1}{x} = \dfrac{5}{x(x-3)} \qquad c.d.e: \quad x \neq 3 \wedge x \neq 0 \qquad D = \mathbb{R} - \{0, 3\}$$

Trasportiamo tutti i termini al primo membro e poi sommiamo le frazioni ottenute:

$$\dfrac{2}{x-3} - \dfrac{1}{x} - \dfrac{5}{x(x-3)} = 0 \quad \rightarrow \quad \dfrac{2x - (x-3) - 5}{x(x-3)} = 0$$

Moltiplichiamo entrambi i membri per il denominatore comune che, per le condizioni poste, non è uguale a zero:

$$\cancel{x(x-3)} \cdot \dfrac{2x - (x-3) - 5}{\cancel{x(x-3)}} = 0 \cdot x(x-3)$$

Otteniamo così un'equazione intera che sappiamo risolvere:

$$2x - x + 3 - 5 = 0 \quad \rightarrow \quad x - 2 = 0 \quad \rightarrow \quad x = 2$$

Poiché il valore trovato non coincide con alcuno dei valori esclusi dal dominio, la soluzione è accettabile e possiamo dire che l'insieme delle soluzioni è $S = \{2\}$.

**2.** Risolviamo l'equazione $\dfrac{2x - 28}{x^2 - 3x - 4} = 1 - \dfrac{x}{x-4}$

Scomponiamo il denominatore della prima frazione e poniamo le condizioni di esistenza:

$$\dfrac{2x - 28}{(x+1)(x-4)} = 1 - \dfrac{x}{x-4} \qquad c.d.e.: \quad x \neq -1 \wedge x \neq 4 \qquad D = \mathbb{R} - \{-1, 4\}$$

Il *m.c.m.* tra tutti i denominatori è $(x+1)(x-4)$; eseguiamo le somme:

$$\dfrac{2x - 28}{(x+1)(x-4)} = \dfrac{(x+1)(x-4) - x(x+1)}{(x+1)(x-4)}$$

Moltiplicando entrambi i membri per il denominatore comune otteniamo un'equazione intera:

$$\cancel{(x+1)(x-4)} \cdot \dfrac{2x - 28}{\cancel{(x+1)(x-4)}} = \dfrac{(x+1)(x-4) - x(x+1)}{\cancel{(x+1)(x-4)}} \cdot \cancel{(x+1)(x-4)}$$

$$2x - 28 = (x+1)(x-4) - x(x+1) \quad \rightarrow \quad 6x - 24 = 0 \quad \rightarrow \quad x = 4$$

Questa volta il valore trovato coincide con uno di quelli esclusi dal dominio e la soluzione non può essere accettata; di conseguenza, non essendoci altre soluzioni, $S = \varnothing$.

**3.** Risolviamo l'equazione $\left(\dfrac{1}{x+1} - \dfrac{1}{1-x}\right) : \left(4 - \dfrac{4}{1+x}\right) \cdot \dfrac{1-x}{2} + \dfrac{2x}{x-1} = \dfrac{x+1}{2x-2}$

Poniamo le condizioni di esistenza: $x \neq -1 \wedge x \neq 1 \qquad D = \mathbb{R} - \{-1, 1\}$

Eseguiamo prima di tutto le operazioni all'interno delle due parentesi tonde avendo l'accortezza di trasformare in $x - 1$ il denominatore della seconda frazione nella prima parentesi:

**164**  Cap. 8: *Le frazioni algebriche, equazioni e disequazioni*

$$\left(\frac{1}{x+1} + \frac{1}{x-1}\right) : \left(4 - \frac{4}{1+x}\right) \cdot \frac{1-x}{2} + \frac{2x}{x-1} = \frac{x+1}{2x-2}$$

$$\frac{x-1+x+1}{(x-1)(x+1)} : \frac{4x+4-4}{1+x} \cdot \frac{1-x}{2} + \frac{2x}{x-1} = \frac{x+1}{2(x-1)}$$

$$\frac{2x}{(x-1)(x+1)} \cdot \frac{1+x}{4x} \cdot \frac{-(x-1)}{2} + \frac{2x}{x-1} = \frac{x+1}{2(x-1)}$$

$$-\frac{1}{4} + \frac{2x}{x-1} = \frac{x+1}{2(x-1)}$$

Le condizioni di esistenza poste all'inizio sono sufficienti anche per questa equazione e non dobbiamo aggiungerne altre; il *m.c.m.* tra tutti i denominatori è $4(x-1)$:

$$\frac{-(x-1)+8x}{4(x-1)} = \frac{2(x+1)}{4(x-1)}$$

Moltiplichiamo entrambi i membri per il denominatore comune e risolviamo l'equazione intera ottenuta:

$$4(x-1) \cdot \frac{-(x-1)+8x}{4(x-1)} = \frac{2(x+1)}{4(x-1)} \cdot 4(x-1)$$

$-x + 1 + 8x = 2x + 2 \quad \rightarrow \quad 7x - 2x = 2 - 1 \quad \rightarrow \quad 5x = 1 \quad \rightarrow \quad x = \frac{1}{5}$

La soluzione trovata appartiene al dominio, dunque $S = \left\{\frac{1}{5}\right\}$

*ulteriori esempi*

ESERCIZI E PROBLEMI                                   pag. 374

 **4 I SISTEMI FRAZIONARI E LETTERALI**

### 4.1 I sistemi frazionari

Un sistema è frazionario se almeno una delle sue equazioni è frazionaria; per risolverlo si procede in questo modo:

**Passo 1** Si pongono le condizioni di esistenza delle equazioni imponendo ai denominatori di essere diversi da zero.

**Passo 2** Si riduce ciascuna equazione in forma intera e il sistema in forma normale.

**Passo 3** Si procede alla risoluzione del sistema intero equivalente con il metodo che si ritiene più opportuno.

**Passo 4** Si confrontano le soluzioni trovate con le condizioni di esistenza e si scartano quelle incompatibili.

**Cap. 8:** *Le frazioni algebriche, equazioni e disequazioni*   **165**

# ESEMPI

**1.** $\begin{cases} 5x - 2y = 1 \\ \dfrac{3}{x-1} + \dfrac{2}{y+1} = 0 \end{cases}$

① Affinché il sistema abbia significato deve essere: $x \neq 1 \wedge y \neq -1$

② Riduciamo il sistema in forma intera:

$\begin{cases} 5x - 2y = 1 \\ \dfrac{3(y+1) + 2(x-1)}{(x-1)(y+1)} = 0 \end{cases} \rightarrow \begin{cases} 5x - 2y = 1 \\ 2x + 3y = -1 \end{cases}$

③ Scegliamo come metodo di risoluzione quello di Cramer:

$\Delta = \begin{vmatrix} 5 & -2 \\ 2 & 3 \end{vmatrix} = 19 \qquad \Delta x = \begin{vmatrix} 1 & -2 \\ -1 & 3 \end{vmatrix} = 1 \qquad \Delta y = \begin{vmatrix} 5 & 1 \\ 2 & -1 \end{vmatrix} = -7$

Poiché $\Delta \neq 0$, il sistema è determinato e ha soluzione:

$\begin{cases} x = \dfrac{1}{19} \\ y = -\dfrac{7}{19} \end{cases}$

④ La soluzione trovata non contrasta con le condizioni iniziali, quindi $S = \left\{\left(\dfrac{1}{19}, -\dfrac{7}{19}\right)\right\}$.

**2.** $\begin{cases} \dfrac{1}{y} - \dfrac{2}{x-1} = \dfrac{4}{xy - y} \\ 2x - 3y = 8 \end{cases} \rightarrow \begin{cases} \dfrac{1}{y} - \dfrac{2}{x-1} = \dfrac{4}{y(x-1)} \\ 2x - 3y = 8 \end{cases}$

① Per le condizioni di esistenza dobbiamo imporre che sia: $y \neq 0 \wedge x \neq 1$.

② Riduciamo il sistema in forma normale: $\begin{cases} x - 1 - 2y = 4 \\ 2x - 3y = 8 \end{cases} \rightarrow \begin{cases} x - 2y = 5 \\ 2x - 3y = 8 \end{cases}$

③ Risolviamo con il metodo di sostituzione:

$\begin{cases} x = 2y + 5 \\ 2(2y+5) - 3y = 8 \end{cases} \rightarrow \begin{cases} x = 2y + 5 \\ y = -2 \end{cases} \rightarrow \begin{cases} x = 1 \\ y = -2 \end{cases}$

④ Confrontiamo la soluzione con le condizioni iniziali: poiché deve essere $x \neq 1$, la soluzione non è accettabile e di conseguenza il sistema, non avendo soluzioni, è impossibile:

$S = \emptyset$.

*ulteriori esempi*

ESERCIZI E PROBLEMI — pag. 377

## 4.2 I sistemi letterali

Un sistema è letterale se lo è almeno una delle sue equazioni; per risolverlo si può usare uno qualunque dei metodi studiati, ma nella maggior parte dei casi è comodo usare il metodo di Cramer perché per la discussione è conveniente seguire lo schema di tale metodo.

Consideriamo per esempio il sistema: $\begin{cases} (a+2)x + ay = 3a+2 \\ ax + y = a^2 \end{cases}$

che è già in forma normale; calcoliamo il determinante della matrice dei coefficienti e scomponiamo il polinomio ottenuto:

$$\Delta = \begin{vmatrix} a+2 & a \\ a & 1 \end{vmatrix} = 1(a+2) - a \cdot a = a + 2 - a^2 = -(a-2)(a+1)$$

Calcoliamo ora $\Delta x$ e $\Delta y$ e scomponiamo:

$$\Delta x = \begin{vmatrix} 3a+2 & a \\ a^2 & 1 \end{vmatrix} = 1(3a+2) - a^2 \cdot a = 3a + 2 - a^3 = -(a+1)^2(a-2)$$

$$\Delta y = \begin{vmatrix} a+2 & 3a+2 \\ a & a^2 \end{vmatrix} = a^2(a+2) - a(3a+2) = a^3 + 2a^2 - 3a^2 - 2a = a^3 - a^2 - 2a =$$
$$= a(a^2 - a - 2) = a(a-2)(a+1)$$

Vediamo che cosa accade al variare del parametro $a$:

- se $\Delta \neq 0$, cioè se $a \neq 2 \wedge a \neq -1$, il sistema ha per soluzione:

$$\begin{cases} x = \dfrac{\Delta x}{\Delta} \\ y = \dfrac{\Delta y}{\Delta} \end{cases} \text{cioè} \quad \begin{cases} x = \dfrac{-(a+1)^2(a-2)}{-(a-2)(a+1)} \\ y = \dfrac{a(a-2)(a+1)}{-(a-2)(a+1)} \end{cases} \rightarrow \begin{cases} x = a+1 \\ y = -a \end{cases}$$

- se $a = 2$, allora $\Delta = 0$ e si ha che $\Delta x = 0$ e $\Delta y = 0$; il sistema è dunque indeterminato;

- se $a = -1$, allora $\Delta = 0$ e si ha che $\Delta x = 0$ e $\Delta y = 0$, il sistema è anche in questo caso indeterminato.

Riassumendo:  se $a \neq 2 \wedge a \neq -1 : S = \{(a+1, -a)\}$
se $a = 2 \vee a = -1$ : sistema indeterminato.

Di seguito ti proponiamo alcuni esempi di risoluzione di un sistema letterale; useremo di volta in volta il metodo che ci sembrerà più adeguato motivando le nostre scelte.

## ESEMPI

1. $\begin{cases} ax + 2y = a^2 + a \\ x + y = 2a - 1 \end{cases}$

    Visto che la variabile $y$ ha coefficienti numerici, applichiamo il metodo di riduzione moltiplicando per 2 la seconda equazione:

    $$\begin{cases} ax + 2y = a^2 + a \\ 2x + 2y = 4a - 2 \end{cases}$$

**Cap. 8:** *Le frazioni algebriche, equazioni e disequazioni*

Sottraiamo membro a membro le due equazioni

$$\begin{cases} ax - 2x = a^2 + a - 4a + 2 \\ x + y = 2a - 1 \end{cases} \rightarrow \begin{cases} x(a-2) = a^2 - 3a + 2 \\ x + y = 2a - 1 \end{cases} \rightarrow \begin{cases} x(a-2) = (a-2)(a-1) \\ x + y = 2a - 1 \end{cases}$$ (A)

Ponendo $a \neq 2$ possiamo dividere entrambi i membri della prima equazione per $a - 2$ ottenendo
$$\begin{cases} x = a - 1 \\ x + y = 2a - 1 \end{cases}$$

Sostituiamo il valore trovato di $x$ nella seconda equazione
$$\begin{cases} x = a - 1 \\ a - 1 + y = 2a - 1 \end{cases} \rightarrow \begin{cases} x = a - 1 \\ y = a \end{cases}$$

Dunque, se $a \neq 2$ il sistema ha come soluzione la coppia $(a - 1, a)$.

Se $a = 2$ la prima equazione del sistema (A) è indeterminata e quindi anche il sistema lo è.

2. $\begin{cases} 2x - by = b \\ 2bx - 9y = 2b^2 - 9 \end{cases}$

Applichiamo il metodo di Cramer:

$$\Delta = \begin{vmatrix} 2 & -b \\ 2b & -9 \end{vmatrix} = -18 + 2b^2 = 2(b^2 - 9) = 2(b-3)(b+3)$$

$$\Delta x = \begin{vmatrix} b & -b \\ 2b^2 - 9 & -9 \end{vmatrix} = -9b + b(2b^2 - 9) = 2b(b^2 - 9) = 2b(b-3)(b+3)$$

$$\Delta y = \begin{vmatrix} 2 & b \\ 2b & 2b^2 - 9 \end{vmatrix} = 2(2b^2 - 9) - 2b^2 = 2(b^2 - 9) = 2(b-3)(b+3)$$

Dunque:

- se $b \neq 3 \land b \neq -3$  il sistema ha soluzione: $\begin{cases} x = \dfrac{2b(b-3)(b+3)}{2(b-3)(b+3)} \\ y = \dfrac{2(b-3)(b+3)}{2(b-3)(b+3)} \end{cases} \rightarrow \begin{cases} x = b \\ y = 1 \end{cases}$

- se $b = 3 \lor b = -3$    $\Delta x = \Delta y = 0$  ed il sistema è indeterminato.

 *ulteriori esempi*

**ESERCIZI E PROBLEMI**   pag. 381

# 5 LE DISEQUAZIONI FRAZIONARIE

Analogamente a quanto evidenziato per le equazioni, una disequazione è frazionaria se l'incognita si trova anche al denominatore delle eventuali frazioni che compaiono nella disequazione.

**Cap. 8:** *Le frazioni algebriche, equazioni e disequazioni*

Per esempio: $\dfrac{2x}{x+3} > 1 - \dfrac{x+2}{x+3}$ è una disequazione frazionaria

Per risolvere questo tipo di disequazioni si segue una procedura simile a quella appena vista per le equazioni con una variante importante:

> in una disequazione i denominatori che contengono l'incognita **non si possono eliminare** in alcun modo perché di essi, in generale, non è noto il segno.

La procedura, che vediamo applicata alla precedente disequazione, è dunque la seguente:

■ si determina il dominio della disequazione: $x \neq -3 \rightarrow D = R - \{3\}$

■ si trasportano tutti i termini al primo membro: $\dfrac{2x}{x+3} - 1 + \dfrac{x+2}{x+3} > 0$

■ si eseguono i calcoli determinando il denominatore comune:

$\dfrac{2x - (x+3) + x + 2}{x+3} > 0 \quad \rightarrow \quad \dfrac{2x - 1}{x+3} > 0$

Con queste operazioni ci siamo ricondotti allo studio del segno di un quoziente che, ricordiamo, si fa in questo modo:

■ si studiano separatamente il segno del numeratore e del denominatore

$2x - 1 > 0 \quad \rightarrow \quad x > \dfrac{1}{2}$

$x + 3 > 0 \quad \rightarrow \quad x > -3$

■ si costruisce la tabella dei segni

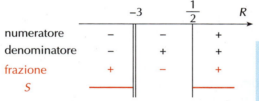

*Ricorda il significato della doppia linea in corrispondenza dei valori esclusi dal dominio.*

■ si sceglie l'intervallo delle soluzioni in base al verso della disequazione; nel nostro caso dobbiamo scegliere i valori positivi: $x < -3 \quad \vee \quad x > \dfrac{1}{2}$

# ESEMPI

**1.** $\dfrac{3x-1}{x} > \dfrac{2x+3}{x} + 1$

Il dominio della disequazione è l'insieme $D = R - \{0\}$.

Trasportiamo tutti i termini al primo membro e svolgiamo i calcoli:

$\dfrac{3x-1}{x} - \dfrac{2x+3}{x} - 1 > 0 \quad \rightarrow \quad \dfrac{3x - 1 - 2x - 3 - x}{x} > 0 \quad \rightarrow \quad \dfrac{-4}{x} > 0$

Conviene cambiare segno al numeratore e quindi cambiamo anche il verso della disequazione: $\dfrac{4}{x} < 0$
Poiché il numeratore è un numero positivo, la disequazione è verificata se $x < 0$.

**Cap. 8:** *Le frazioni algebriche, equazioni e disequazioni*

2. $\dfrac{x+3}{2x+1} - 2 < \dfrac{x}{4x+2}$

Scomponiamo il secondo denominatore e trasportiamo tutti i termini al primo membro:

$\dfrac{x+3}{2x+1} - 2 - \dfrac{x}{2(2x+1)} < 0$    Il dominio della disequazione è l'insieme $D = \mathbb{R} - \left\{-\dfrac{1}{2}\right\}$.

Calcoliamo il *m.c.m.* fra i denominatori e svolgiamo i calcoli:

$\dfrac{2(x+3) - 4(2x+1) - x}{2(2x+1)} < 0 \quad \rightarrow \quad \dfrac{2-7x}{2(2x+1)} < 0$

Moltiplichiamo per 2 entrambi i membri in modo da eliminare tale fattore dal denominatore:

$$\dfrac{2-7x}{2x+1} < 0$$

Per sapere quando la frazione è negativa, studiamo il segno del polinomio al numeratore e di quello al denominatore andando a ricercare quando ciascuno di essi è positivo:

- $2 - 7x > 0 \quad \rightarrow \quad x < \dfrac{2}{7}$

- $2x + 1 > 0 \quad \rightarrow \quad x > -\dfrac{1}{2}$

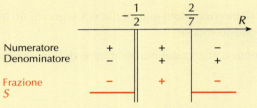

Costruiamo la tabella dei segni:

| | | | |
|---|---|---|---|
| Numeratore | + | + | − |
| Denominatore | − | + | + |
| Frazione S | − | + | − |

Poiché vogliamo che la frazione sia negativa, dobbiamo scegliere gli intervalli con il segno meno; la disequazione è quindi verificata se:

$$x < -\dfrac{1}{2} \quad \vee \quad x > \dfrac{2}{7}$$

Avremmo anche potuto procedere in altro modo cambiando prima i segni al numeratore in modo da avere il coefficiente di $x$ positivo, e quindi cambiare anche il verso della disequazione:

$\dfrac{2-7x}{2x+1} < 0 \quad \rightarrow \quad \dfrac{7x-2}{2x+1} > 0$

- $7x - 2 > 0 \quad \rightarrow \quad x > \dfrac{2}{7}$

- $2x + 1 > 0 \quad \rightarrow \quad x > -\dfrac{1}{2}$

Costruiamo la tabella dei segni:

| | | | |
|---|---|---|---|
| Numeratore | − | − | + |
| Denominatore | − | + | + |
| Frazione S | + | − | + |

Poiché questa volta vogliamo che la frazione sia positiva, dobbiamo scegliere gli intervalli con il segno più; l'intervallo delle soluzioni è evidentemente lo stesso:

$$x < -\dfrac{1}{2} \quad \vee \quad x > \dfrac{2}{7}$$

*ulteriori esempi*

**Cap. 8:** *Le frazioni algebriche, equazioni e disequazioni*

## Attenzione agli errori

$\dfrac{2x}{x+3} > 1$ non è equivalente a $2x > x+3$

ma è equivalente a $\dfrac{2x}{x+3} - 1 > 0$ cioè $\dfrac{2x-(x+3)}{x+3} > 0$.

**In una disequazione frazionaria non si possono eliminare i denominatori.**

**Esercizi e problemi** pag. 388

Il capitolo si completa con:

**Cap. 8:** *Le frazioni algebriche, equazioni e disequazioni*

# Algebraic fractions, equations and inequalities
## BASIC CONCEPTS

### Key Terms
| | |
|---|---|
| rational expression | to reduce to the lowest term |
| condition of existence | division property |
| domain | cancellation |
| equivalent fractions | LCD (Least Common Denominator) |

## Definition and reducing to the lowest term

An algebraic fraction is the quotient of two algebraic expressions; in particular, if these two expressions are polynomials the fraction is called **rational expression**.
For example, the following are rational expressions:

$$\frac{x}{x-5} \qquad \frac{2a}{y} \qquad \frac{a^2+a}{a-1}$$

In a rational expression $\frac{a}{b}$, $a$ is the *numerator*, $b$ is the *denominator*.

Since division by 0 is not possible, the denominator has to be different from 0 (condition of existence); therefore an agebraic fraction has meaning only for values of the variables for which the denominator is different from 0.
The set of values of the variables for which the fraction has meaning is said the *domain* of the fraction.
The first fraction above has meaning only if $x \neq 5$, the second one if $y \neq 0$ and the third if $a \neq 1$.

Two fractions are **equivalent** if they are equal in value. For example:

$$\frac{2(x-1)}{2x} \qquad \text{is equivalent to} \qquad \frac{x-1}{x}$$

To obtain the second we have divided both the numerator and the denominator of the first by 2.
A fraction is said to be *reduced to the lowest term* when the numerator and the denominator have no common factor except 1.
To reduce a fraction, as we did above, we have to apply the *division property* of a fraction:
- if the numerator and the denominator of a fraction are divided by the same non-zero number, the fraction we obtain is equivalent to the previous one.

The procedure is the following, we show it on the fraction: $\frac{a^2-a-6}{a^2-9}$

**1** factor completely the polynomials at the numerator and the denominator: $\frac{(a+2)(a-3)}{(a+3)(a-3)}$

**2** find the Greatest Common Factor (GCF) between them and simplify: $\frac{(a+2)\cancel{(a-3)}}{(a+3)\cancel{(a-3)}}$

**3** write the new fraction $\frac{a+2}{a+3}$

When reducing a fraction, the division of both the numerator and the denominator by a common factor is called a *cancellation*.

## Adding and subtracting fractions

The sum (or the difference) of two or more fractions which have the same denominator is a fraction which has the same denominator and whose numerator is the sum (or the difference) between the numerators:

$$\frac{3}{x+1} + \frac{x}{x+1} - \frac{2x+1}{x+1} = \frac{3+x-2x-1}{x+1} = \frac{2-x}{x+1}$$

172 Cap. 8: *Le frazioni algebriche, equazioni e disequazioni*

If the fractions do not have the same denominator, we have to find the *least common denominator* (LCD), which is the Least Common Multiple (LCM) among all the denominators.

The procedure is the following, we show it on the expression: $\dfrac{x}{x^2-1} + \dfrac{2}{x+1} - \dfrac{3}{2x-2}$

**1** factor each denominator: $\dfrac{x}{(x-1)(x+1)} + \dfrac{2}{x+1} - \dfrac{3}{2(x-1)}$

**2** find the *LCD*: $2(x-1)(x+1)$

**3** change each fraction to an equivalent fraction with the chosen common denominator:

$$\dfrac{2x}{2(x-1)(x+1)} + \dfrac{4(x-1)}{2(x-1)(x+1)} - \dfrac{3(x+1)}{2(x-1)(x+1)}$$

**4** write as a single fraction: $\dfrac{2x + 4(x-1) - 3(x+1)}{2(x-1)(x+1)}$

**5** reduce the terms at the numerator: $\dfrac{3x - 7}{2(x-1)(x+1)}$

**6** simplify if necessary: this fraction cannot be simplified.

## Multiplying and dividing fractions

The **product** of two fractions is a fraction which has:
- at the numerator the product of the numerators of the two fractions
- at the denominator the product of the denominators of the two fractions.

The simplest procedure to obtain the product is the following, we show it on the product: $\dfrac{x^2-16}{4x^2-9} \cdot \dfrac{2x+3}{2x+8}$

**1** factor any polynomial of the two fractions: $\dfrac{(x-4)(x+4)}{(2x-3)(2x+3)} \cdot \dfrac{2x+3}{2(x+4)}$

**2** use cancellation on the common factors at numerator and denominator: $\dfrac{(x-4)\cancel{(x+4)}}{(2x-3)\cancel{(2x+3)}} \cdot \dfrac{\cancel{2x+3}}{2\cancel{(x+4)}}$

**3** multiply the remaining terms: $\dfrac{x-4}{2(2x-3)}$

The **quotient** of two fractions can be expressed by the first fraction multiplied by the reciprocal of the second one:

$$\dfrac{a}{b} : \dfrac{c}{d} = \dfrac{a}{b} \cdot \dfrac{d}{c}$$

For example: $\dfrac{a^2-3a}{a^2+2a+1} : \dfrac{a}{a+1} = \dfrac{a^2-3a}{a^2+2a+1} \cdot \dfrac{a+1}{a}$

To find the result, follow the procedure for the product: $\dfrac{\cancel{a}(a-3)}{(a+1)^{\cancel{2}}} \cdot \dfrac{\cancel{a+1}}{\cancel{a}} = \dfrac{a-3}{a+1}$

## Fractional linear equations and systems

An equation is said fractional if we find the unknown also at the denominator of one or more fractions:

$\dfrac{x+1}{x} = 2 + \dfrac{2x-5}{x}$     is a fractional equation

$\dfrac{2x-5}{3} = \dfrac{x+1}{4}$     is not a fractional equation

**Cap. 8:** *Le frazioni algebriche, equazioni e disequazioni*

The procedure to solve a fractional equation is the following; we show it on the equation:
$$\frac{5}{x+2} = \frac{3}{x-1}$$

- find the domain of the equation: $x \neq -2 \ \wedge \ x \neq 1$
- find the L.C.D. among all the fractions in both sides of the equation: $\frac{5(x-1)}{(x+2)(x-1)} = \frac{3(x+2)}{(x+2)(x-1)}$
- multiply both sides by the L.C.D. in order to have a polynomial equation: $5(x-1) = 3(x+2)$
- solve the polynomial equation: $5x - 5 = 3x + 6 \ \rightarrow \ 5x - 3x = 6 + 5 \ \rightarrow \ 2x = 11 \ \rightarrow \ x = \frac{11}{2}$
- find if the obtained solution belongs to the domain and write the set of solutions: $\left\{\frac{11}{2}\right\}$

Applying the same procedure we can solve a system of fractional equations: $\begin{cases} \frac{1}{x} = \frac{1}{y-1} \\ \frac{2x+y}{x-2} = 1 \end{cases}$

- Domain of the equations: $x \neq 0 \ \wedge \ x \neq 2 \quad y \neq 1$
- L.C.D. for the two equations: $\begin{cases} y - 1 = x \\ 2x + y = x - 2 \end{cases}$
- solving the linear system obtained we have: $\begin{cases} x = -\frac{3}{2} \\ y = -\frac{1}{2} \end{cases}$
- the ordered couple $\left(-\frac{3}{2}, -\frac{1}{2}\right)$ belongs to the domain and it represents the solution of the system.

## Fractional inequalities

A fractional inequality can always be written as $\frac{A(x)}{B(x)} > 0$ or $\frac{A(x)}{B(x)} < 0$, in which the denominator $B(x)$ has to be different from 0.
To solve it, we have to study separately the signs of $A(x)$ and $B(x)$ and keep note of their variation in a table. From the sign of each factor we can understand the sign of the fraction and, therefore, the set of solutions.
For example, let us solve the inequality
$\frac{x-1}{2x+3} < 0$ where $A(x) = x - 1$ and $B(x) = 2x + 3$ and the domain is $x \neq -\frac{3}{2}$

To study the sign of these two polynomials, we solve the inequalities:

$x - 1 > 0 \quad \rightarrow \quad x > 1$

$2x + 3 > 0 \quad \rightarrow \quad x > -\frac{3}{2}$

Let us construct the table of signs:

|  | | $-\frac{3}{2}$ | | 1 | |
|---|---|---|---|---|---|
| sign of $x-1$ | $-$ | $\|\|$ | $-$ | | $+$ |
| sign of $2x+3$ | $-$ | $\|\|$ | $+$ | | $+$ |
| sign of fraction | $+$ | $\|\|$ | $-$ | | $+$ |

The set of solutions is the interval where the fraction is negative, that is: $-\frac{3}{2} < x < 1$.

# ESERCIZI CAPITOLO 1

# I sistemi lineari

## SISTEMI E PRINCIPI DI EQUIVALENZA

*teoria a pagina 8*

### Comprensione

**1** L'insieme delle soluzioni di un sistema di equazioni si determina trovando:
   **a.** l'unione degli insiemi delle soluzioni di ciascuna equazione
   **b.** l'intersezione degli insiemi delle soluzioni di ciascuna equazione.

**2** Il grado di un sistema di equazioni è uguale:
   **a.** al grado dell'equazione che ha grado maggiore
   **b.** alla somma dei gradi delle singole equazioni
   **c.** al prodotto dei gradi delle singole equazioni
   **d.** al *m.c.m.* fra i gradi delle singole equazioni.

**3** Del sistema $\begin{cases} \frac{3}{5}x - 2y = xy \\ x - \frac{1}{2}y = 1 \end{cases}$ puoi dire che:

   **a.** è di primo grado  V F
   **b.** è di secondo grado  V F
   **c.** è di terzo grado  V F
   **d.** è intero  V F
   **e.** è frazionario.  V F

**4** Il sistema $\begin{cases} (a-1)x^2 + ax + y = 1 \\ 2x - ay^2 + y = 3 \end{cases}$ :

   **a.** è di primo grado in *x* e *y*:
   ① se $a = 1 \wedge a = 0$  ② se $a = 1 \vee a = 0$  ③ per nessun valore del parametro *a*

   **b.** è di secondo grado in *x* e *y*:
   ① se $a \neq 1 \wedge a \neq 0$  ② se $a = 1 \vee a = 0$  ③ per nessun valore del parametro *a*

**5** Completa le seguenti definizioni:
   **a.** un sistema è lineare se ...........................
   **b.** un sistema è intero se ...........................
   **c.** un sistema è frazionario se ..................
   **d.** due sistemi sono equivalenti se .............

**6** Senza eseguire calcoli e solo confrontando le espressioni della variabile *x* nel sistema $\begin{cases} x + 2y = 3 \\ x + 2y = 5 \end{cases}$ si può subito dedurre che il sistema è:

   **a.** determinato  **b.** indeterminato  **c.** impossibile

Cap. 1: *I sistemi lineari*

**7** In base al principio di sostituzione, si passa da un sistema ad un altro equivalente se:
   **a.** si ricava l'espressione di una variabile da una delle equazioni e la si sostituisce nelle altre
   **b.** si sostituisce a una equazione la somma membro a membro di tutte le altre
   **c.** si dividono membro a membro due equazioni.

**8** In base al principio di riduzione, da un sistema si passa ad un altro ad esso equivalente se:
   **a.** ad una delle equazioni si sostituisce quella che si ottiene dividendo membro a membro l'equazione stessa con una delle altre
   **b.** ad una delle equazioni si sostituisce quella che si ottiene sommando membro a membro tutte le altre
   **c.** ad una delle equazioni si sostituisce quella che si ottiene sommando membro a membro l'equazione stessa con un'altra.

**9** In base ai principi di equivalenza si può dire che:
   **a.** sostituendo ad una incognita la sua espressione ricavata da una delle equazioni, il sistema che si ottiene è equivalente a quello dato solo se è lineare  [V] [F]
   **b.** sostituendo ad una incognita la sua espressione ricavata da una delle equazioni, il sistema che si ottiene è sempre equivalente a quello dato  [V] [F]
   **c.** se si sostituisce ad una equazione quella che si ottiene sommando i suoi due membri, si ha un sistema equivalente a quello dato  [V] [F]
   **d.** se si sommano membro a membro due equazioni e quello che si ottiene si sostituisce ad una di esse, il sistema è equivalente a quello dato.  [V] [F]

**10** Il sistema $\begin{cases} x+y-4=0 \\ 2x-y+3=0 \end{cases}$ è equivalente a (sono possibili più risposte):

   **a.** $\begin{cases} x+y-4=0 \\ 2(4-y)-y+3=0 \end{cases}$ per il primo principio   **b.** $\begin{cases} 3x-1=0 \\ x+y-4=0 \end{cases}$ per il secondo principio

   **c.** $\begin{cases} y=4-x \\ 2(4-x)-y+3=0 \end{cases}$ per il primo principio   **d.** $\begin{cases} x+y-4=0 \\ x-2y+7=0 \end{cases}$ per il secondo principio

**11** Dato il sistema $\begin{cases} x+2y=1 \\ 4x-y+5=0 \end{cases}$ stabilisci se sono corretti i seguenti passaggi in base ai principi di equivalenza:

   **a.** $\begin{cases} x=1-2y \\ y=4x+5 \end{cases} \rightarrow \begin{cases} x=1-2y \\ 1-2y=4x+5 \end{cases}$  [V] [F]

   **b.** $\begin{cases} x=1-2y \\ y=4x+5 \end{cases} \rightarrow \begin{cases} x=1-2y \\ y=4(1-2y)+5 \end{cases}$  [V] [F]

   **c.** $\begin{cases} 4x+8y=4 \\ 4x-y+5=0 \end{cases} \rightarrow \begin{cases} 7y=9 \\ 4x-y+5=0 \end{cases}$  [V] [F]

   **d.** $\begin{cases} x+2y=1 \\ 8x-2y+10=0 \end{cases} \rightarrow \begin{cases} 9x+9=0 \\ x+2y=1 \end{cases}$  [V] [F]

**12** Quali delle seguenti operazioni effettuate su un sistema non ne fanno ottenere uno equivalente?
   **a.** Si cambia l'ordine con cui sono scritte le equazioni.
   **b.** Si moltiplica solo il primo membro di tutte le equazioni per una costante non nulla.
   **c.** Si sostituisce un'equazione con quella che si ottiene moltiplicando membro a membro l'equazione stessa con un'altra.
   **d.** Si sostituisce la prima equazione con quella che si ottiene sommandola membro e membro alla seconda.

Cap. 1: *I sistemi lineari*

## Applicazione

**13** Indica quali fra le seguenti coppie $(x, y)$ sono soluzioni dell'equazione $x - 9y + 7 = 0$:

    **a.** $(2, 0)$      **b.** $(2, 1)$      **c.** $\left(2, \dfrac{1}{2}\right)$      **d.** $\left(-4, \dfrac{1}{3}\right)$      [**b., d.**]

**14** Indica quali fra le seguenti coppie $(x, y)$ sono soluzione dell'equazione $3x - 2y = 1$:

    **a.** $(2, 3)$      **b.** $\left(0, -\dfrac{1}{2}\right)$      **c.** $\left(\dfrac{1}{3}, 0\right)$      **d.** $(1, -1)$      [**b., c.**]

**15** Sostituisci al parametro reale $k$ un valore che completi la coppia in modo che essa sia soluzione dell'equazione data.

    **a.** $x - 3y + 7 = 0$      $(-1, k)$      $(k, 2)$      $(0, k)$

    **b.** $2x + 5y - 1 = 0$      $(-2, k)$      $(k, -3)$      $(1, k)$

    **c.** $\dfrac{1}{2}x - 2y + 4 = 0$      $(-3, k)$      $(6, k)$      $(k, 2)$

$$\left[\textbf{a.}\ 2, -1, \dfrac{7}{3};\ \textbf{b.}\ 1, 8, -\dfrac{1}{5};\ \textbf{c.}\ \dfrac{5}{4}, \dfrac{7}{2}, 0\right]$$

**16** Determina il grado di ciascuno dei seguenti sistemi:

    **a.** $\begin{cases} x^2 + y^2 = 1 \\ x + y = 4 \end{cases}$      **b.** $\begin{cases} x^3 + y^2 = 1 \\ x^2 + y = 4 \end{cases}$      **c.** $\begin{cases} x + y = 7 \\ x - 2y = -6 \end{cases}$      **d.** $\begin{cases} x^3 + y^2 = 0 \\ x + y = 14 \end{cases}$

**17** Determina, se esiste, il valore di $n$ (con $n \in \mathbb{N}$) in modo che il sistema abbia il grado assegnato:

    **a.** $\begin{cases} x^2 + y^2 = 1 \\ xy^n - 3 = 0 \end{cases}$ grado 6      **b.** $\begin{cases} 3x - y + 2 = 0 \\ x^n y + x + y = 3 \end{cases}$ grado 1

    **c.** $\begin{cases} 2x^3 + y^2 - 3x = 0 \\ xy^n + 1 = 0 \end{cases}$ grado 5      **d.** $\begin{cases} x + 2y^n + 3 = 0 \\ -5x + 2y + 1 = 0 \end{cases}$ grado 3

[**a.** 2; **b.** 0; **c.** $\nexists n$; **d.** 3]

**18** Dato il sistema $\begin{cases} 2x - y = 3 \\ 3x + y = 1 \end{cases}$ indica quali tra i seguenti sono ad esso equivalenti e in base a quale principio.

    **a.** $\begin{cases} y = 2x - 3 \\ 3x + (2x - 3) = 1 \end{cases}$      **b.** $\begin{cases} y = 1 - 3x \\ 2(1 - 3x) - y = 3 \end{cases}$      **c.** $\begin{cases} 5x = 4 \\ 3x + y = 1 \end{cases}$      **d.** $\begin{cases} x = -2 \\ 2x - y = 3 \end{cases}$

[**a., c.**]

**19** Dato il sistema $\begin{cases} x - 2y + 4 = 0 \\ 3x - y - 1 = 0 \end{cases}$, individua fra i seguenti l'unico ad esso non equivalente:

    **a.** $\begin{cases} x - 2y + 4 = 0 \\ \dfrac{3}{2}x - \dfrac{1}{2}y = \dfrac{1}{2} \end{cases}$      **b.** $\begin{cases} 4x - 3y + 5 = 0 \\ x - 2y + 4 = 0 \end{cases}$      **c.** $\begin{cases} x - 2y + 4 = 0 \\ -2x - y + 5 = 0 \end{cases}$      **d.** $\begin{cases} -2x + 4y - 8 = 0 \\ 9x - 3y - 3 = 0 \end{cases}$

Stabilisci se le seguenti coppie di sistemi sono equivalenti e in base a quale principio.

**20** $\begin{cases} 3x + \dfrac{1}{2}y - 1 = 0 \\ x + 2y - 3 = 0 \end{cases}$      $\begin{cases} 3(2y - 3) + \dfrac{1}{2}y - 1 = 0 \\ x + 2y - 3 = 0 \end{cases}$

**21** $\begin{cases} y + 2x - 1 = 0 \\ x + y = 2 \end{cases}$      $\begin{cases} (2 - x) + 2x - 1 = 0 \\ y = 2 - x \end{cases}$

Cap. 1: I sistemi lineari      **177**

**22** $\begin{cases} 2x - y = 4 \\ 2x + y = 5 \end{cases}$ $\begin{cases} (2x - y) - (2x + y) = 4 + 5 \\ 2x + y = 5 \end{cases}$

**23** $\begin{cases} x - 3y = 0 \\ 5x + 6y = 1 \end{cases}$ $\begin{cases} 6x + 3y = 1 \\ x - 3y = 0 \end{cases}$

**24** Stabilisci se le coppie indicate sono soluzioni dei seguenti sistemi:

a. $\begin{cases} \dfrac{1}{2}x - y - 2 = 0 \\ 4x + 2y = 6 \end{cases}$ soluzione $(2, -1)$

b. $\begin{cases} x + 2y - 5 = 0 \\ 3x - 3y = -3 \end{cases}$ soluzione $(1, 2)$

c. $\begin{cases} -4x + y - 3 = 0 \\ -x + 2y = 8 \end{cases}$ soluzione $\left(\dfrac{1}{2}, \dfrac{2}{3}\right)$

[**a.** si; **b.** si; **c.** no]

# LA RISOLUZIONE DEI SISTEMI LINEARI

teoria a pagina 11

## Comprensione

**25** Se si risolve il sistema $\begin{cases} 3x - 2y + 1 = 0 \\ 4x - y + 15 = 0 \end{cases}$ con il metodo di sostituzione, è più conveniente ricavare il valore di:

a. $x$ dalla prima equazione
b. $y$ dalla prima equazione
c. $y$ dalla seconda equazione
d. $x$ dalla seconda equazione

**26** Se si vuole risolvere il sistema $\begin{cases} 5x + y - 4 = 0 \\ 3x + 2y + 7 = 0 \end{cases}$ con il metodo di riduzione e si vuole eliminare la variabile $x$ si deve:

a. moltiplicare la prima equazione per 3, la seconda per 5 e poi sommare membro a membro;
b. moltiplicare la prima equazione per $-3$, la seconda per 5 e poi sommare membro a membro;
c. moltiplicare la prima equazione per 3, la seconda per $-5$ e poi sommare membro a membro;
d. moltiplicare la prima equazione per 3, la seconda per 5 e poi sottrarre membro a membro;
e. moltiplicare la prima equazione per 5, la seconda per 3 e poi sottrarre membro a membro.
Quali fra le precedenti affermazioni sono corrette?

**27** Volendo risolvere il sistema $\begin{cases} 4x + 2y = 3 \\ 5x - 6y = -9 \end{cases}$ con il metodo di riduzione:

a. per eliminare la variabile $x$ si deve moltiplicare la prima equazione per .............. e la seconda per ..................; applicando il principio di riduzione si ottiene ....................
b. per eliminare la variabile $y$ si deve moltiplicare la prima equazione per .............. e la seconda per ..................; applicando il principio di riduzione si ottiene ....................
c. la soluzione è la coppia ...............

**28** Si vuole risolvere il sistema $\begin{cases} 2x + 3y - 4 = 0 \\ x + 5y + 1 = 0 \end{cases}$; indica quali fra i seguenti possono essere considerati passaggi corretti se si vuole utilizzare il metodo del confronto:

**a.** $\begin{cases} x = \dfrac{4-3y}{2} \\ y = \dfrac{-1-x}{5} \end{cases}$
**b.** $\begin{cases} x = \dfrac{4-3y}{2} \\ x = -1-5y \end{cases}$
**c.** $\begin{cases} y = \dfrac{4-2x}{3} \\ x = -1-5y \end{cases}$
**d.** $\begin{cases} y = \dfrac{4-2x}{3} \\ y = \dfrac{-1-x}{5} \end{cases}$

**29** In un sistema ricavando la stessa variabile da due equazioni si trova la stessa espressione; si può dire che il sistema è:
  **a.** determinato    **b.** indeterminato    **c.** impossibile.

## Applicazione

### Metodo di sostituzione

**30 ESERCIZIO GUIDATO**

$\begin{cases} 2x - 4y + 3 = 0 \\ 6x + y = 4 \end{cases}$

Ricaviamo $y$ dalla seconda equazione e sostituiamo l'espressione trovata nella prima:

$\begin{cases} 2x - 4(4-6x) + 3 = 0 \\ y = \boxed{4 - 6x} \end{cases}$ → $\begin{cases} 2x - 16 + 24x + 3 = 0 \\ y = 4 - 6x \end{cases}$ → $\begin{cases} 26x - 13 = 0 \\ y = 4 - 6x \end{cases}$ → $\begin{cases} x = \dfrac{1}{2} \\ y = 4 - 6x \end{cases}$

Sostituiamo adesso il valore trovato di $x$ nella seconda equazione:

$\begin{cases} x = \boxed{\dfrac{1}{2}} \\ y = 4 - 6 \cdot \dfrac{1}{2} \end{cases}$ → $\begin{cases} x = \dfrac{1}{2} \\ y = 1 \end{cases}$   $S = \left\{ \left( \dfrac{1}{2}, 1 \right) \right\}$

**31 ESERCIZIO GUIDATO**

Risolvi il seguente sistema completando i passaggi indicati: $\begin{cases} 3x + 5y = 1 \\ x + 2y = 0 \end{cases}$

$\begin{cases} 3(\ldots\ldots) + 5y = 2 \\ x = \boxed{\ldots\ldots\ldots} \end{cases}$ → $\begin{cases} \ldots\ldots y = \ldots\ldots \\ x = \ldots\ldots \end{cases}$ → $\begin{cases} y = \ldots\ldots \\ x = \ldots\ldots \end{cases}$

La soluzione del sistema è dunque $S = \{(\ldots\ldots, \ldots\ldots)\}$.

**32** $\begin{cases} x - 3y = 1 \\ 2x + 5y = 13 \end{cases}$   $\begin{cases} 6x + 5y = -1 \\ 3x + y = -2 \end{cases}$   $[S = \{(4, 1)\}; S = \{(-1, 1)\}]$

**33** $\begin{cases} 2x + y = 3 \\ 4x + y = 4 \end{cases}$   $\begin{cases} \dfrac{1}{3}x + y = 4 \\ x - y = 4 \end{cases}$   $\left[ S = \left\{ \left( \dfrac{1}{2}, 2 \right) \right\}; S = \{(6, 2)\} \right]$

**34** $\begin{cases} 2(x + y) = 9 \\ \dfrac{1}{2}x - y = 3 \end{cases}$   $\begin{cases} 3x - 2y = 2 \\ 6x - \dfrac{1}{2}y = 4 \end{cases}$   $\left[ S = \left\{ \left( 5, -\dfrac{1}{2} \right) \right\}; S = \left\{ \left( \dfrac{2}{3}, 0 \right) \right\} \right]$

Cap. 1: *I sistemi lineari*

**35** $\begin{cases} x + 2y - \dfrac{3}{2} = 0 \\ \dfrac{1}{3}x = 2y - \dfrac{1}{6} \end{cases}$  $\begin{cases} 7x - 3y = 4 \\ x - \dfrac{3}{7}y = 1 - \dfrac{3}{7} \end{cases}$  $\left[ S = \left\{ \left(1, \dfrac{1}{4}\right) \right\}; \text{indeterminato} \right]$

**36** $\begin{cases} y - x = 0 \\ -2 + 3(x + y) = 2(x - 4) + 3y \end{cases}$  $\begin{cases} (x + 2)^2 = 11 - y + x^2 \\ y - 2x = 1 \end{cases}$  $[S = \{(-6, -6)\}; S = \{(1, 3)\}]$

## Metodo di riduzione

**37** **ESERCIZIO GUIDATO**

$\begin{cases} 4x - y = -2 \\ 3x + y = 4 \end{cases}$

Per eliminare la variabile *y* basta sommare membro a membro le due equazioni:

$(4x - y) + (3x + y) = -2 + 4 \quad \rightarrow \quad 7x = 2$

Per eliminare la variabile *x* moltiplichiamo la prima equazione per 3, la seconda per $-4$ e poi sommiamo:

$3(4x - y) - 4(3x + y) = -6 - 16 \quad \rightarrow \quad -7y = -22$

Il sistema è equivalente a $\begin{cases} 7x = 2 \\ -7y = -22 \end{cases} \rightarrow \begin{cases} x = \dfrac{2}{7} \\ y = \dfrac{22}{7} \end{cases}$

quindi $S = \left\{ \left(\dfrac{2}{7}, \dfrac{22}{7}\right) \right\}$.

**38** $\begin{cases} 3x + y = 2 \\ 3x - y = 0 \end{cases}$  $\begin{cases} 2x + 3y = -1 \\ 4x - y = 5 \end{cases}$  $\left[ S = \left\{ \left(\dfrac{1}{3}, 1\right) \right\}; S = \{(1, -1)\} \right]$

**39** $\begin{cases} 2x + 4y = 1 \\ 6x + 4y = -3 \end{cases}$  $\begin{cases} 3x + 1 = 10 - 6y \\ 2x + 3y = 5 \end{cases}$  $\left[ S = \left\{ \left(-1, \dfrac{3}{4}\right) \right\}; S = \{(1, 1)\} \right]$

**40** $\begin{cases} x - y = 2(x + y) + 5 \\ x - 2y - 5 = 0 \end{cases}$  $\begin{cases} 20x - 3y = -45 \\ 15x + 8y = 120 \end{cases}$  $[S = \{(1, -2)\}; S = \{(0, 15)\}]$

**41** $\begin{cases} \dfrac{1}{24}x + 3y = 1 \\ \dfrac{3}{2}(3y + \dfrac{1}{2}x) - 6 = -10 \end{cases}$  $\begin{cases} \dfrac{4}{9}x - \dfrac{1}{3}y = \dfrac{1}{9}(81 - y) \\ 2(2x - y) = 13 \end{cases}$  $\left[ S = \left\{ \left(-8, \dfrac{4}{9}\right) \right\}; S = \varnothing \right]$

**42** $\begin{cases} 3x - 2y = 5 \\ \dfrac{1}{4}x = 1 - y \end{cases}$  $\begin{cases} \dfrac{x - 2y}{3} - 1 = x \\ y - \dfrac{x + 4y}{2} = 3(1 - x) \end{cases}$  $\left[ S = \left\{ \left(2, \dfrac{1}{2}\right) \right\}; S = \left\{ \left(\dfrac{3}{7}, -\dfrac{27}{14}\right) \right\} \right]$

**43** $\begin{cases} 2x - 3y = x + 1 \\ x + 5y = 3 - y \end{cases}$  $\begin{cases} x - 2(y + 1) = 3 \\ x - 2y = 2(y - 1) \end{cases}$  $\left[ S = \left\{ \left(\dfrac{5}{3}, \dfrac{2}{9}\right) \right\}; S = \left\{ \left(12, \dfrac{7}{2}\right) \right\} \right]$

Cap. 1: *I sistemi lineari*

## Metodo del confronto

**44** **ESERCIZIO GUIDATO**

$$\begin{cases} x + y = 5 \\ x - 3y = -3 \end{cases}$$

Ricaviamo l'espressione di $x$ da entrambe le equazioni e confrontiamo:
$$\begin{cases} x = 5 - y \\ x = 3y - 3 \end{cases} \rightarrow 5 - y = 3y - 3$$

Ricaviamo l'espressione di $y$ da entrambe le equazioni e confrontiamo:
$$\begin{cases} y = 5 - x \\ y = \dfrac{x+3}{3} \end{cases} \rightarrow 5 - x = \dfrac{x+3}{3}$$

Il sistema dato è equivalente a:
$$\begin{cases} 5 - y = 3y - 3 \\ 5 - x = \dfrac{x+3}{3} \end{cases} \rightarrow \begin{cases} 4y = 8 \\ 4x = 12 \end{cases} \rightarrow \begin{cases} x = 3 \\ y = 2 \end{cases}$$

L'insieme delle soluzioni è $S = \{(3, 2)\}$.

**45** $\begin{cases} 2x - y + 5 = 0 \\ -x - y + 2 = 0 \end{cases}$  $\begin{cases} x + y - 7 = 0 \\ x - y - 3 = 0 \end{cases}$  $[S = \{(-1, 3)\}; S = \{(5, 2)\}]$

**46** $\begin{cases} 5y - x - 1 = 0 \\ y = 3x - 4 \end{cases}$  $\begin{cases} x + 2y - 14 = 0 \\ 2y + x + 2 = 0 \end{cases}$  $\left[S = \left\{\left(\dfrac{3}{2}, \dfrac{1}{2}\right)\right\}; S = \varnothing\right]$

**47** $\begin{cases} 3x + y - 2 = 0 \\ y - x - 7 = 0 \end{cases}$  $\begin{cases} 3x = 5y - 4 \\ 8 - 10y = -6x \end{cases}$  $\left[S = \left\{\left(-\dfrac{5}{4}, \dfrac{23}{4}\right)\right\}; \text{indeterminato}\right]$

**48** $\begin{cases} x + \dfrac{1}{4}y - \dfrac{1}{2} = 0 \\ 16x + 4y = 1 \end{cases}$  $\begin{cases} 5y + 15x + 5 = 0 \\ y - 1 = 3(x - 1) \end{cases}$  $\left[S = \varnothing; S = \left\{\left(\dfrac{1}{6}, -\dfrac{3}{2}\right)\right\}\right]$

**49** $\begin{cases} 2 - \dfrac{x+1}{3} = \dfrac{y+2}{6} \\ x - \dfrac{3+y}{2} = 1 \end{cases}$  $\begin{cases} y + 1 = \dfrac{x-3}{4} - \dfrac{1}{2}y \\ 2x + \dfrac{x+1}{4} = \dfrac{3y+2}{2} \end{cases}$  $\left[S = \left\{\left(\dfrac{13}{4}, \dfrac{3}{2}\right)\right\}; S = \left\{\left(-\dfrac{1}{2}, -\dfrac{5}{4}\right)\right\}\right]$

## CORREGGI GLI ERRORI

*In ciascuno dei seguenti passaggi sono stati commessi degli errori; individuali e correggi.*

**50** $\begin{cases} 3x + y = 1 \\ 3x - y = 4 \end{cases}$ con il metodo di riduzione  $\begin{cases} 3x - 3x + y - y = 1 - 4 \\ 3x - y = 4 \end{cases}$

**51** $\begin{cases} 3x - 2y = 1 \\ 2x + 5y = 3 \end{cases}$ con il metodo di sostituzione  $\begin{cases} y = \dfrac{1 - 3x}{2} \\ 2x + \dfrac{5(1-3x)}{10} = 3 \end{cases}$

**52** $\begin{cases} x - 3y = 7 \\ 2x + y = 1 \end{cases}$ con il metodo del confronto  $\begin{cases} 7 + 3y = \dfrac{1-y}{2} \\ \dfrac{7-x}{3} = 1 - 2x \end{cases}$

Cap. 1: I sistemi lineari

## Sintesi dei metodi

*Risolvi applicando il metodo che ritieni più opportuno.*

**53** **ESERCIZIO GUIDATO**

$$\begin{cases} x + \frac{3}{4}y - 1 = 0 \\ 2x + 3y + 5 = 0 \end{cases}$$

Prima di decidere quale metodo sia più conveniente applicare, riduciamo la prima equazione a coefficienti interi: $\begin{cases} 4x + 3y - 4 = 0 \\ 2x + 3y + 5 = 0 \end{cases}$

Osserviamo adesso che, sottraendo membro a membro le due equazioni si elimina la variabile $y$:

$$\begin{cases} (4x - 2x) + (3y - 3y) - 4 - 5 = 0 \\ 2x + 3y + 5 = 0 \end{cases} \rightarrow \begin{cases} 2x - 9 = 0 \\ 2x + 3y + 5 = 0 \end{cases} \rightarrow \begin{cases} x = \frac{9}{2} \\ 2x + 3y + 5 = 0 \end{cases}$$

Conviene adesso continuare con il metodo di sostituzione:

$$\begin{cases} x = \boxed{\frac{9}{2}} \\ 2 \cdot \frac{9}{2} + 3y + 5 = 0 \end{cases} \rightarrow \begin{cases} x = \frac{9}{2} \\ 3y + 14 = 0 \end{cases} \rightarrow \begin{cases} x = \frac{9}{2} \\ y = -\frac{14}{3} \end{cases} \quad S = \left\{ \left( \frac{9}{2}, -\frac{14}{3} \right) \right\}$$

**54** $\begin{cases} \frac{3}{5}(x-1) = \frac{y+2}{2} - 1 \\ x + \frac{4y+1}{3} = \frac{1}{2} + \frac{5}{6}x \end{cases}$ $\qquad [S = \{(1, 0)\}]$

**55** $\begin{cases} \frac{2x - 3y}{2} + \frac{x - y}{3} = \frac{3}{2} \\ 3(x - 1) = y \end{cases}$ $\qquad \left[ S = \left\{ \left( \frac{24}{25}, -\frac{3}{25} \right) \right\} \right]$

**56** $\begin{cases} 2(x + 1) = -y \\ -\left[ 3x + \frac{1}{3}(y - 3) \right] = 2 \left( \frac{1}{3}y - 2x \right) \end{cases}$ $\qquad [S = \{(-1, 0)\}]$

**57** $\begin{cases} 3 - x - 2y = 2 \\ \frac{1}{2}(x + 2y) = \frac{1}{7}(2x - y) - \frac{1}{2} \end{cases}$ $\qquad [S = \{(3, -1)\}]$

**58** $\begin{cases} x + \frac{x - y}{2} = \frac{3}{2}(y - x) + 4 \\ \frac{1}{2}(2x - y + 6) = x - 2y \end{cases}$ $\qquad [S = \{(0, -2)\}]$

**59** $\begin{cases} \frac{x + 7y + 1}{5} + \frac{4x - 2}{2} = -\frac{9}{5} \\ \frac{x - 4y + 21}{10} + \frac{2x + 3}{5} = -\frac{1}{10}y \end{cases}$ $\qquad [S = \{(-3, 4)\}]$

Cap. 1: *I sistemi lineari*

**60** $\begin{cases} 3(x-y+4)-2x=5x-y \\ 2(x-y)+7=5x \end{cases}$ $\qquad [S=\{(5,-4)\}]$

**61** $\begin{cases} \dfrac{1}{2}(x+y+2)+\dfrac{1}{4}(x+3)=2 \\ \dfrac{x-3y+2}{3}+\dfrac{x-y+13}{6}=\dfrac{3}{2} \end{cases}$ $\qquad \left[S=\left\{\left(-\dfrac{1}{3},1\right)\right\}\right]$

**62** $\begin{cases} \dfrac{x-1}{5}-\dfrac{y+2}{2}=-1-\dfrac{1}{5}y \\ x+y-\dfrac{y-2x}{2}=-\dfrac{3}{2} \end{cases}$ $\qquad \left[S=\left\{\left(-\dfrac{1}{2},-1\right)\right\}\right]$

**63** $\begin{cases} x-y-\dfrac{10}{3}=2x-5y \\ \dfrac{5(x-y)}{2}+\dfrac{1}{2}(2x-y)=-8 \end{cases}$ $\qquad \left[S=\left\{\left(-2,\dfrac{1}{3}\right)\right\}\right]$

**64** $\begin{cases} \dfrac{7}{2}(x-y)=2x-2y \\ \dfrac{4x-2}{3}-\dfrac{1}{2}(2x-y)=\dfrac{1}{2}y+\dfrac{x-2}{3} \end{cases}$ $\qquad [\text{indeterminato}]$

**65** $\begin{cases} \dfrac{y-1}{6}=\dfrac{x-2y+1}{3}-\dfrac{2-y}{2}+1 \\ \dfrac{x}{3}+\dfrac{y}{2}=\dfrac{3}{4} \end{cases}$ $\qquad \left[S=\left\{\left(0,\dfrac{3}{2}\right)\right\}\right]$

**66** $\begin{cases} 2\left(x-\dfrac{1}{2}\right)\left(x+\dfrac{1}{2}\right)+\dfrac{10(2-x)-y}{6}=(x-2)^2+(x+1)^2 \\ 3(x-2y)-\dfrac{5}{2}(x-2y)+1=\dfrac{3}{2}(x-y) \end{cases}$ $\qquad [S=\varnothing]$

**67** $\begin{cases} \dfrac{y+2x-1}{1-\dfrac{1}{2}}-\dfrac{5x+y}{1+\dfrac{1}{2}}=-\dfrac{2}{3}(3x+1) \\ x+\dfrac{1}{6}(y-9x)-\dfrac{1}{4}(y+1)=-\dfrac{1}{3} \end{cases}$ $\qquad [S=\{(0,1)\}]$

**68** $\begin{cases} (x+y-1)(x-y-1)+x=(x+y)(x-y)+2y \\ 3(x+3y)\left(-\dfrac{1}{2}\right)^2-\dfrac{(-1)^2}{2}=x+2y \end{cases}$ $\qquad [S=\{(-1,1)\}]$

**69** $\begin{cases} (x-y+1)^2-(x-2)^2=(y+2)^2-2xy-1 \\ (x-2)(x+2)+(y-1)(1+y)=(x+y-1)^2-2xy \end{cases}$ $\qquad [S=\{(2,1)\}]$

**70** $\begin{cases} \dfrac{\dfrac{1}{2}+x}{3}-\dfrac{\dfrac{3y+x}{2}-\dfrac{x}{4}}{2}=\dfrac{1}{6} \\ \dfrac{x-y}{2}+2\left(x-\dfrac{1}{4}y\right)=-1 \end{cases}$ $\qquad \left[S=\left\{\left(-\dfrac{9}{20},-\dfrac{1}{8}\right)\right\}\right]$

Cap. 1: *I sistemi lineari*

**71** $\begin{cases} \dfrac{\frac{1}{3}x - 3y}{3} + \dfrac{5}{3}(x-y) = 2(y-1) \\ x + \dfrac{x+y}{4} = -\dfrac{3}{2}(2y+x) - 1 \end{cases}$ $\left[S = \left\{\left(-\dfrac{3}{5}, \dfrac{1}{5}\right)\right\}\right]$

**72** $\begin{cases} x + 1 = \dfrac{2}{3}(1-y) \\ y - 1 = -\dfrac{3}{2}(x+1) \end{cases}$ [indeterminato]

**73** $\begin{cases} \dfrac{1}{2}x + \dfrac{1}{4}(y-x) = -\dfrac{1}{4} \\ \dfrac{x-1}{2} - \dfrac{4+y}{7} = -(x+y) \end{cases}$ $[S = \{(3, -4)\}]$

**74** $\begin{cases} 2x + \dfrac{5}{6}y = \dfrac{1}{2}\left(1 - \dfrac{2}{3}\right) \\ \dfrac{y+1}{9} - \dfrac{x-1}{2} = \dfrac{1}{4} \end{cases}$ $\left[S = \left\{\left(\dfrac{1}{2}, -1\right)\right\}\right]$

**75** $\begin{cases} \dfrac{x-y}{2} - \dfrac{y-x}{4} = \dfrac{1}{4} \\ \dfrac{1}{4}(x-y) = x - y \end{cases}$ $[S = \varnothing]$

**76** $\begin{cases} \dfrac{1}{3}\left[\dfrac{4x-y}{2} - \dfrac{3(x-y)}{4}\right] = 1 \\ y - \dfrac{10x+y}{7} = 16 \end{cases}$ $[S = \{(-1, 17)\}]$

**77** $\begin{cases} \dfrac{1}{2}\left(1 + \dfrac{2x-3}{2}\right) - \dfrac{1}{3} \cdot \dfrac{2x-(2+y)}{2} = \dfrac{1}{4} \\ 2x - \left(x - \dfrac{3}{2}y\right) = 2 \end{cases}$ $[S = \{(-1, 2)\}]$

# MATRICI, DETERMINANTI E METODO DI CRAMER

 teoria a pagina 17

## Comprensione

**78** Risolvendo un sistema con il metodo di Cramer si trova che $\Delta = 2$, $\Delta x = 6$, $\Delta y = -1$; il sistema è:

**a.** determinato con soluzione $\left(-\dfrac{1}{2}, 3\right)$  **b.** determinato con soluzione $\left(3, -\dfrac{1}{2}\right)$

**c.** determinato con soluzione $\left(\dfrac{1}{3}, -2\right)$  **d.** indeterminato

**79** Risolvendo un sistema con il metodo di Cramer si trova che $\Delta = 0$ e $\Delta y = 2$; si può dire che il sistema:
**a.** è impossibile  **b.** è indeterminato
**c.** non è determinato ma non si può sapere se è impossibile o indeterminato.

**80** Risolvendo un sistema con il metodo di Cramer si ottiene: $\Delta = 2$, $\Delta x = 0$, $\Delta y = 0$; si può dire che:
 **a.** il sistema è impossibile
 **b.** il sistema è determinato ed ha per soluzione la coppia (0, 0)
 **c.** il sistema è indeterminato.

**81** Risolvendo un sistema con il metodo di Cramer si trova che $\Delta = 0$, $\Delta x = 1$, $\Delta y = 0$; si può dire che:
 **a.** il sistema è determinato  **b.** il sistema è impossibile  **c.** il sistema è indeterminato.

**82** Il sistema $\begin{cases} 3x - 3y = k \\ -x + y = 2 \end{cases}$ con $k \in R$ :

 **a.** qualunque sia $k$ non è mai determinato  V F
 **b.** è indeterminato se $k = -6$  V F
 **c.** è impossibile se $k \neq -6$  V F
 **d.** almeno una delle precedenti affermazioni è falsa.  V F

**83** Applicando il metodo di Cramer per risolvere il sistema $\begin{cases} 2x + 3y - 4 = 0 \\ 2y - x - 5 = 0 \end{cases}$ si ottiene che:

 **a.** $\Delta$ è uguale a: ① $\begin{vmatrix} 2 & 3 \\ -1 & 2 \end{vmatrix}$ ② $\begin{vmatrix} 2 & 3 \\ 2 & -1 \end{vmatrix}$ ③ $\begin{vmatrix} 2 & 4 \\ -1 & 5 \end{vmatrix}$

 **b.** $\Delta x$ è uguale a: ① $\begin{vmatrix} 4 & 3 \\ 5 & -1 \end{vmatrix}$ ② $\begin{vmatrix} 2 & 4 \\ -1 & 5 \end{vmatrix}$ ③ $\begin{vmatrix} 4 & 3 \\ 5 & 2 \end{vmatrix}$

 **c.** $\Delta y$ è uguale a: ① $\begin{vmatrix} 2 & 4 \\ -1 & 5 \end{vmatrix}$ ② $\begin{vmatrix} 2 & 4 \\ 2 & 5 \end{vmatrix}$ ③ $\begin{vmatrix} 2 & -4 \\ -1 & -5 \end{vmatrix}$

## Applicazione

*Risolvi applicando il metodo di Cramer.*

**84** **ESERCIZIO GUIDATO**

$$\begin{cases} 5x + 6y + 8 = 1 \\ \dfrac{3}{4}x - y + 2 = 0 \end{cases}$$

Riscriviamo prima di tutto il sistema in forma normale e in modo che i coefficienti siano interi:
$$\begin{cases} 5x + 6y = -7 \\ 3x - 4y = -8 \end{cases}$$

Calcoliamo il determinante dei coefficienti: $\Delta = \begin{vmatrix} 5 & 6 \\ 3 & -4 \end{vmatrix} = 5 \cdot (-4) - 3 \cdot 6 = -38$

Poiché $\Delta \neq 0$ il sistema è determinato; calcoliamo $\Delta x$ e $\Delta y$:

$\Delta x = \begin{vmatrix} -7 & 6 \\ -8 & -4 \end{vmatrix} = (-7) \cdot (-4) - 6 \cdot (-8) = 76$ $\qquad \Delta y = \begin{vmatrix} 5 & -7 \\ 3 & -8 \end{vmatrix} = 5 \cdot (-8) - 3 \cdot (-7) = -19$

Si trova quindi che $\begin{cases} x = \dfrac{\Delta x}{\Delta} = \dfrac{76}{-38} = -2 \\ y = \dfrac{\Delta y}{\Delta} = \dfrac{-19}{-38} = \dfrac{1}{2} \end{cases} \rightarrow S = \left\{ \left( -2, \dfrac{1}{2} \right) \right\}.$

Cap. 1: *I sistemi lineari*

**85** $\begin{cases} 3x - 5y = 2 \\ 9x - 10y = 8 \end{cases}$  $\begin{cases} 2x - 4y = 0 \\ x + 7y = 9 \end{cases}$  $\left[ S = \left\{ \left( \frac{4}{3}, \frac{2}{5} \right) \right\}; S = \{(2, 1)\} \right]$

**86** $\begin{cases} 5x - 2y = 7 \\ 5y - 3x = 11 \end{cases}$  $\begin{cases} 3x - 7y = 8 \\ 9x - 21y = 12 \end{cases}$  $[S = \{(3, 4)\}; S = \varnothing]$

**87** $\begin{cases} 4(x - y) = 5 + 2x + y \\ 5(x - 2y) = \dfrac{8x + 17}{2} \end{cases}$  $\begin{cases} 2x - y = \dfrac{2}{3} \\ (x + 3)^2 = y + 2(2x + 7) + x^2 \end{cases}$  $\left[ S = \left\{ \left( \dfrac{1}{2}, -\dfrac{4}{5} \right) \right\}; S = \varnothing \right]$

**88** $\begin{cases} x - 3[-2 - (y - 1)] = -7 \\ \dfrac{1}{2}[(x + y) + 10] = -y \end{cases}$  $\begin{cases} 3x - 6y = -5 \\ 4(x + y) = 1 - x \end{cases}$  $\left[ \text{indeterminato}; S = \left\{ \left( -\dfrac{1}{3}, \dfrac{2}{3} \right) \right\} \right]$

**89** $\begin{cases} 5(x - 2y) = 4 \\ 5(x + 2y) + 2(x - 4y) - 4 = 0 \end{cases}$  $\left[ S = \left\{ \left( \dfrac{3}{5}, -\dfrac{1}{10} \right) \right\} \right]$

**90** $\begin{cases} 3(x + y) = 2x - 4(y + 1) \\ x - 2(x - 4y) = 6y - 3x + 1 \end{cases}$  $\left[ S = \left\{ \left( \dfrac{5}{4}, -\dfrac{3}{4} \right) \right\} \right]$

**91** $\begin{cases} \dfrac{x - y}{2} + \dfrac{y - 2x}{3} = \dfrac{3y - x}{6} \\ \dfrac{2x - 3}{4} = 2 - \dfrac{y}{2} \end{cases}$  $\left[ S = \left\{ \left( \dfrac{11}{2}, 0 \right) \right\} \right]$

**92** $\begin{cases} \dfrac{y}{4} - \dfrac{x}{2} = 0 \\ \dfrac{x + 1}{3} + \dfrac{y + 4}{8} = 2 \end{cases}$  $[S = \{(2, 4)\}]$

**93** $\begin{cases} \dfrac{1}{2}x - \dfrac{1}{6}y = 1 \\ \dfrac{3}{2}(x - 1) + \dfrac{2}{3}(y - 2) = -\dfrac{10}{3} \end{cases}$  $[S = \{(1, -3)\}]$

**94** $\begin{cases} \dfrac{x + 1}{3} + \dfrac{y - 1}{2} = 2 \\ y - \dfrac{3}{2}x = 0 \end{cases}$  $[S = \{(2, 3)\}]$

**95** $\begin{cases} \dfrac{2}{3}y + \dfrac{x - 1}{2} = \dfrac{1}{2}x \\ y - 3 = x - 4 \end{cases}$  $\left[ S = \left\{ \left( \dfrac{7}{4}, \dfrac{3}{4} \right) \right\} \right]$

## I SISTEMI LINEARI CON PIÙ DI DUE EQUAZIONI

teoria a pagina 20

### Comprensione

**96** In un sistema di tre equazioni in tre incognite, sommando membro a membro le prime due si ottiene la terza. Del sistema si può dire che:
  **a.** è indeterminato  **b.** è impossibile  **c.** è determinato
  **d.** non si può dire nulla senza continuare la risoluzione del sistema.

**97** Dato il sistema $\begin{cases} 3x + y - 4z = 0 \\ x - 5y + 2z = 1 \\ 6x + y = 3 \end{cases}$ indica quali fra le seguenti indicazioni ritieni più utili per procedere alla sua risoluzione:

**a.** ricavare $y$ dalla terza equazione e sostituire l'espressione trovata nelle prime due
**b.** sommare membro a membro le prime due equazioni
**c.** ricavare $x$ dalla prima equazione e contemporaneamente $y$ dalla terza
**d.** moltiplicare la seconda equazione per 2 e poi sommare membro a membro le prime due.

**98** Per risolvere il sistema $\begin{cases} x - y + 2z = 1 \\ -x + 2y + z = 3 \\ x + 3y - z = -2 \end{cases}$ si può:

**a.** sommare membro a membro le tre equazioni e sostituire l'equazione trovata al posto di una delle tre;
**b.** ricavare $x$ dalla prima equazione e sostituire l'espressione trovata nelle altre due;
**c.** sommare membro a membro la seconda e la terza equazione e sostituire l'equazione trovata o alla seconda o alla terza equazione;
**d.** sommare membro a membro la seconda e la terza equazione e sostituire l'equazione trovata alla prima.

Una sola delle precedenti affermazioni porta alla costruzione di un sistema non equivalente a quello dato. Individuala e motiva la risposta.

**99** Per risolvere il sistema $\begin{cases} 2x + y - z = 0 \\ x + y + z = 1 \\ x - y - z = 5 \end{cases}$ non è opportuno:

**a.** ricavare $z$ dalla prima equazione e sostituire l'espressione trovata nelle altre due;
**b.** ricavare $x$ dalla prima equazione e sostituire l'espressione trovata nelle altre due;
**c.** ricavare $y$ dalla seconda equazione, $x$ dalla terza e sostituire le due espressioni trovate nella prima equazione;
**d.** sommare membro a membro la seconda e la terza equazione e sostituire l'equazione trovata o alla seconda o alla terza equazione.

## Applicazione

*Risolvi i seguenti sistemi applicando il metodo che ritieni più opportuno.*

**100** **ESERCIZIO GUIDATO**

$$\begin{cases} 2x + y - z = -1 \\ x + y - 4z = -3 \\ 3x + 5y - 6z = 1 \end{cases}$$

Ricaviamo la variabile $y$ dalla prima equazione e sostituiamo l'espressione trovata nelle altre due:

$\begin{cases} y = -2x + z - 1 \\ x + (-2x + z - 1) - 4z = -3 \\ 3x + 5(-2x + z - 1) - 6z = 1 \end{cases}$ $\rightarrow$ $\begin{cases} y = -2x + z - 1 \\ x + 3z = 2 \\ 7x + z = -6 \end{cases}$

Ricaviamo adesso l'espressione di $x$ dalla seconda equazione e sostituiamo nella terza:

$\begin{cases} y = -2x + z - 1 \\ x = 2 - 3z \\ 7(2 - 3z) + z = -6 \end{cases}$ $\rightarrow$ $\begin{cases} y = -2x + z - 1 \\ x = 2 - 3z \\ 20z = 20 \end{cases}$ $\rightarrow$ $\begin{cases} y = -2x + z - 1 \\ x = 2 - 3z \\ z = 1 \end{cases}$

Procediamo adesso a ritroso nelle equazioni per trovare i valori delle altre variabili:

$$\begin{cases} y = -2x + z - 1 \\ x = 2 - 3 \\ z = 1 \end{cases} \rightarrow \begin{cases} y = 2 + 1 - 1 \\ x = -1 \\ z = 1 \end{cases} \rightarrow \begin{cases} y = 2 \\ x = -1 \\ z = 1 \end{cases}$$

La soluzione del sistema è la terna $(x, y, z) = (-1, 2, 1)$.

**101** **ESERCIZIO GUIDATO**

Risolvi il seguente sistema completando i passaggi indicati: $\begin{cases} x - 2y + z = -1 \\ 2x + y - z = 4 \\ x + y + 3z = -5 \end{cases}$

Ricava l'espressione di $x$ dalla prima equazione e sostituisci:

$$\begin{cases} x = \dots \\ 2(\dots) + y - z = 4 \\ \dots + y + 3z = -5 \end{cases} \rightarrow \begin{cases} x = \dots \\ 5y - 3z = 6 \\ 3y + 2z = -4 \end{cases}$$

Moltiplica la seconda equazione per 2 e la terza per 3 e poi riduci:

$$\begin{cases} x = \dots \\ \dots = 12 \\ \dots = -12 \end{cases} \rightarrow \begin{cases} x = \dots \\ 19y = 0 \\ 3y + 2z = -4 \end{cases}$$

Dalla seconda equazione ricavi che $y = \dots$ quindi il sistema diventa:

$$\begin{cases} x = \dots \\ y = \dots \\ 3y + 2z = -4 \end{cases} \text{ da cui la soluzione } \begin{cases} x = \dots \\ y = \dots \\ z = \dots \end{cases} \quad [S = \{(1, 0, -2)\}]$$

**102** $\begin{cases} 3x + 2y + z = 4 \\ x - y + 2z = 3 \\ y - x = 1 \end{cases}$  $\begin{cases} 3x + 5y + z = 2 \\ x + 2y - z = -5 \\ 2y - z = -6 \end{cases}$  $[S = \{(0, 1, 2)\}; S = \{(1, -1, 4)\}]$

**103** $\begin{cases} 2x + 3y + \frac{1}{2}z = 2 \\ x - y + 2z = -5 \\ 3x - 2y - z = 0 \end{cases}$  $\begin{cases} 3x + 4y - z = 5 \\ 2x - 3y + 2z = 6 \\ x + y - z = 1 \end{cases}$  $[S = \{(0, 1, -2)\}; S = \{(2, 0, 1)\}]$

**104** $\begin{cases} x - 2y + 3z = 1 \\ 3x - y + 2 = 0 \\ 2x - 4y + 6z = 2 \end{cases}$  $\begin{cases} 2x + y + 2z = 1 \\ x - 3y - 2z = -8 \\ 2(2y - z) = 5 - 2x \end{cases}$  $\left[\text{indeterminato}; S = \left\{\left(-1, 2, \frac{1}{2}\right)\right\}\right]$

**105** $\begin{cases} -3x + 4y + z + 1 = 0 \\ 6x - 2y + z = 5 \\ 6x - y - z = -2 \end{cases}$  $\begin{cases} x + y - 2z = 8 \\ 3x - y + 6z = -4 \\ 6x - 2y - 12z = 64 \end{cases}$  $[S = \{(0, -1, 3)\}; S = \{(4, -2, -3)\}]$

**106** $\begin{cases} 4x + y - 3z = 1 \\ 2x - y - z = 2 \\ 2x - y = z + 5 \end{cases}$  $\begin{cases} x + 2y - z = -2 \\ 3x - y + z = 12 \\ x + 5y = -7 \end{cases}$  $[S = \emptyset; S = \{(3, -2, 1)\}]$

Cap. 1: *I sistemi lineari*

**107** $\begin{cases} 5x + 6y + 8z = -1 \\ 2y - 4x + 3z = -6 \\ 3(x+y) - 5z = 0 \end{cases}$ $\begin{cases} 2(x-y) + z = 0 \\ x = 2(y+z) - 1 \\ 2z - 3 = x + y \end{cases}$ $\left[ S = \{(1, -1, 0)\}; S = \left\{ \left( -1, -\dfrac{2}{3}, \dfrac{2}{3} \right) \right\} \right]$

**108** $\begin{cases} -3x + 4y - 3z = -5 \\ 4y - 5x + 2z = -4 \\ 3x - 5y + 4z = 5 \end{cases}$ $\begin{cases} -2[3(x-y) + z] = x + 10 \\ z - 4(2x - 1) = y + 1 \\ y - 3[-(x+z) - y) = -2 \end{cases}$ $[S = \{(2, 1, 1)\}; S = \{(0, 1, -2)\}]$

**109** $\begin{cases} 3(x+2) - 5z = 15 - 2y \\ 2(x-y) + 1 = 3z \\ z + 2y = 3(x+1) \end{cases}$ $\begin{cases} 3y + z = x - 1 \\ 2(x+y) = x + 4 \\ z - 1 = 3(y+2) \end{cases}$ $\left[ S = \{(0, 2, -1)\}; S = \left\{ \left( 5, -\dfrac{1}{2}, \dfrac{11}{2} \right) \right\} \right]$

**110** $\begin{cases} 1 + 2(x - 2y) = 1 - 3z \\ x + 3(y - z) = 4 \\ 2(2x - y - z) - 7 = -3y \end{cases}$ $\begin{cases} z + 2y = 5 \\ x - 3 = 2(y+2) \\ \dfrac{x-1}{3} = \dfrac{y+1}{2} \end{cases}$ $[S = \{(1, -1, -2)\}; S = \{(-11, -9, 23)\}]$

**111** $\begin{cases} \dfrac{x+z}{3} + y = 1 \\ 2x - y + z = 7 \\ \dfrac{x - 2y + 2z}{4} = \dfrac{1}{2} \end{cases}$ $\begin{cases} \dfrac{1}{2}(3y + 2z) = \dfrac{x-1}{4} \\ \dfrac{x - y + 1}{2} = z + 1 \\ 4y - 3x = 1 \end{cases}$ $\left[ S = \{(4, 0, -1)\}; S = \left\{ \left( 0, \dfrac{1}{4}, -\dfrac{5}{8} \right) \right\} \right]$

**112** $\begin{cases} x + \dfrac{5}{4}y + \dfrac{1}{2}z = -\dfrac{1}{4} \\ \dfrac{1}{3}x - \dfrac{1}{2}y + \dfrac{2}{3}z = \dfrac{1}{6} \\ x - \dfrac{1}{4}y + z = 0 \end{cases}$ $\begin{cases} \dfrac{1}{3}x - \dfrac{1}{6}y = z + 2 \\ \dfrac{z - 4y}{3} + \dfrac{x+y}{2} = \dfrac{7}{6} \\ \dfrac{2x - y}{4} = \dfrac{5}{2} - y + z \end{cases}$ $\left[ S = \left\{ \left( -\dfrac{1}{2}, 0, \dfrac{1}{2} \right) \right\}; S = \{(3, 0, -1)\} \right]$

**113** $\begin{cases} \dfrac{2x+y}{4} - 2 = \left( 1 - \dfrac{5}{6} \right)z \\ \dfrac{1}{3}x - \dfrac{1}{2}y = \dfrac{1}{4}(12 - z) \\ x + 6y - 6 - 2z = 0 \end{cases}$ $\begin{cases} \dfrac{x-1}{2} = y - \dfrac{1}{4}z + 1 \\ 2x - y - z = 1 \\ \dfrac{x+2}{3} - \dfrac{y+z}{2} + \dfrac{5}{6} = 0 \end{cases}$ $[S = \{(6, 4, 12)\}; S = \{(3, 1, 4)\}]$

**114** $\begin{cases} \dfrac{1}{2}(x+y) - \dfrac{3}{4}z = 2 \\ \dfrac{x-y}{3} + \dfrac{1}{2}z = 1 \\ x - 2y = \dfrac{1}{2}z \end{cases}$ $\begin{cases} x - y - z + 1 = 0 \\ \dfrac{x - 3y}{6} - 2z = -\dfrac{5}{3} \\ x + \dfrac{z-3}{4} = y - \dfrac{1}{2} \end{cases}$ $\left[ S = \left\{ \left( \dfrac{7}{2}, \dfrac{11}{7}, \dfrac{5}{7} \right) \right\}; S = \{(-1, -1, 1)\} \right]$

**115** $\begin{cases} x - 4y + z = -1 \\ \dfrac{1}{6}x + (y-1)^2 + \dfrac{1}{2}z = y^2 \\ \dfrac{1}{3}x + (x+3)(x-2) + z = x^2 \end{cases}$ $\begin{cases} x + \dfrac{y - 3z}{2} = 3 \\ y - 3x = -5 - z \\ \dfrac{x + y - 2z}{6} = \dfrac{2}{3} \end{cases}$ $\left[ S = \left\{ \left( \dfrac{3}{2}, \dfrac{13}{8}, 4 \right) \right\}; S = \{(3, 3, 1)\} \right]$

Cap. 1: *I sistemi lineari* **189**

**116** $\begin{cases} 2(x-1)^2 + 3y - 2z = 2x^2 \\ 4x - 2y + z = 0 \\ -8x + 4y - z = 4 \end{cases}$ $\begin{cases} x + y = \dfrac{1-z}{2} \\ 3(x - y - 1) = z - x \\ \dfrac{3}{2} - z = x + y \end{cases}$ $\left[ S = \{(0, 2, 4)\};\ S = \left\{ \left( \dfrac{1}{2}, -1, 2 \right) \right\} \right]$

**117** $\begin{cases} \dfrac{3x - z}{4} = \dfrac{y + 1}{6} \\ 3y - x = 4 \\ \dfrac{x + y}{2} = z - 2 \end{cases}$ $\begin{cases} 2(x + 3) - 21 = z - y \\ x - y - z = -1 \\ \dfrac{2x - y - z}{x + 1} = \dfrac{3}{5} \end{cases}$ $[S = \{(2, 2, 4)\};\ S = \{(4, 6, -1)\}]$

**118** $\begin{cases} \dfrac{3y}{x - z} + 1 = \dfrac{4}{x - z} \\ 2\left( \dfrac{x - 3}{y} \right) - 1 = -\dfrac{2z}{y} \\ x + y + z = 6 \end{cases}$ $\begin{cases} \dfrac{3x - z}{1 - 2y} = 1 \\ 6x - 2y + z = 2 \\ \dfrac{4x - 1}{z} + 1 = \dfrac{8y}{3z} \end{cases}$ $[S = \{(1, 2, 3)\};\ S = \varnothing]$

## I sistemi e la legge di annullamento del prodotto

*Risolvi i seguenti sistemi di grado superiore al primo, applicando la legge di annullamento del prodotto.*

**119** **ESERCIZIO GUIDATO**

$\begin{cases} y(x + 1) = 0 \\ 3x - 2y = 3 \end{cases}$

Applicando la legge di annullamento del prodotto alla prima equazione il sistema è equivalente ai due seguenti:

$\begin{cases} y = 0 \\ 3x - 2y = 3 \end{cases}$ $\vee$ $\begin{cases} x + 1 = 0 \\ 3x - 2y = 3 \end{cases}$

Risolvendo i due sistemi otteniamo: $\begin{cases} y = 0 \\ x = 1 \end{cases}$ $\vee$ $\begin{cases} x = -1 \\ y = -3 \end{cases}$ $\rightarrow$ $S = \{(1, 0), (-1, -3)\}$

**120** $\begin{cases} (x - 1)(y + 2) = 0 \\ x - 2y + 3 = 0 \end{cases}$ $[S = \{(-7, -2); (1, 2)\}]$

**121** $\begin{cases} y(2x + 3) = 2x + 3 \\ 3x + y = 5 \end{cases}$ $\left[ S = \left\{ \left( -\dfrac{3}{2}, \dfrac{19}{2} \right); \left( \dfrac{4}{3}, 1 \right) \right\} \right]$

**122** $\begin{cases} xy - y = 2 - 2x \\ x + 3y = 0 \end{cases}$ $\left[ S = \left\{ \left( 1, -\dfrac{1}{3} \right); (6, -2) \right\} \right]$

**123** $\begin{cases} (2x - y)(2x - 1) = 1 - 4x^2 \\ x + y = 1 \end{cases}$ $\left[ S = \left\{ (0, 1); \left( \dfrac{1}{2}, \dfrac{1}{2} \right) \right\} \right]$

**124** $\begin{cases} x^2 - 2xy + y^2 = 2x - 2y \\ 2x - 3y = 4 \end{cases}$ $[S = \{(2, 0); (-4, -4)\}]$

**125** $\begin{cases} x^2 - 3xy + 2y^2 = 3x - 6y \\ x + y - 1 = 0 \end{cases}$ $\left[ S = \left\{ (2, -1); \left( \frac{2}{3}, \frac{1}{3} \right) \right\} \right]$

# PROBLEMI CHE SI RISOLVONO CON I SISTEMI

teoria a pagina 22

## Comprensione

**126** Per comprare 5 quaderni e 2 biro si spendono € 14,70; per il doppio dei quaderni e una sola biro si spendono € 24,60. Indicando con $x$ il costo di un quaderno e con $y$ il costo di una biro:

**a.** deve essere: ① $x, y \in R$  ② $x, y \in R^+$  ③ $x, y \in N$  ④ $x, y \in Z$

**b.** il modello del problema è:

① $\begin{cases} 2x + 5y = 14{,}70 \\ x + 10y = 24{,}60 \end{cases}$   ② $\begin{cases} 5x + 2y = 24{,}60 \\ 10x + y = 14{,}70 \end{cases}$   ③ $\begin{cases} 5x + 2y = 14{,}70 \\ 10x + y = 24{,}60 \end{cases}$

**127** Un triangolo isoscele ha i lati congruenti che sono il doppio della base ed il perimetro di 30cm. Indicando con $x$ la base e con $y$ ciascun lato obliquo, il modello del problema è il sistema:

**a.** $\begin{cases} y = 2x \\ x + 2y = 30 \end{cases}$   **b.** $\begin{cases} y = 2x \\ x + y = 30 \end{cases}$   **c.** $\begin{cases} x = 2y \\ x + 2y = 30 \end{cases}$

**128** La somma di tre numeri è 286; il primo numero supera il secondo di 3, il secondo numero è uguale al doppio del terzo diminuito di 8. Indicando nell'ordine con $x, y, z$ i tre numeri:

**a.** deve essere: ① $x, y, z \in R$  ② $x, y, z \in R^+$  ③ $x, y, z \in N$  ④ $x, y, z \in Z$

**b.** il modello del problema è:

① $\begin{cases} x + y + z = 286 \\ x = y + 3 \\ y - 8 = 2z \end{cases}$   ② $\begin{cases} x + y + z = 286 \\ x = y + 3 \\ y = 2z - 8 \end{cases}$   ③ $\begin{cases} x + y + z = 286 \\ x + 3 = y \\ y - 8 = 2z \end{cases}$

## Problemi di natura algebrica

**129** **ESERCIZIO GUIDATO**

La somma di due numeri interi è 35 e si sa che la differenza tra il doppio del primo ed il triplo del secondo è 20. Trova i due numeri.

Indichiamo con $x$ e $y$ i due numeri, con $x, y \in Z$; avendo introdotto due incognite, dobbiamo scrivere due equazioni. Riscriviamo allora le informazioni del problema in funzione di queste variabili:

- la somma dei due numeri è 35: $x + y = 35$
- la differenza fra il doppio del primo e il triplo del secondo è 20: $2x - 3y = 20$

Il modello del problema è il sistema $\begin{cases} x + y = 35 \\ 2x - 3y = 20 \end{cases}$ che risolto dà $\begin{cases} x = 25 \\ y = 10 \end{cases}$

I due numeri sono quindi 25 e 10.

**130** Trova due numeri interi sapendo che il triplo del primo, sommato col numero che precede il secondo, dà 40 e che togliendo dal numero successivo al primo il doppio del secondo si ottiene 3. [12; 5]

Cap. 1: *I sistemi lineari* **191**

**131** La somma di due numeri è 17 ed il doppio del primo diminuito della quinta parte del secondo dà 1. Trova i due numeri. [2; 15]

**132** Un barattolo di marmellata pesa 250g. Dopo aver tolto $\frac{2}{5}$ del suo contenuto, il suo peso è di 170g. Calcola il peso della marmellata e del barattolo vuoto. [200g; 50g]

**133** La differenza tra i quadrati di due numeri dispari supera di 16 quella tra i quadrati dei due numeri, anch'essi dispari, immediatamente precedenti i primi. La somma dei quattro numeri considerati è 32. Trova i numeri.
(Suggerimento: indica con $2x+1$ e $2y+1$ i primi due numeri, i secondi due sono allora $2x-1$ e $2y-1$, quindi.....) [5; 7; 9; 11]

**134 ESERCIZIO GUIDATO**

Un numero di due cifre è tale che la loro somma è 15. Il numero supera di 9 quello che si ottiene scambiando tra loro la cifra delle unità con quella delle decine. Trova il numero.

Indica con $x$ la cifra delle unità e con $y$ quella delle decine; deve essere $x, y \in N$ e inoltre $x \leq 9$ e $y \leq 9$.

La prima equazione è facile da scrivere: la somma delle due cifre è 15: .....................

Per scrivere la seconda equazione ragiona così:
- il numero che ha $x$ come cifra delle unità e $y$ come cifra delle decine è $x + 10y$
- il numero che ha le cifre scambiate è $y + 10x$
- il primo numero supera di 9 il secondo: ................................. [87]

**135** In un numero di tre cifre quella delle unità è la metà di quella delle centinaia, mentre la cifra delle decine è inferiore di 1 rispetto a quella delle unità; se la somma delle tre cifre è 15, qual è il numero? [834]

**136** Calcola il numero di due cifre in cui la differenza fra il triplo della cifra delle decine e il doppio di quella delle unità è uguale a 11 mentre la loro somma aumentata della loro differenza è uguale a 14. [75]

**137** Determina tre numeri sapendo che:
- la differenza fra il primo e il secondo è uguale al terzo diminuito di 3;
- la differenza fra il primo e il doppio del secondo è pari alla differenza fra 2 e il terzo numero;
- la somma del terzo numero con il doppio del secondo vale 5. [1; 1; 3]

**138** In un numero di tre cifre la prima supera di 3 la metà della seconda; quest'ultima è il doppio della terza, che, a sua volta, supera di 5 la differenza fra le prime due. Qual è il numero? [784]

**139** Dividi il numero 150 in tre parti sapendo che la prima supera di 30 la somma delle altre due e che la differenza tra la prima e la seconda è uguale ai $\frac{5}{2}$ della terza. [90; 40; 20]

**140** Trova un numero sapendo che se lo si divide per 12 dà resto 8, se lo si divide per 7 dà resto 0 e che la somma dei quozienti ottenuti nelle due divisioni vale 164. [728]

## Problemi nel mondo reale

**141 ESERCIZIO GUIDATO**

In un cinema in cui è in programmazione un film per ragazzi, il biglietto di ingresso costa € 8,00 per gli adulti e € 6,00 per i bambini. L'incasso registrato al primo spettacolo, con un totale di 300 biglietti venduti, è stato di € 2040. Quanti sono i biglietti degli adulti e quanti quelli dei bambini?

> Dati del problema:  costo di un biglietto adulti:  € 8,00
> costo di un biglietto bambini:  € 6,00
> numero biglietti venduti:  300
> incasso totale primo spettacolo:  € 2040
>
> Da trovare: il numero di biglietti venduti divisi nelle categorie adulti e bambini.
> Indichiamo con $x$ il numero dei biglietti per gli adulti e con $y$ quello per i bambini con $x, y \in N$; avendo introdotto due incognite, dobbiamo scrivere due equazioni.
>
> Il totale dei biglietti venduti è 300:  $x + y = 300$
>
> L'incasso totale è di € 2040:  $8x + 6y = 2040$
>
> Il modello matematico del problema è il sistema: $\begin{cases} x + y = 300 \\ 8x + 6y = 2040 \end{cases}$ che risolto dà $\begin{cases} x = 120 \\ y = 180 \end{cases}$.
>
> Quindi sono stati venduti 120 biglietti per gli adulti e 180 biglietti per i bambini.

**142** Al termine del Gran Premio di Formula 1 del 2009 a Melbourne, la Ferrari di Massa ha dichiarato un peso inferiore di 10,5kg rispetto a quello della McLaren di Button. Se il peso complessivo delle due vetture è 1318,5kg, quanto pesa ciascuna? [654kg; 664,5kg]

**143** Per rinnovare un giardino si comperano 5 azalee e 6 rododendri spendendo in tutto € 199; dopo averle poste a dimora nel terreno ci si accorge che rimane lo spazio per altre piante e si acquistano ancora 3 azalee e 2 rododendri spendendo € 81. Qual è il prezzo di ciascuna pianta dei due tipi? [€ 11, € 24]

**144** Mario e Gigi fanno da tempo coppia fissa alla guida di un camion in modo da alternarsi e rispettare la normativa sui riposi. Giunti a destinazione, in attesa che gli addetti scarichino il camion, chiacchierano con il caposquadra che dice loro: "Ma da quant'è che vi vedo venire qui a consegnare la merce, non è ora di andare in pensione?"
Gigi, che è il più vecchio dei due, risponde così: "Pensa che io e Mario, che è un ragazzino perché ha 8 anni meno di me, insieme facciamo 102 anni e il primo viaggio insieme lo abbiamo fatto 25 anni fa!" Che età avevano i due quando hanno fatto il primo viaggio insieme? [22 anni e 30 anni]

**145** Al museo di Scienze Naturali il biglietto di ingresso costa € 5 per i bambini e € 10 per gli adulti. Sapendo che un giorno sono stati venduti 370 biglietti e l'incasso corrispondente è stato di € 3100, calcola quanti adulti e quanti bambini sono entrati a visitare il museo. [250; 120]

**146** Nel mese di gennaio Sandro è andato sette volte al cinema e due volte a teatro spendendo complessivamente € 116; nel mese di febbraio è andato 4 volte al cinema e 5 a teatro per una spesa complessiva di € 182. Quanto costa il biglietto di ingresso al cinema e quanto quello di ingresso a teatro? [€ 8; € 30]

**147** Al computer discount ci sono 150 scatole di CD. Alcune scatole contengono 10 CD, altre 20; sapendo che in totale ci sono 2400 CD, quante scatole da 10 e quante da 20 CD sono presenti al computer discount? [60; 90]

**148** Un negozio ha venduto scatole contenenti 6 fazzoletti ciascuna e scatole contenenti 12 fazzoletti ciascuna, per un totale di 156 fazzoletti. Il numero delle confezioni da 12 ha superato di 1 la metà di quello delle confezioni da 6. Quante confezioni di ogni tipo sono state vendute? [12; 7]

**149** Sui piatti $A$ e $B$ di una bilancia di precisione si pesano due tipi di medagliette. Si ha equilibrio ponendo 3 medaglie del primo tipo su $A$ e 4 del secondo insieme ad un peso di 5g su $B$. Si ha ugualmente equilibrio ponendo 5 medaglie del secondo tipo su $A$ e 3 medaglie dell'altro insieme allo stesso peso di 5g su $B$. Quanto pesa ciascun tipo di medaglie? [15g; 10g]

**150** Un autocarro può trasportare fino a 15q di merce. In un primo viaggio, a carico pieno, porta 40 sacchi di riso e 15 sacchi di grano. In un altro viaggio vengono trasportati metà sacchi di riso e una decina in

Cap. 1: *I sistemi lineari* **193**

più di quelli di grano; il carico risulta così alleggerito di 4q. Quanto pesa ciascun sacco di riso o di grano? [riso: 30kg; grano: 20kg]

**151** Luca colleziona etichette di spumante o champagne; ne ha in totale 630 che ha sistemato in 24 fogli di un raccoglitore apposito; alcuni di questi contengono 30 etichette, altri solo 20. Quanti sono i fogli da 30 e quanti da 20? [15, 9]

**152** Se su una bilancia a due bracci si pongono 5 caramelle e 3 cioccolatini sul primo braccio e 11 caramelle sul secondo si ottiene l'equilibrio. Successivamente si pongono 2 caramelle e 2 cioccolatini sul primo piatto e 1 cioccolatino e 2 pesetti da 2 grammi sull'altro e si riottiene l'equilibrio. Quanto pesano rispettivamente una caramella e un cioccolatino? [1g; 2g]

**153** Tre amici hanno insieme 54 anni. Sapendo che tre anni fa l'età del terzo amico superava di 3 anni l'età del primo e che fra due anni la somma delle età del secondo e del terzo amico supererà di 22 anni quella del primo, trova le età dei tre amici. [17; 17; 20]

**154** Nella libreria di Marco ci sono 149 libri. Il numero dei romanzi gialli supera di 100 quello dei libri di fantascienza i quali, a loro volta, superano di 20 i romanzi storici. Quanti libri di ciascun tipo ci sono nella libreria? [123; 23; 3]

**155** Un distributore automatico contiene tre tipi diversi di merendine che variano a seconda del prezzo: ce ne sono da € 0,50, da € 1 e da € 1,50. Sapendo che durante la giornata sono state vendute complessivamente 1200 merendine per un totale di € 1050 e che il numero di merendine vendute da € 0,50 è uguale alla somma del numero di merendine vendute degli altri due tipi, trova il numero di merendine vendute suddivise per tipo. [600; 300; 300]

**156** Maria, Lucia e Olga devono vendere al mercatino dell'usato 50 oggetti. "Io ho 6 oggetti più di Maria" dice Lucia; "Si, ma ne hai anche 8 meno di me", ribatte Olga. Quanti oggetti ciascuna delle ragazze porta al mercatino? [10; 16; 24]

**157** La combinazione di una cassaforte è composta da cinque cifre la cui somma è 27. La prima cifra è uguale alla quinta, la quarta è il loro triplo e la terza è il loro quadruplo; la somma della seconda e della terza è 17. Qual è la combinazione? [29862]

**158** Ad una riunione partecipano complessivamente 80 persone. Gli uomini sono 4 più delle donne. I ragazzi sono in totale quanti sono gli adulti (uomini e donne insieme). Quanti sono gli uomini, le donne ed i ragazzi? [22; 18; 40]

**159** Aldo e Beatrice hanno insieme 41 anni. Beatrice e Claudia ne hanno, insieme, 36; Aldo e Claudia 39. Quanti anni ha ciascun amico? [22; 19; 17]

**160** Luca fa parte di una famiglia molto numerosa: il numero delle sue sorelle è il doppio di quello dei suoi fratelli, mentre il numero delle sorelle che ogni femmina ha supera di 2 quello dei fratelli di Luca. Quanti fratelli e quante sorelle ci sono nella famiglia? [Luca ha 3 fratelli e 6 sorelle]

**161** Quando Federico chiama dal cellulare spende € 0,20 al minuto e quando riceve telefonate accumula credito per € 0,05 al minuto. Sapendo che questo mese ha speso € 27,50 e ha ricevuto telefonate per un tempo pari a $\frac{1}{3}$ di quelle fatte, quanti minuti di telefonate ha fatto Federico? [2h 30m]

**162** Quando Carlo Magno venne incoronato imperatore d'Occidente nell'800, la sua età e quella del figlio Pipino sommavano 81 anni. Alla morte di Carlo nell'814 la sua età era pari al doppio di quella di Pipino diminuita di 2 anni. A quanti anni Carlo Magno venne incoronato imperatore? [58 anni]

**163** In un rally due auto partono dalla stessa città a distanza di un'ora una dall'altra. La prima in un'ora percorre 90km mentre la seconda ne percorre 120. Dopo quanto tempo la seconda auto raggiungerà la prima? [3h]

**164** Roberto e Laura sono compagni di classe. Roberto dice: "Il numero dei miei compagni supera di 4 quello delle mie compagne" e Laura aggiunge: "Il numero delle mie compagne è i $\frac{3}{5}$ di quello dei miei compagni". Da quanti alunni è composta complessivamente la classe di Roberto e di Laura? [25]

**165** Marco vede in televisione la pubblicità del suo scooter preferito; nell'offerta, il pagamento avviene con 42 rate mensili uguali più un acconto iniziale e una maxi rata finale e complessivamente si spendono € 2500. Sapendo che l'acconto iniziale ha un importo doppio di quello della rata mensile e che la maxi rata supera di € 100 il doppio dell'acconto, calcola l'importo dell'acconto, delle rate mensili e della maxi rata finale. [rata: € 50, acconto: € 100, maxi rata: € 300]

**166** Laura si reca a fare shopping utilizzando la sua carta Bancomat. Spende $\frac{1}{5}$ dell'importo massimo utilizzabile giornalmente per un paio di jeans, poi € 20 per la ricarica del cellulare e infine $\frac{1}{3}$ di quanto rimane per un profumo. Sapendo che il residuo spendibile con la carta è di € 120, qual è l'importo massimo di spesa giornaliera con quel Bancomat? [€ 250]

**167** Nel tuo portamonete hai complessivamente € 13,50 in monete da € 0,50, da € 1 e da € 2; se in tutto hai 12 monete e quelle da € 1 sono i $\frac{3}{4}$ di quelle da € 2, quante monete di ogni tipo possiedi?
[da € 0,50 : 5, da € 1 : 3; da € 2 : 4]

**168** Luca è andato dagli zii in campagna e si sta divertendo a contare gli animali rinchiusi in due recinti. «In tutto» dice «sono 64. Ma se ne facessimo uscire 2 dal primo recinto e li mandassimo nel secondo, i due recinti ne racchiuderebbero lo stesso numero». Quanti animali ci sono in ogni recinto? [34; 30]

**169** Un'azienda stipula un contratto con un consulente che prevede che alla fine del primo anno di lavoro egli venga compensato con un'auto e con € 10000; in più gli verrà pagato il canone di affitto della casa in cui abita che è pari a $\frac{1}{3}$ del valore dell'auto. Ma dopo soli 7 mesi il consulente interrompe il rapporto di collaborazione; come compenso l'azienda gli dà solo l'auto pattuita e € 1000. Quanto valgono l'auto e il canone di affitto? [auto: € 21750; affitto: € 7250]

**170** Una botte è piena per i suoi $\frac{4}{5}$ e con tale quantità di vino si riempiono 4 botticelle più piccole avanzando 12ℓ. Se la botte fosse stata piena, con il suo contenuto si sarebbero riempite 6 botticelle. Quali sono le capacità della botte e della botticella? [90ℓ; 15ℓ]

**171** Alle elezioni del sindaco di un paese, hanno votato 12000 persone, ripartite in due seggi A e B. In A le schede valide e quelle bianche sono state rispettivamente $\frac{4}{5}$ e $\frac{2}{15}$ del totale dei votanti di quel seggio. In B le schede valide sono state $\frac{3}{5}$ e quelle bianche $\frac{1}{5}$ dei votanti di quel seggio. In tutto si sono avute 2020 schede bianche. Quanti erano i votanti in A e in B? Quante schede nulle si sono avute?
[5700 nel seggio A; 6300 nel seggio B; 1640 schede nulle]

**172** Due magliette di un certo tipo e tre di un tipo più conveniente sono costate complessivamente € 135. In una vendita promozionale il prezzo di entrambi i tipi viene ridotto del 20%, così si possono acquistare tre maglie del tipo migliore e due dell'altro spendendo € 23 in meno. Qual era il prezzo iniziale dei due tipi di magliette? [€ 30; € 25]

**173** Nelle sezioni A e B della prima classe di una stessa scuola sono stati respinti rispettivamente $\frac{1}{5}$ e $\frac{1}{4}$ dei ragazzi. All'inizio della seconda, il numero complessivo degli iscritti nelle due classi è 35. Ritiratisi 2 elementi della A, il numero degli studenti supera ora di 3 quello dei ragazzi della B. Quanti erano gli iscritti nelle classi prime A e B? [25; 20]

Cap. 1: *I sistemi lineari*

## Problemi di natura geometrica

**174** **ESERCIZIO GUIDATO**

Il lato di un triangolo isoscele supera di 3cm la base ed è anche congruente ai $\frac{5}{3}$ del lato di un quadrato; se i due poligoni hanno lo stesso perimetro, quanto misurano i lati del triangolo?

Costruiamo la figura del problema disegnando un triangolo isoscele ed un quadrato:

Scriviamo i dati del problema: $\overline{AB} = \overline{BC} + 3$

$$\overline{AB} = \frac{5}{3}\overline{DE}$$

$$2\overline{AB} + \overline{BC} = 4\overline{DE}$$

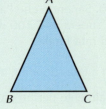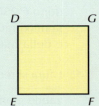

Poniamo adesso: $\overline{AB} = x$ $\overline{BC} = y$ $\overline{DE} = z$ con $x, y, z \in R^+$

Se riscriviamo i dati in funzione delle incognite, otteniamo il sistema modello del problema:

$$\begin{cases} x = y + 3 \\ x = \frac{5}{3}z \\ 2x + y = 4z \end{cases} \quad \text{che ha soluzione} \quad \begin{cases} x = 5 \\ y = 2 \\ z = 3 \end{cases}$$

I lati del triangolo misurano quindi 5cm e la base 2cm.

**175** Determina il perimetro di un triangolo $ABC$, rettangolo in $A$, sapendo che $\frac{5}{3}AC + \frac{1}{12}AB = 32$m e che $\frac{7}{6}AC - \frac{2}{3}AB = 5$m. [72m]

**176** Determina l'area di un rombo, sapendo che una diagonale è $\frac{3}{2}$ dell'altra e che la somma fra la minore, aumentata di 5cm, e la maggiore, diminuita di 3cm, è uguale a 82cm. [768cm²]

**177** È dato un triangolo isoscele $ABC$ di base $BC$ in cui l'altezza $AH$ è doppia della base. Calcola l'area del triangolo sapendo che: $\frac{1}{2}\overline{AH} + 3\overline{BC} = 80$cm. [400cm²]

**178** Dato il quadrilatero $ABCD$, la diagonale $BD$ lo divide in due triangoli tali che i $\frac{5}{8}$ dell'area del triangolo $ABD$ addizionati ad $\frac{1}{2}$ dell'area del triangolo $DBC$ hanno misura 40cm². Sapendo che l'area del quadrilatero è 75cm², calcola le aree dei due triangoli. [20cm²; 55cm²]

**179** Riprendi in esame il problema precedente nel caso in cui la somma considerata sia 50cm², anziché 40cm². Il problema ha ancora soluzione? [no, è impossibile]

**180** In un trapezio isoscele ciascun lato obliquo è congruente alla metà della somma delle basi. Calcola le misure dei lati del trapezio sapendo che il suo perimetro è 200cm e che la misura della base maggiore è i $\frac{16}{9}$ di quella della base minore. [$B = 64$cm; $b = 36$cm; $\ell = 50$cm]

**181** In un trapezio scaleno la somma delle basi è 26cm e la differenza tra i lati obliqui è 2cm. Sapendo che il lato obliquo più lungo è $\frac{3}{4}$ della base maggiore e che il perimetro misura 54cm, trova le misure dei lati del trapezio. [20cm; 15cm; 13cm; 6cm]

Cap. 1: I sistemi lineari

**182** In un trapezio rettangolo la base maggiore supera di 4cm la minore; la somma dei $\frac{3}{5}$ del lato obliquo con la metà della base minore è pari a 5cm e la somma della base maggiore con i $\frac{4}{5}$ del lato obliquo è uguale a 12cm. Calcola il perimetro del trapezio. [20cm]

**183** In un rombo la somma tra i $\frac{5}{8}$ della diagonale maggiore e i $\frac{2}{3}$ della minore è 27cm. Sapendo che la differenza delle diagonali è i $\frac{2}{7}$ della loro semisomma, calcola il perimetro del rombo. [60cm]

**184** In un triangolo isoscele il perimetro misura 160cm e la differenza tra il lato obliquo e la sesta parte della base è uguale alla semisomma del lato obliquo con metà base. Calcola l'area del triangolo. [1200cm$^2$]

**185** E' dato un rettangolo in cui la diagonale differisce da uno dei lati di 5cm e i $\frac{7}{5}$ della diagonale superano di 10cm la somma dei $\frac{2}{5}$ della diagonale con i $\frac{3}{4}$ dello stesso lato. Calcola perimetro e area del rettangolo. [70cm; 300cm$^2$]

**186** In un triangolo isoscele la differenza tra i $\frac{5}{3}$ della base e $\frac{1}{5}$ di un lato misura 27cm, mentre il perimetro è di 48cm. Calcola il perimetro e l'area del triangolo ottenuto congiungendo i punti medi dei lati del triangolo dato. [2p = 24cm; A = 27cm$^2$]

**187** In un rettangolo la misura della base è il doppio di quella dell'altezza e inoltre la differenza dei $\frac{3}{4}$ della base con i $\frac{2}{3}$ dell'altezza è 5cm. Calcola il perimetro e l'area del rettangolo. [36cm; 72cm$^2$]

**188** Il perimetro di un trapezio isoscele è 168cm; la base minore è i $\frac{7}{5}$ del lato obliquo e la base maggiore supera di 3cm i $\frac{16}{7}$ della base minore. Calcola l'area del trapezio. [A = 413cm$^2$]

**189** In un triangolo rettangolo il cateto minore è lungo 17cm, mentre la misura dell'ipotenusa supera di 1cm quella del cateto maggiore. Calcola l'area e il perimetro del triangolo. [A = 1224cm$^2$; 2p = 306cm]

**190** Determina la misura della base e dell'altezza di un triangolo isoscele, sapendo che il suo perimetro è 170a e che la somma fra i $\frac{4}{5}$ della base e i $\frac{3}{2}$ del lato obliquo è uguale a 130a. [60a; 50a]

**191** In un triangolo isoscele la somma della base con uno dei lati congruenti è il doppio della base stessa diminuita di 9cm; il perimetro del triangolo è uguale al doppio della base aumentata di 6cm. Calcola l'area del triangolo. [A = 108cm$^2$]

**192** La differenza tra il perimetro di un rombo e una sua diagonale è 42cm, mentre la somma tra un lato e il doppio della diagonale stessa è 51cm. Calcola il perimetro e l'area del rombo. [2p = 60cm; A = 216cm$^2$]

**193** Il perimetro di un trapezio isoscele è 200m e la somma della base maggiore con il triplo del lato obliquo è 230m. Calcola l'area del trapezio sapendo che il lato obliquo supera di 10m il doppio della base minore. [A = 2000m$^2$]

**194** Un trapezio rettangolo ha l'angolo adiacente alla base maggiore ampio 45°. Sapendo che la differenza tra il doppio della base maggiore e la quarta parte della minore è 60a e che la somma tra il triplo della stessa base maggiore e la metà della minore è 104a, calcola l'area del trapezio. [A = 384a$^2$]

Cap. 1: I sistemi lineari

**195** Un rettangolo e un rombo hanno la stessa area. Sapendo che la diagonale maggiore del rombo è lunga 20cm, che la diagonale minore del rombo supera di 6cm l'altezza del rettangolo e che la base del rettangolo misura 25cm, trova la lunghezza della diagonale minore del rombo. [10cm]

**196** Un trapezio isoscele ha perimetro 32a. Ciascuno dei lati obliqui è $\frac{5}{6}$ della somma delle basi; la differenza tra il doppio della base maggiore e la base minore è 12a. Calcola le misure dei lati del trapezio. [8a; 4a; 10a]

**197** In un trapezio isoscele il perimetro è 80cm, la base maggiore supera la somma dei lati obliqui di 10cm e ciascuno dei lati obliqui è inferiore al doppio della base minore di 5cm. Calcola la misura di ciascun lato del trapezio. [40cm; 10cm; 15cm]

**198** In un quadrilatero ABCD l'angolo di vertice A è retto, l'angolo in C supera di 70° quello in D e quello in B è inferiore di 10° di quello in D. Determina l'ampiezza degli angoli $\widehat{B}$, $\widehat{C}$ e $\widehat{D}$ del quadrilatero. [60°; 140°; 70°]

**199** In un quadrilatero ABCD l'angolo esterno ad $\widehat{A}$ è $\frac{3}{2}$ di $\widehat{C}$, che è uguale a $\widehat{D}$. La diagonale BD biseca $\widehat{D}$ e taglia $\widehat{B}$ in due parti delle quali $\widehat{ABD}$ è doppia della rimanente. Calcola le misure degli angoli e la natura del quadrilatero ABCD. [90°; 90°; 45°; 135°; è un trapezio rettangolo]

**200** In un trapezio ABCD la somma degli angoli $\widehat{A}$ e $\widehat{B}$, adiacenti alla base maggiore, vale i $\frac{2}{3}$ dell'angolo $\widehat{C}$ ed è la quarta parte della somma dei suoi quattro angoli. Calcola la misura di ciascuno di essi e la natura del trapezio considerato. [$\widehat{A} = \widehat{B} = 45°$; $\widehat{C} = \widehat{D} = 135°$]

**201** In un triangolo isoscele di perimetro 36m la base è $\frac{8}{5}$ del lato obliquo. Determina la lunghezza delle tre altezze del triangolo. [6m; 9,6m; 9,6m]

**202** In un trapezio isoscele la differenza tra il triplo della base maggiore e il doppio della minore è 36cm, mentre la metà della base minore è uguale al lato obliquo. Calcola il perimetro del trapezio sapendo che la base maggiore è gli $\frac{8}{3}$ del lato obliquo. [2p = 60cm]

**203** La differenza fra le lunghezze dei lati di un rettangolo è di 6m; se si aumentano entrambi i lati di 8m, l'area aumenta di 256m². Calcola il perimetro del rettangolo. [2p = 48m]

**204** Calcola l'area di un trapezio rettangolo sapendo che il lato obliquo è il doppio della base minore, che la differenza delle due basi è 30cm, mentre l'altezza è i $\frac{4}{5}$ del lato obliquo e gli $\frac{8}{11}$ della base maggiore. [A = 1600cm²]

**205** Calcola le lunghezze dei lati di un rettangolo sapendo che, diminuendo di 3m la base e aumentando della stessa lunghezza l'altezza, l'area non cambia, mentre, aumentando la base di 5m e diminuendo l'altezza di 2m, l'area aumenta di 8m². [8m; 11m]

**206** Il perimetro di un rettangolo misura 32m. Se si aggiungono 2m alla base e si tolgono 2m all'altezza, l'area del rettangolo diminuisce di 20m². Trova la misura dei lati del rettangolo. [12m; 4m]

**207** Ciascuna delle due diagonali di un trapezio isoscele è bisettrice dell'angolo adiacente alla base maggiore. Calcola le misure dei lati del trapezio sapendo che il perimetro è 78cm e che i $\frac{2}{5}$ della base maggiore sono uguali ai $\frac{3}{4}$ del lato obliquo. [b = ℓ = 16cm; B = 30cm]

**208** Un rettangolo ABCD ha perimetro che misura 20a. Sottraendo ai lati maggiori AB e CD i segmenti BE e

*CF* di misura $3a$, ed aggiungendo ad *AD* e ad *EF*, consecutivamente, i segmenti *DH* ed *FG* di misura $a$, si ottiene un quadrato. Calcola la misura delle aree del rettangolo e del quadrato. $\quad[21a^2; 16a^2]$

# Esercizi per lo sviluppo delle competenze

**1** Determina i coefficienti $h$ e $k$ del polinomio $P(x) = hx^2 + kx - 2$ in modo che si annulli per $x = \frac{1}{2}$ e $x = -2$.
$[h = 2, k = 3]$

**2** Ricordando il principio di identità dei polinomi, determina il valore dei parametri reali $h$ e $k$ in modo siano uguali le seguenti coppie di polinomi:

**a.** $P(x) = (h+1)x^2 + (h+2)x - 3 \qquad Q(x) = 2x^2 + (4k-1)x - 3 \qquad [h = 1, k = 1]$

**b.** $P(x) = 3x^2 + (2h-4)x + 1 \qquad Q(x) = (3k+5)x^2 + (k-2)x + 1 \qquad \left[h = \frac{2}{3}, k = -\frac{2}{3}\right]$

**c.** $P(x) = 3(h-1)x^2 + (3h-2)x - 2 \qquad Q(x) = (2+3k)x^2 + (k-1)x - 2 \qquad \left[h = -\frac{1}{3}, k = -2\right]$

**3** Una bottiglia di vetro piena d'acqua pesa 1,25kg. Una bottiglia di plastica vuota pesa un quinto di quella di vetro e, rispetto a questa, contiene il doppio dell'acqua; se la si riempie il suo peso è 1,6kg. Quanto pesano la bottiglia di vetro e quella di plastica? E quanta acqua contengono?
$[0,5\text{kg}; 0,1\text{kg}; 0,75\ell; 1,5\ell]$

**4** L'età di Luigi è doppia rispetto a quella di suo figlio Giorgio ed è maggiore di 4 anni rispetto a quella di sua moglie Rita. L'età di Giorgio sommata a quella dello zio Antonio è di 73 anni, mentre la somma degli anni di Rita e Luigi uguagliano il doppio di quelli di Antonio. Quanti anni hanno Luigi e Antonio?
$[50, 48]$

**5** La casa di Luca si trova sulla strada che da casa di Maria porta a quella di Enrico. Maria va da Luca, si ferma un po' da lui, torna a casa a cambiarsi e poi va da Enrico percorrendo in questo modo un totale di 2,8km. Enrico invece va direttamente da Maria, ma non trovandola si dirige verso casa. Quando gli mancano i $\frac{2}{5}$ del tragitto da casa di Maria alla sua ha percorso un totale di 3,2km. Quanto distano le case di Maria e Enrico da quella di Luca?
$[400\text{m}, 1600\text{m}]$

**6** Un corriere compie un viaggio cambiando macchina a metà strada e prendendone una che è il 50% più veloce della prima, impiegandoci in questo modo 12 ore. In un secondo viaggio lungo lo stesso percorso, il cambio avviene 360km dopo la metà e il corriere impiega 1 ora in più. Calcola quanto è lungo il viaggio e la velocità media delle due vetture.
$[1728\text{km}; 120\text{km/h}; 180\text{km/h}]$

**IL CAPITOLO SI COMPLETA CON:**

# Test Finale

*Risolvi ciascun sistema col metodo indicato.*

**1** $\begin{cases} 3x + 2y - 4 = 0 \\ 6x - y = 2 \end{cases}$ col metodo di sostituzione  0,5 punti

**2** $\begin{cases} x + 5y - 11 = 0 \\ 5x + 2y = 9 \end{cases}$ col metodo di riduzione  0,5 punti

**3** $\begin{cases} 7x - 4y = -1 \\ 5x + 8y = 2 \end{cases}$ col metodo di Cramer  0,5 punti

*Risolvi i seguenti sistemi col metodo che ritieni più opportuno.*

**4** $\begin{cases} \dfrac{2x-1}{2} - \dfrac{x-y}{4} + \dfrac{1}{4} = \dfrac{3x}{2} \\ \dfrac{x}{4} + \dfrac{y-2x}{6} + \dfrac{1}{4} = 0 \end{cases}$  1 punto

**5** $\begin{cases} 3y - \dfrac{1}{2}\left(x - \dfrac{y+1}{2}\right) = 0 \\ \dfrac{x - 2y + 3}{3} - 2\left(x + \dfrac{3y-x}{2}\right) = 1 - x \end{cases}$  1 punto

**6** $\begin{cases} 2x + y - 3z = 5 \\ x - y + z = 1 \\ 3y + 4z = 3 \end{cases}$  1 punto

**7** $\begin{cases} x + 2\left(x - \dfrac{y+z}{3}\right) = 1 \\ \dfrac{y-2}{4} + \dfrac{x-3}{2} - \dfrac{z+5}{3} = 0 \\ 3x - y = z + 1 \end{cases}$  1,5 punti

*Risolvi i seguenti problemi.*

**8** Un libraio osserva che ha venduto 32 libri dal primo scaffale e 91 dal secondo; in questo modo i libri rimasti nel primo scaffale sono esattamente il doppio di quelli rimasti nel secondo. Quanti libri c'erano all'inizio su ogni scaffale se i due scaffali contenevano lo stesso numero di libri?  2 punti

**9** In un trapezio rettangolo la somma delle diagonali supera di 20cm i $\dfrac{5}{4}$ dell'altezza, una diagonale è i $\dfrac{4}{3}$ dell'altra e i $\dfrac{5}{3}$ dell'altezza superano di 5cm la diagonale minore. Trova l'area del trapezio.  2 punti

Cap. 1: *I sistemi lineari*

# Soluzioni

**1** $S = \left\{\left(\frac{8}{15}, \frac{6}{5}\right)\right\}$

**2** $S = \{(1, 2)\}$

**3** $S = \left\{\left(0, \frac{1}{4}\right)\right\}$

**4** $S = \{(-1, -2)\}$

**5** $S = \left\{\left(\frac{11}{9}, \frac{1}{9}\right)\right\}$

**6** $S = \{(2, 1, 0)\}$

**7** $S = \left\{\left(\frac{1}{3}, 6, -6\right)\right\}$

**8** 150 per ogni scaffale

**9** 150 cm$^2$

| Esercizio | 1 | 2 | 3 | 4 | 5 | 6 | 7 | 8 | 9 | |
|---|---|---|---|---|---|---|---|---|---|---|
| **Punteggio** | | | | | | | | | | |

Valutazione in decimi

Cap. 1: *I sistemi lineari*

# MATEMATICA & SCIENZE

## I sistemi e la dieta

Per una dieta equilibrata si sa che occorre bilanciare l'apporto di proteine, grassi, carboidrati e che gli alimenti devono dare un corretto apporto di calorie. Supponi, per esempio, che, in una certa dieta, la colazione debba fornire 13 grammi di proteine, 7 grammi di grassi, 116 grammi di carboidrati con un apporto di calorie pari a 570 e che i cibi previsti siano pane, marmellata, latte e zucchero. Ogni 100 grammi di questi alimenti danno l'apporto indicato nella seguente tabella:

|  | pane | marmellata | latte | zucchero |
|---|---|---|---|---|
| **calorie** | 306 | 242 | 61 | 400 |
| **proteine (in g)** | 8,2 | 0,5 | 3,15 | 0 |
| **grassi (in g)** | 0,4 | 0 | 3,27 | 0 |
| **carboidrati (in g)** | 67,5 | 64,4 | 4,78 | 100 |

Quale quantità di ciascun alimento si deve consumare in questa dieta?

Per risolvere il problema indica con $x$, $y$, $z$ e $k$ le quantità di ciascun alimento e scrivi le quattro equazioni che danno la quantità massima di calorie, proteine, grassi e carboidrati. Risolvi poi il sistema da esse formato arrotondando ad un numero intero di grammi. [pane : 77g; marmellata : 48g; latte : 205g; zucchero : 24g]

**Cap. 1:** *I sistemi lineari*

# MATEMATICA DELLA VITA QUOTIDIANA

### I mercatini di Natale

In una città è attiva una Associazione ONLUS (Organizzazione Non Lucrativa di Utilità Sociale) che raccoglie fondi per realizzare diversi progetti. Uno di questi ha come obiettivo l'acquisto di libri scolastici per bambini e ragazzi le cui famiglie si trovano in difficoltà economiche. A questo progetto partecipano numerosi ragazzi, fra cui anche alcuni studenti delle scuole superiori, i quali hanno deciso di preparare degli oggetti da vendere nei mercatini durante il periodo che precede le feste natalizie.

Si ritrovano due sere la settimana nella sede dell'Associazione e producono bambole realizzate con gli strofinacci da cucina, pulcini realizzati con le presine, scatole di legno in decoupage di diverse misure.
Per fare una bambola occorrono tre strofinacci per realizzare l'abito, una pallina di polistirolo per la testa e una presina per il cappello; per fare un pulcino occorre una pallina di polistirolo per formare il corpo e tre presine, le scatole sono di tre misure diverse e vengono ricoperte con l'apposita carta decorata e successivamente verniciate con una vernice trasparente lucida.
I ragazzi lavorano gratuitamente, ma il materiale va acquistato e il prezzo di vendita di ciascun oggetto non solo deve coprire le spese, ma deve anche dare un margine adeguato allo scopo per cui vengono realizzate.
Tutto il materiale per le bambole e i pulcini viene acquistato in pacchi da 100 ai seguenti prezzi: gli strofinacci da cucina a € 120, le presine a € 60, le palline di polistirolo a € 20. Inoltre per realizzare una bambola servono in media € 0,80 di decorazioni, per realizzare un pulcino servono € 0,50 di decorazioni.
Le scatole grezze costano € 5 l'una la misura più piccola, € 8 quella media, € 10 quella grande e vengono acquistate singolarmente; per la decorazione si spendono in media € 2, € 3 ed € 4 nell'ordine per ogni scatola.
Per il prezzo di vendita, si decide di applicare una ricarica dell'80% sul costo di ogni oggetto e, per non avere problemi con i centesimi di Euro, di arrotondare all'Euro superiore.
Aiutiamo i ragazzi a fare un po' di conti.

1. Dalla vendita delle bambole e dei pulcini si sono ricavati € 500 e le bambole vendute sono state il doppio dei pulcini. La vendita delle scatole ha dato un ricavo di € 1080 e si sono vendute 5 scatole medie in più di quelle piccole e 10 scatole grandi in più di quelle medie.
   Quanti oggetti di ciascun tipo sono stati venduti?
   Tenendo presente le quantità che sono state necessarie per realizzare gli oggetti, qual è stato il guadagno al netto delle spese sostenute?  [40 bambole, 20 pulcini, 10 scatole piccole, 15 medie, 25 grandi; € 633]

2. In una fase successiva, una persona fa una richiesta di altre 20 bambole, 15 pulcini, 4 scatole piccole, 4 medie e 2 grandi. Vale la pena di esaudire la richiesta?  [sì, si ha un guadagno nonostante i nuovi acquisti necessari]

3. Di quanto si sarebbe dovuto aumentare percentualmente il prezzo di vendita di ciascun oggetto venduto nella prima fase rispetto al costo se si voleva realizzare un guadagno netto di € 739?  [100%]

4. Da una più attenta revisione si è scoperto che le bambole vendute sono state i $\frac{5}{2}$ dei pulcini e che l'incasso è stato di € 600, mentre la vendita delle scatole ha fruttato € 1062 con un ugual numero di scatole vendute per ogni tipo. Quante bambole, pulcini e scatole sono state vendute?  [50 bambole, 20 pulcini, 18 scatole per ogni tipo]

 # gare di matematica

**1** Un secchio pieno di sabbia pesa complessivamente 9kg, riempito per metà di sabbia pesa 5kg. Quanto pesa il secchio vuoto?
  **a.** 5kg  **b.** 1kg  **c.** 2kg  **d.** 2,5kg  **e.** il peso del secchio non può essere determinato  [b.]

**2** Un gelataio prepara 20kg di gelato e lo rivende nel corso della giornata in coni piccoli da € 1,20 di due palline e coni grandi da € 1,60 di tre palline. Da ogni chilo di gelato ha ricavato 12 palline; alla fine della giornata, ha incassato in totale € 137,60. Quanti coni grandi ha venduto?
  **a.** 17  **b.** 24  **c.** 32  **d.** 43  **e.** 50  [c.]

**3** Michele si prepara all'ultimo compito in classe di matematica dell'anno; lo affronta con tranquillità, sapendo che se prenderà 10 avrà la media del 9, mentre prendendo 5 la media diverrà 8. Quanti compiti ha già fatto quest'anno Michele?
  **a.** 2  **b.** 3  **c.** 4  **d.** 5  **e.** i dati non sono sufficienti per dare la risposta  [c.]

**4** In un ufficio ci sono 84 impiegati, ciascuno dei quali conosce almeno una lingua tra l'inglese e il tedesco; inoltre il 20% di coloro che parlano l'inglese parla anche il tedesco e l'80% di coloro cha parla il tedesco parla anche l'inglese. Quanti sono gli impiegati di quell'ufficio che conoscono entrambe le lingue?
  **a.** 12  **b.** 14  **c.** 15  **d.** 16  **e.** 18  [d.]

 Math in English  *Theory on page 25*   CLIL

**1** Use the substitution method to solve: $\begin{cases} y = 0{,}6x - 10 \\ 5y - 3x = 4 \end{cases}$
  **a.** no solution  **b.** an infinite number of solutions  **c.** $(0, -8)$  **d.** $(0, 8)$  **e.** $(5, 2)$  [a.]

**2** Use the addition method to solve: $\begin{cases} 6x = 5y + 10 \\ 3x + 2y = 23 \end{cases}$
  **a.** $(4, 5)$  **b.** $(0, -2)$  **c.** $(3, 7)$  **d.** $(5, 4)$  **e.** $(7, 1)$  [d.]

**3** If $2x + 5y = 21$ and $x + y = 3$, then what is the value of $x$?  $[-2]$

**4** A small plane travels 90 mph faster than a train. The plane travels 525 miles in the same time taken by the train to travel 210 miles. Determine the speed of the train.
  **a.** 150 mph  **b.** 100 mph  **c.** 60 mph  **d.** 70 mph  **e.** none of these  [c.]

**5** You can run 0.2 km every minute. A horse can run 0.5 km every minute, but it takes 6 minutes to saddle the horse. How far can you get before the horse catches you?  [2 km]

**6** The admission fee at a small fair is $1.50 for children and $4.00 for adults. On a certain day, 2200 people enter the fair and $5050 is collected. How many children and how many adults attended?
  [1500 children, 700 adults]

Cap. 1: *I sistemi lineari*

# Capitolo 2 — I radicali

## POTENZE E RADICI

*teoria a pagina 29*

### Comprensione

**1.** La funzione potenza $y = x^n$, con $n$ intero positivo, è invertibile per qualsiasi valore di $n$ se $x$ è:
  a. un numero reale
  b. un numero intero
  c. un numero reale positivo
  d. un numero reale positivo o nullo

**2.** La scrittura $\sqrt[4]{a^3} = 2$ equivale a:
  a. $a^3 = 2$
  b. $a^3 = 2^4$
  c. $a^4 = 2^3$

**3.** Si può calcolare la radice $n$-esima di un numero $a$
  a. solo se $a \geq 0$  V F
  b. solo se $a \geq 0$ quando $n$ è pari  V F
  c. per qualsiasi valore di $a$ quando $n$ è dispari  V F
  d. solo se $a \neq 0$ per qualsiasi valore di $n$.  V F

**4.** In $R_0^+$ il radicale $\sqrt[n]{-a}$:
  a. esiste solo se $a \geq 0$
  b. esiste per qualsiasi valore di $a$
  c. esiste solo se $a \leq 0$
  d. non esiste per nessun valore di $a$.

**5.** La scrittura $\sqrt{a} = -3$, con $a \geq 0$, equivale a:
  a. $a = 9$
  b. $a = -9$
  c. nessuna delle precedenti perché è impossibile

**6.** Il radicale $\sqrt{a+1}$ esiste in $R_0^+$:
  a. $\forall a \in R$
  b. solo se $a \in R^+$
  c. solo se $a \geq -1$
  d. solo se $a \geq 0$

### Applicazione

Calcola applicando la definizione di radice $n$-esima e considerando non negativa ciascuna lettera che eventualmente compare nel radicando.

**7.** $\sqrt[4]{81}$    $\sqrt[5]{32}$    $\sqrt[3]{8}$    $\sqrt{16}$    $\sqrt[4]{625}$

**8.** $\sqrt{\dfrac{16}{9}}$    $\sqrt[5]{243}$    $\sqrt[3]{\dfrac{27}{8}}$    $\sqrt{10^{-2}}$    $\sqrt{0{,}16}$

**9.** $\sqrt{0{,}09}$    $\sqrt{5^4}$    $\sqrt[3]{343}$    $\sqrt{0{,}36}$    $\sqrt[5]{0{,}00032}$

**10.** $\sqrt{a^{10}}$    $\sqrt[4]{b^4}$    $\sqrt[6]{c^{12}}$    $\sqrt{x^4}$    $\sqrt[3]{8a^6}$

**11.** $\sqrt[3]{a^9}$    $\sqrt[4]{b^6}$    $\sqrt[6]{c^{18}}$    $\sqrt{x^8}$

**12** $\sqrt[3]{8a^6}$     $\sqrt[5]{32b^5}$     $\sqrt{4a^4}$     $\sqrt[3]{27x^{12}}$

**13** $\sqrt{(-5)^2}$     $\sqrt{(-3)^4}$     $\sqrt{(-2)^6}$     $\sqrt[4]{(-13)^4}$

**14** $\sqrt{15^6}$     $\sqrt[3]{2^6}$     $\sqrt[4]{(-7)^8}$     $\sqrt{(-8)^2}$

**15** $\sqrt{16a^4}$     $\sqrt[7]{(xyz)^{14}}$     $\sqrt[15]{x^{30}y^{15}}$     $\sqrt[3]{0{,}008\,a^3b^6}$

**16** $\sqrt{225x^2}$     $\sqrt[4]{a^8b^{12}}$     $\sqrt[3]{27a^6x^9}$     $\sqrt{0{,}04x^2y^2}$

**17** $\sqrt{\dfrac{36}{25}x^2y^4}$     $\sqrt[3]{\dfrac{1}{27}a^3b^6}$     $\sqrt{0{,}01x^2}$     $\sqrt[3]{\dfrac{a^6b^3}{1000\,x^9}}$

**18** $\sqrt{(1+\sqrt{2})^2}$     $\sqrt[3]{(3-\sqrt{2})^3}$     $\sqrt[3]{(1-\sqrt{5})^6}$     $\sqrt{(2-\sqrt{7})^2}$

**19** $\sqrt[4]{(\sqrt{2}-\sqrt{5})^4}$     $\sqrt[4]{(\sqrt{3}-2\sqrt{2})^8}$     $\sqrt[3]{(1+\sqrt[3]{6})^3}$     $\sqrt[6]{(1-\sqrt[3]{10})^6}$

*Determina il dominio dei seguenti radicali in $R_0^+$.*

**20** $\sqrt[3]{x+1}$     $\sqrt{x^3}$     $\sqrt[4]{x^2-4}$

**21** $\sqrt[4]{2ab^2}$     $\sqrt[8]{y^2}$     $\sqrt{a^2b^3x}$

**22** $\sqrt{\dfrac{x}{x-3}}$     $\sqrt{x^2(x-1)}$     $\sqrt[3]{1-a}$

**23** $\sqrt[5]{2y+4}$     $\sqrt{3y(y+2)}$     $\sqrt[6]{2b+5}$

**24** $\sqrt{x^2-4}$     $\sqrt{9-x^2}$     $\sqrt{x^3-x}$

**25** $\sqrt[4]{\dfrac{3x-1}{x+1}}$     $\sqrt[3]{\dfrac{x}{x^2+1}}$     $\sqrt[5]{2x^3-x^2-x}$

**26** $\sqrt{\dfrac{x}{2x+3}}$     $\sqrt{\dfrac{x-9}{2x+1}}$     $\sqrt[3]{3x-1}$

*Stabilisci se le seguenti uguaglianze sono vere o false.*

**27** $\left(\sqrt[20]{a^{20}}\right)^3 = a^3$     $\left(\sqrt[14]{b^{14}}\right)^2 = b^2$     $\left(\sqrt[15]{b}\right)^{15} = b$     $\left(\sqrt[7]{a^7}\right)^{-2} = \dfrac{1}{a^2}$

**28** $\left(\sqrt[3]{a}\right)^6 = a^6$     $\left(\sqrt[15]{a^{15}}\right)^4 = a^4$     $\left(\sqrt[3]{32}\right)^3 = 32^3$     $\left(\sqrt[5]{b^{15}}\right) = b^3$

**29** $\left[\left(\sqrt[4]{a}\right)^4\right]^{-3} = a^{-3}$     $\left(\sqrt[6]{a^6}\right)^{-2} = a^{-2}$     $\left(\sqrt[7]{b^3}\right)^7 = b^3$     $\sqrt{b^4} = \sqrt[4]{b^8}$

**30** $\left(\sqrt{\dfrac{25a^4}{9}}\right)^2 = \dfrac{25}{9}a^4$     $\left(\sqrt[5]{a^3}\right)^{-5} = -a^3$     $\left(-\sqrt[3]{\dfrac{x^2}{3}}\right)^3 = -\dfrac{x^2}{3}$     $\left(-\sqrt{\dfrac{5a}{b}}\right)^2 = -\dfrac{5a}{b}$

*Calcola applicando la definizione di radicale.*

**31** $\sqrt{32+\sqrt{16}}$     $\sqrt{33+\sqrt[3]{27}}$     $\sqrt{\sqrt[3]{8}+\sqrt{4}}$     $\sqrt{8\sqrt{81}-\sqrt{64}}$     [6, 6, 2, 8]

**32** $\sqrt{3+\sqrt{31+\sqrt{25}}}$     $\sqrt{\left(3\sqrt{55-6\sqrt{81}}\right)\cdot 27}$     [3, 9]

Cap. 2: I radicali

**33** $\sqrt{19+\sqrt{27+\sqrt{72+\sqrt{80+\sqrt{1}}}}}$ [5]

**34** $\sqrt[3]{(2-\sqrt{3})^3} - \sqrt[3]{(2+\sqrt{6})^3} + \sqrt{(\sqrt{3}+\sqrt{6})^2}$ [0]

**35** $\sqrt{3 \cdot \sqrt{25-\sqrt{256}}} - \sqrt{2+\sqrt{5-1}}$ [1]

# LA SEMPLIFICAZIONE DI UN RADICALE

*teoria a pagina 31*

## Comprensione

**36** Qual è la procedura corretta per semplificare un radicale?
  **a.** Si divide l'indice della radice e l'esponente delle sole lettere per uno stesso numero non nullo.
  **b.** Si divide l'indice della radice e l'esponente del radicando per uno stesso numero intero positivo.
  **c.** Si divide l'indice della radice e l'esponente del radicando per uno stesso numero reale.

**37** Indica quali dei seguenti radicali sono stati semplificati in modo corretto:
  **a.** $\sqrt[6]{6^3 \cdot 8} = \sqrt{12}$   **b.** $\sqrt[10]{2^5 \cdot 5} = \sqrt{2 \cdot 1}$   **c.** $\sqrt[4]{4 \cdot 625} = \sqrt{2 \cdot 25}$   **d.** $\sqrt{9+36} = 3+6 = 9$

**38** Il radicale
  **a.** $\sqrt[4]{9a^2b^4}$ si semplifica in:   ① $\sqrt{9ab^2}$   ② $\sqrt{3a|b^2|}$   ③ $\sqrt{3|a|b^2}$   ④ $\sqrt{9|a|b^2}$
  **b.** $\sqrt[12]{4a^6}$ si semplifica in:   ① $\sqrt[6]{2a^3}$   ② $\sqrt{4a}$   ③ $\sqrt[6]{2|a^3|}$   ④ $\sqrt{4|a|}$

**39** Stabilisci se le seguenti uguaglianze sono vere o false motivando la risposta in base alle proprietà dei radicali:
  **a.** $\sqrt{a^2+b^4} = a+b^2$  V F
  **b.** $\sqrt[6]{a^2x^6} = \sqrt[3]{ax^3}$  V F
  **c.** $\sqrt[6]{3b^3} = \sqrt{3b}$  V F
  **d.** $\sqrt{2(a-3)} = \sqrt[3]{2^3(a-3)^3}$  V F
  **e.** $\sqrt[8]{b^4} = \sqrt{b}$   se $b \geq 0$  V F
  **f.** $\sqrt[6]{a^4} = \sqrt[3]{a^2}$  V F
  **g.** $\sqrt[3]{x^3+8} = x+2$  V F

**40** Indica quali delle seguenti uguaglianze sono vere:
  **a.** $\sqrt[3n]{a^{n+3}} = \sqrt[n]{a^n}$   **b.** $\sqrt[2n]{32} = \sqrt[n]{5}$   **c.** $\sqrt[k]{5} = \sqrt[2k]{10}$   **d.** $\sqrt[4]{a^2b^4} = \sqrt{|a|b^2}$

**41** Semplificando il radicale $\sqrt[6]{25x^2y^6}$ si ottiene:
  **a.** $\sqrt[3]{5xy^3}$   **b.** $\sqrt[3]{25xy^3}$   **c.** $\sqrt[3]{5xy^2}$   **d.** $\sqrt[3]{5|xy^3|}$

**42** Semplificando il radicale $\sqrt[6]{x^2-6x+9}$ si ottiene:
  **a.** $\sqrt[3]{x-3}$   **b.** $\sqrt[3]{|x-3|}$   **c.** $\sqrt[3]{3-x}$   **d.** $\sqrt[3]{x+3}$

Cap. 2: *I radicali*

**43** Semplificando il radicale $\sqrt{(x-1)^2}$ si ottiene:

    **a.** $x-1$      **b.** $1-x$      **c.** $|x-1|$      **d.** $\pm(x-1)$

**44** Semplificando il radicale $\sqrt[9]{a^3 b^{15}}$ si ottiene:

    **a.** $\sqrt[3]{ab^5}$      **b.** $\sqrt[3]{|a|b^5}$      **c.** $\sqrt[3]{|ab^5|}$      **d.** $\sqrt[3]{a|b^5|}$

## Applicazione

*Completa le seguenti uguaglianze.*

**45** **ESERCIZIO GUIDATO**

$\sqrt{12} = \sqrt[4]{\cdots}$

L'indice della radice è stato moltiplicato per 2, anche l'esponente del radicando deve essere moltiplicato per lo stesso numero; quindi

$\sqrt{12} = \sqrt[4]{12^2} = \sqrt[4]{144}$

**46** **ESERCIZIO GUIDATO**

$\sqrt[15]{27 a^3 b^6} = \sqrt[5]{\cdots}$

L'indice della radice è stato diviso per 3, anche l'esponente del radicando deve esserlo. Quindi poiché

$\sqrt[15]{27 a^3 b^6} = \sqrt[15]{(3ab^2)^3}$     si ha     $\sqrt[15]{27 a^3 b^6} = \sqrt[5]{3ab^2}$

**47** $\sqrt[3]{2} = \sqrt[6]{\cdots}$      $\sqrt[4]{81} = \sqrt{\cdots}$      $\sqrt{9} = \sqrt[6]{\cdots}$      $\sqrt[3]{4} = \sqrt[6]{\cdots}$

**48** $\sqrt{a^2} = \sqrt[4]{\cdots}$      $\sqrt[3]{27} = \sqrt[9]{\cdots}$      $\sqrt[15]{2^{10}} = \sqrt[3]{\cdots}$      $\sqrt{8} = \sqrt[4]{\cdots}$

**49** $\sqrt{6} = \sqrt[4]{\cdots}$      $\sqrt[4]{2^6} = \sqrt{\cdots}$      $\sqrt[6]{18^2} = \sqrt[3]{\cdots}$      $\sqrt[4]{a} = \sqrt[8]{\cdots}$

**50** $\sqrt{b} = \sqrt[4]{\cdots}$      $\sqrt[12]{b^3} = \sqrt[4]{\cdots}$      $\sqrt[12]{a^8} = \sqrt[3]{\cdots}$      $\sqrt{b^3} = \sqrt[8]{\cdots}$

**51** $\sqrt[3]{7^2 \cdot 8} = \sqrt[6]{\cdots}$      $\sqrt{2^3 \cdot 3} = \sqrt[4]{\cdots}$      $\sqrt[3]{a^2} = \sqrt[9]{\cdots}$      $\sqrt[3]{2ax^2} = \sqrt[6]{\cdots}$

**52** $\sqrt{x^2 y^5} = \sqrt[4]{\cdots}$      $\sqrt[3]{5a^2 bc} = \sqrt[9]{\cdots}$      $\sqrt[4]{9} = \sqrt{\cdots}$      $\sqrt{2x} = \sqrt[6]{\cdots}$

*Determina in quali casi è possibile completare le seguenti uguaglianze, motivando le tue risposte.*

**53** $\sqrt[6]{3a^2 b^4} = \sqrt[3]{\cdots}$      $\sqrt{2ab^3} = \sqrt[5]{\cdots}$

**54** $\sqrt[3]{\dfrac{1}{2} xy^2} = \sqrt[6]{\cdots}$      $\sqrt[8]{4x^2 y^4} = \sqrt[4]{\cdots}$

**55** $\sqrt[4]{9x^2 y^3} = \sqrt{\cdots}$      $\sqrt[3]{\dfrac{4}{5} ax^2} = \sqrt[9]{\cdots}$

**56** $\sqrt{a+b} = \sqrt[3]{\cdots}$      $\sqrt[3]{x^3 - y} = \sqrt[6]{\cdots}$

*Riconosci, fra i seguenti radicali, quelli irriducibili e spiega perché sono tali.*

**57 ESERCIZIO GUIDATO**

**a.** $\sqrt[3]{24} = \sqrt[3]{3 \cdot 2^3}$  Non potendo dividere l'indice della radice e l'esponente del radicando per uno stesso numero, il radicale è irriducibile.

**b.** $\sqrt[6]{9a^4b^6} = \sqrt[6]{(3a^2b^3)^2}$  Poiché l'indice della radice e l'esponente del radicando hanno come fattore comune 2, il radicale è riducibile.

**c.** $\sqrt[5]{9x^2y^4} = \sqrt[5]{(3xy^2)^2}$  Poiché l'indice della radice e l'esponente del radicando sono primi fra loro, il radicale è irriducibile.

**58** $\sqrt[4]{25}$;     $\sqrt[3]{15}$;     $\sqrt[6]{32}$

**59** $\sqrt[4]{32}$;     $\sqrt[6]{16}$;     $\sqrt[10]{32}$

**60** $\sqrt[7]{14}$;     $\sqrt[4]{28}$;     $\sqrt[6]{27}$

**61** $\sqrt{20}$;     $\sqrt[4]{64}$;     $\sqrt[3]{21}$

**62** $\sqrt{26}$;     $\sqrt[5]{25}$;     $\sqrt[8]{64}$

**63** $\sqrt{a^3}$;     $\sqrt[5]{5a}$;     $\sqrt[10]{a^5}$

**64** $\sqrt[4]{b^{16}}$;     $\sqrt[3]{3a^3}$;     $\sqrt[4]{8a^8}$

*Semplifica i seguenti radicali.*

**65 ESERCIZIO GUIDATO**

**a.** $\sqrt[8]{16}$

Scomponiamo il radicando in fattori primi  $\sqrt[8]{2^4}$

Dividiamo per 4 l'indice della radice e l'esponente del radicando  $\sqrt{2}$

In definitiva  $\sqrt[8]{16} = \sqrt{2}$

**b.** $\sqrt[6]{3600}$

Scomponiamo il radicando in fattori primi  $\sqrt[6]{2^4 \cdot 3^2 \cdot 5^2}$

Dividiamo per 2 l'indice della radice e l'esponente del radicando  $\sqrt[3]{2^2 \cdot 3 \cdot 5}$

In definitiva  $\sqrt[6]{3600} = \sqrt[3]{2^2 \cdot 3 \cdot 5} = \sqrt[3]{60}$

**66** $\sqrt[6]{64}$;     $\sqrt[4]{25}$;     $\sqrt[3]{27}$     $[2; \sqrt{5}; 3]$

**67** $\sqrt[6]{27}$;     $\sqrt[4]{36}$;     $\sqrt[4]{64}$     $[\sqrt{3}; \sqrt{6}; \sqrt{8}]$

**68** $\sqrt{6}$;     $\sqrt[8]{256}$;     $\sqrt[6]{100}$     $[\sqrt{6}; 2; \sqrt[3]{10}]$

**69** $\sqrt[3]{12}$;     $\sqrt[4]{196}$;     $\sqrt[3]{75}$     $[\sqrt[3]{12}; \sqrt{14}; \sqrt[3]{75}]$

**70** $\sqrt[9]{27}$;     $\sqrt[10]{32}$;     $\sqrt[6]{625}$     $[\sqrt[3]{3}; \sqrt{2}; \sqrt[3]{25}]$

Cap. 2: I radicali  209

**71** $\sqrt[4]{\dfrac{4}{25}};$   $\sqrt[6]{\dfrac{64}{27}};$   $\sqrt[4]{0{,}0025}$   $\left[\sqrt{\dfrac{2}{5}};\ \sqrt[3]{\dfrac{4}{3}};\ \sqrt{0{,}05}\right]$

**72** $\sqrt[6]{1728};$   $\sqrt[4]{2025};$   $\sqrt[8]{32400}$   $[\sqrt{12};\ \sqrt{45};\ \sqrt[4]{180}]$

**73** $\sqrt[4]{900};$   $\sqrt[6]{1000};$   $\sqrt[18]{729}$   $[\sqrt{30};\ \sqrt{10};\ \sqrt[3]{3}]$

**74** $\sqrt[4]{0{,}0081};$   $\sqrt[4]{0{,}36};$   $\sqrt[6]{0{,}027}$   $[0{,}3;\ \sqrt{0{,}6};\ \sqrt{0{,}3}]$

**75** $\sqrt[4]{4+\dfrac{9}{4}};$   $\sqrt[6]{\dfrac{81}{16}};$   $\sqrt{9-\dfrac{47}{8}}$   $\left[\sqrt{\dfrac{5}{2}};\ \sqrt[3]{\dfrac{9}{4}};\ \sqrt{\dfrac{25}{8}}\right]$

**76** $\sqrt[4]{3^2 \cdot 5^4};$   $\sqrt[4]{3^2 \cdot 2^2};$   $\sqrt[5]{2^{10} \cdot 3^5}$   $[\sqrt{75};\ \sqrt{6};\ 12]$

*Semplifica i seguenti radicali tenendo conto delle variazioni di segno dei suoi fattori letterali.*

**77 ESERCIZIO GUIDATO**

a. $\sqrt[6]{512 a^3 b^6}$

Il radicale esiste se è $a \geq 0$, mentre $b$ può assumere qualsiasi valore reale.

Scomponiamo il coefficiente numerico:   $512 = 2^9$

Semplifichiamo il radicale dividendo per 3 l'indice della radice e ciascun esponente del radicando:

$\sqrt[6]{2^9 a^3 b^6} = \sqrt{2^3 a b^2}$

Anche il radicale ottenuto ha lo stesso dominio di quello dato, quindi non si deve considerare il modulo di nessun fattore.

b. $\sqrt[4]{\dfrac{16 x^6}{9 y^2}}$

Il radicale esiste per ogni valore reale di $x$ e di $y$ con $y \neq 0$.

Semplifichiamo dopo aver scomposto il coefficiente numerico:   $\sqrt[4]{\dfrac{2^4 x^6}{3^2 y^2}} = \sqrt{\dfrac{2^2 x^3}{3 y}}$

Il radicale ottenuto esiste solo se il rapporto $\dfrac{x^3}{y}$ è positivo o nullo e poiché tale rapporto potrebbe anche essere negativo, dobbiamo considerarne il modulo; otteniamo quindi che:

$\sqrt[4]{\dfrac{16 x^6}{9 y^2}} = \sqrt{\dfrac{4}{3}\left|\dfrac{x^3}{y}\right|}$

**78** $\sqrt[6]{a^3};$   $\sqrt[4]{a^2 b^4};$   $\sqrt[9]{a^3 c^3}$   $[\sqrt{a};\ \sqrt{|a|b^2};\ \sqrt[3]{ac}]$

**79** $\sqrt[10]{x^5 y^{10}};$   $\sqrt[4]{a^8 b^4};$   $\sqrt[5]{a b^5}$   $[\sqrt{xy^2};\ a^2|b|;\ \sqrt[5]{ab^5}]$

**80** $\sqrt[15]{\dfrac{32 x^5 y^{10}}{z^{20}}};$   $\sqrt[4]{\dfrac{x^2 y^4}{25}};$   $\sqrt[6]{6 a^3 b^9}$   $\left[\sqrt[3]{\dfrac{2xy^2}{z^4}};\ \sqrt{\dfrac{1}{5}|x|y^2};\ \sqrt[6]{6a^3 b^9}\right]$

**81** $\sqrt[6]{\dfrac{1}{16} a^2 x^4};$   $\sqrt[10]{32 x^{10} y^5};$   $\sqrt[9]{\dfrac{8}{27} x^6 y^{12}}$   $\left[\sqrt[3]{\dfrac{1}{4}|a|x^2};\ \sqrt{2x^2 y};\ \sqrt[3]{\dfrac{2}{3} x^2 y^4}\right]$

**82** $\sqrt[6]{\dfrac{a^3 b^6}{c^9}};$   $\sqrt[8]{\dfrac{x^4 y^2}{z^8}};$   $\sqrt[5]{\dfrac{32}{a^{10}}}$   $\left[\sqrt{\dfrac{ab^2}{c^3}};\ \sqrt[4]{\dfrac{x^2 |y|}{z^4}};\ \dfrac{2}{a^2}\right]$

**83** $\sqrt[8]{9x^2y^4}$;   $\sqrt[6]{\dfrac{81a^2}{b^4}}$   $\left[\sqrt[4]{3}|x|y^2; \sqrt[3]{\dfrac{9|a|}{b^2}}\right]$

**84** $\sqrt[15]{\dfrac{32a^{10}}{b^{30}}}$;   $\sqrt[9]{\dfrac{27b^3}{a^6}}$   $\left[\sqrt[3]{\dfrac{2a^2}{b^6}}; \sqrt[3]{\dfrac{3b}{a^2}}\right]$

**85** $\sqrt[4]{\dfrac{4a^2}{b^4c^2}}$;   $\sqrt[6]{\dfrac{81a^2b^4}{x^2}}$   $\left[\sqrt{\dfrac{2}{b^2}}\left|\dfrac{a}{c}\right|; \sqrt[3]{9b^2}\left|\dfrac{a}{x}\right|\right]$

**86** $\sqrt[6]{\dfrac{4x^4}{y^2}}$;   $\sqrt[8]{\dfrac{16x^4y^6}{9a^2}}$   $\left[\sqrt[3]{\dfrac{2x^2}{|y|}}; \sqrt[4]{\dfrac{4x^2}{3}}\left|\dfrac{y^3}{a}\right|\right]$

**87** **Esercizio guidato**

**a.** $\sqrt[6]{\dfrac{8}{27}x^3(2x-7)^6}$

Scomponiamo il coefficiente numerico:   $\sqrt[6]{\dfrac{2^3}{3^3}x^3(2x-7)^6}$

Per l'esistenza del radicale, il fattore $x$ deve essere positivo o nullo, non è richiesta nessuna condizione sul fattore $(2x-7)$ che, essendo elevato a potenza pari, è comunque sempre non negativo.

Dividiamo indice della radice ed esponente di ciascun fattore del radicando per 3:

$$\sqrt{\dfrac{2}{3}x(2x-7)^2}$$

Poiché il fattore $(2x-7)$ continua a mantenersi non negativo, non è necessario considerarne il modulo.

**b.** $\sqrt[4]{\dfrac{4(a-2)^2}{a^2}} = \sqrt[4]{\dfrac{2^2(a-2)^2}{a^2}}$

Il radicale esiste per ogni valore di $a$ escluso lo zero; semplifichiamo il radicale:   $\sqrt{\dfrac{2(a-2)}{a}}$

Di nessun fattore letterale conosciamo il segno, quindi dobbiamo considerarne complessivamente il modulo:

$$\sqrt{2\cdot\left|\dfrac{a-2}{a}\right|}$$

**88** $\sqrt[6]{(a+2)^2}$;   $\sqrt{a^2+1}$   $\left[\sqrt[3]{|a+2|}; \sqrt{a^2+1}\right]$

**89** $\sqrt[4]{\dfrac{4}{9}(x+1)^2}$;   $\sqrt[6]{(x-1)^3}$   $\left[\sqrt{\dfrac{2}{3}}|x+1|; \sqrt{x-1}\right]$

**90** $\sqrt[4]{\dfrac{(2y+1)^2}{16}}$;   $\sqrt[9]{\dfrac{(y+2)^3}{x^3}}$   $\left[\sqrt{\dfrac{|2y+1|}{4}}; \sqrt[3]{\dfrac{y+2}{x}}\right]$

**91** $\sqrt[4]{x^8(x-8)^2}$;   $\sqrt[6]{(2x-5)^4}$   $\left[\sqrt{x^4|x-8|}; \sqrt[3]{(2x-5)^2}\right]$

**92** $\sqrt[3]{(4a-5)^3}$;   $\sqrt[6]{\dfrac{(b+1)^6}{64b^6}}$   $\left[4a-5; \dfrac{1}{2}\left|\dfrac{b+1}{b}\right|\right]$

Cap. 2: I radicali

**93** $\sqrt[4]{(2a+3)^4}$;  $\sqrt{(x-1)^4}$  $\left[|2a+3|;\ (x-1)^2\right]$

**94** $\sqrt[6]{\dfrac{9a^2b^4}{(a-b)^2}}$;  $\sqrt[4]{\dfrac{9(x+3)^2}{4(x-1)^6}}$  $\left[\sqrt[3]{3b^2}\left|\dfrac{a}{a-b}\right|;\ \sqrt{\dfrac{3}{2}}\left|\dfrac{x+3}{(x-1)^3}\right|\right]$

**95** $\sqrt[4]{27(a+1)^2}$;  $\sqrt[9]{64(a^2-4)^6}$  $\left[\sqrt[4]{27(a+1)^2};\ \sqrt[3]{4(a^2-4)^2}\right]$

## CORREGGI GLI ERRORI

**96** $\sqrt{x^2+y^2}=x+y$;  $\sqrt[6]{6(x+y)^2}=\sqrt[3]{6(x+y)}$

**97** $\sqrt[3]{3x}=\sqrt{x}$;  $\sqrt{20(x+y)^2}=20(x+y)$

**98** $\sqrt[9]{x^3+y^3}=\sqrt[3]{x+y}$;  $\sqrt[8]{(x+y)^4}=\sqrt{x+y}$

**99** $\sqrt[5]{3\cdot 5}=3$;  $\sqrt[4]{x^6y^6}=\sqrt{x^3y^3}$

**100** $\sqrt[3]{4}=\sqrt[6]{2\cdot 4}$;  $\sqrt[6]{(a+1)^2}=\sqrt[3]{a+1}$

**101** $\sqrt{x^2+y^2}=|x|+|y|$;  $\sqrt{7^2-5^2}=7-5$

## I RADICALI QUADRATICI E LE OPERAZIONI FONDAMENTALI

*teoria a pagina 35*

### La moltiplicazione, la divisione e la potenza

**Comprensione**

**102** Le uguaglianze  $\sqrt{ab}=\sqrt{a}\cdot\sqrt{b}$  e  $\sqrt{\dfrac{a}{b}}=\dfrac{\sqrt{a}}{\sqrt{b}}$  sono entrambe vere:

  **a.** per qualsiasi valore di *a* e di *b*   **b.** solo se il prodotto *ab* è positivo o nullo
  **c.** solo se il prodotto *ab* è negativo o nullo   **d.** solo se $a\geq 0$ e $b>0$.

**103** Del radicale  $\sqrt{(-8)\cdot\left(-\dfrac{1}{2}\right)}$  si può dire che:

  **a.** non esiste in $R_0^+$   **b.** è uguale a 2
  **c.** è uguale a $-2$   **d.** è la stessa cosa di $\sqrt{-8}\cdot\sqrt{-\dfrac{1}{2}}$

**104** Per elevare a potenza *m* il radicale $\sqrt{a^k}$ si deve:
  **a.** moltiplicare per *m* l'indice della radice
  **b.** moltiplicare per *m* l'esponente *k* del radicando
  **c.** moltiplicare per *m* sia l'indice della radice che l'esponente del radicando.
  Quale di queste affermazioni è corretta?

**105** Semplificando l'espressione $\dfrac{\sqrt{20} \cdot \sqrt{15}}{\sqrt{60}}$ si ottiene:

    **a.** 5      **b.** $\sqrt{5}$      **c.** $\sqrt{15}$      **d.** $\sqrt{10}$

**106** Semplificando l'espressione $\sqrt{a^2 b} : \sqrt{\dfrac{1}{2}a} \cdot \sqrt{18ab}$ sapendo che è $a > 0 \wedge b \geq 0$ si ottiene:

    **a.** $6ab$      **b.** $\sqrt{6a}$      **c.** $3ab$      **d.** $6a^2 b$

**107** L'espressione $\sqrt{(ax^2)^3}$ è uguale a:

    **a.** $\sqrt[3]{ax^2}$      **b.** $\sqrt[6]{a^3 x^6}$      **c.** $\sqrt[6]{ax^2}$      **d.** $\sqrt{a^3 x^6}$

**108** L'espressione $\left(-\sqrt{5}\right)^2 - \left(\sqrt{5}\right)^4$ è uguale a:

    **a.** $-25$      **b.** $25$      **c.** $20$      **d.** $-20$

**109** Sviluppando la potenza del seguente binomio $\left(1 - 2\sqrt{3}\right)^2$ si ottiene:

    **a.** $13$      **b.** $13 - 4\sqrt{3}$      **c.** $7 - 4\sqrt{3}$      **d.** $13 - 2\sqrt{3}$

## *Applicazione*

*Esegui le seguenti moltiplicazioni e divisioni fra radicali.*

**110** **ESERCIZIO GUIDATO**

    **a.** $\sqrt{3} \cdot \sqrt{5} = \sqrt{3 \cdot 5} = \sqrt{15}$

    **b.** $\sqrt{2a} \cdot \sqrt{9b} : \sqrt{4ab} = \sqrt{2a \cdot 9b : (4ab)} = \sqrt{\dfrac{2a \cdot 9b}{4ab}} = \sqrt{\dfrac{9}{2}}$

**111** $\sqrt{5} \cdot \sqrt{7};$      $\sqrt{50} \cdot \sqrt{2}$      $\left[\sqrt{35};\ 10\right]$

**112** $\sqrt{14} \cdot \sqrt{56};$      $\sqrt{32} \cdot \sqrt{2}$      $[28;\ 8]$

**113** $\sqrt{8} \cdot \sqrt{2};$      $\sqrt{5} \cdot \sqrt{125}$      $[4;\ 25]$

**114** $\sqrt{25} : \sqrt{5};$      $\sqrt{24} : \sqrt{6}$      $\left[\sqrt{5};\ 2\right]$

**115** $\sqrt{\dfrac{10}{7}} : \sqrt{\dfrac{15}{14}};$      $\sqrt{\dfrac{12}{5}} : \sqrt{\dfrac{6}{25}}$      $\left[\sqrt{\dfrac{4}{3}};\ \sqrt{10}\right]$

**116** $\sqrt{xy} \cdot \sqrt{x^3} \cdot \sqrt{y^3};$      $\sqrt{xy} : \sqrt{y} \cdot \sqrt{xy^2}$      $[x^2 y^2;\ xy]$

**117** $\sqrt{x^3 y} : \sqrt{x^2 y};$      $\sqrt{a^2} : \sqrt{\dfrac{1}{a}}$      $\left[\sqrt{x};\ \sqrt{a^3}\right]$

**118** $\sqrt{\dfrac{1}{a}} \cdot \sqrt{\dfrac{2}{a}} \cdot \sqrt{\dfrac{1}{2}};$      $\sqrt{\dfrac{3}{x}} \cdot \sqrt{\dfrac{1}{15}} \cdot \sqrt{\dfrac{x^2}{2}}$      $\left[\dfrac{1}{a};\ \sqrt{\dfrac{x}{10}}\right]$

**119** $\sqrt{6xy} : \sqrt{2x};$      $\sqrt{\dfrac{a}{b}} : \sqrt{\dfrac{a^2}{b^2}}$      $\left[\sqrt{3y};\ \sqrt{\dfrac{b}{a}}\right]$

**120** $\left(\sqrt{x} \cdot \sqrt{y}\right) : \left(\sqrt{xy} : \sqrt{y}\right);$      $\left(\sqrt{2x} \cdot \sqrt{4x}\right) : \left(\sqrt{2} \cdot \sqrt{x^3}\right) \cdot \sqrt{5x}$      $\left[\sqrt{y};\ \sqrt{20}\right]$

**121** $\sqrt{a} : \left(\sqrt{4a} \cdot \sqrt{9a}\right) \cdot \sqrt{6a};$      $\sqrt{\dfrac{4}{9}a} \cdot \sqrt{\dfrac{9}{4}a} \cdot \sqrt{3b} : \sqrt{\dfrac{1}{2}a^2}$      $\left[\sqrt{\dfrac{1}{6}};\ \sqrt{6b}\right]$

*Calcola le potenze indicate.*

**122** **ESERCIZIO GUIDATO**

a. $\left(\sqrt{7}\right)^2 = \sqrt{7^2} = 7$ 
b. $\left(\sqrt{2x}\right)^3 = \sqrt{(2x)^3} = \sqrt{8x^3}$

**123** $\left(\sqrt{3}\right)^2$;  $\left(2\sqrt{3}\right)^2$;  $\left(\sqrt{6}\right)^3$  $\left[3;\ 12;\ \sqrt{216}\right]$

**124** $\left(\dfrac{1}{2}\sqrt{3}\right)^4$;  $\left(-\dfrac{3}{4}\sqrt{2}\right)^2$;  $\left(\dfrac{2}{5}\sqrt{5}\right)^3$  $\left[\dfrac{9}{16};\ \dfrac{9}{8};\ \dfrac{8}{125}\sqrt{125}\right]$

**125** $\left(2\sqrt{2}\right)^3$;  $\left(\dfrac{1}{2}\sqrt{2}\right)^2$;  $\left[\left(\dfrac{1}{3}-1\right)\sqrt{3}\right]^2$  $\left[8\sqrt{8};\ \dfrac{1}{2};\ \dfrac{4}{3}\right]$

**126** $\left(\dfrac{2}{5}\sqrt{\dfrac{5}{2}}\right)^4$  $\left(\dfrac{1}{2}\sqrt{2}\right)^5$;  $\left(\dfrac{1}{3}\sqrt{3}\right)^2$  $\left[\dfrac{4}{25};\ \dfrac{1}{32}\sqrt{32};\ \dfrac{1}{3}\right]$

**127** $\left(2x\sqrt{x}\right)^4$;  $\left(y\sqrt{3y^2}\right)^2$;  $\left(a\sqrt{ab}\right)^2$  $\left[16x^6;\ 3y^4;\ a^3b\right]$

**128** $\left(\sqrt{x+y}\right)^2$;  $\left(\sqrt{y^2-1}\right)^6$;  $\left(\sqrt{1-a}\right)^4$  $\left[x+y;\ (y^2-1)^3;\ (1-a)^2\right]$

## CORREGGI GLI ERRORI

**129** $\sqrt{3}\cdot\sqrt{5}=\sqrt[4]{15}$  **130** $\dfrac{\sqrt{5}}{\sqrt{15}}=\dfrac{1}{3}$

**131** $\sqrt{x}\cdot\sqrt{y}=xy$  **132** $\left(\sqrt{a}:\sqrt{\dfrac{1}{2}a}\right)^3=\dfrac{1}{8}$

**133** $\left(2\sqrt{3x}\right)^2=6x$  **134** $\left(\dfrac{3}{2}\sqrt{\dfrac{2}{5}}\right)^2=\dfrac{9}{4}\cdot\dfrac{4}{25}=\dfrac{9}{25}$

## Trasporto dentro e fuori il simbolo di radice

### Comprensione

**135** Dato il radicale $3\sqrt{2}$, trasportando il fattore esterno sotto il simbolo di radice si ottiene:
a. $\sqrt{6}$  b. $\sqrt{18}$  c. $\sqrt{11}$  d. $\sqrt{5}$

**136** Dato il radicale $5\sqrt{2}$, trasportando il fattore esterno sotto il simbolo di radice, si ottiene:
a. $\sqrt{10}$  b. $\sqrt{50}$  c. $\sqrt{27}$  d. nessuno dei precedenti

**137** Dato il radicale $\sqrt{72}$, trasportando fuori dal simbolo di radice tutti i possibili fattori, si ottiene:
a. $3\sqrt{2}$  b. $2\sqrt{18}$  c. $36\sqrt{2}$  d. $6\sqrt{2}$

**138** Il radicale $\dfrac{1}{6}\sqrt{12}$ è equivalente a:
a. $\sqrt{2}$  b. $\sqrt{3}$  c. $\sqrt{432}$  d. $\sqrt{\dfrac{1}{3}}$

**139** Il radicale $\sqrt{450}$ è uguale a:

    **a.** $10\sqrt{45}$      **b.** $15\sqrt{2}$      **c.** $9\sqrt{10}$      **d.** $6\sqrt{15}$

**140** Trasportando fuori dalla radice tutti i possibili fattori, il radicale $\sqrt{18a^2x}$ è uguale a:

    **a.** $3\sqrt{2a^2x}$      **b.** $3a\sqrt{2x}$      **c.** $3|a|\sqrt{2x}$      **d.** $3ax\sqrt{2}$

**141** Dato il radicale $\sqrt{\dfrac{8a^5b^3}{9}}$, trasportando i possibili fattori fuori dal simbolo di radice si ottiene:

    **a.** $\dfrac{2}{3}a^2b\sqrt{2ab}$      **b.** $2a^2b\sqrt{\dfrac{2ab}{9}}$      **c.** $\dfrac{2}{3}a^2|b|\sqrt{2ab}$      **d.** $\dfrac{2}{3}a^2|b|\sqrt{|2ab|}$

**142** Il radicale $\sqrt{9+a^2}$ è uguale a:

    **a.** $3+a$      **b.** $|3+a|$      **c.** $\sqrt{9+a^2}$ perché è irriducibile      **d.** $3+|a|$

## Applicazione

Trasporta sotto il simbolo di radice i fattori esterni supponendoli positivi se letterali.

**143** **ESERCIZIO GUIDATO**

    **a.** $5\sqrt{3} = \sqrt{5^2 \cdot 3} = \sqrt{75}$

    **b.** $\dfrac{3}{5}\sqrt[3]{\dfrac{25}{9}} = \sqrt[3]{\dfrac{3^{\not 3}}{5^{\not 3}} \cdot \dfrac{5^{\not 2}}{3^{\not 2}}} = \sqrt[3]{\dfrac{3}{5}}$

    **c.** $2a \cdot \sqrt{\dfrac{x}{a}} = \sqrt{4a^{\not 2} \cdot \dfrac{x}{\not a}} = \sqrt{4ax}$

**144** $5\sqrt{2}$;      $\dfrac{1}{2}\sqrt{8}$;      $\dfrac{2}{3}\sqrt{6}$

**145** $2\sqrt{2}$;      $6\sqrt{\dfrac{1}{3}}$;      $\left(\dfrac{4}{5}-1\right)\sqrt{\dfrac{5}{2}}$

**146** $\left(2+\dfrac{1}{2}\right)\sqrt{\dfrac{2}{5}}$;      $\left(3-\dfrac{1}{6}\right)\sqrt{\dfrac{2}{17}}$;      $5\sqrt{\dfrac{1}{5}}$

**147** $3a \cdot \sqrt{\dfrac{1}{3}}$;      $-3\sqrt{6}$;      $\left(\dfrac{1}{2}+\dfrac{3}{4}\right)\sqrt{1-\dfrac{1}{5}}$

**148** $\dfrac{1}{4}\sqrt{4x}$;      $\left(1+\dfrac{1}{3}\right)\sqrt{1+\dfrac{1}{2}}$;      $-3\sqrt{2}$

**149** $-\dfrac{1}{2}\sqrt{6}$;      $\left(1-\dfrac{4}{3}\right)\sqrt{6}$;      $\left(2-\dfrac{3}{2}\right)\sqrt{1-\dfrac{1}{3}}$

**150** $\left(2+\dfrac{1}{2}\right)\sqrt{\dfrac{4}{5}}$;      $\left(\dfrac{3}{5}-1\right)\sqrt{\dfrac{1}{2}}$;      $\left(\dfrac{1}{2}-\dfrac{2}{3}\right)\sqrt{6}$

**151** $\dfrac{3}{5}\sqrt{\dfrac{7}{3}-\dfrac{3}{2}}$;      $2\sqrt{\dfrac{3}{8}+\dfrac{1}{6}}$;      $\left(\dfrac{7}{4}-2\right)\sqrt{\dfrac{5}{3}-\dfrac{1}{9}}$      $\left[\sqrt{\dfrac{3}{10}}; \sqrt{\dfrac{13}{6}}; -\sqrt{\dfrac{7}{72}}\right]$

*Trasporta sotto il simbolo di radice i fattori esterni letterali dei quali, non si conosce il segno.*

**152** **ESERCIZIO GUIDATO**

**a.** $x\sqrt[4]{x}$

Per l'esistenza del radicale deve essere $x \geq 0$; il fattore esterno è quindi positivo o nullo. Si ottiene perciò: $\sqrt[4]{x^4 \cdot x} = \sqrt[4]{x^5}$

**b.** $a\sqrt[3]{a^2}$

Il radicando è sempre positivo o nullo per qualsiasi valore di $a$; distinguiamo quindi due casi:

- se $a \geq 0$ : $\sqrt[3]{a^3 \cdot a^2} = \sqrt[3]{a^5}$
- se $a < 0$ : $-\sqrt[3]{(-a)^3 \cdot a^2} = -\sqrt[3]{-a^5}$

**153** $(x-1)\sqrt{x-1}$ $\quad\quad (a+1)\sqrt{a}$ $\quad\quad\quad\quad \left[\sqrt{(x-1)^3}; \sqrt{a(a+1)^2}\right]$

**154** $2x\sqrt{5:(2x)}$ $\quad\quad 2a\sqrt{\dfrac{1}{2}a}$ $\quad\quad\quad\quad \left[\sqrt{10x}; \sqrt{2a^3}\right]$

**155** $a \cdot \sqrt{a};$ $\quad\quad 2x\sqrt{\dfrac{x}{6}}$ $\quad\quad\quad\quad \left[\sqrt{a^3}; \sqrt{\dfrac{2}{3}x^3}\right]$

**156** $(2a-1)\sqrt{a};$ $\quad\quad xy \cdot \sqrt{y}$ $\quad\quad\quad\quad \left[a \geq \dfrac{1}{2} : \sqrt{a(2a-1)^2}, 0 \leq a < \dfrac{1}{2} : -\sqrt{a(2a-1)^2}; \; x \geq 0 : \sqrt{x^2 y^3}, x < 0 : -\sqrt{x^2 y^3}\right]$

**157** $\dfrac{5}{2}a^2 x\sqrt{\dfrac{4}{5}x:(5a^2)}$ $\quad\quad 2bx\sqrt{3b:(2x)}$ $\quad\quad\quad\quad \left[\sqrt{a^2 x^3}; \sqrt{6b^3 x}\right]$

**158** $ab \cdot \sqrt[3]{ab^2};$ $\quad\quad -\dfrac{b}{3}\sqrt{6b}$ $\quad\quad\quad\quad \left[b \geq 0 : \sqrt[3]{a^4 b^5}, b < 0 : -\sqrt[3]{-a^4 b^5}; \; -\sqrt{\dfrac{2}{3}b^3}\right]$

**159** **ESERCIZIO GUIDATO**

$(x-1)\sqrt{x+2}$

Per l'esistenza del radicale deve essere $x \geq -2$.

In tale ipotesi il fattore esterno è:

- positivo o nullo se $x \geq 1$ e in questo caso il radicale diventa: $\sqrt{(x-1)^2(x+2)}$
- negativo se $-2 \leq x < 1$ e in questo caso il radicale diventa: $-\sqrt{(x-1)^2(x+2)}$

**160** $(a-1)\sqrt{a+1}$ $\quad\quad\quad\quad \left[a > 1 : \sqrt{(a-1)^2(a+1)}, \; -1 \leq a \leq 1 : -\sqrt{(a-1)^2(a+1)}\right]$

**161** $\dfrac{b-2}{3}\sqrt{\dfrac{3}{b}}$ $\quad\quad\quad\quad \left[b > 2 : \sqrt{\dfrac{(b-2)^2}{3b}}, \; 0 < b \leq 2 : -\sqrt{\dfrac{(b-2)^2}{3b}}\right]$

**162** $(3x-4)\sqrt{x}$ $\quad\quad\quad\quad \left[x > \dfrac{4}{3} : \sqrt{x(3x-4)^2}, \; 0 \leq x \leq \dfrac{4}{3} : -\sqrt{x(3x-4)^2}\right]$

Cap. 2: I radicali

*Trasporta fuori dal simbolo di radice tutti i possibili fattori.*

**163** **ESERCIZIO GUIDATO**

a. $\sqrt{2^5 \cdot 3}$

Possiamo portar fuori dalla radice il fattore 2 ma non il fattore 3 che ha esponente 1.
Fattore $2^5 \rightarrow 5:2=2$ con resto 1, quindi $\sqrt{2^5 \cdot 3} = 2^2\sqrt{2 \cdot 3} = 4\sqrt{6}$

b. $\sqrt{162}$

Scomponiamo in fattori il radicando: $\sqrt{2 \cdot 3^4}$
Possiamo portar fuori dalla radice il fattore 3 ma non il fattore 2: $3^2 \cdot \sqrt{2} = 9\sqrt{2}$

**164** $\sqrt{5^4 \cdot 7}$; $\quad \sqrt{5 \cdot 2^7}$; $\quad \sqrt{2^8 \cdot 3}$ $\quad\quad [25\sqrt{7}; 8\sqrt{10}; 16\sqrt{3}]$

**165** $\sqrt{2^3 \cdot 3^4}$; $\quad \sqrt{3 \cdot 2^4}$; $\quad \sqrt{3^2 \cdot 5^3}$ $\quad\quad [18\sqrt{2}; 4\sqrt{3}; 15\sqrt{5}]$

**166** $\sqrt{2^5 \cdot 3^3}$; $\quad \sqrt{5^5 \cdot 3^3}$; $\quad \sqrt{5^2 \cdot 2^5}$ $\quad\quad [12\sqrt{6}; 75\sqrt{15}; 20\sqrt{2}]$

**167** $\sqrt{108}$; $\quad \sqrt{7056}$; $\quad \sqrt{124}$ $\quad\quad [6\sqrt{3}; 84; 2\sqrt{31}]$

**168** $\sqrt{68}$; $\quad \sqrt{171}$; $\quad \sqrt{180}$ $\quad\quad [2\sqrt{17}; 3\sqrt{19}; 6\sqrt{5}]$

**169** $\sqrt{200}$; $\quad \sqrt{27}$; $\quad \sqrt{500}$ $\quad\quad [10\sqrt{2}; 3\sqrt{3}; 10\sqrt{5}]$

**170** $\sqrt{72}$; $\quad \sqrt{75}$; $\quad \sqrt{24}$ $\quad\quad [6\sqrt{2}; 5\sqrt{3}; 2\sqrt{6}]$

**171** $\sqrt{99}$; $\quad \sqrt{1250}$; $\quad \sqrt{288}$ $\quad\quad [3\sqrt{11}; 25\sqrt{2}; 12\sqrt{2}]$

**172** $\sqrt{\dfrac{9}{8}}$; $\quad \sqrt{\dfrac{135}{64}}$; $\quad \sqrt{\dfrac{128}{9}}$ $\quad\quad \left[\dfrac{3}{2}\sqrt{\dfrac{1}{2}}; \dfrac{3}{8}\sqrt{15}; \dfrac{8}{3}\sqrt{2}\right]$

**173** **ESERCIZIO GUIDATO**

$$\sqrt{\dfrac{4}{5}a^2x^3} = \sqrt{\dfrac{2^2}{5}a^2x^3}$$

Per l'esistenza del radicale deve essere $x \geq 0$; il fattore $a$ può invece assumere qualsiasi valore reale.

Trasportiamo fuori dal simbolo di radice il fattore numerico 2 e i fattori letterali $a$ e $x$: $\quad 2ax \cdot \sqrt{\dfrac{1}{5}x}$

Del fattore $a$ non conosciamo il segno e quindi, affinchè il radicale ottenuto sia uguale a quello dato dobbiamo considerarne il modulo; in definitiva:

$$\sqrt{\dfrac{4}{5}a^2x^3} = 2|a|x \cdot \sqrt{\dfrac{1}{5}x}$$

**174** $\sqrt{b^5}$; $\quad \sqrt{a^7}$; $\quad \sqrt{x^3y^5}$ $\quad\quad \left[b^2\sqrt{b}; a^3\sqrt{a}; |x|y^2\sqrt{xy}\right]$

**175** $\sqrt{8a^5b^2c^7}$; $\quad \sqrt{125a^6b^7c^{11}}$; $\quad \sqrt{a^3bc^5}$ $\quad\quad \left[2a^2|bc^3|\sqrt{2ac}; 5|a^3|b^3c^5\sqrt{5bc}; |a|c^2\sqrt{abc}\right]$

**176** $\sqrt{12(a-b)^2}$; $\quad \sqrt{\dfrac{32x^5}{y^4}}$; $\quad \sqrt{\dfrac{x^2y^5}{z^8}}$ $\quad\quad \left[2|a-b|\sqrt{3}; \dfrac{4x^2}{y^2}\sqrt{2x}; \dfrac{|x|y^2}{z^4}\sqrt{y}\right]$

Cap. 2: I radicali  **217**

**177** $\sqrt{\dfrac{2ab}{9c^2}}$; $\sqrt{18(a+b)^2}$ $\left[\dfrac{1}{3|c|}\sqrt{2ab};\ 3|a+b|\sqrt{2}\right]$

**178** $\sqrt{\dfrac{54}{8}(x-y)^5}$; $\dfrac{1}{ab}\sqrt{a^5 b^8}$ $\left[\dfrac{3}{2}(x-y)^2\sqrt{3(x-y)};\ ab^3\sqrt{a}\right]$

**179** $\sqrt{80a^3(a+1)^3}$; $\sqrt{\dfrac{20a^3 b}{(a-1)^2}}$ $\left[4a(a+1)\sqrt{5a(a+1)};\ 2\left|\dfrac{a}{a-1}\right|\sqrt{5ab}\right]$

## CORREGGI GLI ERRORI

**180** $x^2 \cdot \sqrt{5} = \sqrt{5x^2}$

**181** $3\sqrt{2} = \sqrt{3^2 \cdot 2^2}$

**182** $x + 2\sqrt{3} = \sqrt{(x+2)^2 \cdot 3}$

**183** $(a+b)\sqrt{5} = \sqrt{5(a^2 + b^2)}$

**184** $-3\sqrt{3} = \sqrt{27}$

**185** $\sqrt{2^2 \cdot 7} = 4\sqrt{7}$

**186** $\sqrt{-2} \cdot \sqrt{-5} = \sqrt{(-2)(-5)} = \sqrt{10}$

**187** $\sqrt{5a^2 b^4} = ab^2\sqrt{5}$

Calcola le potenze indicate portando anche fuori dal simbolo di radice tutti i possibili fattori.

**188** $\left(\dfrac{5}{2}\sqrt{2}\right)^3$; $\left(\dfrac{3}{2}\sqrt{2}\right)^3$; $\left[\dfrac{125}{4}\sqrt{2};\ \dfrac{27}{4}\sqrt{2}\right]$

**189** $\left(\dfrac{1}{7}\sqrt{7}\right)^6$; $\left(\dfrac{3}{2}b\sqrt{(a-b):b}\right)^3$ $\left[\dfrac{1}{343};\ \dfrac{27}{8}b^2(a-b)\sqrt{\dfrac{a-b}{b}}\right]$

**190** $\left(\sqrt{\dfrac{1}{2}(a-b)}\right)^5$; $\left(2\sqrt{\dfrac{x-2y}{4}}\right)^3$ $\left[\dfrac{1}{4}(a-b)^2\sqrt{\dfrac{a-b}{2}};\ (x-2y)\sqrt{x-2y}\right]$

**191** $(\sqrt{x-y})^5$; $\left(\dfrac{1}{4}\sqrt{2(a-b)}\right)^3$ $\left[(x-y)^2\sqrt{(x-y)};\ \dfrac{a-b}{32}\sqrt{2(a-b)}\right]$

**192** $(\sqrt{2ab^2})^3$; $\left(\sqrt{\dfrac{(x-y)^2}{x}}\right)^4$ $\left[2a|b^3|\sqrt{2a};\ \dfrac{(x-y)^4}{x^2}\right]$

**193** $2\left(\sqrt{\dfrac{2}{3}}\right)^2 : \left(\sqrt{\dfrac{2}{3}}\right)^5$; $\dfrac{2}{9}\left(\sqrt{\dfrac{3}{8}}\right)^3 : \left(\sqrt{1-\dfrac{5}{8}}\right)^4 \cdot \left(\dfrac{3}{2}\right)^2$ $\left[3\sqrt{\dfrac{3}{2}};\ \sqrt{\dfrac{2}{3}}\right]$

## Addizione e sottrazione

### Comprensione

**194** Nell'espressione $2\sqrt{2} - 2\sqrt{3} + \sqrt{6} - 4\sqrt{2} + 4\sqrt{6}$ sono simili i radicali:
    **a.** $2\sqrt{2}$ e $2\sqrt{3}$     perché hanno lo stesso coefficiente numerico
    **b.** $\sqrt{6}$ e $4\sqrt{6}$     perché i due fattori radicali sono uguali
    **c.** $2\sqrt{2}$ e $4\sqrt{2}$     perché i due fattori radicali sono uguali
    **d.** $2\sqrt{2}$, $2\sqrt{3}$ e $4\sqrt{6}$     perché moltiplicando i primi due si ottiene il terzo.

**218** Cap. 2: I radicali

**195** Sommando i radicali simili dell'espressione $\sqrt{2} - 3\sqrt{3} + 4\sqrt{2} - \sqrt{2} - \sqrt{3}$ si ottiene:

    **a.** $4\sqrt{2} - 4\sqrt{3}$      **b.** 0      **c.** $4\sqrt{6}$      **d.** $\sqrt{2} - \sqrt{3}$

**196** Semplificando l'espressione $(\sqrt{2} - \sqrt{8})^2$ si ottiene:

    **a.** $-6$      **b.** 10      **c.** 2      **d.** un valore diverso dai precedenti

**197** L'espressione $\sqrt{2a^3} + a\sqrt{8a} - 3\sqrt{a^3}$ è uguale a:

    **a.** 0      **b.** $\sqrt{a}$      **c.** $3a(\sqrt{2a} - \sqrt{a})$      **d.** $3a\sqrt{a}$

**198** Sviluppando i calcoli, l'espressione $(2-\sqrt{3})^2(2+\sqrt{3})^2$ è uguale a

    **a.** 0      **b.** $7^4$      **c.** 49      **d.** 1

**199** Semplificando l'espressione $2\sqrt{32} + 2\sqrt{18} - 2\sqrt{50}$ si ottiene:

    **a.** 20      **b.** 0      **c.** $4\sqrt{2}$      **d.** $2\sqrt{2}$

**200** Se $a \geq 0$ l'espressione $\sqrt{9a^2x} - \sqrt{a^2x} - \sqrt{4a^2x}$ è uguale a:

    **a.** $a\sqrt{x}$      **b.** 0      **c.** $\sqrt{4a^2x}$      **d.** un valore diverso dai precedenti

## Applicazione

*Esegui le seguenti addizioni e sottrazioni fra radicali.*

**201** **ESERCIZIO GUIDATO**

$$\sqrt{32} - 4\sqrt{18} + 3\sqrt{50} - \frac{3}{2}\sqrt{\frac{2}{9}}$$

Trasportiamo fuori dal simbolo di radice i possibili fattori:

$$4\sqrt{2} - 4 \cdot 3\sqrt{2} + 3 \cdot 5\sqrt{2} - \frac{3}{2} \cdot \frac{1}{3}\sqrt{2} = 4\sqrt{2} - 12\sqrt{2} + 15\sqrt{2} - \frac{1}{2}\sqrt{2}$$

I radicali sono tutti simili, quindi possiamo eseguire la somma: $\sqrt{2}\left(4 - 12 + 15 - \frac{1}{2}\right) = \frac{13}{2}\sqrt{2}$

**202** $5\sqrt{7} - 2\sqrt{5} + 3\sqrt{7} - 3\sqrt{5}$;      $3\sqrt{2} + \sqrt{18} - \sqrt{50}$      $[8\sqrt{7} - 5\sqrt{5};\ \sqrt{2}]$

**203** $2\sqrt{5} - 3\sqrt{125} + 4\sqrt{5}$);      $\sqrt{27} + 2\sqrt{3} - \sqrt{75}$      $[-9\sqrt{5};\ 0]$

**204** $2\sqrt{3} + 4\sqrt{5} - \sqrt{5} + \sqrt{3}$;      $\sqrt{2} + 7\sqrt{2} - \sqrt{2}$      $[3(\sqrt{3} + \sqrt{5});\ 7\sqrt{2}]$

**205** $4\sqrt{3} - \sqrt{12} + \sqrt{27}$;      $4\sqrt{2} - \sqrt{32} + \sqrt{18} - \sqrt{50}$      $[5\sqrt{3};\ -2\sqrt{2}]$

**206** $4\sqrt{20} - \sqrt{320} + 3\sqrt{125}$;      $\sqrt{\frac{32}{27}} + \sqrt{\frac{8}{27}} - \sqrt{\frac{50}{48}}$      $\left[15\sqrt{5};\ \frac{3}{4}\sqrt{\frac{2}{3}}\right]$

**207** $7 + 4\sqrt{3} - \sqrt{12} - \sqrt{49} + \sqrt{75}$      $[7\sqrt{3}]$

**208** $\sqrt{45} + \sqrt{8} - \sqrt{245} + 2\sqrt{18}$      $[4(2\sqrt{2} - \sqrt{5})]$

**209** $\sqrt{8} - 6\sqrt{\frac{2}{9}} + 5\sqrt{32} - 7\sqrt{2}$      $[13\sqrt{2}]$

Cap. 2: I radicali

**210** $\sqrt{150} + \sqrt{48} - \sqrt{384} - 2\sqrt{12}$  $[-3\sqrt{6}]$

**211** $-3\sqrt{5} + \sqrt{24} + \sqrt{80} - \sqrt{294}$  $[\sqrt{5} - 5\sqrt{6}]$

**212** $\sqrt{250} + 7\sqrt{12} - \sqrt{90} - 4\sqrt{48}$  $[2\sqrt{10} - 2\sqrt{3})]$

**213** $(2\sqrt{5})^2 - \frac{1}{2}\sqrt{50} + \frac{1}{5}\sqrt{200} - \frac{4}{3}\sqrt{2}$  $\left[20 - \frac{11}{6}\sqrt{2}\right]$

**214** $3\sqrt{2} - \sqrt{50} + 3 - \sqrt{8} + \sqrt{288} - \sqrt{9}$  $[8\sqrt{2}]$

**215** $(2\sqrt{3} - 3\sqrt{2})(2\sqrt{15} - 3\sqrt{10})$  $[6\sqrt{5}(5 - 2\sqrt{6})]$

**216** $\sqrt{15} : \sqrt{3} + \sqrt{20} : 2 - \sqrt{5}$  $[\sqrt{5}]$

**217** $(\sqrt{33} - \sqrt{55} + 2\sqrt{77}) : \sqrt{11} - 2(\sqrt{7} - \sqrt{3})$  $[3\sqrt{3} - \sqrt{5}]$

**218** $(\sqrt{6} + \sqrt{18}) : \sqrt{3} - \left(\sqrt{27} : \frac{3}{\sqrt{2}}\right)$  $[\sqrt{2}]$

**219** $[(\sqrt{27} + \sqrt{48} - \sqrt{75}) : \sqrt{3}](1 + \sqrt{3}) - \sqrt{3}(2 + 2\sqrt{3})$  $[-4]$

**220** $3\sqrt{x} + \sqrt{4x} - \sqrt{25x} + \sqrt{\frac{1}{81}x}$  $\left[\frac{1}{9}\sqrt{x}\right]$

**221** $4\sqrt{a} - 2\sqrt{ab} + \sqrt{a} - 7\sqrt{ab}$  $[5\sqrt{a} - 9\sqrt{ab}]$

**222** $\sqrt{2a^3b} + 2b\sqrt{2ab} - \sqrt{8ab^3}$  con $a, b \geq 0$  $[a\sqrt{2ab}]$

**223** $(\sqrt{x} + \sqrt{y})\sqrt{xy} - 2y\sqrt{x} - x\sqrt{y}$  $[-y\sqrt{x}]$

**224** $\sqrt{x - 2y} + \sqrt{4x - 8y} - \sqrt{36x - 72y}$  $[-3\sqrt{x - 2y}]$

**225** $\sqrt{20y - 4} + \frac{1}{2}\sqrt{5y - 1} - \sqrt{\frac{45y - 9}{4}}$  $[\sqrt{5y - 1}]$

**226** $\sqrt{a^2 + 1} + \sqrt{9a^2 + 9} + \sqrt{4a^2 + 4}$  $[6\sqrt{a^2 + 1}]$

**227** $\sqrt{48a^2xy} + 8\sqrt{3a^2xy} - \sqrt{12a^2xy}$  con $a \geq 0$  $[10a\sqrt{3xy}]$

*Ricordando anche le regole sui prodotti notevoli, calcola il valore delle seguenti espressioni.*

**228** **ESERCIZIO GUIDATO**

**a.** $(\sqrt{5} - 2)^2 = (\sqrt{5})^2 - 2 \cdot 2 \cdot \sqrt{5} + (-2)^2 = 5 - 4\sqrt{5} + 4 = 9 - 4\sqrt{5}$

**b.** $(\sqrt{2} + \sqrt{3})(\sqrt{2} - \sqrt{3}) = (\sqrt{2})^2 - (\sqrt{3})^2 = 2 - 3 = -1$

**c.** $(1 + \sqrt{2})^3 = (1)^3 + (\sqrt{2})^3 + 3 \cdot (1)^2 \cdot \sqrt{2} + 3 \cdot 1 \cdot (\sqrt{2})^2 = 1 + \sqrt{8} + 3\sqrt{2} + 6 =$
$= 7 + 2\sqrt{2} + 3\sqrt{2} = 7 + 5\sqrt{2}$

Cap. 2: I radicali

**229** $(2+\sqrt{2})^2$; $\qquad$ $(1-3\sqrt{2})^2$ $\qquad$ $[6+4\sqrt{2};\ 19-6\sqrt{2}]$

**230** $(1-2\sqrt{3})^2$; $\qquad$ $(\sqrt{3}-\sqrt{5})(\sqrt{3}+\sqrt{5})$ $\qquad$ $[13-4\sqrt{3};\ -2]$

**231** $(a+\sqrt{b})^2$; $\qquad$ $(2\sqrt{a}+\sqrt{2b})^2$ $\qquad$ $[a^2+b+2a\sqrt{b};\ 2(2a+b+2\sqrt{2ab})]$

**232** $(3b-\sqrt{a})(3b+\sqrt{a})$; $\qquad$ $(\sqrt{2}x-y)(\sqrt{2}x+y)$ $\qquad$ $[9b^2-a;\ 2x^2-y^2]$

**233** $(\sqrt{3}a-\sqrt{5}b)(\sqrt{3}a+\sqrt{5}b)$; $\qquad$ $\left(\dfrac{1}{2}x-\sqrt{3}b\right)^2$ $\qquad$ $\left[3a^2-5b^2;\ \dfrac{1}{4}x^2-\sqrt{3}bx+3b^2\right]$

**234** $\left(\dfrac{\sqrt{3}}{2}+\sqrt{2}\right)^2$; $\qquad$ $(2\sqrt{5}-5\sqrt{2})(2\sqrt{5}+5\sqrt{2})$ $\qquad$ $\left[\dfrac{11}{4}+\sqrt{6};\ -30\right]$

**235** $\left[(2\sqrt{3}-3\sqrt{2})^2:6\right]\cdot(5+2\sqrt{6})$; $\qquad$ $\left\{\left[17-(\sqrt{5}-2\sqrt{3})^2\right]:\sqrt{3}-1\right\}^2$ $\qquad$ $[1;\ 81-8\sqrt{5}]$

**236** $(1-\sqrt{2})^2+(2\sqrt{2}-3)^2-(3\sqrt{2}-4)(4+3\sqrt{2})$ $\qquad$ $[18-14\sqrt{2}]$

**237** $(\sqrt{x}-2)(\sqrt{x}+2)-(\sqrt{x}-1)^2+2(\sqrt{x}+3)$ $\qquad$ $[4\sqrt{x}+1]$

**238** $(1-\sqrt{3})^3+(1+\sqrt{3})^3-(2\sqrt{3}-1)^3$ $\qquad$ $[57-30\sqrt{3}]$

**239** $\left[(\sqrt{3}-\sqrt{5})(\sqrt{3}+1)-(\sqrt{3}+\sqrt{5})(\sqrt{3}-1)\right]:2\sqrt{3}-(2\sqrt{5}-1)^2$ $\qquad$ $[3\sqrt{5}-20]$

**240** $\left[(\sqrt{3}-\sqrt{2})^2+2\sqrt{6}\right]^2\left[(\sqrt{2}+2\sqrt{3})^2-4(\sqrt{6}+3)\right]-(\sqrt{2})^6$ $\qquad$ $[42]$

**241** $\left[(1-\sqrt{3})(3+\sqrt{3}):(-2\sqrt{3})+\sqrt{3}\right]^2:2$ $\qquad$ $[\sqrt{3}+2]$

## Correggi gli errori

**242** $2\sqrt{a}+\sqrt{2a}=4\sqrt{a}$ $\qquad$ **243** $\sqrt{x^3}-\sqrt{x^5}+\sqrt{x}=\sqrt{x^3-x^5+x}$

**244** $(\sqrt{3}-1)^2=3+1=4$ $\qquad$ **245** $(2\sqrt{3}-5)(2\sqrt{3}+5)=6-25=-19$

**246** $\sqrt{x}+\sqrt{2x}=\sqrt{3x}$ $\qquad$ **247** $x+4=(\sqrt{x}+2)^2$

# I RADICALI CUBICI

teoria a pagina 42

## Comprensione

**248** Il radicale $\sqrt[3]{-16}$ è uguale a (sono possibili più risposte):
   **a.** $2\sqrt[3]{-2}$ $\qquad$ **b.** $2\sqrt[3]{2}$ $\qquad$ **c.** $-2\sqrt[3]{-2}$ $\qquad$ **d.** $-2\sqrt[3]{2}$

**249** Eseguendo il prodotto $\sqrt[3]{4}\cdot\sqrt[3]{4}$ si ottiene:
   **a.** $2$ $\qquad$ **b.** $\sqrt[3]{8}$ $\qquad$ **c.** $2\sqrt[3]{2}$ $\qquad$ **d.** $2\sqrt[3]{4}$

**250** Barra Vero o Falso dando giustificazione alla tua risposta.

a. $\sqrt[3]{-2} \cdot \sqrt[3]{-3} = \sqrt[3]{6}$ □V □F

b. $\left(\sqrt[3]{-6}\right)^2 = \sqrt[3]{36}$ □V □F

c. $\sqrt[6]{(-2)^2} = \sqrt[3]{-2}$ □V □F

d. $\sqrt[6]{\left(-\dfrac{5}{2}\right)^2} = -\sqrt[3]{-\dfrac{5}{2}}$ □V □F

**251** Barra Vero o Falso:

a. $\sqrt[3]{(x-2)^4} = (x-2)\sqrt[3]{x-2}$ □V □F

b. $4\sqrt[3]{\dfrac{1}{2}} = 2$ □V □F

c. $\sqrt[3]{16} + \sqrt[3]{2} = \sqrt[3]{18}$ □V □F

d. $\sqrt[3]{3} + \sqrt[3]{81} = 4\sqrt[3]{3}$ □V □F

**252** Sviluppando la potenza $\left(\sqrt[3]{18}\right)^2$ si ottiene:

a. $3\sqrt[3]{12}$  b. $\sqrt[6]{18^2}$  c. $\sqrt[6]{18}$  d. un valore diverso dai precedenti

**253** L'espressione $\sqrt[3]{24} \cdot \sqrt[3]{-9} : \sqrt[3]{-4} - 3\sqrt[3]{-2}$ è uguale a:

a. 0  b. $6\sqrt[3]{2}$  c. $-6\sqrt[3]{2}$  d. $3\sqrt[3]{6} + 3\sqrt[3]{2}$

## Applicazione

Semplifica le seguenti espressioni contenenti prodotti e quozienti.

**254** $\sqrt[3]{24} \cdot \sqrt[3]{12} \cdot \sqrt[3]{6}$;  $\sqrt[3]{384} : \sqrt[3]{16}$  $\left[12; \sqrt[3]{24}\right]$

**255** $9\sqrt[3]{2} \cdot 3\sqrt[3]{2} : \left(2\sqrt[3]{2}\right)^2$;  $\sqrt[3]{5} : \left(\sqrt[3]{5}\right)^2 \cdot \sqrt[3]{25}$  $\left[\dfrac{27}{4}; \sqrt[3]{5}\right]$

**256** $\sqrt[3]{7} \cdot \left(-\dfrac{1}{2}\sqrt[3]{14}\right) \cdot \left(2\sqrt[3]{28}\right)^2$;  $\sqrt[3]{-9} \cdot \sqrt[3]{3} : \left(\sqrt[3]{\dfrac{1}{9}}\right)^2$  $\left[-28\sqrt[3]{28}; -9\sqrt[3]{3}\right]$

**257** $\sqrt[3]{150} \cdot \sqrt[3]{-12} : \sqrt[3]{135}$;  $\sqrt[3]{\dfrac{15}{2}} \cdot \sqrt[3]{\dfrac{12}{5}} \cdot \sqrt[3]{18} : \sqrt[3]{12}$  $\left[-\sqrt[3]{\dfrac{40}{3}}; 3\right]$

**258** $\sqrt[3]{2+\dfrac{1}{2}} \cdot \sqrt[3]{1-\dfrac{1}{5}} \cdot \sqrt[3]{4}$;  $\sqrt[3]{\dfrac{1}{3}-3} : \sqrt[3]{2+\dfrac{1}{2}} \cdot \left(\sqrt[3]{-15}\right)$  $\left[2; 2\sqrt[3]{2}\right]$

**259** $\sqrt[3]{ab^4} : \sqrt[3]{ab^2} \cdot \sqrt[3]{a^2}$;  $\sqrt[3]{x^2y} \cdot \sqrt[3]{2x^4y^2} : \left(\sqrt[3]{xy} \cdot \sqrt[3]{4x^2y^2}\right)$  $\left[\sqrt[3]{a^2b^2}; \sqrt[3]{\dfrac{1}{2}x^3}\right]$

Porta dentro il simbolo di radice.

**260** $-5\sqrt[3]{\dfrac{1}{5}}$;  $2\sqrt[3]{\dfrac{1}{2}x}$;  $\left(\dfrac{1}{3}-2\right)\sqrt[3]{\dfrac{1}{5}}$  $\left[-\sqrt[3]{25}; \sqrt[3]{4x}; -\sqrt[3]{\dfrac{25}{27}}\right]$

**261** $\dfrac{4}{3}\sqrt[3]{\dfrac{9}{16}}$;  $\dfrac{1}{2}\left(1-\dfrac{7}{3}\right)\sqrt[3]{\dfrac{3}{4}}$;  $\left(1-\dfrac{5}{3}\right)\sqrt[3]{\left(\dfrac{1}{2}-\dfrac{5}{4}\right)}$  $\left[\sqrt[3]{\dfrac{4}{3}}; -\sqrt[3]{\dfrac{2}{9}}; \sqrt[3]{\dfrac{2}{9}}\right]$

**262** $2b\sqrt[3]{\dfrac{b}{4}};$ $\quad -\dfrac{1}{2}xy\sqrt[3]{2x};$ $\quad (x-3y)\cdot\sqrt[3]{\dfrac{1}{x^2}}$ $\qquad \left[\sqrt[3]{2b^4};\ -\sqrt[3]{\dfrac{1}{4}x^4y^3};\ \sqrt[3]{\dfrac{(x-3y)^3}{x^2}}\right]$

*Porta fuori dal simbolo di radice.*

**263** $\sqrt[3]{54};$ $\quad \sqrt[3]{24};$ $\quad \sqrt[3]{250}$ $\qquad [3\sqrt[3]{2};\ 2\sqrt[3]{3};\ 5\sqrt[3]{2}]$

**264** $\sqrt[3]{-108};$ $\quad \sqrt[3]{200};$ $\quad \sqrt[3]{375}$ $\qquad [-3\sqrt[3]{4};\ 2\sqrt[3]{25};\ 5\sqrt[3]{3}]$

**265** $\dfrac{3}{4}\sqrt[3]{\dfrac{16}{81}};$ $\quad 5\sqrt[3]{\dfrac{162}{625}};$ $\quad 2\sqrt[3]{-\dfrac{3}{32}}$ $\qquad \left[\dfrac{1}{2}\sqrt[3]{\dfrac{2}{3}};\ 3\sqrt[3]{\dfrac{6}{5}};\ -\sqrt[3]{\dfrac{3}{4}}\right]$

**266** $\sqrt[3]{-648};$ $\quad \sqrt[3]{\dfrac{12}{5}\cdot\left(-\dfrac{4}{3}\right)};$ $\quad \sqrt[3]{-\dfrac{250}{81}\cdot\dfrac{5}{4}}$ $\qquad \left[-6\sqrt[3]{3};\ -2\sqrt[3]{\dfrac{2}{5}};\ -\dfrac{5}{3}\sqrt[3]{\dfrac{5}{6}}\right]$

**267** $\sqrt[3]{a^2b^3};$ $\quad \sqrt[3]{8x^4};$ $\quad \sqrt[3]{\dfrac{16}{27}x^2y^4}$ $\qquad \left[b\sqrt[3]{a^2};\ 2x\sqrt[3]{x};\ \dfrac{2}{3}y\sqrt[3]{2x^2y}\right]$

**268** $\sqrt[3]{x^4+x^3};$ $\quad \sqrt[3]{(a-1)^4}$ $\qquad [x\sqrt[3]{x+1};\ (a-1)\sqrt[3]{a-1}]$

**269** $\sqrt[3]{a^5-4a^3};$ $\quad \sqrt[3]{1-3x+3x^2-x^3}$ $\qquad [a\sqrt[3]{a^2-4};\ 1-x]$

**270** $\sqrt[3]{\dfrac{(x-2)^4}{16}};$ $\quad \sqrt[3]{8(y-2)^5}$ $\qquad \left[\dfrac{x-2}{2}\sqrt[3]{\dfrac{x-2}{2}};\ 2(y-2)\sqrt[3]{(y-2)^2}\right]$

**271** $\sqrt[3]{x^4(y-x)^3};$ $\quad -\dfrac{3}{5}\sqrt[3]{-\dfrac{250x^5}{27y^4}}$ $\qquad \left[x(y-x)\sqrt[3]{x};\ \dfrac{x}{y}\sqrt[3]{\dfrac{2x^2}{y}}\right]$

*Semplifica le seguenti espressioni.*

**272** $\sqrt[3]{24}+3\sqrt[3]{3}-2\sqrt[3]{81}$ $\qquad [-\sqrt[3]{3}]$

**273** $\dfrac{1}{2}\sqrt[3]{27}+\sqrt[3]{3}-\dfrac{1}{2}\sqrt[3]{24}$ $\qquad \left[\dfrac{3}{2}\right]$

**274** $\dfrac{3}{4}\sqrt[3]{16}-\dfrac{2}{3}\sqrt[3]{54}-\left(\dfrac{1}{2}\sqrt[3]{2}-\dfrac{3}{5}\sqrt[3]{250}\right)$ $\qquad [2\sqrt[3]{2}]$

**275** $\dfrac{2}{7}\sqrt[3]{\dfrac{1029}{8}}-\left(\dfrac{4}{5}\sqrt[3]{375}-\dfrac{1}{5}\sqrt[3]{81}\right)-\left(\dfrac{3}{5}\sqrt[3]{3}-\sqrt[3]{24}\right)$ $\qquad [-\sqrt[3]{3}]$

**276** $(\sqrt[3]{3}-1)^3-2(\sqrt[3]{3}+2)^3+3(7\sqrt[3]{3}+5\sqrt[3]{9})$ $\qquad [-20]$

**277** $(\sqrt[3]{2}-1)^3-(\sqrt[3]{2}-\sqrt[3]{4})^3+9\sqrt[3]{2}(\sqrt[3]{2}-1)$ $\qquad [3]$

**278** $2\sqrt[3]{a}+\sqrt[3]{a}-5\sqrt[3]{a}$ $\qquad [-2\sqrt[3]{a}]$

**279** $-7\sqrt[3]{x^2}+\sqrt[3]{27x^2}+\sqrt[3]{64x^2}$ $\qquad [0]$

**280** $\sqrt[3]{125x^4}+\sqrt[3]{x^4}$ $\qquad \left[6|x|\sqrt[3]{|x|}\right]$

**281** $\sqrt[3]{\dfrac{3a+b}{27}}-\sqrt[3]{24a+8b}+\sqrt[3]{375a+125b}$ $\qquad \left[\dfrac{10}{3}\sqrt[3]{3a+b}\right]$

**282** $\sqrt[3]{(x+y)^4(x-y)^3}+2x\cdot\sqrt[3]{x+y}-x^2\cdot\sqrt[3]{x+y}$ $\qquad \left[(2x-y^2)\sqrt[3]{x+y}\right]$

# ESTENSIONE AI RADICALI DI INDICE *n* QUALSIASI

teoria a pagina 44

## Comprensione

**283** Il prodotto $\sqrt[3]{5} \cdot \sqrt{5}$ vale:

   **a.** $\sqrt[6]{25}$  **b.** $\sqrt[6]{5^5}$  **c.** 5  **d.** un valore diverso dai precedenti

**284** Il prodotto $\sqrt[4]{x^3 y} \cdot \sqrt[8]{x^3 y}$

   **a.** è uguale a $\sqrt[8]{x^9 y^3}$  **b.** è uguale a $2\sqrt[8]{x^3 y}$  **c.** è uguale a $\sqrt[4]{x^6 y^2}$

   **d.** non si può calcolare perché i due radicali non hanno lo stesso indice.

**285** Il passaggio corretto per semplificare l'espressione $\sqrt{6} \cdot \sqrt[3]{\dfrac{5}{4}} : \sqrt{\dfrac{2}{15}}$ è:

   **a.** $\sqrt[6]{6^3 \cdot \left(\dfrac{5}{4}\right)^2 : \left(\dfrac{2}{15}\right)^3}$  **b.** $\sqrt[6]{6^2 \cdot \left(\dfrac{5}{4}\right)^3 : \left(\dfrac{2}{15}\right)^2}$

   **c.** $\sqrt[6]{6^4 \cdot \left(\dfrac{5}{4}\right)^3 : \left(\dfrac{2}{15}\right)^4}$  **d.** nessuno dei precedenti

**286** Semplificando l'espressione $\left(\sqrt[4]{3}\right)^2 + \left(\sqrt{3}-1\right)^2$ si ottiene:

   **a.** $4 + 3\sqrt{3}$  **b.** $4 - \sqrt{3}$  **c.** $3 + 3\sqrt{3}$  **d.** $4 + \sqrt{3}$

**287** Barra Vero o Falso:

   **a.** $\sqrt[6]{a^7} = a\sqrt[6]{a}$   V F

   **b.** $\sqrt{9y^2(x+3)} = 3y\sqrt{x+3}$   V F

   **c.** $\sqrt[3]{(x-2)^4} = |x-2|\sqrt[3]{|x-2|}$   V F

   **d.** $a\sqrt[4]{a^3} = \sqrt[4]{a^7}$   V F

**288** L'espressione $\sqrt{2\sqrt{2}}$ è uguale a:

   **a.** $\sqrt[4]{4}$  **b.** $\sqrt{2}$  **c.** $\sqrt[4]{8}$  **d.** un valore diverso dai precedenti

**289** Il radicale $\sqrt{2\sqrt[4]{2}}$ è uguale a:

   **a.** $\sqrt[8]{4}$  **b.** $\sqrt[6]{32}$  **c.** $\sqrt[8]{32}$  **d.** $\sqrt[6]{4}$

**290** L'espressione $a\sqrt[3]{a\sqrt{a}}$ è uguale a:

   **a.** $\sqrt[5]{a^9}$  **b.** $\sqrt{a^3}$  **c.** $\sqrt[6]{a^7}$  **d.** nessuna delle precedenti espressioni

**291** Nell'espressione $4\sqrt[3]{6} - 2\sqrt{3} + 4\sqrt{6} - 2\sqrt[3]{6} - 5\sqrt{3}$ sono simili i radicali:

   **a.** $4\sqrt[3]{6}$ e $4\sqrt{6}$   perché i due radicali hanno lo stesso radicando

   **b.** $4\sqrt[3]{6}$ e $2\sqrt[3]{6}$   perché i due fattori radicali sono uguali

   **c.** $2\sqrt{3}$ e $5\sqrt{3}$   perché i due fattori radicali sono uguali

   **d.** $2\sqrt{3}$ e $4\sqrt{6}$   perché gli indici delle due radici sono uguali.

224 Cap. 2: *I radicali*

**292** Semplificando l'espressione $\sqrt{3\sqrt{2}} + \left(2\sqrt[8]{18}\right)^2$ si ottiene:

   **a.** $\sqrt[4]{6} + 2\sqrt[4]{18}$  **b.** $\sqrt{6} + 4\sqrt[4]{18}$  **c.** $3\sqrt[4]{18}$  **d.** $5\sqrt[4]{18}$

## Applicazione

*Riduci i seguenti radicali al minimo comune indice.*

**293** ### ESERCIZIO GUIDATO

**a.** $\sqrt{5}$;   $\sqrt[3]{2}$

Il *m.c.m.* fra gli indici 2 e 3 è 6, dobbiamo quindi applicare la proprietà invariantiva moltiplicando l'indice della prima radice e l'esponente del radicando per 3, l'indice della seconda radice e l'esponente del radicando per 2:
$$\sqrt{5} = \sqrt[6]{5^3} \qquad \sqrt[3]{2} = \sqrt[6]{2^2}$$

**b.** $\sqrt[4]{9}$;   $\sqrt[3]{12}$

Vediamo prima se è possibile semplificare i radicali per avere un indice comune di valore più piccolo:
$$\sqrt[4]{9} = \sqrt[4]{3^2} = \sqrt{3} \qquad \sqrt[3]{12} = \sqrt[3]{2^2 \cdot 3} \quad \text{il radicale è irriducibile}$$

L'indice comune è quindi 6 e si ha che: $\sqrt{3} = \sqrt[6]{3^3} = \sqrt[6]{27} \qquad \sqrt[3]{12} = \sqrt[6]{12^2} = \sqrt[6]{144}$

**294** $\sqrt{3}$;   $\sqrt[3]{2}$   $\left[\sqrt[6]{3^3}; \sqrt[6]{2^2}\right]$

**295** $\sqrt[4]{25}$;   $\sqrt[3]{2}$   $\left[\sqrt[6]{5^3}; \sqrt[6]{2^2}\right]$

**296** $\sqrt[3]{5}$;   $\sqrt[4]{2}$   $\left[\sqrt[12]{5^4}; \sqrt[12]{2^3}\right]$

**297** $\sqrt[5]{2}$;   $\sqrt[3]{3}$   $\left[\sqrt[15]{2^3}; \sqrt[15]{3^5}\right]$

**298** $\sqrt{6}$;   $\sqrt[4]{2}$   $\left[\sqrt[4]{6^2}; \sqrt[4]{2}\right]$

**299** $\sqrt{4}$;   $\sqrt[6]{12}$;   $\sqrt[12]{3}$   $\left[\sqrt[12]{4^6}; \sqrt[12]{12^2}; \sqrt[12]{3}\right]$

**300** $\sqrt[4]{9}$;   $\sqrt[3]{4}$;   $\sqrt{5}$   $\left[\sqrt[6]{3^3}; \sqrt[6]{2^4}; \sqrt[6]{5^3}\right]$

**301** $\sqrt{5}$;   $\sqrt[3]{6}$;   $\sqrt{3}$   $\left[\sqrt[6]{5^3}; \sqrt[6]{6^2}; \sqrt[6]{3^3}\right]$

**302** $\sqrt{x}$;   $\sqrt[4]{y}$;   $\sqrt{xy}$   $\left[\sqrt[4]{x^2}; \sqrt[4]{y}; \sqrt[4]{x^2y^2}\right]$

**303** $\sqrt[6]{a}$;   $\sqrt[3]{a}$;   $\sqrt[15]{a^{10}}$   $\left[\sqrt[6]{a}; \sqrt[6]{a^2}; \sqrt[6]{a^4}\right]$

**304** $\sqrt{2ab^2}$;   $\sqrt[3]{3abc}$;   $\sqrt[6]{9a^5}$   $\left[\sqrt[6]{8a^3b^6}; \sqrt[6]{9a^2b^2c^2}; \sqrt[6]{9a^5}\right]$

**305** $\sqrt{3x}$;   $\sqrt[3]{x^2}$;   $\sqrt[4]{2x^3}$   $\left[\sqrt[12]{3^6x^6}; \sqrt[12]{x^8}; \sqrt[12]{8x^9}\right]$

**306** $\sqrt{\dfrac{x^2}{y}}$;   $\sqrt[8]{\dfrac{x+y}{xy}}$;   $\sqrt[4]{\dfrac{(x-y)^2}{x}}$   $\left[\sqrt[8]{\dfrac{x^8}{y^4}}; \sqrt[8]{\dfrac{x+y}{xy}}; \sqrt[8]{\dfrac{(x-y)^4}{x^2}}\right]$

**307** $\sqrt{2x(x-1)}$;   $\sqrt[3]{8xy}$;   $\sqrt{x+y}$   $\left[\sqrt[6]{8x^3(x-1)^3}; \sqrt[6]{64x^2y^2}; \sqrt[6]{(x+y)^3}\right]$

Cap. 2: I radicali

*Semplifica le seguenti espressioni.*

**308** $\sqrt[3]{\frac{1}{2}+\frac{3}{4}} \cdot \sqrt[3]{\frac{1}{2}-\frac{3}{4}} \cdot \left( \sqrt[6]{\left(\frac{3}{4}-\frac{1}{2}\right)^5} : \sqrt[3]{\frac{1}{2}+\frac{3}{4}} \right)$ $\left[-\frac{1}{4}\sqrt[3]{\frac{1}{2}}\right]$

**309** $\sqrt{2+\frac{1}{3}} \cdot \sqrt{3-\frac{2}{3}} : \left( \sqrt[3]{3-\frac{1}{3}} \cdot \sqrt[3]{1+\frac{1}{5}} \right) \cdot \frac{6}{7}\sqrt[3]{\frac{3}{10}}$ $\left[\sqrt[3]{\frac{3}{4}}\right]$

**310** $\sqrt[3]{x^2y(x-y)} \cdot \sqrt{x(x-y)} : \sqrt[3]{y(x-y)}$ $\left[x\sqrt[6]{x(x-y)^3}\right]$

**311** $\sqrt[6]{a^5x^4} : \sqrt{ax} : (\sqrt[3]{ax} : \sqrt[6]{ax})$ $\left[\sqrt[6]{a}\right]$

**312** $(\sqrt[4]{a^2b^3} \cdot \sqrt[6]{ab} : \sqrt[3]{ab}) : (\sqrt[3]{a} \cdot \sqrt[4]{b})$ $\left[\sqrt[3]{b}\right]$

**313** $3\sqrt[3]{16} - \frac{1}{2}\sqrt[3]{54} + \frac{3}{2}\sqrt[4]{162} - \sqrt[4]{32} + \frac{2}{5}\sqrt[3]{250}$ $\left[\frac{13}{2}\sqrt[3]{2}+\frac{5}{2}\sqrt[4]{2}\right]$

**314** $\frac{1}{3}\sqrt[4]{16a^2} + \frac{1}{2}\sqrt[4]{36x^2} + 2\sqrt[6]{64a^3} - \sqrt[6]{216x^3}$ con $a \geq 0 \wedge x \geq 0$ $\left[\frac{14}{3}\sqrt{a}-\frac{1}{2}\sqrt{6x}\right]$

**315** $(1+\sqrt{2})(2-\sqrt{2}) + (1-\sqrt[3]{2})(1+\sqrt[3]{2}+\sqrt[3]{4}) - \sqrt[4]{4}$ $[-1]$

**316** $\left[(\sqrt{2}+\sqrt[3]{5})^2 - (1-\sqrt[3]{5})^3(1+\sqrt[3]{5})^3 - \sqrt[3]{5}(4\sqrt[3]{5}-15)\right] : 2$ $\left[\sqrt[6]{200}+13\right]$

*Scrivi le seguenti espressioni in modo che vi compaia un solo simbolo di radice.*

**317** **ESERCIZIO GUIDATO**

$\sqrt{2 \cdot \sqrt[3]{\frac{1}{2}}}$

Trasportiamo il fattore 2 sotto la radice più interna $\sqrt{2 \cdot \sqrt[3]{\frac{1}{2}}} = \sqrt{\sqrt[3]{2^3 \cdot \frac{1}{2}}}$

moltiplichiamo gli indici delle due radici $\sqrt[6]{2^2}$; semplifichiamo il radicale $\sqrt[3]{2}$

**318** $\sqrt[4]{\sqrt[3]{5}};$ $\sqrt[3]{\sqrt{\frac{1}{2}}};$ $\sqrt[3]{\sqrt[5]{2}}$ $\left[\sqrt[12]{5}; \sqrt[6]{\frac{1}{2}}; \sqrt[15]{2}\right]$

**319** $\sqrt[5]{\sqrt[3]{32}};$ $\sqrt[4]{\sqrt[3]{81}};$ $\sqrt[3]{\sqrt[3]{27}}$ $\left[\sqrt[3]{2}; \sqrt[3]{3}; \sqrt[3]{3}\right]$

**320** $\sqrt{3\sqrt{2}};$ $\sqrt[3]{4\sqrt{3}};$ $\sqrt{2\sqrt[3]{3}}$ $\left[\sqrt[4]{18}; \sqrt[6]{48}; \sqrt[6]{24}\right]$

**321** $\sqrt[5]{\frac{6}{5}\sqrt{\frac{1}{6}}};$ $\sqrt[8]{5\sqrt{\frac{1}{5}}};$ $\sqrt{\frac{3}{4}\sqrt[3]{\frac{2}{3}}}$ $\left[\sqrt[10]{\frac{6}{25}}; \sqrt[16]{5}; \sqrt[6]{\frac{9}{32}}\right]$

**322** $\sqrt{3\sqrt{3\sqrt{3}}};$ $\sqrt{2\sqrt{4\sqrt{3}}};$ $\sqrt{2\sqrt[3]{2\sqrt{6}}}$ $\left[\sqrt[8]{3^7}; 2\sqrt[8]{3}; \sqrt[12]{2^9 \cdot 3}\right]$

**323** $\sqrt{\frac{4}{\sqrt[3]{2}}};$ $\sqrt[4]{\frac{3\sqrt{3}}{2}};$ $\sqrt[5]{\frac{\sqrt[3]{27}}{9}}$ $\left[\sqrt[6]{32}; \sqrt[8]{\frac{27}{4}}; \sqrt[5]{\frac{1}{3}}\right]$

**324** $\sqrt[3]{\dfrac{2\sqrt{3}}{3\sqrt{2}}};\qquad \sqrt[3]{\dfrac{3\sqrt[3]{3}}{2\sqrt[3]{2}}};\qquad \sqrt{\dfrac{\sqrt{3}}{3\sqrt{2}}}\qquad \left[\sqrt[6]{\dfrac{2}{3}};\ \sqrt[9]{\dfrac{81}{16}};\ \sqrt[4]{\dfrac{1}{6}}\right]$

**325** $\sqrt[3]{3\sqrt{\dfrac{1}{3}\sqrt[4]{9}}};\qquad \sqrt[5]{\dfrac{9}{4}\sqrt[3]{\dfrac{16}{27}}};\qquad \sqrt[3]{\dfrac{1}{2}\sqrt{\dfrac{5}{6}\sqrt{\dfrac{32}{25}}}}\qquad \left[\sqrt[4]{3};\ \sqrt[15]{\dfrac{27}{4}};\ \sqrt[12]{\dfrac{1}{18}}\right]$

**326** $\sqrt{x\sqrt{x^2}};\qquad \sqrt[3]{y^2\sqrt{y^8}};\qquad \sqrt{2a\sqrt[3]{a}}\qquad [x;\ y^2;\ \sqrt[6]{8a^4}]$

**327** $\sqrt{\dfrac{y}{6}\sqrt{2y}};\qquad \sqrt{\dfrac{2x^2}{9}\sqrt[6]{\dfrac{x}{3}}};\qquad \sqrt[3]{8x\sqrt{\dfrac{x}{2}}}\qquad \left[\sqrt[4]{\dfrac{y^3}{18}};\ \dfrac{x}{3}\sqrt[12]{\dfrac{64x}{3}};\ \sqrt[6]{32x^3}\right]$

**328** $\left(\sqrt{\dfrac{2}{3}}:\sqrt{\dfrac{2}{3}}\right)^2\cdot\left(\sqrt[3]{\dfrac{2}{3}\sqrt{\dfrac{27}{4}}}\right)^4\qquad [\sqrt[3]{9}]$

**329** $\left[2a\left(\sqrt{a\sqrt{\dfrac{a}{2}}}\right)^2:\sqrt[4]{\dfrac{a}{2}}\right]:\sqrt[4]{2a}\qquad [a^2\sqrt{2}]$

**330** $\left(\sqrt{(xy)^2\sqrt[3]{xy}}:\sqrt{\sqrt{xy}}\right)^2:\sqrt{xy}\qquad [xy\sqrt[3]{xy}]$

# I RADICALI QUADRATICI DOPPI

teoria a pagina 48

## Comprensione

**331** Indica quali fra i seguenti sono radicali doppi:

   **a.** $\sqrt{2-\sqrt{3}}$     **b.** $\sqrt{5\sqrt{2}}$     **c.** $\sqrt{3}+\sqrt{2}$     **d.** $\sqrt{\sqrt{5}+6}$

**332** La formula che si usa per trasformare un radicale doppio nella somma di due radicali semplici si può applicare:

   **a.** solo se $a^2 \geq b$ anche se non sempre è utile
   **b.** solo se $a^2 - b$ è un quadrato perfetto
   **c.** solo se $a > b$.
   Qual è la risposta esatta?

**333** Il radicale doppio $\sqrt{2-\sqrt{3}}$ :

   **a.** applicando la formula si trasforma in $\sqrt{\dfrac{3}{2}}+\sqrt{\dfrac{1}{2}}$

   **b.** applicando la formula si trasforma in $\sqrt{\dfrac{3}{2}}-\sqrt{\dfrac{1}{2}}$

   **c.** non si può trasformare nella somma di due radicali semplici
   **d.** nessuna delle precedenti risposte è corretta.

**334** Semplificando l'espressione $\sqrt{5+\sqrt{7}}\cdot\sqrt{5-\sqrt{7}}$ si ottiene:

   **a.** $2\sqrt{18}$     **b.** $3\sqrt{2}$     **c.** $(5+\sqrt{7})^2$     **d.** $(5-\sqrt{7})^2$

Cap. 2: I radicali    **227**

**335** A quali dei seguenti radicali doppi è conveniente applicare la formula per ottenere radicali semplici?

a. $\sqrt{6 - 2\sqrt{3}}$    b. $\sqrt{5 + 2\sqrt{6}}$    c. $\sqrt{9 - 4\sqrt{2}}$    d. $\sqrt{8 + \sqrt{11}}$

**336** Il radicale doppio $\sqrt{51 - 14\sqrt{2}}$ è uguale a:

a. $\sqrt{2} - 7$    b. $7 + \sqrt{2}$    c. $7 - \sqrt{2}$    d. $6 - \sqrt{2}$

## Applicazione

**337** **ESERCIZIO GUIDATO**

$\sqrt{8 - 2\sqrt{15}}$

Possiamo procedere in due modi:

- riconoscendo in $8 - 2\sqrt{15}$ il quadrato di un binomio:
$8 - 2\sqrt{15} = 5 + 3 - 2\sqrt{5 \cdot 3} = (\sqrt{5} - \sqrt{3})^2$    quindi    $\sqrt{8 - 2\sqrt{15}} = \sqrt{5} - \sqrt{3}$

- applicando la formula
riscriviamo prima il radicale nella forma $\sqrt{a \pm \sqrt{b}}$:    $\sqrt{8 - 2\sqrt{15}} = \sqrt{8 - \sqrt{60}}$
calcoliamo $a^2 - b$:    $64 - 60 = 4 = 2^2$
applichiamo la formula:    $\sqrt{8 - 2\sqrt{15}} = \sqrt{\dfrac{8 + 2}{2}} - \sqrt{\dfrac{8 - 2}{2}} = \sqrt{5} - \sqrt{3}$

**338** $\sqrt{9 - \sqrt{80}}$;    $\sqrt{7 + 2\sqrt{6}}$    $\left[\sqrt{5} - 2;\ \sqrt{6} + 1\right]$

**339** $\sqrt{4 - 2\sqrt{3}}$;    $\sqrt{3 + 2\sqrt{2}}$    $\left[\sqrt{3} - 1;\ \sqrt{2} + 1\right]$

**340** $\sqrt{9 - 4\sqrt{5}}$;    $\sqrt{4 + 2\sqrt{3}}$    $\left[\sqrt{5} - 2;\ 1 + \sqrt{3}\right]$

**341** $\sqrt{27 - 10\sqrt{2}}$;    $\sqrt{6 + 2\sqrt{5}}$    $\left[5 - \sqrt{2};\ 1 + \sqrt{5}\right]$

**342** $\sqrt{7 + \sqrt{13}}$;    $\sqrt{14 - \sqrt{27}}$    $\left[\sqrt{\dfrac{13}{2}} + \sqrt{\dfrac{1}{2}};\ \sqrt{\dfrac{27}{2}} - \sqrt{\dfrac{1}{2}}\right]$

**343** $\sqrt{2 + \sqrt{3}}$;    $\sqrt{24 + \sqrt{47}}$    $\left[\sqrt{\dfrac{3}{2}} + \sqrt{\dfrac{1}{2}};\ \sqrt{\dfrac{47}{2}} + \sqrt{\dfrac{1}{2}}\right]$

**344** $\sqrt{\sqrt{\dfrac{7}{3}} + \sqrt{\dfrac{3}{4}}}$;    $\sqrt{\dfrac{9}{2} - \sqrt{14}}$    $\left[\dfrac{3}{2} + \dfrac{1}{2}\sqrt{\dfrac{1}{3}};\ \sqrt{\dfrac{7}{2}} - 1\right]$

**345** $\sqrt{20 - 5\sqrt{7}}$;    $\sqrt{11 + 6\sqrt{2}}$    $\left[\sqrt{\dfrac{35}{2}} - \sqrt{\dfrac{5}{2}};\ 3 + \sqrt{2}\right]$

**346** $\sqrt{19 + 2\sqrt{78}}$;    $\sqrt{24 - 4\sqrt{11}}$    $\left[\sqrt{13} + \sqrt{6};\ \sqrt{22} - \sqrt{2}\right]$

**347** $\sqrt{24 + 9\sqrt{\dfrac{5}{3}}}$;    $\sqrt{\dfrac{15}{2} - \sqrt{\dfrac{78}{3}}}$    $\left[\sqrt{\dfrac{45}{2}} + \sqrt{\dfrac{3}{2}};\ \sqrt{\dfrac{13}{2}} - 1\right]$

Cap. 2: I radicali

# LA RAZIONALIZZAZIONE

teoria a pagina 49

## Comprensione

**348** Il fattore razionalizzante della frazione $\dfrac{1}{4\sqrt{3}}$ è:

   **a.** 4        **b.** $\sqrt{3}$        **c.** $4\sqrt{3}$        **d.** $4-\sqrt{3}$

**349** Il fattore razionalizzante della frazione $\dfrac{1}{4+\sqrt{3}}$ è:

   **a.** $\sqrt{3}$        **b.** $4+\sqrt{3}$        **c.** $4\sqrt{3}$        **d.** $4-\sqrt{3}$

**350** Per ogni frazione data individua fra quelli indicati il fattore razionalizzante:

   ① $\dfrac{3}{\sqrt[3]{5}}$ :      **a.** $\sqrt[3]{25}$        **b.** $\sqrt[3]{5}$        **c.** $\sqrt{5}$

   ② $\dfrac{6}{\sqrt{2}-1}$ :      **a.** $\sqrt{2}-1$        **b.** $\sqrt{2}+1$        **c.** $\sqrt{2}$

   ③ $\dfrac{\sqrt{2}}{2+\sqrt[3]{5}}$ :      **a.** $2-\sqrt[3]{5}$        **b.** $4+2\sqrt[3]{5}+\sqrt[3]{25}$        **c.** $4-2\sqrt[3]{5}+\sqrt[3]{25}$

**351** Razionalizzando $\dfrac{3}{\sqrt{6}}$ si ottiene

   **a.** $\dfrac{1}{2}$        **b.** $\sqrt{3}$        **c.** $\dfrac{\sqrt{6}}{2}$        **d.** $\dfrac{\sqrt{6}}{12}$

**352** Razionalizzando $\dfrac{4}{5\sqrt[3]{2}}$ si ottiene

   **a.** $\dfrac{2\sqrt[3]{2}}{5}$        **b.** $\dfrac{2\sqrt[3]{4}}{5}$        **c.** $\dfrac{2\sqrt{2}}{5}$        **d.** $\dfrac{4+\sqrt[3]{4}}{10}$

**353** Razionalizzando $\dfrac{2}{1-\sqrt{5}}$ si ottiene

   **a.** $-\dfrac{2\sqrt{5}}{4}$        **b.** $\dfrac{2\sqrt{5}}{6}$        **c.** $-\dfrac{1+\sqrt{5}}{2}$        **d.** $\dfrac{1-\sqrt{5}}{2}$

**354** Razionalizzando $\dfrac{6}{\sqrt[3]{4}-1}$ si ottiene

   **a.** $4\sqrt[3]{2}+2\sqrt[3]{4}+2$        **b.** $2\sqrt[3]{2}+\sqrt[3]{4}+1$        **c.** $2(\sqrt[3]{4}+1)$        **d.** $\dfrac{6^3}{(\sqrt[3]{4}-1)^3}$

## Applicazione

Rendi razionali i denominatori delle seguenti frazioni.

**355** **ESERCIZIO GUIDATO**

   **a.** $\dfrac{6}{\sqrt{3}}$      il fattore razionalizzante è $\sqrt{3}$:   $\dfrac{6\cdot\sqrt{3}}{\sqrt{3}\cdot\sqrt{3}}=\dfrac{\overset{2}{\cancel{6}}\sqrt{3}}{\cancel{3}}=2\sqrt{3}$

   **b.** $\dfrac{1}{\sqrt[3]{2}}$      il fattore razionalizzante è $\sqrt[3]{2^2}$:   $\dfrac{1\cdot\sqrt[3]{2^2}}{\sqrt[3]{2}\cdot\sqrt[3]{2^2}}=\dfrac{\sqrt[3]{4}}{2}$

**356** $\dfrac{2}{\sqrt{2}}$;     $\dfrac{1}{\sqrt[3]{6}}$;     $\dfrac{2}{\sqrt{3}}$;     $\dfrac{3}{\sqrt{7}}$     $\left[\sqrt{2};\ \dfrac{\sqrt[3]{36}}{6};\ \dfrac{2\sqrt{3}}{3};\ \dfrac{3\sqrt{7}}{7}\right]$

Cap. 2: I radicali    **229**

**357** $\dfrac{5}{2\sqrt{3}}$; $\quad\dfrac{1}{3\sqrt{7}}$; $\quad\dfrac{9}{\sqrt{18}}$; $\quad\dfrac{20}{3\sqrt{5}}$ $\qquad\left[\dfrac{5\sqrt{3}}{6};\ \dfrac{\sqrt{7}}{21};\ \dfrac{3\sqrt{2}}{2};\ \dfrac{4\sqrt{5}}{3}\right]$

**358** $\dfrac{12}{\sqrt{8}}$; $\quad\dfrac{5}{\sqrt{15}}$; $\quad\dfrac{1}{3\sqrt{2}}$; $\quad\dfrac{4}{\sqrt{12}}$ $\qquad\left[3\sqrt{2};\ \dfrac{\sqrt{15}}{3};\ \dfrac{\sqrt{2}}{6};\ \dfrac{2\sqrt{3}}{3}\right]$

**359** $\dfrac{3}{\sqrt[3]{24}}$; $\quad\dfrac{15}{2\sqrt{27}}$; $\quad\dfrac{14}{\sqrt{8}}$; $\quad\dfrac{10}{\sqrt[3]{5}}$ $\qquad\left[\dfrac{\sqrt[3]{9}}{2};\ \dfrac{5}{6}\sqrt{3};\ \dfrac{7}{2}\sqrt{2};\ 2\sqrt[3]{25}\right]$

**360** $\dfrac{1}{\sqrt[3]{4}}$; $\quad\dfrac{4}{\sqrt[3]{2}}$; $\quad\dfrac{6}{\sqrt{3}}$; $\quad-\dfrac{6}{\sqrt{8}}$ $\qquad\left[\dfrac{1}{2}\sqrt[3]{2};\ 2\sqrt[3]{4};\ 2\sqrt{3};\ -\dfrac{3\sqrt{2}}{2}\right]$

**361** **ESERCIZIO GUIDATO**

$\dfrac{15}{\sqrt{3}}$

Visto che 15 contiene nella sua scomposizione il fattore 3, anziché moltiplicare numeratore e denominatore per $\sqrt{3}$, possiamo anche procedere in questo modo:

$$\dfrac{3\cdot 5}{\sqrt{3}}=\dfrac{\sqrt{3}\cdot\sqrt{3}\cdot 5}{\sqrt{3}}=5\sqrt{3}$$

**362** $\dfrac{5\sqrt{2}}{4\sqrt{5}}$; $\quad\dfrac{30}{\sqrt[3]{6}}$; $\quad\dfrac{8}{\sqrt{2}}$; $\quad\dfrac{21}{2\sqrt{7}}$ $\qquad\left[\dfrac{\sqrt{10}}{4};\ 5\sqrt[3]{36};\ 4\sqrt{2};\ \dfrac{3}{2}\sqrt{7}\right]$

**363** $\dfrac{12}{\sqrt{3}}$; $\quad\dfrac{12}{\sqrt{6}}$; $\quad\dfrac{30}{7\sqrt{15}}$; $\quad\dfrac{50}{3\sqrt[3]{10}}$ $\qquad\left[4\sqrt{3};\ 2\sqrt{6};\ \dfrac{2}{7}\sqrt{15};\ \dfrac{5}{3}\sqrt[3]{100}\right]$

**364** $\dfrac{8}{\sqrt{72}}$; $\quad\dfrac{6}{\sqrt[3]{54}}$; $\quad\dfrac{21}{\sqrt{63}}$; $\quad\dfrac{15}{\sqrt{27}}$ $\qquad\left[\dfrac{2}{3}\sqrt{2};\ \sqrt[3]{4};\ \sqrt{7};\ \dfrac{5}{3}\sqrt{3}\right]$

**365** **ESERCIZIO GUIDATO**

$\dfrac{2x^2}{\sqrt{x}}$

Il fattore razionalizzante è $\sqrt{x}$: $\quad\dfrac{2x^2}{\sqrt{x}}\cdot\dfrac{\sqrt{x}}{\sqrt{x}}=\dfrac{2x^2\sqrt{x}}{x}$

Tenendo conto che la linea di frazione rappresenta una divisione, possiamo riscrivere il risultato ottenuto nella forma

$$(2x^2\sqrt{x}):x=2x\sqrt{x}$$

**366** $\dfrac{xy}{\sqrt[3]{xy}}$; $\quad\dfrac{6ay}{\sqrt{2y}}$; $\quad\dfrac{2ax^2}{\sqrt{ax}}$; $\quad\dfrac{6a^2b}{\sqrt{2ab}}$ $\qquad\left[\sqrt[3]{x^2y^2};\ 3a\sqrt{2y};\ 2x\sqrt{ax};\ 3a\sqrt{2ab}\right]$

**367** $\dfrac{10ab}{\sqrt{25a}}$; $\quad\dfrac{4x^2}{\sqrt{2x}}$; $\quad\dfrac{a}{2\sqrt{2a}}$; $\quad\dfrac{2xy}{\sqrt{2x}}$ $\qquad\left[2b\sqrt{a};\ 2x\sqrt{2x};\ \dfrac{\sqrt{2a}}{4};\ y\sqrt{2x}\right]$

**368** $\dfrac{5a}{\sqrt{5}}$; $\quad\dfrac{x^2}{\sqrt[3]{x}}$; $\quad\dfrac{4y}{\sqrt{2y}}$; $\quad\dfrac{2ab}{\sqrt[3]{3ab}}$ $\qquad\left[a\sqrt{5};\ x\sqrt[3]{x^2};\ 2\sqrt{2y};\ \dfrac{2}{3}\sqrt{9a^2b^2}\right]$

**369** $\dfrac{\sqrt{5}-\sqrt{2}}{\sqrt{3}}$; $\quad\dfrac{\sqrt{2}+1}{\sqrt{2}}$; $\quad\dfrac{10-5\sqrt{5}}{\sqrt{5}}$ $\qquad\left[\dfrac{\sqrt{15}-\sqrt{6}}{3};\ \dfrac{2+\sqrt{2}}{2};\ 2\sqrt{5}-5\right]$

**370** $\dfrac{\sqrt{20}-\sqrt{15}}{2\sqrt{5}}$; $\quad\dfrac{4-\sqrt{2}}{\sqrt{8}}$; $\quad\dfrac{10\sqrt{3}-5}{5\sqrt{3}}$ $\qquad\left[\dfrac{2-\sqrt{3}}{2};\ \dfrac{2\sqrt{2}-1}{2};\ \dfrac{6-\sqrt{3}}{3}\right]$

230 Cap. 2: *I radicali*

**371** **ESERCIZIO GUIDATO**

a. $\dfrac{7}{\sqrt{2}-4}$

il fattore razionalizzante è $\sqrt{2}+4$: $\quad \dfrac{7}{\sqrt{2}-4} \cdot \dfrac{\sqrt{2}+4}{\sqrt{2}+4} = \dfrac{7(\sqrt{2}+4)}{2-16} = -\dfrac{7(\sqrt{2}+4)}{14} = -\dfrac{\sqrt{2}+4}{2}$

b. $\dfrac{a}{\sqrt{a}-1}$

il fattore razionalizzante è $\sqrt{a}+1$: $\quad \dfrac{a}{\sqrt{a}-1} \cdot \dfrac{\sqrt{a}+1}{\sqrt{a}+1} = \dfrac{a(\sqrt{a}+1)}{a-1}$

**372** $\dfrac{-5}{1-\sqrt{6}}; \quad \dfrac{2}{\sqrt{2}+\sqrt{3}}; \quad \dfrac{1}{2-\sqrt{3}} \qquad \left[1+\sqrt{6};\ 2(\sqrt{3}-\sqrt{2});\ 2+\sqrt{3}\right]$

**373** $\dfrac{6}{-\sqrt{5}-\sqrt{2}}; \quad \dfrac{-24}{2+2\sqrt{7}}; \quad \dfrac{6}{\sqrt{7}-\sqrt{5}} \qquad \left[2(\sqrt{2}-\sqrt{5});\ 2(1-\sqrt{7});\ 3(\sqrt{7}+\sqrt{5})\right]$

**374** $\dfrac{2}{\sqrt{7}-\sqrt{3}}; \quad \dfrac{3}{3\sqrt{2}+\sqrt{3}}; \quad \dfrac{38}{1-2\sqrt{5}} \qquad \left[\dfrac{\sqrt{7}+\sqrt{3}}{2};\ \dfrac{3\sqrt{2}-\sqrt{3}}{5};\ -2(1+2\sqrt{5})\right]$

**375** $\dfrac{2\sqrt{3}}{\sqrt{3}-\sqrt{2}}; \quad \dfrac{\sqrt{5}+1}{\sqrt{5}-1}; \quad \dfrac{1}{\sqrt{11}-2\sqrt{3}} \qquad \left[6+2\sqrt{6};\ \dfrac{3+\sqrt{5}}{2};\ -(\sqrt{11}+2\sqrt{3})\right]$

**376** $\dfrac{8}{\sqrt{3}-1}; \quad \dfrac{14}{3-\sqrt{2}}; \quad \dfrac{4}{\sqrt{2}+\sqrt{6}} \qquad \left[4(\sqrt{3}+1);\ 2(\sqrt{2}+3);\ \sqrt{6}-\sqrt{2}\right]$

**377** $\dfrac{\sqrt{6}-\sqrt{5}}{\sqrt{3}+\sqrt{2}}; \quad \dfrac{2\sqrt{3}-2\sqrt{5}}{\sqrt{3}+\sqrt{5}}; \quad \dfrac{6\sqrt{3}-6\sqrt{2}}{2\sqrt{3}-3\sqrt{2}} \qquad \left[3\sqrt{2}-2\sqrt{3}-\sqrt{15}+\sqrt{10};\ -2(4-\sqrt{15});\ -\sqrt{6}\right]$

**378** $\dfrac{3}{\sqrt{x}+1}; \quad \dfrac{2}{\sqrt{2}-\sqrt{2a}}; \quad \dfrac{2}{\sqrt{x}-\sqrt{2}} \qquad \left[\dfrac{3(\sqrt{x}-1)}{x-1};\ \dfrac{\sqrt{2}+\sqrt{2a}}{1-a};\ \dfrac{2(\sqrt{x}+\sqrt{2})}{x-2}\right]$

**379** $\dfrac{a-1}{\sqrt{a}-1}; \quad \dfrac{1-x}{1-\sqrt{x}}; \quad \dfrac{b-4}{2+\sqrt{b}} \qquad \left[\sqrt{a}+1;\ \sqrt{x}+1;\ \sqrt{b}-2\right]$

**380** $\dfrac{2}{\sqrt{x}-\sqrt{x-2}}; \quad \dfrac{-1}{\sqrt{2-a}-\sqrt{2}}; \quad \dfrac{3}{\sqrt{3y}+\sqrt{y}} \qquad \left[\sqrt{x}+\sqrt{x-2};\ \dfrac{\sqrt{2-a}+\sqrt{2}}{a};\ \dfrac{3(\sqrt{3y}-\sqrt{y})}{2y}\right]$

**381** **ESERCIZIO GUIDATO**

a. $\dfrac{1}{\sqrt[3]{2}+\sqrt[3]{5}} = \dfrac{\sqrt[3]{2^2}-\sqrt[3]{2\cdot 5}+\sqrt[3]{5^2}}{(\sqrt[3]{2}+\sqrt[3]{5})\cdot(\sqrt[3]{2^2}-\sqrt[3]{2\cdot 5}+\sqrt[3]{5^2})} = \dfrac{\sqrt[3]{4}-\sqrt[3]{10}+\sqrt[3]{25}}{2+5} = \dfrac{\sqrt[3]{4}-\sqrt[3]{10}+\sqrt[3]{25}}{7}$

b. $\dfrac{1}{\sqrt[3]{7}-\sqrt[3]{3}} = \dfrac{\sqrt[3]{7^2}+\sqrt[3]{7\cdot 3}+\sqrt[3]{3^2}}{(\sqrt[3]{7}-\sqrt[3]{3})\cdot(\sqrt[3]{7^2}+\sqrt[3]{7\cdot 3}+\sqrt[3]{3^2})} = \dfrac{\sqrt[3]{49}+\sqrt[3]{21}+\sqrt[3]{9}}{7-3} = \dfrac{\sqrt[3]{49}+\sqrt[3]{21}+\sqrt[3]{9}}{4}$

**382** $\dfrac{1}{\sqrt[3]{5}-\sqrt[3]{4}}; \quad -\dfrac{5}{1+\sqrt[3]{9}}; \quad \dfrac{12}{\sqrt[3]{15}-\sqrt[3]{3}} \qquad \left[\sqrt[3]{25}+2\sqrt[3]{2}+\sqrt[3]{20};\ \dfrac{\sqrt[3]{9}-3\sqrt[3]{3}-1}{2};\ \sqrt[3]{225}+\sqrt[3]{9}+\sqrt[3]{45}\right]$

**383** $\dfrac{2}{\sqrt[3]{3}-1}; \quad \dfrac{3}{2-\sqrt[3]{2}}; \quad \dfrac{\sqrt[3]{2}}{\sqrt[3]{6}+\sqrt[3]{2}} \qquad \left[\sqrt[3]{9}+\sqrt[3]{3}+1;\ \dfrac{\sqrt[3]{4}+2\sqrt[3]{2}+4}{2};\ \dfrac{\sqrt[3]{9}-\sqrt[3]{3}+1}{4}\right]$

**384** $\dfrac{6}{\sqrt[3]{2}+1}; \quad \dfrac{3}{\sqrt[3]{5}-\sqrt[3]{2}}; \quad \dfrac{2}{2-\sqrt[3]{4}} \qquad \left[2(\sqrt[3]{4}-\sqrt[3]{2}+1);\ \sqrt[3]{25}+\sqrt[3]{10}+\sqrt[3]{4};\ 2+\sqrt[3]{4}+\sqrt[3]{2}\right]$

Cap. 2: I radicali

## CORREGGI GLI ERRORI

**385** $\dfrac{1}{1+\sqrt{2}} = \dfrac{1}{1+\sqrt{2}} \cdot \dfrac{\sqrt{2}}{\sqrt{2}} = \dfrac{\sqrt{2}}{1+2} = \dfrac{\sqrt{2}}{3}$

**386** $\dfrac{4}{\sqrt[3]{2}} = \dfrac{4}{\sqrt[3]{2}} \cdot \dfrac{\sqrt[3]{2}}{\sqrt[3]{2}} = \dfrac{4\sqrt[3]{2}}{2} = 2\sqrt[3]{2}$

**387** $\dfrac{1}{\sqrt{2}} = \dfrac{1}{(\sqrt{2})^2} = \dfrac{1}{2}$

**388** $\dfrac{5}{\sqrt{3}+\sqrt{2}} = \dfrac{5}{\sqrt{3+2}} = \dfrac{5}{\sqrt{5}} = \sqrt{5}$

**389** $\dfrac{1}{1+\sqrt[3]{5}} = \dfrac{1}{(1+\sqrt[3]{5})^3} = \dfrac{1}{1+5} = \dfrac{1}{6}$

**390** $\dfrac{1}{3-\sqrt[3]{2}} = \dfrac{1}{3-\sqrt[3]{2}} \cdot \dfrac{3+\sqrt[3]{2}}{3+\sqrt[3]{2}} = \dfrac{3+\sqrt[3]{2}}{7}$

**391** $\dfrac{1}{\sqrt{6}-\sqrt{3}} = \dfrac{1}{\sqrt{6}-\sqrt{3}} \cdot \dfrac{\sqrt{6}-\sqrt{3}}{\sqrt{6}-\sqrt{3}} = \dfrac{\sqrt{6}-\sqrt{3}}{6-3} = \dfrac{\sqrt{6}-\sqrt{3}}{3}$

## ESERCIZI RIASSUNTIVI

### Espressioni

**392** $2 + \sqrt{2} + \dfrac{1}{2+\sqrt{2}} + \dfrac{1}{2-\sqrt{2}}$ $\qquad [4+\sqrt{2}]$

**393** $3 + \dfrac{1}{2\sqrt{3}-3} - \dfrac{2}{\sqrt{3}}$ $\qquad [4]$

**394** $(\sqrt{2}-\sqrt{3}+1)^2 - 2(-\sqrt{6}+\sqrt{2})$ $\qquad [2(3-\sqrt{3})]$

**395** $\dfrac{2(\sqrt{2}+\sqrt{6})}{3\sqrt{2+\sqrt{3}}}$ $\qquad \left[\dfrac{4}{3}\right]$

**396** $\sqrt[3]{5} \cdot \left(2 - \dfrac{2}{3}\right)^2 + \sqrt[3]{40}$ $\qquad \left[\dfrac{34}{9}\sqrt[3]{5}\right]$

**397** $1 - \dfrac{1}{1+\sqrt{3}} + \dfrac{1}{1-\sqrt{3}}$ $\qquad [1-\sqrt{3}]$

**398** $\left(\sqrt{7} + \dfrac{3}{2} - \dfrac{1}{\sqrt{7}}\right) : (4\sqrt{7}+7)$ $\qquad \left[\dfrac{3}{14}\right]$

**399** $\sqrt{8} + \sqrt{100} - \sqrt[3]{-\dfrac{1}{27}} \cdot \sqrt[3]{27}$ $\qquad [11+2\sqrt{2}]$

**400** $\sqrt{\dfrac{2}{9}}(\sqrt[3]{-24} + \sqrt[3]{3})$ $\qquad \left[-\dfrac{1}{3}\sqrt[6]{72}\right]$

**401** $\sqrt{\dfrac{4}{25}} : (\sqrt[3]{27} + \sqrt[3]{-8})$ $\qquad \left[\dfrac{2}{5}\right]$

**402** $(1-\sqrt{2})^2 + 2$ $\qquad [5-2\sqrt{2}]$

**403** $\sqrt[3]{-\dfrac{27}{8}} : \left(\sqrt{\dfrac{1}{4}} - 2\sqrt{\dfrac{1}{16}} + \sqrt{\dfrac{9}{4}}\right)$ $\qquad [-1]$

**404** $(\sqrt{3}-4)^2 - (2\sqrt{3}-5)^2 - 6\sqrt{12}$ $\qquad [-18]$

232 Cap. 2: I radicali

**405** $\sqrt{\dfrac{9}{4}} \cdot \left( \sqrt{\dfrac{1}{9}} - \sqrt[3]{\dfrac{-8}{27}} + \sqrt{-\dfrac{4}{25}} \right)$ [impossibile]

**406** $3 - (1 + \sqrt[3]{2})^3$ $\left[ -3(\sqrt[3]{2} + \sqrt[3]{4}) \right]$

**407** $\dfrac{(1 - \sqrt[3]{27})^2}{\sqrt{16}}$ $[1]$

**408** $\dfrac{(1 - \sqrt[3]{4})(1 + \sqrt[3]{2}) + \sqrt[3]{2}(\sqrt[3]{2} - 1)}{\sqrt[3]{-8} \cdot \sqrt[6]{4}}$ $\left[ \dfrac{\sqrt[3]{4}}{4} \right]$

**409** $\sqrt[3]{2 - 2\sqrt{3}} \cdot \sqrt[3]{2 + 2\sqrt{3}} + \sqrt[3]{2\sqrt{2} - 3} \cdot \sqrt[3]{2\sqrt{2} + 3} - (3\sqrt{2} + 2\sqrt{5})(2\sqrt{5} - 3\sqrt{2})$ $[-5]$

**410** $\left( 3\sqrt[6]{2} - \dfrac{1}{2}\sqrt[12]{4} + \sqrt[6]{128} \right) \cdot \left( \sqrt{\dfrac{1}{3}} : \sqrt[3]{\dfrac{1}{2}} \right)$ $\left[ \dfrac{9}{2}\sqrt{\dfrac{2}{3}} \right]$

**411** $\left( \sqrt{6} + \dfrac{6}{3 - \sqrt{6}} \right) \left( \sqrt{6} - \dfrac{6}{3 + \sqrt{6}} \right)$ $[18]$

**412** $\left( \dfrac{7}{\sqrt{2} + \sqrt{3}} + \dfrac{2}{\sqrt{2} - \sqrt{3}} \right) : (5\sqrt{6} - 18)$ $\left[ \dfrac{\sqrt{2}}{2} \right]$

**413** $\sqrt{2 + \sqrt{3}} \cdot \sqrt{2 - \sqrt{3}} - \sqrt{5 - 2\sqrt{6}} - 1$ $[\sqrt{2} - \sqrt{3}]$

**414** $\sqrt{\dfrac{3 - \sqrt{2}}{6}} : \dfrac{\sqrt{2} - 3}{\sqrt{3 - \sqrt{2}}}$ $\left[ -\dfrac{\sqrt{6}}{6} \right]$

**415** $\sqrt{\dfrac{1}{2}\sqrt[3]{\dfrac{1}{2}}} : \sqrt[3]{\dfrac{1}{2}\sqrt{\dfrac{1}{2}}} \cdot \sqrt[3]{2}$ $[\sqrt[6]{2}]$

**416** $\left[ (\sqrt{3} + 2\sqrt{2})^2 - (\sqrt{6} + 2)^2 \right] \cdot \dfrac{3\sqrt{6} - 2}{2\sqrt{3}}$ $\left[ \dfrac{3}{2}\sqrt{2} - \dfrac{\sqrt{3}}{3} \right]$

**417** $\dfrac{\sqrt{5} + \sqrt{6}}{\sqrt{5}} - \dfrac{\sqrt{6} - \sqrt{5}}{2\sqrt{5}} - (\sqrt{6} + \sqrt{5})^2$ $\left[ -\dfrac{19}{10}(\sqrt{30} + 5) \right]$

**418** $\left( \dfrac{\sqrt{24}}{6} + \dfrac{\sqrt{12}}{3} - \dfrac{\sqrt{18}}{2} \right) \cdot \sqrt{2} : \left( \dfrac{\sqrt{2}}{\sqrt{2} - 1} \right) - \dfrac{2\sqrt{6} + 18 + 9\sqrt{2}}{6}$ $[-6]$

**419** $\dfrac{\sqrt{3} + 1}{\sqrt{3} - 1} \cdot \dfrac{6}{7 - 8\sqrt{5}} \left[ (\sqrt{5} - 1)^2 - (\sqrt{5} - 1)(\sqrt{5} + 1) + \dfrac{1 - 2\sqrt{5}}{3} \right] - (\sqrt{3} - 1)^2$ $[4\sqrt{3}]$

**420** $\dfrac{5}{(1 - \sqrt{3})^2} \left[ \dfrac{2\sqrt{18} - 2\sqrt{3}}{\sqrt{5}} + (\sqrt{8} - 6)\sqrt[6]{\left( \dfrac{2}{5} \right)^3} \right]$ $[\sqrt{5}]$

**421** $\sqrt[4]{\sqrt{20} - \sqrt{4}} \cdot \sqrt[4]{\sqrt{20} + \sqrt{4}} + \sqrt[6]{\sqrt{325} - \sqrt{5}} \cdot \sqrt[6]{\sqrt{325} + \sqrt{5}} - (\sqrt[6]{5} + 1)^2$ $[1 - \sqrt[3]{5}]$

**422** $\sqrt{\dfrac{5}{6} - \sqrt{\dfrac{2}{3}}} + \sqrt{4 - 2\sqrt{3}} + \sqrt{9 + 4\sqrt{2}}$ $\left[ \dfrac{4\sqrt{3} + 15\sqrt{2}}{6} \right]$

**423** $\sqrt{4-\sqrt{7}}\left(\sqrt{\dfrac{7}{2}}+\sqrt{\dfrac{1}{2}}\right)+\dfrac{2+\sqrt{3}}{\sqrt{2}-\sqrt{6}}$  $\left[\dfrac{12-5\sqrt{2}-3\sqrt{6}}{4}\right]$

**424** $\left(\sqrt[3]{3+\sqrt{5}}+\sqrt[3]{3-\sqrt{5}}\right)^3-3\left(\sqrt[3]{12+4\sqrt{5}}+\sqrt[3]{12-4\sqrt{5}}\right)$  $[6]$

**425** $(\sqrt{15}-\sqrt{2})(3\sqrt{3}+2\sqrt{6})+(2\sqrt{5}-3\sqrt{8})(\sqrt{5}-\sqrt{3})-\sqrt{5}(9-2\sqrt{3})+\sqrt{3}(4-3\sqrt{2})$  $[10]$

**426** $\sqrt{2+\sqrt{2}}\sqrt{2-\sqrt{2}}\left(\dfrac{1}{\sqrt{2}}-\dfrac{1}{\sqrt{8}}\right)$  $\left[\dfrac{1}{2}\right]$

**427** $\sqrt[3]{(2-\sqrt{3})(2+\sqrt{3})}+\sqrt[4]{(3-2\sqrt[4]{5})(3+2\sqrt[4]{5})}\sqrt{2+\sqrt{5}}-2$  $[0]$

**428** $\left[\left(\dfrac{1}{\sqrt{7}+1}-\dfrac{1}{\sqrt{7}-1}\right):\dfrac{\sqrt{27}}{6}\right]^2-\dfrac{2}{(5+\sqrt{2})^2-10\sqrt{2}}$  $\left[\dfrac{2}{27}\right]$

**429** $\dfrac{\sqrt{3}-\sqrt{2}}{\sqrt{3}+\sqrt{2}}\cdot\dfrac{5+\left(\sqrt{2\sqrt[3]{3}}\right)^3}{4\sqrt[3]{4}}:\sqrt[3]{\dfrac{1}{4}}$  $\left[\dfrac{1}{4}\right]$

**430** $\left(\sqrt{72}-\dfrac{3}{\sqrt{2}}+\dfrac{\sqrt{2}}{2}\right):\dfrac{5}{\sqrt[3]{4}}$  $[2\sqrt[6]{2}]$

**431** $\left(\dfrac{\sqrt[3]{3}}{\sqrt[3]{3}-\sqrt[3]{2}}-\dfrac{\sqrt[3]{6}}{\sqrt[3]{9}+\sqrt[3]{6}+\sqrt[3]{4}}\right):(3+2\sqrt[3]{12})$  $[1]$

**432** $\left(\dfrac{1}{\sqrt{3}+1}-\dfrac{\sqrt{3}+1}{1-\sqrt{3}}\right)\left(1+\dfrac{1}{\sqrt{3}}\right):\dfrac{3+2\sqrt{3}}{\sqrt{3}}$  $[\sqrt{3}]$

## Equazioni a coefficienti irrazionali

**433** **ESERCIZIO GUIDATO**

$\sqrt{3}x-1=2x+3$

Trasportiamo i termini in x al primo membro ed i termini noti al secondo: $\sqrt{3}x-2x=3+1$
Raccogliamo x: $(\sqrt{3}-2)x=4$

Dividiamo per il coefficiente di x: $x=\dfrac{4}{\sqrt{3}-2}$

Razionalizziamo: $x=\dfrac{4(\sqrt{3}+2)}{(\sqrt{3}-2)(\sqrt{3}+2)}$ $\rightarrow$ $x=-4(\sqrt{3}+2)$

**434** $x\sqrt{3}+2=-1$;   $2x\sqrt{5}+x=19$   $[S=\{-\sqrt{3}\};\ S=\{2\sqrt{5}-1\}]$

**435** $\sqrt{5}(x+1)=10$;   $\sqrt{2}(x+\sqrt{3})=\sqrt{6}+\sqrt{2}$   $[S=\{2\sqrt{5}-1\};\ S=\{1\}]$

**436** $3(x+\sqrt{2})=\sqrt{2}+3$;   $x(\sqrt{2}-1)=x+\sqrt{6}$   $\left[S=\left\{\dfrac{3-2\sqrt{2}}{3}\right\};\ S=\{-\sqrt{6}-\sqrt{3}\}\right]$

**437** $\dfrac{\sqrt{3}}{2}x-\dfrac{1}{3}+x=\dfrac{5}{3}$;   $x-\sqrt{2}(\sqrt{3}x+1)=\sqrt{3}(x-\sqrt{2}-2)$   $[S=\{4(2-\sqrt{3})\};\ S=\{\sqrt{2}\}]$

**234**  Cap. 2: I radicali

**438** $\sqrt{2}x + \sqrt{8} = \sqrt{18}$ $\qquad [S = \{1\}]$

**439** $(3 + \sqrt{7})x = (\sqrt{7} - 2)x$ $\qquad [S = \{0\}]$

**440** $\sqrt{7}(5 + \sqrt{2}x) - 6(\sqrt{14}x + 8) = 2(5\sqrt{7} - 24)$ $\qquad \left[S = \left\{-\frac{\sqrt{2}}{2}\right\}\right]$

**441** $(-\sqrt{5} - 2\sqrt{3})x + 3(\sqrt{5} - \sqrt{3})x = 2(4\sqrt{3} + \sqrt{5}) - 13\sqrt{3}$ $\qquad [S = \{1\}]$

**442** $(3 - \sqrt{2})(3 + \sqrt{2})x + 7\sqrt{2}x = 3 + 2\sqrt{2}$ $\qquad \left[S = \left\{\frac{1 + \sqrt{2}}{7}\right\}\right]$

**443** $(1 + 2\sqrt{2}x)(1 - 2\sqrt{2}x) + (\sqrt{2} - 2)(x - 1) + (2\sqrt{2}x - 1)^2 = 0$ $\qquad [S = \{\sqrt{2} - 1\}]$

**444** $(2x - \sqrt{2})^2 = \left(2x - \frac{1}{3}\sqrt{2}\right)^2$ $\qquad \left[S = \left\{\frac{1}{3}\sqrt{2}\right\}\right]$

**445** $-5(\sqrt{3} - \sqrt{5})(x + \sqrt{3}) = \frac{5}{\sqrt{5}}(x - 3\sqrt{5}) + 20$ $\qquad [S = \{\sqrt{5}\}]$

**446** $\dfrac{x + \sqrt{10}}{\sqrt{5}} = \dfrac{x - \sqrt{5}}{\sqrt{10}};\qquad \dfrac{4}{\sqrt{2} + 1} - x = \dfrac{x}{\sqrt{2} - 1}$ $\qquad [S = \{-3\sqrt{5}(\sqrt{2} + 1)\}; S = \{6\sqrt{2} - 8\}]$

**447** $\dfrac{2 + x}{1 - 2\sqrt{2}} + \dfrac{\sqrt{8}}{2} = 0;\qquad \dfrac{1 - x}{2 + \sqrt{3}} = \dfrac{x}{2 - \sqrt{3}}$ $\qquad \left[S = \{2 - \sqrt{2}\}; S = \left\{\dfrac{2 - \sqrt{3}}{4}\right\}\right]$

**448** $\dfrac{x}{2} - \sqrt{3} = \left(x - \dfrac{\sqrt{3}}{2}\right)\sqrt{3};\qquad 2 - \dfrac{x\sqrt{2}}{3 - \sqrt{3}} = \dfrac{2}{3 + \sqrt{3}}$ $\qquad \left[S = \left\{\dfrac{4\sqrt{3} - 9}{11}\right\}; S = \{\sqrt{2}\}\right]$

**449** $\dfrac{2x + \sqrt{5}}{\sqrt{3}} - \dfrac{x - 2\sqrt{5}}{\sqrt{12}} = \dfrac{\sqrt{5}(\sqrt{27} + 3)}{6}$ $\qquad \left[S = \left\{\dfrac{\sqrt{5}}{3}(\sqrt{3} - 1)\right\}\right]$

**450** $\dfrac{x + \sqrt{3}}{\sqrt{3}} + \dfrac{x - 2\sqrt{3}}{3 - \sqrt{3}} - \dfrac{x}{3 + \sqrt{3}} = 0$ $\qquad \left[S = \left\{\dfrac{3}{2}\right\}\right]$

## Sistemi lineari a coefficienti irrazionali

**451** $\begin{cases} \sqrt{2}x - y = \sqrt{2} \\ x + 4\sqrt{2}y = 5 \end{cases} \qquad \begin{cases} x - \sqrt{5}y = 0 \\ 4\sqrt{2}x - y = 4\sqrt{10} - 1 \end{cases}$ $\qquad \left[S = \left\{\left(\dfrac{13}{9}, \dfrac{4\sqrt{2}}{9}\right)\right\}; S = \{(\sqrt{5}, 1)\}\right]$

**452** $\begin{cases} 2\sqrt{2}x + \sqrt{3}y = 7 \\ -\sqrt{2}x + 4\sqrt{3}y = 10 \end{cases} \qquad \begin{cases} 3\sqrt{3}x + 4\sqrt{2}y = 10 \\ 5\sqrt{2}y + 6\sqrt{3}x - 26 = 0 \end{cases}$ $\qquad [S = \{(\sqrt{2}, \sqrt{3})\}; S = \{(2\sqrt{3}, -\sqrt{2})\}]$

**453** $\begin{cases} \sqrt{6}x + \sqrt{5}y = \sqrt{10} \\ \sqrt{12}x + 2\sqrt{10}y = 2\sqrt{20} \end{cases} \qquad \begin{cases} \sqrt{3}x = 1 - 2y \\ \dfrac{x}{\sqrt{3} - 1} + \sqrt{3}y = 1 \end{cases}$ $\qquad \left[S = \{(0, \sqrt{2})\}; S = \left\{\left(-1, \dfrac{\sqrt{3} + 1}{2}\right)\right\}\right]$

**454** $\begin{cases} 3x + \sqrt{3}y = x + 5 \\ x - 2y = 1 - 2\sqrt{3} \end{cases} \qquad \begin{cases} (2 - \sqrt{5})x + 5y = \sqrt{5} \\ 3x + (\sqrt{5} + 2)y = 1 + 2\sqrt{5} \end{cases}$ $\qquad \left[S = \{(1, \sqrt{3})\}; S = \left\{\left(\dfrac{\sqrt{5}}{2}, \dfrac{1}{2}\right)\right\}\right]$

**455** $\begin{cases} (1 + \sqrt{2})x - (1 - \sqrt{2})y = 1 \\ x + 2y = 2(1 + \sqrt{2}) \end{cases} \qquad \begin{cases} x - \sqrt{7} = (1 - \sqrt{3})y \\ \sqrt{3}y = -x \end{cases}$ $\qquad [S = \{(0, 1 + \sqrt{2})\}; S = \{(\sqrt{21}, -\sqrt{7})\}]$

## Disequazioni a coefficienti irrazionali

*Risolvi le seguenti disequazioni.*

**456** **ESERCIZIO GUIDATO**

$\sqrt{3}(-\sqrt{2} - x) > 2 - \sqrt{2}(x + 2\sqrt{3})$

Svolgiamo i calcoli e trasportiamo i termini in $x$ al primo membro e i termini noti al secondo:

$$-\sqrt{6} - \sqrt{3}x > 2 - \sqrt{2}x - 2\sqrt{6} \quad \rightarrow \quad \sqrt{2}x - \sqrt{3}x > 2 - \sqrt{6} \quad \rightarrow \quad (\sqrt{2} - \sqrt{3})x > 2 - \sqrt{6}$$

Osserviamo adesso che il coefficiente di $x$ è un numero negativo e che, dividendo entrambi i membri per $(\sqrt{2} - \sqrt{3})$ dobbiamo cambiare anche il verso della disequazione:

$$x < \frac{2 - \sqrt{6}}{\sqrt{2} - \sqrt{3}} \quad \text{cioè} \quad x < \frac{\sqrt{2}(\sqrt{2} - \sqrt{3})}{\sqrt{2} - \sqrt{3}} \quad \rightarrow \quad x < \sqrt{2}$$

Nella risoluzione di disequazioni dove i coefficienti sono dei radicali, si deve prestare molta attenzione al segno del coefficiente di $x$ perché non è sempre evidente se si tratta di un numero positivo oppure negativo.

**457** $\sqrt{3}x + \sqrt{75}x > 16;$ $\qquad \sqrt{3}(\sqrt{3} - x) \geq 1 + \sqrt{2}(x - \sqrt{2})$ $\qquad \left[x > \frac{8\sqrt{3}}{9}; x \leq 4(\sqrt{3} - \sqrt{2})\right]$

**458** $\sqrt{2}x + \sqrt{8} \leq \sqrt{18};$ $\qquad (3 + \sqrt{7})x - 4\sqrt{7} > (\sqrt{7} - 2)x$ $\qquad \left[x \leq 1; x > \frac{4}{5}\sqrt{7}\right]$

**459** $\dfrac{x - 1}{\sqrt{3}} < \dfrac{\sqrt{2}}{3}(1 - x);$ $\qquad \sqrt{2}(1 - \sqrt{5} + x) + \sqrt{10} \geq \sqrt{2}(1 - x)$ $\qquad [x < 1; x \geq 0]$

**460** $\dfrac{x}{4} - 3 > \dfrac{x}{\sqrt{2}} - 6\sqrt{2};$ $\qquad \sqrt{7}(5 + \sqrt{2}x) - 6(\sqrt{14}x + 8) < 2(5\sqrt{7} - 24)$ $\qquad \left[x < 12; x > -\dfrac{\sqrt{2}}{2}\right]$

**461** $\dfrac{x}{\sqrt{5} - 1} + \dfrac{4}{1 + \sqrt{5}} < 1;$ $\qquad \dfrac{\sqrt{2}x}{1 + \sqrt{2}} - \dfrac{\sqrt{2}}{\sqrt{2} - 1} + \left(1 + \dfrac{2x}{\sqrt{2}}\right) \leq 0$ $\qquad \left[x < 3\sqrt{5} - 7; x \leq \dfrac{\sqrt{2} + 1}{2}\right]$

**462** $\dfrac{x}{\sqrt{6} - \sqrt{2}} + \dfrac{2 - x}{\sqrt{6} + \sqrt{2}} > 0;$ $\qquad 2\left(1 + \dfrac{x}{5}\right) \geq \dfrac{x}{\sqrt{5}} + 2(3 - \sqrt{5})$ $\qquad [x > 1 - \sqrt{3}; x \leq 10]$

**463** $\dfrac{3 + x}{\sqrt{2}} > \dfrac{3x + \sqrt{5}}{2\sqrt{2}};$ $\qquad \dfrac{x + 1}{\sqrt{3} - 1} - \dfrac{2x - 1}{\sqrt{3} + 1} \leq x$ $\qquad [x < 6 - \sqrt{5}; x \geq \sqrt{3} + 3]$

*Risolvi i seguenti sistemi di disequazioni.*

**464** $\begin{cases} \sqrt{3}(x - 2) < 2 - x \\ x - 2\sqrt{3} > 2x - \sqrt{3} \end{cases}$ $\qquad \begin{cases} x > x\sqrt{3} \\ (4 - 2\sqrt{2})x + \sqrt{2} - 2 < 0 \end{cases}$ $\qquad [x < -\sqrt{3}; x < 0]$

**465** $\begin{cases} \sqrt{5}x < \sqrt{15} \\ \sqrt{3}(x - 3) > 3x - 6 \end{cases}$ $\qquad \begin{cases} 3(\sqrt{2}x - 2) < 12 \\ 2(x - 1) > \sqrt{3}(1 - x) \end{cases}$ $\qquad \left[x < \dfrac{3 - \sqrt{3}}{2}; 1 < x < 3\sqrt{2}\right]$

**466** $\begin{cases} (2 - \sqrt{7})x - 3 > 0 \\ (2 + \sqrt{7})x > 21 \end{cases}$ $\qquad \begin{cases} \dfrac{x}{3 + \sqrt{2}} > \dfrac{1 - x}{\sqrt{2} - 3} + \dfrac{3}{7} \\ \sqrt{2}x + 1 < 6 \end{cases}$ $\qquad \left[S = \emptyset; x < \dfrac{1}{2}\right]$

**467** $\begin{cases} x - \sqrt{3} > 1 \\ 2x - \sqrt{3}x - 1 < 4x \end{cases}$ $\qquad \begin{cases} \sqrt{5}x - 2 > \sqrt{5} + 3 \\ x - \sqrt{2} < \sqrt{2}x + 1 \end{cases}$ $\qquad [x > \sqrt{3} + 1; x > \sqrt{5} + 1]$

**468**  $\begin{cases} \dfrac{x+\sqrt{2}}{\sqrt{3}} < 1 + \dfrac{1-x}{2\sqrt{3}} \\ \sqrt{6}x > \sqrt{2}+\sqrt{3} \end{cases}$   $\begin{cases} \dfrac{x-\sqrt{5}}{\sqrt{2}} < 2 + \dfrac{\sqrt{2}-x}{\sqrt{5}} \\ \sqrt{2}(x+2\sqrt{2}) + (3\sqrt{2}+4)x \geq 0 \end{cases}$   $[S = \varnothing;\ 1-\sqrt{2} \leq x < \sqrt{5}+\sqrt{2}]$

# POTENZE AD ESPONENTE RAZIONALE

teoria a pagina 53

## Comprensione

 SOLUZIONI ES. COMPRENSIONE

**469** Scegli la risposta corretta fra quelle elencate:

**a.** $3^{\frac{4}{3}}$ corrisponde a:   ① $\sqrt[4]{27}$   ② $\sqrt{\dfrac{4}{3}}$   ③ $3\sqrt[3]{3}$

**b.** $4^{-\frac{1}{4}}$ corrisponde a:   ① $\sqrt[4]{4}$   ② $\sqrt{\dfrac{1}{2}}$   ③ $-\sqrt{2}$

**470** Barra Vero o Falso.

**a.** $3^{\frac{2}{3}} = \sqrt[3]{9}$  V F

**b.** $\left(\dfrac{1}{81}\right)^{-\frac{3}{4}} = 27$  V F

**c.** $\left(\dfrac{1}{8}\right)^{-\frac{1}{2}} = \dfrac{1}{2\sqrt{2}}$  V F

**d.** $\left(\dfrac{8x^3}{y^6}\right)^{\frac{2}{3}} = \left(\dfrac{2x}{y^2}\right)^2$  V F

**e.** $5^{-\frac{7}{4}} = \sqrt[4]{5^{-7}}$  V F

**471** Il valore di $3^{\frac{1}{2}} \cdot 3^{-\frac{2}{3}}$ è:

**a.** $-\sqrt[6]{3}$   **b.** $-\dfrac{1}{\sqrt[6]{3}}$   **c.** $\dfrac{1}{\sqrt[6]{3}}$   **d.** $\sqrt[6]{3}$

**472** Semplificando l'espressione $3^{\frac{1}{2}} - 4 \cdot 3^{\frac{3}{2}} + 2 \cdot 3^{\frac{5}{2}}$ si ottiene:

**a.** $\sqrt{3} - 4\sqrt[3]{3} + 2\sqrt[5]{3}$   **b.** $-\sqrt{3}$   **c.** $7\sqrt{3}$

## Applicazione

Trasforma in radicali le seguenti potenze ad esponente razionale e semplifica, quando possibile, il risultato ottenuto.

**473** **ESERCIZIO GUIDATO**

**a.** $5^{\frac{3}{2}} = \sqrt{5^3} = 5\sqrt{5}$   **b.** $x^{-\frac{2}{3}} = \left(\dfrac{1}{x}\right)^{\frac{2}{3}} = \sqrt[3]{\dfrac{1}{x^2}}$ con $x > 0$

**474** $4^{\frac{3}{2}}$;   $27^{\frac{1}{3}}$;   $81^{\frac{3}{4}}$;   $49^{\frac{3}{2}}$

**475** $8^{-\frac{2}{3}}$;   $25^{-\frac{3}{2}}$;   $9^{\frac{3}{2}}$;   $16^{-\frac{3}{4}}$

Cap. 2: I radicali  **237**

**476** $\left(\dfrac{9}{25}\right)^{-\frac{3}{2}}$; $\quad\left(\dfrac{81}{16}\right)^{-\frac{3}{4}}$; $\quad\left(\dfrac{1}{32}\right)^{-\frac{2}{5}}$; $\quad\left(\dfrac{8}{27}\right)^{\frac{4}{3}}$

**477** $\left(\dfrac{36}{25}\right)^{-\frac{1}{2}}$; $\quad\left(\dfrac{49}{64}\right)^{\frac{3}{2}}$; $\quad\left(\dfrac{25}{4}\right)^{-\frac{3}{2}}$; $\quad\left(\dfrac{243}{32}\right)^{-\frac{2}{5}}$

**478** $\left(\dfrac{x^3}{y^6}\right)^{\frac{1}{3}}$; $\quad\left(\dfrac{16x^4}{y^8}\right)^{-\frac{5}{4}}$; $\quad\left(\dfrac{a^4}{81}\right)^{\frac{3}{4}}$; $\quad\left(\dfrac{64x^6}{b^{12}}\right)^{\frac{1}{6}}$

**479** $(a^6)^{\frac{1}{4}}$; $\quad\left(\dfrac{32b^5}{243}\right)^{\frac{3}{5}}$; $\quad\left(\dfrac{16a^2}{x^6}\right)^{\frac{1}{2}}$; $\quad\left(\dfrac{27a^3}{b^9}\right)^{-\frac{1}{3}}$

**480** $\left[(81a^2)^{\frac{3}{2}}\right]^{\frac{1}{3}}$; $\quad\left[\left(\dfrac{25}{4}x^4y^{\frac{1}{2}}\right)^3\right]^{\frac{1}{2}}$; $\quad\left[\left(\dfrac{x^3y^6}{27a^3}\right)^{\frac{1}{3}}\right]^2$

**481** $\left[\left(\dfrac{8a^2b}{x}\right)^{\frac{1}{2}}\right]^3$; $\quad\left[\left(\dfrac{4x^3y^2}{3a^4}\right)^{\frac{2}{3}}\right]^{\frac{1}{3}}$; $\quad\left[\left(\dfrac{64b^{12}a^6}{25x^2}\right)^{\frac{1}{4}}\right]^3$

*Riscrivi le seguenti espressioni in modo da non far comparire il simbolo di radice.*

**482** **ESERCIZIO GUIDATO**

    **a.** $\sqrt[3]{9}=\sqrt[3]{3^2}=3^{\frac{2}{3}}$      **b.** $\sqrt{x^2y^3}=xy^{\frac{3}{2}}$    con $x, y \geq 0$

**483** $\sqrt{2}$; $\quad\sqrt[4]{3^7}$; $\quad\sqrt{9^3}$; $\quad\sqrt[4]{81^5}$

**484** $\sqrt[5]{a^2}$; $\quad\sqrt[7]{b^3}$; $\quad\sqrt[3]{t^2}$; $\quad\sqrt{a^3}$

**485** $\sqrt[4]{x^3y}$; $\quad\sqrt[6]{a^2b}$; $\quad\sqrt[12]{x^4y^3}$; $\quad\sqrt[8]{64a^6}$

**486** $\sqrt{x+y}$; $\quad\sqrt{x^2+y^2}$; $\quad\sqrt{a^2-2ab+b^2}$

**487** $\sqrt{a^3\sqrt{b}}$; $\quad\sqrt[3]{x^4\sqrt[5]{y}}$; $\quad\sqrt[6]{\sqrt[5]{32x^5y}}$

*Calcola il valore delle seguenti espressioni utilizzando i teoremi sulle proprietà delle potenze.*

**488** **ESERCIZIO GUIDATO**

Supposto $a > 0$, semplifica la seguente espressione completando i passaggi:

$(a^{\frac{1}{2}}\cdot a)^{\frac{1}{2}} : \left[a^{-\frac{2}{3}}\cdot (a^{\frac{3}{4}})^{\frac{4}{9}}\right]^2 = (a^{\frac{1}{2}+\ldots})^{\frac{1}{2}} : \left[a^{-\frac{2}{3}}\cdot a^{\ldots}\right]^2 = (a^{\ldots})^{\frac{1}{2}} : [a^{\ldots}]^2 = a^{\frac{3}{4}} : a^{-\frac{2}{3}} = a^{\ldots} = \sqrt[12]{a^{17}} = \ldots \sqrt[12]{\ldots}$

**489** $3xy^2\cdot\dfrac{1}{9}x^{\frac{1}{2}}y^{-2}$ $\hfill\left[\dfrac{1}{3}x^{\frac{3}{2}}\right]$

**490** $-5a^{\frac{3}{2}}b^4\cdot 5^{-2}a^{\frac{1}{2}}b^{-3}$ $\hfill\left[-\dfrac{1}{5}a^2b\right]$

**491** $\left(\dfrac{1}{4}a^{-2}b^4\right)^{\frac{1}{2}} : (b^3:8a^3)^{\frac{1}{3}}$ $\hfill[b]$

**492** $\left[(ab^2)^{\frac{1}{2}}\right]^3 \cdot \left[(ab^2)^2\right]^3$ $\qquad\qquad\left[a^{\frac{15}{2}}b^{15}\right]$

**493** $\left[\left(2a^{\frac{1}{2}}b^2c^{-3}\right)^2\right]^{\frac{3}{4}} \cdot \left(2a^{\frac{1}{2}}c^{-1}\right)^{\frac{1}{2}} \cdot b^{-3}$ $\qquad\qquad\left[\dfrac{4a}{c^5}\right]$

**494** $\left[\left(a-b^{\frac{1}{2}}\right)\left(a+b^{\frac{1}{2}}\right)\right]^2 : (a^2-b)$ $\qquad\qquad [a^2-b]$

**495** $32^{\frac{1}{2}} + 2^{\frac{3}{2}} \cdot 9^{\frac{1}{2}} + 3 \cdot 2^{\frac{1}{2}} \cdot 5$ $\qquad\qquad\left[25 \cdot 2^{\frac{1}{2}}\right]$

**496** $\left(3^{\frac{1}{2}} + 2^{\frac{1}{3}}\right)^2 - \left(2 \cdot 3^{\frac{1}{2}} - 2^{\frac{1}{3}}\right)^2 - 6 \cdot 3^{\frac{1}{2}} \cdot 2^{\frac{1}{3}}$ $\qquad\qquad [-9]$

## Le equazioni della forma $x^n = k$

*teoria a pagina 55*

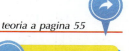

### Comprensione

**497** L'equazione $x^3 + k = 0$:
  a. ha sempre due soluzioni per qualsiasi valore di $k$ ▢V ▢F
  b. se $k < 0$ non ha soluzioni reali ▢V ▢F
  c. se $k < 0$ ha due soluzioni opposte ▢V ▢F
  d. ha sempre una sola soluzione reale per qualsiasi valore di $k$. ▢V ▢F

**498** Un'equazione di secondo grado della forma $ax^2 + b = 0$:
  a. è impossibile se $a$ e $b$ sono discordi ▢V ▢F
  b. se ha soluzioni reali, queste sono due numeri opposti ▢V ▢F
  c. non può avere una sola soluzione ▢V ▢F
  d. ha una sola soluzione se $a$ e $b$ sono concordi ▢V ▢F

**499** Associa a ciascuna equazione il suo insieme delle soluzioni:
  a. $3x^2 = 9$    b. $4x^2 + 1 = 0$    c. $8x^3 + 1 = 0$    d. $x^2 - 1 = 0$

  ① $S = \{\pm 1\}$    ② $S = \left\{-\dfrac{1}{2}\right\}$    ③ $S = \varnothing$    ④ $S = \{\pm\sqrt{3}\}$

### Applicazione

**500** **Esercizio guidato**

  a. $9x^2 - 5 = 0$

  Ricaviamo $x^2$:  $x^2 = \dfrac{5}{9}$

  Applichiamo la definizione di radicale: $x = \pm\sqrt{\dfrac{5}{9}} \rightarrow x = \pm\dfrac{\sqrt{5}}{3}$  $S = \left\{-\dfrac{\sqrt{5}}{3}, \dfrac{\sqrt{5}}{3}\right\}$.

  b. $4x^3 - \dfrac{27}{2} = 0$

  Ricaviamo $x^3$:  $x^3 = \dfrac{27}{8}$. Applichiamo al definizione di radicale: $x = \sqrt[3]{\dfrac{27}{8}} \rightarrow x = \dfrac{3}{2}$

*Cap. 2: I radicali*

**501** $x^2 - 9 = 0$  $\qquad$  $5x^2 + 5 = 0$  $\qquad$  $[S = \{\pm 3\}; S = \emptyset]$

**502** $9x^2 - 4 = 0$  $\qquad$  $4\left(x^2 - \dfrac{7}{4}\right) = 2$  $\qquad$  $\left[S = \left\{\pm \dfrac{2}{3}\right\}; S = \left\{\pm \dfrac{3}{2}\right\}\right]$

**503** $-9x^2 = 1$  $\qquad$  $10 - 2x^2 = 0$  $\qquad$  $[S = \emptyset; S = \{\pm\sqrt{5}\}]$

**504** $x^3 + 1 = 0$  $\qquad$  $8x^3 - 9 = 0$  $\qquad$  $\left[S = \{-1\}; S = \left\{\dfrac{\sqrt[3]{9}}{2}\right\}\right]$

**505** $8x^3 - 1 = 0$  $\qquad$  $27x^3 + 125 = 0$  $\qquad$  $\left[S = \left\{\dfrac{1}{2}\right\}; S = \left\{-\dfrac{5}{3}\right\}\right]$

**506** $6\sqrt{2}x^2 - 3\sqrt{2}x = 0$  $\qquad$  $(2 + \sqrt{2})x^2 = 2 - \sqrt{2}$  $\qquad$  $\left[S = \left\{\pm \dfrac{\sqrt{2}}{2}\right\}; S = \{\pm(\sqrt{2} - 1)\}\right]$

**507** $-(\sqrt{5} - x)(\sqrt{5} + x) = 7$  $\qquad$  $[S = \{\pm 2\sqrt{3}\}]$

**508** $(4x - 1)^2 - (2x - 3)(x + 1) - (x + 3)^2 = 21 - 13x$  $\qquad$  $[S = \{\pm\sqrt{2}\}]$

**509** $3\left(x + \dfrac{1}{2}\right)\left(x + \dfrac{1}{3}\right) + \dfrac{1}{3}(x - 3)(x + 3) = \dfrac{5}{6}(1 + 3x)$  $\qquad$  $[S = \{\pm 1\}]$

**510** $\dfrac{4}{3}(x - \sqrt{3})(x + \sqrt{3}) = \dfrac{5}{6}(x - 1)(x + 1) - \dfrac{7}{6}$  $\qquad$  $[S = \{\pm 2\}]$

# Esercizi per lo sviluppo delle competenze

*Determina il dominio delle seguenti funzioni che contengono radicali.*

**1** $y = \sqrt{2x - 3} + \sqrt{x + 1}$;  $\qquad$  $y = \sqrt[3]{x} - \sqrt{x + 1}$  $\qquad$  $\left[x \geq \dfrac{3}{2}; x \geq -1\right]$

**2** $y = \sqrt{2 - x} + \sqrt{x + 1}$;  $\qquad$  $y = \sqrt{\dfrac{x}{x + 2}} - \sqrt[3]{x - 2}$  $\qquad$  $[-1 \leq x \leq 2; x < -2 \lor x \geq 0]$

**3** $y = \sqrt{x - 1} - \sqrt{3 - x}$;  $\qquad$  $y = \sqrt{\dfrac{2x + 1}{3x - 2}} + \sqrt{2x + 1}$  $\qquad$  $\left[1 \leq x \leq 3; x > \dfrac{2}{3} \lor x = -\dfrac{1}{2}\right]$

**4** $y = \dfrac{\sqrt{2x - 3}}{\sqrt{x + 1}}$;  $\qquad$  $y = \sqrt{\dfrac{2x - 3}{x + 1}}$  $\qquad$  $\left[x \geq \dfrac{3}{2}; x < -1 \lor x \geq \dfrac{3}{2}\right]$

**5** $y = \dfrac{1}{\sqrt{x}} + \dfrac{\sqrt{x}}{x - 1}$;  $\qquad$  $y = \dfrac{1}{\sqrt{x - 3}} + \sqrt{1 - 2x}$  $\qquad$  $[x > 0 \land x \neq 1; \emptyset]$

*Risolvi i seguenti problemi.*

**6** E' data la funzione $f(x) = \sqrt{49 + x^2 - 14x} + \sqrt{25 + x^2 + 10x}$; riscrivila in forma semplificata al variare di $x$ in R.
$\qquad$ $[x \leq -5 : f(x) = 2 - 2x; -5 < x \leq 7 : f(x) = 12; x > 7 : f(x) = 2x - 2]$

**7** Data la funzione $f(x) = \dfrac{x}{\sqrt{x - 2}}$

  **a.** determina il suo dominio  $\qquad$  $[x > 2]$

**b.** riscrivila razionalizzando il denominatore $\left[f(x) = \dfrac{x\sqrt{x-2}}{x-2}\right]$

**c.** calcola il quoziente $\dfrac{f(3)}{f(5)}$ e razionalizzalo. $\left[\dfrac{3\sqrt{3}}{5}\right]$

**8** Della funzione $f(x) = \sqrt{\dfrac{(x-1)(x+2)}{x+1}} - \sqrt{\dfrac{(x+1)(x+2)}{x-1}}$ :

**a.** determina l'insieme di esistenza $[-2 \leq x < -1 \vee x > 1]$

**b.** calcola il prodotto $f(2) \cdot f(3)$ e razionalizzalo. $\left[\dfrac{2\sqrt{30}}{3}\right]$

**9** Data la funzione $f(x) = \dfrac{2x}{\sqrt{x}}$ determina:

**a.** il dominio $[x > 0]$

**b.** riscrivila razionalizzando il denominatore $[2\sqrt{x}]$

**c.** valuta l'espressione $\dfrac{f(5) - f(10)}{f(20)}$ $\left[\dfrac{1-\sqrt{2}}{2}\right]$

**IL CAPITOLO SI COMPLETA CON:**

Cap. 2: I radicali

# Test Finale

**1** Semplifica i seguenti radicali in $R_0^+$:

    a. $\sqrt[4]{a^4 b^2 (a^2 + b^2)}$      b. $\sqrt[6]{0{,}04 x^2 y^6}$      c. $\sqrt[6]{\dfrac{8}{125} a^3 x^9}$      d. $\sqrt[4]{\dfrac{(x-3)^2}{x^2}}$

    *0,25 punti per ogni esercizio*

**2** Semplifica le seguenti espressioni con i radicali quadratici e cubici:

    a. $\dfrac{2\sqrt{8} - \sqrt{18} + 4\sqrt{50}}{3\sqrt{2}} \cdot \dfrac{4\sqrt{3} - 3\sqrt{12}}{\sqrt{7}}$      *0,5 punti*

    b. $(\sqrt{3} - 1)^2 + 4(\sqrt{3} - 2\sqrt{2})^2 + 2\sqrt{3}(1 + 8\sqrt{2} - 4\sqrt{3})$      *0,5 punti*

    c. $\left[ \left(2x\sqrt{x} - \sqrt{x^3} + 2\sqrt{4x^3}\right) \cdot (x - \sqrt{x}) \right] : 5x^2$      *0,5 punti*

    d. $\sqrt[3]{54} + 2\sqrt[3]{-16} + \sqrt[3]{6}(\sqrt[3]{9} - \sqrt[3]{4}) - (\sqrt[3]{4} - \sqrt[3]{6})^2$      *0,5 punti*

    e. $\sqrt{2} \cdot \sqrt{\dfrac{3}{2} - \sqrt{2}} + \sqrt{6 - \sqrt{11}} - \dfrac{\sqrt{2}}{2}(\sqrt{11} - 1)$      *0,75 punti*

    f. $\dfrac{\sqrt{1 - \tfrac{1}{2}} - \sqrt{1 + \tfrac{1}{2}}}{\sqrt{1 + \tfrac{1}{2}} - \sqrt{1 - \tfrac{1}{2}}} + \dfrac{\sqrt{\tfrac{1}{4} - \tfrac{1}{6}}}{\tfrac{\sqrt{6}}{18}}$      *0,75 punti*

**3** Razionalizza i denominatori delle seguenti frazioni:

    a. $\dfrac{1 + \sqrt{5}}{2\sqrt{5}}$      b. $\dfrac{6}{\sqrt[3]{3}}$      c. $\dfrac{9}{2\sqrt{3} - 3}$      d. $\dfrac{6}{\sqrt{6} - \sqrt{3}}$

    *0,25 punti per ogni esercizio*

**4** Risolvi le seguenti equazioni:

    a. $\dfrac{x}{1 + \sqrt{2}} - \dfrac{x - 2}{1 - \sqrt{2}} = -1$      *1 punto*

    b. $\dfrac{3(x + \sqrt{5})}{\sqrt{5}} - 1 = \sqrt{5}(x - 1)$      *1 punto*

**5** Risolvi la disequazione: $\dfrac{x}{\sqrt{3} - \sqrt{2}} + 2 > \dfrac{x}{\sqrt{3} + \sqrt{2}}$      *1 punto*

**6** Risolvi il sistema: $\begin{cases} \dfrac{x - \sqrt{2}}{\sqrt{2}} - 2\sqrt{2} > 1 \\ \sqrt{3}x + \sqrt{6} > \sqrt{3} \end{cases}$      *1,5 punti*

Cap. 2: *I radicali*

# Soluzioni

**1**   **a.** è irriducibile;   **b.** $\sqrt[3]{0{,}2xy^3}$;   **c.** $\sqrt{\frac{2}{5}ax^3}$;   **d.** $\sqrt{\left|\frac{x-3}{x}\right|}$

**2**   **a.** $-2\sqrt{21}$;   **b.** 24;   **c.** $\sqrt{x}-1$;   **d.** $2\sqrt[3]{3}-\sqrt[3]{36}$;   **e.** $\sqrt{2}-1$;   **f.** $\frac{3}{2}\sqrt{2}-1$

**3**   **a.** $\frac{5+\sqrt{5}}{10}$;   **b.** $2\sqrt[3]{9}$;   **c.** $6\sqrt{3}+9$;   **d.** $2(\sqrt{6}+\sqrt{3})$

**4**   **a.** $S=\left\{\frac{\sqrt{2}+4}{4}\right\}$;   **b.** $S=\left\{\sqrt{5}+\frac{5}{2}\right\}$

**5**   $x>-\frac{\sqrt{2}}{2}$

**6**   $x>2\sqrt{2}+4$

| Esercizio | 1 | 2 | 3 | 4 | 5 | 6 | |
|---|---|---|---|---|---|---|---|
| Punteggio | | | | | | | |

Valutazione in decimi

**Cap. 2:** *I radicali*

# MATEMATICA & SCIENZE

## Inclinazioni e pendenze

Si fa spesso molta confusione quando si deve valutare una pendenza, cioè l'inclinazione, di una strada, di una pista da sci o più semplicemente di una scala appoggiata ad un muro; chiariamo allora questo concetto.

Consideriamo un triangolo rettangolo di ipotenusa AB come quello in figura; definiamo *pendenza* del tratto AB il rapporto tra i cateti BC e AC :

$$\text{pendenza} = \frac{BC}{AC}$$

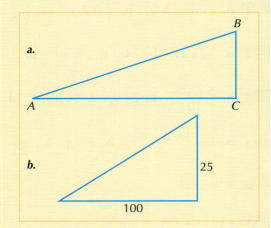

La pendenza rappresenta quindi il rapporto tra l'innalzamento in verticale (segmento BC) e l'avanzamento in orizzontale (segmento AC); spesso la pendenza si esprime in termini percentuali:

$$\text{pendenza \%} = \frac{BC}{AC} \cdot 100$$

Per esempio, una strada che ha una pendenza del 25%, indica un tratto che si innalza di 25m ogni 100 di avanzamento in orizzontale.

1. Se trovi un cartello come quello in figura e ti sei spostato in orizzontale di 4km, quanto è lunga la strada che hai percorso?  $\left[\frac{2}{5}\sqrt{101} \approx 4{,}02\text{km}\right]$

2. Una strada che ha un pendenza del 100%, rispetto all'orizzontale è inclinata di:
   **a.** 100°  **b.** 90°  **c.** 45°  **d.** 60°
   Spiega quale ragionamento hai seguito per dare la risposta.  [c.]

3. Una strada sale di 40m ogni 200m in orizzontale; un'altra strada sale di 14m ogni 80m in orizzontale. Quale delle due ha pendenza maggiore?  [la prima: 20% di pendenza contro 17,5% della seconda]

4. Una strada che ha una pendenza del 10% è 5 volte meno pendente di una strada con pendenza del 50%. E' vera o falsa questa affermazione?

5. Un altimetro è uno strumento che misura la quota rispetto al livello del mare; l'altimetro di un aereo segna che, in una certa fase del decollo, l'aereo è passato da 800m di quota a 2500m con una pendenza del 110%. Quali sono i valori esatti della distanza che ha percorso in orizzontale e in diagonale?

$\left[\frac{17000}{11}\text{m}, \frac{1700}{11}\sqrt{221}\text{m}\right]$

6. Le piste di sci vengono classificate in base alla pendenza con un colore:
   blu      pendenza massima del 25%
   rosse    pendenza massima del 40%
   nere     pendenza massima oltre il 40%.
   Qual è il dislivello massimo in metri di una pista che è lunga 2km a seconda del tipo?
   (Per trovare la soluzione devi applicare il concetto di radicale ad un'equazione del tipo $x^2 = k$)

$\left[\text{blu: } \frac{2000}{17}\sqrt{17}\text{m} \approx 485\text{m}; \text{ rossa: } \frac{4000}{29}\sqrt{29}\text{m} \approx 743\text{m}; \text{ nera: oltre i 743m}\right]$

# MATEMATICA DELLA VITA QUOTIDIANA

## Le tolleranze dimensionali

Nelle produzioni industriali del settore meccanico, e non solo in quello, uno dei problemi più importanti è quello delle tolleranze.

Non è infatti possibile produrre un oggetto meccanico con l'esatta dimensione voluta perché nel ciclo di produzione ci sono errori che si possono imputare a diversi fattori: le inevitabili imprecisioni delle macchine di produzione dovute per esempio all'usura degli utensili, le imprecisioni degli strumenti di misurazione che, proprio perché anch'essi "costruiti", sono affetti da errore, le attrezzature di montaggio che possono creare imprecisioni nella posizionatura dei pezzi, gli errori di tipo geometrico dovuti per esempio alle rugosità delle superfici o alle deviazioni delle superfici reali da quelle nominali (per esempio, siamo sicuri che la superficie del tavolo su cui siamo appoggiati sia davvero un piano, o che la sferetta che permette alla tua biro di scrivere sia davvero una sfera?).

La forma e le dimensioni di un oggetto disegnato (dimensioni nominali) rappresentano solo delle condizioni ideali che nessun processo di costruzione potrà mai rispettare. Per questo motivo nei disegni che rappresentano il progetto di un pezzo è necessario indicare quali sono i limiti massimi di variabilità consentiti, le cosiddette *tolleranze*.

Nei due disegni della **figura 1** sono rappresentati rispettivamente:

- un foro di diametro 28cm praticato in un oggetto pieno dove viene indicato che la dimensione massima consentita è $(28 + 0{,}05)$cm e quella minima è $(28 - 0{,}02)$cm
- una cavità angolare di ampiezza 118° la cui dimensione massima consentita è $118° + 15'$ e quella minima è $118° - 15'$.

Molti pezzi meccanici sono poi costruiti in modo da potersi accoppiare: per esempio un pistone nel suo cilindro, un dado con un bullone.

Per ottenere un accoppiamento corretto è necessario che vengano fissati gli scostamenti dalla dimensione nominale affinché il gioco che naturalmente si viene a creare rispetti le tolleranze fissate. Un gioco troppo grande fra la punta di un trapano e il suo alloggiamento sicuramente creerebbe problemi nella foratura, un gioco troppo stretto in un pistone provocherebbe un surriscaldamento o addirittura un blocco del meccanismo.

I parametri di tolleranza sono fissati dalle norme ISO (International Organization for Standardization) e il loro rispetto dà una serie di vantaggi che riguardano la facilità di montaggio dei pezzi, la loro intercambiabilità, la funzionalità e la durata.

Nel valutare le dimensioni di un oggetto reale si ha spesso a che fare con la geometria, perché di un progetto fanno parte anche dei disegni e i disegni coinvolgono figure geometriche e calcoli riguardanti segmenti, angoli, superfici. I calcoli, come già sappiamo, amplificano gli errori e il rischio che si corre è quello di compiere degli errori di valutazione che possono compromettere la valutazione di una tolleranza.

Per esempio, quanto vale la superficie della **figura 2**, nella quale i due poligoni sono due quadrati che si intersecano?

A seconda di come viene eseguito il calcolo si possono trovare valori leggermente diversi; il problema è: queste diversità rientrano nelle tolleranze fissate? Nel proseguimento online trovi la risposta a questa domanda.

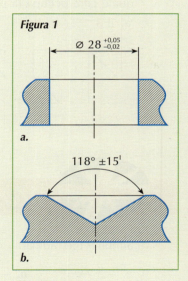

**Figura 1**

a.

b.

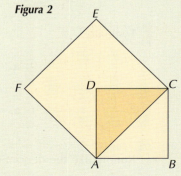

**Figura 2**

ULTERIORI COLLEGAMENTI

 gare di matematica

**1** Quale fra queste serie di disuguaglianze è corretta?
  a. $2\sqrt{2} < \sqrt{10} < \sqrt{5} + \sqrt{3}$
  b. $\sqrt{5} + \sqrt{3} < 2\sqrt{2} < \sqrt{10}$
  c. $2\sqrt{2} < \sqrt{5} + \sqrt{3} < \sqrt{10}$
  d. $\sqrt{10} < 2\sqrt{2} < \sqrt{5} + \sqrt{3}$
  e. $\sqrt{5} + \sqrt{3} < \sqrt{10} < 2\sqrt{2}$
  [a.]

**2** Se $\sqrt{a^2 + 1} = b$ quale delle seguenti affermazioni è certamente vera?
  a. $a \geq 0$
  b. $b \geq 0$
  c. $a > 1$
  d. $b \geq a^2 + 1$
  e. nessuna delle precedenti
  [b.]

**3** Quanti simboli di radice quadrata, come minimo, devono comparire nell'espressione

$$\sqrt{\ldots\sqrt{\sqrt{123\,456\,789}}}$$ affinché il risultato sia minore di 2?

  a. 5   b. 6   c. 7   d. 8   e. 9   [a.]

**4** Se ordiniamo le cifre seguenti secondo la somma delle lunghezze dei segmenti di cui sono composte, quale cifra occupa la posizione centrale?
  a. il 3   b. il 2   c. il 4   d. ce n'è più di una   e. nessuna delle precedenti   [a.]

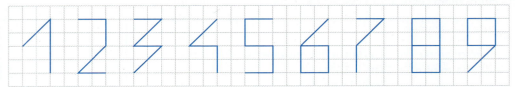

## Math in English — Theory on page 58 — CLIL

**1** Simplify the radical: $\sqrt[5]{-32x^7y^9}$ :
  a. $-2\sqrt[5]{x^7y^9}$
  b. $-4\sqrt[5]{2x^7y^9}$
  c. $-2xy\sqrt[5]{x^2y^4}$
  d. $-4xy\sqrt[5]{2x^2y^4}$
  e. not a real number
  [c.]

**2** Evaluate:

① $\left(\dfrac{8}{27}\right)^{-\frac{2}{3}}$:
  a. $-\dfrac{2}{3}$
  b. $\dfrac{4}{9}$
  c. $-\dfrac{9}{4}$
  d. $\dfrac{9}{4}$
  e. not a real number

② $\dfrac{(9x^4y^{-2})^{-\frac{1}{2}}}{(x^6y^{-3})^{\frac{1}{3}}}$:
  a. $\dfrac{3y^2}{x^4}$
  b. $\dfrac{x^4y^2}{3}$
  c. $-\dfrac{9}{2x^4}$
  d. $-\dfrac{9y^2}{2}$
  e. $\dfrac{y^2}{3x^4}$

[① d.; ② e.]

**3** Rationalize the denominator: $\dfrac{\sqrt{5} - \sqrt{3}}{\sqrt{5} + \sqrt{3}}$
  a. $\dfrac{8 - \sqrt{8}}{2}$
  b. $\dfrac{4 - \sqrt{15}}{2}$
  c. $-1$
  d. $4 - \sqrt{15}$
  e. none of these
  [d.]

246  Cap. 2: I radicali

# ESERCIZI

# CAPITOLO 3

# Il piano cartesiano e la retta

## IL SISTEMA DI RIFERIMENTO SULLA RETTA

*teoria a pagina 61*

### Comprensione

**1** Sulla retta orientata è dato il segmento di estremi $A(-2)$ e $B(-4)$.
La misura di $AB$ è:
**a.** 6      **b.** 2      **c.** 1      **d.** 3

**2** Barra vero o falso. Considerati su una retta orientata i punti $A(-4)$, $B(-1)$, $C\left(+\frac{4}{3}\right)$:
**a.** la misura del segmento $AB$ è uguale a 3      V F
**b.** la misura del segmento $CB$ è uguale a $\frac{7}{3}$      V F
**c.** la misura del segmento $AC$ è uguale a $\frac{8}{3}$      V F

**3** Sulla retta orientata è dato il segmento di estremi $A\left(-\frac{3}{2}\right)$ e $B(+2)$. Il punto medio $M$ di tale segmento ha ascissa:
**a.** $\frac{1}{4}$      **b.** $\frac{1}{2}$      **c.** $\frac{7}{2}$      **d.** $\frac{7}{4}$

**4** Dato il segmento di estremi $A(+3)$ e $B(-7)$:
**a.** la misura di $AB$ è:
① 10      ② $-10$      ③ $-4$      ④ 4
**b.** il punto medio di $AB$ ha ascissa:
① $+5$      ② $-5$      ③ $+2$      ④ $-2$

### Applicazione

**5** Dopo aver fissato un sistema di ascisse su una retta, disegna su di essa i seguenti punti:
**a.** $A(-2)$    $B(+3)$    $C(-7)$    $D(+8)$    $E(+11)$    $F(-1)$
**b.** $A\left(-\frac{1}{4}\right)$    $B\left(-\frac{7}{3}\right)$    $C\left(\frac{11}{2}\right)$    $D\left(\frac{7}{6}\right)$    $E\left(\frac{1}{4}\right)$    $F\left(-\frac{3}{2}\right)$
**c.** $A(+3)$    $B\left(-\frac{1}{2}\right)$    $C\left(+\frac{1}{3}\right)$    $D\left(-\frac{2}{5}\right)$    $E\left(+\frac{1}{7}\right)$    $F(-4)$
**d.** $A\left(-\frac{2}{9}\right)$    $B\left(+\frac{3}{5}\right)$    $C\left(-\frac{9}{2}\right)$    $D\left(+\frac{10}{3}\right)$    $E\left(-\frac{10}{3}\right)$    $F\left(-\frac{4}{3}\right)$

Cap. 3: Il piano cartesiano e la retta

**6** Scrivi le ascisse dei punti indicati nelle seguenti figure.

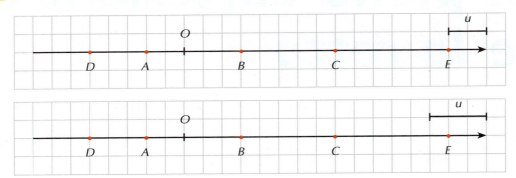

*Fissato su una retta r un sistema di ascisse, risolvi i seguenti esercizi.*

**7** Siano $A(+2)$, $B\left(+\dfrac{5}{2}\right)$, $C\left(-\dfrac{1}{2}\right)$ tre punti sulla retta $r$. Determina le misure dei segmenti $AB$, $AC$, $BC$.

**8** Dati i punti $A(+2)$, $B(-5)$, $C\left(-\dfrac{3}{4}\right)$, calcola i rapporti $\dfrac{AB}{AC}$ e $\dfrac{BC}{CA}$. $\left[\dfrac{28}{11};\dfrac{17}{11}\right]$

**9** **ESERCIZIO GUIDATO**

Sapendo che $\overline{AB} = 5$ e che $A(+3)$, calcola l'ascissa del punto $B$.

Poiché non sappiamo se $B$ segue o precede $A$ dobbiamo risolvere due equazioni:

- nel caso in cui $B$ segue $A$:
  $x_B - 3 = 5 \quad \rightarrow \quad x_B = +8$

- nel caso in cui $B$ precede $A$:
  $3 - x_B = 5 \quad \rightarrow \quad x_B = -2$

Ci sono quindi due punti $B$ che soddisfano il problema: $B_1(+8)$, $B_2(-2)$.

**10** Trova l'ascissa di un punto $B$ tale che $\overline{AB} = 3$, essendo $A(-1)$. $[B_1(-4); B_2(+2)]$

**11** Calcola l'ascissa dei punti $B$ che hanno distanza uguale a 3 dal punto $A\left(+\dfrac{7}{5}\right)$.

$\left[B_1\left(+\dfrac{22}{5}\right); B_2\left(-\dfrac{8}{5}\right)\right]$

**12** La misura di un segmento $AB$ è $2\sqrt{3}$; trova l'ascissa del punto $A$ sapendo che $B\left(-\dfrac{\sqrt{3}}{2}\right)$.

$\left[A_1\left(\dfrac{3\sqrt{3}}{2}\right); A_2\left(-\dfrac{5\sqrt{3}}{2}\right)\right]$

**13** Dati i punti $A$ e $B$, calcola le ascisse dei punti medi dei segmenti $AB$ nei casi indicati:

**a.** $A(+4) \quad B(-8)$  **b.** $A\left(-\dfrac{1}{4}\right) \quad B\left(+\dfrac{1}{8}\right)$  **c.** $A(-12) \quad B\left(-\dfrac{2}{3}\right)$

**14** Considerati su $r$ i tre punti $A(-3)$, $B\left(+\dfrac{5}{4}\right)$, $C(+7)$, determina le ascisse dei punti medi dei segmenti $AB$, $AC$, $BC$.

**15** Considera sulla retta $r$ i punti $A(+2)$, $B(+6)$, $C(-4)$ e $D(+12)$ e verifica che i segmenti $AB$ e $CD$ hanno lo stesso punto medio.

**16** Considera i punti $A(-5)$, $B(+3)$, $C(+7)$ e siano $M$, $N$ rispettivamente i punti medi di $AB$ e $BC$. Calcola la misura del segmento $MN$.  $[\overline{MN} = 6]$

**17** **ESERCIZIO GUIDATO**

Sulla retta $r$ sono assegnati i punti $A(+3)$ ed $M(+5)$, dove $M$ è il punto medio del segmento $AB$. Calcola l'ascissa di $B$.

Indichiamo con $x_B$ l'ascissa del punto $B$; deve essere: $\dfrac{3 + x_B}{2} = +5$

Risolvendo l'equazione troviamo che deve essere: $x_B = +7$

**18** Considerati su $r$ i punti $A\left(+\dfrac{1}{2}\right)$ e $M\left(-\dfrac{9}{2}\right)$, determina l'ascissa del punto $B$ tale che $M$ sia il punto medio di $AB$.  $\left[B\left(-\dfrac{19}{2}\right)\right]$

**19** **ESERCIZIO GUIDATO**

Dati i punti $A\left(-\dfrac{3}{2}\right)$ e $B(+2)$, determina l'ascissa di un punto $C$ in modo che sia $\overline{AB} = \dfrac{1}{2}\overline{BC}$.

Indichiamo con $x_C$ l'ascissa del punto $C$ e calcoliamo le misure dei segmenti $AB$ e $BC$:

$\overline{AB} = \left|+2 + \dfrac{3}{2}\right| = \dfrac{7}{2}$    $\overline{BC} = |x_C - 2| = \begin{cases} x_C - 2 & \text{se } C \text{ segue } B \\ 2 - x_C & \text{se } C \text{ precede } B \end{cases}$

Dobbiamo quindi risolvere due equazioni:

• $\dfrac{7}{2} = \dfrac{1}{2}(x_C - 2)$  la cui soluzione è $x_C = +9$

• $\dfrac{7}{2} = \dfrac{1}{2}(2 - x_C)$  la cui soluzione è $x_C = -5$

Abbiamo quindi due soluzioni:  $C_1(+9)$  e  $C_2(-5)$.

**20** Dati i punti $A(+5)$ e $B(-2)$, determina l'ascissa di un punto $C$ che segue $A$ in modo che $AC$ sia il triplo di $AB$.  $[C(+26)]$

**21** Sulla retta orientata $r$ sono assegnati i punti: $A(-6)$, $B(+2)$, $C(-1)$, $D(+3)$ ed $E(-4)$. Verifica che $AB = 2CD$ e che i segmenti $AB$ ed $EO$, dove $O$ è l'origine del sistema di ascisse, hanno lo stesso punto medio $M$. Verifica quindi che $MB = CD$ e che il punto medio del segmento $CD$ coincide con quello di $OB$.

# IL PIANO CARTESIANO

*teoria a pagina 63*

## Comprensione

**22** Determina la posizione nel piano di un punto che ha:
   **a.** entrambe le coordinate positive
   **b.** ascissa nulla

c. ordinata nulla
d. ascissa positiva e ordinata negativa
e. ascissa negativa e ordinata positiva
f. ascissa nulla e ordinata positiva
g. ascissa negativa e ordinata nulla
h. entrambe le coordinate negative.

**23** Se un segmento $AB$ è parallelo all'asse $x$, la sua misura è data da:

a. $|x_A - x_B|$
b. $|x_B - x_A|$
c. $x_A - x_B$
d. $x_B - x_A$.

Quali delle formule indicate sono corrette? Spiega perché le altre sono sbagliate.

**24** Per calcolare la misura di un segmento di estremi $A(x_A, y_A)$ e $B(x_B, y_B)$ si applica la formula (sono possibili più risposte):

a. $\sqrt{(x_A + x_B)^2 + (y_A + y_B)^2}$
b. $\sqrt{(x_A - x_B)^2 + (y_A - y_B)^2}$
c. $\sqrt{(x_A - x_B)^2 - (y_A - y_B)^2}$
d. $\sqrt{(x_B - x_A)^2 + (y_B - y_A)^2}$
e. $\sqrt{(x_A + x_B)^2 - (y_A + y_B)^2}$

**25** Le coordinate del punto medio $M$ del segmento di estremi $A\left(\dfrac{1}{2}, -1\right)$ e $B\left(-\dfrac{3}{2}, 2\right)$ sono:

a. $x_M = \dfrac{\dfrac{1}{2} + \dfrac{3}{2}}{2} = 1 \qquad y_M = \dfrac{-1 - 2}{2} = -\dfrac{3}{2}$
b. $x_M = \dfrac{1}{2} - \dfrac{3}{2} = -1 \qquad y_M = -1 - 2 = -3$
c. $x_M = \left|\dfrac{1}{2} - \dfrac{3}{2}\right| = 1 \qquad y_M = |-1 - 2| = 3$
d. $x_M = \dfrac{\dfrac{1}{2} - \dfrac{3}{2}}{2} = -\dfrac{1}{2} \qquad y_M = \dfrac{-1 + 2}{2} = \dfrac{1}{2}$

**26** Del segmento di estremi $A\left(3, -\dfrac{1}{2}\right)$ e $B(-1, -2)$ si può dire che:

a. ha misura:
① $\dfrac{\sqrt{73}}{2}$
② $\dfrac{\sqrt{41}}{2}$
③ $\dfrac{5}{2}$
④ $\dfrac{\sqrt{89}}{2}$

b. il punto medio ha coordinate:
① $\left(2, -\dfrac{5}{4}\right)$
② $\left(1, -\dfrac{3}{4}\right)$
③ $\left(1, -\dfrac{5}{4}\right)$
④ $\left(2, \dfrac{3}{4}\right)$

**27** La mediana $CM$ del triangolo di vertici $A(-1, 2)$, $B(3, 0)$, $C(2, 4)$ ha misura:

a. $\sqrt{34}$
b. $\sqrt{10}$
c. $\sqrt{26}$
d. $\sqrt{2}$

**28** Di un triangolo sono noti i tre vertici $A(0, 2)$, $B(1, -3)$, $C(5, 3)$. Possiamo dire che:

a. il segmento $AB$ misura:
① $\sqrt{2}$
② $2$
③ $\sqrt{26}$

b. il punto medio del lato $BC$ ha coordinate:
① $(0, 3)$
② $(3, 0)$
③ $(2, 3)$

c. la mediana relativa al lato $BC$ misura:
① $3$
② $\sqrt{5}$
③ $\sqrt{13}$

d. il triangolo è:
① isoscele
② equilatero
③ scaleno

## Applicazione

**29** Disegna, nel piano cartesiano, i punti che corrispondono alle seguenti coppie ordinate:

a. $(1, 3) \qquad (-2, 7) \qquad (3, 2) \qquad (-4, 5)$
b. $(-2 - 1) \qquad (+3, -2) \qquad (-5, -3) \qquad (5, -3)$
c. $\left(\dfrac{1}{2}, \dfrac{3}{4}\right) \qquad \left(-\dfrac{2}{7}, \dfrac{1}{5}\right) \qquad \left(-\dfrac{3}{2}, -\dfrac{1}{4}\right) \qquad \left(\dfrac{3}{2}, \dfrac{1}{8}\right)$

**30** Scrivi le coordinate dei punti rappresentati nel seguente piano cartesiano.

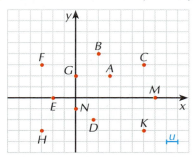

*Trova il valore del parametro h affinché sia soddisfatta la condizione indicata.*

**31** Il punto $P(1, 2h - 3)$ appartenga all'asse delle ascisse. $\left[h = \dfrac{3}{2}\right]$

**32** Il punto $P(1 - h, -4)$ appartenga all'asse delle ordinate. $[h = 1]$

**33** Il punto $P(h + 3, 1 - 2h)$ appartenga al secondo quadrante. $[h < -3]$

**34** Il punto $P(2h + 3, -4h - 20)$ appartenga al terzo quadrante. $\left[-5 < h < -\dfrac{3}{2}\right]$

**35** Il punto $P(h - 1, 3h - 2)$ non appartenga né al primo né al terzo quadrante. $\left[\dfrac{2}{3} < h < 1\right]$

*Calcola le lunghezze dei segmenti che hanno per estremi le seguenti coppie di punti.*

**36 ESERCIZIO GUIDATO**

**a.** $A\left(\dfrac{1}{2}, 8\right)$   $B(-2, 8)$

I due punti hanno la stessa ordinata, quindi il segmento $AB$ è parallelo all'asse $x$; per trovare la misura di $AB$ basta calcolare la differenza in modulo delle ascisse dei due punti:

$\overline{AB} = \left|\dfrac{1}{2} + 2\right| = \dfrac{5}{2}$

**b.** $C(-3, 2)$   $D(-3, -1)$

I due punti hanno la stessa ascissa, quindi il segmento $CD$ è parallelo all'asse $y$; per trovare la sua misura basta calcolare la differenza in modulo delle ordinate dei due punti:

$\overline{CD} = |2 + 1| = 3$

**c.** $E(3, 4)$   $F(2, -1)$

Il segmento $EF$ non è parallelo agli assi cartesiani, dobbiamo quindi applicare la formula generale:

$\overline{EF} = \sqrt{(3-2)^2 + (4+1)^2} = \sqrt{1 + 25} = \sqrt{26}$

**37 a.** $A(2, 2)$  $B(3, 4)$   **b.** $C(-2, 5)$  $D(-1, 1)$   **c.** $E(-1, -3)$  $F(1, 0)$

**38 a.** $A\left(\dfrac{3}{4}, -1\right)$  $B(1, 0)$   **b.** $C(1, 1)$  $D\left(-2, \dfrac{3}{2}\right)$   **c.** $E\left(\dfrac{1}{6}, -\dfrac{1}{2}\right)$  $F\left(-\dfrac{2}{3}, -\dfrac{1}{2}\right)$

Cap. 3: Il piano cartesiano e la retta   **251**

**39** **a.** $A(-2, -2)$  $B\left(-\frac{1}{4}, -2\right)$   **b.** $C\left(4, \frac{5}{6}\right)$  $D\left(4, -\frac{7}{6}\right)$   **c.** $E\left(-\frac{1}{2}, \sqrt{2}\right)$  $F\left(\frac{3}{8}, -2\sqrt{2}\right)$

**40** **a.** $A(-\sqrt{3}, 0)$  $B(\sqrt{3}, 0)$   **b.** $C(1, 0)$  $D\left(1, -\frac{4}{5}\right)$   **c.** $E\left(\frac{\sqrt{2}}{2}, -1\right)$  $F\left(-\frac{\sqrt{2}}{3}, 2\right)$

**41** **a.** $A(-1, -\sqrt{2})$  $B(1, 2\sqrt{2})$   **b.** $C(\sqrt{3}, 0)$  $D(-3\sqrt{3}, 1)$   **c.** $E\left(\frac{1}{2}, -\sqrt{2}\right)$  $F\left(\frac{1}{2}, -3\sqrt{2}\right)$

**42** Dati i punti $P(1, -2)$ e $Q(4, 2)$, verifica che la distanza di $Q$ dall'origine degli assi è doppia rispetto a quella di $P$.

**43** Verifica che i punti $A(5, 2)$ e $B(2, -5)$ hanno la stessa distanza dall'origine $O$ e trova il perimetro del triangolo $AOB$.  $\left[2\sqrt{29} + \sqrt{58}\right]$

**44 ESERCIZIO GUIDATO**

Calcola le coordinate di un punto $P$, appartenente all'asse delle ordinate, in modo che sia equidistante dai punti $R(1, 3)$ ed $S(-1, 4)$.

Un punto che appartiene all'asse delle ordinate ha ascissa nulla, quindi possiamo indicare con $(0, k)$ le sue coordinate; di conseguenza:

$$\overline{PR} = \sqrt{(0-1)^2 + (k-3)^2} \quad \text{e} \quad \overline{PS} = \sqrt{(0+1)^2 + (k-4)^2}$$

Osserviamo adesso che se deve essere $\overline{PR} = \overline{PS}$, sarà anche $\overline{PR}^2 = \overline{PS}^2$; si deve quindi risolvere l'equazione

$$\cancel{1} + (k-3)^2 = \cancel{1} + (k-4)^2 \quad \rightarrow \quad \cancel{k^2} - 6k + 9 = \cancel{k^2} - 8k + 16 \quad \rightarrow \quad 2k = 7 \quad \rightarrow \quad k = \frac{7}{2}$$

Il punto $P$ ha dunque coordinate $\left(0, \frac{7}{2}\right)$.

**45** Calcola le coordinate di un punto $P$, appartenente all'asse delle ascisse, equidistante da $Q(2, 3)$ e da $T(1, -2)$.  $[P(4, 0)]$

**46** Un punto $A$ ha ascissa 2; calcola la sua ordinata in modo che $A$ sia equidistante dai punti $R(-1, 4)$ e $S(3, 0)$.  $[A(2, 3)]$

**47** Ricordando che se un quadrilatero ha i lati opposti congruenti è un parallelogramma, stabilisci se il quadrilatero di vertici $A(1, 4)$, $B(9, 4)$, $C(13, 9)$, $D(5, 9)$ lo è.

*Determina le coordinate dei punti medi dei segmenti che hanno per estremi le seguenti coppie di punti.*

**48 ESERCIZIO GUIDATO**

$A\left(-\frac{3}{2}, \frac{1}{2}\right) \quad B\left(\frac{1}{3}, -\frac{1}{6}\right)$

Calcoliamo l'ascissa: $x = \dfrac{x_A + x_B}{2} = \dfrac{-\dfrac{3}{2} + \dfrac{1}{3}}{2} = -\dfrac{7}{12}$

Calcoliamo l'ordinata: $y = \dfrac{y_A + y_B}{2} = \dfrac{\dfrac{1}{2} - \dfrac{1}{6}}{2} = \dfrac{1}{6}$

Il punto medio ha coordinate $\left(-\dfrac{7}{12}, \dfrac{1}{6}\right)$.

Posto $P(x_p, y_p)$ ed essendo $M(2, 1)$, si ha quindi che:

- $x_p - 1 = 2(2 - x_p)$ → $x_p = \dfrac{5}{3}$
- $6 - y_p = 2(y_p - 1)$ → $y_p = \dfrac{8}{3}$

Ripetendo questa procedura nel caso generale di un triangolo di vertici $A(x_A, y_A)$, $B(x_B, y_B)$, $C(x_C, y_C)$, si trova che il baricentro di un triangolo ha coordinate date dalle seguenti relazioni:

$$x = \frac{x_A + x_B + x_C}{3} \qquad y = \frac{y_A + y_B + y_C}{3}$$

**71** Dato il triangolo $ABC$ con $A(-2, 2)$, $B(6, 2)$, $C(2, 8)$ trova le coordinate del baricentro e la sua distanza dai tre vertici del triangolo. Dai risultati ottenuti, che cosa puoi dire delle mediane relative ai lati $AC$ e $BC$ e del triangolo $ABC$? $[(2, 4); 2\sqrt{5}, 2\sqrt{5}, 4]$

**72** Trova le coordinate del vertice $C$ di un triangolo $ABC$ conoscendo le coordinate degli altri due vertici $A(3, -5)$ e $B(7, 3)$ e quelle del baricentro $G(6, 4)$. $[C(8, 14)]$

## CORREGGI GLI ERRORI

**73** Se $A(0, -1)$ e $B(3, 4)$ allora $\overline{AB} = \sqrt{3^2 + (4-1)^2} = \sqrt{18} = 3\sqrt{2}$.

**74** Se $A(6, -2)$ e $B(4, -2)$, il punto medio del segmento $AB$ ha coordinate $x = \dfrac{6-4}{2} = 1$, $y = \dfrac{-2+2}{2} = 0$.

**75** Se $A(7, 1)$, $M(2, -2)$ e $M$ è il punto medio di $AB$ allora le coordinate di $B$ sono:

$x_B = \dfrac{7+2}{2} = \dfrac{9}{2} \qquad y_B = \dfrac{1-2}{2} = -\dfrac{1}{2}$.

## ISOMETRIE EVIDENTI NEL PIANO CARTESIANO

teoria a pagina 67

SOLUZIONI ES. COMPRENSIONE

### Comprensione

**76** Un punto $P$ ha coordinate $(a, b)$; completa le seguenti proposizioni:

  **a.** il suo simmetrico rispetto all'asse $x$ ha coordinate ................
  **b.** il suo simmetrico rispetto all'asse $y$ ha coordinate ................
  **c.** il suo simmetrico rispetto all'origine ha coordinate ................

**77** Dati i punti $A(x_A, y_A)$ e $B(x_B, y_B)$, si può dire che:

  **a.** se $y_A + y_B = 0$ i punti $A$ e $B$ sono simmetrici rispetto all'asse $y$    V F
  **b.** se $x_A + x_B = 0$ i punti $A$ e $B$ sono simmetrici rispetto all'asse $x$    V F
  **c.** se $x_A + x_B = 0 \wedge y_A + y_B = 0$ i punti $A$ e $B$ sono simmetrici rispetto all'origine    V F
  **d.** se $x_A - x_B = 0 \wedge y_A + y_B = 0$ i punti $A$ e $B$ sono simmetrici rispetto all'asse $x$.    V F

**78** I punti $A\left(\dfrac{1}{2}, 3\right)$ e $B\left(\dfrac{1}{2}, -3\right)$ si corrispondono nella simmetria:

  **a.** rispetto all'asse $x$      **b.** rispetto all'asse $y$      **c.** rispetto all'origine

**79** Un vettore nel piano cartesiano è individuato dalle sue componenti cartesiane; se $A(x_A, y_A)$ e $B(x_B, y_B)$ sono i punti estremi del vettore $\overrightarrow{AB}$, le sue componenti cartesiane sono:

  **a.** $(x_B - x_A, y_B - y_A)$      **b.** $(x_A - x_B, y_A - y_B)$

Cap. 3: Il piano cartesiano e la retta

c. indifferentemente le risposte dei due punti precedenti

d. $\sqrt{(x_A - x_B)^2 + (y_A - y_B)^2}$

**80** Il punto $B(2, 2)$ è il corrispondente del punto $A(3, -1)$ nella traslazione di vettore:

a. $\vec{v}(3, -1)$      b. $\vec{v}(1, -3)$      c. $\vec{v}(-1, 3)$

**81** I punti $A(2, 1)$ e $C(0, 5)$ sono due dei tre vertici di un triangolo $ABC$ isoscele di base $AB$. Osservato che di triangoli di questo tipo ce ne sono infiniti, quale fra le seguenti può essere una possibile posizione del punto $B$?

a. è simmetrico di $A$ rispetto all'asse $y$ ed ha coordinate $(-2, 1)$
b. è simmetrico di $A$ rispetto all'asse $x$ ed ha coordinate $(2, -1)$
c. è simmetrico di $C$ rispetto all'asse $x$ ed ha coordinate $(-5, 0)$

**82** Nella simmetria di centro $P(3, 2)$, il corrispondente del segmento $AB$ di estremi $A(2, -1)$ e $B(0, 3)$ è il segmento $A'B'$ di estremi:

a. $A'(-1, 0); B'(3, -2)$    b. $A'(8, 3); B'(6, 9)$    c. $A'(4, 3); B'(6, 7)$    d. $A'(4, 5); B'(6, 1)$.

**83** Il corrispondente del punto $P(3, -5)$ nella traslazione di vettore $\vec{v}(-1, 3)$ ha coordinate:

a. $(-4, 8)$      b. $(4, -8)$      c. $(-2, 2)$      d. $(2, -2)$

**84** Il punto $P'(0, 4)$ è il corrispondente di $P$ nella traslazione di vettore $\vec{v}(-2, 1)$. Le coordinate di $P$ sono:

a. $(-2, 3)$      b. $(3, -2)$      c. $(2, 3)$      d. $(-2, 5)$

## Applicazione

**85** **ESERCIZIO GUIDATO**

Del punto $P(1, -2)$ troviamo il corrispondente $P'$:
a. nella simmetria rispetto all'asse $x$
b. nella simmetria rispetto all'asse $y$
c. nella simmetria rispetto all'origine
d. nella traslazione di vettore $\vec{v}(3, -1)$.

a. Il simmetrico di $P$ rispetto all'asse $x$ ha la stessa ascissa e ordinata opposta, quindi: $P'(1, 2)$
b. Il simmetrico di $P$ rispetto all'asse $y$ ha la stessa ordinata e ascissa opposta, quindi: $P'(-1, -2)$
c. Il simmetrico di $P$ rispetto all'origine ha entrambe le coordinate opposte, quindi: $P'(-1, 2)$
d. Le coordinate di $P'$ si ottengono dalle relazioni $\begin{cases} x' = 1 + 3 \\ y' = -2 - 1 \end{cases}$, quindi: $P'(4, -3)$.

**86** Calcola le coordinate dei punti $P'$ simmetrici dei punti $P$ assegnati rispetto all'asse $x$:

$P(3, 1)$      $P(-2, 4)$      $P\left(\frac{1}{2}, 1\right)$      $P\left(-\frac{3}{2}, \frac{1}{4}\right)$

**87** Individua quali fra i seguenti punti sono simmetrici rispetto all'asse $x$:

$A(3, -2)$    $B\left(\frac{1}{3}, 4\right)$    $C(3, 5)$    $D(3, 2)$    $E\left(-\frac{1}{3}, 4\right)$    $F\left(\frac{1}{3}, -4\right)$    $G\left(\frac{2}{5}, 4\right)$

**88** Calcola le coordinate dei punti $P'$ simmetrici dei punti $P$ assegnati rispetto all'asse $y$:

$P(1, 1)$      $P(-4, 2)$      $P\left(\frac{5}{2}, -1\right)$      $P\left(\frac{7}{2}, \frac{1}{4}\right)$

**89** Dato il triangolo di vertici $A(0, 2)$, $B(3, 1)$, $C(0, -2)$, determina le coordinate dei vertici del suo simmetrico rispetto all'asse $y$. Ci sono punti uniti nella trasformazione?

**90** Calcola le coordinate dei punti $P'$ simmetrici dei punti $P$ assegnati rispetto all'origine del sistema di riferimento e rispetto al punto $A\left(3, \dfrac{1}{2}\right)$:

$P(4, -1)$  $\qquad$  $P(-1, 3)$  $\qquad$  $P\left(\dfrac{2}{5}, 1\right)$  $\qquad$  $P\left(-\dfrac{3}{2}, \dfrac{5}{4}\right)$

**91** Verifica che il quadrilatero di vertici $A(2, 3)$, $B(-2, 1)$, $C(-2, -3)$, $D(2, -1)$ ammette l'origine come centro di simmetria. Di che tipo di quadrilatero si tratta?

**92** Un parallelogramma ha due vertici consecutivi nei punti $A\left(3, \dfrac{5}{2}\right)$ e $B\left(-1, -\dfrac{1}{2}\right)$ ed ha centro di simmetria nell'origine; trova le coordinate degli altri due vertici.

**93** Trova il punto $P'$ corrispondente del punto $P$ nella traslazione di vettore $\vec{v}$ assegnato:

**a.** $P(2, 3)$  $\quad$  $\vec{v}(-1, 4)$  $\qquad$  **b.** $P(1, -3)$  $\quad$  $\vec{v}(2, 1)$  $\qquad$  **c.** $P(2, -1)$  $\quad$  $\vec{v}\left(\dfrac{5}{2}, -\dfrac{1}{2}\right)$

**94** **ESERCIZIO GUIDATO**

Il punto $P'(5, -3)$ è l'immagine di un punto $P$ nella traslazione di vettore $\vec{v}\left(-\dfrac{1}{2}, 2\right)$; calcola le coordinate di $P$.

Fra le coordinate $(x, y)$ del punto $P$ e quelle del punto $P'$ devono sussistere le seguenti relazioni:

$$x - \dfrac{1}{2} = 5 \qquad \text{e} \qquad y + 2 = -3$$

Risolvendo queste due equazioni si ottiene che $x = \dfrac{11}{2}$ e $y = -5$, quindi $P\left(\dfrac{11}{2}, -5\right)$.

**95** Nella traslazione di vettore $\vec{v}(-3, 5)$ al segmento $AB$ corrisponde il segmento $A'B'$ di estremi $A'(-2, 3)$ e $B'(1, -3)$. Calcola le coordinate di $A$ e $B$. $\qquad$ [$A(1, -2)$, $B(4, -8)$]

**96** Il triangolo di coordinate $A'(4, -4)$, $B'(5, 1)$, $C'(2, -1)$ è il corrispondente del triangolo $ABC$ nella traslazione di vettore $\vec{v}(5, -5)$; calcola le coordinate dei vertici di $ABC$. $\qquad$ [$A(-1, 1)$, $B(0, 6)$, $C(-3, 4)$]

**97** Verifica che il quadrilatero di vertici $A(3, 5)$, $B(5, 2)$, $C(0, -1)$, $D(-2, 2)$ è un parallelogramma e trova le coordinate dei vertici del suo simmetrico:

**a.** rispetto all'asse $x$  $\qquad$  **b.** rispetto all'asse $y$  $\qquad$  **c.** rispetto all'origine.

**98** Due vertici del quadrilatero $ABCD$ sono i punti $A(2, 1)$ e $B(-1, 2)$ e gli altri due sono i loro simmetrici rispetto all'origine; dopo aver trovato tali punti ed aver verificato che il quadrilatero ottenuto è un quadrato, trovane il perimetro e l'area. $\qquad$ [$2p = 4\sqrt{10}$; $A = 10$]

**99** Sia $M$ il punto medio del segmento $AB$ di estremi $A(-4, 2)$, $B(2, -4)$; calcola le coordinate del punto $M'$ simmetrico di $M$ rispetto all'origine e, dopo aver verificato che il triangolo $AM'B$ è isoscele, calcolane l'area. $\qquad$ [$M'(1, 1)$; area $= 12$]

**100** Dato il triangolo di vertici $A(3, 1)$, $B(6, 2)$, $C(4, 4)$, determina le coordinate dei vertici del triangolo $A'B'C'$ simmetrico di $ABC$ rispetto all'origine degli assi e poi i vertici del triangolo $A''B''C''$ simmetrico di $A'B'C'$ rispetto all'asse $y$. Qual è la trasformazione in cui si corrispondono $ABC$ e $A''B''C''$?

**101** Dato il segmento di estremi $A(2, -1)$, $B(3, 5)$, determina il suo corrispondente $A'B'$ nella traslazione di vettore $\vec{v}(-2, 3)$, quindi verifica che i due segmenti hanno la stessa lunghezza.

Cap. 3: Il piano cartesiano e la retta $\qquad$ **257**

**102** Dato il triangolo di vertici $A(1, 2)$, $B(5, 3)$ e $C(6, 1)$, determina le coordinate dei vertici del suo corrispondente nella simmetria di asse $x$. Verifica poi che i due triangoli hanno lo stesso perimetro.

**103** Determina il trasformato del triangolo $A(-4, 2)$, $B(5, 5)$, $C(2, -1)$ mediante la simmetria rispetto all'asse $y$. Verifica che i due triangoli sono entrambi isosceli e che hanno lo stesso perimetro.
$$\left[2p = 3\sqrt{10}(1 + \sqrt{2})\right]$$

**104** Trova le coordinate dei punti $A'$ e $B'$ simmetrici dei punti $A(4, 1)$ e $B(1, 5)$ rispetto all'asse $y$. Determina la natura del quadrilatero $ABB'A'$ e trovane perimetro e area. $\quad [2p = 20; \text{area} = 20]$

**105** Di un parallelogramma $ABCD$ sono noti i vertici $A(6, 9)$ e $B(-3, 2)$. Trova le coordinate degli altri due vertici sapendo che il punto di intersezione delle diagonali è l'origine del piano cartesiano e verifica che si tratta di un rombo. $\quad [C(-6, -9); D(3, -2)]$

**106** Trova i simmetrici $A$ e $B$ dei punti $C(0, 4)$ e $D(-3, 0)$ rispetto all'origine degli assi cartesiani. Dopo aver stabilito la natura del quadrilatero $ABCD$, calcolane il perimetro e l'area. $\quad [2p = 20; \text{area} = 24]$

**107** Trova il trasformato del poligono di vertici $A(0, 1)$, $B(4, 2)$, $C(-3, 6)$, $D(-5, 2)$ nella traslazione di vettore $\vec{v}(2, -1)$.

**108** Un segmento ha estremi di coordinate $A(-3, 0)$ e $B(0, -2)$. Dopo aver individuato i loro corrispondenti $A'$ e $B'$ nella traslazione di vettore $\vec{v}(3, 3)$, calcola il perimetro del quadrilatero $AA'B'B$.
$$\left[A'(0, 3); B'(3, 1); 2p = 6\sqrt{2} + 2\sqrt{13}\right]$$

## Esercizi di sintesi sul piano cartesiano

**109** I punti $A(0, 3)$, $B(-2, -1)$ e $C(1, -5)$ sono tre vertici di un parallelogramma; calcola le coordinate del quarto vertice $D$ valutando le diverse possibilità. Considerato poi il parallelogramma $ABCD$ il cui vertice $D$ appartiene al secondo quadrante, trova le coordinate del suo simmetrico rispetto all'origine; indipendentemente dall'ordine dei punti, esiste una traslazione che trasforma $ABCD$ nel parallelogramma ottenuto? $\quad [D_1(3, -1); D_2(-3, 7); D_3(-1, -9)]$

**110** Determina le coordinate del vertice $C$ di un triangolo $ABC$ isoscele di base $AB$, con $A(4, -2)$, $B(10, -2)$, sapendo che l'area misura 12 e che il vertice $C$ giace nel primo quadrante. $\quad [C(7, 2)]$

**111** Un punto $P$ di ascissa $-\frac{3}{2}$ è equidistante dai punti $A(-3, -2)$ e $B(5, 2)$; dopo aver trovato le coordinate di $P$, siano $P'$ il suo simmetrico rispetto all'asse $y$ e $P''$ il suo simmetrico rispetto all'origine. Calcola il perimetro e l'area del triangolo $PP'P''$.
$$\left[P\left(-\frac{3}{2}, 5\right); 2p = 13 + \sqrt{109}; \text{area} = 15\right]$$

**112** Di un triangolo $ABC$ si sa che $A(-4, 2)$, il punto medio del lato $AB$ è $M(1, 5)$, $C$ è simmetrico di $A$ rispetto all'origine. Dopo aver trovato le coordinate dei vertici $B$ e $C$, calcola quelle del baricentro $G$.
$$\left[B(6, 8); C(4, -2); G\left(2, \frac{8}{3}\right)\right]$$

**113** Un triangolo $ABC$ ha un vertice nel punto $A(3, 4)$, il vertice $B$ è simmetrico di $A$ rispetto al punto $P(1, 2)$ ed il suo baricentro è il punto $G\left(\frac{4}{3}, \frac{1}{3}\right)$. Dopo aver trovato le coordinate del vertice $C$, sia $C'$ il suo simmetrico rispetto all'asse $x$; calcola l'area del triangolo $BCC'$. $\quad [C(2, -3); \text{area} = 9]$

**114** Un triangolo ha i vertici nei punti $A(2, 2)$, $B(1, 4)$, $C\left(6, \frac{13}{2}\right)$; dopo aver verificato che è rettangolo in

$B$, trova le coordinate del punto $D$ simmetrico di $B$ rispetto al punto medio del lato $AC$. Calcola infine perimetro e area del quadrilatero $ABCD$.

$$\left[D\left(7, \frac{9}{2}\right); 2p = 7\sqrt{5}; \text{area} = \frac{25}{2}\right]$$

**115** Determina le coordinate dei punti $A'$ e $B'$ simmetrici rispetto al punto $P(-1, 4)$ rispettivamente dei punti $A(2, 5)$ $B(-2, 1)$, verifica che il punto medio $M'$ di $A'B'$ è il trasformato del punto medio $M$ di $AB$ e che il quadrilatero $AB'A'B'$ è un rettangolo. $\qquad [M(0, 3); M'(0, -3)]$

**116** Un segmento $AB$ è diviso da un punto $P$ in due parti tali che $\frac{\overline{AP}}{\overline{PB}} = \frac{5}{3}$; calcola le coordinate di $A$ sapendo che $P\left(3, \frac{17}{8}\right)$ e $B(6, 1)$. Considerate poi le proiezioni $A'$, $B'$, $P'$ dei punti $A$, $B$ e $P$ sull'asse delle ascisse, calcola il rapporto fra le aree dei due trapezi rettangoli $AA'P'P$ e $PP'B'B$. $\left[A(-2, 4); \frac{49}{15}\right]$

**117** Il segmento di estremi $A(-2, -4)$ e $B(7, 8)$ è diviso dai punti $P$ e $Q$ in tre parti uguali; dopo aver trovato le coordinate di questi punti, determina un punto $C$ sull'asse $y$ in modo che il triangolo $CPQ$ sia isoscele e di tale triangolo trova il perimetro e l'area.

$$\left[P(4, 4); Q(1, 0); C\left(0, \frac{31}{8}\right); 2p = 5 + \frac{5}{4}\sqrt{41}; \text{area} = \frac{125}{16}\right]$$

**118** Dopo aver verificato che il triangolo di vertici $A(3, 5)$, $B(-1, 2)$, $C(2, -2)$ è rettangolo isoscele, calcola la misura dell'altezza relativa all'ipotenusa. Trova poi le coordinate del punto $D$ che insieme a tali punti forma il trapezio rettangolo $ABCD$ con la base maggiore $CD$ doppia di quella minore $AB$.

$$\left[\frac{5\sqrt{2}}{2}; D(10, 4)\right]$$

**119** Un triangolo $ABC$ isoscele di base $AB$ ha due vertici nei punti $A(-3, 0)$ e $B(3, -2)$ ed il vertice $C$ di ordinata 5 e ascissa positiva. Calcola il perimetro del triangolo che si ottiene congiungendo i punti medi dei suoi lati. $\qquad \left[C(2, 5); \sqrt{2}(5 + \sqrt{5})\right]$

**120** Trova le coordinate dei vertici $B$ e $D$ del rombo $ABCD$ sapendo che i primi due vertici sono $A(3, -2)$, $C(3, 2)$ e che la diagonale $BD$ è lunga 3. $\qquad \left[B\left(\frac{3}{2}, 0\right); D\left(\frac{9}{2}, 0\right)\right]$

**121** In un sistema di riferimento cartesiano ortogonale sono dati i punti $A(0, 1)$, $B(5, 0)$. Determina l'ordinata positiva di un punto $P$ di ascissa 4 in modo che sia $\overline{PA}^2 + \overline{PB}^2 = 130$. $\qquad [P(4, 8)]$

**122** Dopo aver verificato che il quadrilatero $ABCD$ di vertici $A(-2, 2)$, $B(3, 3)$, $C(5, -3)$, $D(0, -4)$ è un parallelogramma, trova:

 **a.** il centro della simmetria che manda $A$ in $C$ e $B$ in $D$ $\qquad \left[\left(\frac{3}{2}, -\frac{1}{2}\right)\right]$

 **b.** il vettore della traslazione che trasforma il segmento $AB$ nel segmento $DC$ $\qquad [\vec{v}(2, -6)]$

 **c.** il vettore della traslazione che trasforma il segmento $AD$ nel segmento $BC$. $\qquad [\vec{v}(5, 1)]$

**123** Trova le coordinate del centro di simmetria $P$ che fa corrispondere al triangolo $ABC$ di coordinate $A(1, 2)$, $B(5, 1)$, $C(8, -2)$ il triangolo $A'B'C'$ di coordinate $A'(9, 6)$, $B'(5, 7)$, $C'(2, 10)$. $\qquad [P(5, 4)]$

**124** Trova il vettore della traslazione che porta il triangolo $ABC$ di vertici $A(-1, 1)$, $B(-6, 0)$, $C(-3, -2)$ nel triangolo $A'B'C'$ di vertici $A'(-2, 3)$, $B'(-7, 2)$, $C'(-4, 0)$. $\qquad [\vec{v}(-1, 2)]$

**125** Dopo aver verificato che il quadrilatero di vertici $A(-1, 1)$, $B(2, -1)$, $C(4, 2)$, $D(1, 4)$ è un quadrato, trova i vertici $A'$, $B'$, $D'$ del suo corrispondente nella simmetria di centro $C$. Verifica che anche $BDB'D'$ è un quadrato e calcola il rapporto fra l'area di $ABCD$ e quella del suo trasformato. $\qquad \left[\frac{1}{2}\right]$

**Cap. 3**: *Il piano cartesiano e la retta*

# LA RETTA E LA SUA EQUAZIONE

teoria a pagina 70

## Comprensione

**126** Scegli fra quelli elencati il completamento corretto:

a. La retta di equazione $x = -3$ :

① passa per l'origine    ② è parallela all'asse $x$    ③ è parallela all'asse $y$

b. La retta di equazione $2x - 3y = 0$ :

① passa per l'origine e ha un coefficiente angolare positivo
② passa per l'origine e ha un coefficiente angolare negativo
③ non passa per l'origine.

**127** Indica il tipo di ciascuna delle seguenti rette:

a. $3x - 1 = 0$    b. $2x + 3y = 0$    c. $2 - 5y = 0$
d. $x + 2 - y = 0$    e. $x = y - 3$    f. $7x = 0$

**128** Dopo aver spiegato il significato geometrico del coefficiente angolare $m$, stabilisci che cosa accade se:

a. $m > 0$    b. $m < 0$    c. $m = 0$    d. $m$ non esiste

**129** Il coefficiente angolare della retta non parallela all'asse $y$ che passa per i punti $A(x_1, y_1)$ e $B(x_2, y_2)$ si può trovare con la formula (sono possibili più risposte):

a. $\dfrac{x_2 - x_1}{y_2 - y_1}$    b. $\dfrac{y_2 - y_1}{x_2 - x_1}$    c. $\dfrac{y_1 - y_2}{x_2 - x_1}$    d. $\dfrac{y_1 - y_2}{x_1 - x_2}$

**130** Il coefficiente angolare della retta che passa per i punti di coordinate $(-3, 8)$ e $(1, 5)$ è:

a. $-\dfrac{3}{4}$    b. $-\dfrac{4}{3}$    c. $\dfrac{3}{2}$    d. $-\dfrac{3}{2}$

**131** Una retta ha equazione $3x - 4y + 2 = 0$ :

a. la sua equazione in forma esplicita è:

① $y = -\dfrac{3}{4}x - \dfrac{1}{2}$    ② $y = \dfrac{3}{4}x + \dfrac{1}{2}$    ③ $x = \dfrac{4}{3}y - \dfrac{2}{3}$

b. il suo coefficiente angolare è:

① $\dfrac{3}{4}$    ② $-\dfrac{3}{4}$    ③ $\dfrac{4}{3}$

**132** La retta di equazione $2y + x - 4 = 0$ :

a. ha coefficiente angolare uguale a:    ① 2    ② $\dfrac{1}{2}$    ③ $-\dfrac{1}{2}$

b. ha ordinata all'origine uguale a:    ① 4    ② 2    ③ $-4$

**133** Il coefficiente angolare dell'asse $y$ :

a. è uguale a 0    b. è uguale a 1    c. non esiste    d. è uguale a quello dell'asse $x$

**134** Il coefficiente angolare dell'asse $x$ :

a. è uguale a 0    b. è uguale a 1    c. non esiste    d. è uguale a quello dell'asse $y$

**135** Il punto di coordinate $(-1, 2)$ appartiene alla retta:

a. $y = 3x + 4$    b. $x - y + 1 = 0$    c. $x + y = -1$    d. $x - y + 3 = 0$

260    Cap. 3: *Il piano cartesiano e la retta*

## Applicazione

*Riconosci la tipologia delle rette associate alle seguenti equazioni e costruisci poi il loro grafico.*

**136** $y = 3$; $\quad\quad y = \frac{3}{4}x$; $\quad\quad y = -\frac{1}{2}x$; $\quad\quad x = 5$

**137** $x = -1$; $\quad\quad y = -x$; $\quad\quad 2x - 1 = 0$; $\quad\quad 2y + 4 = 0$

**138** $x - y + 1 = 0$; $\quad\quad x + 2y - 3 = 0$; $\quad\quad 2x - 3y = -1$; $\quad\quad 3x - y = 0$

**139** **ESERCIZIO GUIDATO**

Troviamo le equazioni delle rette parallele agli assi cartesiani che passano per il punto $P(-3, 2)$.
Una retta parallela all'asse delle ascisse ha equazione $y = k$ dove $k$ nel nostro caso vale 2.
Una retta parallela all'asse delle ordinate ha equazione $x = h$ dove $h$ nel nostro caso vale $-3$.
Le due rette hanno quindi rispettivamente equazioni $y = 2$ e $x = -3$.

**140** Scrivi le equazioni delle rette parallele agli assi coordinati passanti per ognuno dei seguenti punti:

$A(4, -5)$; $\quad\quad B(0, \sqrt{2})$; $\quad\quad C\left(\frac{1}{6}, 0\right)$; $\quad\quad D\left(\frac{4}{5}, -\sqrt{3}\right)$

**141** Date le equazioni in forma esplicita delle seguenti rette, individua il coefficiente angolare e l'ordinata all'origine; costruisci il grafico e riscrivile poi in forma implicita:

**a.** $y = x - 2$ **b.** $y = -2x - 5$ **c.** $y = -\frac{3}{5}x - 1$ **d.** $y = \frac{1}{3}x$ **e.** $y = -x + \frac{5}{3}$

**142** Date le equazioni in forma implicita delle seguenti rette, riscrivile in forma esplicita ed individua il coefficiente angolare e l'ordinata all'origine; costruisci poi il loro grafico:

**a.** $3x - y + 2 = 0$ **b.** $-x + y + 3 = 0$ **c.** $2x - 4y + 7 = 0$
**d.** $-6x + 5y - 10 = 0$ **e.** $2x - 3y + 1 = 0$ **f.** $9x + 3y - 2 = 0$

**143** Stabilisci, valutando il coefficiente angolare, se le rette corrispondenti alle seguenti equazioni formano un angolo acuto oppure ottuso con il semiasse positivo delle ascisse:

$y = x \quad\quad y = -\frac{1}{3}x \quad\quad y = -\frac{1}{4}x \quad\quad y = 10x$

**144** Stabilisci per via analitica se i punti $A\left(1, \frac{5}{4}\right)$, $B\left(\frac{5}{4}, 1\right)$, $C\left(\frac{4}{5}, 1\right)$, $O(0, 0)$, $D\left(\frac{1}{4}, \frac{5}{4}\right)$ appartengono alla retta di equazione $y = \frac{5}{4}x$. Controlla l'esattezza delle tue conclusioni riportando i punti e la retta su un grafico.

**145** **ESERCIZIO GUIDATO**

Scriviamo l'equazione della retta che passa per l'origine degli assi e per il punto $P(2, 5)$.

L'equazione della retta è del tipo $y = mx$. Per calcolare il valore di $m$ applichiamo la formula usando il punto $P$ e l'origine $O$:

$$m = \frac{y_P - y_O}{x_P - x_O} = \frac{5 - 0}{2 - 0} = \frac{5}{2}$$

La retta ha quindi equazione $\quad y = \frac{5}{2}x$.

Se una retta passa per l'origine, il suo coefficiente angolare è uguale al rapporto fra l'ordinata e l'ascissa di un suo punto.

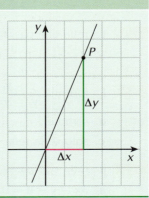

Cap. 3: *Il piano cartesiano e la retta*

**146** Scrivi le equazioni delle rette che passano per l'origine degli assi cartesiani e per i punti indicati di seguito:

a. $A(-3, 2)$     b. $B\left(\dfrac{5}{2}, 1\right)$     c. $C(-\sqrt{2}, 2)$     d. $D\left(\dfrac{1}{2}, -\dfrac{3}{2}\right)$

**147** Scrivi in forma implicita l'equazione della retta di coefficiente angolare $m$ e ordinata all'origine assegnata in ciascuno dei seguenti casi e costruiscine poi il grafico:

a. $m = \dfrac{3}{4}$     $q = 3$     b. $m = -2$     $q = \dfrac{2}{5}$

c. $m = -\dfrac{\sqrt{2}}{4}$     $q = \dfrac{1}{6}$     d. $m = -1$     $q = \dfrac{\sqrt{3}}{3}$

**148** Calcola il coefficiente angolare delle rette che passano per le seguenti coppie di punti:

a. $A(4, -5)$ e $B(2, 3)$ $\quad [m = -4]$

b. $A(-3, 1)$ e $B(-1, -2)$ $\quad \left[m = -\dfrac{3}{2}\right]$

c. $A(1, 1)$ e $B(2, -4)$ $\quad [m = -5]$

d. $A\left(4, \dfrac{1}{2}\right)$ e $B\left(\dfrac{2}{3}, -2\right)$ $\quad \left[m = \dfrac{3}{4}\right]$

**149** Stabilisci se le seguenti terne di punti sono allineate:

a. $A(2, 7);$     $B(-1, 2);$     $C(0, 1)$     [no]
b. $A(1, 5);$     $B(2, -2);$     $C(3, 1)$     [no]
c. $A(2, 0);$     $B(-1, 3);$     $C(-2, 4)$     [si]
d. $A(-3, 1);$     $B(-2, 5);$     $C(-1, 6)$     [no]
e. $A(3, -4);$     $B(-1, 0);$     $C(0, -1)$     [si]

## Condizioni per determinare l'equazione di una retta

*teoria a pagina 78*

### Comprensione

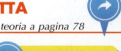

**150** La retta che passa per il punto $A\left(-\dfrac{3}{4}, 1\right)$ ed ha coefficiente angolare $-1$ ha equazione:

a. $4x + 4y + 7 = 0$     b. $4x + 4y + 1 = 0$     c. $4x + 4y - 1 = 0$     d. $4x + 4y - 7 = 0$

**151** La retta che passa per $P(4, 2)$ ed ha coefficiente angolare $m = 3$ ha equazione:

a. $y - 3x - 10 = 0$     b. $y = 3x - 2$     c. $y = 3x - 10$     d. $y + 3x - 10 = 0$

**152** La formula $\dfrac{y - y_1}{y_2 - y_1} = \dfrac{x - x_1}{x_2 - x_1}$ per trovare la retta che passa per due punti assegnati si può usare:

a. sempre
b. solo se la retta non passa per l'origine
c. solo se la retta non è parallela all'asse $x$
d. solo se la retta non è parallela agli assi cartesiani.

**153** La retta che passa per i punti $A(2, 2)$ e $B(3, -1)$ ha equazione:

a. $3x - y - 8 = 0$     b. $3x + y - 8 = 0$     c. $y = x$     d. $y = 3x + 8$

## Applicazione

**154** **ESERCIZIO GUIDATO**

Scriviamo l'equazione della retta $r$ che ha lo stesso coefficiente angolare di quella di equazione $x - 2y + 3 = 0$ e passa per il punto $P(-1, -2)$.

La retta data ha coefficiente angolare uguale a $\frac{1}{2}$; per scrivere l'equazione di $r$ dobbiamo usare la formula $y - y_0 = m(x - x_0)$ essendo $(x_0, y_0)$ le coordinate di $P$:

$$y + 2 = \frac{1}{2}(x + 1) \quad \rightarrow \quad y = \frac{1}{2}x - \frac{3}{2}$$

*Scrivi l'equazione della retta che passa per il punto P e ha coefficiente angolare m assegnato.*

**155** $P(0, -1)$     $m = 3$     $[3x - y - 1 = 0]$

**156** $P(2, -2)$     $m = -1$     $[x + y = 0]$

**157** $P(-2, 3)$     $m = \frac{1}{2}$     $[x - 2y + 8 = 0]$

**158** $P(0, -2)$     $m = \frac{5}{3}$     $[5x - 3y - 6 = 0]$

**159** $P(3, -7)$     $m = -2$     $[2x + y + 1 = 0]$

**160** $P\left(\frac{1}{2}, 0\right)$     $m = -\frac{3}{2}$     $[6x + 4y - 3 = 0]$

**161** $P\left(\frac{1}{4}, -2\right)$     $m = 4$     $[4x - y - 3 = 0]$

**162** $P\left(-3, \frac{1}{2}\right)$     $m = 0$     $[2y - 1 = 0]$

**163** Scrivi l'equazione della retta $r$ che passa per il punto $P$ in cui la retta $x - y + 2 = 0$ interseca l'asse $y$ e ha coefficiente angolare uguale a $-2$.     $[y = -2x + 2]$

**164** Scrivi l'equazione della retta che passa per il punto $P(1, 0)$ e che ha coefficiente angolare opposto di quello della retta $4x - 2y + 5 = 0$.     $[y = -2x + 2]$

**165** Una retta interseca l'asse delle ordinate nel punto $P\left(0, \frac{4}{3}\right)$ ed ha lo stesso coefficiente angolare della retta di equazione $2y - 10 = 0$; trovane l'equazione.     $\left[y = \frac{4}{3}\right]$

**166** **ESERCIZIO GUIDATO**

Scriviamo l'equazione della retta $r$ che passa per i punti $A(3, 2)$ e $B(0, -1)$ e della retta $s$ che passa per i punti $C\left(\frac{1}{2}, -3\right)$ e $D\left(\frac{1}{2}, \sqrt{2}\right)$.

Poiché i punti $A$ e $B$ non hanno né la stessa ascissa né la stessa ordinata, la retta $r$ non è parallela agli assi e possiamo quindi usare la formula

$$\frac{y - y_1}{y_2 - y_1} = \frac{x - x_1}{x_2 - x_1} \quad \text{cioè in questo caso} \quad \frac{y + 1}{2 + 1} = \frac{x - 0}{3 - 0} \quad \rightarrow \quad y = x - 1$$

**Cap. 3:** *Il piano cartesiano e la retta*     **263**

I punti C e D hanno la stessa ascissa e quindi appartengono ad una retta parallela all'asse y che ha equazione: $x = \frac{1}{2}$.

In questo secondo caso non è possibile usare la formula precedente.

*Scrivi l'equazione delle rette passanti per le seguenti coppie di punti.*

**167** $(3, -1)$ e $(5, 1)$ $\qquad$ $(4, 1)$ e $(-8, 7)$ $\qquad\qquad \left[ y = x - 4; \; y = -\frac{1}{2}x + 3 \right]$

**168** $(-3, -2)$ e $(1, 6)$ $\qquad$ $(9, -5)$ e $(-1, 0)$ $\qquad\qquad \left[ y = 2x + 4; \; y = -\frac{1}{2}x - \frac{1}{2} \right]$

**169** $\left(\frac{1}{2}, -\frac{1}{2}\right)$ e $(4, 6)$ $\qquad$ $\left(\frac{1}{2}, -\frac{1}{2}\right)$ e $(-1, 1)$ $\qquad\qquad \left[ y = \frac{13}{7}x - \frac{10}{7}; \; y = -x \right]$

**170** $\left(\frac{1}{2}, -\frac{1}{2}\right)$ e $\left(\frac{1}{2}, 3\right)$ $\qquad$ $\left(\frac{1}{2}, -\frac{1}{2}\right)$ e $\left(-2, -\frac{1}{2}\right)$ $\qquad\qquad \left[ x = \frac{1}{2}; \; y = -\frac{1}{2} \right]$

**171** Scrivi l'equazione della retta che passa per i punti $A\left(-2, \frac{1}{2}\right)$ e $B(1, 3)$ e stabilisci se il punto $C(-2, 1)$ le appartiene. $\qquad\qquad [5x - 6y + 13; \text{ no}]$

**172** Scrivi l'equazione della retta $r$ che passa per i punti $A(1, 0)$ e $B(2, 4)$, trova le coordinate del suo punto $C$ di intersezione con l'asse $y$ e scrivi l'equazione della retta $s$ che passa per $C$ e ha lo stesso coefficiente angolare della retta $6y - 2x + 5 = 0$. $\qquad\qquad \left[ r: y = 4x - 4; \; s: y = \frac{1}{3}x - 4 \right]$

## Dal grafico all'equazione

*Scrivi le equazioni delle rette che hanno i seguenti grafici.*

**173** **ESERCIZIO GUIDATO**

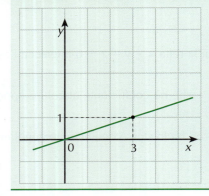

In generale, dato il grafico di una retta, per scriverne l'equazione basta scegliere le coordinate di due suoi punti e usare la formula appropriata.
Nel caso di una retta per l'origine basta sceglierne uno solo, per esempio il punto di coordinate $(3, 1)$ già evidenziato nel grafico; il coefficiente angolare è il rapporto fra l'ordinata e l'ascissa di questo punto ed è quindi uguale a $\frac{1}{3}$.

L'equazione della retta è $\quad y = \frac{1}{3}x$.

**174**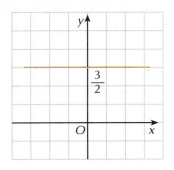

$\left[ y = \frac{3}{2} \right]$

**175**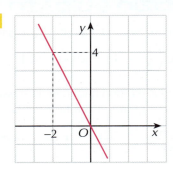

$[y = -2x]$

**176** 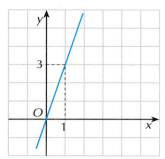 $[y=3x]$

**177** 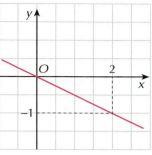 $\left[y=-\dfrac{1}{2}x\right]$

**178** 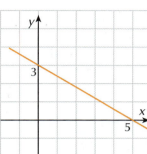 $\left[y=-\dfrac{3}{5}x+3\right]$

**179** 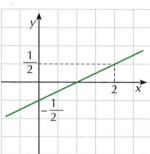 $\left[y=\dfrac{1}{2}x-\dfrac{1}{2}\right]$

**180** 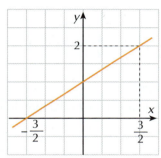 $\left[y=\dfrac{2}{3}x+1\right]$

**181** 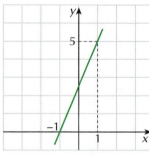 $\left[y=\dfrac{5}{2}x+\dfrac{5}{2}\right]$

**182** 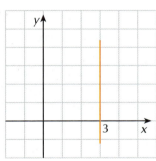 $[x=3]$

**183** 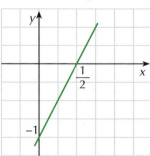 $[y=2x-1]$

## RETTE PARALLELE E RETTE PERPENDICOLARI

*teoria a pagina 80*

### Comprensione

**184** Stabilisci se le seguenti coppie di rette sono parallele, perpendicolari o né parallele né perpendicolari:
- **a.** $6x-4y+1=0$    $2x+3y=0$
- **b.** $x+1=0$    $2y-5=0$
- **c.** $y=x-2$    $x+y-1=0$
- **d.** $2x+4y-1=0$    $4x+2y-3=0$
- **e.** $3x-4=0$    $y=\dfrac{1}{2}x-3$
- **f.** $y=-\dfrac{4}{5}x$    $10y+8x-1=0$

**Cap. 3:** *Il piano cartesiano e la retta* **265**

**185** La retta che passa per il punto $P(1, -4)$ ed è perpendicolare alla retta $2x - 3y + 1 = 0$:

  **a.** ha coefficiente angolare: ① $\frac{3}{2}$  ② $-\frac{3}{2}$  ③ $\frac{2}{3}$  ④ $-\frac{2}{3}$

  **b.** ha equazione:
  ① $3x - 2y - 5 = 0$  ② $3x + 2y - 5 = 0$  ③ $3x + 2y + 5 = 0$  ④ $3x + 2y + 1 = 0$

**186** Le rette di equazioni $3x - 6y + 4 = 0$ e $y = \frac{1}{2}x - \frac{2}{3}$ sono:

  **a.** parallele e distinte  **b.** parallele e coincidenti  **c.** incidenti

**187** La retta che passa per i punti $A(-2, 6)$ e $B(1, 4)$ è perpendicolare a quella che passa per i punti di coordinate:

  **a.** $(5, 4)$ e $(2, 2)$  **b.** $(-5, -4)$ e $(-2, -2)$  **c.** $(1, -2)$ e $(-1, -5)$  **d.** $(0, 0)$ e $(-2, 3)$

## Applicazione

**188 ESERCIZIO GUIDATO**

Stabiliamo la posizione reciproca delle tre rette di equazioni:

$$r: x + 2y - 3 = 0 \qquad s: 2x + 4y + 10 = 0 \qquad t: 2x - y + 1 = 0$$

Calcoliamo i coefficienti angolari delle tre rette: $m_r = -\frac{1}{2} \quad m_s = -\frac{1}{2} \quad m_t = 2$

Possiamo concludere che:
- le rette $r$ ed $s$ sono parallele perché hanno coefficienti angolari uguali
- la retta $t$ è perpendicolare sia a $r$ che a $s$ perché il suo coefficiente angolare 2 è l'antireciproco di $-\frac{1}{2}$.

**189** Individua se fra le rette che hanno le seguenti equazioni ve ne sono di parallele:
$y = -3x + 1 \quad y = 5x + 6 \quad y = -x + 1 \quad 2y + 6x - 4 = 0 \quad -2x + 6 - 2y = 0 \quad y = 3x + 5$

**190** Individua se fra le rette che hanno le seguenti equazioni ve ne sono di perpendicolari:
$y - 3x + 1 = 0 \quad 5y + x - 25 = 0 \quad y = 5x + 10 \quad 2y + x - 4 = 0 \quad 3y + x = 21 \quad y = 3x + 5$

**191** Senza scriverne l'equazione, stabilisci se le rette $AB$ e $CD$ sono parallele, perpendicolari oppure né parallele né perpendicolari nei seguenti casi:

  **a.** $A(0, -1) \quad B(1, 1); \qquad C\left(0, \frac{3}{2}\right) \quad D\left(2, \frac{1}{2}\right)$ [perpendicolari]

  **b.** $A\left(\frac{3}{2}, 0\right) \quad B(1, -1); \qquad C(1, 0) \quad D\left(-2, -\frac{1}{2}\right)$ [né perpendicolari, né parallele]

  **c.** $A(0, 2) \quad B(-1, 0); \qquad C(-3, -1) \quad D(-1, 3)$ [parallele]

  **d.** $A\left(\frac{3}{4}, 1\right) \quad B(0, 4); \qquad C(1, -1) \quad D(-3, -2)$ [perpendicolari]

**192** Scrivi l'equazione della retta che passa per l'origine degli assi ed è parallela a quella di equazione $-x + 3y - 5 = 0$. $[3y - x = 0]$

**193** Scrivi l'equazione della retta che ha ordinata all'origine $-2$ ed è parallela a quella di equazione $2x - 5y + 1 = 0$. $[2x - 5y - 10 = 0]$

**194** Scrivi l'equazione della retta che passa per il punto $P\left(\frac{1}{3}, -2\right)$ ed è parallela a quella di equazione $-5x + y + 4 = 0$. $\qquad$ [$15x - 3y - 11 = 0$]

**195** Scrivi l'equazione della retta che passa per l'origine degli assi ed è perpendicolare a quella di equazione $x - 3y + 5 = 0$. $\qquad$ [$3x + y = 0$]

**196** Scrivi l'equazione della retta che ha ordinata all'origine 5 ed è perpendicolare a quella di equazione $10x - 5y + 3 = 0$. $\qquad$ [$x + 2y - 10 = 0$]

**197** Scrivi l'equazione della retta che passa per il punto $P\left(\frac{1}{3}, -2\right)$ ed è perpendicolare a quella di equazione $y = -\frac{2}{3}x + 1$. $\qquad$ [$3x - 2y - 5 = 0$]

**198** Scrivi l'equazione della retta parallela a quella di equazione $y = -\frac{3}{4}x + 8$ e che taglia l'asse $y$ nello stesso punto in cui lo taglia la retta di equazione $y = 2x + \frac{4}{5}$. Il punto $P(3, 0)$ appartiene a tale retta? Verificalo analiticamente e graficamente. $\qquad$ [$15x + 20y - 16 = 0$]

**199** Scrivi le equazioni delle rette con ordinata all'origine 4 e rispettivamente parallela e perpendicolare alla bisettrice del secondo e quarto quadrante. $\qquad$ [$y + x - 4 = 0$; $y - x - 4 = 0$]

**200** Dopo aver determinato il coefficiente angolare della retta $r$ che passa per i punti $A(2, -3)$ e $B(-3, 7)$, scrivi le equazioni delle rette rispettivamente parallela e perpendicolare a $r$ e passanti per il punto $P(1, 1)$. $\qquad$ [$2x + y - 3 = 0$; $x - 2y + 1 = 0$]

**201** Fra le rette parallele a quella di equazione $x + 2y - 6 = 0$ determina quella che passa per il punto $P\left(-1, \frac{1}{2}\right)$. $\qquad$ [$x + 2y = 0$]

**202** Scrivi l'equazione della retta perpendicolare a quella di equazione $y = -3x + 4$ e passante per $P\left(\frac{3}{2}, -5\right)$. $\qquad$ $\left[y = \frac{1}{3}x - \frac{11}{2}\right]$

**203** Scrivi le equazioni delle rette passanti per il punto $P\left(\frac{3}{4}, -\frac{1}{2}\right)$ e rispettivamente parallela e perpendicolare alla bisettrice del secondo e quarto quadrante. $\qquad$ [$4x - 4y - 5 = 0$; $4x + 4y - 1 = 0$]

**204** Scrivi l'equazione della retta perpendicolare alla retta $r$ di equazione $y = -\frac{3}{7}x + 5$ e che passa per il punto di intersezione fra $r$ e l'asse $y$. $\qquad$ [$7x - 3y + 15 = 0$]

**205** Fra le rette che passano per il punto $P(2, -5)$ determina quella parallela alla retta $2y - x + 1 = 0$. $\qquad$ [$x - 2y - 12 = 0$]

**206** Verifica che il triangolo di vertici $A(6, 4)$, $B(2, 2)$, $C(5, -4)$ è rettangolo in $B$ e che $M$, punto medio dell'ipotenusa, è equidistante dai tre vertici.
(Suggerimento: verifica che le rette $AB$ e $BC$ sono perpendicolari)

**207** **ESERCIZIO GUIDATO**

Scrivi l'equazione della retta passante per $A(3, -2)$ e parallela alla retta passante per $P\left(\frac{1}{2}, -1\right)$ e $Q(3, 4)$.

Osserva che la retta cercata deve avere lo stesso coefficiente angolare della retta $PQ$ e che questo si può determinare con la formula $\frac{y_2 - y_1}{x_2 - x_1}$. Non è dunque necessario scrivere l'equazione della retta $PQ$, basta calcolare il suo coefficiente angolare. $\qquad$ [$y = 2x - 8$]

Cap. 3: *Il piano cartesiano e la retta* **267**

**208** Scrivi l'equazione della retta che passa per il punto $P(-1, 3)$ e per il punto della retta di equazione $x - y - 2 = 0$ di ascissa nulla. $[5x + y + 2 = 0]$

**209** Dati i punti $A(-2, -8)$ e $B(10, 4)$, determina l'equazione dell'asse del segmento $AB$. $[x + y - 2 = 0]$
(Suggerimento: l'asse di un segmento è la retta ad esso perpendicolare nel suo punto medio)

**210** Scrivi l'equazione dell'asse del segmento di estremi $A(3, 1)$ e $B(-1, -1)$. $[y = -2x + 2]$

**211** Sono dati i punti $A(-7, 5)$, $B(4, -5)$, $C(-5, 8)$, $D(6, -2)$. Dopo averli disegnati nel piano cartesiano, calcola le coordinate dei punti $M$ e $N$ rispettivamente punti medi di $AB$ e $CD$. Verifica quindi che le rette $AB$ e $CD$ sono parallele così come le rette $AC$, $MN$, $BD$.

**212** Dato il parallelogramma di vertici $A(1, 1)$, $B(4, 2)$, $C\left(1, -\frac{1}{2}\right)$, $D\left(-2, -\frac{3}{2}\right)$ verifica che la retta che congiunge i punti medi dei lati $AB$ e $BC$ è parallela a quella che congiunge i punti medi degli altri due lati.

## Correggi gli errori

**213** La retta che passa per il punto $A(-3, -1)$ ed è parallela a quella di equazione $3x - y + 2 = 0$ è: $y - 1 = 3(x - 3)$.

**214** La retta che passa per $B\left(-\frac{1}{2}, 1\right)$ ed è perpendicolare a quella di equazione $x - 2y = 0$ è: $y - 1 = 2\left(x + \frac{1}{2}\right)$.

**215** La retta che passa per i punti $A(1, -4)$ e $B(3, 2)$ ha equazione: $\frac{y - 2}{-4 - 2} = \frac{x - 1}{3 - 1}$.

**216** La retta che passa per i punti $C\left(1, -\frac{1}{2}\right)$ e $B\left(3, \frac{1}{2}\right)$ ha equazione: $y = \frac{1}{2}$.

## Rette e sistemi lineari

teoria a pagina 83

### Comprensione

**217** Le due rette di equazioni $2x - 4y + 3 = 0$ e $x - 3y + 1 = 0$:
 **a.** si intersecano in $P\left(\frac{5}{2}, \frac{1}{2}\right)$ **b.** si intersecano in $P\left(-\frac{5}{2}, -\frac{1}{2}\right)$
 **c.** si intersecano in $P\left(-\frac{1}{2}, -\frac{5}{2}\right)$ **d.** non si intersecano

**218** Le due rette di equazioni $3y - 4 = 0$ e $2x = 6$ si incontrano nel punto di coordinate:
 **a.** $\left(3, \frac{3}{4}\right)$ **b.** $\left(\frac{4}{3}, 3\right)$ **c.** $\left(3, \frac{4}{3}\right)$ **d.** non si intersecano

**219** Senza risolvere il sistema delle loro equazioni che cosa si può dire relativamente alla posizione reciproca delle seguenti coppie di rette?
 **a.** $3x - y + 1 = 0$ e $3x + y - 2 = 0$: ① incidenti ② parallele ③ coincidenti
 **b.** $x + y = 0$ e $2x + 2y - 5 = 0$: ① incidenti ② parallele ③ coincidenti
 **c.** $x + 1 = 0$ e $y - 3 = 0$: ① incidenti ② parallele ③ coincidenti
 **d.** $4x - 6y - 1 = 0$ e $2x - 3y = \frac{1}{2}$: ① incidenti ② parallele ③ coincidenti

**220** Scrivi alcuni esempi di equazioni di rette che siano
  **a.** incidenti     **b.** parallele e distinte     **c.** coincidenti.

## Applicazione

Stabilisci la posizione reciproca delle seguenti coppie di rette e, nel caso di rette incidenti, determina le coordinate del punto P di intersezione.

**221** $3x - 1 = 0$   $\qquad$   $5 + 2x = 0$   $\qquad$   [rette parallele]

**222** $2x - 7 = 0$   $\qquad$   $y + 3 = 0$   $\qquad$   $\left[\text{rette perpendicolari; } P\left(\frac{7}{2}, -3\right)\right]$

**223** $x - y + 2 = 0$   $\qquad$   $3x - 3y = 0$   $\qquad$   [rette parallele]

**224** $y = \frac{2}{3}x - 1$   $\qquad$   $4x - 6y - 6 = 0$   $\qquad$   [rette coincidenti]

**225** $5x - 3y - 4 = 0$   $\qquad$   $5x - y - 2 = 0$   $\qquad$   $\left[\text{rette incidenti; } P\left(\frac{1}{5}, -1\right)\right]$

**226** $2x - 4y - 15 = 0$   $\qquad$   $4x + 4y - 9 = 0$   $\qquad$   $\left[\text{rette incidenti; } P\left(4, -\frac{7}{4}\right)\right]$

**227** $\sqrt{3}x - y - \sqrt{2} = 0$   $\qquad$   $\sqrt{6}x - \sqrt{2}y - 2 = 0$   $\qquad$   [rette coincidenti]

**228** **ESERCIZIO GUIDATO**

Dopo aver trovato il punto $P$ d'intersezione delle rette di equazioni $x - 2y = 0$ e $3x + 2y - 6 = 0$, scrivi l'equazione della retta che passa per $P$ ed è parallela a quella di equazione $5x + 6y - 1 = 0$.

Il punto d'intersezione delle rette date è la soluzione del sistema delle loro equazioni:

$$\begin{cases} x - 2y = 0 \\ 3x + 2y - 6 = 0 \end{cases} \rightarrow \begin{cases} x = 2y \\ 6y + 2y - 6 = 0 \end{cases} \rightarrow \begin{cases} x = \frac{3}{2} \\ y = \frac{3}{4} \end{cases} \rightarrow P\left(\frac{3}{2}, \frac{3}{4}\right)$$

La terza retta ha coefficiente angolare $-\frac{5}{6}$.

Dobbiamo adesso scrivere l'equazione della retta che passa per $P$ ed ha coefficiente angolare $-\frac{5}{6}$:

$$y - \frac{3}{4} = -\frac{5}{6}\left(x - \frac{3}{2}\right) \rightarrow y = -\frac{5}{6}x + 2$$

**229** Scrivi l'equazione della retta che passa per il punto di intersezione delle rette di equazioni $3x - 2y - 3 = 0$ e $-4x + y = 1$ ed è parallela a quella di equazione $2y - x + 8 = 0$.
$$[x - 2y - 5 = 0]$$

**230** Determina le coordinate dei punti $A$, $B$, $C$, $D$ intersezione delle rette $y + \frac{3}{4}x - 3 = 0$ e $3x + 4y - 6 = 0$ con gli assi coordinati. Di che natura è il quadrilatero ottenuto? Calcola il suo perimetro. $\quad [2p = 11]$

**231** Data la retta di equazione $y + 3x - 2 = 0$, indica con $A$ e $B$ i punti in cui essa interseca gli assi coordinati. Calcola l'area del triangolo $AOB$.
$$\left[\frac{2}{3}\right]$$

**232** Per il punto di intersezione delle due rette di equazioni $x - y + 7 = 0$ e $2x + y - 2 = 0$ conduci le rette rispettivamente parallela e perpendicolare a quella di equazione $y - 2x = 0$ e scrivine le equazioni.
$$[6x - 3y + 26 = 0; \; 3x + 6y - 27 = 0]$$

**Cap. 3:** *Il piano cartesiano e la retta*

**233** Le rette di equazioni $x - 3 = 0$, $x + 7 = 0$, $y - 2 = 0$, $y + 3 = 0$ incontrandosi individuano un quadrilatero. Stabilisci la natura di tale quadrilatero e calcola le equazioni delle diagonali.

$$[2y - x - 1 = 0;\ 2y + x + 3 = 0]$$

**234** Per il punto $P$ di intersezione delle rette di equazioni $2x - y + 8 = 0$ e $y + 4x - 2 = 0$, traccia la perpendicolare $r$ alla bisettrice del secondo e quarto quadrante e indica con $A$ e $B$ i punti in cui $r$ interseca gli assi cartesiani. Calcola perimetro ed area del triangolo $AOB$, dove $O$ è l'origine degli assi.

$$\left[7(2 + \sqrt{2}) : \frac{49}{2}\right]$$

## Gli zeri di una funzione

*Trova sia graficamente che algebricamente gli zeri delle seguenti funzioni lineari.*

**235** **ESERCIZIO GUIDATO**

$y = \frac{3}{2}x + 4$

Lo zero di questa funzione si determina dal punto di vista grafico disegnando la retta che rappresenta la funzione e individuando il suo punto di ordinata nulla.
Dal punto di vista algebrico lo zero si ottiene risolvendo l'equazione

$$\frac{3}{2}x + 4 = 0 \quad \to \quad x = -\frac{8}{3}$$

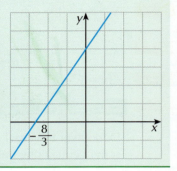

**236** $y = 2x - 5$      $y = x - 2$      $y = 3 - x$

**237** $y = 2 + x$      $y = \frac{1}{2}x - 2$      $y = \frac{2}{3}x + \frac{1}{3}$

**238** $y = 1 - \frac{3}{4}x$      $y = -x + \frac{5}{4}$      $y = \frac{2}{3}x - 1$

**239** $y = -\frac{1}{5}x + 2$      $y = -\frac{3}{2}x - 1$      $y = -4x + \frac{1}{2}$

## LA DISTANZA DI UN PUNTO DA UNA RETTA

teoria a pagina 85

### Comprensione

**240** La distanza del punto $P(h, k)$ dalla retta di equazione $y = mx + q$ si calcola con la formula:

     **a.** $\dfrac{|mh - k + q|}{\sqrt{1 + m^2}}$      **b.** $\dfrac{mh - k + q}{\sqrt{1 + m^2}}$      **c.** $\dfrac{|k + mk + q|}{\sqrt{1 + m^2}}$      **d.** $\dfrac{|k + mk + q|}{\sqrt{1 - m^2}}$

**241** La distanza del punto $A(1, -3)$ dalla retta di equazione $x + y - 3 = 0$ è uguale a:

     **a.** $5$      **b.** $-\dfrac{5\sqrt{2}}{2}$      **c.** $\dfrac{5\sqrt{2}}{2}$      **d.** nessuno dei precedenti valori

**242** La distanza del punto $P(3, -5)$ dalla retta $y = 1 - 3x$ è:

     **a.** $3$      **b.** $\dfrac{3}{2}$      **c.** $\dfrac{13}{\sqrt{10}}$      **d.** $\dfrac{3}{\sqrt{10}}$

**243** La distanza dell'origine degli assi cartesiani dalla retta di equazione $y = -2$ è uguale a:
  a. $-2$
  b. $2$
  c. $\sqrt{2}$
  d. nessuno dei precedenti valori

**244** La distanza dell'origine degli assi cartesiani dalla retta di equazione $3x = 5$ è uguale a:
  a. $\frac{2}{3}$
  b. $5$
  c. $3$
  d. nessuno dei precedenti valori

**245** Considerato il triangolo di vertici $A(1, -3)$, $B(4, 3)$, $C(-1, 3)$:
  a. l'altezza relativa al lato $BC$ misura: ① $6$ ② $3$ ③ $\sqrt{6}$
  b. l'altezza relativa al lato $AC$ misura: ① $3\sqrt{10}$ ② $\frac{3\sqrt{10}}{2}$ ③ $\frac{9\sqrt{10}}{10}$

## Applicazione

**246 ESERCIZIO GUIDATO**

Calcola la distanza del punto $P(-1, 3)$ dalla retta di equazione $y = -\frac{1}{2}x + 4$.

Scriviamo l'equazione della retta in forma implicita: $x + 2y - 8 = 0$

Applicando la formula otteniamo: $d = \frac{|-1 + 2 \cdot 3 - 8|}{\sqrt{1+4}} = \frac{3\sqrt{5}}{5}$

**247** Calcola la distanza dei punti $P$ dalle rette assegnate:
  a. $P(3, 2)$ — $4x - 3y + 2 = 0$ — $\left[\frac{8}{5}\right]$
  b. $P(-2, -3)$ — $x + 2y - 1 = 0$ — $\left[\frac{9\sqrt{5}}{5}\right]$
  c. $P(-3, -4)$ — $y = \frac{2}{3}x + \frac{7}{3}$ — $[\sqrt{13}]$
  d. $P(0, 0)$ — $4x + 5y - 41 = 0$ — $[\sqrt{41}]$
  e. $P(1, 0)$ — $y = 3x + 7$ — $[\sqrt{10}]$
  f. $P(4, 5)$ — $6x + 2\sqrt{7}y - 10\sqrt{7} = 0$ — $[3]$
  g. $P(4\sqrt{2}, 1)$ — $x - 2\sqrt{2}y + \sqrt{2} = 0$ — $[\sqrt{2}]$

**248 ESERCIZIO GUIDATO**

I punti $A(-1, -2)$, $B\left(4, \frac{1}{2}\right)$, $C\left(0, \frac{7}{2}\right)$ sono i vertici di un triangolo. Calcoliamo la sua area.

Se scegliamo il segmento $AB$ come base, la misura dell'altezza del triangolo è la distanza del punto $C$ dalla retta $AB$.
Troviamo dunque l'equazione della retta $AB$ e scriviamola in forma implicita:

$$\frac{y+2}{\frac{1}{2}+2} = \frac{x+1}{4+1} \rightarrow x - 2y - 3 = 0$$

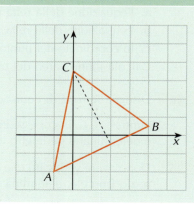

**Cap. 3:** Il piano cartesiano e la retta

Per trovare l'altezza $h$ calcoliamo la distanza di $C$ dalla retta:

$$h = \frac{\left|0 - 2 \cdot \frac{7}{2} - 3\right|}{\sqrt{1+4}} = \frac{10}{\sqrt{5}} = 2\sqrt{5}$$

Calcoliamo adesso la misura della base: $\overline{AB} = \sqrt{(4+1)^2 + \left(\frac{1}{2}+2\right)^2} = \frac{5\sqrt{5}}{2}$

L'area $S$ del triangolo è uguale a: $S = \frac{1}{2} \cdot \frac{5\sqrt{5}}{2} \cdot 2\sqrt{5} = \frac{25}{2}$.

*Calcola l'area dei triangoli ABC nei seguenti casi.*

**249** $A(3, 3)$ $\qquad$ $B(-3, 0)$ $\qquad$ $C(1, -2)$ $\qquad$ [12]

**250** $A(0, 2)$ $\qquad$ $B(2, 0)$ $\qquad$ $C(-1, -1)$ $\qquad$ [4]

**251** $A(-1, 1)$ $\qquad$ $B(4, 0)$ $\qquad$ $C(3, -2)$ $\qquad$ $\left[\frac{11}{2}\right]$

**252** $A\left(\frac{3}{2}, 2\right)$ $\qquad$ $B\left(-\frac{1}{2}, -\frac{1}{2}\right)$ $\qquad$ $C(4, 0)$ $\qquad$ $\left[\frac{41}{8}\right]$

**253** Dopo aver determinato le coordinate dei punti $P$ e $Q$ in cui la retta $r$ di equazione $y - 2x + 3 = 0$ interseca rispettivamente l'asse $x$ e l'asse $y$, scrivi l'equazione della perpendicolare per $P$ ad $r$ e indica con $T$ il suo punto di intersezione con l'asse delle ordinate. Determina, infine, l'area del triangolo $PQT$. $\left[\frac{45}{16}\right]$

# PROBLEMI SULLA RETTA

*teoria a pagina 87*

## Applicazione

**254** Fra le rette che passano per $A(1, -2)$ trova l'equazione delle rette $r$ e $s$ rispettivamente parallela e perpendicolare alla retta $t$ di equazione $2y - x = 0$. Tali rette intersecano quella di equazione $y = 2$ nei punti $B$ e $C$. Trova l'area del triangolo $ABC$. [20]

**255** Dopo avere scritto l'equazione della retta passante per $A\left(\frac{3}{2}, 2\right)$ e $B(-3, -1)$, determina le coordinate del punto $C$ in cui essa incontra l'asse delle ordinate. Quindi scrivi:
  a. l'equazione della retta passante per $C$ e parallela all'asse delle ascisse;
  b. l'equazione della retta passante per $A$ e parallela all'asse delle ordinate;
  c. le coordinate del punto $D$ in cui quest'ultima retta incontra l'asse delle ascisse.
Calcola infine l'area del triangolo $CDA$. $\left[\text{area} = \frac{3}{2}\right]$

**256** Disegna le rette di equazioni $4x - 3y + \frac{36}{5} = 0$ e $3x + 4y - \frac{48}{5} = 0$ e determina le coordinate dei punti $A$, $B$, $C$, in cui esse incontrano gli assi coordinati. Verifica quindi che il triangolo $ABC$ è rettangolo e determinane perimetro ed area. $[2p = 12, \text{area} = 6]$

**257** Dopo avere verificato che il quadrilatero $ABCD$, di vertici $A(-1, 1)$, $B(8, 4)$, $C(4, 6)$, $D(1, 5)$ è un trapezio isoscele, determina la sua area ed il suo perimetro. $\left[\text{area} = 20, 2p = 4\sqrt{5}(\sqrt{2}+1)\right]$

**258** Scrivi le equazioni delle rette dei lati del triangolo $ABC$, i cui vertici hanno coordinate $A(2, 1)$, $B(-1, 0)$, $C(2, 5)$ e quindi calcolane l'area. $[x = 2; x - 3y + 1 = 0; 5x - 3y + 5 = 0;$ area $= 6]$

**259** Dopo aver verificato che il quadrilatero di vertici $A(0, 1)$, $B(-2, 4)$, $C(-5, 2)$, $D(-3, -1)$ è un quadrato, considera quello che ha vertici nei punti medi dei suoi lati; calcola le equazioni dei lati di questo secondo quadrato e verifica che le sue diagonali sono parallele ai lati di $ABCD$.
$[10x - 2y + 41 = 0; 10x - 2y + 15 = 0; 2x + 10y - 23 = 0; 2x + 10y + 3 = 0]$

**260** Dato il triangolo di vertici $A(-8, -1)$, $B(0, 3)$, $C(-5, 8)$, scrivi le equazioni delle sue altezze e verifica che esse si incontrano nel punto $H(-3, 4)$.

**261** Considera il triangolo di vertici $O(0, 0)$, $A(6, 2)$ e $B(2, 4)$ e verifica che esso è isoscele. Usando il metodo analitico verifica che altezza e mediana relative alla base coincidono. Successivamente verifica che è isoscele anche il triangolo che ottieni congiungendo i punti medi dei lati del triangolo $OAB$. In che rapporto stanno le aree dei due triangoli? $\left[\dfrac{1}{4}\right]$

**262** Dal punto $A$ di intersezione della retta $r$ di equazione $y = -2x + 1$ con l'asse $x$, traccia la retta $s$ ad essa perpendicolare. Successivamente traccia dal punto $P(1, -1)$ la parallela ad $s$ e indica con $Q$ il suo punto di intersezione con l'asse delle ordinate. Calcola perimetro ed area del triangolo $PQR$, dove $R$ indica il punto in cui la retta $r$ taglia l'asse $y$. $\left[2p = \dfrac{5}{2} + \dfrac{3}{2}\sqrt{5}, \text{area} = \dfrac{5}{4}\right]$

**263** Calcola perimetro ed area del triangolo di vertici $A(-2, 1)$, $B(2, 2)$ e $C(3, 1)$. Scrivi quindi l'equazione della retta che passa per $A$ ed è parallela alla retta $BC$. Indicate con $D$ ed $E$ le sue intersezioni con gli assi, calcola l'area del triangolo $ODE$. $\left[2p = \sqrt{17} + \sqrt{2} + 5, S(\widehat{ABC}) = \dfrac{5}{2}, y = -x - 1, S(\widehat{ODE}) = \dfrac{1}{2}\right]$

**264** Date le rette di equazioni $y = \dfrac{3}{2}x + \dfrac{3}{4}$ e $2y + 6x = 15$ che si intersecano in $P$, calcola l'area del triangolo $APB$ essendo $A$ e $B$ i punti di intersezione di tali rette con l'asse delle ascisse. $\left[\dfrac{9}{2}\right]$

**265** Sia $A$ il punto di intersezione delle rette $r: y = -2x + 1$ e $s: y = 3x + 6$. Scrivi l'equazione della retta che passa per $A$ ed è parallela all'asse delle ascisse ed indica con $B$ il punto in cui essa interseca l'asse delle ordinate. Indica poi con $C$ il punto in cui la retta $s$ taglia l'asse $x$ e calcola perimetro ed area del trapezio $ABOC$. $\left[2p = 6 + \sqrt{10}, S = \dfrac{9}{2}\right]$

**266** Sia $B$ il punto di intersezione delle rette $r: y = x + 4$ e $s: y + 2x = 10$; siano poi $A$ il punto di $r$ e $C$ il punto di $s$ di ordinata nulla. Scrivi l'equazione della retta passante per $C$ e parallela ad $r$ e indica con $D$ il suo punto di intersezione con l'asse $y$. Stabilisci la natura del quadrilatero $ABCD$ e calcolane l'area. $\left[\dfrac{99}{2}\right]$

**267** Determina le equazioni degli assi dei lati del triangolo i cui vertici sono i punti $A(-1, -1)$, $B(-2, 4)$ e $C(1, 1)$. Verifica che i tre assi passano per uno stesso punto $A$ e che tale punto è equidistante dai vertici del triangolo. $\left[5y - x - 9 = 0; y = x + 3; y + x = 0; A\left(-\dfrac{3}{2}, \dfrac{3}{2}\right)\right]$

**268** Stabilisci la natura del quadrilatero di vertici $A(-3, 3)$, $B(2, 3)$, $C(5, -1)$, $D(0, -1)$; quindi
 **a.** scrivi le equazioni delle rette delle diagonali $[2y + x - 3 = 0, 2x - y - 1 = 0]$
 **b.** trova le coordinate del centro di simmetria $[H(1, 1)]$
 **c.** calcolane il perimetro $[20]$
 **d.** calcolane l'area. $[20]$

Cap. 3: Il piano cartesiano e la retta

**269** Verifica che il triangolo di vertici $A(5, 0)$, $B(3, 4)$, $C(1, 3)$ è rettangolo e determina la posizione di un punto $D$ in modo che il quadrilatero $ABCD$ sia un rettangolo. $[D(3, -1)]$

**270** Data la retta $r$ di equazione $y = \frac{1}{2}x + 3$, considera la retta $s$ per $A(6, 1)$ e perpendicolare ad $r$, e la retta $t$ per $A$ che ha coefficiente angolare $-\frac{3}{4}$. Le rette $s$ e $t$, intersecando $r$, formano un triangolo. Calcola il perimetro e l'area di tale triangolo. $\left[2p = (3\sqrt{5} + 5), \text{area} = 5\right]$

**271** Dato il triangolo di vertici $A(1, 5)$, $B(-1, 2)$, $C(3, 2)$, considera il punto $D\left(\frac{11}{3}, 0\right)$ e da esso conduci la retta parallela ad $AB$ che interseca le rette di $BC$ e di $AC$ rispettivamente in $E$ ed in $F$. Calcola il rapporto fra le aree dei triangoli $ABC$ e $CFE$. $[4]$

**272** Per il punto $P$ di intersezione delle rette $r$ ed $s$ di equazioni rispettive $2y - x = 3$ e $4x - y - 16 = 0$ conduci la retta $t$ parallela all'asse delle ascisse che incontra in $Q$ l'asse delle ordinate. Detto $T$ il punto in cui la retta $s$ taglia l'asse delle ascisse, calcola l'area del trapezio rettangolo $PQOT$, essendo $O$ l'origine degli assi cartesiani. $[18]$

**273** Calcola le coordinate del baricentro del triangolo i cui lati hanno equazioni:
$3y - x - 10 = 0;$ $\qquad 2y - 5x + 28 = 0;$ $\qquad 4y + 3x + 4 = 0$ $\left[\left(\frac{8}{3}, \frac{4}{3}\right)\right]$

**274** E' dato il quadrilatero di vertici $A(-5, 0)$, $B(5, 2)$, $C(7, -2)$, $D(1, -8)$; verifica che congiungendo i punti medi dei suoi lati si ottiene un parallelogramma del quale si chiede il perimetro.
$\left[2p = 2(\sqrt{37} + \sqrt{29})\right]$

**275** Un triangolo isoscele ha per base il segmento $AB$ di estremi $A(1, 3)$ e $B(-3, 5)$ mentre il suo vertice $C$ si trova sull'asse $x$. Calcola le coordinate di $C$ e l'area del triangolo. $[C(-3, 0); \text{area} = 10]$

**276** Dopo aver scritto l'equazione dell'asse $r$ del segmento $AB$ di estremi $A(-2, 1)$ e $B(4, -2)$, calcola l'area del triangolo $ABC$, essendo $C$ il punto di intersezione della retta $r$ con l'asse $y$.
$\left[4x - 2y - 5 = 0; \text{area} = \frac{15}{2}\right]$

**277** Un triangolo equilatero ha per base un segmento $AB$ di estremi $A(2, -3)$, $B(-2, 1)$. Calcola le coordinate del terzo vertice $C$. $[C_1(2\sqrt{3}, 2\sqrt{3} - 1); C_2(-2\sqrt{3}, -2\sqrt{3} - 1)]$

**278** Un parallelogramma ha due lati consecutivi sulle rette di equazioni $y = \frac{1}{2}x + \frac{7}{2}$ e $y + x - 2 = 0$ ed ha centro di simmetria nel punto $(3, 2)$. Trova le coordinate dei suoi vertici.
$[(-1, 3), (3, 5), (7, 1), (3, -1)]$

**279** I punti $A(1, 1)$, $B(11, 3)$, $C(5, 7)$, sono i tre vertici consecutivi di un trapezio rettangolo $ABCD$ in cui $AB$ è la base maggiore. Trova le coordinate del punto $D$ e l'area del trapezio. $[D(0, 6); \text{area} = 39]$

## Problemi che coinvolgono simmetrie e traslazioni

**280** **ESERCIZIO GUIDATO**

Data la retta $r$ di equazione $x + 2y - 4 = 0$ troviamo le equazioni delle rette ad essa simmetriche rispetto all'asse $x$, rispetto all'asse $y$ e rispetto all'origine.

Per trovare le equazioni delle rette richieste si può procedere in questo modo: scegliere due punti sulla retta r, trovare i loro simmetrici e poi scrivere l'equazione della retta che passa per tali punti. In alternativa, basta ricordare che:

**a.** due rette simmetriche rispetto all'asse x hanno ordinate all'origine e coefficienti angolari opposti

**b.** due rette simmetriche rispetto all'asse y hanno la stessa ordinata all'origine e coefficienti angolari opposti

**c.** due rette simmetriche rispetto all'origine sono parallele e quindi hanno lo stesso coefficiente angolare e ordinate all'origine opposte.

Scriviamo l'equazione di r in forma esplicita $y = -\frac{1}{2}x + 2$ e seguiamo questo secondo metodo che è più rapido:

**a.** retta simmetrica rispetto all'asse x: $y = \frac{1}{2}x - 2$

**b.** retta simmetrica rispetto all'asse y: $y = \frac{1}{2}x + 2$

**c.** retta simmetrica rispetto all'origine: $y = -\frac{1}{2}x - 2$.

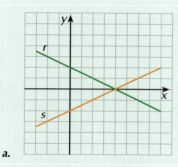
a.
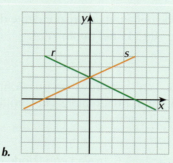
b.
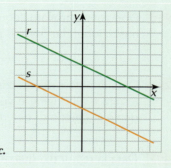
c.

**281** Calcola la distanza del punto $P(-1, 3)$ dalla retta $r'$ simmetrica della retta $r$ di equazione $y = \frac{1}{2}x + 1$ rispetto all'asse x.

$$\left[\frac{7\sqrt{5}}{5}\right]$$

**282** Trova l'equazione della retta simmetrica rispetto all'origine di quella passante per i punti $A(2, -1)$, $B(-1, 3)$.  $[3y + 4x + 5 = 0]$

**283** Dopo aver trovato il simmetrico $A'$ del punto $A(1, 2)$ rispetto all'origine e l'equazione della retta $r'$ simmetrica della $r: 2x - y + 3 = 0$ anch'essa rispetto all'origine, verifica che la distanza di $A$ da $r$ è uguale alla distanza di $A'$ da $r'$.

$$\left[\text{distanza} = \frac{3\sqrt{5}}{5}\right]$$

**284** Trova l'equazione della retta passante per il punto $A(1, 1)$ e parallela alla trasformata della retta di equazione $2x - 3y + 1 = 0$ nella simmetria rispetto all'asse x.  $[2x + 3y - 5 = 0]$

**285** Scrivi l'equazione della retta passante per il punto $A(1, 1)$ e per il punto $B$, unito nella simmetria rispetto all'asse y della retta di equazione $y + x + 2 = 0$.  $[y = 3x - 2]$

**286** Trova il perimetro del triangolo avente per lati l'asse y, la retta di equazione $y = x + 2$ e la sua simmetrica rispetto all'asse x.  $[4(1 + \sqrt{2})]$

**287** Dato il triangolo di vertici $A(-3, 0)$, $B(3, -4)$, $C(1, 4)$, trova le coordinate dei punti uniti dei suoi lati nella simmetria rispetto all'asse y.  $[(0, -2), (0, 3)]$

**288** **ESERCIZIO GUIDATO**

Trova l'equazione della retta corrispondente a quella di equazione $y = \frac{4}{5}x - 3$ nella traslazione di vettore $\vec{v}(-1, 4)$.

Possiamo scegliere due punti sulla retta data, trovare i loro corrispondenti e poi scrivere l'equazione della retta che passa per questi due punti; oppure, tenendo presente che due rette che si corrispondono in una traslazione sono parallele, possiamo trovare il corrispondente di un solo punto e scrivere l'equazione della retta che passa per tale punto ed è parallela alla retta data.

Seguiamo questo secondo metodo prendendo sulla retta $r$ il punto di coordinate $(0, -3)$

punto traslato: $x = 0 - 1 = -1$     $y = -3 + 4 = 1$     →     $(-1, 1)$

coefficiente angolare: $\frac{4}{5}$

retta traslata: $y - 1 = \frac{4}{5}(x + 1)$     →     $y = \frac{4}{5}x + \frac{9}{5}$

**289** Trova la trasformata della retta $r: 3x - 5y + 1 = 0$ nella traslazione che manda il punto $P(1, 3)$ nel punto $P'(-1, 2)$.     $[3x - 5y + 2 = 0]$

**290** Dopo avere trovato l'equazione della retta corrispondente di quella di equazione $2x + 3y + 3 = 0$ nella traslazione che porta il punto $A(1, 1)$ nel punto $A'(4, 3)$, calcola la distanza fra le due rette.
$$\left[2x + 3y - 9 = 0; \frac{12\sqrt{13}}{13}\right]$$

**291** Data la retta $r$ di equazione $x - 2y = 4$, trova le equazioni delle sue simmetriche rispetto agli assi cartesiani e all'origine e verifica che il quadrilatero che si ottiene dalla loro intersezione è un rombo del quale si chiede di determinare il perimetro. $\left[y = -\frac{1}{2}x + 2; y = -\frac{1}{2}x - 2; y = \frac{1}{2}x + 2; 2p = 8\sqrt{5}\right]$

**292** Data la retta $r$ di equazione $y = 2x + 5$, trova l'equazione della sua simmetrica $s$ rispetto all'origine degli assi e calcola l'area del quadrilatero che ha per vertici i punti di intersezione di $r$ e $s$ con gli assi cartesiani.     $[s: y = 2x - 5; \text{area} = 25]$

**293** Siano $D$ e $C$ i corrispondenti dei punti $A(3, 2)$ e $B(5, -1)$ nella traslazione di vettore $\vec{v}(-2, 2)$. Dopo averne individuato la natura, calcola il perimetro e l'area del quadrilatero $ABCD$.
$$\left[D(1, 4); C(3, 1); 2p = 2(2\sqrt{2} + \sqrt{13}); \text{area} = 2\right]$$

## GRAFICI DI PARTICOLARI FUNZIONI LINEARI

teoria a pagina 89

### Comprensione

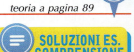
SOLUZIONI ES. COMPRENSIONE

**294** Indica quale tra i seguenti è il grafico della funzione $y = |1 - 2x|$:

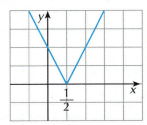
a.

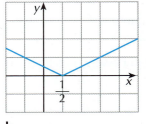
b.

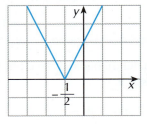
c.

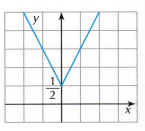
d.

**295** La funzione il cui grafico è in figura ha equazione:

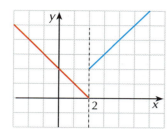

**a.** $y = \begin{cases} x & \text{se } x \geq 2 \\ -x & \text{se } x < 2 \end{cases}$

**b.** $y = \begin{cases} x+1 & \text{se } x \geq 2 \\ -x+2 & \text{se } x < 2 \end{cases}$

**c.** $y = \begin{cases} x & \text{se } x \geq 2 \\ 2-x & \text{se } x < 2 \end{cases}$

**d.** $y = \begin{cases} x-2 & \text{se } x \geq 2 \\ -x & \text{se } x < 2 \end{cases}$

## Applicazione

Traccia il grafico delle seguenti funzioni.

**296**    **a.** $y = |4x|$      **b.** $y = |-2x|$      **c.** $y = |3x|$

**297**    **a.** $y = |-6x|$      **b.** $y = -3|x|$      **c.** $y = \frac{1}{3}|x|$

Disegna i grafici delle seguenti funzioni con i moduli.

**298** **ESERCIZIO GUIDATO**

Vogliamo disegnare la curva di equazione $y = |x - 2|$.

Disegniamo dapprima la retta come se non ci fosse il modulo: $y = x - 2$ (prima figura).

Eseguiamo una simmetria rispetto all'asse $x$ della semiretta negativa (seconda figura).

Il grafico di $y = |x - 2|$ è evidenziato in colore rosso.

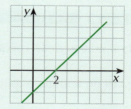 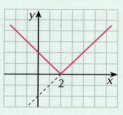

**299** $y = |2x + 3|$      **300** $y = |1 - x|$      **301** $y = |1 - 3x|$

**302** $y = |2x - 5|$      **303** $y = \left|\frac{1}{2}x - 4\right|$      **304** $y = \left|-\frac{3}{2}x + 1\right|$

**305** $y = \left|\frac{1}{3}x - \frac{2}{3}\right|$      **306** $y = \left|6x + \frac{1}{2}\right|$      **307** $y = \left|2 - \frac{3}{5}x\right|$

Disegna i grafici delle seguenti funzioni lineari a tratti.

**308** **ESERCIZIO GUIDATO**

$y = \begin{cases} 3 - x & \text{se } x < 2 \\ 2x - \frac{3}{2} & \text{se } x \geq 2 \end{cases}$

Dobbiamo disegnare la retta di equazione $y = 3 - x$ solo nel semipiano a sinistra della retta $x = 2$ e la retta di equazione $y = 2x - \frac{3}{2}$ nel semipiano a destra.

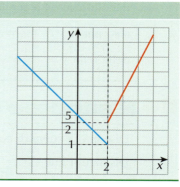

Cap. 3: Il piano cartesiano e la retta

**309** $y = \begin{cases} x+1 & \text{se } x < 0 \\ 3x-2 & \text{se } x \geq 0 \end{cases}$

**310** $y = \begin{cases} 3+x & \text{se } 0 \leq x < 10 \\ 2x-3 & \text{se } x \geq 10 \end{cases}$

**311** $y = \begin{cases} 5 & \text{se } x < 0 \\ x-1 & \text{se } x \geq 0 \end{cases}$

**312** $y = \begin{cases} 2x-2 & \text{se } x \leq 4 \\ x-3 & \text{se } x > 4 \end{cases}$

**313** $y = \begin{cases} \frac{1}{2}x & \text{se } x < -1 \\ \frac{1}{3}x+2 & \text{se } x \geq -1 \end{cases}$

**314** $y = \begin{cases} \frac{2}{3}x-1 & \text{se } x \leq -1 \\ x+2 & \text{se } x > -1 \end{cases}$

**315** $y = \begin{cases} -x & \text{se } x < 0 \\ x-2 & \text{se } 0 \leq x < 1 \\ -x & \text{se } x \geq 1 \end{cases}$

**316** $y = \begin{cases} x & \text{se } x < 0 \\ 2x & \text{se } 0 \leq x < 3 \\ -x+1 & \text{se } x \geq 3 \end{cases}$

**317** $y = \begin{cases} -\frac{1}{2}x & \text{se } x < -2 \\ 2x & \text{se } -2 \leq x < 2 \\ \frac{3}{4}x+1 & \text{se } x \geq 2 \end{cases}$

**318** $y = \begin{cases} \frac{1}{3}x-1 & \text{se } x < -3 \\ -\frac{2}{3}x & \text{se } -3 \leq x < 0 \\ 6x & \text{se } x \geq 0 \end{cases}$

Disegna i grafici delle seguenti funzioni con i moduli trasformandole in funzioni lineari a tratti.

**319** **ESERCIZIO GUIDATO**

Disegnamo ora il grafico della curva di equazione $y = \left|\frac{1}{2}x\right| - 3$.

Per la presenza di un termine esterno al modulo, dobbiamo considerare i seguenti casi:

**a.** se $\frac{1}{2}x \geq 0$, cioè se $x \geq 0$, la curva ha equazione $y = \frac{1}{2}x - 3$

**b.** se $\frac{1}{2}x < 0$, cioè se $x < 0$, la curva ha equazione $y = -\frac{1}{2}x - 3$

L'espressione analitica dettagliata è allora

$y = \begin{cases} \frac{1}{2}x - 3 & \text{se } x \geq 0 \\ -\frac{1}{2}x - 3 & \text{se } x < 0 \end{cases}$

Il suo grafico è quello della figura a fianco, in cui il ramo di colore verde è quello della retta $y = \frac{1}{2}x - 3$ valutato solo per $x \geq 0$, mentre il ramo di color rosso è quello della retta $y = -\frac{1}{2}x - 3$ valutato solo per $x < 0$.

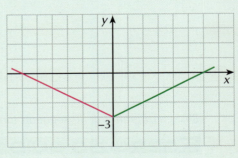

**320** **ESERCIZIO GUIDATO**

Disegna la curva di equazione $y = |x-1| + 2$

Distingui i due casi:

**278** Cap. 3: Il piano cartesiano e la retta

**a.** se $x - 1 \geq 0$, cioè $x \geq 1$ la curva ha equazione ………

**b.** se $x - 1 < 0$, cioè $x < 1$ la curva ha equazione ………

La sua espressione analitica dettagliata è dunque $y = \begin{cases} \text{………} & \forall x \geq 1 \\ \text{………} & \forall x < 1 \end{cases}$

**321** $y = |3 - 2x| + 3$

**322** $y = \left|\dfrac{3}{2}x\right| + 1$

**323** $y = \left|\dfrac{1}{2}x - 2\right| + \dfrac{3}{2}$

**324** $y = \left|x - \dfrac{1}{2}\right| + 3x - 1$

**325** $y = |x - 2| + x$

**326** $y = |x| + |x - 1|$

**327** $y = |5 - x| + 4$

**328** $y = |x - 3| + 2x$

# I FASCI DI RETTE

teoria a pagina 90

## Comprensione

SOLUZIONI ES. COMPRENSIONE

**329** L'equazione $2kx - y + 3k - 1 = 0$ rappresenta un fascio di rette:

**a.** proprio con centro in $C\left(-\dfrac{3}{2}, -1\right)$      **b.** proprio con centro in $C\left(\dfrac{3}{2}, -1\right)$

**c.** improprio di coefficiente angolare 2      **d.** improprio di coefficiente angolare $\dfrac{1}{2}$

**330** La retta del fascio di equazione $(k + 2)x - ky + 2k - 1 = 0$ che passa per l'origine si ottiene per:

**a.** $k = \dfrac{1}{2}$      **b.** $k = 0$      **c.** $k = \infty$      **d.** $k = -\dfrac{1}{2}$

**331** Del fascio di rette di equazione $(k - 3)x - (k - 3)y + 5 = 0$ si può dire che è un fascio

**a.** proprio che ha centro in $C(1, 0)$      **b.** proprio che ha centro in $C\left(-\dfrac{5}{6}, -\dfrac{5}{6}\right)$

**c.** improprio di coefficiente angolare 1      **d.** improprio di coefficiente angolare $-1$.

Qual è la risposta esatta?

**332** Le generatrici del fascio di equazione $x + (k - 1)y - k + 3 = 0$ hanno equazione:

**a.** $x + 3 = 0$ e $y - 1 = 0$      **b.** $y = 1$ e $x + y - 3 = 0$

**c.** $x - y + 3 = 0$ e $x = 1$      **d.** $y = 1$ e $x - y + 3 = 0$

**333** Relativamente al fascio proprio di equazione $(k + 1)x + ky + 1 = 0$ si può dire che:

**a.** le generatrici hanno equazione $x + y = 0$ e $x + 1 = 0$      V F

**b.** Il centro ha coordinate $(-1, -1)$      V F

**c.** non esiste un valore di $k$ che fa ottenere una retta passante per l'origine      V F

**d.** se $k = -1$ la retta che si ottiene è parallela all'asse $x$      V F

**e.** se $k = 0$ la retta che si ottiene è parallela all'asse $y$.      V F

Cap. 3: *Il piano cartesiano e la retta*

## Applicazione

Determina il tipo di ciascuno dei fasci di rette che hanno le seguenti equazioni; individua poi il centro dei fasci propri e il coefficiente angolare di quelli impropri.

**334** $y + 2 = 5k(x - 3)$

**335** $y - 3kx + 2 - k = 0$

**336** $y = kx + 2k - 1$

**337** $2x - 3y + 5k - 11 = 0$

**338** $2kx - y + 3 + 2k = 0$

**339** $x + 2y + k(3x - 5y) = 0$

**340** $x - 2y + 1 + k(2x - 4y + 3) = 0$

**341** $3x - 2y - k(-6x + 4y + 1) = 0$

**342** $(1 + k)x - (1 + 2k)y - 1 = 0$

**343** $(2 + 3k)x + (1 - 2k)y + 4 + 6k = 0$

Risolvi i seguenti esercizi utilizzando le conoscenze sui fasci di rette.

**344** ### ESERCIZIO GUIDATO

Fra le rette di coefficiente angolare $\frac{3}{2}$ determina quella che:

**a.** passa per il punto $A(-1, 5)$

**b.** taglia l'asse $x$ nel punto di ascissa 2

**c.** interseca la retta $x - 4y + 1 = 0$ nel suo punto di ascissa $-2$.

Le rette di coefficiente angolare $\frac{3}{2}$ formano un fascio improprio che ha equazione $y = \frac{3}{2}x + q$.
Dobbiamo determinare il valore di $q$ che soddisfa alle condizioni indicate.

**a.** Se la retta deve passare per $A$, le coordinate di $A$ devono soddisfarne l'equazione:

$5 = \frac{3}{2} \cdot (-1) + q$  da cui ricaviamo  $q = \frac{13}{2}$

La retta per $A$ ha quindi equazione  $y = \frac{3}{2}x + \frac{13}{2}$.

**b.** Questa condizione implica che la retta passi per il punto di coordinate $(2, 0)$; procedendo come nel caso precedente otteniamo:

$0 = \frac{3}{2} \cdot 2 + q$  →  $q = -3$.  Equazione della retta:  $y = \frac{3}{2}x - 3$.

**c.** Il punto di intersezione delle due rette ha ascissa $-2$ e appartiene alla retta indicata; quindi la sua ordinata vale:

$-2 - 4y + 1 = 0$  →  $y = -\frac{1}{4}$

Anche la retta del fascio deve passare per il punto $\left(-2, -\frac{1}{4}\right)$:  $-\frac{1}{4} = \frac{3}{2} \cdot (-2) + q$  →  $q = \frac{11}{4}$

Essa ha equazione  $y = \frac{3}{2}x + \frac{11}{4}$.

**345** Fra le rette parallele a quella di equazione $y = -4x + 7$ determina quella che:
   a. ha ordinata all'origine uguale a 5 $\quad[y = -4x + 5]$
   b. passa per l'origine degli assi $\quad[y = -4x]$
   c. passa per il punto $P(-2, 6)$ $\quad[y = -4x - 2]$
   d. taglia l'asse $y$ nel punto in cui lo taglia la retta di equazione $y = \frac{1}{4}x + 1$. Come sono le due rette?
   $\quad[y = -4x + 1;\text{ perpendicolari}]$

**346** Fra le rette parallele a quella di equazione $3x + 4y - 8 = 0$ determina la retta che:
   a. passa per il punto $A(2, -1)$ $\quad[3x + 4y - 2 = 0]$
   b. passa per l'origine $\quad[3x + 4y = 0]$
   c. ha ordinata all'origine $\sqrt{2}$ $\quad[3x + 4y - 4\sqrt{2} = 0]$
   d. interseca l'asse $x$ nel punto di ascissa $-1$. $\quad[3x + 4y + 3 = 0]$

**347** Scrivi l'equazione della retta che passa per l'origine e che è:
   a. parallela a quella di equazione $3x - 2y + 1 = 0$ $\quad\left[y = \frac{3}{2}x\right]$
   b. perpendicolare a quella di equazione $x - 3y + 4 = 0$. $\quad[y = -3x]$
   c. parallela a quella che passa per i punti $A(0, 3)$, $B(-3, -1)$. $\quad[4x - 3y = 0]$

**348** **ESERCIZIO GUIDATO**

Fra le rette che passano per $P(1, -2)$ determina quella che:

a. passa per il punto $Q$ di coordinate $\left(-\frac{1}{2}, 0\right)$
b. è parallela alla retta $2x + 4y - 1 = 0$
c. è perpendicolare a quella che passa per i punti $A(1, 1)$ e $B(-3, 6)$.

Le rette che passano per $P$ formano un fascio proprio che ha equazione
$$y + 2 = m(x - 1) \quad \rightarrow \quad y = mx - m - 2.$$

Dobbiamo determinare il valore di $m$ che soddisfa alle condizioni indicate.

a. Sostituiamo le coordinate di $Q$ nell'equazione del fascio e risolviamo:
$$0 = -\frac{1}{2}m - m - 2 \quad \rightarrow \quad m = -\frac{4}{3}$$

La retta ha equazione $\quad y = -\frac{4}{3}x + \frac{4}{3} - 2 \quad \rightarrow \quad y = -\frac{4}{3}x - \frac{2}{3}$.

b. La retta data ha coefficiente angolare uguale a $-\frac{1}{2}$; anche la retta del fascio deve avere lo stesso coefficiente angolare ed ha quindi equazione:
$$y = -\frac{1}{2}x + \frac{1}{2} - 2 \quad \rightarrow \quad y = -\frac{1}{2}x - \frac{3}{2}.$$

c. Troviamo prima il coefficiente angolare della retta $AB$: $\frac{6-1}{-3-1} = -\frac{5}{4}$

La retta del fascio ad essa perpendicolare ha coefficiente angolare $\frac{4}{5}$ ed ha quindi equazione:
$$y = \frac{4}{5}x - \frac{4}{5} - 2 \quad \rightarrow \quad y = \frac{4}{5}x - \frac{14}{5}.$$

Cap. 3: Il piano cartesiano e la retta

**349** Fra le rette che passano per il punto $P(1, 1)$ determina quella che:
   a. passa per l'origine degli assi $\hspace{2cm} [x - y = 0]$
   b. ha coefficiente angolare 5 $\hspace{2cm} [5x - y - 4 = 0]$
   c. passa per $A(3, 2)$ $\hspace{2cm} [x - 2y + 1 = 0]$
   d. è parallela alla bisettrice del secondo e quarto quadrante $\hspace{2cm} [x + y - 2 = 0]$
   e. è perpendicolare alla retta di equazione $y = 2x + 6$. $\hspace{2cm} [x + 2y - 3 = 0]$

**350** Fra le rette del fascio di centro $P\left(3, \dfrac{5}{2}\right)$ determina quella che:
   a. passa per $A(-1, 2)$ $\hspace{2cm} [x - 8y + 17 = 0]$
   b. è parallela a quella di equazione $y = 2x$ $\hspace{2cm} [4x - 2y - 7 = 0]$
   c. è perpendicolare a quella di equazione $y = -\dfrac{3}{4}x$ $\hspace{2cm} [8x - 6y - 9 = 0]$
   d. passa per l'origine $\hspace{2cm} [5x - 6y = 0]$
   e. ha ordinata all'origine uguale a $\dfrac{7}{2}$. $\hspace{2cm} [2x + 6y - 21 = 0]$

**351** Fra le rette di coefficiente angolare $m = \dfrac{3}{4}$, determina quella che:
   a. incontra l'asse delle ordinate in $A(0, -3)$ $\hspace{2cm} [3x - 4y - 12 = 0]$
   b. passa per l'origine degli assi $\hspace{2cm} [3x - 4y = 0]$
   c. incontra l'asse delle ascisse nel punto $B\left(\dfrac{2}{3}, 0\right)$ $\hspace{2cm} [3x - 4y - 2 = 0]$
   d. passa per $C\left(\dfrac{1}{2}, -3\right)$. $\hspace{2cm} [6x - 8y - 27 = 0]$

**352** Date le rette di equazioni $2x - y + 4 = 0$ e $kx + y - 3 = 0$, determina il valore del parametro $k$ in modo che le rette siano:
   a. parallele $\hspace{2cm} [k = -2]$
   b. perpendicolari. $\hspace{2cm} \left[k = \dfrac{1}{2}\right]$

**353** Trova il valore del parametro $k$ nell'equazione $3kx - y + 2 = 0$, in modo che la retta corrispondente sia:
   a. parallela alla bisettrice del primo e terzo quadrante $\hspace{2cm} \left[k = \dfrac{1}{3}\right]$
   b. perpendicolare alla bisettrice del primo e terzo quadrante. $\hspace{2cm} \left[k = -\dfrac{1}{3}\right]$

**354** Determina per quali valori del parametro $k$ l'equazione $kx + 2(k - 1)y - k + 4 = 0$ rappresenta:
   a. una retta per l'origine $\hspace{2cm} [k = 4]$
   b. una retta parallela all'asse $x$ $\hspace{2cm} [k = 0]$
   c. una retta che taglia l'asse $y$ nel punto di ordinata 1. $\hspace{2cm} [k = -2]$

**355** Determina il valore di $m$ in modo che la retta di equazione $y = (m + 1)x - m + 2$ sia:
   a. parallela all'asse delle ascisse $\hspace{2cm} [m = -1]$
   b. parallela all'asse delle ordinate $\hspace{2cm} [\nexists\, m]$
   c. parallela alla bisettrice del secondo e quarto quadrante $\hspace{2cm} [m = -2]$
   d. passante per l'origine degli assi $\hspace{2cm} [m = 2]$
   e. perpendicolare alla retta di equazione $2x - 5y = 0$ $\hspace{2cm} \left[m = -\dfrac{7}{2}\right]$
   f. passante per il punto $P(9, 2)$. $\hspace{2cm} \left[m = -\dfrac{9}{8}\right]$

**356** Considerato il fascio di rette di equazione $y = (2k+1)x - 1$, determina il valore del parametro $k$ in modo che le rette corrispondenti:

a. abbiano un coefficiente angolare positivo $\left[k > -\dfrac{1}{2}\right]$

b. abbiano un coefficiente angolare positivo ma minore di 4 $\left[-\dfrac{1}{2} < k < \dfrac{3}{2}\right]$

c. abbiano un coefficiente angolare variabile tra $-1$ e $1$. $[-1 < k < 0]$

# Esercizi per lo sviluppo delle competenze

**1** Un quadrato ha come diagonale la retta $y = x$ ed ha centro nel punto $(2, 2)$. Se uno dei suoi vertici ha coordinate $\left(\dfrac{1}{2}, \dfrac{1}{2}\right)$, quali sono le coordinate degli altri suoi vertici? $\left[\left(\dfrac{7}{2}, \dfrac{7}{2}\right); \left(\dfrac{7}{2}, \dfrac{1}{2}\right); \left(\dfrac{1}{2}, \dfrac{7}{2}\right)\right]$

**2** Le rette di equazioni $y = \dfrac{1}{2}x$ e $y = -3x$ sono le rette sostegno di due lati consecutivi di un parallelogramma in cui il vertice opposto al punto di intersezione delle rette date ha coordinate $(3, 5)$. Determina gli altri vertici del parallelogramma e la sua area.  $[(0, 0), (4, 2), (-1, 3); \text{area} = 14]$

**3** Un triangolo isoscele ha vertice in $A(0, 4)$ e la sua base appartiene alla retta di equazione $y - x + 2 = 0$. Un estremo della base sta, oltre che sulla retta data, anche sull'asse delle ascisse. Calcola gli altri due vertici del triangolo.  $[B(2, 0); C(4, 2)]$

**4** Le equazioni delle rette sostegno dei lati $AB$ e $BC$ del parallelogramma $ABCD$ sono rispettivamente $3y - 4x + 2 = 0$ e $3x - 4y + 9 = 0$. Sapendo che il punto d'incontro delle diagonali ha coordinate $\left(\dfrac{11}{2}, \dfrac{11}{2}\right)$, trova le coordinate dei vertici, stabilisci la natura del parallelogramma e trovane il perimetro e l'area.  $[A(2, 2); B(5, 6); C(9, 9); D(6, 5); \text{rombo}; 2p = 20; \text{area} = 7]$

**5** Un triangolo $ABC$ ha il lato $AB$ parallelo all'asse delle ascisse, il vertice $B$ di coordinate $(-6, 3)$ ed il punto medio $M$ di $BC$ di coordinate $(-1, -3)$. Calcola l'area del triangolo sapendo che il lato $AC$ è parallelo alla retta di equazione $y - 2x = 0$.  $[96]$

**6** I punti $A(-2, -1)$ e $B(6, 1)$ sono due dei vertici di un triangolo isoscele $ABC$ di base $AB$ ed il vertice $C$ appartiene alla retta di equazione $2x + y - 6 = 0$. Dopo aver calcolato le coordinate del punto $C$, trova il perimetro e l'area del triangolo. Sia poi $D$ il simmetrico del punto $C$ rispetto alla retta $AB$; dopo averne individuato la natura, calcola il perimetro e l'area del quadrilatero $ADBC$.
$\left[C(1, 4); 2p = 2\sqrt{17}(1 + \sqrt{2}); \text{area} = 17; D(3, -4); 2p = 4\sqrt{34}; \text{area} = 34\right]$

**7** Data la retta $r$ di equazione $y = \dfrac{1}{3}x + 1$, trova la sua simmetrica $s$ rispetto all'asse $x$ ed indica con $P$ il punto di intersezione delle due rette. Detto $Q$ il punto di $s$ di ascissa 3, e $T$ il punto di $r$ di ascissa 6 trova la misura dell'area del triangolo $PQT$.  $[18]$

**8** Un triangolo isoscele ha per asse di simmetria la retta di equazione $y = x$. Un estremo della base ha coordinate $(-3, 2)$ ed il suo vertice ha ascissa 5. Trova il perimetro del triangolo e la sua area.
$\left[2p = 2\sqrt{73} + 5\sqrt{2}; \text{area} = \dfrac{55}{2}\right]$

Cap. 3: Il piano cartesiano e la retta

**9** Sia $r$ la retta di coefficiente angolare $-2$ che passa per il punto $P(6, 2)$ e sia $s$ la retta ad essa perpendicolare che passa per il punto $A\left(-1, \dfrac{7}{2}\right)$. Determina un punto $B$ su $s$ in modo che il triangolo $APB$ sia isoscele di base $AB$.
$$\left[B\left(9, \dfrac{17}{2}\right)\right]$$

**10** La retta di equazione $y = \dfrac{2}{3}x$ e la sua simmetrica rispetto all'asse $y$, insieme con la retta $2x - 9y + 24 = 0$ formano un triangolo. Trovane il perimetro e l'area.
$$[\text{perimetro} = 3\sqrt{13} + \sqrt{85};\ \text{area} = 12]$$

**11** Verifica che le rette del fascio di equazione $kx - y + 3(k + 1) = 0$ che intersecano l'asse $y$ nel punto $A(0, 4)$ e nel punto $B(0, -6)$ sono tra loro perpendicolari. Trovato anche il centro $C$ del fascio, calcola l'area del triangolo $ABC$.
$$[15]$$

**12** Tra le rette del fascio avente centro in $C(4, 3)$ individua quella che è parallela alla retta di equazione $x - 2y - 4 = 0$; indicati con $A$ e $B$ i punti di intersezione di tali rette con l'asse delle ordinate, trova le coordinate del punto $D$ che, insieme ad $A$, $B$ e $C$, forma un parallelogramma. Calcolane poi il perimetro e l'area.
$$[A(0, 1);\ B(0, -2);\ D(4, 0);\ \text{perimetro} = 6 + 4\sqrt{5};\ \text{area} = 12]$$

IL CAPITOLO SI COMPLETA CON:

Cap. 3: Il piano cartesiano e la retta

# Test Finale

**1** Un triangolo ABC ha un vertice in A(2, −2), M(3, 1) è punto medio del lato AB, l'origine O è il punto medio del lato AC. Dopo aver trovato le coordinate dei vertici B e C, stabilisci la tipologia del triangolo, calcola la lunghezza delle sue mediane e l'area.

*1 punto*

**2** Scrivi l'equazione della retta che passa per i punti A(1, 3) e B(4, 2).

*0,5 punti*

**3** Scrivi l'equazione della retta che passa per il punto $P\left(2, -\dfrac{3}{5}\right)$ ed è perpendicolare a quella che passa per B(2, 0) e C(−1, 3).

*0,5 punti*

**4** Calcola la distanza del punto P di intersezione delle rette di equazioni $x - 2y + 7 = 0$ e $3x + y = 0$ dalla bisettrice del primo e terzo quadrante.

*0,5 punti*

**5** Scrivi l'equazione dell'asse del segmento di estremi A(2, −3) e B(5, 3) e trova il punto C in cui esso incontra l'asse y. Calcola poi l'area del triangolo ABC.

*1,5 punti*

**6** Un triangolo isoscele ABC di base BC ha due vertici nei punti $B\left(\dfrac{7}{2}, -1\right)$ e $C\left(\dfrac{1}{2}, 5\right)$ ed il vertice A appartiene all'asse x. Dopo aver trovato le coordinate di A, calcola quelle del punto D che formi insieme agli altri tre punti il rombo ABDC. Di tale rombo calcola infine il perimetro e l'area.

*2 punti*

**7** Un parallelogramma ABCD ha un vertice in A(−3, 0), il suo centro è nel punto M(1, 3), la diagonale BD è parallela all'asse x e misura 6. Trova le coordinate degli altri vertici del parallelogramma e la sua area.

*2 punti*

**8** Considerato il fascio di rette di equazione $kx + y - 2k + 5 = 0$, determina il valore del parametro k per il quale si ottiene:
  **a.** la retta che passa per l'origine
  **b.** la retta che è parallela a quella di equazione $x - 2y + 3 = 0$
  **c.** la retta che è perpendicolare a quella che passa per i punti A(1, 1) e $B\left(-2, \dfrac{3}{4}\right)$
  **d.** la retta che incontra l'asse x nel punto di ascissa $\dfrac{3}{2}$.

*2 punti*

Cap. 3: *Il piano cartesiano e la retta*

# Soluzioni

**1** $B(4, 4)$, $C(-2, 2)$; il triangolo è isoscele di base $AC$; $\overline{CM} = \sqrt{26}$, $\overline{BO} = 4\sqrt{2}$, $\overline{AN} = \sqrt{26}$; area $= 16$

**2** $x + 3y - 10 = 0$

**3** $5x - 5y - 13 = 0$

**4** $2\sqrt{2}$

**5** equazione dell'asse: $2x + 4y - 7 = 0$; $C\left(0, \dfrac{7}{4}\right)$; area $= \dfrac{105}{8}$

**6** $A(-2, 0)$, $D(6, 4)$; $2p = 10\sqrt{5}$, area $= 30$

**7** $B(4, 3)$, $C(5, 6)$, $D(-2, 3)$; area $= 18$

**8** **a.** $k = \dfrac{5}{2}$;  **b.** $k = -\dfrac{1}{2}$;  **c.** $k = 12$;  **d.** $k = 10$

| Esercizio | 1 | 2 | 3 | 4 | 5 | 6 | 7 | 8 |
|---|---|---|---|---|---|---|---|---|
| Punteggio | | | | | | | | |

Valutazione in decimi

# MATEMATICA & SCIENZE

## La matematica in palestra

Ad un corso di aggiornamento per un gruppo di personal trainer il relatore sottopone ai partecipanti una serie di articoli tratti da riviste specilizzate che si possono riassumere brevemente così.

Quando si svolge un'attività sportiva, la frequenza del battito cardiaco aumenta; per questioni di salute tale frequenza non dovrebbe superare una certa soglia che dipende dall'età della persona secondo questa legge:

frequenza cardiaca massima consigliata = 220 − età della persona

Recenti studi hanno successivamente mostrato che questa relazione dovrebbe essere modificata nella seguente:

frequenza cardiaca massima consigliata = 208 − (0,7 × età della persona)

Una conseguenza dell'uso della nuova formula è che il numero massimo consigliato di battiti cardiaci al minuto diminuisce leggermente per i giovani e aumenta leggermente per gli anziani.
Alcune ricerche hanno poi rivelato che l'esercizio fisico ha la massima efficacia quando i battiti sono all'80% della frequenza massima cardiaca consigliata.

Dalla discussione che ne segue emergono alcune domande alle quali si deve cercare di dare una risposta.
Come risponderesti ai quesiti che si sono posti i partecipanti?

1. Indicando con $x$ l'età di una persona e con $y$ la frequenza cardiaca massima consigliata, come si possono scrivere le due leggi riportate negli articoli? Riconoscine il tipo e rappresentale entrambe in un piano cartesiano.
   [$y = 220 − x$; $y = 208 − 0,7x$]

2. Per quale età le due formule si equivalgono e qual è la corrispondente frequenza cardiaca consigliata?
   [40 anni; 180 battiti al minuto]

3. Tenendo presente il grafico ottenuto, come si giustifica l'affermazione *il numero massimo consigliato di battiti cardiaci al minuto diminuisce leggermente per i giovani e aumenta leggermente per gli anziani*?

4. Quale formula fornisce la frequenza cardiaca $f$ in funzione dell'età $x$ in modo che l'esercizio fisico abbia la massima efficacia?
   [$f = 166 − 0,56x$]

5. Qual è la frequenza cardiaca ottimale per un ragazzo di 15 anni? quale quella per un adulto di 30 e di 50 anni?
   [158, 149, 138]

Cap. 3: *Il piano cartesiano e la retta*

# MATEMATICA DELLA VITA QUOTIDIANA

## La gita scolastica in seconda

Anche quest'anno la II B va in gita, questa volta tre giorni a Firenze, in pullman; il Consiglio di Classe deve scegliere il miglior preventivo fra i tre proposti.
La ditta Spazio3 richiede € 100 al giorno per il noleggio del pullman con l'autista più € 0,50 per chilometro percorso.
La ditta ViaggioTour richiede € 180 per il noleggio del pullman complessivamente per i tre giorni e € 0,80 per chilometro percorso. La ditta Perilmondo fa pagare una quota fissa di € 210 per il noleggio del pullman per tutti e tre i giorni e per i primi 150km, più € 1,40 per ogni chilometro percorso oltre i 150.
I ragazzi hanno preparato un grafico che rappresenta i tre preventivi per poter fare un confronto più diretto; ma uno dei genitori, che è titolare di un'agenzia di viaggio, la Viaggi2000, sostiene che sono tutti molto cari e che la sua agenzia sarebbe in grado di fare una proposta migliore.
Due giorni dopo alla segreteria della scuola arriva il quarto preventivo che prevede un costo fisso forfetario di € 460. Indicando con $x$ il numero dei chilometri che complessivamente si presume di dover fare nei tre giorni di gita, aiutiamo il Consiglio di Classe a fare la sua scelta.

**1** Scrivi le funzioni che rappresentano i primi tre preventivi e rappresentale nello stesso piano cartesiano.
[Spazio3 : $y = 0,5x + 300$; ViaggioTour : $y = 0,8x + 180$; Perilmondo : $y = 1,4x$]

**2** Indica, al variare del numero di chilometri che si suppone di dover percorrere, quale agenzia offre il prezzo migliore.
[$x \leq 300$ : Perilmondo; $300 \leq x \leq 400$ : ViaggioTour; $x \geq 400$ : Spazio3]

**3** Scrivi la funzione che rappresenta il quarto preventivo e rappresentala nello stesso piano delle altre tre. Per quale numero di chilometri diventa conveniente il preventivo di uno dei genitori della classe?
[$y = 460$; $x \geq 350$]

**4** La città in cui si trova l'Istituto frequentato dai ragazzi dista 150km da Firenze ed è previsto che nei tre giorni di soggiorno si vadano a visitare i dintorni della città. Quali potrebbero essere i preventivi più vantaggiosi?
[ViaggioTour; Viaggi2000]

**5** Alla fine viene scelto il preventivo della Viaggi2000. Sai spiegare il perché?
[Per visitare i dintorni di Firenze si prevede di fare più di 50 km]

Cap. 3: *Il piano cartesiano e la retta*

 gare di matematica

**1** Giovanni ha bevuto troppo e comincia a camminare in modo strano:
– fa 1 passo in avanti;
– poi si volta di 90° verso destra e fa 2 passi in avanti;
– poi si volta di 90° verso destra e fa 1 passo in avanti;
– poi si volta di 90° verso sinistra e fa 1 passo all'indietro;
– dopo di che ricomincia da capo.
Ogni passo è 1 metro. Dopo 186 passi cade a terra svenuto. A quanti metri da dove era partito finisce la passeggiata di Giovanni?
  **a.** 0    **b.** 1    **c.** 2    **d.** $\sqrt{5}$    **e.** 4    [c.]

**2** Un triangolo ha due vertici nei punti di coordinate $(-4, 1)$ e $(2, -1)$ e il terzo vertice nel punto di coordinate $(1, k)$. Per quanti valori reali di $k$ tale triangolo risulta isoscele?
  **a.** nessuno    **b.** 1    **c.** 4    **d.** 5    **e.** infiniti    [d.]

 Math in English  Theory on page 93   CLIL

**1** Which of the following points lies on the graph of equation $-3x + 2y = 6$?
  **a.** $(1, 3)$   **b.** $(2, 0)$   **c.** $(0, -3)$   **d.** $(2, 2)$   **e.** $(-6, -6)$   [e.]

**2** If $f(x) = 5x - 6$, what is $f(-4)$?
  **a.** $-26$   **b.** $24$   **c.** $20$   **d.** $-10$   **e.** $14$   [a.]

**3** Determine the slope of the line containing the points $(-2, 5)$ and $(8, -3)$.
  **a.** $-\dfrac{5}{4}$   **b.** $\dfrac{5}{4}$   **c.** $-\dfrac{4}{5}$   **d.** $\dfrac{4}{5}$   **e.** none of these   [c.]

**4** Find the equation of the line which contains the points $(2, 3)$ and $(-3, -2)$.
  **a.** $y = -x - 1$   **b.** $y = -x + 1$   **c.** $y = x + 1$   **d.** $y = x - 1$   **e.** none of these   [c.]

**5** Find the equation of the line which passes through point $(1, 1)$ and is parallel to line $x - 4y + 2 = 0$.
  $\left[ y = \dfrac{1}{4}x + \dfrac{3}{4} \right]$

**6** Determine the slope of the line that is **a)** parallel to and **b)** perpendicular to the line $2x - y = 6$.
  **a.** parallel: 2 perpendicular: $-2$
  **b.** parallel: $-2$ perpendicular: $-\dfrac{1}{2}$
  **c.** parallel: $-2$ perpendicular: $\dfrac{1}{2}$
  **d.** parallel: 2 perpendicular: $-\dfrac{1}{2}$
  **e.** none of these   [d.]

**7** Determine whether points $(0, -1)$, $(4, 11)$, $(-2, -7)$ are collinear (lie on the same line) and in this case find the equation of the line.
  $[y = 3x - 1]$

 MORE EXERCISES

Cap. 3: Il piano cartesiano e la retta    289

# ESERCIZI CAPITOLO 4 — La probabilità

## IL CONCETTO DI PROBABILITÀ
*teoria a pagina 98*

**Comprensione**

**1** Individua quali fra i seguenti sono esperimenti aleatori:
   a. estrazione di un numero del Lotto;
   b. estrazione di una carta da un mazzo;
   c. esecuzione di un esperimento di laboratorio per verificare una legge fisica;
   d. compilare la schedina del totocalcio;
   e. risolvere un'equazione.

**2** Completa le seguenti proposizioni.
   a. Un evento si dice certo se ..............................
   b. Un evento si dice impossibile se ........................

**3** Fra le proposizioni indicate di seguito, individua quelle che danno luogo ad un evento certo, impossibile, possibile.
   a. Nel mese di giugno ci sono gli scrutini di fine anno scolastico.
   b. Nel prossimo decennio si troverà una cura definitiva per le malattie tumorali.
   c. Nell'estrazione di due carte da due mazzi distinti, escono due tre di fiori.
   d. Nel lancio di un dado esce un numero maggiore di 6.
   e. Nell'estrazione di un numero della tombola, esce un numero minore o uguale a 90.

**4** Nell'esperimento aleatorio del lancio di una moneta, lo spazio campionario è l'insieme:
   a. $\{T, C\}$
   b. $\{\{T\}, \{C\}, \{T, C\}, \emptyset\}$
   c. $\{\{T\}, \{C\}, \{T,C\}\}$

**5** Completa le seguenti proposizioni:
   a. la probabilità dell'evento certo è ..............
   b. la probabilità dell'evento impossibile è ..............
   c. la probabilità è un numero reale compreso tra ..............

**6** Barra vero o falso.
   a. Comunque venga definito, un valore di probabilità è un numero $p$ tale che $0 < p < 1$.  　V F
   b. La probabilità di un evento impossibile è uguale a zero.  　V F
   c. La probabilità che estraendo una carta da un mazzo di 40 carte esca un colore nero è $\frac{1}{2}$.  　V F
   d. La probabilità che estraendo una carta da un mazzo esca un seme di fiori non si può valutare se non si sa se il mazzo è di 40 o di 52 carte.  　V F

**7** Indica quale, fra le seguenti, rappresenta la probabilità di estrarre un cinque da un mazzo di 40 carte:
   a. $\frac{1}{8}$
   b. $\frac{1}{10}$
   c. $\frac{1}{40}$
   d. $\frac{1}{20}$

**8** Una scatola contiene 8 palline rosse, 4 bianche e 6 gialle indistinguibili fra loro. La probabilità che estraendone una questa sia gialla è uguale a:
   **a.** $\frac{1}{6}$   **b.** $\frac{1}{3}$   **c.** $\frac{1}{2}$   **d.** un altro valore non specificato

**9** Si estrae una carta da un mazzo di 52 e si vede che è un re di cuori; se la carta non viene rimessa nel mazzo, la probabilità che ad una seconda estrazione venga una carta di cuori è:
   **a.** $\frac{5}{26}$   **b.** $\frac{9}{52}$   **c.** $\frac{10}{51}$   **d.** un altro valore non specificato

**10** In un esperimento aleatorio lo spazio campionario $\Omega$ ha 32 elementi; la probabilità di un evento $E$ è $\frac{1}{4}$; dell'insieme di verità di $E$ si può dire che:
   **a.** ha 1 solo elemento   **b.** ha 4 elementi
   **c.** ha 8 elementi   **d.** non si può conoscere il numero di elementi

**11** Un rilevatore di velocità ha una probabilità dello 0,15% di rilevare velocità al di fuori del range di accettabilità del risultato; su 1 500 rilevazioni, quante sono presumibilmente errate?
   **a.** circa 4   **b.** circa 2   **c.** circa 10   **d.** più di 8

## Applicazione

**12** Scrivi gli elementi dello spazio campionario $\Omega$ relativo all'esperimento aleatorio del lancio di un dado.

**13** Scrivi gli elementi dello spazio campionario $\Omega$ relativo all'esperimento aleatorio dell'estrazione di una carta da un mazzo da 40.

**14** Trova il numero dei casi favorevoli ai seguenti eventi relativi al lancio di un dado:
   $E_1$ : «esce un numero dispari»; [3]
   $E_2$ : «esce un numero maggiore o uguale a 2»; [5]
   $E_3$ : «esce un numero minore di 4»; [3]
   $E_4$ : «esce un numero multiplo di 2»; [3]
   $E_5$ : «esce il numero 7». [0]

**15** Trova il numero dei casi favorevoli relativamente all'estrazione di una carta da un mazzo di 40 carte:
   $E_1$ : «esce una carta rossa»; [20]
   $E_2$ : «esce un re»; [4]
   $E_3$ : «esce una carta di quadri»; [10]
   $E_4$ : «esce una figura»; [12]
   $E_5$ : «esce un sette nero». [2]

**16** Da un'urna contenente 40 palline di cui 10 rosse, 10 nere e 20 blu, si estrae una pallina; trova il numero dei casi favorevoli relativi ai seguenti eventi:
   $E_1$ : «si estrae una pallina nera»; [10]
   $E_2$ : «si estrae una pallina gialla»; [0]
   $E_3$ : «si estrae una pallina rossa o blu». [30]

**17** Un sacchetto contiene le 21 lettere dell'alfabeto italiano. Si estrae a caso una lettera; trova il numero dei casi favorevoli relativi ai seguenti eventi:
   $E_1$ : «si estrae una vocale»; [5]
   $E_2$ : «si estrae una consonante»; [16]
   $E_3$ : «si estrae la $f$»; [1]
   $E_4$ : «si estrae una delle lettere della parola MARTA»; [4]
   $E_5$ : «si estrae una lettera»; [21]
   $E_6$ : «si estrae la lettera $x$». [0]

**Cap. 4:** *La probabilità*

**18** **ESERCIZIO GUIDATO**

Determina la probabilità che si verifichi l'evento $E$: «esce un numero dispari» nel lancio di un dado non truccato.

I casi possibili sono 6, tanti quante le facce del dado.
I casi favorevoli sono quelli nei quali escono i numeri 1, 3, 5, cioè 3.

Allora $p(E) = \frac{3}{6} = \frac{1}{2} = 0{,}5$, cioè, in termine percentuali, il 50%.

**19** Considerando il gioco della tombola è stato calcolato che la probabilità di un evento $E$ è $\frac{45}{90}$. Di quale evento si potrebbe trattare?

**20** Nel gioco della tombola calcola la probabilità che esca un multiplo di 5. $\left[\frac{18}{90}\right]$

**21** Da un sacchetto contenente 10 caramelle e 20 cioccolatini, tutti indistinguibili tra loro, si estrae un dolcetto. Calcola la probabilità che il dolcetto sia:
 a. una caramella; $\left[\frac{1}{3}\right]$
 b. un cioccolatino. $\left[\frac{2}{3}\right]$

**22** Calcola la probabilità che l'ultima cifra di un numero telefonico sia 2. $\left[\frac{1}{10}\right]$

**23** Calcola la probabilità che lanciando un dado si verifichi l'evento «esce un numero divisore di 6». $\left[\frac{2}{3}\right]$

**24** Nel gioco del lotto qual è la probabilità che su una particolare ruota:
 a. esca un numero pari; $\left[\frac{1}{2}\right]$
 b. esca un numero minore o uguale a 30. $\left[\frac{1}{3}\right]$

**25** Un astuccio contiene 4 biro blu, 6 biro rosse, 3 matite e 8 pennarelli. Calcola la probabilità che prendendo a caso un oggetto esso sia:
 a. un pennarello; $\left[\frac{8}{21}\right]$
 b. una matita; $\left[\frac{1}{7}\right]$
 c. una biro blu; $\left[\frac{4}{21}\right]$
 d. una biro rossa. $\left[\frac{2}{7}\right]$

**26** Qual è la probabilità che lanciando un dado si presenti:
 a. un numero divisibile per 5; $\left[\frac{1}{6}\right]$
 b. un numero divisibile per 2; $\left[\frac{1}{2}\right]$
 c. un numero divisibile per 3. $\left[\frac{1}{3}\right]$

**27** Qual è la probabilità che, estraendo un numero da un sacchetto contenente palline numerate da 1 a 20 si abbia:
 a. la pallina con il numero 12; $\left[\frac{1}{20}\right]$

**b.** una pallina il cui numero sia divisibile per 5; $\left[\dfrac{1}{5}\right]$

**c.** una pallina il cui numero sia maggiore di 15. $\left[\dfrac{1}{4}\right]$

**28** Calcola la probabilità dei seguenti eventi relativi all'estrazione del primo numero della Tombola:
  **a.** $E_1$ : «esce 44»; $\left[\dfrac{1}{90}\right]$

  **b.** $E_2$ : «esce un numero minore di 10»; $\left[\dfrac{1}{10}\right]$

  **c.** $E_3$ : «esce un numero compreso fra 11 e 40 (estremi inclusi)». $\left[\dfrac{1}{3}\right]$

**29** Calcola la probabilità dei seguenti eventi:
  **a.** $E_1$ : «estraendo una carta da un mazzo di 52 esce una donna»; $\left[\dfrac{1}{13}\right]$

  **b.** $E_2$ : «estraendo una carta da un mazzo di 40 esce una carta di cuori»; $\left[\dfrac{1}{4}\right]$

  **c.** $E_3$ : «estraendo una carta da un mazzo di 52 esce una figura». $\left[\dfrac{3}{13}\right]$

**30** In un cassetto ci sono 3 paia di calze blu, 2 paia grigie, 4 paia nere, 3 paia verdi. Calcola la probabilità che estraendone un paio a caso questo sia:
  **a.** di colore verde; $\left[\dfrac{1}{4}\right]$

  **b.** di colore marrone; $[0]$

  **c.** di colore grigio. $\left[\dfrac{1}{6}\right]$

**31** Si estrae una pallina da un'urna che ne contiene 50 numerate da 1 a 50; calcola la probabilità che:
  **a.** esca un multiplo di 2; $\left[\dfrac{1}{2}\right]$

  **b.** esca un multiplo di 3; $\left[\dfrac{8}{25}\right]$

  **c.** esca un multiplo di 5; $\left[\dfrac{1}{5}\right]$

  **d.** esca un multiplo di 6. $\left[\dfrac{4}{25}\right]$

**32** Le pagine di una rivista sono numerate da 1 a 50; aprendo una pagina a caso, calcola la probabilità che si verifichino i seguenti eventi:
  **a.** $E_1$ : «esce la pagina 23»; $\left[\dfrac{1}{50}\right]$

  **b.** $E_2$ : «esce una pagina il cui numero ha come somma delle cifre 5»; $\left[\dfrac{3}{25}\right]$

  **c.** $E_3$ : «esce una pagina il cui numero è un multiplo di 10». $\left[\dfrac{1}{10}\right]$

**33** Una ruota è divisa in settori numerati da 1 a 7 e, quando gira, ha la stessa probabilità di fermarsi su uno qualunque di essi. Calcola la probabilità che:
  **a.** si fermi su un settore corrispondente ad un numero pari; $\left[\dfrac{3}{7}\right]$

  **b.** si fermi su un settore corrispondente ad un numero primo; $\left[\dfrac{4}{7}\right]$

  **c.** si fermi su un settore corrispondente ad un numero che non è primo. $\left[\dfrac{3}{7}\right]$

**34** Una domanda di un test di fisica ha 4 possibili risposte; sapendo che soltanto una di queste è corretta, calcola la probabilità che una persona, che non conosce l'argomento, ha di:

   **a.** indovinare la risposta; $\left[\dfrac{1}{4}\right]$

   **b.** sbagliare la risposta. $\left[\dfrac{3}{4}\right]$

**35** Un sacchetto contiene 30 palline, ognuna delle quali contraddistinta da un numero compreso fra 91 e 120 (estremi inclusi). Calcola la probabilità che, estraendo una di queste palline, si verifichi l'evento:

   **a.** $E_1$ : «esce un numero di due cifre»; $\left[\dfrac{3}{10}\right]$

   **b.** $E_2$ : «esce un numero con le cifre uguali»; $\left[\dfrac{1}{15}\right]$

   **c.** $E_3$ : «esce un numero che ha la somma delle cifre uguale a 10». $\left[\dfrac{1}{10}\right]$

**36** Calcola la probabilità che, nel lancio di un dado, esca:

   **a.** un numero pari; $\left[\dfrac{1}{2}\right]$

   **b.** un multiplo di 3; $\left[\dfrac{1}{3}\right]$

   **c.** il numero 5; $\left[\dfrac{1}{6}\right]$

   **d.** un numero minore di 3; $\left[\dfrac{1}{3}\right]$

   **e.** un numero maggiore o uguale a 4. $\left[\dfrac{1}{2}\right]$

**37** Nell'estrazione di una carta da un mazzo da 40, calcola la probabilità che la carta estratta sia:

   **a.** di fiori; $\left[\dfrac{1}{4}\right]$

   **b.** una figura; $\left[\dfrac{3}{10}\right]$

   **c.** un re; $\left[\dfrac{1}{10}\right]$

   **d.** un asso di colore rosso; $\left[\dfrac{1}{20}\right]$

   **e.** una figura di un seme nero. $\left[\dfrac{3}{20}\right]$

**38** Un sacchetto contiene 6 monete da € 1 e 4 da € 2. Se da esso si estrae a caso una moneta calcola la probabilità dei seguenti eventi:

   **a.** $E_1$ : «la moneta estratta è da € 1»; $\left[\dfrac{3}{5}\right]$

   **b.** $E_2$ : «la moneta estratta è da € 2». $\left[\dfrac{2}{5}\right]$

**39** Un sacchetto contiene 72 biglie di colore rosso (R), blu (B), giallo (G) e verde (V); si sa che:

$p(R) = \dfrac{2}{9}$    $p(B) = \dfrac{7}{36}$    $p(G) = \dfrac{1}{3}$

Quanto vale $p(V)$? Quante sono le biglie dei rispettivi colori?

$\left[p(V) = \dfrac{1}{4}; R = 16; B = 14; G = 24; V = 18\right]$

**40** Dopo avere estratto una carta da un mazzo di 40 ed aver visto che è di cuori, se ne estrae una seconda senza rimettere nel mazzo la prima. Calcola le probabilità degli eventi che seguono:

  a. $E_1$ : «la carta estratta è di cuori»; $\left[\dfrac{9}{39}\right]$

  b. $E_2$ : «la carta estratta è di fiori»; $\left[\dfrac{10}{39}\right]$

  c. $E_3$ : «la carta estratta è una figura di picche». $\left[\dfrac{1}{13}\right]$

**41** Su un vassoio vi sono 12 brioches uguali nell'aspetto, fra queste 2 sono farcite con marmellata e 3 con crema al cioccolato. Scegliendone una a caso, calcola la probabilità che:

  a. ne trovi una con la marmellata; $\left[\dfrac{1}{6}\right]$

  b. verificatosi il primo evento, fra quelle rimaste ne prendi una al cioccolato. $\left[\dfrac{3}{11}\right]$

**42** Nella cartella di un insegnante ci sono 5 compiti non ancora corretti, 10 già corretti e valutati, uno corretto ma non ancora valutato. Calcola la probabilità che l'insegnante, estraendone uno a caso, ne prenda:

  a. uno non corretto; $\left[\dfrac{5}{16}\right]$

  b. uno non ancora valutato; $\left[\dfrac{3}{8}\right]$

  c. uno che ha già voto. $\left[\dfrac{5}{8}\right]$

## PROBABILITÀ CONTRARIA E TOTALE

teoria a pagina 102

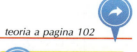

### Comprensione

**43** Barra vero o falso.

  a. Se un evento A è contenuto in un altro evento B, allora il verificarsi di A implica il verificarsi di B. V F
  b. Dati gli eventi A e B, l'evento A ∪ B si verifica se si verifica almeno uno degli eventi A e B. V F
  c. Dati gli eventi A e B, l'evento A ∪ B si verifica soltanto se si verificano entrambi gli eventi A e B. V F
  d. Dati gli eventi A e B, l'evento A ∩ B si verifica soltanto se si verificano sia A che B. V F

**44** Due eventi A e B di uno stesso esperimento aleatorio sono incompatibili se:

  a. esistono casi che sono favorevoli ad entrambi gli eventi;
  b. l'intersezione degli insiemi di verità dei due eventi è vuota;
  c. l'unione degli insiemi di verità dei due eventi è vuota.

  Qual è la risposta giusta?

**45** Stabilisci quali dei seguenti eventi sono compatibili e quali incompatibili:

  a. nell'estrazione di una carta da un mazzo, A : «esce un asso» B : «esce una carta di colore rosso»;
  b. nell'estrazione di una carta da un mazzo, A : «esce una carta di fiori» B : «esce una figura di colore rosso»;
  c. nell'estrazione di un numero della tombola, A : «esce un numero pari» B : «esce un numero della prima decina»;
  d. nell'estrazione dei biglietti di una lotteria, A : «esce un biglietto serie H» B : «esce un biglietto serie C».

**Cap. 4:** *La probabilità* **295**

**46** Se $\overline{E}$ è l'evento contrario di $E$, quale delle seguenti relazioni si verifica?

   **a.** $p(\overline{E}) = 1 + p(E);$     **b.** $p(\overline{E}) + p(E) = 1;$     **c.** $p(E) \cdot p(\overline{E}) = 1.$

**47** Sono dati due eventi $A$ e $B$ incompatibili di uno stesso esperimento aleatorio; si può dire che:
   **a.** se si verifica $A$ non si verifica $B$     V F
   **b.** se si verifica $\overline{A}$, si può verificare anche $B$     V F
   **c.** $\overline{A \cup B}$ si verifica solo se non si verificano né $A$ né $B$     V F
   **d.** gli eventi $\overline{A}$ e $\overline{B}$ sono incompatibili.     V F

**48** Qual è la probabilità di estrarre una figura o un asso da un mazzo di 40 carte? Scegli la risposta fra le seguenti.

   **a.** $\dfrac{3}{10};$     **b.** $\dfrac{1}{10};$     **c.** $\dfrac{2}{5};$     **d.** $\dfrac{13}{40}.$

**49** Relativamente ad uno stesso esperimento aleatorio, un evento $A$ ha probabilità $\dfrac{7}{16}$ di verificarsi, un evento $B$ ha probabilità $\dfrac{1}{8}$ e i due eventi sono incompatibili; la probabilità dell'evento $\overline{A \cup B}$ è uguale a:

   **a.** $\dfrac{1}{8}$     **b.** $\dfrac{9}{16}$     **c.** $\dfrac{11}{16}$     **d.** $\dfrac{7}{16}.$

**50** Relativamente ad uno stesso esperimento aleatorio, un evento $A$ ha probabilità $\dfrac{4}{15}$ di verificarsi, un evento $B$ ha probabilità $\dfrac{5}{9}$ e i due eventi sono compatibili; la probabilità dell'evento $A \cup B$ è uguale a:

   **a.** $\dfrac{37}{45}$     **b.** $\dfrac{13}{45}$     **c.** $\dfrac{8}{45}$     **d.** non si può determinare senza ulteriori informazioni.

**51** Un'urna contiene 8 palline di vetro bianche, 4 palline di plastica bianche, 5 palline di vetro rosse, 10 palline di plastica rosse, 8 palline di vetro gialle, tutte indistinguibili fra loro. Nell'estrazione di una pallina considera gli eventi: $A$ : «esce una pallina rossa», $B$ : «esce una pallina di plastica»; quali fra le seguenti uguaglianze sono vere?

   **a.** $p(A \cap B) = \dfrac{6}{35}$     **b.** $p(A \cap B) = \dfrac{2}{7}$     **c.** $p(A \cup B) = \dfrac{19}{35}$     **d.** $p(A \cup B) = \dfrac{29}{35}$

## Applicazione

### Evento contrario

**52** **ESERCIZIO GUIDATO**

In una classe ci sono 28 studenti, 15 dei quali sono maschi. Qual è la probabilità che, al suono della campanella, il primo ad uscire dall'aula sia:

**a.** una femmina;     **b.** un maschio.

Nella classe ci sono 15 maschi e 13 femmine, quindi la probabilità che la prima ad uscire sia una femmina è ………
Per calcolare la probabilità del caso **b.** puoi calcolare la probabilità dell'evento contrario che è $1 - $ ………

**53** Calcola la probabilità che, estraendo una pallina da un'urna che ne contiene 12 bianche, 25 nere e 8 rosse, essa non sia di colore nero.     $\left[\dfrac{4}{9}\right]$

296 Cap. 4: La probabilità

**54** In un contenitore ci sono 15 guarnizioni di gomma di cui 6 provenienti dal fornitore Rossi, 4 dal fornitore Bianchi e 5 dal fornitore Verdi. Si preleva casualmente dal contenitore una guarnizione; determina la probabilità che:

  **a.** essa provenga dal fornitore Rossi; $\left[\dfrac{2}{5}\right]$

  **b.** non sia del fornitore Rossi; $\left[\dfrac{3}{5}\right]$

  **c.** sia del fornitore Rossi o del fornitore Bianchi. $\left[\dfrac{2}{3}\right]$

**55** Su una scrivania sono infilate 5 buste aperte, 10 chiuse e già affrancate, una che contiene del danaro. Calcola la probabilità che una segretaria, estraendone dal mazzo una a caso, ne prenda:

  **a.** una aperta; $\left[\dfrac{5}{16}\right]$

  **b.** una che non contiene danaro; $\left[\dfrac{15}{16}\right]$

  **c.** una che non è pronta per la consegna. $\left[\dfrac{3}{8}\right]$

## Probabilità totale

**56** **ESERCIZIO GUIDATO**

Estraendo una carta da un mazzo da 40, considera gli eventi $A$: «esce una donna» e $B$: «esce un due di fiori». Enuncia l'evento $A \cup B$ e calcolane la probabilità.

L'evento unione è $E$: «esce una donna o un due di fiori». Per calcolarne la probabilità, essendo i due eventi incompatibili e ricordando il teorema della probabilità totale, si devono sommare le probabilità dei singoli eventi.

Poichè si ha $p(A) = \dfrac{1}{10}$ (ci sono 4 donne in un mazzo di 40 carte) e $p(B) = \dfrac{1}{40}$ (c'è un solo due di fiori):

$$p(E) = \dfrac{1}{10} + \dfrac{1}{40} = \dfrac{5}{40} = \dfrac{1}{8}$$

**57** Sullo scaffale di una libreria ci sono 3 libri di saggistica, 7 libri di narrativa, 4 romanzi gialli. Se si prende un libro a caso dallo scaffale, calcola la probabilità che si verifichi uno dei seguenti eventi:

  **a.** $E_1$: «il libro preso è di narrativa»; $\left[\dfrac{1}{2}\right]$

  **b.** $E_2$: «il libro preso è un romanzo giallo»; $\left[\dfrac{2}{7}\right]$

  **c.** $E_3$: «il libro preso è di saggistica o un romanzo giallo»; $\left[\dfrac{1}{2}\right]$

  **d.** $E_4$: «il libro preso non è di saggistica»; $\left[\dfrac{11}{14}\right]$

  **e.** $E_5$: «il libro preso non è di narrativa o un giallo». $\left[\dfrac{3}{14}\right]$

**58** In una cassa sono state imballate 25 bottiglie di vino di cui 15 sono di vino rosso, 6 di bianco e le rimanenti di rosè. Si preleva casualmente una bottiglia dalla cassa; determina la probabilità che:

  **a.** sia una bottiglia di vino rosso; $\left[\dfrac{3}{5}\right]$

Cap. 4: *La probabilità*

**b.** non sia una bottiglia di vino rosso; $\left[\dfrac{2}{5}\right]$

**c.** sia di vino rosso o rosè. $\left[\dfrac{19}{25}\right]$

**59** Quando Massimo torna da un viaggio all'estero, mette le monete avanzate in una cassettina che ora contiene 4 sterline, 4 dollari, 3 franchi svizzeri e una dozzina di monete di altri paesi non europei. Qual è la probabilità che, estraendo una moneta a caso questa sia:

**a.** una sterlina o un dollaro; $\left[\dfrac{8}{23}\right]$

**b.** una moneta non europea. $\left[\dfrac{16}{23}\right]$

**60** In una lotteria si vendono 20000 biglietti. Chi vince il primo premio ha diritto ad una settimana bianca gratuita per due persone da trascorrere sulle Dolomiti, chi vince il secondo premio riceve una mountain bike, chi vince il terzo un'iscrizione per un mese in una palestra, mentre coloro che vincono dal quarto al decimo premio ricevono un walkman. Acquistando un solo biglietto, calcola qual è la probabilità dei seguenti eventi ed esprimila in termini percentuali:

**a.** $E_1$: «vincere uno dei primi tre premi»; [0,015%]
**b.** $E_2$: «vincere un premio qualsiasi»; [0,05%]
**c.** $E_3$: «vincere un walkman»; [0,035%]
**d.** $E_4$: «non vincere alcun premio». [99,95%]

**61** Un sacchetto contiene 50 palline delle quali 10 sono rosse, 5 bianche, 15 verdi, 20 azzurre. Calcola la probabilità dei seguenti eventi relativi all'estrazione di una pallina dal sacchetto:

**a.** $E_1$: «esce una pallina rossa o azzurra»; $\left[\dfrac{3}{5}\right]$

**b.** $E_2$: «esce una pallina bianca o verde». $\left[\dfrac{2}{5}\right]$

**62** Da un sacchetto contenente i 90 numeri del lotto se ne estrae uno. Calcola la probabilità che esso sia:

**a.** il numero 3 o il numero 90; $\left[\dfrac{1}{45}\right]$

**b.** un numero divisibile per 20 o per 7; $\left[\dfrac{8}{45}\right]$

**c.** un numero minore di 10 o maggiore di 81. $\left[\dfrac{1}{5}\right]$

**63** Paolo cerca un particolare libro di storia fra i 25 che possiede su questo argomento. Tali libri sono disposti su tre scaffali in modo che 10 stiano sul primo scaffale, 10 sul secondo e 5 sul terzo, Paolo si chiede quali probabilità hanno i seguenti eventi:

**a.** $E_1$: «trovare il libro fra quelli del primo o del secondo scaffale»; $\left[\dfrac{4}{5}\right]$

**b.** $E_2$: «trovare il libro fra quelli del primo o del terzo scaffale»; $\left[\dfrac{3}{5}\right]$

**c.** $E_3$: «non trovare il libro fra quelli del primo scaffale»; $\left[\dfrac{3}{5}\right]$

**d.** $E_4$: «non trovare il libro fra quelli del primo o del terzo scaffale». $\left[\dfrac{2}{5}\right]$

**64** **ESERCIZIO GUIDATO**

In un sacchetto ci sono 50 gettoni contrassegnati con un numero da 1 a 50. Calcola la probabilità che, estraendo un gettone, si verifichi l'evento $E$: «il numero estratto è multiplo di 3 o di 5».

Indica con *A* l'evento: «il numero estratto è multiplo di 3» e con *B* : «il numero estratto è multiplo di 5». Poiché i sottoinsiemi dei multipli di 3 e dei multipli di 5 non sono disgiunti, per calcolare $p(E)$ dobbiamo tener conto anche della loro intersezione. Allora

$$p(E) = p(A) + p(B) - p(A \cap B) = \frac{16}{50} + \frac{10}{50} - \frac{3}{50} = \frac{23}{50}$$

**65** Considera i due eventi relativi al lancio di un dado «si ottiene il numero 5» e «si ottiene un numero pari». Calcola la probabilità dell'evento unione di quelli considerati. Se gli eventi dei quali si considera l'unione fossero «si ottiene il numero 5» e «si ottiene un numero dispari», quale sarebbe la probabilità?
$$\left[\frac{2}{3} ; \frac{1}{2}\right]$$

**66** Si estrae una carta a caso da un mazzo di 40. Calcola la probabilità dell'evento *E* : «esce un sette o una carta di fiori», dopo aver individuato i due eventi che formano *E*.
$$\left[\frac{13}{40}\right]$$

**67** Nel lancio di un dado calcola la probabilità dell'evento *E* : «esce un numero primo o un numero dispari».
$$\left[\frac{2}{3}\right]$$

**68** In un'urna sono contenuti dei gettoni numerati da 1 a 20. Calcola la probabilità che, estraendo a caso un gettone, si presenti un numero che sia:
**a.** dispari o divisibile per 7;
$$\left[\frac{11}{20}\right]$$

**b.** il 5 o il 16;
$$\left[\frac{1}{10}\right]$$

**c.** un numero pari o un multiplo di 8.
$$\left[\frac{1}{2}\right]$$

**69** Da un mazzo di 52 carte se ne estrae una. Calcola la probabilità dei seguenti eventi:
**a.** $E_1$ : «si estrae una carta di fiori oppure un asso»;
$$\left[\frac{4}{13}\right]$$

**b.** $E_2$ : «si estrae una carta di fiori o il re di cuori»;
$$\left[\frac{7}{26}\right]$$

**c.** $E_3$ : «si estrae il sette di quadri o il fante di cuori»;
$$\left[\frac{1}{26}\right]$$

**d.** $E_4$ : «si estrae una carta nera o il 2 di picche».
$$\left[\frac{1}{2}\right]$$

**70** Il gioco della roulette consiste nel puntare una somma su uno dei 37 numeri (da 0 a 36) riportati su un apposito dispositivo girevole. La pallina si muove all'interno di tale dispositivo e, fermandosi, determina il numero vincente. Lo zero è in colore verde, mentre degli altri 36 numeri 18 sono neri e 18 sono rossi. Calcola la probabilità dei seguenti eventi relativi a tale gioco:
**a.** $E_1$ : «esce un numero nero»;
$$\left[\frac{18}{37}\right]$$

**b.** $E_2$ : «esce un numero rosso»;
$$\left[\frac{18}{37}\right]$$

**c.** $E_3$ : «esce un numero nero o rosso»;
$$\left[\frac{36}{37}\right]$$

**d.** $E_4$ : «esce un numero pari o divisibile per 5»;
$$\left[\frac{23}{37}\right]$$

**e.** $E_5$ : «esce un numero divisibile per due o verde».
$$\left[\frac{19}{37}\right]$$

**Cap. 4:** *La probabilità*

**71** Determina la probabilità che alla prima estrazione di una ruota del lotto, si ottenga un numero minore di 11 oppure un numero pari maggiore di 70. Determina poi la probabilità che il primo numero estratto sia minore di 41 o divisibile per 10. $\left[\dfrac{2}{9}, \dfrac{1}{2}\right]$

# LE ALTRE DEFINIZIONI DI PROBABILITÀ

teoria a pagina 105

## Comprensione

**72** Enuncia la legge empirica del caso e spiegane il significato.

**73** Indica quale definizione di probabilità è più adatta per determinare le probabilità dei seguenti eventi:
   a. nella prossima estrazione dei numeri del Lotto sulla ruota di Milano, uscirà il numero 80;
   b. nel prossimo campionato di calcio l'Inter vincerà lo scudetto;
   c. all'inizio di giugno diminuirà il prezzo della benzina;
   d. alla prossima gara di tiro al piattello vincerà il concorrente X;
   e. mio zio, che ha oggi 70 anni, vivrà fino a 80 anni.

**74** Determina il valore di verità delle seguenti proposizioni:
   a. secondo il modello statistico, la probabilità di un evento E è la frequenza dell'evento  V F
   b. secondo il modello soggettivista, la probabilità di un evento E può essere diversa a seconda di chi la sta valutando  V F
   c. la legge empirica del caso afferma che, su molte prove eseguite, la frequenza con cui si verifica un evento è uguale alla sua probabilità teorica  V F
   d. la definizione che più si adatta a determinare la probabilità di successo di un nuovo prodotto industriale è quella statistica.  V F

**75** Un tale è disposto a pagare € 20 per averne in cambio 100 se si verifica un certo evento E. La probabilità che egli attribuisce all'evento è uguale a:
   a. $\dfrac{1}{2}$   b. $\dfrac{4}{5}$   c. $\dfrac{1}{5}$.

**76** Lanciando molte volte una moneta, il lato testa si è presentato con una frequenza percentuale del 27%. Di questa moneta:
   a. si può ragionevolmente dire che non è truccata
   b. si può ragionevolmente dire che è truccata
   c. non si può dire nulla.

**77** Ad un tavolo della roulette, il numero 12 non esce da più di due mesi. Al prossimo giro della ruota, la probabilità che la pallina si fermi sul numero 12 è:
   a. uguale a $\dfrac{1}{37}$   b. maggiore di $\dfrac{1}{37}$   c. minore di $\dfrac{1}{37}$.

## Applicazione

**78** **ESERCIZIO GUIDATO**

Un sacchetto contiene 5000 fiches da gioco del valore di € 1, € 5, € 10 e € 50. Si effettuano 2000 estrazioni, rimettendo ogni volta la fiche estratta nel sacchetto. I risultati sono i seguenti:

300  Cap. 4: *La probabilità*

| Fiche | 1 | 5 | 10 | 50 |
|---|---|---|---|---|
| Numero di estrazioni | 607 | 812 | 325 | 256 |

Dai una stima della composizione dell'urna.

In base alla definizione frequentista:
- la probabilità che venga estratta una fiche da € 1 è $\dfrac{607}{2000}$
- la probabilità che venga estratta una fiche da € 5 è ..........
- la probabilità che venga estratta una fiche da € 10 è ........
- la probabilità che venga estratta una fiche da € 50 è ........

Poiché l'urna contiene 5000 fiches, possiamo stimare che ve ne siano $5000 \cdot \dfrac{607}{2000} \approx 1517$ da € 1; analogamente puoi stimare il numero delle altre.

[1517; 2030; 813; 640]

**79** Da una indagine svolta in un'azienda risulta che un dipendente ha prodotto nell'arco di un mese un certo numero di pezzi al giorno, secondo la seguente tabella:

| Numero di pezzi prodotti al giorno | 15 | 20 | 22 | 24 | 25 |
|---|---|---|---|---|---|
| Numero giorni | 2 | 5 | 8 | 6 | 1 |

Stima la probabilità che lo stesso dipendente, supponendo invariate le condizioni, produca 24 pezzi nella giornata di domani.

$\left[\dfrac{3}{11}\right]$

**80** Le età degli abitanti di un condominio sono distribuite come nella tabella:

| Età in anni | (0 – 20] | (20 – 30] | (30 – 40] | (40 – 50] | (50 – 60] | (60 – 70] | (70 – 80] |
|---|---|---|---|---|---|---|---|
| Numero di abitanti | 10 | 30 | 50 | 30 | 20 | 20 | 20 |

Un condomino è rimasto bloccato nell'ascensore. Nell'ipotesi che ogni persona del condominio abbia la stessa probabilità di rimanere bloccata, calcola la probabilità che:
**a.** la persona ferma nell'ascensore abbia età inferiore o uguale a 40 anni; $\left[\dfrac{1}{2}\right]$

**b.** la persona nell'ascensore abbia un'età maggiore di 30 anni e minore o uguale a 70; $\left[\dfrac{2}{3}\right]$

**c.** la persona nell'ascensore abbia un'età superiore ai 70 anni. $\left[\dfrac{1}{9}\right]$

**81** È stato fatto l'inventario di magazzino di una grande fabbrica di motori. I rilievi sono stati raggruppati secondo la cilindrata e il numero dei difetti nella seguente tabella:

| Numero difetti | Cilindrata 1100 | Cilindrata 1300 |
|---|---|---|
| 0 | 222791 | 55380 |
| 1 | 69720 | 32718 |
| Maggiore o uguale a 2 | 4674 | 3895 |

Calcola la probabilità che, prelevando a caso un motore, esso:
**a.** sia di cilindrata 1100; [0,764]
**b.** non abbia nessun difetto. [0,715]

Se si preleva a caso un motore fra quelli di cilindrata 1100, calcola qual è la probabilità che non abbia difetti. [0,75]

Cap. 4: La probabilità

**82** **ESERCIZIO GUIDATO**

Marco scommette con Claudio che nell'interrogazione di domani ha una probabilità del 60% di ottenere la sufficienza. Che significato ha questa scommessa?

Il senso della scommessa è che Marco è disposto a pagare a Claudio 60 unità di moneta, mentre Claudio deve pagarne 100 a Marco se davvero questi otterrà la sufficienza nell'interrogazione. In ogni caso la cifra che Marco è disposto a pagare è i $\frac{6}{10}$ di quella che dovrebbe pagare Claudio.

**83** In una scommessa Carla è disposta a pagare € 50 per ricevere come compenso la somma di € 80 se si realizza l'evento E : «riuscire a partecipare al concerto del suo cantante preferito». Qual è, secondo Carla, la probabilità di tale evento? [0,625]

**84** Emanuele ritiene che i suoi genitori gli regaleranno uno scooter alla promozione con una probabilità del 90%. Se scommette € 300, quanti ne vincerebbe nel caso in cui l'evento si verifichi? [circa € 333]

**85** Annamaria, per l'assicurazione della sua auto, paga € 1650 e nel caso in cui l'auto subisca un furto riscuoterà € 30000 dall'Assicurazione. Quale probabilità la Compagnia di Assicurazione attribuisce a questo evento? [5,5%]

**86** Anna stipula un contratto di assicurazione che copre il rischio di malattie e paga alla Compagnia di Assicurazione un premio di € 1000 all'anno. In caso di ricovero ospedaliero riceverà € 20000 a forfait. Qual è la probabilità che questo accada, secondo la Compagnia di Assicurazione? [5%]

# Esercizi per lo sviluppo delle competenze

**1** Anna e Daniele giocano con due dadi. Ciascuno tira i due dadi e moltiplica i due numeri che escono. Ad esempio, se tirando si ottengono 4 e 3, abbiamo 4 × 3 = 12. Anna vince se il prodotto è un numero pari. Daniele vince se il prodotto è un numero dispari. Hanno entrambi la stessa probabilità di vincere? [no]

**2** Un'urna contiene 50 gettoni colorati, 20 dei quali sono rossi, 10 sono blu e 8 sono verdi. Qual è la probabilità di pescare un gettore che non sia né rosso, né blu, né verde? $\left[\frac{6}{25}\right]$

**3** (dalle Prove Invalsi) Se lanci un normale dado numerato da 1 a 6, ciascun numero ha probabilità $\frac{1}{6}$ di uscire. In 4 lanci successivi sono usciti i numeri 2, 3, 4 e 3. Se lanci il dado una quinta volta, qual è la probabilità che esca 3?

  **a.** Maggiore di $\frac{1}{6}$, perché nei 4 tiri precedenti il punteggio 3 è uscito 2 volte su 4.

  **b.** $\frac{1}{6}$, perché il dado non si ricorda degli eventi passati.

  **c.** Minore di $\frac{1}{6}$, perché il punteggio 3 è già uscito e ora è più probabile che escano gli altri.

  **d.** $\frac{1}{2}$, come indica il calcolo dei casi favorevoli (due) sul totale dei casi (quattro).

  **e.** Le informazioni date non consentono di rispondere. [b.]

**4** *(dalle Prove Invalsi)* Disponi di due urne da cui devi estrarre casualmente una pallina. Quale sceglieresti se il premio si ottiene estraendo il nero?

a. *A* è preferibile a *B*
b. *B* è preferibile ad *A*
c. Dipende dalla fortuna personale e non si può rispondere.
d. Occorrerebbe fare delle prove per rispondere.
e. È indifferente scegliere l'una o l'altra.            [**e.**]

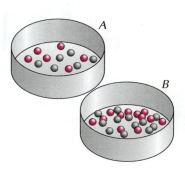

**5** *(dalle Prove Invalsi)* La figura rappresenta una roulette un po' particolare: non ci sono numeri ma solo settori indicati con delle lettere. Se la pallina si muove lungo il bordo, qual è la probabilità che si fermi sull'arco che delimita il settore *A*?

a. $\dfrac{1}{3}$    b. $\dfrac{1}{4}$    c. $\dfrac{1}{6}$    d. $\dfrac{1}{8}$

[**c.**]

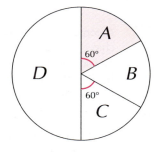

**6** *(dalle Prove Invalsi)* Nel sacchetto *A* ci sono 4 palline rosse e 8 nere, mentre nel sacchetto *B* ci sono 4 palline rosse e 6 nere.

a. Completa correttamente la seguente frase inserendo al posto dello spazio una sola parola tra: "più", "meno", "ugualmente".
Estrarre una pallina rossa dal sacchetto *A* è .......... probabile che estrarre una pallina rossa dal sacchetto *B*.

b. Giovanni distribuisce fra i due sacchetti altre 6 palline rosse in modo che la probabilità di estrarre una pallina rossa sia la stessa per entrambi i sacchetti. Quante palline rosse ha aggiunto Giovanni in ciascuno dei sacchetti?

Sacchetto *A* : ..........        Sacchetto *B* : ..........        [**a.** "meno"; **b.** *A* : 4, *B* : 2]

**IL CAPITOLO SI COMPLETA CON:**

Cap. 4: *La probabilità*   **303**

# Test Finale

**1** Barra Vero o Falso.
   a. Comunque venga definito, un valore di probabilità è un numero $p$ tale che $0 < p < 1$.    V F
   b. La probabilità dell'evento impossibile è uguale a zero.    V F
   c. La probabilità che estraendo una carta da un mazzo di 40 carte esca un colore nero è uguale a $\frac{1}{2}$.    V F
   d. La probabilità che lanciando un dado esca un numero minore di 6 è uguale a 1.    V F

   *0,5 punti per ogni risposta*

**2** Antonio stima uguale a $\frac{3}{8}$ la probabilità che il suo amico Luca superi l'esame per la patente. Questo significa che:
   a. Luca ha superato l'esame 3 volte su 8 tentativi
   b. Antonio riterrebbe giusto pagare 8 euri per vincerne 3 se Luca supera l'esame
   c. Antonio riterrebbe giusto pagare 3 euri per vincerne 8 se Luca supera l'esame
   d. Antonio pensa che Luca commetterebbe 3 errori su 8 domande.

   *0,5 punti*

**3** Da un mazzo di carte da 52 sono state eliminate le figure. Calcola la probabilità che, estraendo una carta a caso, questa sia:
   a. un 3 rosso
   b. una carta con punteggio pari
   c. una carta con punteggio maggiore di 8
   d. l'asso di cuori.

   *0,75 punti per ogni risposta*

**4** In un sondaggio è noto che la percentuale di errore è circa dell'1,5%. Su 1800 intervistati, quante sono le rilevazioni presumibilmente errate?

   *0,5 punti*

**5** Un'urna contiene palline di diverso tipo e colore: 8 sono di vetro gialle, 4 di plastica bianche, 5 di vetro rosse, 10 di plastica rosse, 8 di plastica gialle, tutte indistinguibili tra loro. Nell'estrazione di una pallina considera gli eventi:

   $A$: «esce una pallina rossa»      $B$: «esce una pallina di plastica»
   $C$: «esce una pallina di vetro»      $D$: «esce una pallina gialla»

   Calcola le seguenti probabilità:
   a. $p(A \cap B)$
   b. $p(A \cup B)$
   c. $p(C \cap D)$
   d. $p(B \cup D)$

   *1 punto per ogni risposta*

Cap. 4: *La probabilità*

# Soluzioni

**1** a. F, b. V, c. V, d. F

**2** c.

**3** a. $\frac{1}{20}$; b. $\frac{1}{2}$; c. $\frac{1}{5}$; d. $\frac{1}{40}$

**4** 27

**5** a. $\frac{2}{7}$; b. $\frac{27}{35}$; c. $\frac{8}{35}$; d. $\frac{6}{7}$

| Esercizio | 1 | 2 | 3 | 4 | 5 | |
|---|---|---|---|---|---|---|
| Punteggio | | | | | | |

Valutazione in decimi

**Cap. 4:** *La probabilità*

# MATEMATICA & SCIENZE

## La probabilità e la medicina, qualche riflessione

Un esperimento clinico dimostra che 50 pazienti, i quali ricevono il trattamento A per una certa malattia, vanno meglio di altri 50 pazienti che, per la stessa malattia, ricevono il trattamento B.
E' corretto pensare che A sia realmente meglio di B per la cura di quella malattia? Il medico dovrà usare A o B per curare i suoi pazienti?

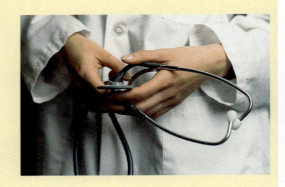

La risposta alla prima di queste domande richiede una operazione di inferenza, cioè quali conclusioni si possono trarre dalla sperimentazione dei due trattamenti; la risposta alla seconda implica una scelta, cioè quale dei due farmaci sia meglio usare.

In ogni caso, la risposta non è certa e può essere data solo in termini di probabilità; vi può essere una forte indicazione che A sia meglio di B, ma non si può essere del tutto sicuri di ciò, perché i pazienti trattati con B potrebbero essere stati in condizioni più gravi rispetto a quelli trattati con A.
Già da questo semplice esempio appare evidente quale sia l'importanza del calcolo delle probabilità in Medicina. Le nostre conoscenze sull'argomento probabilità sono ancora molto limitate per poter affrontare problemi reali, ma a qualche domanda possiamo già rispondere.

In uno screening ospedaliero si è rilevato che su 50 000 soggetti sottoposti ad indagine 5 000 sono diabetici, 2 000 hanno problemi cardiaci e di questi 500 sono anche diabetici. Ci chiediamo quale sia la probabilità in quella popolazione:

**a.** di essere diabetici

**b.** di essere cardiopatici

**c.** di non avere problemi di diabete o cardiaci

**d.** di essere sia diabetici che cardiopatici

**e.** di essere diabetici o cardiopatici.

Consideriamo i due eventi

$A$: «il soggetto è diabetico»         $B$: «il soggetto è cardiopatico».

Il diagramma di Venn in figura ci aiuta a valutare le probabilità richieste:

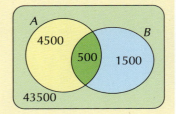

**a.** $p(A) = \dfrac{5000}{50000} = 0,1$

**b.** $p(B) = \dfrac{2000}{50000} = 0,04$

**c.** I soggetti non malati sono 43500, quindi la probabilità richiesta è $\dfrac{43500}{50000} = 0,87$

**d.** Dobbiamo calcolare $p(A \cap B) = \dfrac{500}{50000} = 0,01$

**e.** Dobbiamo calcolare $p(A) + p(B) - p(A \cap B) = 0,1 + 0,04 - 0,01 = 0,13$.

**306** Cap. 4: *La probabilità*

# MATEMATICA DELLA VITA QUOTIDIANA

**Si può sempre trovare la soluzione certa di un problema?**

I problemi reali che siamo chiamati a risolvere ci portano in molti casi a trovare un risultato ben definito; se, per esempio, una concessionaria ci dice che il costo dell'auto che ci piace, scontata dell'8%, è di € 23 000, sappiamo trovare il costo di listino $C$ dell'auto risolvendo una semplice equazione:

$$C - \frac{8}{100}C = 23000 \quad \text{da cui} \quad C = 25000$$

In tutti questi casi si parla di problemi di tipo *deterministico*.
Ma la vita moderna ci pone sempre più spesso di fronte a situazioni in cui è impossibile sapere quale sia il risultato di un problema.
Per esempio, se vogliamo investire una somma nel mercato azionario, non solo non possiamo sapere a priori quale sia il titolo che darà il rendimento migliore, ma potremmo anche rischiare di perdere del denaro; nei giochi come la Roulette, il Superenalotto o Winforlife, non possiamo sapere su quali numeri conviene puntare; nelle elezioni nessuno ha la certezza di vincere, si possono solo fare dei sondaggi pre-elettorali per avere delle indicazioni (ma quante volte le previsioni sono state clamorosamente smentite?); nelle produzioni aziendali, infine, si eseguono dei controlli a campione sui pezzi prodotti, senza però avere la certezza che nell'intera produzione non ci siano pezzi difettosi.

In tutti questi casi siamo di fronte a **modelli di tipo non deterministico** nei quali le decisioni che prendiamo e le risposte che diamo si basano da una parte sulla quantità e qualità delle informazioni in nostro possesso (e in questi casi l'indagine statistica ci aiuta moltissimo), dall'altra sulle reali possibilità che hanno alcuni fatti di accadere; in altre parole siamo in grado di dare delle risposte ai problemi solo in termini di *probabilità* esprimendo con una valutazione numerica quanto grande sia la possibilità che una certa situazione si verifichi.

Per esempio, ti sarà sicuramente capitato di acquistare una rivista, fare la spesa in un supermercato o magari fare shopping in un centro commerciale e che, a scopo promozionale, ti venga regalato un biglietto nel quale ci sono dei simboli coperti da uno strato di vernice argentata che devi grattare per scoprire se sotto c'è la scritta *HAI VINTO!* oppure *HAI PERSO*. A fianco della Cassa c'è poi un cartello che recita così: «Sono già stati distribuiti 82 premi! Scopri se il prossimo fortunato sei tu.».
Che probabilità avresti di vincere sapendo che i biglietti argentati ancora in distribuzione sono 5000 e che, complessivamente, sono 200 quelli con la scritta *HAI VINTO!* ?

[2,36%]

Cap. 4: *La probabilità*  **307**

# gare di matematica

**1** In ogni ruota del Lotto ci sono 90 numeri. Cinque di essi vengono estratti, uno alla volta, senza rimettere i numeri estratti nell'urna. In una certa ruota viene estratto per primo il numero 27. La probabilità che il secondo estratto sia 28:

- **a.** è $\frac{1}{90}$
- **b.** è $\frac{1}{89}$
- **c.** è $\frac{1}{18}$
- **d.** è minore di $\frac{1}{100}$ perché e improbabile che vengano estratti due numeri consecutivi
- **e.** non si può determinare perché occorre calcolare la probabilità della cinquina. [b.]

**2** Leo lancia 7 volte una moneta (non truccata) ottenendo due volte testa e cinque volte croce. Se la lancia ancora una volta, con quale probabilità otterrà testa?

- **a.** $\frac{1}{8}$
- **b.** $\frac{1}{7}$
- **c.** $1 - \frac{1}{2^7}$
- **d.** $\frac{35}{2^7}$
- **e.** $\frac{1}{2}$   [e.]

**3** In un gruppo di 100 persone 70 parlano inglese, 45 spagnolo, 23 sia inglese che spagnolo. Qual è la probabilità che una persona scelta a caso nel gruppo non parli né inglese né spagnolo?

- **a.** 0
- **b.** $\frac{2}{25}$
- **c.** $\frac{19}{50}$
- **d.** $\frac{1}{3}$
- **e.** $\frac{1}{4}$   [b.]

 Math in English  Theory on page 110   **CLIL**

**1** Three horses A, B and C are in a race. A is twice as likely to win as B and B is three times as likely to win as C. What is their respective probability of winning?

$$\left[p(A) = \frac{3}{5},\ p(B) = \frac{3}{10},\ p(C) = \frac{1}{10}\right]$$

**2** A typycal roulette wheel has 38 slots that are numbered 1, 2, 3, ..., 35, 36, 0 and 00. The 0 and 00 slots are green. Of the remaining slots, half are red and half are black. Also half of the integers from 1 to 36 are even and half are odd. 0 and 00 are defined neither even or odd. A ball is rolled around the wheel and ends up in one of the slots. We assume that each slot has an equal chance.
- **a.** What is the probability of each slot?
- **b.** What is the probability of the ball landing in a green slot?
- **c.** What is the probability of the ball landing on an even number?
- **d.** What is the probability of getting 1, 12, 24 or 36?

$$\left[a.\ \frac{1}{38};\ b.\ \frac{1}{19};\ c.\ \frac{9}{19};\ d.\ \frac{2}{19}\right]$$

**3** Two dice are rolled; find the probability that the sum:
- **a.** is equal to 4
- **b.** is less than 13
- **c.** is equal to 5

$$\left[a.\ \frac{1}{12};\ b.\ 1;\ c.\ \frac{1}{9}\right]$$

**4** A ball is drawn at random from an urn cointaining colored balls. The balls can be either red or blue (no other colors are possible). The probability of drawing a blue ball is $\frac{2}{5}$. What is the probability of drawing a red ball?

$$\left[\frac{3}{5}\right]$$

Cap. 4: *La probabilità*

# CAPITOLO 5 ESERCIZI
# L'equivalenza dei poligoni

## IL CONCETTO DI EQUIVALENZA

*teoria a pagina 113*

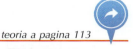

### Comprensione

**1** L'area di una superficie piana è:
  **a.** l'estensione della superficie
  **b.** la parte di piano occupata dalla superficie
  **c.** l'estensione comune a tutte le superfici ad essa equivalenti.

**2** Barra vero o falso.
  **a.** Due figure congruenti sono anche equivalenti. [V] [F]
  **b.** Due figure equivalenti sono anche congruenti. [V] [F]
  **c.** Due figure equivalenti hanno la stessa area. [V] [F]

**3** Barra vero o falso.
  **a.** Somme di figure equivalenti sono equivalenti. [V] [F]
  **b.** Somme di figure congruenti sono congruenti. [V] [F]
  **c.** Somme di figure congruenti sono equivalenti. [V] [F]
  **d.** Somme di figure equivalenti sono congruenti. [V] [F]

**4** Due figure sono equicomposte se:
  **a.** hanno la stessa area
  **b.** si ottengono come somma di figure a due a due congruenti
  **c.** si ottengono come somma di figure a due a due equivalenti
  **d.** si ottengono sovrapponendo in modo diverso gli stessi poligoni.

**5** Barra vero o falso.
  **a.** Se due figure sono equivalenti, sono anche equicomposte [V] [F]
  **b.** Se due figure sono equicomposte, sono anche equivalenti [V] [F]
  **c.** I termini *equivalente* e *equicomposto* sono sinonimi [V] [F]

**6** Sono date quattro figure $A$, $B$, $C$ e $D$. Si verifica che:
  **a.** se $A \doteq B$ allora $A \cong B$ [V] [F]
  **b.** se $A \doteq C$ e $B \doteq D$, allora $A + D \doteq B + C$ [V] [F]
  **c.** se $A \cong B$ e $C \cong D$, allora $A + C \cong B + D$ [V] [F]
  **d.** se $A \cong B$ e $C \cong D$, allora $A + C \doteq B + D$. [V] [F]

**7** Sono date due figure $A$ e $B$ delle quali $A > B$; si può dire che:
  **a.** se $C \doteq A + B$, allora $C = A \cup B$ [V] [F]
  **b.** se $C = A \cup B$, allora $C \doteq A + B$ [V] [F]

Cap. 5: *L'equivalenza dei poligoni* 309

c. se $C \doteq A - B$, allora $C = A \cap B$    
d. se $C = A \cap B$, allora $C \doteq A - B$.

**8** Delle figure che seguono sono equicomposte:

a. solo la ① e la ④     b. tutte tranne la ②     c. tutte     d. solo la ③ e la ④

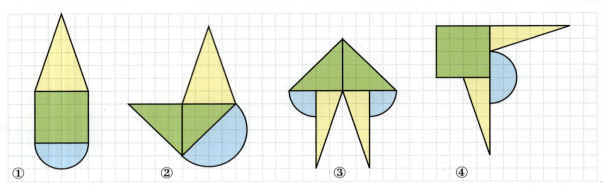

**9** Le figure che seguono sono ottenute tutte dalla composizione delle figure $F_1$ e $F_2$ mediante le operazioni di unione, intersezione, somma e differenza. Per ciascuna di esse individua l'operazione che la definisce.

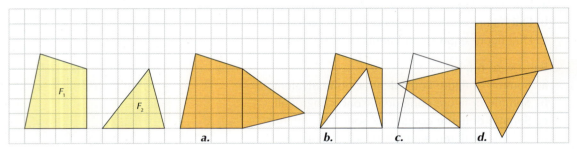

## Applicazione

**10** Gli assi di simmetria di un quadrato lo dividono in otto triangoli. Come sono questi triangoli fra loro? Se indichi con $M$ l'area di uno di questi, come puoi indicare l'estensione del quadrato?

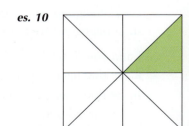

es. 10

**11** Il triangolo $ABC$ è equilatero e ciascuno degli altri triangoli interni è stato ottenuto congiungendo i punti medi dei lati del triangolo che lo contiene. Come puoi esprimere l'area di $ABC$ in funzione dell'area $S$ del triangolo in colore?

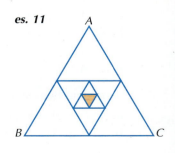

es. 11

**310**    Cap. 5: *L'equivalenza dei poligoni*

**12** Ciascuno dei quadrati della figura si ottiene congiungendo i punti medi dei lati del quadrato che lo contiene. Qual è l'area di ABCD in funzione dell'area S del quadrato in colore?

**13** Ciascuno dei rettangoli della figura si ottiene congiungendo i punti medi dei lati del rettangolo che lo contiene. Qual è l'area di ABCD in funzione dell'area S del rettangolo in colore?

**14** Le tre altezze di un triangolo equilatero lo dividono in sei triangoli. Come sono tra loro questi triangoli? Se indichi con T uno di questi, come puoi esprimere l'area del triangolo equilatero?

**15** Dimostra che se dai vertici di un triangolo tracci le parallele ai lati opposti, ottieni un nuovo triangolo equivalente al quadruplo di quello dato.

es. 12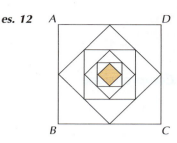

es. 13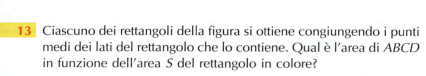

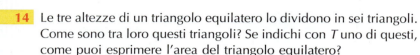

**16** Quali fra i seguenti poligoni sono equicomposti?

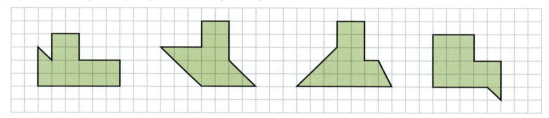

**17** Verifica, mediante la scomposizione in poligoni congruenti, che le coppie di disegni in figura sono equiestese.

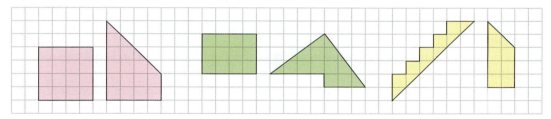

**18** Dai punti medi dei lati obliqui di un trapezio traccia le perpendicolari alle rette delle basi; dimostra che il rettangolo che si viene a formare è equivalente al trapezio.

**19** Per il punto B vertice dell'angolo retto di un triangolo rettangolo ABC traccia la retta r parallela all'ipotenusa AC; le perpendicolari da A e da C alla retta r la incontrano in H e K. Dimostra che il rettangolo AHKC è equivalente al doppio del triangolo ABC.
(Suggerimento: traccia l'altezza relativa all'ipotenusa)

**20** Dimostra che il rettangolo avente per lati i cateti di un triangolo rettangolo ABC è equivalente ad un rettangolo che ha per lati l'ipotenusa e l'altezza ad essa relativa.

**21** Considera un triangolo ABC e siano M, N e P i punti medi dei lati AB, AC e BC. Dimostra che il parallelogramma AMPN è equivalente alla metà del triangolo.

**22** Dimostra che un quadrato è equivalente alla metà del quadrato costruito sulla sua diagonale.

es. 20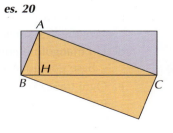

Cap. 5: *L'equivalenza dei poligoni* **311**

# I CRITERI DI EQUIVALENZA PER I POLIGONI

teoria a pagina 115

## Comprensione

**23** Un parallelogramma $P$ ha base $b$ e altezza $h$; si può dire che $P$ è equivalente a:
   a. un rettangolo di base $b$ e altezza $h$ ⬜V ⬜F
   b. un triangolo $T$ di base $2b$ e altezza $h$ ⬜V ⬜F
   c. un triangolo $T$ di base $b$ e altezza $\frac{1}{2}h$ ⬜V ⬜F
   d. il doppio di un triangolo $T$ di base $b$ e altezza $h$ ⬜V ⬜F
   e. un trapezio $T$ in cui la somma basi è uguale a $2b$ e altezza $h$ ⬜V ⬜F
   f. un rombo avente per diagonali $b$ e $h$. ⬜V ⬜F

**24** Tenendo presenti i teoremi di equivalenza, stabilisci se sono vere o false le seguenti proposizioni.
   a. Se due triangoli sono equivalenti allora hanno basi e altezze ordinatamente congruenti. ⬜V ⬜F
   b. Un rettangolo e un triangolo sono equivalenti se hanno le basi congruenti e se l'altezza del rettangolo è la metà di quella del triangolo. ⬜V ⬜F
   c. Se in un trapezio si traccia una diagonale, si ottengono due triangoli equivalenti. ⬜V ⬜F
   d. Tracciando dal vertice $A$ di un triangolo isoscele $ABC$ di base $BC$ un segmento $AP$ parallelo e congruente a $BC$ e congiungendo $P$ con $B$ (oppure $C$ a seconda dei casi) si ottiene un parallelogramma equivalente al doppio del triangolo ⬜V ⬜F
   e. Dai vertici $C$ e $D$ della base $DC$ di un trapezio $ABCD$ si tracciano le perpendicolari $CP$ e $DQ$ alla retta della base minore $AB$. Il rettangolo $DCPQ$ è equivalente al doppio del trapezio. ⬜V ⬜F

**25** Barra vero o falso.
   a. Se due rettangoli sono equivalenti e hanno una coppia di lati congruenti, allora sono congruenti. ⬜V ⬜F
   b. Se due triangoli hanno basi congruenti e sono equivalenti, allora anche le altezze sono congruenti. ⬜V ⬜F
   c. Se due parallelogrammi sono equivalenti ed hanno le altezze congruenti, allora sono congruenti. ⬜V ⬜F
   d. Se due triangoli non equivalenti hanno le altezze congruenti, allora le basi sono diverse. ⬜V ⬜F
   e. Se due trapezi equivalenti hanno altezze congruenti, allora hanno anche le basi congruenti. ⬜V ⬜F

**26** Barra vero o falso e modifica opportunamente le proposizioni false in modo che risultino vere.
   a. Due parallelogrammi con basi e altezze ordinatamente congruenti sono equivalenti. ⬜V ⬜F
   b. Un parallelogramma è equivalente ad un triangolo che ha la stessa base e la stessa altezza del parallelogramma. ⬜V ⬜F
   c. Un parallelogramma è equivalente ad un rettangolo che ha base e altezza rispettivamente congruenti a quelle del parallelogramma. ⬜V ⬜F
   d. Un triangolo è equivalente ad un parallelogramma che ha la stessa altezza del triangolo e base congruente alla sua metà. ⬜V ⬜F
   e. Ogni trapezio è equivalente ad un triangolo che ha per base la differenza delle basi del trapezio e per altezza la stessa altezza del trapezio. ⬜V ⬜F
   f. Due triangoli sono equivalenti se hanno basi e altezze ordinatamente congruenti. ⬜V ⬜F
   g. Un triangolo rettangolo è equivalente a un rettangolo che ha per lati i cateti del triangolo. ⬜V ⬜F

Cap. 5: *L'equivalenza dei poligoni*

## Applicazione

**27 ESERCIZIO GUIDATO**

Dimostra che un triangolo viene diviso da una delle sue mediane in due triangoli equivalenti. In quale caso i due triangoli sono anche congruenti?

Il triangolo *AMC* ha per base il segmento .......... e per altezza il segmento ..........
Il triangolo *CMB* ha per base .......... e per altezza .......... Ma le basi dei due triangoli sono .......... per ipotesi e le altezze sono .........., quindi ..........

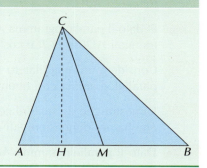

**28 ESERCIZIO GUIDATO**

Se due triangoli hanno due lati ordinatamente congruenti e l'angolo fra essi compreso uno supplementare dell'altro, allora sono equivalenti.

Disegniamo i due triangoli in modo che abbiano in comune uno dei lati congruenti, per esempio *AB* e, dopo aver completato il triangolo *ABC*, costruiamo *ABD* in modo che l'angolo $\widehat{DAB}$ sia supplementare di $\widehat{CAB}$. Tracciamo poi dai vertici *C* e *D* le perpendicolari alla retta del lato *AB*; i segmenti *CH* e *DK* rappresentano quindi le altezze dei due triangoli. Per dimostrare che *ABC* e *ABD* sono equivalenti basta adesso dimostrare che le due altezze sono congruenti.

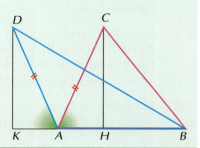

**29** Come puoi dividere un triangolo in tre parti equivalenti con due semirette che escono dallo stesso vertice?

**30** Dato il triangolo *ABC*, traccia le sue mediane *AM* e *BN* che si incontrano in *O*. Dimostra che:

a. $\widehat{AMB} \doteq \widehat{ANB}$

b. $\widehat{ANO} \doteq \widehat{MBO}$

(Suggerimento: ricorda che la retta *NM* è parallela al lato *AB*)

es. 30

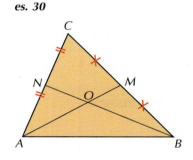

**31** Tenendo presente l'esercizio precedente dimostra che le tre mediane di un triangolo lo dividono in sei triangoli fra loro equivalenti. Se indichi con *T* uno di tali triangoli, come puoi esprimere l'area del triangolo dato?

**32** Dimostra che le diagonali di un parallelogramma lo dividono in quattro triangoli equivalenti. Se indichi con *T* l'area di uno di questi triangoli, come puoi esprimere l'area del parallelogramma?

**33** Dimostra che se congiungi un punto di una mediana di un triangolo con gli altri vertici, ottieni due coppie di triangoli equivalenti.

**34** Sia *M* il punto medio della diagonale *AC* di un trapezio *ABCD*; dimostra che, congiungendo *M* con i vertici *B* e *D*, il trapezio viene diviso in quattro triangoli equivalenti a due a due.
(Suggerimento: i triangoli equivalenti sono *AMB* e *CMB* perchè ............. e *AMD* e *CMD* perché ............)

es. 34

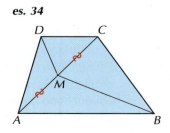

Cap. 5: *L'equivalenza dei poligoni*

**35** Sia *ABC* un triangolo isoscele di base *BC* nel quale l'altezza *AH* è congruente alla base. Congiungi il punto medio *M* di *AH* con i vertici *B* e *C* e dimostra che il triangolo *BMC* è equivalente a metà del triangolo *ABC*.

**36** E' dato il parallelogramma *ABCD*. Considera il punto *P* interno al lato *CD* e dimostra che la somma dei triangoli *ADP* e *PCB* è costante al variare di *P* ed è equivalente al triangolo *APB*.

**37** Considera un quadrilatero *ABCD* e dai suoi vertici traccia le parallele alle diagonali. Dimostra che il parallelogramma così ottenuto ha area doppia di quella del quadrilatero.

**38** Dimostra che un quadrilatero che ha le diagonali perpendicolari è equivalente a metà del rettangolo che ha per dimensioni tali diagonali.

**39** Dato il parallelogramma *ABCD* traccia la sua diagonale *AC*, prendi su di essa un punto *P* e traccia i segmenti *PD* e *PB*. Dimostra che il parallelogramma viene diviso in quattro triangoli equivalenti a due a due.

**40** Dato un parallelogramma *ABCD*, considera un punto *P* sulla sua diagonale *AC* in modo che $PC \cong 2AP$. Tracciando i segmenti *DP* e *BP* il parallelogramma resta diviso in due quadrilateri. Tenendo presente anche l'esercizio precedente, dimostra che l'area del quadrilatero convesso è doppia dell'area di quello concavo.

**41** Considera i punti medi *M* ed *N* delle basi di un trapezio; dimostra che il segmento che li congiunge divide il trapezio in due trapezi fra loro equivalenti.
(Suggerimento: se *M* è il punto medio della base minore, congiungi gli estremi della base maggiore con *M* ed osserva i triangoli che si vengono a formare)

**42** Considera un trapezio e congiungi gli estremi di uno dei lati obliqui con il punto medio dell'altro. Dimostra che il triangolo così ottenuto è equivalente alla metà del trapezio.

**43** Considera due segmenti consecutivi *AC* e *AB* e traccia l'asse *r* di *AB*. Dopo aver determinato il punto *D* simmetrico di *C* rispetto ad *r*, indica con *M* ed *N* rispettivamente le intersezioni di *r* con *AB* e *CD*, quindi considera il punto *S* simmetrico di *M* rispetto ad *N*. Dimostra che i triangoli *CAB*, *ADB* e *ASM* sono equivalenti.

## I TEOREMI DI PITAGORA E DI EUCLIDE

*teoria a pagina 117*

### Comprensione

**44** Quale dei seguenti enunciati è una esatta formulazione del teorema di Pitagora?
In ogni triangolo rettangolo:
- **a.** la somma delle aree costruite sui cateti è uguale all'area costruita sull'ipotenusa
- **b.** i quadrati costruiti sui cateti sono equivalenti al quadrato costruito sull'ipotenusa
- **c.** la somma delle aree dei cateti è uguale all'area dell'ipotenusa
- **d.** la somma dei cateti è uguale all'ipotenusa
- **e.** il quadrato costruito sull'ipotenusa è equivalente alla somma dei quadrati costruiti sui cateti.

**45** Quale fra le seguenti proposizioni è una formulazione corretta del secondo teorema di Euclide?
In ogni triangolo rettangolo:
- **a.** il quadrato costruito sull'altezza relativa all'ipotenusa è equivalente alla somma dei quadrati costruiti sulle proiezioni dei cateti sull'ipotenusa
- **b.** il quadrato costruito sull'altezza relativa all'ipotenusa è uguale al rettangolo che ha per dimensioni le proiezioni dei cateti sull'ipotenusa

c. il quadrato costruito sull'altezza relativa all'ipotenusa è equivalente al rettangolo che ha per dimensioni le proiezioni dei cateti sull'ipotenusa
d. l'area dell'altezza relativa all'ipotenusa è uguale all'area delle proiezioni dei cateti sull'ipotenusa.

**46** Con riferimento alla figura si può dire che:
a. $q(AC) \doteq r(BC, BH)$    V F
b. $q(AB) \doteq r(BH, HC)$    V F
c. $q(AB) \doteq r(BC, BH)$    V F
d. $q(AH) \doteq r(BH, HC)$    V F
e. $q(HC) \doteq r(AC, KC)$    V F
f. $q(AH) \doteq r(AK, KC)$    V F

**47** Con riferimento al triangolo rettangolo in figura nel quale AH rappresenta l'altezza relativa all'ipotenusa, stabilisci quali delle seguenti relazioni sono vere e quali sono false:
a. $r(BH, HC) \doteq q(BC)$    V F
b. $r(CH, CB) \doteq q(AC)$    V F
c. $q(AH) \doteq r(CH, HB)$    V F
d. $q(BC) - q(AC) \doteq q(AB)$    V F
e. $q(AH) \doteq q(AB) - q(BH)$    V F
f. $q(CH) \doteq q(AC) + q(AH)$    V F

**48** Con riferimento al triangolo ABC rettangolo in A in figura, determina quali fra le seguenti relazioni sono vere e quali sono false:
a. $r(AH, HB) \doteq q(BC)$    V F
b. $r(CH, HB) \doteq q(AB) - q(HB)$    V F
c. $r(AB, AC) \doteq q(BC)$    V F
d. $q(AC) \doteq q(CB) - q(AB)$    V F
e. $q(HB) \doteq q(AB) + q(AH)$    V F
f. $q(AC) - q(CH) + q(HB) \doteq q(AB)$    V F

## Applicazione

**49** **ESERCIZIO GUIDATO**

E' dato un trapezio ABCD di basi AB e CD; traccia le bisettrici degli angoli di vertici B e C che si incontrano in O e da O la perpendicolare al lato BC che lo incontra in H.
Dimostra che $q(OH) \doteq r(CH, HB)$.

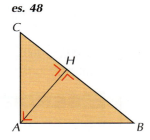

La relazione da dimostrare è quella del secondo teorema di Euclide applicata al triangolo BOC; basta quindi dimostrare che tale triangolo è retto in O. A questo scopo osserva che:

- BO è bisettrice dell'angolo $\widehat{ABC}$ per ipotesi
- CO è bisettrice dell'angolo $\widehat{BCD}$ per ipotesi
- gli angoli $\widehat{ABC}$ e $\widehat{BCD}$ sono supplementari perché ....................

 quindi $\widehat{OBC}$ e $\widehat{BCO}$ formano un angolo retto perché ................

Puoi adesso concludere che l'angolo $\widehat{BOC}$ è retto perché ..........................

Cap. 5: *L'equivalenza dei poligoni*

**50** Dato il triangolo equilatero *ABC* e tracciata la sua altezza *AH*, dimostra che $q(AH) \doteq \frac{3}{4} q(AB)$.

(Suggerimento: applica il teorema di Pitagora al triangolo *ABH* e tieni presente che $BH \cong \frac{1}{2} AB$)

**51** In un quadrilatero *ABCD* gli angoli di vertice *B* e *D* sono retti. Dimostra che la somma dei quadrati dei suoi lati è equivalente al doppio del quadrato della diagonale *AC*.

**52** Dal punto d'intersezione delle diagonali di un rombo, traccia la perpendicolare a un lato. Dimostra che il quadrato avente per lato tale perpendicolare è equivalente al rettangolo dei due segmenti in cui essa divide il lato stesso.

**53** È dato il triangolo *ABC* rettangolo in *A*; siano *AM* e *AH* rispettivamente la mediana e l'altezza relative all'ipotenusa *BC*. Dimostra che il quadrato costruito su *MC* è equivalente alla somma dei quadrati costruiti su *AH* e *HM*.
(Suggerimento: ricorda che in un triangolo rettangolo la mediana relativa all'ipotenusa è metà dell'ipotenusa stessa)

## 54 ESERCIZIO GUIDATO

Dato il triangolo *ABC* rettangolo in *A*, congiungi il vertice *B* con un punto *D* del cateto *AC*. Dimostra che la somma dei quadrati di *BD* e *AC* è equivalente alla somma dei quadrati di *BC* e *AD*.

Applica il teorema di Pitagora ai triangoli *ABD* e *ABC*.

$q(BD) \doteq q(\ldots\ldots) + q(\ldots\ldots)$

$q(AC) \doteq q(\ldots\ldots) - q(\ldots\ldots)$

Se sommi membro a membro le due relazioni ottieni:

$q(BD) + q(AC) \doteq \ldots\ldots$ quindi $\ldots\ldots$

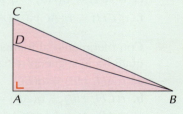

## 55 ESERCIZIO GUIDATO

Dimostra che se un quadrilatero ha le diagonali perpendicolari, la somma dei quadrati di due lati opposti è equivalente alla somma dei quadrati degli altri due.

Applicando il teorema di Pitagora ai triangoli rettangoli che si vengono a formare ottieni le relazioni:

$q(AB) \doteq q(BO) + q(\ldots\ldots)$

$q(CD) \doteq q(\ldots\ldots) + q(\ldots\ldots)$

$q(AD) \doteq \ldots\ldots$

$q(CB) \doteq \ldots\ldots$

Allora $q(AB) + q(CD) \doteq q(BO) + q(\ldots) + q(\ldots) + q(\ldots)$

$q(AD) + q(CB) \doteq \ldots\ldots$

I secondi membri di queste due ultime relazioni sono formati dagli stessi quadrati, quindi.....

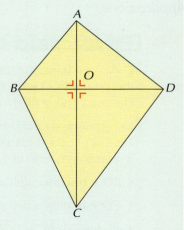

**56** Dimostra che in un triangolo isoscele il quadrato della base è equivalente al quadruplo della differenza tra il quadrato del lato e quello dell'altezza relativa alla base.

**57** In un trapezio rettangolo la base maggiore DC ha lunghezza doppia della base minore AB che, a sua volta, è congruente all'altezza AD. Dimostra che $q(BC) \doteq 2q(AB)$.
(Suggerimento: traccia l'altezza BH ed osserva che $DH \cong$ .......... $\cong$ .......... Applicando il teorema di Pitagora al triangolo BHC ottieni.........)

**58** In un trapezio ABCD, rettangolo in A e D, la diagonale DB è perpendicolare al lato obliquo BC. Indicato con H il piede dell'altezza uscente dal vertice B della base minore, dimostra che vale la relazione $q(BD) \doteq q(AB) + r(DH, HC)$.

es. 59

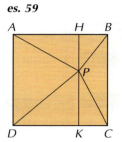

**59** Considera un quadrato ABCD ed un suo punto P interno. Dimostra che la somma dei quadrati delle distanze di P da due vertici opposti è equivalente alla somma dei quadrati delle sue distanze dagli altri due.
(Suggerimento: traccia da P la parallela a una coppia di lati del quadrato e applica il teorema di Pitagora)

**60** Un quadrilatero ABCD si ottiene dall'accostamento di due triangoli rettangoli congruenti aventi l'ipotenusa AC in comune; gli altri due vertici B e D sono simmetrici rispetto alla retta AC e H è il punto di intersezione delle diagonali. Dimostra che $q(BD) \doteq 4r(AH, HC)$.

**61** **ESERCIZIO GUIDATO**

Dimostra che il quadrato costruito sulla somma di due segmenti è equivalente alla somma dei quadrati costruiti su ciascun segmento aumentata del doppio rettangolo che ha per lati i due segmenti.

Osserva la figura a lato in cui, dati i segmenti a e b abbiamo costruito il quadrato che ha per lato il segmento $a + b$. Tale quadrato è dato dalla somma di.....
La dimostrazione fatta può essere considerata l'interpretazione geometrica dello sviluppo del quadrato di un binomio.

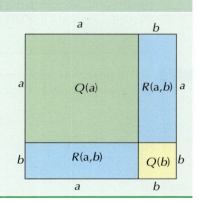

**62** Dati due segmenti a e b dimostra che $q(a - b) \doteq q(a) + q(b) - 2r(a, b)$.
(Suggerimento: disegna due segmenti adiacenti a e b e costruisci le figure indicate dalla relazione; procedi poi in modo analogo all'esercizio precedente)

**63** Dimostra che la differenza dei quadrati di due segmenti è equivalente al rettangolo che ha per dimensioni la somma di tali segmenti e la loro differenza.

# Esercizi per lo sviluppo delle competenze

**1** In un trapezio isoscele ABCD la diagonale BD è perpendicolare al lato obliquo BC; sia BH l'altezza del trapezio. Dimostra che $q(BH) \doteq q(HC) + r(AB, HC)$.

**2** Sia P il punto medio dell'altezza BH di un trapezio ABCD di base maggiore DC. Dimostra che, congiungendo P con i vertici del trapezio, ottieni i quattro triangoli ABP, BCP, ADP e DPC tali che la somma dei due non adiacenti è equivalente alla somma degli altri due.

**3** Sia ABC un triangolo equilatero; prolungato il lato AB, dalla parte di B, sia P un punto su tale prolungamento. Traccia ora: la bisettrice dell'angolo $\widehat{CBP}$, la perpendicolare CH dal vertice C su tale bisettrice, l'altezza *CK* del triangolo *ABC*. Indicato con *Q* il punto d'intersezione di *AH* con *BC*, dimostra che i triangoli *CQH* e *ABQ* sono equivalenti.

**4** Dimostra che in un trapezio isoscele il quadrato di una diagonale è equivalente alla somma del quadrato del lato obliquo con il rettangolo delle basi.

**5** È dato il triangolo *ABC* rettangolo in *A*; dal punto medio *M* del cateto *AC* conduci la perpendicolare all'ipotenusa che la incontra in *K*. Dimostra che $q(AB) \doteq q(BK) - q(KC)$.

**6** Dimostra che se congiungi il baricentro di un triangolo con i suoi vertici ottieni tre triangoli fra loro equivalenti.

**7** # ESERCIZIO GUIDATO

Un appezzamento di terreno di forma triangolare deve essere diviso in due parti di ugual superficie per mezzo di una linea retta passante per un punto assegnato di un lato del triangolo. Come si può fare?

Disegniamo un triangolo *ABC* e prendiamo un punto *P* sul lato *AC*. Per determinare la direzione della retta di divisione procediamo in questo modo: tracciamo la mediana *BM* e da *M* la parallela a *BP* fino ad incontrare in *Q* il lato *BC*. La linea di divisione è la retta di *PQ* perché ..........

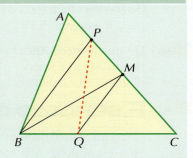

**8** Se l'appezzamento di terreno fosse di forma quadrangolare e lo si dovesse dividere con una linea retta passante per un suo vertice, come si dovrebbe procedere?

IL CAPITOLO SI COMPLETA CON:

**318**  Cap. 5: *L'equivalenza dei poligoni*

# Test Finale

**1** Di quattro figure A, B, C, D si sa che A e B sono equicomposte, che C e D sono equicomposte, ma che A e C non sono equicomposte; si può dire che:
 a. A e B sono equivalenti, C e D sono equivalenti ma non si può escludere che siano tutte e quattro equivalenti [V] [F]
 b. $A + C \doteq B + D$ [V] [F]
 c. $A + C + B \doteq B + D + A$ [V] [F]
 d. se A, B, C, D sono dei poligoni, allora A e C non possono essere equivalenti. [V] [F]

1 punto

**2** Indica il valore di verità delle seguenti proposizioni relative ad un parallelogramma di base $b = 10\ell$ e altezza $h = 20\ell$;
 a. è equivalente ad un triangolo di base $b = 20\ell$ e altezza $h = 20\ell$ [V] [F]
 b. è equivalente ad un triangolo di base $b = 20\ell$ e altezza $h = 10\ell$ [V] [F]
 c. è equivalente al doppio di un triangolo di base $b = 10\ell$ e altezza $h = 20\ell$ [V] [F]
 d. è equivalente ad un rettangolo di dimensioni $10\ell$ e $20\ell$. [V] [F]

1 punto

**3** Un trapezio ha la base maggiore lunga $8a$, la base minore lunga $4a$ e l'altezza lunga $6a$; si può dire che è equivalente a:
 a. un triangolo di base $12a$ e altezza $6a$ [V] [F]
 b. un quadrato di lato $6a$ [V] [F]
 c. un rettangolo di lati $12a$ e $6a$ [V] [F]
 d. un rombo di lato $6a$. [V] [F]

1 punto

**4** Due triangoli di basi $b_1$ e $b_2$ e altezze $h_1$ e $h_2$ sono equivalenti; si può dire che:
 a. $b_1 \cong b_2 \wedge h_1 \cong h_2$ [V] [F]
 b. se $b_1 \cong b_2$ allora $h_1 \cong h_2$ [V] [F]
 c. se $2b_1 \cong b_2$ allora $2h_1 \cong h_2$ [V] [F]
 d. se $2b_1 \cong b_2$ allora $h_1 \cong 2h_2$ [V] [F]

1 punto

**5** In un trapezio ABCD, N e M sono i punti medi dei lati obliqui AD e BC; dimostra che il triangolo AMD è equivalente al triangolo BNC.

3 punti

**6** Un trapezio ABCD di basi AB e CD ha le diagonali perpendicolari che si incontrano in P. Dimostra che la somma dei quadrati costruiti sui lati obliqui è equivalente alla somma dei quadrati che hanno per lati i segmenti in cui le diagonali sono divise dal punto P.

3 punti

Cap. 5: *L'equivalenza dei poligoni*

# Soluzioni

**1** a. V, b. V, c. V, d. V

**2** a. V, b. F, c. V, d. V

**3** a. V, b. V, c. F, d. F

**4** a. F, b. V, c. F, d. V

**5** 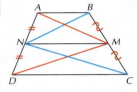 Tracciata la corda MN che è parallela alle basi del trapezio (inverso del teorema del fascio di rette parallele) sono equivalenti i triangoli ANM e BNM, DNM e CNM; di conseguenza sono equivalenti anche i triangoli NBC e MAD perché somme di triangoli equivalenti.

**6** 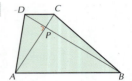 I triangoli DPA e CPB sono rettangoli; applicando il teorema di Pitagora a ciascuno di essi otteniamo:

$q(AD) \doteq q(DP) + q(AP)$  $\qquad q(CB) \doteq q(PC) + q(PB)$

Sommando membro a membro le due relazioni si ottiene la tesi.

| Esercizio | 1 | 2 | 3 | 4 | 5 | 6 | |
|---|---|---|---|---|---|---|---|
| Punteggio | | | | | | | |

Valutazione in decimi

Cap. 5: *L'equivalenza dei poligoni*

# MATEMATICA & SCIENZE

## Ancora il teorema di Pitagora

1. Una simpatica verifica "sperimentale" del teorema di Pitagora si può fare con alcuni contenitori e l'acqua. Ti servono tre scatole quadrate, tutte della stessa altezza, e aventi i lati lunghi come i due cateti e l'ipotenusa di un triangolo rettangolo. Puoi costruirle con del cartoncino plastificato tipo quello dei contenitori dei succhi di frutta oppure con del cartone rivestito di stagnola.
Riempi la scatola più grande, quella con il lato uguale all'ipotenusa, di acqua colorata (puoi usare della semplice tempera) e poi versala lentamente in una delle altre due scatole; ovviamente, essendo la scatola più piccola, ne avanzerà un po'.
Versa l'acqua avanzata nella terza scatola. Che cosa scopri?

2. Sappiamo che già gli antichi Egizi conoscevano il teorema di Pitagora, altrimenti non avrebbero potuto tracciare gli angoli retti delle basi quadrate delle piramidi.
Molti storici sostengono che il loro metodo era del tutto sperimentale e si basava sulla conoscenza di alcune terne pitagoriche, come per esempio 3, 4, 5 e quelle che da esse si deducono, come per esempio 6, 8, 10 oppure 9, 12, 15:

$3^2 + 4^2 = 5^2$    $6^2 + 8^2 = 10^2$    $9^2 + 12^2 = 15^2$

Usando una semplice corda annodata ad intervalli regolari si può costruire un triangolo rettangolo e quindi individuare la direzione di due rette perpendicolari. Spiega come puoi fare.

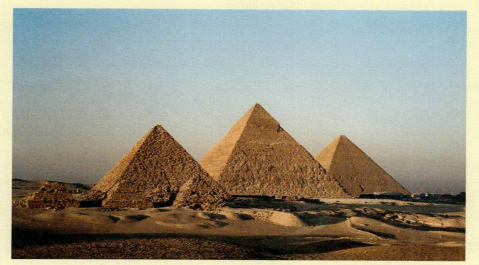

Cap. 5: *L'equivalenza dei poligoni*    **321**

# Matematica della vita quotidiana

### Perché i barattoli sono rotondi?

Quante volte capita di dover valutare un'area? Proviamo a fare un elenco: quando si deve comperare o vendere un terreno, quando si deve far valutare un appartamento, quando si deve fare un preventivo per ridipingere una casa, quando si deve dimensionare un campo da calcio o una palestra, quando si deve valutare l'estensione di una foresta, di un lago o di un Paese intero, quando si deve determinare il rapporto fra la superficie delle terre emerse rispetto a quella delle acque oppure la densità di popolazione di un territorio, o molto più semplicemente quando dobbiamo tappezzare le pareti della nostra stanza e vogliamo sapere quanta carta dobbiamo comperare.

Altre volte si devono affrontare problemi di *ricomposizione*. Quando si cambia casa e si vogliono risistemare i mobiletti della cucina, si deve rimettere tutto senza eliminare nulla e allora si gioca come in un puzzle spostando l'armadietto con le doppie antine dopo quello a vetri e incastrando subito sotto il forno che prima stava vicino alla lavastoviglie; quest'ultima, che prima era di fianco al frigorifero, adesso è sistemata a lato del lavello e il frigo, che non ci sta più sulla parete, lo spostiamo in quella di fronte.

Il giardiniere, che è venuto a tagliare l'erba, ha detto che oramai le rose non si piantano più a lato del vialetto e che la casa assumerebbe un'aria più moderna se le trasferissimo tutte in un'aiuola a fianco della porta d'ingresso: lo spazio occupato sarebbe lo stesso, ma l'estetica ci guadagnerebbe molto.

Figura 1

Ti sei mai chiesto perché i silos che servono per lo stoccaggio dei materiali, dal grano, al gas, agli idrocarburi, hanno forma circolare e anche molti contenitori in scatola hanno la stessa forma (**figura 1**)?

Con un filo di lunghezza $\ell$ puoi racchiudere una superficie che ha un'area variabile a seconda della figura che vuoi creare: tutti i poligoni in **figura 2** hanno lo stesso perimetro, ma le aree delle superfici sono una diversa dall'altra e fra tutte le superfici che si possono delimitare con una linea di lunghezza assegnata quella che ha area maggiore è il cerchio. La forma migliore per costruire un contenitore è quindi quella cilindrica perché, avendo la base più grande a parità di superficie, quindi di materiale utilizzato, è quella che ha maggiore capacità.

Di questo fatto doveva essere al corrente anche la regina Didone, che, costretta a fuggire dalla sua patria, si rifugiò nel territorio che oggi si trova nei pressi della città di Tunisi, dove chiese al re del luogo, Iarba, il permesso di fondare una città. Quando questi le disse che le avrebbe regalato tanta terra quanta potesse contenerne con una pelle di toro, Didone accettò subito. Tagliò la pelle in striscioline sottili, le annodò insieme e formò una lunga corda con la quale circoscrisse un'area sufficiente a dare origine alla città di Cartagine. Indovini che forma diede Didone alla sua città?

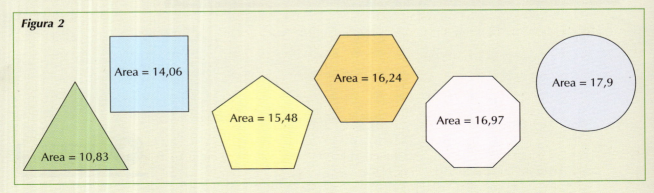

Figura 2

Area = 10,83
Area = 14,06
Area = 15,48
Area = 16,24
Area = 16,97
Area = 17,9

Cap. 5: *L'equivalenza dei poligoni*

 gare di matematica

**1** I tre quadrati del disegno hanno lo stesso lato. In che rapporto stanno le aree delle tre figure colorate?

a. La prima area è maggiore delle altre due.
b. La seconda area è maggiore delle altre due.
c. La terza area è maggiore delle altre due.
d. La prima area è uguale alla seconda, ed entrambe sono maggiori della terza.
e. Le tre aree sono uguali.

[e.]

**2** Alice, Berto e Carlo stanno cercando un tesoro. Sapendo che i tre amici si trovano sui vertici di un triangolo equilatero e che il tesoro si trova in un punto al di fuori del triangolo, a 1 metro di distanza da Alice e da Berto e a 2 metri di distanza da Carlo, quanti metri misura il lato del triangolo?

a. $\dfrac{2}{\sqrt{3}}$   b. $\dfrac{3\sqrt{3}}{4}$   c. $\dfrac{\sqrt{3}}{2}$   d. $\dfrac{3}{2}$   e. $\sqrt{3}$

[e.]

 Math in English   Theory on page 121    **CLIL**

**1** What are equivalent polygons?
   a. Polygons with the same angles.
   b. Polygons with the same perimeter.
   c. Polygons with the same number of sides.
   d. Polygons with the same area.

[d.]

**2** A ladder leans against a vertical wall, The lenght of the ladder is 6m; the bottom of the ladder is 2m from the base of the wall. How high is the top of the ladder above the ground, correct to 1 decimal place?

[5.7m]

**3** A man rides his bicycle due east at 16 km/h. His son rides his bicycle due south at 20 km/h. If they both leave point A at the same time, how far apart are they after 4 hours?

[102km]

**4** Decide whether each of the following triangles contains a right angle:
   a. sides: 6cm, 2cm, 5cm
   b. sides: 7cm, 25cm, 24cm
   c. sides: 8cm, 8cm ,10cm
   d. sides: 8cm, 15cm, 17cm.

[b., d.]

**5** A boat sails due east for 20km and it then sails north for 5km. How far in km is the boat from its starting point position, correct to 1 decimal place?

[20.6km]

Cap. 5: *L'equivalenza dei poligoni*

# CAPITOLO 6 ESERCIZI
# Grandezze, misura, proporzionalità e aree

## IL PROBLEMA DI MISURARE
*teoria a pagina 123*

**SOLUZIONI ES. COMPRENSIONE**

### Comprensione

**1** Dopo averne ricordato la definizione, indica quali fra i seguenti insiemi costituiscono una classe di grandezze omogenee:
   a. l'insieme degli angoli acuti
   b. l'insieme delle corde di una data circonferenza
   c. l'insieme degli angoli
   d. l'insieme degli archi di una data circonferenza
   e. l'insieme dei segmenti.

**2** Di una grandezza $A$ si sa che è uguale ai $\frac{7}{4}$ di una grandezza $B$; si può dire che:
   a. $A$ è multipla di $B$   ☐V ☐F
   b. $A$ è multipla della quarta parte di $B$   ☐V ☐F
   c. $B$ è multipla della settima parte di $A$   ☐V ☐F
   d. $B$ è sottomultipla della settima parte di $A$.   ☐V ☐F

**3** Rispetto ad una stessa unità di misura $U$, la misura di una grandezza $A$ è $\frac{3}{4}$, la misura di una grandezza $B$ è $\frac{15}{8}$. La misura di $A$ rispetto a $B$ è:
   a. $\frac{5}{2}$   b. $\frac{2}{5}$   c. $\frac{45}{32}$   d. $\frac{32}{45}$

**4** Due grandezze sono commensurabili; in questo caso:
   a. il loro rapporto si può sempre esprimere mediante un numero intero   ☐V ☐F
   b. il loro rapporto è sempre un numero razionale   ☐V ☐F
   c. hanno un sottomultiplo comune   ☐V ☐F
   d. hanno un multiplo comune.   ☐V ☐F

**5** Il rapporto fra due segmenti è $\frac{\sqrt{3}}{2}$; i due segmenti sono:
   a. commensurabili   b. incommensurabili.

**6** Sono date quattro grandezze $A$, $B$, $C$, $D$ omogenee fra loro; di esse si sa che $A = 3B$, $B = 4,\overline{2}C$, $C = \sqrt{2}D$. Indica quali fra le seguenti affermazioni sono vere:
   a. $A$ e $C$ sono commensurabili e $B$ e $D$ sono incommensurabili   ☐V ☐F
   b. $B$ e $C$ sono commensurabili, $A$ e $C$ sono incommensurabili   ☐V ☐F
   c. le quattro grandezze sono a due a due tutte incommensurabili   ☐V ☐F
   d. le prime tre grandezze sono a due a due sempre commensurabili, ma sono incommensurabili con la quarta.   ☐V ☐F

**7** Data la proporzione $A : B = C : D$, dove $A$ e $B$ sono grandezze omogenee fra loro e $C$ e $D$ sono grandezze omogenee fra loro:
   **a.** i medi sono ................., gli estremi sono ....................
   **b.** gli antecedenti sono ...................., i conseguenti sono ......................
   **c.** la grandezza ................. è la quarta proporzionale dopo .................
   **d.** se $B = C$ la proporzione si dice .......... e $B$ (oppure $C$) è ................. fra $A$ e $D$.

**8** Date quattro grandezze $A, B, C, D$ in modo che sussista la proporzione $A : B = C : D$, determina quali delle seguenti proporzioni sono vere:
   **a.** $2A : 4B = 5C : 10D$ ⬚V ⬚F
   **b.** $3A : 8C = 4B : 9D$ ⬚V ⬚F
   **c.** $(D + B) : B = (A + C) : C$ ⬚V ⬚F
   **d.** $3D : C = 3B : A$ ⬚V ⬚F
   **e.** $D : B = 6C : 6A$ ⬚V ⬚F

## Applicazione

**9** Rispetto ad una stessa unità di misura, la misura di un segmento $AB$ è $4\sqrt{3}$, quella di un segmento $CD$ è $\frac{3}{5}\sqrt{3}$; di questi segmenti si può dire che sono entrambi incommensurabili rispetto all'unità di misura scelta. Che cosa si può dire di $AB$ nei confronti di $CD$?

**10** $A$ e $B$ sono due segmenti; calcola la misura di $A$ rispetto a $B$ preso come unità nei casi che seguono e specifica quando $A$ è commensurabile o incommensurabile con $B$.
   **a.** $5A = 3B$
   **b.** $B$ è multiplo di un segmento $C$ secondo il numero $n$; $A$ multiplo di $C$ secondo il numero $7n$
   **c.** $A$ è 4 volte un segmento $C$, $B$ e $C$ non hanno sottomultipli comuni ma $q(B) \doteq 3q(C)$
   **d.** $B$ è 3 volte un segmento $C$, $q(A) \doteq 4q(C)$.

**11** Una grandezza $A$ è commensurabile con una grandezza $B$. Dimostra che anche la grandezza $A + 2B$ è commensurabile con $B$.

**12** Le misure di quattro segmenti $a, b, c, d$ rispetto ad una stessa unità di misura sono nell'ordine 25, 5, 15, 3. Puoi dire che sono in proporzione?

**13** Dati i segmenti $AB$, $CD$ ed $EF$ della figura a lato, determina il quarto proporzionale dopo di essi.

**14** Il rapporto fra due grandezze omogenee $A$ e $B$ è $\frac{3}{4}$, quello fra altre due grandezze $C$ e $D$ omogenee fra loro è $\frac{x}{20}$. Determina il valore di $x$ affinché le quattro grandezze considerate siano in proporzione.

**15** Per le grandezze omogenee $A, B, C, D$ vale la proporzione $A : B = C : D$. Sapendo che il rapporto $\frac{B}{D} = \frac{1}{2}$, calcola $\frac{A}{C}$.

**16** Considera un triangolo equilatero di lato $\ell$ e il suo perimetro, poi il quadrato di lato uguale a quello del triangolo. Puoi concludere che i perimetri dei due poligoni sono in proporzione con i rispettivi lati?

**17** Dato un segmento $AB$, come puoi procedere per determinare un punto $P$ su di esso in modo che $\frac{AP}{PB} = \frac{4}{5}$?

**18** Le basi di due triangoli sono tali che $\frac{b_1}{b_2} = \frac{2}{3}$, le loro altezze sono tali che $\frac{h_1}{h_2} = \frac{8}{12}$. Dopo aver verificato che le quattro grandezze considerate sono in proporzione, tenuto conto che sono tutte fra loro omogenee, verifica l'esattezza della scrittura $\frac{b_1}{h_1} = \frac{b_2}{h_2}$. Quali proprietà hai applicato?

**19** Un segmento $PQ$ misura 90cm, determina su di esso due punti $R$ e $S$ tali che $\frac{PQ}{RS} = \frac{6}{5}$ e che $\frac{PR}{SQ} = \frac{2}{3}$. A che distanza da $P$ devono essere presi i punti $R$ e $S$?
$\left[\overline{PR} = 6\text{cm}; \overline{PS} = 81\text{cm}\right]$

**20** Su un segmento $AB$ considera un punto $T$ in modo che $AT$ sia la terza parte di $AB$; su $AT$ considera un punto $S$ in modo che $AS$ sia la terza parte di $AT$. Dimostra che $AT$ è medio proporzionale fra $AB$ ed $AS$.

**21** Su un segmento $AB$ considera $M$, punto medio di $AB$, e il punto $C$ tale che $\frac{AC}{AB} = \frac{1}{5}$. Determina su $AB$ un punto $D$ in modo che $AC : MB = AD : CB$.
$\left[AD = \frac{8}{25}AB\right]$

**22** Sia $M$ il punto medio di un segmento $AB$ e sia $P$ il punto di $AB$ tale che $AP \cong \frac{1}{2}AM$. Dimostra che, se $N$ è un punto di $AB$ per cui vale la proporzione $AB : AM = MB : NM$, vale anche $AP : NB = AM : MB$. Dove si trova in questo caso il punto $N$?

**23** Fra sei grandezze omogenee $P, Q, R, S, T, E$ sussistono le proporzioni $P : Q = S : R$ e $Q : E = T : S$. Dimostra che sussiste anche $P : T = E : R$.

## GRANDEZZE PROPORZIONALI

*teoria a pagina 126*

**SOLUZIONI ES. COMPRENSIONE**

### Comprensione

**24** Due insiemi di grandezze, omogenee fra loro le prime e omogenee fra loro le seconde, in corrispondenza biunivoca fra loro, sono direttamente proporzionali se:
  **a.** all'aumentare dell'una aumenta anche l'altra
  **b.** il rapporto fra due qualsiasi elementi del primo insieme è uguale al rapporto inverso fra i corrispondenti due del secondo insieme
  **c.** comunque siano presi due elementi nel primo insieme, il loro rapporto è uguale al rapporto fra i corrispondenti due del secondo insieme.

**25** In base alla definizione, due insiemi di grandezze in corrispondenza biunivoca sono inversamente proporzionali se:
  **a.** è costante il rapporto fra grandezze corrispondenti       V F
  **b.** è costante il prodotto fra le misure di grandezze corrispondenti       V F
  **c.** esistono due grandezze nel primo insieme il cui rapporto è uguale al rapporto inverso delle corrispondenti due del secondo insieme       V F
  **d.** per ogni coppia di grandezze del primo insieme, il loro rapporto è uguale al rapporto inverso fra le corrispondenti due del secondo insieme.       V F

**26** Due insiemi di grandezze sono inversamente proporzionali; allora:
  **a.** il prodotto fra le misure di due grandezze corrispondenti è costante
  **b.** il quoziente fra le misure di due grandezze corrispondenti è costante
  **c.** il prodotto fra le misure di due grandezze del primo insieme è uguale al prodotto delle corrispondenti due del secondo insieme.

**27** In base al criterio di proporzionalità, due insiemi di grandezze in corrispondenza biunivoca sono direttamente proporzionali se:
  a. il rapporto fra le misure di grandezze corrispondenti è costante
  b. si conservano la congruenza e la somma
  c. si conserva la congruenza oppure la somma.

**28** Barra vero o falso.
  a. Se due triangoli sono equivalenti, le basi sono proporzionali alle altezze.  V F
  b. Se due rettangoli sono equivalenti, le basi sono inversamente proporzionali alle altezze.  V F
  c. La mediana di un triangolo divide il lato a cui si riferisce in parti proporzionali agli altri due lati.  V F
  d. L'altezza di un triangolo divide la base in parti inversamente proporzionali agli altri due lati.  V F

**29** Stabilisci in quali dei seguenti casi c'è proporzionalità diretta fra i seguenti insiemi di grandezze:
  a. corde di una circonferenza e angoli al centro che insistono su quelle corde
  b. perimetri dei quadrati e corrispondenti lati
  c. angoli alla circonferenza e archi corrispondenti
  d. corde di una circonferenza e corrispondenti distanze dal centro
  e. aree dei quadrati e corrispondenti lati.

**30** Una relazione di proporzionalità quadratica:
  a. è equivalente a una relazione di proporzionalità diretta tra una grandezza e il quadrato di un'altra  V F
  b. è equivalente a una relazione di proporzionalità inversa tra una grandezza e il quadrato di un'altra  V F
  c. entrambe le affermazioni **a.** e **b.** sono false  V F
  d. entrambe le affermazioni **a.** e **b.** sono vere  V F

**31** Indica quali fra le seguenti funzioni rappresentano una proporzionalità inversa, quali una proporzionalità diretta, quali una proporzionalità quadratica e quali nessuna delle tre:
  a. $xy = -2$    b. $x + y = -2$    c. $4xy = 1$    d. $x - y = 0$
  e. $2x - y = 0$    f. $y = x^2$    g. $\dfrac{1}{xy} = 3$    h. $y = \dfrac{3}{x^2}$

## Applicazione

*Completa le tabelle in modo che le due variabili x e y risultino direttamente proporzionali.*

**32**

| x | y |
|---|---|
| 2 | 6 |
| 3 | ..... |
| $\dfrac{1}{2}$ | ..... |
| ..... | $\dfrac{4}{5}$ |
| ..... | 1 |
| $\dfrac{5}{6}$ | ..... |

**33**

| x | y |
|---|---|
| 1 | ..... |
| 5 | $\dfrac{1}{2}$ |
| ..... | 3 |
| $\dfrac{3}{4}$ | ..... |
| ..... | 1 |
| $\dfrac{1}{2}$ | ..... |

Cap. 6: *Grandezze, misura, proporzionalità e aree*

**34**

| x | y |
|---|---|
| ..... | −6 |
| 5 | ..... |
| −3 | 4 |
| $-\frac{5}{2}$ | ..... |
| ..... | 1 |

**35**

| x | y |
|---|---|
| ..... | $\frac{1}{6}$ |
| 4 | ..... |
| −2 | ..... |
| ..... | 3 |
| 1 | $\frac{3}{4}$ |

*Completa le tabelle in modo che le due variabili x e y risultino inversamente proporzionali.*

**36**

| x | y |
|---|---|
| 8 | 1 |
| 4 | ..... |
| −3 | ..... |
| ..... | 5 |
| ..... | −6 |

**37**

| x | y |
|---|---|
| ..... | 2 |
| −1 | ..... |
| 8 | ..... |
| −4 | ..... |
| $\frac{1}{2}$ | $\frac{6}{5}$ |

**38**

| x | y |
|---|---|
| ..... | $\frac{10}{9}$ |
| 2 | ..... |
| −3 | −10 |
| −6 | ..... |
| ..... | −1 |

**39**

| x | y |
|---|---|
| 1 | ..... |
| 4 | −4 |
| −2 | ..... |
| $\frac{8}{3}$ | ..... |
| ..... | $-\frac{1}{2}$ |

*Completa le tabelle in modo che le due variabili x e y risultino in relazione di proporzionalità quadratica.*

**40**

| x | y |
|---|---|
| 2 | ... |
| 5 | $\frac{25}{2}$ |
| ... | $\frac{2}{7}$ |
| $\frac{1}{2}$ | ... |
| 3 | ... |
| $\frac{4}{5}$ | ... |

**41**

| x | y |
|---|---|
| 1 | 2 |
| ... | 8 |
| $\frac{2}{3}$ | ... |
| $\frac{3}{2}$ | ... |
| ... | $\frac{1}{2}$ |
| ... | 18 |

Cap. 6: *Grandezze, misura, proporzionalità e aree*

**42**

| x | y |
|---|---|
| 1 | ... |
| 2 | 8 |
| $\frac{1}{4}$ | ... |
| $\frac{1}{3}$ | ... |
| ... | $\frac{9}{8}$ |
| ... | $\frac{1}{3}$ |

**43**

| x | y |
|---|---|
| 2 | ... |
| 4 | ... |
| 6 | ... |
| $\frac{2}{3}$ | $\frac{1}{6}$ |
| ... | $\frac{2}{3}$ |
| ... | $\frac{1}{4}$ |

*Stabilisci quali fra le seguenti relazioni rappresentano una proporzionalità diretta o inversa o una proporzionalità quadratica; in tali casi rappresentale graficamente.*

**44** $y = 3x$ $\qquad$ $2y = x$ $\qquad$ $2x - y = 1$

**45** $3xy = 1$ $\qquad$ $\frac{1}{y} = x^2$ $\qquad$ $x - 4y = 0$

**46** $xy - 2 = 0$ $\qquad$ $4xy + 6 = 0$ $\qquad$ $\frac{1}{x} = \frac{1}{y}$

**47** $3x - 2y = 0$ $\qquad$ $\frac{1}{2}xy + 1 = 0$ $\qquad$ $\frac{3}{y} = \frac{4}{x^2}$

**48** $y = \frac{x^2}{4}$ $\qquad$ $y = 3x^2 - 1$ $\qquad$ $y = 4x^2$

**49** $y = 2x$ $\qquad$ $y = \frac{5}{6x^2}$ $\qquad$ $y = \frac{3}{4}x^2$

## Problemi

**50** Per fare un regalo si spendono € 160 e tale importo deve essere suddiviso tra un certo numero di amici. Scrivi la relazione che esprime la spesa *y* che ciascun amico deve sostenere in funzione del numero di persone che partecipano alla spesa e tracciane il grafico. Successivamente determina:
   **a.** la spesa di ognuno se gli amici sono 5
   **b.** quanti sono gli amici se ciascuno spende € 20.
   $\qquad$ [$xy = 160$; € 32; 8 amici]

**51** Un prisma retto a base quadrata ha il volume di 128cm³; esprimi la relazione che lega l'area *A* del quadrato di base con l'altezza *h* del prisma, riconoscine il tipo e rappresentala graficamente in un sistema di riferimento cartesiano. Successivamente determina:
   **a.** la misura dell'altezza se il lato di base del prisma è di 4cm
   **b.** la misura del lato di base se l'altezza è di 32cm.
   $\qquad$ [$Ah = 128$; 8cm; 2cm]

**52** Per percorrere una distanza di 1200 metri si impiega un tempo *t* che è inversamente proporzionale alla velocità *v*. Scrivi la legge che esprime la relazione tra *t* e *v*, rappresentala in un piano cartesiano e deduci dal grafico ottenuto:
   **a.** in quanto tempo vengono percorsi i 1200 metri se la velocità è di 10m/s
   **b.** quale deve essere la velocità se si vuole percorrere quello spazio in 4 minuti.
   $\qquad$ [$vt = 1200$; 2 minuti; 5m/s]

Cap. 6: *Grandezze, misura, proporzionalità e aree*

**53** Il tempo necessario per ridipingere un appartamento è 24 ore se ad eseguire il lavoro è una sola persona. Indicando con *n* il numero di persone che possono contemporaneamente imbiancare e con *t* il tempo necessario a completare il lavoro, esprimi la legge che lega le due variabili e rappresentala in un piano cartesiano tenendo presente che *n* è una variabile di tipo intero. Successivamente deduci dal grafico:
 a. quante persone è necessario impiegare per terminare il lavoro in 8 ore
 b. quante ore servono se le persone sono 6. [$nt = 24$; 3 persone; 4 ore]

*Risolvi i seguenti problemi sulla proporzionalità diretta e inversa.*

**54** Una sbarra d'acciaio lunga 20m è incernierata a 12m da uno dei suoi estremi ai quali sono appoggiati due pesi *x* e *y*; la sbarra è in equilibrio se il rapporto fra i pesi è uguale al rapporto inverso fra le distanze dal punto di cerniera. Scrivi la relazione di equilibrio, riconoscine il tipo e rappresentala in un piano cartesiano.

**55** Un rubinetto, se totalmente aperto, può riempire un serbatoio da 120 litri in 8 minuti; se *x* rappresenta la capacità di un serbatoio e *y* rappresenta il tempo che ci vuole a riempirlo, scrivi la relazione fra *x* e *y*, riconoscine il tipo e rappresentala in un piano cartesiano.

**56** Il rapporto fra la massa *M* di un liquido misurata in chilogrammi ed il suo volume *V* misurato in m$^3$ è una costante che caratterizza il fluido e che prende il nome di densità. Supponendo di avere un fluido di densità uguale a 0,8kg/m$^3$, scrivi la legge che lega le variabili *M* e *V*, riconoscine il tipo e rappresentala in un piano cartesiano.

**57** Una banca paga un interesse dell'1,8% annuo sui depositi e fa pagare ai suoi clienti un interesse del 12,75% annuo sui prestiti. Se *x* rappresenta il capitale versato o prestato e *y* l'interesse percepito o pagato in un anno, scrivi la relazione fra *x* e *y* nei due casi, riconoscine il tipo e rappresentala in un piano cartesiano.

**58** L'energia elettrica (misurata in Joule) consumata da una lampada è espressa dalla formula $E = Pt$, dove *P* indica in Watt la potenza della lampada e *t* il tempo di utilizzo in secondi. Traccia il grafico della relazione per una lampadina da 40Watt e rileva l'energia consumata dopo 10 minuti.

**59** La molecola del sale da cucina (cloruro di sodio) è formata da un atomo di sodio e da un atomo di cloro; la massa di un atomo di sodio, misurata rispetto a quella di un atomo di idrogeno preso come unità, è 22,9898 mentre quella di un atomo di cloro è 35,453. Scrivi la relazione che esprime il rapporto fra la quantità *x* di sodio e quella *y* di cloro presenti nell'unità di massa e, dopo averne riconosciuto il tipo, rappresentala in un piano cartesiano. In 1kg di sale da cucina quanti grammi di sodio e quanti di cloro ci sono? [$\approx 393{,}37$; $\approx 606{,}63$]

**60** Una ruota di bicicletta di un certo diametro *x* compie *y* giri per fare un percorso di 12km; scrivi la relazione fra il diametro della ruota ed il numero di giri e rappresentala graficamente. Che diametro deve avere la ruota per percorrere i 12km con 2865 giri? [$\approx 133$cm]

**61** L'efficacia di un farmaco diminuisce nel tempo secondo la legge $y = \dfrac{12}{t}$ dove il tempo *t* viene misurato in ore. Il paziente dovrebbe assumere una dose del farmaco quando l'efficacia scende al di sotto del valore 1,5. Sul foglietto che accompagna il medicinale, quale deve essere il tempo consigliato tra una somministrazione e l'altra? Rappresenta graficamente la soluzione del problema.
[una dose ogni 8 ore]

*Risolvi i seguenti problemi sulla proporzionalità quadratica.*

**62** Sia *x* la lunghezza dello spigolo di un cubo e sia *y* la sua superficie totale; esprimi la relazione tra *x* e *y* e, dopo averne riconosciuto la tipologia, rappresentala nel piano cartesiano. Deduci poi dal grafico ottenuto:

**330** Cap. 6: *Grandezze, misura, proporzionalità e aree*

**a.** qual è la superficie di un cubo di lato 3m
**b.** la misura del lato se la superficie totale è 24m².

$[y = 6x^2; 54m^2; 2m]$

**63** L'area $S$ di un poligono regolare dipende dalla lunghezza $\ell$ del suo lato; stabilisci la natura di questa dipendenza e rappresentala in un piano cartesiano considerando i casi particolari del triangolo equilatero, del quadrato, del pentagono e dell'esagono.

**64** In un rombo $ABCD$ la diagonale $AC$ è doppia di $DB$; posto $\overline{DB} = x$, esprimi l'area $y$ del rombo in funzione di $x$. Rappresenta poi graficamente la funzione ottenuta.

$[y = x^2]$

# IL TEOREMA DI TALETE

teoria a pagina 133

## Comprensione

**65** Con riferimento alla figura a lato che rappresenta un fascio di rette parallele tagliate da due trasversali, si ha che:

es. 65

**a.** se su una trasversale ci sono segmenti congruenti, anche sulla seconda trasversale i segmenti ad essi corrispondenti sono congruenti  V F
**b.** vale la proporzione $AB : A'B' = BC : B'C'$  V F
**c.** vale la proporzione $DE : BC = B'C' : D'E'$  V F
**d.** se vale la proporzione $AB : CD = A'B' : D'E'$
allora $D'E' \cong C'D'$.  V F

**66** Con riferimento alla figura del precedente esercizio, se $\overline{AB} = 30$, $\overline{CD} = 45$, $\overline{A'B'} = 36$, la misura del segmento $C'D'$ è uguale a:
**a.** 54    **b.** 24
**c.** 37,5   **d.** nessuna delle precedenti

**67** Due lati di un triangolo sono lunghi rispettivamente $8a$ e $15a$; una parallela al terzo lato divide il primo in parti proporzionali ai numeri 3 e 2. Le due parti in cui rimane diviso il secondo lato sono lunghe:
**a.** $8a$ e $7a$   **b.** $7,5a$ e $7,5a$   **c.** $10a$ e $5a$   **d.** $9a$ e $6a$

**68** Nel triangolo $ABC$ in figura, $BD$ è la bisettrice dell'angolo interno di vertice $B$ e $CE$ è la bisettrice dell'angolo esterno di vertice $C$; indica quali fra le seguenti proporzioni sono vere:

es. 68

**a.** $AB : BC = DC : DA$  V F
**b.** $AB : AD = BC : DC$  V F
**c.** $AE : BE = AC : BC$  V F
**d.** $AE : AB = AC : BC$  V F

## Applicazione

### Sul teorema di Talete

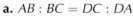

**69** Date due rette parallele $r$ e $s$, qual è il luogo dei punti che hanno distanze da $r$ e da $s$ in rapporto assegnato $k$?

Cap. 6: *Grandezze, misura, proporzionalità e aree*  **331**

**70** Sia $O$ il punto di intersezione delle rette dei lati obliqui di un trapezio $ABCD$, la cui base minore è $AB$. Dimostra che vale la relazione $OA : OD = OB : OC$ e che, tracciata una qualunque altra retta da $O$ che intersechi le due basi $AB$ e $DC$ rispettivamente in $R$ ed $S$, il rapporto $\dfrac{OR}{OS}$ è costante.

es. 70
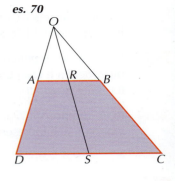

**71** Dai vertici $B$ e $C$ di un triangolo $ABC$, traccia le parallele alla mediana $AM$ relativa al lato $BC$. Dimostra che, qualunque sia la retta $r$ passante per $A$, il segmento $PQ$ individuato su $r$ dalle due parallele ha come punto medio $A$.

es. 71
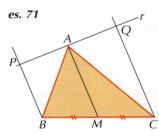

**72** Sia $M$ il punto medio dell'ipotenusa $BC$ di un triangolo rettangolo $ABC$; traccia per $A$ una retta $r$ esterna al triangolo e da $M$ e da $B$ le parallele al lato $AC$ che intersecano $r$ rispettivamente in $S$ e $T$. Dimostra che $AS \cong \dfrac{1}{2} AT$.

**73** Considera il triangolo $ABC$ e la mediana $BM$ relativa al lato $AC$. Da un punto $P$ di tale mediana conduci la parallela al lato $BC$ che incontra il lato $AC$ in $Q$ e la parallela al lato $AB$ che incontra il lato $AC$ in $R$. Dimostra che $M$ è il punto medio di $RQ$.

**74** Dato il triangolo $ABC$ rettangolo in $B$, prolunga l'ipotenusa $AC$, dalla parte di $C$, di un segmento $CD \cong \dfrac{1}{2} AC$. Sul prolungamento di $AB$, dalla parte di $B$, prendo un punto $E$ tale che sia $AE \cong \dfrac{3}{2} AB$. Dimostra che $DE$ è perpendicolare ad $AB$.

es. 74
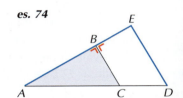

**75** ESERCIZIO GUIDATO

Il quadrilatero $ABCD$ è formato da due triangoli rettangoli $ABC$ e $ADC$ aventi l'ipotenusa $AC$ in comune (vedi figura a lato). Dal punto $O$ di intersezione delle diagonali traccia le perpendicolari $OS$ ad $AD$ e $OT$ a $BA$. Dimostra che $AT : TB = AS : SD$. Che cosa puoi dire delle rette $TS$ e $BD$?

Le rette $BC$ e $OT$, $DC$ e $OS$ sono ..............................
Si possono quindi scrivere le proporzioni:
$AT : TB =$ ................ e $AS : SD =$ ...............
Dal loro confronto segue subito la tesi.

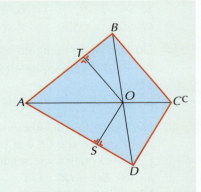

**76** Nel triangolo $ABC$ la mediana $AM$ relativa al lato $BC$ è congruente al lato $AB$; dal punto medio del lato $AB$ traccia la perpendicolare al lato $BC$ che incontra $BC$ in $D$. Dimostra che $BD \cong \dfrac{1}{8} BC$.

**77** Per un punto $P$ del lato $AD$ di un quadrilatero $ABCD$ traccia la parallela alla diagonale $BD$ fino ad incontrare in $Q$ il lato $AB$. Da $Q$ traccia la parallela alla diagonale $AC$ fino ad incontrare in $R$ il lato $BC$ e da $R$ la parallela alla diagonale $BD$ fino ad incontrare in $S$ il lato $CD$. Dopo aver dimostrato che $PQRS$ è un parallelogramma, dimostra che vale la proporzione: $AP : PD = CR : RB$.

**78** Dimostra che se tracci dal baricentro $G$ di un triangolo $ABC$ la parallela al lato $AB$, questa divide gli altri due lati del triangolo in modo che una parte è doppia dell'altra.

**332** Cap. 6: *Grandezze, misura, proporzionalità e aree*

**79** Traccia la mediana *CM* relativa al lato *AB* del triangolo *ABC*. Detti *R* e *S* i punti medi dei lati *AC* e *CB*, dimostra che *RS* e *CM* si tagliano nel punto medio.

**80** Considera il triangolo *ABC*, rettangolo in *A*. Traccia poi la mediana *AM* e nel triangolo *AMC* considera l'altezza *MH*. Da *H* e da *C* traccia le perpendicolari *HS* e *CT* ad *AM*. Dimostra che $AS \cong ST$.

**81** In un parallelogramma *ABCD*, congiungi il vertice *B* con il punto medio *N* del lato *DC* ed il vertice *D* con il punto medio *M* del lato *AB*. Dimostra che la diagonale *AC* è divisa in tre parti fra loro congruenti dai segmenti *BN* e *DM*.

**82** Dato un segmento *AB*, spiega come puoi dividerlo in parti proporzionali ai numeri 4 e 7.

**83** Tenendo presente la costruzione dell'esercizio precedente, spiega come puoi dividere un segmento *AB* in parti proporzionali ai numeri 3, 5, 8.

**84** È dato un trapezio *ABCD*; sulla base maggiore *CD* prendi un punto *P* e un punto *R* in modo che sia $DP \cong CR \cong \frac{1}{4} CD$. Dal punto *P* traccia la parallela alla diagonale *AC* che incontra il lato *AD* in *S*; dal punto *R* traccia la parallela alla diagonale *BD* che incontra il lato *BC* in *T*. Dopo aver confrontato i rapporti $\frac{AS}{SD}$ e $\frac{BT}{TC}$, cosa puoi dire della retta *ST*?

## Sui teoremi della bisettrice

**85** **ESERCIZIO GUIDATO**

Siano *PQ* e *RS* due corde parallele di un angolo di vertice *O*; la bisettrice dell'angolo interseca tali corde rispettivamente in *V* e in *T*. Dimostra che $RT : TS = OP : OQ$.

Applicando il teorema di Talete ottieni la proporzione: $OP : OQ = \ldots\ldots\ldots$
Applicando il teorema della bisettrice ottieni la proporzione: $OR : OS = \ldots\ldots\ldots$
Dal loro confronto si ottiene subito la tesi.

**86** Sia *AF* la bisettrice dell'angolo di vertice *A* di un triangolo *ABC* e sia *DE* una corda parallela al lato *BC*; indicato con *P* il punto di intersezione di *AF* con *DE*, dimostra che $DP : PE = AB : AC$.

**87** Detto *O* il punto di intersezione delle diagonali di un parallelogramma *ABCD*, traccia le bisettrici *OE* ed *OF* degli angoli $\widehat{AOB}$ e $\widehat{BOC}$. Dimostra che *EF* è parallelo a *AC*.
(Suggerimento: applica il teorema della bisettrice al triangolo *AOB* e poi al triangolo *BOC*)

**88** Dato un triangolo *ABC*, come si deve prendere un punto *P* sulla semiretta *BC* in modo che sia $AB : PB = AC : CP$?

**89** Sia *AD* la bisettrice dell'angolo di vertice *A* del triangolo *ABC*. Dimostra che le aree dei triangoli *ABD* e *ADC* sono proporzionali ai lati *AB* e *AC*.

**90** In un triangolo *ABC* considera la bisettrice *BR* e la mediana *AM*. Condotta da *A* la semiretta che interseca il lato *BC* in *S* in modo che valga la relazione $RC : AR = MC : MS$, che cosa puoi dire della posizione della semiretta *AS* rispetto alla retta *RM*? Dimostra infine che vale la proporzione $BC : BA = BM : SM$.

**91** Nel triangolo *ABC* conduci la bisettrice dell'angolo di vertice *A* che incontra in *R* il lato *BC*. Da un punto $S \in AB$ traccia la parallela alla bisettrice che incontra *BC* in *T*. Dimostra che $CR : AC = BT : BS$.

Cap. 6: *Grandezze, misura, proporzionalità e aree* **333**

# LE AREE DEI POLIGONI

teoria a pagina 134

## Comprensione

**92** Un triangolo rettangolo ha un cateto di 12cm che è metà dell'ipotenusa. L'altro cateto, in centimetri, misura:
   **a.** $24\sqrt{3}$     **b.** $12\sqrt{3}$     **c.** $\dfrac{12}{\sqrt{2}}$     **d.** $12\sqrt{2}$

**93** Un triangolo rettangolo isoscele ha l'ipotenusa che è lunga 20cm; ciascuno dei cateti, in centimetri, misura
   **a.** $20\sqrt{3}$     **b.** $20\sqrt{2}$     **c.** $10\sqrt{2}$     **d.** $\dfrac{20}{\sqrt{3}}$

**94** Nelle seguenti figure *a* rappresenta la misura del segmento indicato; trova le misure degli altri segmenti in funzione di *a*.

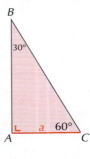    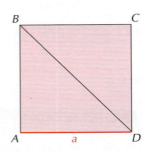   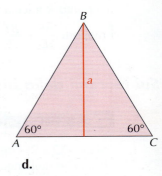

**a.**     **b.**     **c.**     **d.**

**95** In un triangolo $ABC$ rettangolo in $A$, si ha che, rispetto alla stessa unità di misura, $\overline{AB}=9$ e $\overline{BC}=15$:
   **a.** le due proiezioni dei cateti sull'ipotenusa misurano:
   ① 5,4 e 9,6     ② 10 e 5     ③ non si possono calcolare con questi dati
   **b.** l'altezza relativa all'ipotenusa misura:
   ① 7,5     ② 7,2     ③ non si può calcolare con questi dati

## Applicazione

*Problemi numerici.*

**96** Un rombo ha le diagonali che misurano rispettivamente 15cm e 18cm ed è equivalente ad un rettangolo che ha un lato che misura 12cm. Calcola il perimetro del rettangolo.     [46,5cm]

**97** Un quadrato ha il perimetro di 48cm ed è equivalente ad un rettangolo di base 8cm. Calcola l'altezza del rettangolo.     [18cm]

**98** E' dato un triangolo $ABC$ rettangolo in $B$ avente un cateto doppio dell'altro; sia $BH$ l'altezza relativa all'ipotenusa. Calcola la lunghezza dei segmenti $HC$ e $HA$ in funzione della lunghezza $\ell$ del cateto minore.     $\left[\dfrac{\sqrt{5}}{5}\ell;\ \dfrac{4\sqrt{5}}{5}\ell\right]$

**99** In un parallelogramma la somma della base con l'altezza è 65cm e una è i $\dfrac{5}{8}$ dell'altra. Calcola l'area del parallelogramma.     [1 000cm²]

Cap. 6: *Grandezze, misura, proporzionalità e aree*

**100** La somma di due cateti di un triangolo rettangolo è 210cm e il cateto minore è $\frac{2}{5}$ del maggiore. Calcola il perimetro e l'area del triangolo. [371,55cm; 4500cm²]

**101** In un parallelogramma *ABCD* la diagonale *BD* è perpendicolare al lato *AD*. Sapendo che la somma di due lati consecutivi è uguale a 24*a* e che la loro differenza è 6*a*, calcola l'area del parallelogramma. [108$a^2$]

**102** In un trapezio la somma delle basi con l'altezza è 100cm; si sa poi che la base minore è congruente all'altezza e che la base maggiore è doppia di quella minore; il trapezio è equivalente ad un triangolo che ha la base di 125cm. Calcola l'altezza del triangolo. [15cm]

**103** Di un triangolo rettangolo sono assegnate l'ipotenusa di 40cm e la proiezione di un cateto sull'ipotenusa che misura 22,5cm; calcola il perimetro del triangolo. [96,46cm]

**104** Trova l'area di un triangolo rettangolo che ha un cateto di 6cm sapendo che la sua proiezione sull'ipotenusa è 2cm. [$36\sqrt{2}$cm]

**105** Nel triangolo *ABC* rettangolo in *C* un cateto è lungo 45cm e la sua proiezione sull'ipotenusa è di 27cm. Calcola perimetro e area del triangolo. [180cm, 1 350cm²]

**106** Le diagonali di un rombo si incontrano in un punto *O* che dista $16\sqrt{21}$cm dai lati. Calcola la misura del lato del rombo e la sua area sapendo che una diagonale è lunga 160cm. [200cm; $6400\sqrt{21}$cm²]

**107** E' dato il triangolo rettangolo *ABC* di ipotenusa $\overline{AB}=50$cm; la proiezione del lato *CA* sull'ipotenusa è i $\frac{9}{16}$ di quella del lato *CB*. Calcola l'area del triangolo. [600cm²]

**108** Il triangolo *ABC* è rettangolo in *C*; conduci dal vertice *A* la perpendicolare all'ipotenusa *AB* che incontra in *T* il prolungamento del lato *CB*. Sapendo che $AT=15$cm e $TC=5$cm, calcola la lunghezza dell'ipotenusa. [$30\sqrt{2}$cm]

**109** La diagonale minore di un trapezio rettangolo è perpendicolare al lato obliquo e misura 90cm, la base minore misura 54cm. Determina perimetro ed area del trapezio. [396cm, 7344cm²]

**110** In un trapezio rettangolo la diagonale minore è perpendicolare al lato obliquo, le misure delle basi sono 27cm e 75cm. Calcola l'area del rettangolo che ha per lati le diagonali del trapezio. [$135\sqrt{769}$cm²]

**111** Un rombo ha il perimetro che misura 592cm; la perpendicolare al lato tracciata dal punto di intersezione delle diagonali lo divide in due parti tali che una è i $\frac{25}{49}$ dell'altra. Calcola l'area del rombo. [20720cm²]

**112** Le lunghezze dei lati di un triangolo *ABC* sono, in centimetri, 8, $4\sqrt{3}$ e 4; verifica che il triangolo è rettangolo e indica con *AC* la sua ipotenusa. Costruisci poi il triangolo *ABD*, simmetrico di *ABC* rispetto alla retta del lato *AB* e traccia dal punto *B* le perpendicolari ai lati *AC* e *AD* che li incontrano rispettivamente in *P* e *Q*. Determina:
**a.** la lunghezza dei segmenti *PB* e *PQ*
**b.** il perimetro e l'area del quadrilatero *APBQ*. [$2\sqrt{3}; 2\sqrt{3}; 2p=4(1+\sqrt{3})$; area $=4\sqrt{3}$]

**113** Calcola perimetro ed area di un triangolo rettangolo che ha un angolo di 60° e in cui l'ipotenusa misura 120cm. [$60(3+\sqrt{3})$cm; $1800\sqrt{3}$cm²]

**114** Una figura geometrica è formata da un quadrato sormontato da un triangolo equilatero. Sapendo che la diagonale del quadrato è $12\sqrt{2}$m, quanto misura l'altezza del triangolo equilatero? [$6\sqrt{3}$m]

Cap. 6: *Grandezze, misura, proporzionalità e aree*

**115** Calcola perimetro ed area di un triangolo in cui l'altezza è 12cm e gli angoli adiacenti alla base ad essa relativa sono di 45° e di 30°.
$$[12(3+\sqrt{2}+\sqrt{3})\text{cm}; 72(1+\sqrt{3})\text{cm}^2]$$

**116** In un trapezio gli angoli adiacenti alla base maggiore misurano 45° e 30°. Calcola il perimetro e l'area del trapezio sapendo che l'altezza è 40cm e che la base minore è metà dell'altezza.
$$[40(4+\sqrt{2}+\sqrt{3})\text{cm}; 800(2+\sqrt{3})\text{cm}^2]$$

**117** In un rombo la diagonale minore forma un angolo di 60° con il lato. Sapendo che esso misura 20cm, calcola l'area del rombo.
$$[200\sqrt{3}\text{cm}^2]$$

**118** In un triangolo isoscele l'angolo al vertice è 120°, la base è 60cm. Calcola perimetro ed area del triangolo.
$$[20(3+2\sqrt{3})\text{cm}; 300\sqrt{3}\text{cm}^2]$$

**119** Nel trapezio isoscele ABCD gli angoli $\hat{C}$ e $\hat{D}$ adiacenti alla base maggiore sono di 45° e l'altezza è congruente alla base minore. Togliendo dall'area del trapezio quella dei triangoli AKD e BHC, dove K e H sono le proiezioni di A e B sulla base maggiore, si ottiene l'area del quadrato ABHK che vale $49a^2$. Calcola il perimetro del trapezio.
$$[14a(2+\sqrt{2})\text{cm}]$$

**120** In un triangolo isoscele ABC di vertice A, sono assegnate le misure dell'angolo $\hat{A}=120°$ e del lato $\overline{AB}=60$cm. Determina perimetro ed area del triangolo.
$$[60(\sqrt{3}+2)\text{cm}; 900\sqrt{3}\text{cm}^2]$$

**121** In un trapezio rettangolo la diagonale minore è perpendicolare al lato obliquo. La base minore misura $12a$ e l'angolo che la diagonale minore forma con la base maggiore è di 30°. Calcola perimetro ed area del trapezio.
$$[4(9+\sqrt{3})a; 56\sqrt{3}a^2]$$

**122** In un trapezio rettangolo le cui basi misurano rispettivamente $20a$ e $8a$, il lato obliquo forma con la base maggiore un angolo di 45°. Calcola perimetro e area del trapezio.
$$[4a(10+3\sqrt{2}); 168a^2]$$

**123** Un trapezio isoscele ha gli angoli adiacenti alla base maggiore che sono di 60°; si sa inoltre che la base minore è i $\frac{7}{3}$ del lato obliquo. Esprimi, in funzione del lato obliquo $\ell$, il perimetro e l'area del trapezio.
$$\left[\frac{23}{3}\ell; \frac{17\sqrt{3}}{12}\ell^2\right]$$

**124** Un quadrilatero ABCD è simmetrico rispetto alla diagonale BD e ha gli angoli di vertici A e C che sono retti. Sapendo che $\widehat{ADC}=60°$ e che $\overline{DB}=36$cm, calcola:

**a.** il perimetro e l'area del quadrilatero e la lunghezza dell'altra diagonale
$$[2p=36(1+\sqrt{3}); \text{area}=324\sqrt{3}\text{cm}^2; 18\sqrt{3}]$$

**b.** l'area del triangolo ADC.
$$[243\sqrt{3}\text{cm}^2]$$

**125** Considera il triangolo ABC nel quale i lati AB, BC e AC sono lunghi rispettivamente 21cm, 23cm e 25cm. Calcola la lunghezza dei segmenti BD e DC nei quali il lato BC viene diviso dalla bisettrice AD dell'angolo di vertice A del triangolo.
$$[10{,}5\text{cm}, 12{,}5\text{cm}]$$

**126** In un trapezio la somma delle basi è 110cm e il loro rapporto è uguale a $\frac{5}{6}$. Sapendo che l'area è 1320cm², calcola la lunghezza delle basi e dell'altezza del trapezio.
$$[50\text{cm}, 60\text{cm}, 24\text{cm}]$$

**127** In un trapezio isoscele ABCD il lato obliquo BC è la metà della base maggiore AB, la cui lunghezza è $10a$ e l'angolo di vertice B è di 60°. Calcola perimetro e area del trapezio; dimostra poi che la diagonale BD è bisettrice dell'angolo di vertice B e calcolane la misura.
$$\left[25a, \frac{75}{4}\sqrt{3}a^2, 5a\sqrt{3}\right]$$

**336** Cap. 6: *Grandezze, misura, proporzionalità e aree*

*Problemi che si risolvono con equazioni.*

**128** Un triangolo rettangolo ha l'ipotenusa di 40cm. Sapendo che gli altri due lati sono proporzionali ai numeri 3 e 4, calcola perimetro e area del triangolo. [96cm, 384cm²]

**129** Nel triangolo ABC la bisettrice AS divide il lato BC in due parti tali che BS è i $\frac{2}{3}$ CS e il lato AB è lungo 12cm. Calcola:
  **a.** le misure dei lati del triangolo sapendo che il suo perimetro è 55cm
  **b.** l'area del triangolo. $\left[12\text{cm}, 18\text{cm}, 25\text{cm}; \text{area} = \frac{5}{4}\sqrt{6479}\text{cm}^2\right]$

**130** In un trapezio isoscele le diagonali sono perpendicolari ai lati obliqui. La somma delle due basi è di 32cm e la loro differenza è di 18cm. Calcola perimetro e area del trapezio. [62cm, 192cm²]

**131** Dal vertice A di un rettangolo ABCD traccia la perpendicolare AH alla diagonale DB; sapendo che $\overline{AH}$ = 48cm e che la diagonale viene divisa dal punto H in due parti tali che una è $\frac{1}{9}$ dell'altra, calcola l'area del rettangolo. [7680cm²]

**132** E' dato un triangolo ABC isoscele di base AB; sia P il punto di intersezione dell'altezza relativa alla base del triangolo con l'asse del lato AC. Sapendo che PA = 5cm e che AC = 8cm, calcola il perimetro e l'area del triangolo. [25,6cm, 30,72cm²]

**133** In un trapezio isoscele il lato obliquo supera di 7cm la base minore e la loro somma è 43cm. Sapendo che l'altezza del trapezio è di 24cm calcolane il perimetro e l'area e la lunghezza del lato del quadrato ad esso equivalente. [100cm, 600cm², $10\sqrt{6}$cm]

**134** Fra le misure dei lati di un triangolo ABC intercorrono le seguenti relazioni: $\overline{AB}$ supera di 4cm il lato AC, il doppio di AC supera AB di 12cm, inoltre 2BC : 3AB = 3 : 5. Determina:
  **a.** le lunghezze dei lati del triangolo e la sua area
  **b.** l'area del quadrato di lato AH, essendo H il piede dell'altezza
  **c.** le lunghezze dei segmenti BT e TC, essendo AT la bisettrice dell'angolo di vertice A del triangolo.
  [20cm, 16cm, 18cm, area = $9\sqrt{231}$cm²; area = 231cm²; 8cm, 10cm]

**135** Sia ABC un triangolo di perimetro 63cm in cui il lato BC è lungo 15cm. La bisettrice BD divide il lato AC in due parti AD e DC direttamente proporzionali ai numeri 4 e 3. Calcola la lunghezza degli altri lati del triangolo. [AB = 20cm, AC = 28cm]

# Esercizi per lo sviluppo delle competenze

**1** Considera un angolo $\widehat{AVB}$ convesso e sia P un suo punto interno. Descrivi la procedura da seguire per tracciare una corda passante per P e che sia divisa da P in parti proporzionali ai numeri 2 e 5.

**2** Sono dati due segmenti adiacenti AB e BC; traccia da A la semiretta r perpendicolare ad AC. Come deve essere preso un punto P su r in modo che PB sia la bisettrice dell'angolo $\widehat{APC}$?

**3** L'efficacia di un certo farmaco A diminuisce nel tempo secondo la legge $y = \frac{800}{t}$; quella di un altro farmaco B diminuisce secondo la legge $y = -\frac{1}{1000}t + \frac{12}{5}$, dove, in entrambi i casi, il tempo t è misurato in minuti.

Cap. 6: *Grandezze, misura, proporzionalità e aree*

**a.** Rappresenta le due curve in uno stesso piano cartesiano *tOy* (*t* è l'asse delle ascisse, *y* è l'asse delle ordinate).
**b.** Trova per quali durate i due farmaci si equivalgono. [*t* = 400 minuti e *t* = 2000 minuti]
**c.** Stabilisci quale farmaco ha maggiore efficacia al variare del tempo *t*.
[*t* ≤ 400 ∨ *t* ≥ 2000 : A; 400 ≤ *t* ≤ 2000 : B]

**4** Tirando una molla applicando una forza *y* la si allunga di un tratto *x* secondo la relazione $y = kx$, dove *k* è una costante caratteristica della molla usata e *x* è misurato in metri. Rappresenta graficamente questa legge per $k = 52$, $k = 28$, $k = 10$. Di quanto si allunga una molla di costante $k = 20$ se si fissa una forza uguale a 4? [0,2m]

**5** Un'auto percorre un tratto di strada in 3 ore viaggiando ad una media di 85km/h; un'altra auto percorre lo stesso tragitto in 2,5h. Dopo aver scritto la relazione che lega le variabili spazio, tempo e velocità, rappresentala graficamente individuandone il tipo e determina la velocità della seconda auto.
[102km/h]

IL CAPITOLO SI COMPLETA CON:

# Test Finale

**1** La misura di una grandezza A rispetto ad una grandezza ad essa omogenea B è $\frac{3}{8}$; la misura di B rispetto ad una terza grandezza C, anch'essa omogenea alle altre due, è $\frac{1}{6}$. La misura di A rispetto a C è:

   a. $\frac{9}{4}$
   b. $\frac{4}{9}$
   c. $\frac{1}{16}$
   d. non si può determinare

   0,5 punti

**2** In un triangolo ABC, il segmento MN è una corda parallela al lato BC (M ∈ AB e N ∈ AC). Si può dire che:
   a. AM : MB = NC : AN                              V F
   b. AM ≅ AN solo se il triangolo è isoscele di base BC   V F
   c. AN ≅ NC solo se AM ≅ MB                         V F
   d. MN ≅ $\frac{1}{2}$ BC.                                V F

   0,5 punti

**3** In un triangolo l'altezza AH relativa al lato BC divide BC in due segmenti tali che $\overline{BH}$ = 6 e $\overline{HC}$ = 54; in quali dei seguenti casi il triangolo è rettangolo in A?
   a. $\overline{AH}$ = 18
   b. $\overline{AB}$ = $6\sqrt{10}$
   c. $\overline{AC}$ = 20.

   0,5 punti

**4** In un triangolo ABC l'altezza AH misura 9a, l'angolo di vertice B è di 45°, l'angolo di vertice C è di 60°. Completa:
   a. il perimetro del triangolo misura ................
   b. l'area del triangolo misura ................

   0,5 punti

**5** Nel triangolo ABC, il punto O è il punto medio della mediana BM; la semiretta CO interseca il lato AB nel punto P e la parallela a CO che passa per M interseca il lato AB in N. Dimostra che BN = $\frac{2}{3}$ AB.

   1,5 punti

**6** E' dato un quadrilatero ABCD le cui diagonali si intersecano in O; da O traccia la parallela al lato DC che incontra AD in P e la parallela al lato BC che incontra AB in Q. Dimostra che PQ è parallelo a BD.

   2 punti

**7** Il perimetro di un rettangolo è 140cm e la diagonale è $\frac{5}{3}$ di un lato. Calcola l'area del rettangolo e il perimetro e l'area del quadrilatero che si ottiene tracciando dai vertici le parallele alle diagonali, dopo averne riconosciuto le caratteristiche.

   2 punti

**8** Un fascio di rette parallele è tagliato da due trasversali come nella figura a lato e dei segmenti individuati si sa che $\overline{AB}$ = 8 e $\overline{A'B'}$ = 5. Scrivi la relazione che lega le misure dei segmenti su una trasversale e sull'altra e rappresentala graficamente in un piano cartesiano.

   1 punto

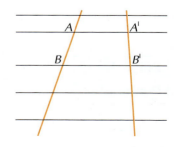

Cap. 6: *Grandezze, misura, proporzionalità e aree*

**9** Riconosci le caratteristiche delle funzioni rappresentate dalle equazioni che seguono e costruiscine il grafico:

**a.** $y = \dfrac{2}{7}x$      **b.** $y = \dfrac{3}{2}x^2$      **c.** $xy = \dfrac{1}{2}$      1,5 punti

# Soluzioni

**1** c.

**2** a. F, b. V, c. V, d. F

**3** a., b.

**4** a. $9a(\sqrt{3} + \sqrt{2} + 1)$, b. $\dfrac{27}{2}a^2(3 + \sqrt{3})$

**5** Essendo $BO \cong OM$, per il teorema di Talete, anche $PB \cong NP$. Essendo $AM \cong MC$, per lo stesso teorema, anche $AN \cong NP$.
Di conseguenza $AN \cong NP \cong PB$ e quindi $BN = \dfrac{2}{3} AB$.

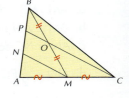

**6** Considerato il triangolo $ADC$, si ha che $PO \parallel DC$ e quindi $AP : AD = AO : AC$; analogamente, considerato il triangolo $ACB$ dove $OQ \parallel BC$, si ha che $AO : AC = AQ : AB$.
Confrontando le due proporzioni si ottiene $AP : AD = AQ : AB$, quindi $PQ \parallel BD$.

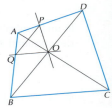

**7** Posto $\overline{CB} = x$, con $x > 0$, si ha che:    $\overline{AC} = \dfrac{5}{3}x$    $\overline{AB} = \sqrt{\dfrac{25}{9}x^2 - x^2} = \dfrac{4}{3}x$

Imponendo che il perimetro sia uguale a 140 si ottiene l'equazione:

$2x + 2 \cdot \dfrac{4}{3}x = 140 \quad \rightarrow \quad x = 30$

Di conseguenza:    $\overline{CB} = 30$    $\overline{AB} = 40$    $\rightarrow$    area $= 1200 cm^2$

Il quadrilatero che si ottiene tracciando le parallele alle diagonali è un rombo avente il lato congruente alle diagonali; di conseguenza il suo perimetro è 200cm.
Il rombo ha una superficie doppia di quella del rettangolo, l'area è quindi $2400 cm^2$.

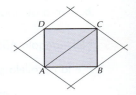

**8** È il teorema di Talete: i segmenti su una trasversale sono direttamente proporzionali a quelli sull'altra. Indicando con $x$ e $y$ le misure di tali segmenti, la relazione è $y = \dfrac{5}{8}x$ ed il suo grafico è una retta per l'origine.

**9** a.     b. 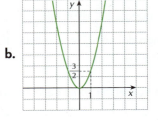    c.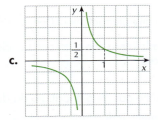

| Esercizio | 1 | 2 | 3 | 4 | 5 | 6 | 7 | 8 | 9 |
|---|---|---|---|---|---|---|---|---|---|
| Punteggio | | | | | | | | | |

Valutazione in decimi

**Cap. 6:** *Grandezze, misura, proporzionalità e aree*

# MATEMATICA & SCIENZE

## La proporzionalità nelle scienze: le leggi di dilatazione

Quando i corpi vengono riscaldati, si dilatano; su questo principio fisico si basa, per esempio, la costruzione dei termometri a mercurio per la misurazione della temperatura.

La dilatazione avviene in tutte le direzioni, ma se il corpo che viene riscaldato è per esempio una barra, la dilatazione avviene in prevalenza nel senso della lunghezza. Se indichiamo con $L_0$ la lunghezza iniziale della barra, una variazione di temperatura $\Delta T$ provoca una variazione di lunghezza $\Delta L$ che è data dalla relazione

$$\Delta L = \lambda L_0 \Delta T$$

dove il termine $\lambda$ viene detto coefficiente di dilatazione lineare ed è caratteristico del materiale di cui è costituita la barra.

Riconosciamo in questa relazione una funzione di proporzionalità diretta tra l'allungamento $\Delta L$ e la variazione di temperatura $\Delta T$; il coefficiente di proporzionalità è il prodotto $\lambda L_0$.

Nella costruzione delle ferrovie, per esempio, si lasciava fino a qualche tempo fa uno spazio di qualche millimetro tra un binario e l'altro in previsione dell'aumento di temperatura nel periodo estivo e del conseguente allungamento dei binari. Era questo spazio che provocava il classico rumore cadenzato che il viaggiatore percepiva.

Oggi si uniscono i binari con appositi giunti che evitano questo rumore e sollecitano meno la struttura del treno.

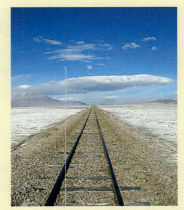

Per renderci conto di questa necessità, calcoliamo di quanto si allunga un binario di 36m quando passa da una temperatura di $-10°C$ in inverno a una temperatura di $30°C$ in estate.

Il coefficiente di dilatazione lineare dell'acciaio, materiale di cui è fatto un binario, è uguale a $2 \cdot 10^{-6}\ °C^{-1}$, tenendo presente che $\Delta T = 30° - (-10°) = 40°C$, applicando la formula otteniamo un allungamento $\Delta L = 2 \cdot 10^{-6} \cdot 36 \cdot 40 \approx 0{,}003\,m$ cioè circa 3 millimetri.

Ogni corpo si dilata in modo diverso a seconda del materiale di cui è fatto; su questo principio si basa la costruzione di lamine bimetalliche, cioè lamine formate da due materiali diversi sovrapposti.

Quando una lamina bimetallica viene riscaldata, il metallo con il coefficiente di dilatazione maggiore si allunga di più, provocando una incurvatura della lamina (nella figura la lamina, scaldata dalla fiamma, si incurva verso l'alto). Le lamine bimetalliche possono essere utilizzate, per esempio, come elementi di un termostato: piegandosi possono aprire il circuito elettrico del termostato e spegnere l'impianto di riscaldamento di una casa.

Una analoga legge di dilatazione vale per i fluidi il cui volume $V$ si dilata secondo la legge:

$$\Delta V = \alpha V_0 \Delta T$$

essendo in questo caso $V_0$ il volume iniziale e $\alpha$ il coefficiente di dilatazione volumica.

Tenendo presente le leggi di dilatazione termica, risolvi i problemi che puoi trovare nell'espansione online.

**Cap. 6**: *Grandezze, misura, proporzionalità e aree*

# MATEMATICA DELLA VITA QUOTIDIANA

## I rapporti sulle cartine geografiche

Un particolare rapporto con cui abbiamo a che fare nella vita quotidiana sono i disegni in scala che possono essere di ingrandimento o di riduzione.
Ad esempio, se vogliamo riprodurre la pianta di un appartamento dobbiamo ridurre le misure reali, mentre se dobbiamo studiare una cellula dobbiamo ingrandirla.
Nelle rappresentazione delle cartine geografiche si usano, in particolare, alcuni rapporti di scala:

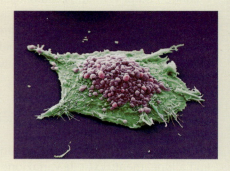

piante e mappe: scala fino a 1 : 10000

carte topografiche: scala compresa tra 1 : 10000 e 1 : 150000

carte corografiche: scala compresa tra 1 : 150000 e 1 : 1000000

carte geografiche: scala compresa tra 1 : 1000000 e 1 : 50000000

mappamondi o planisferi: scala maggiore di 1 : 50000000.

In generale, il rapporto di scala 1 : $n$ sta ad indicare che 1 unità di misura nel disegno corrisponde a $n$ unità nell'oggetto reale.

**1** Prendi una cartina del Nord Italia da un atlante stradale e misura la distanza tra due città, per esempio tra Milano e Venezia. Leggi il rapporto di scala e determina la distanza in linea d'aria tra le due città.

**2** Ripeti lo stesso esercizio precedente rilevando le dimensioni di una cellula dal disegno riprodotto su un libro di Scienze, oppure da un'immagine in rete, e trova le sue dimensioni reali.

**3** L'immagine che vedi è quella di un atomo di idrogeno eccitato che un gruppo di ricercatori è riuscito a fotografare usando un microscopio quantistico. L'atomo di idrogeno ha una struttura molto semplice perché è formato da un solo protone e un solo elettrone. Allo stato fondamentale l'orbita dell'elettrone ha un raggio dell'ordine di grandezza di $10^{-11}$ m; il nucleo ha un raggio dell'ordine di grandezza di $10^{-15}$ m. Se il nucleo avesse le dimensioni di una moneta da 1 euro, a quale distanza orbiterebbe l'elettrone?

[circa 116 m]

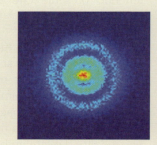

**342** Cap. 6: *Grandezze, misura, proporzionalità e aree*

 # gare di matematica

**1** Sia *ABC* un triangolo acutangolo. Costruiamo un rettangolo che abbia un lato coincidente con *AB* e contenga il punto *C* sul lato opposto ad *AB*. Facciamo la stessa costruzione partendo dal lato *BC* e dal lato *CA*, ottenendo così tre rettangoli. Allora sicuramente i tre rettangoli hanno:
  **a.** perimetri uguali
  **b.** aree uguali
  **c.** somma delle lunghezze delle diagonali uguali
  **d.** uguale rapporto fra lato maggiore e lato minore
  **e.** nessuna delle precedenti affermazioni è sicuramente vera.  [b.]

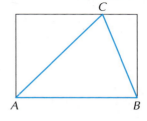

**2** La tela di un dipinto rettangolare è circondata da un passepartout (cioè un riquadro) largo 10cm. Attorno a quest'ultimo vi è poi una cornice, anch'essa larga 10cm (nella figura, il rettangolo bianco rappresenta la tela, la superficie tratteggiata il passepartout, la superficie nera la cornice). Si sa che l'area dell'intero quadro (compresa la cornice) è uguale al doppio della somma di quelle del passepartout e della tela. Si può allora concludere che:
  **a.** sono determinate sia l'area della cornice che quelle del passepartout e della tela
  **b.** è determinata solo l'area della cornice
  **c.** è determinata solo l'area del passepartout
  **d.** è determinata solo l'area della tela
  **e.** non è determinata nessuna delle grandezze precedenti.  [d.]

**3** Disponendo quattro triangoli rettangoli identici come nella figura di sinistra, l'area del quadrato bianco è 17m². Disponendoli invece come nella figura di destra, l'area del rombo bianco è 8m². Quanto vale l'area del quadrato *ABCD*?
  **a.** 19m²   **b.** 24m²   **c.** 25m²
  **d.** 32m²   **e.** 36m²          [c.]

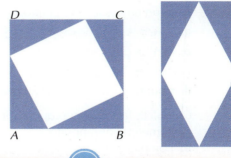

 **Math in English** *Theory on page 139* **CLIL**

**1** The tax on a property with an assessed value of $70000 is $1100. What is the assessed value of a property if the tax is $1400?  [$89091]

**2** One piece of pipe 21 meters long is to be cut into two pieces, with the lengths of the pieces being in a 2 : 5 ratio. What are the lengths of the pieces?  [6m, 15m]

**3** Biologists need to know roughly how many fish live in a certain lake, but they don't want to stress or otherwise harm the fish by draining or dragnetting the lake. Instead, they let down small nets in a few different spots around the lake, catching, tagging, and releasing 96 fish. A week later, after the tagged fish have had a chance to mix thoroughly with the general population, the biologists come back and let down their nets again. They catch 72 fish, of which 4 are tagged. Assuming that the catch is representative, how many fish live in the lake?  [1 728 fishes]

Cap. 6: *Grandezze, misura, proporzionalità e aree*

# ESERCIZI CAPITOLO 7
# Omotetie e similitudini

## L'OMOTETIA E LE SUE PROPRIETÀ

teoria a pagina 142

### Comprensione

**1** Un'omotetia è completamente individuata se si assegna:
  a. un punto che rappresenta il centro dell'omotetia
  b. un numero reale che indica il rapporto di ingrandimento o riduzione
  c. un centro di omotetia e un numero reale non nullo.

**2** Un'omotetia di centro $O$ e rapporto $k \neq 0$ è una trasformazione del piano che ad ogni punto $P$ associa il punto $P'$ tale che $O, P, P'$ sono allineati e:
  a. $OP = |k|OP'$
  b. $OP' = |k|OP$
  c. $PP' = |k|OP$.

**3** Data un'omotetia $\omega$ di centro $O$ e rapporto $k$, se $A' = \omega_{O,k}(A)$ si può dire che:
  a. $OA \cong |k|OA'$     V F
  b. $OA' > OA$ se $k > 1$     V F
  c. $OA' \cong OA$ se $|k| = 1$     V F
  d. i punti $A, A'$ e $O$ sono allineati.     V F

**4** Completa le seguenti proposizioni in modo che siano vere:
  a. l'omotetia di rapporto $k = 1$ equivale a ..................
  b. l'omotetia di rapporto $k = -1$ equivale a ..............
  c. si parla di omotetia diretta se .....................
  d. si parla di omotetia inversa se ....................

**5** Il segmento $PQ$ è il corrispondente del segmento $RS$ in una omotetia di centro $O$ e rapporto $k$; si può dire che:
  a. $PQ \cong RS$ solo se $k = 1$     V F
  b. $PQ \parallel RS$     V F
  c. $RS \cong kPQ$ per ogni valore di $k$     V F
  d. $\dfrac{PQ}{RS} = |k|$ per ogni valore di $k$     V F
  e. $2PQ \cong RS$ solo se $|k| = \dfrac{1}{2}$.     V F

**6** L'angolo $\alpha$ è il corrispondente di un angolo $\beta$ in una omotetia di centro $O$ e rapporto $k$; indica quale fra le seguenti relazioni è vera:
  a. $\alpha \cong \beta$ solo se $|k| = 1$

344    Cap. 7: Omotetie e similitudini

**b.** $\alpha \cong |k|\beta$ per ogni valore di $k$
**c.** $\alpha \cong \beta$ per ogni valore di $k$.

**7** E' data una omotetia di centro $O$ e rapporto $k$; si può dire che:
  **a.** rette che si corrispondono sono parallele ⬚V ⬚F
  **b.** se $k < 0$ due semirette che si corrispondono sono sempre parallele e discordi ⬚V ⬚F
  **c.** due angoli che si corrispondono hanno i lati paralleli e concordi per ogni valore di $k$ ⬚V ⬚F
  **d.** due angoli che si corrispondono hanno i lati paralleli e concordi solo se $k > 0$. ⬚V ⬚F

**8** Per individuare un'omotetia è sufficiente assegnare:
  **a.** una coppia di punti corrispondenti ⬚V ⬚F
  **b.** una coppia di punti corrispondenti e il rapporto $k$ ⬚V ⬚F
  **c.** il centro e una coppia di punti corrispondenti ⬚V ⬚F
  **d.** due coppie di punti corrispondenti. ⬚V ⬚F

**9** Due poligoni si corrispondono in una omotetia di rapporto $k$; spiega quali sono le relazioni che sussistono fra:
  **a.** una coppia di lati omologhi
  **b.** una coppia di angoli omologhi
  **c.** i perimetri dei due poligoni
  **d.** le aree dei due poligoni.

**10** Nelle seguenti trasformazioni $F' = \omega_{O,k}(F)$; associa a ciascuna il corrispondente valore di $k$ scegliendolo fra quelli elencati:

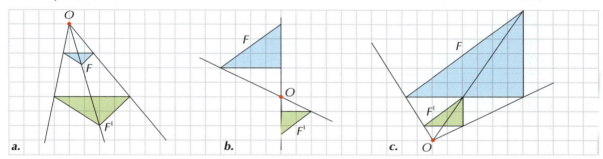

① $k = -2$  ② $k = \dfrac{1}{3}$  ③ $k = \dfrac{5}{2}$  ④ $k = \dfrac{2}{5}$  ⑤ $k = 3$  ⑥ $k = -\dfrac{1}{2}$

## Applicazione

Ricopia le seguenti figure sul tuo quaderno e determina le trasformate secondo le omotetie indicate.

**11**
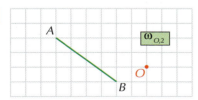

**12**
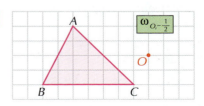

**13**
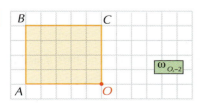

**14**
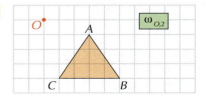

Cap. 7: Omotetie e similitudini  **345**

**15**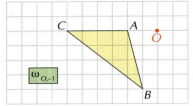

**16**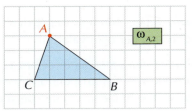

**17**

**18**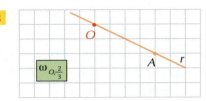

**19** **ESERCIZIO GUIDATO**

Considera i due quadrati nella figura a lato, puoi affermare che si corrispondono in una omotetia? In caso di risposta affermativa, determina il centro e il rapporto $k$.

I due quadrati hanno i lati paralleli e inoltre le rette che sono diagonali per l'uno lo sono anche per l'altro. Il loro punto di intersezione è dunque il centro $O$ dell'omotetia. Il rapporto di omotetia vale $\frac{1}{2}$ oppure 2 a seconda che si consideri la corrispondenza fra il quadrato più grande e quello più piccolo o viceversa.

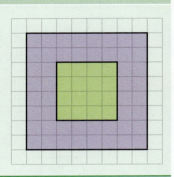

*Osserva le seguenti coppie di figure; quali di esse si corrispondono in una omotetia?*

**20**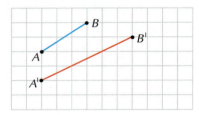

**21**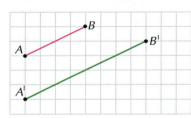

**22**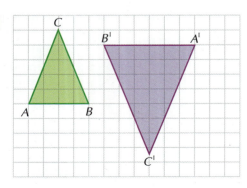

**23**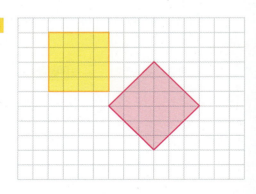

**24** Dato il triangolo $ABC$ rettangolo in $B$, sia $P$ un punto del cateto $AB$ tale che $PB \cong 2AP$. Tracciata da $P$ la parallela al cateto $BC$ che incontra l'ipotenusa $AC$ in $K$, dimostra che $PK \cong \frac{1}{3}BC$.

**25** Dimostra che in ogni omotetia al punto medio di un segmento corrisponde il punto medio del segmento omologo.

**26** Due rette $r$ e $s$ si intersecano in un punto $A$; considera l'omotetia avente centro in un punto $O$ qualsiasi e rapporto $k$ e sia $r' = \omega_{O,k}(r)$ e $s' = \omega_{O,k}(s)$. Indicato con $B$ il punto di intersezione di $r'$ con $s'$, dimostra che $B = \omega_{O,k}(A)$.

**27** Dato un triangolo isoscele $ABC$ ed un punto $O$, determina $\widehat{A'B'C'} = \omega_{O,2}(\widehat{ABC})$ ed $\widehat{A''B''C''} = \omega_{O,-2}(\widehat{ABC})$. In quale trasformazione si corrispondono i triangoli $A'B'C'$ ed $A''B''C''$?

**28** Il rapporto fra i perimetri di due triangoli omotetici è $\frac{4}{5}$. Cosa puoi dire del rapporto fra due lati omologhi?

**29** Se un triangolo ha i lati lunghi rispettivamente 15cm, 20cm, 25cm, quanto misurano i lati di un triangolo che gli corrisponde in una omotetia di rapporto $\frac{3}{5}$?

**30** Due poligoni si corrispondono in una omotetia di rapporto $k = \frac{3}{5}$; se il primo ha perimetro $15a$ ed area $10a^2$, quali sono il perimetro e l'area del secondo?

**31** Due poligoni omotetici hanno le aree che misurano rispettivamente 36cm² e 24cm². Qual è il rapporto fra i loro perimetri?

**32** Sono dati un triangolo $ABC$, un punto $O$ e un punto $C'$ tali che $O$, $C$ e $C'$ sono allineati e $OC' \cong \frac{3}{2} OC$. Se $C' = \omega_{O,k}(C)$, determina il valore di $k$ e costruisci il corrispondente del triangolo $ABC$. (Suggerimento: attenzione perché il punto $C$ si trova fra $O$ e $C'$, oppure il punto $O$ si trova fra $C$ e $C'$.)

**33** Dato un quadrato $ABCD$ di lato $\overline{AB} = 4a$, indica con $O$ il punto d'incontro delle diagonali. Costruisci il quadrilatero $EFGH$ corrispondente di $ABCD$ nell'omotetia di centro $O$ e rapporto $\frac{1}{3}$. Si ottiene ancora un quadrato? Motiva la risposta.

**34** **ESERCIZIO GUIDATO**

Un trapezio ha le basi $AB$ e $CD$ che sono lunghe rispettivamente 18cm e 10cm e i suoi lati obliqui si incontrano in un punto $P$. Se il trapezio ha altezza 6cm, determina la distanza di $P$ dalle basi del trapezio.

Le basi del trapezio si corrispondono in una omotetia di centro $P$ e poiché $\frac{AB}{DC} = \frac{18}{10}$, il rapporto di omotetia è $\frac{9}{5}$; di conseguenza $\frac{PK}{PH} = \frac{9}{5}$, cioè si può scrivere la proporzione $PK : PH = 9 : 5$.

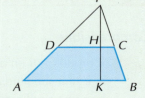

Applicando la proprietà dello scomporre puoi adesso trovare le misure dei due segmenti richiesti.

**35** Un trapezio isoscele $ABCD$ ha la base maggiore $CD$ doppia di quella minore $AB$. Preso un punto $P$ sul lato $AD$ in modo che $PD \cong 3AP$ e tracciata da esso la parallela alle basi che incontra $BC$ in $Q$, tenendo presente anche il risultato dell'esercizio precedente, dimostra che $PQ \cong \frac{5}{8} CD$.

**36** **ESERCIZIO GUIDATO**

Dimostra che una corda parallela alle basi di un trapezio viene divisa dalle diagonali in tre parti, di cui le due estreme sono congruenti.

Cap. 7: Omotetie e similitudini

Osserva la figura a lato: devi dimostrare che $PR \cong SQ$. Puoi allora considerare che $PR$ e $AB$ si corrispondono nell'omotetia di centro $D$ e rapporto $\dfrac{AD}{PD}$; analogamente $SQ$ e $AB$ si corrispondono nell'omotetia di centro .......... e rapporto ..........

Per il teorema di Talete ($AB \parallel PQ \parallel CD$) i rapporti $\dfrac{AD}{PD}$ e $\dfrac{BC}{QC}$ sono ..........., quindi ..........

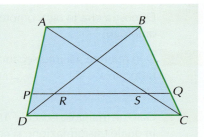

**37** Dimostra, servendoti dell'omotetia, che, in ogni triangolo, qualunque corda parallela alla base è divisa dalla mediana in due parti congruenti.

**38** Sia $ABCD$ un quadrilatero qualsiasi; scelto un valore di $k$ tale che $0 < k < 1$, considera un punto $E$ sul lato $AB$, un punto $F$ sul lato $BC$, un punto $G$ su $CD$ e un punto $H$ su $AD$ in modo che $AE \cong kAB$, $AH \cong kAD$, $CF \cong kCB$, $CG \cong kCD$. Dimostra che il quadrilatero $EFGH$ è un parallelogramma. Il teorema è ancora vero se si fissa $k > 1$?

**39** Dato il triangolo $ABC$, sia $AF$ la bisettrice dell'angolo di vertice $A$; fissato un punto $P$ su $AF$, traccia da $P$ la parallela al lato $AB$ che incontra $BC$ in $D$ e la parallela al lato $AC$ che incontra $BC$ in $E$. Utilizzando le omotetie, dimostra che $PF$ è la bisettrice dell'angolo $\widehat{DPE}$.

**40** Dato un triangolo, vogliamo inscrivere in esso un quadrato che abbia un lato su di un lato del triangolo. Dopo aver disegnato un triangolo qualsiasi, considera un punto $P$ su uno dei suoi lati, ad esempio $AB$ e da esso traccia la perpendicolare $PH$ al lato $BC$. Costruisci il quadrato di lato $PH$ e sia $R$ il vertice di tale quadrato opposto ad $H$. La retta $BR$ incontra il lato $AC$ in $Q$. Se da $Q$ tracci la parallela e la perpendicolare al lato $BC$ fino ad incontrare i lati del triangolo e completi il poligono, trovi il quadrato cercato. Sai spiegare il perché?

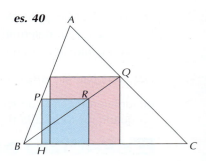

es. 40

# LA SIMILITUDINE

*teoria a pagina 145*

## Comprensione

**41** Il prodotto di un'omotetia $\omega$ con un'isometria $\sigma$:
   **a.** è una similitudine solo se si esegue il prodotto $\sigma \cdot \omega$
   **b.** è una similitudine solo se si esegue il prodotto $\omega \cdot \sigma$
   **c.** è sempre una similitudine
   **d.** è una similitudine solo se il rapporto di omotetia è diverso da 1.

**42** In ogni similitudine:
   **a.** due rette che si corrispondono sono sempre parallele  V F
   **b.** se due rette sono parallele, anche le loro omologhe sono parallele  V F
   **c.** il rapporto tra un segmento e il suo corrispondente è costante  V F
   **d.** ad un angolo corrisponde un angolo proporzionale al primo.  V F

**43** Due poligoni con lo stesso numero di lati sono simili se hanno:
   ① i lati proporzionali        ② gli angoli ordinatamente congruenti.

Questa proposizione è vera solo se si verificano:

**a.** il caso ①      **b.** il caso ②      **c.** contemporaneamente i casi ① e ②.

**44** Barra vero o falso.
  - **a.** Due poligoni congruenti sono anche simili.   V F
  - **b.** Due poligoni simili sono anche congruenti.   V F
  - **c.** Due poligoni simili sono anche congruenti se il rapporto di similitudine è 1 oppure −1.   V F
  - **d.** Due poligoni simili hanno sempre i lati a due a due paralleli.   V F
  - **e.** Due poligoni omotetici hanno i lati a due a due paralleli.   V F
  - **f.** Due poligoni simili si corrispondono sempre in una omotetia.   V F
  - **g.** Due poligoni simili si corrispondono in una omotetia di centro $O$ se l'isometria della trasformazione è l'identità oppure una simmetria di centro $O$.   V F
  - **h.** Se due poligoni di ugual numero di lati hanno i lati a due a due paralleli allora sono sempre simili.   V F

## Applicazione

**45** Fissato un punto $O$ del piano ed un segmento $AB$, sia $CD$ il simmetrico di $AB$ rispetto ad $O$ ed $EF$ il corrispondente di $AB$ nell'omotetia di centro $O$ e rapporto $k = 2$. Trova il rapporto fra i segmenti $DC$ ed $EF$.

**46** Il rapporto di similitudine di due triangoli simili è $\frac{2}{3}$; determina le lunghezze dei lati del secondo triangolo sapendo che quelle del primo sono 5cm, 8cm, 10cm.

**47** Di due triangoli simili si sa che un lato del primo triangolo è lungo 20cm e che il suo corrispondente nel secondo triangolo è lungo 12cm. Qual è il rapporto fra le aree dei due triangoli? E quello fra i perimetri?

$$\left[\frac{25}{9}; \frac{5}{3}\right]$$

**48** Sono dati una retta $r$ e un punto $O$ ad essa esterno; preso un punto $P$ su $r$ sia $P'$ il punto di $OP$ per il quale $PP' \cong \frac{2}{5} OP$. Qual è il luogo dei punti $P'$? Sia poi $s$ la parallela a $r$ passante per $O$ e $t$ una ulteriore retta passante per $P'$ non parallela a $r$. Dopo aver verificato che i due triangoli ottenuti sono simili, sai dire qual è il rapporto di similitudine?

$$\left[\frac{2}{3}\right]$$

**49** Un triangolo $ABC$ ha i lati che, rispetto alla stessa unità, hanno le seguenti misure: $\overline{AB} = 12$, $\overline{AC} = 15$, $\overline{BC} = 18$. Un punto $P$ sul lato $AB$ lo divide in parti proporzionali ai numeri 4 e 2. Traccia da $P$ la parallela al lato $BC$ che incontra $AC$ in $Q$ e da $Q$ la parallela al lato $AB$ che incontra $BC$ in $R$. Dopo aver dimostrato che il quadrilatero $PQRB$ è un parallelogramma, calcola le misure dei suoi lati.

[4cm; 12cm]

**50** Il triangolo $A'B'C'$ è il corrispondente del triangolo $ABC$ nell'omotetia di centro $A$ e rapporto $k = 2$; il triangolo $A''B''C''$ è il corrispondente di $A'B'C'$ nella simmetria di centro $C'$; infine il triangolo $A'''B'''C'''$ è il corrispondente di $A''B''C''$ nell'omotetia di centro $C''$ e rapporto $k = \frac{3}{4}$.
  - **a.** Qual è il rapporto fra i lati di quest'ultimo triangolo e quelli di $ABC$?
  - **b.** Come sono i lati dei due triangoli?
  - **c.** Dimostra che i lati $AC$ e $A'''C'''$ appartengono alla stessa retta.

$$\left[\frac{3}{2}; \text{paralleli}\right]$$

Cap. 7: Omotetie e similitudini    **349**

# I CRITERI DI SIMILITUDINE

teoria a pagina 147

## Comprensione

**51** In base ai criteri di similitudine, due triangoli sono simili se hanno:
   a. due angoli ordinatamente congruenti  [V] [F]
   b. due lati proporzionali  [V] [F]
   c. due lati proporzionali e l'angolo compreso congruente  [V] [F]
   d. tre lati proporzionali  [V] [F]
   e. due lati proporzionali e l'angolo opposto ad uno di essi congruente.  [V] [F]

**52** Di due triangoli $ABC$ e $A'B'C'$ si hanno le informazioni che seguono. Stabilisci in quali casi e in base a quale criterio, si può dire che sono simili:

   a. $\dfrac{AB}{A'B'} = \dfrac{BC}{B'C'} \quad \wedge \quad \widehat{C} \cong \widehat{C'}$
   b. $\widehat{B} \cong \widehat{B'} \quad \wedge \quad \widehat{C} \cong \widehat{C'}$
   c. $\dfrac{AC}{A'C'} = \dfrac{BC}{B'C'} \quad \wedge \quad \widehat{C} \cong \widehat{C'}$
   d. $\dfrac{AB}{A'B'} = \dfrac{BC}{B'C'} = \dfrac{AC}{A'C'}$
   e. $\dfrac{AB}{A'B'} = \dfrac{BC}{B'C'}$
   f. $\dfrac{AB}{BC} = \dfrac{A'B'}{B'C'} \quad \wedge \quad \widehat{B} \cong \widehat{C'}$

**53** I triangoli in figura sono simili; completa le seguenti proporzioni inserendo i termini appropriati:

   a. $BC : EF = AH : \ldots$
   b. $AM : \ldots = \ldots : ED$
   c. $AC : MC = \ldots : \ldots$
   d. $2p(\widehat{ABC}) : BC = \ldots : \ldots$
   e. $\ldots : \ldots = DR : DS$
   f. $S(\widehat{ABC}) : S(\widehat{DEF}) = \ldots : \ldots$

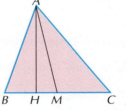

**54** Due triangoli sono simili con rapporto di similitudine uguale a $k$; di essi si può dire che:
   a. due altezze omologhe stanno nel rapporto $k$  [V] [F]
   b. i perimetri stanno nel rapporto $k$  [V] [F]
   c. le aree sono proporzionali a una coppia di lati omologhi  [V] [F]
   d. le mediane relative a lati omologhi sono proporzionali alle altezze relative agli stessi lati.  [V] [F]

**55** Si può concludere che due triangoli sono simili se di essi si sa che:
   a. sono isosceli e hanno un angolo alla base ordinatamente congruente  [V] [F]
   b. sono ottusangoli con l'angolo ottuso della stessa ampiezza  [V] [F]
   c. sono rettangoli e hanno i cateti proporzionali  [V] [F]
   d. sono equivalenti  [V] [F]
   e. sono rettangoli.  [V] [F]

**56** Barra vero o falso.
   a. Due triangoli sono simili di rapporto $\dfrac{1}{3}$; se un lato misura 12, il suo omologo misura 24.  [V] [F]
   b. Il rapporto fra i perimetri di due triangoli isosceli che hanno angoli al vertice congruenti è uguale a 2; anche il rapporto fra i lati è uguale a 2.  [V] [F]
   c. Il rapporto fra i perimetri di due quadrati è 9; se il lato del quadrato più piccolo misura 2, allora il lato dell'altro quadrato misura 18.  [V] [F]
   d. Se il rapporto fra le aree di due triangoli è 9, il rapporto fra una coppia di lati corrispondenti è 3.  [V] [F]

Cap. 7: Omotetie e similitudini

**57** Barra vero o falso.
  a. Tutti i triangoli equilateri sono simili.  V F
  b. Tutti i triangoli isosceli sono simili.  V F
  c. Tutti i triangoli rettangoli sono simili  V F
  d. Tutti i quadrati sono simili.  V F
  e. Tutti i poligoni regolari con lo stesso numero di lati sono simili.  V F

**58** Quali fra le seguenti sono enunciazioni corrette dei teoremi di Euclide?
In ogni triangolo rettangolo:
  a. ciascun cateto è medio proporzionale fra l'ipotenusa e la proiezione dell'altezza sull'ipotenusa
  b. l'altezza relativa all'ipotenusa è media proporzionale fra le proiezioni dei cateti sull'ipotenusa stessa
  c. l'altezza relativa all'ipotenusa è media proporzionale fra un cateto e la sua proiezione sull'ipotenusa
  d. un cateto è medio proporzionale fra la sua proiezione sull'ipotenusa e l'ipotenusa stessa
  e. l'altezza è media proporzionale fra la proiezione di un cateto sull'ipotenusa e l'altro cateto.

**59** Di due quadrilateri $ABCD$ e $A'B'C'D'$ si hanno le informazioni che seguono; stabilisci in quali casi si può concludere che i due poligoni sono simili:

  a. $\dfrac{AB}{A'B'} = \dfrac{BC}{B'C'} = \dfrac{CD}{C'D'} \quad \wedge \quad \widehat{C} \cong \widehat{C'}$

  b. $\dfrac{AB}{A'B'} = \dfrac{BC}{B'C'} = \dfrac{CD}{C'D'} = \dfrac{AD}{A'D'} \quad \wedge \quad \widehat{A} \cong \widehat{A'}$

  c. $\widehat{A} \cong \widehat{A'} \quad \wedge \quad \widehat{B} \cong \widehat{B'} \quad \wedge \quad \widehat{C} \cong \widehat{C'} \quad \wedge \quad \widehat{D} \cong \widehat{D'}$

  d. $\dfrac{AB}{A'B'} = \dfrac{BC}{B'C'} \quad \wedge \quad \widehat{A} \cong \widehat{A'} \quad \wedge \quad \widehat{B} \cong \widehat{B'} \quad \wedge \quad \widehat{C} \cong \widehat{C'}$

**60** Completa le seguenti proposizioni relative a due poligoni simili:
  a. il rapporto fra i perimetri è uguale ...................
  b. tracciando da una coppia di vertici corrispondenti le diagonali si ottengono ...............
  c. il rapporto fra le aree è uguale ........................
  d. se i poligoni sono regolari, i loro perimetri sono proporzionali a .................

**61** Con riferimento alla figura a lato individua fra le seguenti le proporzioni vere:
  a. $BC : AC = KC : BC$
  b. $AC : AB = AB : AK$
  c. $AC : AB = AB : KC$
  d. $AK : BK = KC : BK$
  e. $AB : BK = BK : BC$
  f. $AK : BK = BK : KC$

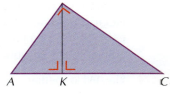

## Applicazione

**62** Fissato un punto $O$ e un triangolo $ABC$, sia $A'B'C'$ il corrispondente di $ABC$ nell'omotetia di centro $O$ e rapporto $-\dfrac{1}{2}$; sia poi $A''B''C''$ il corrispondente di $ABC$ nella simmetria rispetto alla retta $OA$. Dimostra che i triangoli $A'B'C'$ e $A''B''C''$ sono simili e indica qual è il rapporto di similitudine.

**63** Il rapporto tra le aree di due triangoli simili è $\dfrac{9}{4}$; trova il perimetro del secondo triangolo sapendo che i lati del primo, che è il più piccolo, sono lunghi 12cm, 15cm e 18cm.  [67,5cm]

**64** Sono dati due triangoli simili $ABC$ e $A'B'C'$. Sapendo che l'area del primo è $6a^2$ e quella del secondo è $96a^2$, calcola il rapporto tra i perimetri dei due triangoli.

**65** Nel triangolo $ABC$ conduci dal punto $P$ del lato $AB$ tale che $AP : PB = 2 : 3$ la parallela al lato $CB$ che incontra $AC$ nel punto $Q$. Dimostra che $\dfrac{AC}{AQ} = \dfrac{CB}{PQ} = \dfrac{5}{2}$.

**66** Di due triangoli simili si sa che il rapporto di similitudine è $\dfrac{5}{6}$ e che un lato del primo triangolo e l'altezza ad esso relativa sono lunghi rispettivamente 16cm e 9cm. Quanto misura l'area del secondo triangolo? Se il perimetro del secondo triangolo è 96cm, qual è quello del primo triangolo?

[103,68cm²; 80cm]

**67** Un triangolo $ABC$ ha i lati che, rispetto alla stessa unità, hanno le seguenti misure: $\overline{AB} = 12$, $\overline{AC} = 15$, $\overline{BC} = 18$. Un punto $P$ sul lato $AB$ lo divide in parti proporzionali ai numeri 4 e 2. Traccia da $P$ la parallela al lato $BC$ che incontra $AC$ in $Q$ e da $Q$ la parallela al lato $AB$ che incontra $BC$ in $R$. Dopo aver dimostrato che il quadrilatero $PQRB$ è un parallelogramma, calcola le misure dei suoi lati.

[4cm; 12cm]

**68** **ESERCIZIO GUIDATO**

Dimostra che le bisettrici di due angoli corrispondenti di due triangoli simili dividono ciascun triangolo in altri due che sono a due a due simili.

Se i triangoli $ABC$ e $DEF$ sono simili, hanno gli angoli ordinatamente congruenti; allora $\widehat{ABP} \sim \widehat{DQE}$ perchè ...... ed analogamente $\widehat{APC} \sim \widehat{DQF}$ perchè .......

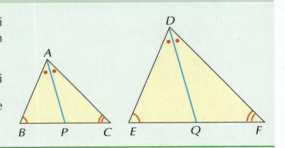

**69** Dimostra che se due triangoli rettangoli hanno un cateto e l'ipotenusa proporzionali, allora sono simili.

**70** Le diagonali $AC$ e $BD$ di un trapezio $ABCD$ si incontrano in $P$. Dimostra che i triangoli $PAB$ e $PDC$ sono simili.

**71** Dimostra che se due triangoli isosceli hanno gli angoli al vertice congruenti, allora sono simili.

**72** Dimostra che se due triangoli isosceli hanno le basi e una coppia di lati obliqui in proporzione, allora sono simili.

**73** Nel triangolo rettangolo $ABC$ conduci dal vertice $C$ dell'angolo retto la retta $r$ parallela all'ipotenusa $AB$ e da $A$ e $B$ le perpendicolari a $r$ che la incontrano rispettivamente nei punti $D$ ed $E$. Dimostra che i triangoli $ADC$ e $CBE$ sono simili.

**74** Sia $AM$ la mediana di un triangolo $ABC$; per un punto $D$ del lato $AC$ traccia la parallela ad $AM$ e per il vertice $C$ la parallela ad $AB$; siano $E$ il punto di intersezione di tali parallele e $G$ il punto di intersezione di $DE$ con $BC$. Dimostra che sono simili i triangoli $AMB$ e $GCE$, $AMC$ e $DCG$.

**75** Individua se nelle figure a lato vi sono triangoli simili, spiegando il perché.

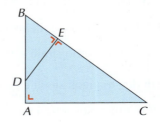 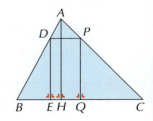

**76** Disegna un triangolo $ABC$ rettangolo in $A$ e da un punto $P$ dell'ipotenusa traccia la perpendicolare all'ipotenusa stessa che incontra i cateti $AC$ e $AB$ (o i loro prolungamenti) rispettivamente in $R$ e in $S$. Dimostra che i triangoli $BPS$, $PCR$, $ARS$ e $ABC$ sono tutti simili fra loro.

**77** In un triangolo rettangolo è inscritto un rettangolo con un lato sull'ipotenusa. Dimostra che i triangoli che si vengono a formare sono simili al triangolo dato. Se il triangolo non è rettangolo, il teorema è ancora vero?

es. 77

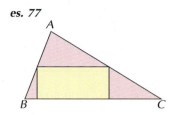

**78** Dimostra che, congiungendo i punti medi dei lati di un triangolo, ottieni un triangolo simile a quello dato. Puoi individuare altre coppie di triangoli simili nella figura?

**79** E' dato il triangolo isoscele $ABC$ di base $AB$. Da un punto $P$ della base conduci la perpendicolare alla base stessa che incontra le rette dei lati $BC$ e $AC$ rispettivamente in $Q$ e in $R$. Dimostra che $PB : BQ = AP : AR$.

**80** E' dato un rettangolo $ABCD$; da un punto $P$ della diagonale $DB$ traccia la perpendicolare alla diagonale stessa che incontra la retta di $AB$ in $S$, quella di $DC$ in $T$ e quella di $BC$ in $V$. Dimostra che $BP : PS = DP : PT$ e che $BP$ è medio proporzionale tra $PS$ e $PV$.

**81** Sia $AH$ l'altezza relativa all'ipotenusa del triangolo $ABC$ rettangolo in $A$. Traccia da $H$ la perpendicolare $HR$ al lato $AC$ e la perpendicolare $HS$ al lato $AB$. Individua i triangoli simili della figura e dimostra poi che $BH : AH = BS : AR$.

**82** Il triangolo $ABC$ è rettangolo in $C$ e $M$ è il punto medio dell'ipotenusa; dal vertice $C$ conduci la retta $r$ perpendicolare alla mediana $CM$ e da $B$ la perpendicolare $BH$ a $r$. Dimostra che $BC$ è medio proporzionale tra $AB$ e $BH$.
(Suggerimento: ricorda che la mediana relativa all'ipotenusa di un triangolo rettangolo è congruente alla sua metà, quindi $AM \cong MB \cong CM$).

es. 82

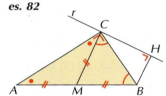

**83** Per il vertice $A$ di un triangolo $ABC$ rettangolo in $A$, traccia una qualunque retta $r$; dai vertici $B$ e $C$ conduci poi le perpendicolari $BD$ e $CE$ a $r$ e dimostra che $AB : DA = AC : CE$.

**84** Sia $AM$ la mediana relativa al lato $BC$ di un triangolo $ABC$ e sia $RS$ una qualunque corda del triangolo parallela a $BC$. Dimostra che $AM$ dimezza $RS$.

**85** In un triangolo rettangolo è inscritto un quadrato che ha un lato sull'ipotenusa. Dimostra che il lato del quadrato è medio proporzionale fra le rimanenti parti dell'ipotenusa.

**86** Per il vertice $B$ di un rettangolo $ABCD$ ed esternamente ad esso traccia una retta $r$ che incontri la retta $AD$ in $E$ e la retta $DC$ in $F$. Dimostra che $EA : AD = DC : CF$.

**87** Un segmento $AB$ è diviso da un punto $C$ in due parti proporzionali ai numeri 2 e 3; per il punto $A$ conduci una retta $r$ e dai punti $C$ e $B$ le perpendicolari $CQ$ e $BP$ a $r$. Dimostra che $\dfrac{AP}{AQ} = \dfrac{PB}{CQ} = \dfrac{5}{2}$.

**88** Due triangoli hanno la stessa altezza ma basi diverse; in entrambi i triangoli traccia una retta parallela alla base e ad uguale distanza dal vertice. Dimostra che le corde ottenute sono proporzionali alle basi.

**89** **ESERCIZIO GUIDATO**

Sia $G$ il baricentro di un triangolo $ABC$; una retta passante per $G$ e parallela ad uno dei lati del triangolo interseca gli altri due lati in $P$ e $Q$. Dimostra che il segmento $PQ$ è congruente ai $\dfrac{2}{3}$ del lato a cui è parallelo.

Cap. 7: Omotetie e similitudini

Ricorda che il baricentro divide ciascuna mediana in due parti delle quali, quella che contiene il vertice, è doppia dell'altra; tracciata quindi la mediana $AM$, il baricentro $G$ è il punto per il quale $AG \cong 2GM$.
Dalla similitudine dei triangoli $APQ$ e $ABC$ e ricordando le proprietà dei triangoli simili, segue la tesi.

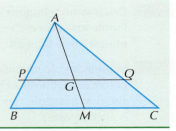

**90** Sia $O$ il punto di intersezione delle diagonali $AC$ e $BD$ di un trapezio $ABCD$. Conduci per $O$ la parallela alle basi che incontra il lato $AD$ in $S$ e il lato $BC$ in $R$. Dimostra che $BR : BC = OS : DC$.
(Suggerimento: individua i triangoli simili nella figura e applica poi il teorema di Talete)

**91** Per il vertice $A$ di un parallelogramma $ABCD$ traccia una retta $r$ che incontra la retta di $BC$ in $P$ e la retta di $DC$ in $Q$. Dimostra che vale la proporzione $BC : BP = DQ : DC$.

**92** Il trapezio isoscele $ABCD$ di base maggiore $AB$ ha le diagonali che sono perpendicolari ai lati obliqui; conduci da $A$ la perpendicolare $AH$ alla retta della base minore $CD$ e dimostra che i triangoli $AHD$, $CHA$ e $ADB$ sono simili.

**93** Il quadrilatero $ABCD$ ha gli angoli opposti che sono supplementari. Le rette dei lati $AD$ e $BC$ si incontrano in un punto $P$. Dimostra che i triangoli $ABP$ e $DCP$ sono simili.

**94** Sia $AM$ la mediana relativa all'ipotenusa $BC$ di un triangolo rettangolo $ABC$; traccia da $M$ la parallela al cateto $AB$ che incontra $AC$ in $T$. Dimostra che $MT : AB = AM : BC$.

**95** E' dato il trapezio rettangolo $ABCD$, retto in $A$ e $D$. Dimostra che se le diagonali sono tra loro perpendicolari, l'altezza del trapezio è media proporzionale tra le basi.

**96** Siano $BH$ e $CK$ le altezze di un triangolo $ABC$ dimostra che $AH : AK = AB : AC$.

**97** Siano $AH$ e $BK$ le altezze di un triangolo acutangolo $ABC$ e sia $L$ il loro punto di intersezione. Dimostra che $BL : AL = LH : LK$.

**98** E' dato un trapezio rettangolo di basi $AB$ e $DC$ in cui la diagonale $AC$ è perpendicolare al lato obliquo $BC$. Dimostra che vale la proporzione $AB : AC = AC : DC$.

**99** Sia $P$ un punto dell'altezza $AH$ di un triangolo isoscele $ABC$ di base $BC$. La perpendicolare condotta da $P$ ad $AB$ incontra $AB$ in $M$ e la retta di $AC$ in $S$. Dimostra che $AS : SP = AH : HB$.
(Suggerimento: applica il teorema della bisettrice al triangolo $AMS$ e individua i triangoli simili della figura)

**100** Il triangolo $ABC$ è rettangolo in $C$; traccia da $B$ la perpendicolare $r$ all'ipotenusa $AB$ e sia $D$ il punto di intersezione della retta $AC$ con $r$. Sia poi $E$ la proiezione ortogonale di $C$ su $r$. Dimostra che vale la proporzione $CE : CA = CD : AB$.

**101** In un triangolo $ABC$ conduci le altezze $AH$, $BK$, $CL$ e sia $O$ il loro punto d'intersezione; siano poi $M$ e $N$ le proiezioni del punto $H$ su $AB$ e su $AC$. Dimostra che i triangoli $MNH$ e $OLK$ sono simili e deduci da ciò che $LK$ è parallelo a $MN$.

# Esercizi per lo sviluppo delle competenze

**1** Dai vertici $A$ e $B$ di un triangolo $ABC$ conduci le altezze $AH$ e $BK$ e dimostra che sono inversamente proporzionali ai lati a cui si riferiscono.

Cap. 7: *Omotetie e similitudini*

**2** Dato un triangolo *ABC*, sia *M* il punto medio del lato *BC*; una retta passante per *M* incontra la parallela a *BC* tracciata da *A* in un punto *P*, la retta *AC* in *Q*, la retta *AB* in *S*. Dimostra che vale la proporzione *MS* : *SP* = *QM* : *QP*.

**3** Considerato un triangolo *ABC* conduci da *B* la retta *r* perpendicolare a *BC*, da *A* la retta *s* perpendicolare ad *AB* e da *C* la retta *t* perpendicolare ad *AC*. Dimostra che le rette *r*, *s*, *t* intersecandosi formano un triangolo simile ad $\widehat{ABC}$. Dimostra, inoltre, che se il triangolo *ABC* è rettangolo in *A*, il rapporto di similitudine fra il triangolo costruito ed il triangolo *ABC* è uguale al rapporto tra il quadrato dell'ipotenusa *BC* e il rettangolo dei cateti *AB* e *AC*.

**4** Dai vertici *A* e *C* di un rettangolo *ABCD* conduci le perpendicolari *AT* e *CE* alla diagonale *BD*; dai vertici *B* e *D* conduci le perpendicolari *DF* e *BG* alla diagonale *AC*. Dimostra che il quadrilatero *FEGT* è un rettangolo simile ad *ABCD*.

**5** In un triangolo ottusangolo *ABC* l'angolo di vertice *C* supera quello in *B* di un angolo retto. Dimostra che l'altezza *AH* relativa al lato *BC* è media proporzionale fra *BH* e *CH*.
(Suggerimento: dimostra che i triangoli *AHC* e *ABH* sono simili)

**6** Nel triangolo *ABC* l'angolo di vertice *C* è il doppio di quello di vertice *B*. Dopo aver tracciato la bisettrice *CS*, dimostra che $r(AC, CS) \doteq r(BC, AS)$.

**IL CAPITOLO SI COMPLETA CON:**

Cap. 7: *Omotetie e similitudini*

# Test Finale

**1** Con riferimento alla figura e considerando l'omotetia di centro O e rapporto $k=2$, completa le seguenti proposizioni:

a. $\omega_{O,2}(AB) = \ldots\ldots$
b. $\omega_{O,2}(s) = \ldots\ldots$
c. $\omega_{O,2}(\ldots\ldots) = \widehat{HCE}$
d. $\omega_{O,2}(BC) = \ldots\ldots$
e. $\omega_{O,2}(a) = \ldots\ldots$
f. $\omega_{O,2}(\ldots\ldots) = HE$

1 punto

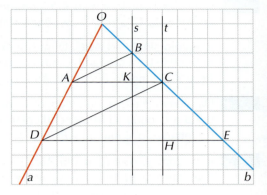

**2** Due triangoli si corrispondono in una omotetia di rapporto $k = -\frac{3}{4}$; se il primo triangolo è equilatero di lato $2\ell$, quali sono il perimetro e l'area del suo omologo?

0,5 punti

**3** Con riferimento alla figura, O è il punto d'intersezione delle bisettrici degli angoli alla base del triangolo isoscele ABC; T e Q sono le proiezioni ortogonali di O sui lati obliqui. Si può dire che:

a. $CTQ \sim CAB$    V F
b. $CTO \sim CHB$    V F
c. $TOQ \sim AOB$    V F
d. $CHB \sim COQ$    V F
e. $AOH \sim BOQ$    V F

Giustifica le risposte.

2,5 punti

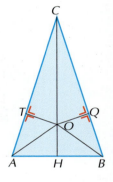

**4** Il triangolo ABC è rettangolo in C; tracciata l'altezza CH relativa al lato AB, completa le seguenti proposizioni:

a. $\widehat{ACH}$ è simile a ……………… e ………………
b. AC è medio proporzionale fra ………………
c. CH è medio proporzionale fra ………………
d. CB è medio proporzionale fra ………………

1 punto

**5** Di due triangoli simili ABC e A'B'C' si sa che $\frac{AB}{A'B'} = \sqrt{3}$; completa:

a. se $\overline{AC} = 2\sqrt{3}$ il suo omologo misura ………………
b. se l'area di ABC è 12, l'area di A'B'C' è …………
c. se una delle mediane di ABC misura 6, la sua omologa misura ………………
d. se l'altezza A'H' misura 9, la sua omologa misura …………

1 punto

**6** I tre lati di un triangolo sono lunghi 6cm, 10cm, 14cm. Trova le misure dei lati di un triangolo simile a quello dato e che ha perimetro 150cm.

1,5 punti

**7** Nel triangolo ABC rettangolo in A, AH è l'altezza relativa all'ipotenusa. Sia r la semiretta di origine B esterna al triangolo che forma con AB un angolo congruente ad $\widehat{ABC}$ e sia K la proiezione ortogonale di A su r. Dimostra che $AC : AB = AH : KB$.

2,5 punti

356    Cap. 7: *Omotetie e similitudini*

# Soluzioni

**1** a. DC  b. t  c. $\widehat{KBC}$  d. CE  e. a  f. KC

**2** Il perimetro del primo triangolo è $6\ell$ e la sua area è $\sqrt{3}\ell^2$; quindi il secondo triangolo ha perimetro $\frac{9}{2}\ell$ e area $\frac{9\sqrt{3}}{16}\ell^2$.

**3** a. V  b. V  c. F  d. V  e. V

**4** 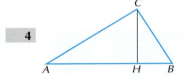 a. $\widehat{ABC}, \widehat{CHB}$  b. AB, AH  c. AH, HB  d. AB, HB

**5** a. 2  b. 4  c. $2\sqrt{3}$  d. $9\sqrt{3}$

**6** 30 cm, 50 cm, 70 cm

**7** 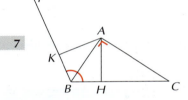 I triangoli AKB e AHB sono congruenti e sono entrambi simili al triangolo ABC. Scrivendo la proporzione tra i lati e considerando che $AH \cong AK$, segue la tesi.

| Esercizio | 1 | 2 | 3 | 4 | 5 | 6 | 7 |
|---|---|---|---|---|---|---|---|
| Punteggio | | | | | | | |

Valutazione in decimi

Cap. 7: Omotetie e similitudini

# MATEMATICA SCIENZE & ARTE

## La similitudine in natura

Ridurre e ingrandire sono due operazioni che si fanno quotidianamente. Si chiede a una fotocopiatrice di ridurre un'immagine o un testo, si ingrandisce il carattere di scrittura di un quasiasi wordprocessor con un semplice clic del mouse, si ingrandisce una foto per metterla in cornice o creare un poster da appendere, si proietta una slide di una presentazione ingrandendo con un proiettore l'immagine che c'è sul video.
Anche la natura riproduce se stessa in piccoli moduli del tutto simili agli originali; lo si vede bene nelle piante grasse, nelle foglie delle felci, nei cavolfiori, nelle conchiglie.
I cristalli di quarzo, così come quelli di pirite, i topazi, le acquemarine hanno tutti una forma caratteristica che si ripete uguale a se stessa variando solo le dimensioni.

Anche i recenti studi sulle curve frattali (puoi leggere la scheda di curiosità online) mettono bene in evidenza questa tendenza degli oggetti naturali a replicarsi in modo identico.

Anche in campo artistico si possono individuare rapporti significativi che costituiscono un canone di regole usato per rappresentare il corpo umano. Ancora oggi si usa uno schema che risale a Policleto, un artista greco del V secolo a.C., nel quale l'unita di misura di riferimento è la testa, pari a $\frac{1}{8}$ dell'altezza totale del corpo.

Per costruire la struttura del corpo umano basta riportare 8 volte un segmento lungo come la testa: il primo segmento si ferma al mento, il secondo alle ascelle, il terzo ai fianchi, il quarto all'inguine, il quinto a metà coscia, il sesto al ginocchio, il settimo a metà gamba e l'ottavo arriva alla base del piede.
Nella statua del Doriforo di Policleto (un atleta che, in origine, doveva tenere in mano un giavellotto) vengono rispettate tutte queste proporzioni.

# MATEMATICA DELLA VITA QUOTIDIANA

## I fogli della stampante

Il formato carta indica la dimensione (lunghezza e larghezza) di un foglio di carta. Nel corso degli anni sono stati utilizzati molti standard differenti sui formati carta, ma ad oggi sono due i più comuni: lo standard internazionale (l'A4 e i suoi derivati) e i formati nordamericani.
Lo standard internazionale del formato carta, l'ISO 216, prevede un rapporto altezza : base $= \sqrt{2}$.

Il formato base, denominato A0 ha le dimensioni lunghe 841 mm e 1189 mm. I formati successivi (A1, A2, A3 e così via) si ottengono semplicemente tagliando a metà la carta sul lato più lungo.
Se osservi l'immagine ti accorgerai che, per ogni formato:

- la dimensione maggiore è uguale a quella minore del formato precedente;
- la dimensione minore è la metà della maggiore del formato precedente.

Il formato più usato, soprattutto per stampare, è l'A4 (210 × 297 mm).
Determina le dimensioni dei formati A3 e A6 verificando successivamente che le misure di questi formati rispettano sempre il rapporto

$$\text{altezza : base} = \sqrt{2}$$

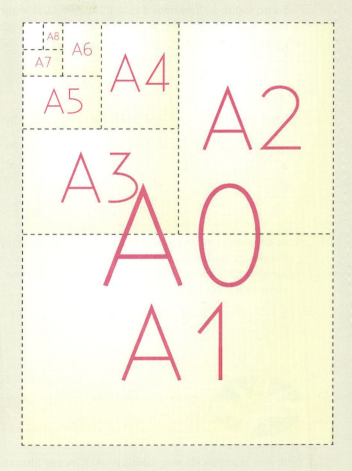

## La televisione

Per indicare la grandezza dei televisori si misura la diagonale del video in pollici; tuttavia, poiché la diagonale di un rettangolo non è sufficiente per darne le dimensioni, è necessario stabilire qualche altro parametro.
Questo parametro è il rapporto tra il lato lungo (quello orizzontale) e il lato corto (quello in verticale) del televisore.
Fino a qualche anno fa si costruivano televisori di rapporto 4/3, i vecchi televisori ingombranti a tubo catodico, oggi si è passati a quelli di rapporto 16/9. Un televisore da 32 pollici in formato 16/9 misura 70,84cm in larghezza e 39,85cm in lunghezza, mentre uno in formato 4/3 è largo 65,02cm e alto 48,77cm. Tenendo presente che 1 pollice corrisponde a 2,54 centimetri, sai spiegare come abbiamo fatto a calcolare le dimensioni di quel televisore? Quali sono le dimensioni di un televisore da 18 pollici nei due formati?

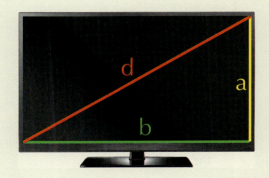

[formato 16/9 : 39,85 × 22,41; formato 4/3 : 36,58 × 27,43]

**Cap. 7:** *Omotetie e similitudini*

 # gare di matematica

**1** Su un foglio è disegnato il quadrato ABCD. Il foglio viene piegato (lungo una linea retta) in modo che B vada a coincidere con il punto medio di DC. Il lato BC viene diviso dalla piegatura in due segmenti di lunghezze $a$ e $b$, con $a \leq b$. Quanto vale $\frac{b}{a}$?

a. 2    b. 1    c. $\frac{5}{3}$    d. $\frac{25}{9}$    e. $\frac{\sqrt{5}}{2}$    [c.]

**2** Sapendo che $AA_1 = \frac{1}{5}AC$, che $BB_1 = \frac{1}{5}BC$ e che l'area del quadrilatero $ABB_1A_1$ è 45cm², trovare l'area del triangolo ABC.

a. 175cm²    b. 135cm²    c. 130cm²
d. 125cm²    e. 100cm²    [d.]

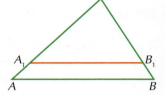

**3** In un giorno di sole una sfera è posata su un terreno orizzontale. In un certo istante l'ombra della sfera raggiunge la distanza di 10 metri dal punto in cui la sfera tocca il terreno. Nello stesso istante un'asta di lunghezza 1 metro posta verticalmente al terreno getta un'ombra lunga 2 metri. Qual è il raggio della sfera in metri?

a. $\frac{5}{2}$    b. $9 - 4\sqrt{5}$    c. $10\sqrt{5} - 20$    d. $8\sqrt{10} - 23$    e. $6 - \sqrt{15}$    [c.]

 **Math in English**   *Theory on page 152*   **CLIL**

**1** In the triangle shown, altitude AD meets altitude BF at E. Suppose $AD = 8$, $BD = 6$, and $CD = 4$. What is the lenght of ED?

a. $\frac{1}{2}$    b. $\frac{\sqrt{5}}{2}$    c. 2    d. $\frac{5}{2}$    e. 3    [e.]

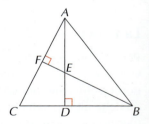

**2** Given that ABC is an isosceles triangle with base AC, that BD and CE are altitudes, prove that $CE : AE = BD : DC$.

**3** Two isosceles triangles are similar if the vertex angle of one triangle is congruent to the vertex angle of the other triangle.

**4** At a certain time of the day, the shadow of a 5' boy is 8' long. The shadow of a tree at this same time is 28' long. How tall is the tree?

a. 8.5'    b. 16'
c. 17.5'    d. 20'    [c.]

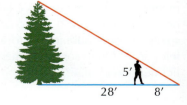

360    Cap. 7: *Omotetie e similitudini*

# ESERCIZI CAPITOLO 8
# Le frazioni algebriche, equazioni e disequazioni

## LE FRAZIONI ALGEBRICHE E LA SEMPLIFICAZIONE

teoria a pagina 155

SOLUZIONI ES. COMPRENSIONE

### Comprensione

**1** In quali dei seguenti casi la frazione $\dfrac{x-4}{(3-x)(2x+1)}$ ha significato?

   **a.** se $x=1$     **b.** se $x=4$     **c.** se $x=3$

   **d.** se $x=\dfrac{1}{2}$     **e.** se $x=-\dfrac{1}{2}$     **f.** se $x=0$

**2** La frazione $\dfrac{ax}{(x-3)(a+2)}$ è definita:

   **a.** $\forall x \in R - \{0\} \wedge \forall a \in R - \{0\}$     **b.** $\forall x \in R - \{3\} \wedge \forall a \in R - \{2\}$

   **c.** $\forall x \in R - \{3\} \wedge \forall a \in R - \{-2\}$     **d.** $\forall x \in R - \{3, 0\} \wedge \forall a \in R - \{-2, 0\}$

**3** Barra vero o falso.

   **a.** $\dfrac{a^2 x}{ax} = a$      V F

   **b.** $\dfrac{x^2}{x^2 - 4} = -\dfrac{1}{4}$      V F

   **c.** $\dfrac{a^2}{a(a-4)} = \dfrac{a}{a-4}$      V F

   **d.** $\dfrac{abc - a}{bc - 1} = a$      V F

### Applicazione

Individua le condizioni di esistenza delle seguenti frazioni algebriche.

**4** ESERCIZIO GUIDATO

   **a.** $\dfrac{x-y}{x}$     **b.** $\dfrac{2x+1}{x^2-1}$

   **a.** la frazione ha significato per qualsiasi valore di $y$ e per ogni $x \neq 0$

   **b.** scomponendo il polinomio al denominatore otteniamo la frazione $\dfrac{2x+1}{(x-1)(x+1)}$ che ha significato se $x - 1 \neq 0$, cioè se $x \neq 1$, e se $x + 1 \neq 0$, cioè se $x \neq -1$; in definitiva l'insieme di esistenza della frazione è $R - \{-1, +1\}$.

Cap. 8: Le frazioni algebriche, equazioni e disequazioni

**5** $\dfrac{2x}{ay}$ $\qquad$ $\dfrac{b+1}{3b}$ $\hfill [a \neq 0 \wedge y \neq 0; b \neq 0]$

**6** $\dfrac{ax+1}{ax+a}$ $\qquad$ $\dfrac{2y}{y+2}$ $\hfill [a \neq 0 \wedge x \neq -1; y \neq -2]$

**7** $\dfrac{3a+b}{b}$ $\qquad$ $\dfrac{a+b^2}{7a^2}$ $\hfill [b \neq 0; a \neq 0]$

**8** $\dfrac{a-b}{a-3}$ $\qquad$ $\dfrac{b+5}{b-7}$ $\hfill [a \neq 3; b \neq 7]$

**9** $\dfrac{x^2}{3x+3}$ $\qquad$ $\dfrac{2x+4}{x(x-1)}$ $\hfill [x \neq -1; x \neq 0 \wedge x \neq 1]$

**10** $\dfrac{3x}{x^2-9}$ $\qquad$ $\dfrac{2a+1}{4a^2-1}$ $\hfill \left[x \neq \pm 3; a \neq \pm \dfrac{1}{2}\right]$

*Semplifica le seguenti frazioni algebriche.*

**11** **ESERCIZIO GUIDATO**

$\dfrac{4x^5y^2}{3x^3y^5}$

Per semplificare questa frazione, che è il rapporto fra due monomi interi, basta applicare le proprietà delle potenze:

$$\dfrac{4x^5y^2}{3x^3y^5} = \dfrac{4x^2}{3y^3}$$

**12** $\dfrac{10a^5b^4c^2}{2a^3b^2}$ $\qquad$ $\dfrac{3xy}{9x^4y^2}$ $\qquad$ $\dfrac{-5x^3y^5t^2}{4x^4y^3t}$ $\hfill \left[5a^2b^2c^2; \dfrac{1}{3x^3y}; -\dfrac{5y^2t}{4x}\right]$

**13** $\dfrac{x^2y^4z^5}{-2xz^2}$ $\qquad$ $\dfrac{4x^3}{6x^2y}$ $\qquad$ $\dfrac{-4x^3y^2z}{6x^4y^3}$ $\hfill \left[-\dfrac{1}{2}xy^4z^3; \dfrac{2x}{3y}; -\dfrac{2z}{3xy}\right]$

**14** **ESERCIZIO GUIDATO**

$\dfrac{3x+15}{x^2-25}$

Scomponiamo in fattori i polinomi al numeratore e al denominatore $\quad \dfrac{3x+15}{x^2-25} = \dfrac{3(x+5)}{(x+5)(x-5)}$

Semplifichiamo la frazione applicando la proprietà invariantiva: $\quad \dfrac{3\cancel{(x+5)}}{\cancel{(x+5)}(x-5)} = \dfrac{3}{x-5}$

**15** $\dfrac{ax^2+axy-x-y}{ax^2-x}$ $\qquad$ $\dfrac{a+b-bx-ax}{a(1-x)-b(1-x)}$ $\hfill \left[\dfrac{x+y}{x}; \dfrac{a+b}{a-b}\right]$

**16** $\dfrac{x^2+4x+4}{x^2-4}$ $\qquad$ $\dfrac{ax^4-ax^3-2ax^2}{a^2x^3+a^2x^2}$ $\hfill \left[\dfrac{x+2}{x-2}; \dfrac{x-2}{a}\right]$

**17** $\dfrac{xy-ax+x+a(y-a+1)}{x^3-2x+ax^2-2a}$ $\qquad$ $\dfrac{10xyz-5x^3y}{6z^2-3zx^2}$ $\hfill \left[\dfrac{y-a+1}{x^2-2}; \dfrac{5xy}{3z}\right]$

**18** $\dfrac{2x(x^2y-y^2)}{4xy^2-xy^3}$ $\qquad$ $\dfrac{x^4y-xy^2}{ax^3-ay}$ $\hfill \left[\dfrac{2y-2x^2}{y^2-4y}; \dfrac{xy}{a}\right]$

**362** Cap. 8: *Le frazioni algebriche, equazioni e disequazioni*

**19** $\dfrac{2xyz}{2xy - 4x^2z^2}$    $\dfrac{b^2 - 2b^2x + b^2x^2}{abx^2 - ab}$    $\left[\dfrac{zy}{y - 2xz^2} ; \dfrac{bx - b}{a + ax}\right]$

**20** $\dfrac{4x^2 - 8xy + 4y^2}{3x^2y - 3xy^2}$    $\dfrac{x(3x + 1) + 3xy - 6x + y - 2}{9x^2 + 6x + 1}$    $\left[\dfrac{4(x - y)}{3xy} ; \dfrac{x + y - 2}{3x + 1}\right]$

**21** $\dfrac{ax(a + c) - b(a + c)}{ax - b + a^2x - ab}$    $\dfrac{2x^3 - 18x}{x^2 - 9}$    $\left[\dfrac{a + c}{a + 1} ; 2x\right]$

**22** $\dfrac{x^2 - 8x + 16}{x^2 - 3x - 4}$    $\dfrac{a(x + a) - bx - ab}{x(a - b) + y(a - b)}$    $\left[\dfrac{x - 4}{x + 1} ; \dfrac{x + a}{x + y}\right]$

**23** $\dfrac{3x^2 + 6xz}{2x + 4z - ax - 2az}$    $\dfrac{x^2 - 2ax - 3a^2}{x^2 - 6ax + 9a^2}$    $\left[\dfrac{3x}{2 - a} ; \dfrac{x + a}{x - 3a}\right]$

**24** $\dfrac{abc + a^2 - ab^3c - a^2b^2}{a - ab^2}$    $\dfrac{4x^3 + 4x^2 - x - 1}{4x^3 - 4x^2 - x + 1}$    $\left[a + bc ; \dfrac{x + 1}{x - 1}\right]$

**25** $\dfrac{x^2 + x - 2}{x^2 + 3x + 2}$    $\dfrac{ax^2 - a}{a^2x - a^2}$    $\left[\dfrac{x - 1}{x + 1} ; \dfrac{x + 1}{a}\right]$

**26** $\dfrac{3x^3 - 3y^3}{9(x^2 + xy + y^2)}$    $\dfrac{a^2x^2 + a^2x - 6a^2}{ax^2 - ax - 2a}$    $\left[\dfrac{x - y}{3} ; \dfrac{a(x + 3)}{x + 1}\right]$

**27** $\dfrac{-10x}{2x + 6}$    $\dfrac{3ab + a}{6b + 2}$    $\left[\dfrac{-5x}{x + 3} ; \dfrac{a}{2}\right]$

**28** $\dfrac{a^2 - 5ab}{-15b^2 + 3ab}$    $\dfrac{12xy - 4x^2}{24y^3 - 8xy^2}$    $\left[\dfrac{a}{3b} ; \dfrac{x}{2y^2}\right]$

**29** $\dfrac{x^2 - y^2}{3x^3y^3 - 3x^2y^4}$    $\dfrac{a^2 + 6a + 9}{a^2 - 9}$    $\left[\dfrac{x + y}{3x^2y^3} ; \dfrac{a + 3}{a - 3}\right]$

**30** $\dfrac{4x^3 - 4x^2}{16x^3}$    $\dfrac{12xy - 16y^2}{6x - 8y}$    $\left[\dfrac{x - 1}{4x} ; 2y\right]$

**31** $\dfrac{-6xy^2 + 3x^2y}{15x^2y^2}$    $\dfrac{z^6 + z^8}{z^6}$    $\left[\dfrac{x - 2y}{5xy} ; 1 + z^2\right]$

# LE OPERAZIONI CON LE FRAZIONI ALGEBRICHE

**Addizione e sottrazione**    *teoria a pagina 158*

## Comprensione

SOLUZIONI ES. COMPRENSIONE

**32** Il denominatore comune tra le frazioni $\dfrac{a}{a^2 - 4} + \dfrac{3a}{2a - 4}$ è:

    **a.** $(a^2 - 4)(a - 2)$    **b.** $(a - 2)$    **c.** $(a - 2)(a + 2)$    **d.** $2(a - 2)(a + 2)$

**33** Il denominatore comune tra le frazioni $\dfrac{x}{1 - x^2}, \dfrac{x + 1}{x^2 - x}, \dfrac{3x + 1}{x^2 - 2x + 1}$ è:

    **a.** $(x - 1)^2(x + 1)$    **b.** $x(x - 1)^2(x + 1)(1 - x)$    **c.** $x(x - 1)^2(x + 1)$    **d.** $x(x - 1)(x + 1)$

**Cap. 8**: Le frazioni algebriche, equazioni e disequazioni

**34** Il risultato dell'espressione $\dfrac{1}{x} + \dfrac{2}{x}$ è:

a. $3x$  b. $\dfrac{3}{x^2}$  c. $\dfrac{3}{3x}$  d. $\dfrac{3}{x}$

## Applicazione

*Riduci allo stesso denominatore i seguenti gruppi di frazioni.*

**35** **ESERCIZIO GUIDATO**

$$\dfrac{3}{2a}; \quad \dfrac{-5b}{a}; \quad \dfrac{6a}{b^2}$$

Le frazioni assegnate sono già ridotte ai minimi termini.
Calcoliamo il *m.c.m.* fra i denominatori ottenendo $2ab^2$ che assumiamo come denominatore comune.
Dividendo tale denominatore per ciascun denominatore delle frazioni date otteniamo

$$2ab^2 : 2a = b^2 \qquad 2ab^2 : a = 2b^2 \qquad 2ab^2 : b^2 = 2a$$

Dobbiamo allora moltiplicare il numeratore di ciascuna frazione per il quoziente ottenuto

$$\dfrac{3(b^2)}{2ab^2} \qquad \dfrac{-5b(2b^2)}{2ab^2} \qquad \dfrac{6a(2a)}{2ab^2}$$

Le frazioni date sono dunque equivalenti a:

$$\dfrac{3b^2}{2ab^2}; \quad \dfrac{-10b^3}{2ab^2}; \quad \dfrac{12a^2}{2ab^2}$$

**36** $\dfrac{a}{2x}; \quad \dfrac{3b}{4y}; \quad \dfrac{c}{2}$ $\qquad\qquad \left[\dfrac{2ay}{4xy}; \dfrac{3bx}{4xy}; \dfrac{2cxy}{4xy}\right]$

**37** $\dfrac{4x^2}{x^5}; \quad \dfrac{6}{2x}; \quad \dfrac{c}{y}$ $\qquad\qquad \left[\dfrac{8y}{2x^3y}; \dfrac{6x^2y}{2x^3y}; \dfrac{2cx^3}{2x^3y}\right]$

**38** $\dfrac{4x}{3y}; \quad \dfrac{2x-y}{y^2}; \quad \dfrac{3xy}{2xy^3}$ $\qquad \left[\dfrac{8xy}{6y^2}; \dfrac{12x-6y}{6y^2}; \dfrac{9}{6y^2}\right]$

**39** $\dfrac{2}{x^2} \quad -\dfrac{5}{3y^3} \quad \dfrac{3}{6xy^2}$ $\qquad \left[\dfrac{12y^3}{6x^2y^3}; -\dfrac{10x^2}{6x^2y^3}; \dfrac{3xy}{6x^2y^3}\right]$

**40** **ESERCIZIO GUIDATO**

$$\dfrac{2x}{3x^2-3y^2} \qquad \dfrac{x+y}{x-y} \qquad \dfrac{3y}{x^2-xy}$$

Scomponiamo i denominatori delle tre frazioni:

$$\dfrac{2x}{3(x-y)(x+y)} \qquad \dfrac{x+y}{x-y} \qquad \dfrac{3y}{x(x-y)}$$

Nessuna delle frazioni può essere semplificata; calcoliamo dunque il *m.c.m.* fra i denominatori: $3x(x-y)(x+y)$

Le frazioni date sono dunque equivalenti a:

$$\dfrac{2x^2}{3x(x-y)(x+y)} \qquad \dfrac{3x(x+y)^2}{3x(x-y)(x+y)} \qquad \dfrac{9y(x+y)}{3x(x-y)(x+y)}$$

**41** $\dfrac{2a-2b}{6(a+b)}$  $\qquad$ $\dfrac{3a}{9a^2+9b^2+18ab}$ $\qquad$ $\dfrac{5b}{10a+10b}$ $\qquad$ $\left[\dfrac{2(a^2-b^2)}{6(a+b)^2};\dfrac{2a}{6(a+b)^2};\dfrac{3b(a+b)}{6(a+b)^2}\right]$

(Suggerimento: semplifica prima le frazioni quando è possibile)

**42** $\dfrac{3-2x}{-2x^2+5x-3}$ $\qquad$ $\dfrac{5x-10}{x^2-x-2}$ $\qquad$ $\dfrac{x^2+x-6}{x^2+4x+3}$ $\qquad$ $\left[\dfrac{x+1}{x^2-1};\dfrac{5(x-1)}{x^2-1};\dfrac{(x-2)(x-1)}{x^2-1}\right]$

**43** $\dfrac{a^2-b^2}{a^2-ab+3a-3b}$ $\qquad$ $\dfrac{3a}{a-2}$ $\qquad$ $\dfrac{2a+4}{3a^2-12}$

$\left[\dfrac{3(a-2)(a+b)}{3(a-2)(a+3)};\dfrac{9a(a+3)}{3(a-2)(a+3)};\dfrac{2(a+3)}{3(a-2)(a+3)}\right]$

*Semplifica le seguenti espressioni.*

**44** **ESERCIZIO GUIDATO**

$\dfrac{x-y}{3x}+\dfrac{2x+y}{2y}-\dfrac{3x^2-y^2}{3xy}$

Il *m.c.m.* tra i denominatori è $6xy$; dividiamo $6xy$ per ciascun denominatore e moltiplichiamo il risultato ottenuto per il proprio numeratore:

$$\dfrac{2y(x-y)+3x(2x+y)-2(3x^2-y^2)}{6xy}$$

Svolgiamo i calcoli al numeratore: $\dfrac{2xy-2y^2+6x^2+3xy-6x^2+2y^2}{6xy}=\dfrac{5xy}{6xy}=\dfrac{5}{6}$

**45** $\dfrac{3}{2x}+\dfrac{4}{3y}$; $\qquad$ $\dfrac{x}{9}+\dfrac{2y}{27}-xy$ $\qquad\qquad$ $\left[\dfrac{9y+8x}{6xy};\dfrac{3x+2y-27xy}{27}\right]$

**46** $\dfrac{3}{a}+\dfrac{a-6}{2a}-\dfrac{1}{3}$; $\qquad$ $\dfrac{9}{a^3b}-\dfrac{a^2}{a^3b^3}$ $\qquad\qquad$ $\left[\dfrac{1}{6};\dfrac{9b^2-a^2}{a^3b^3}\right]$

**47** $\dfrac{9y^2-8x^2}{2(6xy)^2}+\dfrac{6x-6}{36x}+\dfrac{1-3y^2}{9y^2}+\dfrac{8x-6}{48x^2}$ $\qquad\qquad$ $\left[-\dfrac{1}{6}\right]$

**48** **ESERCIZIO GUIDATO**

$\dfrac{10}{x-2}+\dfrac{x+2}{x}+\dfrac{2}{3x^2-x}$

Scomponiamo il denominatore della terza frazione: $\dfrac{10}{x-2}+\dfrac{x+2}{x}+\dfrac{2}{x(3x-1)}$

Il *m.c.m.* fra i denominatori è $x(x-2)(3x-1)$

La somma è quindi: $\dfrac{10x(3x-1)+(x+2)(x-2)(3x-1)+2(x-2)}{x(x-2)(3x-1)}$

Sviluppando i calcoli al numeratore otteniamo: $\dfrac{3x^3+29x^2-20x}{x(x-2)(3x-1)}$

Scomponiamo adesso il numeratore e semplifichiamo la frazione:

$$\dfrac{x(3x^2+29x-20)}{x(x-2)(3x-1)}=\dfrac{3x^2+29x-20}{3x^2-7x+2}$$

**Cap. 8:** *Le frazioni algebriche, equazioni e disequazioni*

**49** $\dfrac{1}{b-3} + \dfrac{3}{4b-12}$ $\left[\dfrac{7}{4(b-3)}\right]$

**50** $\dfrac{3}{5x+5} - \dfrac{x+1}{10x+10}$ $\left[\dfrac{5-x}{10(x+1)}\right]$

**51** $\dfrac{3}{x-2} - \dfrac{5}{2-x}$ $\left[\dfrac{8}{x-2}\right]$

**52** $\dfrac{1}{y^2} - \dfrac{y-1}{y} + \dfrac{y}{y-2}$ $\left[\dfrac{3y^2 - y - 2}{y^2(y-2)}\right]$

**53** $\dfrac{x}{x+2} - \dfrac{8}{x^2-4} + \dfrac{2}{x-2}$ $[1]$

**54** $-\dfrac{10}{x-2} + \dfrac{x+2}{x} + \dfrac{2}{3x^2-x}$ $\left[\dfrac{(3x-31)x}{(3x-1)(x-2)}\right]$

**55** $\dfrac{1}{x-1} - \dfrac{1}{2x-2} + \dfrac{2}{5x-5}$ $\left[\dfrac{9}{10(x-1)}\right]$

**56** $\dfrac{3}{y^2} - \dfrac{1}{y} + \dfrac{1}{y+2}$ $\left[\dfrac{y+6}{y^2(y+2)}\right]$

**57** $\dfrac{2x}{x+3} - \dfrac{3x-1}{2x+6} + \dfrac{3}{3x+9}$ $\left[\dfrac{1}{2}\right]$

**58** $\dfrac{3}{y-2} + \dfrac{9}{10-5y} - \dfrac{y+2}{y^2-4}$ $\left[\dfrac{1}{5(y-2)}\right]$

**59** $\dfrac{x-3}{2x+4} + \dfrac{x+1}{x-2} - 1$ $\left[\dfrac{x^2 + x + 18}{2(x^2-4)}\right]$

**60** $\dfrac{a-1}{a+1} - \dfrac{15a+11}{1-a^2} + \dfrac{3a}{a-1}$ $\left[\dfrac{4(a+3)}{a-1}\right]$

**61** $\dfrac{b^2+1}{2} - \dfrac{b^3}{b+1} + \dfrac{b^2-b+1}{2b-2}$ $\left[\dfrac{3b^3 - b^4}{2(b^2-1)}\right]$

**62** $\dfrac{2}{y^2 - 9y + 20} - \dfrac{2}{25 - y^2} - \dfrac{4}{y^2 + y - 20}$ $\left[\dfrac{22}{(y^2-25)(y-4)}\right]$

**63** $\dfrac{1+2a}{1+a} - \dfrac{1-2a}{a-1} - \dfrac{3}{1-a^2}$ $\left[\dfrac{4a^2+1}{a^2-1}\right]$

**64** $\dfrac{x(x-1)}{xy - x^2y} + \dfrac{2x+1}{xy} - \dfrac{x}{xy-y}$ $\left[\dfrac{1}{xy(1-x)}\right]$

**65** $\dfrac{5x+6}{x^2 - 7x + 6} + \dfrac{x^2-1}{x^2 - 2x + 1} - \dfrac{x}{x-6}$ $\left[\dfrac{x}{(x-6)(x-1)}\right]$

**66** $\dfrac{x}{x+y} - \dfrac{x-1}{x+2y} - \dfrac{xy}{x^2 + 3xy + 2y^2}$ $\left[\dfrac{1}{x+2y}\right]$

**67** $\dfrac{x-1}{ax-y} + \dfrac{3-x}{xy} - \dfrac{x^2y - 3y}{ax^2y - xy^2}$ $\left[\dfrac{a(x-3)}{y(y-ax)}\right]$

**68** $\dfrac{y+z}{(x-y)(x-z)} + \dfrac{x+z}{(x-y)(y-z)} - \dfrac{x+y}{(x-z)(y-z)}$ $\left[\dfrac{2(y+z)}{(x-y)(x-z)}\right]$

Cap. 8: *Le frazioni algebriche, equazioni e disequazioni*

**69** $\dfrac{1-a^3}{a^2-2a+1} - \dfrac{a^2-1}{a^3-3a^2+3a-1} + \dfrac{a^2}{a-1}$ $\qquad \left[\dfrac{a(a+1)}{(a-1)^2}\right]$

(Suggerimento: semplifica prima la seconda frazione)

**70** $\dfrac{a^2-1}{a+b} + \dfrac{a-1}{a^2-2ab-3b^2} - \left[\dfrac{a+1}{a^2-9b^2} + \dfrac{2ab-2a-4b}{(a^2-9b^2)(a+b)}\right]$ $\qquad \left[\dfrac{a^2-1}{a+b}\right]$

**71** $\dfrac{2x^3-3x^2-11x+2}{x-3} - \left[(2x^2+3x-2) - \dfrac{4}{3-x}\right]$ $\qquad \left[\dfrac{8}{3-x}\right]$

**72** $\dfrac{x-2y}{x+y} - \dfrac{4x^2+y^2+4xy}{(x-2y)(x+y)} + \dfrac{3x-3y}{x-2y}$ $\qquad \left[\dfrac{-8xy}{(x-2y)(x+y)}\right]$

**73** $\dfrac{-12}{x^2+y^2+2xy-4} + \left(\dfrac{3}{x+y-2} - \dfrac{2}{x+y+2}\right)$ $\qquad \left[\dfrac{1}{x+y+2}\right]$

**74** $\dfrac{a^2}{a-b} + \dfrac{b+2}{a+b+1} - \left[\dfrac{2a-3b-2b^2}{(a-b)(a+b+1)} + \dfrac{b}{a-b}\right]$ $\qquad \left[\dfrac{a^2}{a-b}\right]$

**75** $\dfrac{1-4x^2}{x^2-1} - \left(\dfrac{x}{1-x} + \dfrac{2x-3}{x-1} - \dfrac{5x}{x+1}\right)$ $\qquad \left[\dfrac{4-3x}{x^2-1}\right]$

**76** $\dfrac{a(x+2y)}{x^2+2yx+y^2} - \left(\dfrac{ax^2+3ay^2+4axy}{(x+y)^3} - \dfrac{a^2}{ax+ay}\right) + \dfrac{ay}{(x+y)^2}$ $\qquad \left[\dfrac{a}{x+y}\right]$

**77** $1 - \left(\dfrac{1}{2a} - \dfrac{2}{3a^2} - \dfrac{4}{a}\right) - \left(2 + \dfrac{6}{3a} - \dfrac{1}{a^2}\right) + \dfrac{a^2-3a-1}{a^2}$ $\qquad \left[\dfrac{4-9a}{6a^2}\right]$

**78** $\dfrac{3-y^2}{9-y^2} - \left(\dfrac{y-1}{y^2-9} - \dfrac{y+1}{y^2-2y-3}\right)$ $\qquad \left[\dfrac{y^2+1}{y^2-9}\right]$

**79** $\dfrac{x^2-4a^2}{x^2+4ax+4a^2} - \left[\dfrac{ax+a^2-1}{a(x+a)} - \left(\dfrac{4a^2-1}{ax+2a^2} - \dfrac{1}{x^2+3ax+2a^2}\right)\right]$ $\qquad [0]$

**80** $\dfrac{x}{x+2} - \left[\dfrac{a+2}{x^2+2x-ax-2a} - \left(\dfrac{1}{x-a} - 2\right)\right]$ $\qquad \left[-\dfrac{x+3}{x+2}\right]$

**81** $\dfrac{ax^2}{x^2+2yx+y^2} + \dfrac{1+axy^2}{(x+y)^3} - \left(\dfrac{ax}{x+y} - \dfrac{axy}{x^2+2xy+y^2}\right)$ $\qquad \left[\dfrac{1+axy^2}{(x+y)^3}\right]$

**82** $\dfrac{2x-1}{x-1} + \left[\dfrac{x}{x-2} - \left(\dfrac{2-3x}{x^2-3x+2} + \dfrac{2x^2}{x^2-2x}\right)\right]$ $\qquad \left[\dfrac{x}{x-2}\right]$

**83** $\dfrac{x}{x^2+2xy+y^2} - \left[\dfrac{x^2-y^2}{(x+y)^3} - \left(\dfrac{y}{xy+y^2} - \dfrac{2y}{x^2+2xy+y^2}\right)\right]$ $\qquad \left[\dfrac{x}{(x+y)^2}\right]$

## Moltiplicazione e divisione

teoria a pagina 160

### Comprensione

**84** Nell'esecuzione di un prodotto si possono semplificare:
a. due fattori uguali che si trovano nella stessa frazione uno al numeratore e l'altro al denominatore

**b.** due fattori uguali che si trovano uno al numeratore e l'altro al denominatore
   anche di frazioni diverse   [V][F]
   **c.** due fattori uguali che si trovano entrambi al numeratore di due frazioni diverse   [V][F]
   **d.** due fattori uguali che si trovano entrambi al denominatore di due frazioni diverse   [V][F]

**85** L'espressione $\left(\dfrac{3x}{x-y}\right)^2$ è uguale a:

   **a.** $\dfrac{9x^2}{x^2-y^2}$   **b.** $\dfrac{9x^2}{(x-y)^2}$   **c.** $\dfrac{9x^2}{x^2+y^2}$   **d.** $\dfrac{3x^2}{x^2-y^2}$

**86** L'espressione $\dfrac{x^2+x}{x-1} : x$ è equivalente a:

   **a.** $\dfrac{x^2+x}{x-1} \cdot \dfrac{1}{x}$   **b.** $\dfrac{x-1}{x^2+x} \cdot x$   **c.** $\dfrac{x^2+x}{x-1} \cdot x$   **d.** $\dfrac{x-1}{x^2+x} \cdot \dfrac{1}{x}$

## Applicazione

*Semplifica le seguenti espressioni contenenti moltiplicazioni tra frazioni algebriche.*

**87** **ESERCIZIO GUIDATO**

$\dfrac{3xy}{7a} \cdot \dfrac{14a^2}{x^2}$

Semplifichiamo i numeratori con i denominatori   $\dfrac{3xy}{7a} \cdot \dfrac{\overset{2}{14a^2}}{x^2} = \dfrac{6ay}{x}$

**88** $\dfrac{9x^2y^3}{4ab^2} \cdot \dfrac{8ab}{6xy^2}$   $\dfrac{4a^2b^4}{3x^3} \cdot \left(-\dfrac{12x^4y}{16a^3b^3}\right)$   $\left[\dfrac{3xy}{b} ; -\dfrac{bxy}{a}\right]$

**89** $\dfrac{1}{2}a^3 \cdot \dfrac{6ax^2}{by^3} \cdot \dfrac{2y^4}{3a^5y}$   $\dfrac{3a^2b^3x}{5ay^2} \cdot \dfrac{10y^3}{9ab^2} \cdot \left(-\dfrac{a}{by}\right)$   $\left[\dfrac{2x^2}{ab} ; -\dfrac{2}{3}ax\right]$

**90** $\dfrac{24a^2b^3c}{xy^2} \cdot \dfrac{5x^2y^2}{6abc^3}$   $\dfrac{3xy^2}{4ab^3} \cdot \dfrac{8axb^2}{5x^4} \cdot \dfrac{20x^3y}{3xy}$   $\left[\dfrac{20ab^2x}{c^2} ; \dfrac{8y^2}{b}\right]$

**91** $-\dfrac{32a^5b^5}{13x^4} \cdot \dfrac{26x^3}{ab^4} \cdot \left(-\dfrac{xy}{64a^5b}\right)$   $\dfrac{x^3yz^3}{3xy} \cdot \dfrac{16x^2y^2}{9ac^2} \cdot \left(-\dfrac{27axc^2}{2x^4y}\right)$   $\left[\dfrac{y}{a} ; -8xyz^3\right]$

**92** $\dfrac{14b^3c^3}{4ax^2y^2} \cdot \dfrac{6x^2y^2z}{7a^2bc^3} \cdot \dfrac{20a^3b}{3z}$   $\dfrac{5a^5b^5}{6xy}\left(-\dfrac{34x^3}{25b^4y}\right)\left(-\dfrac{xy^2z}{17a^5b}\right)$   $\left[20b^3 ; \dfrac{1}{15}x^3z\right]$

**93** **ESERCIZIO GUIDATO**

$\dfrac{x^2+x-2}{3x+9} \cdot \dfrac{2x+6}{4x-4}$

Scomponiamo i polinomi delle due frazioni:   $\dfrac{(x+2)(x-1)}{3(x+3)} \cdot \dfrac{2(x+3)}{4(x-1)}$

Semplifichiamo:   $\dfrac{(x+2)\cancel{(x-1)}}{3\cancel{(x+3)}} \cdot \dfrac{\cancel{2}\cancel{(x+3)}}{\underset{2}{\cancel{4}}\cancel{(x-1)}}$

Moltiplichiamo i numeratori e i denominatori rimasti:   $\dfrac{x+2}{6}$

**368** Cap. 8: *Le frazioni algebriche, equazioni e disequazioni*

**94** $\dfrac{x^2 + x - 2}{x^2 - 3x - 10} \cdot \dfrac{x^2 - 25}{x^2 - 2x + 1} \cdot \dfrac{x - 1}{x^2 + 2x - 15}$ $\left[\dfrac{1}{x - 3}\right]$

**95** $\dfrac{27a^2 b^3}{3x + 1} \cdot \dfrac{9x + 3}{81 a^3 b^4}$ $\left[\dfrac{1}{ab}\right]$

**96** $\dfrac{5ax + 10a}{-25 a^5 x^3} \cdot \dfrac{3 a^4 x^5}{x^2 + 4 + 4x}$ $\left[-\dfrac{3x^2}{5(x + 2)}\right]$

**97** $\dfrac{4x^2 + 36 + 24x}{3x^2 - 27} \cdot \dfrac{x - 3}{x^2 + 4x + 4} \cdot \dfrac{x^2 - 4}{8x - 16}$ $\left[\dfrac{x + 3}{6(x + 2)}\right]$

**98** $\dfrac{3x^2 - 48}{x^3 - x^2 - 9x + 9} \cdot \dfrac{x^2 - 9}{3x - 12} \cdot \dfrac{x^2 + 1 - 2x}{5x + 20}$ $\left[\dfrac{x - 1}{5}\right]$

**99** $\dfrac{x^3 + 1 + 3x^2 + 3x}{12ab - 6a} \cdot \dfrac{4b^2 + 1 - 4b}{2x^2 - 2} \cdot \dfrac{12ax - 12a}{x + 1}$ $[(2b - 1)(x + 1)]$

**100** $\dfrac{x^2 - 4}{x} \cdot \dfrac{x^2 - x}{2x^2 - 2} \cdot \left(-\dfrac{x^2 - x - 2}{x^2 + 4x + 4}\right)$ $\left[-\dfrac{(x - 2)^2}{2(x + 2)}\right]$

**101** $\dfrac{a^4 - 9}{2abc^3} \cdot \dfrac{a^2 c^2 + 3c^2}{a^3 - 3a} \cdot \dfrac{2a^2}{(a^2 + 3)^2}$ $\left[\dfrac{1}{bc}\right]$

**102** $\dfrac{18 b^3 c^3}{4 a x^2 y^2} \cdot \dfrac{2b y^2 z}{b^3 a^4 - b^3 a^2} \cdot \left(-\dfrac{a^4 x^2 + a^3 x^2}{3 c^3 z}\right)$ $\left[\dfrac{3b}{1 - a}\right]$

**103** $\dfrac{4a^2 - 2a}{b^2} \cdot \left[-\dfrac{ab - 2a^2 b}{(2a - 1)^2}\right] \cdot \left(-\dfrac{3b}{4a}\right)$ $\left[-\dfrac{3}{2} a\right]$

**104** $\dfrac{1 - x^2}{ax^2} \cdot \dfrac{3a^3}{x + 1} \cdot \left(-\dfrac{4xy}{x - 1}\right)$ $\left[\dfrac{12 a^2 y}{x}\right]$

**105** $\dfrac{2x^3 y}{12b - 3a} \cdot \dfrac{a^2 - 3ab - 4b^2}{y^3} \cdot \left(-\dfrac{6y^2}{4ab^2 + 4b^3}\right)$ $\left[\dfrac{x^3}{b^2}\right]$

**106** $\dfrac{a + 1}{9bc^2} \cdot \dfrac{81 a^2 c^2}{3a^2 + 15a + 12} \cdot \left(-\dfrac{4ab + 16b}{12a - 12}\right) \cdot (1 - a)$ $[a^2]$

**107** $\dfrac{x + x^3}{3a y^2} \cdot \dfrac{2x - 4}{x^4} \cdot \left(-\dfrac{3x + 6}{2ax^2 + 2a}\right) \cdot \dfrac{a^2 x}{2 - x}$ $\left[\dfrac{x + 2}{x^2 y^2}\right]$

**108** $\dfrac{a^2 b^2 + 3ab + 2}{ab^3} \cdot \left(-\dfrac{a^2(ab + 2)}{a^2 b^2 - 2ab - 3}\right) \cdot \left(-\dfrac{b^3}{a^3 b^2 + 4a^2 b + 4a}\right)$ $\left[\dfrac{1}{ab - 3}\right]$

**109** $\dfrac{a^5 - 8a^3 b^2 + 16 a b^4}{9b x^4} \cdot \left(-\dfrac{15 x^3 y}{a^2 b c^2 - 4 b^3 c^2}\right) \cdot \dfrac{3 b^2 c^2}{5ay} \cdot \dfrac{x}{2a + 4b}$ $\left[\dfrac{2b - a}{2}\right]$

Semplifica le seguenti espressioni contenenti potenze di frazioni algebriche.

**110** **ESERCIZIO GUIDATO**

$\left(\dfrac{xy^2}{4a}\right)^2 \cdot \left(\dfrac{2ax - 2ay}{xy}\right)^3$

Cap. 8: *Le frazioni algebriche, equazioni e disequazioni*

Prima di eseguire le potenze, scomponiamo il numeratore della seconda frazione:

$$\left(\frac{xy^2}{4a}\right)^2 \cdot \left(\frac{2a(x-y)}{xy}\right)^3$$

Eseguiamo le potenze: $\dfrac{x^2y^4}{16a^2} \cdot \dfrac{8a^3(x-y)^3}{x^3y^3}$

Eseguiamo le semplificazioni e poi moltiplichiamo: $\dfrac{x^2y^4}{16a^2} \cdot \dfrac{8a^3(x-y)^3}{x^3y^3} = \dfrac{ay(x-y)^3}{2x}$

**111** $\left[\dfrac{x(a-b)}{y(a+2b)}\right]^3$ $\qquad\qquad\qquad\qquad\qquad\qquad\qquad\qquad\qquad\qquad\qquad \left[\dfrac{x^3(a-b)^3}{y^3(a+2b)^3}\right]$

**112** $\left[\dfrac{b^2(x^2-y^2)}{x+y}\right]^4$ $\qquad\qquad\qquad\qquad\qquad\qquad\qquad\qquad\qquad\qquad\qquad [b^8(x-y)^4]$

**113** $\left(\dfrac{x-3y}{x+y}\right)^3 \left(\dfrac{x^2-9y^2}{x^2+4xy+3y^2}\right)^2$ $\qquad\qquad\qquad\qquad\qquad\qquad\qquad \left[\dfrac{(x-3y)^5}{(x+y)^5}\right]$

**114** $\left(\dfrac{x+1}{x^2-1}\right)^2 \cdot \dfrac{x^2-1}{x^2+1} \cdot \dfrac{x^4-1}{(x-1)^2}$ $\qquad\qquad\qquad\qquad\qquad\qquad \left[\left(\dfrac{x+1}{x-1}\right)^2\right]$

**115** $\left(\dfrac{2ac}{x^2}\right)^4 \left(\dfrac{xy}{3ab^2}\right)^2 \left(\dfrac{3x^3b^2}{4c^2y}\right)^2$ $\qquad\qquad\qquad\qquad\qquad\qquad\qquad [a^2]$

**116** $\left(\dfrac{x+1}{x-2}\right)^2 \left(\dfrac{x^2-4}{x^2+2x+1}\right) \left(\dfrac{x+2}{3x}\right)^{-1}$ $\qquad\qquad\qquad\qquad\qquad \left[\dfrac{3x}{x-2}\right]$

**117** $\left(\dfrac{x^4-18x^2+81}{a^3x+2a^3}\right) \left(\dfrac{x-3}{x+2}\right)^{-2} \left(\dfrac{a^3}{x+3}\right)^2 \cdot \dfrac{1}{a^2}$ $\qquad\qquad\qquad [a(x+2)]$

**118** $\left(\dfrac{2x+1}{x-1}\right)^3 \left(\dfrac{4}{b^2x-b^2}\right)^{-1} \left(\dfrac{2x-2}{2bx+b}\right)^2$ $\qquad\qquad\qquad\qquad [2x+1]$

**119** $\left(\dfrac{3ab}{2xy^2}\right)^2 \cdot \dfrac{a^2x^4-9a^2x^2}{8a^2b^2y^2} \cdot \left(\dfrac{4y^3}{3ax+9a}\right)^2$ $\qquad\qquad\qquad\qquad \left[\dfrac{x-3}{2(x+3)}\right]$

**120** $\left(1+\dfrac{1}{x^2}\right)^2 \cdot \dfrac{3xy}{(x^2+1)^2} \left(\dfrac{x^3+x}{y(x^2+1)}\right)^3$ $\qquad\qquad\qquad\qquad\qquad \left[\dfrac{3}{y^2}\right]$

**121** $\left(\dfrac{cx^2}{x-2}\right)^4 \left(\dfrac{xy-2y}{c^3}\right)^2 \left(\dfrac{cx^2-4c}{x^3y+2x^2y}\right)^2$ $\qquad\qquad\qquad\qquad [x^4]$

**122** $\left(\dfrac{3ab^2c}{2xy}\right)^2 \left(\dfrac{12ab^2c^3}{x^8y^2}\right)^{-1} \left(\dfrac{2c}{ax^2}\right)^3$ $\qquad\qquad\qquad\qquad\qquad \left[\dfrac{3b^2c^2}{2a^2}\right]$

**123** $\left(\dfrac{a^2-1}{b^2c}\right)^3 \left(\dfrac{b^2c}{3a+3}\right)^2 \left(\dfrac{3b^2c}{a^2-2a+1}\right)$ $\qquad\qquad\qquad\qquad \left[\dfrac{1}{3}(a^2-1)\right]$

**124** $\left(\dfrac{ax^2-5ax+6a}{b^2}\right)^2 \left(\dfrac{b^3}{2cx-4c}\right)^3 \left(\dfrac{4c}{b^2x-3b^2}\right)^2$ $\qquad\qquad \left[\dfrac{2a^2b}{c(x-2)}\right]$

Semplifica le seguenti espressioni contenenti divisioni tra frazioni algebriche.

**125** **ESERCIZIO GUIDATO**

$$\frac{3x^2 + 6x - 9}{x^2 + ax - 2a^2} : \frac{6ax - 6x - 6a + 6x^2}{x^2 + 3ax + 2a^2}$$

Scomponiamo i polinomi che compongono le due frazioni e contemporaneamente trasformiamo la divisione in una moltiplicazione:

$$\frac{\cancel{3}(x-1)(x+3)}{(x-a)\cancel{(x+2a)}} \cdot \frac{\cancel{(x+2a)}(x+a)}{\underset{2}{\cancel{6}}(x-1)(x+a)} = \frac{x+3}{2(x-a)}$$

**126** $\dfrac{x^2 + 6x + 9}{3x - 3} : \dfrac{x^2 + 4x + 3}{x^2 - 1}$;  $\qquad \dfrac{a^2 - a - 2}{a^2 - 1} : \dfrac{6 - 3a}{12}$  $\qquad \left[\dfrac{x+3}{3}; \dfrac{4}{1-a}\right]$

**127** $\dfrac{x^2 + 7}{5xy} : \dfrac{3x^2 + 21}{10y}$;  $\qquad \dfrac{9x^2 - y^2}{x + 3y} : \dfrac{y - 3x}{2x + 6y}$  $\qquad \left[\dfrac{2}{3x}; -2(3x+y)\right]$

**128** $\dfrac{ab + a^2}{a - 2} : \dfrac{a + b}{a^2 - 5a + 6}$  $\qquad [a(a-3)]$

**129** $\dfrac{x^2 - 4x + 4 - b^2}{b^2 x} : \dfrac{2x - 4 + 2b}{bx^2}$  $\qquad \left[\dfrac{x(x - b - 2)}{2b}\right]$

**130** $\dfrac{ab^2 - b^3}{axy} : \dfrac{abx^2 - abx - b^2x^2 + b^2x}{a^2(x - 1)}$  $\qquad \left[\dfrac{ab}{x^2 y}\right]$

**131** $\dfrac{(x+4)(x-2)^4}{x^2 + 4 - 4x} : \dfrac{x^2 + 2x - 8}{x + 1}$  $\qquad [(x-2)(x+1)]$

**132** $\dfrac{(a + bc)^3}{a^2 - a + abc - bc} : \dfrac{a^2 + b^2c^2 + 2abc}{4a - 4}$  $\qquad [4]$

**133** $\dfrac{3a - 3b}{2a^2 + 2b^2} : \left(-\dfrac{bc - ac}{2b^2 c}\right)$  $\qquad \left[\dfrac{3b^2}{a^2 + b^2}\right]$

**134** $\dfrac{3x^2 - 12y^2}{9x + 18y} : \dfrac{x^2 + 4y^2 - 4xy}{7}$  $\qquad \left[\dfrac{7}{3(x - 2y)}\right]$

**135** $\dfrac{4a^3 - 9ay^2}{(9 - 4a^2) \cdot (-3y + 2a)} : \dfrac{2a^2 + 3ay}{9 + 4a^2 + 12a}$  $\qquad \left[\dfrac{3 + 2a}{3 - 2a}\right]$

**136** $\dfrac{9a^2 - b^2}{a^2 + 4ab + 4b^2} : \dfrac{9a^2 + 6ab + b^2}{a^2 + ab - 2b^2} \cdot \dfrac{a + 2b}{b^2 - 4ab + 3a^2}$  $\qquad \left[\dfrac{1}{3a + b}\right]$

**137** $\left[\dfrac{ax^2 y}{2(ax - xb + a - b)} : \dfrac{2y}{4x^2 - 4}\right] \cdot \dfrac{a^2 - 2ab + b^2}{x^3 - x^2}$  $\qquad [a^2 - ab]$

**138** $\dfrac{4x}{x^2 - 4} \cdot \dfrac{x^2 + 4xy + 4y^2 - 9y^4}{2x + 4y - 6y^2} : \dfrac{x^2 + 2xy + 3xy^2}{4x + 8}$  $\qquad \left[\dfrac{8}{x - 2}\right]$

**139** $\left(\dfrac{x^2 + 2x}{x^2 + 2x - 15} : \dfrac{x^2 + 3x + 2}{x^2 + 4x - 5}\right) \cdot \dfrac{x^2 - 6x + 9}{x - x^2}$  $\qquad \left[\dfrac{3 - x}{x + 1}\right]$

Cap. 8: Le frazioni algebriche, equazioni e disequazioni

**140** $\left(\dfrac{3x^2+4x+1}{2x^2-2}:\dfrac{3x^2+4x+1}{x+1}\right)\cdot\left(\dfrac{x^2-1}{x}:\dfrac{x^2-2x-3}{x^2}\right)$ $\qquad\left[\dfrac{x}{2(x-3)}\right]$

**141** $\dfrac{x^3-3x-2}{x^3-x^2-2x}:\left(\dfrac{4x^2+3x-1}{ax^2+ax}\cdot\dfrac{a^2}{4x-1}\right)$ $\qquad\left[\dfrac{x+1}{a}\right]$

## Espressioni con le frazioni algebriche

teoria a pagina 161

### Applicazione

Semplifica le seguenti espressioni.

**142** $\left(\dfrac{1}{a^4}-\dfrac{1}{a^2}\right)\cdot\dfrac{3a^2}{a^4-1}$ $\qquad\left[\dfrac{-3}{a^2(a^2+1)}\right]$

**143** $\dfrac{3a+2b}{6a+3b}\cdot\left(\dfrac{5a+3b}{3a+2b}-1\right)$ $\qquad\left[\dfrac{1}{3}\right]$

**144** $\left(\dfrac{x}{x-3}+\dfrac{1}{x+2}\right)\left(\dfrac{2x-6}{x}+x-3\right)\cdot\dfrac{4x^2+4x}{2x^2+6x-6}$ $\qquad[2(x+1)]$

**145** $\left(\dfrac{y}{1-2y}+\dfrac{y}{1+2y}\right)\left(\dfrac{y+3}{y-3}-1\right)\cdot\dfrac{5y-2y^2+3}{6y}$ $\qquad\left[\dfrac{2}{2y-1}\right]$

**146** $\left(x-5-\dfrac{4}{x-2}\right)\left(\dfrac{x-2}{x+1}+\dfrac{2-x}{x-6}\right)\left(\dfrac{1}{1-x}-1\right)$ $\qquad\left[\dfrac{7x}{x+1}\right]$

**147** $\dfrac{3-a}{a^2-2a-3}\left(\dfrac{a^2-2a}{a-3}+\dfrac{3}{3-a}\right)$ $\qquad[-1]$

**148** $\dfrac{1-4x^2}{4x+18}\left(\dfrac{4}{2x+1}-\dfrac{5}{2x-1}\right)$ $\qquad\left[\dfrac{1}{2}\right]$

**149** $\left(\dfrac{3a}{a^2-4a+3}+\dfrac{4}{1-a}\right)\left(\dfrac{a-6}{12-a}+\dfrac{1}{3}\right)$ $\qquad\left[\dfrac{2}{3(a-1)}\right]$

**150** $\left(\dfrac{1}{a-1}-\dfrac{1}{a^2-1}\right)\cdot\left(\dfrac{1+a}{1-a}-\dfrac{1-a}{a+1}\right)\cdot\left(a-2+\dfrac{1}{a}\right)$ $\qquad\left[-\dfrac{4a}{(a+1)^2}\right]$

**151** $\left(\dfrac{3a-b}{3c}-\dfrac{3b-c}{2a}+\dfrac{9bc+2ab}{6ac}\right)\cdot\dfrac{4ac}{(c^2+2a^2)\cdot(c^2-2a^2)}$ $\qquad\left[\dfrac{2}{c^2-2a^2}\right]$

**152** $\left(x-y-\dfrac{x^2+y^2}{x-y}\right)\left(\dfrac{2}{1-x}-\dfrac{x}{x-1}+\dfrac{2x^2+1}{x^2-x}\right)\cdot\dfrac{y^2+x^2-2xy}{2-2x}$ $\qquad[y(x-y)]$

**153** $\dfrac{1}{y-4}\left(\dfrac{1}{y-4}+\dfrac{y}{4-y^2}\right)\left(-\dfrac{2-y}{4}+\dfrac{5-2y}{y+2}\right)\left(y+4+\dfrac{4}{y}\right)$ $\qquad\left[\dfrac{y-1}{y^2-2y}\right]$

**154** $\left(1+\dfrac{2}{x-2}\right)\left(1-\dfrac{2}{x-2}\right)-\dfrac{2x^2-3x}{2x^2-8x+8}$ $\qquad\left[-\dfrac{5x}{2(x-2)^2}\right]$

**155** $\dfrac{a^3+1}{3a^2+3}:\dfrac{a^2-1}{a^2+2a+1}:\left[\dfrac{a^3+3a^2+3a+1}{6(a^4-1)}\cdot(a^3+1)\right]$ $\qquad\left[\dfrac{2}{a+1}\right]$

**372** Cap. 8: Le frazioni algebriche, equazioni e disequazioni

**156** $\left[\left(\dfrac{9a-3x}{x^3-2x}-1+\dfrac{3a}{x}\right)\cdot\dfrac{1-x^2}{x-3a}-\dfrac{x^3-1}{x^2-2}\right]:\dfrac{1-x}{x}$ $\left[\dfrac{1}{2-x^2}\right]$

**157** $\left[\left(\dfrac{2x-4}{x+2}-\dfrac{3x+6}{x-2}\right)\cdot\left(\dfrac{1}{x}-\dfrac{x}{4}\right)-\dfrac{x+20}{4}\right]^2:\left[\left(\dfrac{x-1}{2x+1}+\dfrac{x+1}{1-2x}\right)\cdot\dfrac{4x^2-1}{6x}\right]+\dfrac{1}{x}$ $\left[\dfrac{x-1}{x^2}\right]$

**158** $\dfrac{4x^2-y^2}{x^2-xy-6y^2}\cdot\left(\dfrac{2x^2-4xy-6y^2}{12x-6y}:\dfrac{y^2+3xy+2x^2}{x+2y}\right)+\dfrac{x^2+5x+6}{x^2-9}\cdot\dfrac{x-3}{x^2+x-2}$ $\left[\dfrac{x+2}{3(x-1)}\right]$

**159** $\left[\left(\dfrac{1}{x-1}+\dfrac{x}{x^2-1}+1\right):\left(1+\dfrac{1}{x+1}\right)-\left(1-\dfrac{1}{x^2-1}\right)\right]\cdot(x-1)$ $\left[\dfrac{x+2}{x+1}\right]$

**160** $\left[\left(\dfrac{y^3}{y^2+2y+1}-y\right)\cdot\left(-\dfrac{y^2-1}{4y+2}\right)^2:\left(-\dfrac{y^2-y}{8y+4}\right)+(y-1)^2\right]:(y-1)$ $[y]$

**161** $\left(\dfrac{4b^2+4bc+c^2-a^2}{ac-c^2}:\dfrac{2b+c+a}{1-c}\right)\cdot\dfrac{c^2}{2b+c+ac-2bc-c^2-a}+\left(\dfrac{c^2+a^2+ca}{c^3-a^3}-\dfrac{1}{c-a}\right)$ $\left[\dfrac{c}{a-c}\right]$

**162** $\left(\dfrac{abc^3}{c+1}\cdot\dfrac{a-2}{abc^2+4abc}\right)^2:\dfrac{(ac-2c)^2}{c^2+2c+1}-\dfrac{c}{c+4}$ $\left[-\dfrac{4c}{(c+4)^2}\right]$

**163** $\left(\dfrac{x^3+x^2-4x-4}{ax+a}\cdot\dfrac{x^2+xa+2x+2a}{x^2-3x+2}\right):\dfrac{(x+2)^2}{a^3}-\dfrac{(ax)^3}{x^2+x-2}\cdot\dfrac{x+2}{ax^2}$ $\left[\dfrac{a^3}{x-1}\right]$

**164** $\left[\left(\dfrac{x}{x-2}-\dfrac{2}{x^2-3x+2}+1\right)\cdot\dfrac{3x-3}{x^2}-\left(1-\dfrac{x-3}{x}\right)^2\right]\cdot\dfrac{x^2}{2x-3}$ $[3]$

**165** $\left[\dfrac{y+by}{2y+y^2-3}\cdot\left(\dfrac{y+1-b}{y+b}-\dfrac{6+3b}{y^2+by}\right):\left(\dfrac{b+1}{y-1}\right)-\dfrac{y-b}{y+b}\right]^2\cdot(y+b)$ $\left[\dfrac{4}{y+b}\right]$

**166** $\dfrac{x+1}{(x+2)(3x+1)}\cdot\left(a-\dfrac{a-2ax}{x+2}\right)\cdot\dfrac{x^2-4}{ax+a}-\left(\dfrac{x}{x+2}-1\right)\left(\dfrac{x}{x+2}+1\right)$ $\left[\dfrac{x(x+4)}{(x+2)^2}\right]$

**167** $\left[\left(\dfrac{2ac}{x+y}\right)^4\left(\dfrac{3b^2}{2x^2+2y^2+4xy}\right)^{-2}-\dfrac{16}{9}b^4\right]\cdot\dfrac{9b^4}{8c^2a^2-4b^4}-2(b^2-ac)(b^2+ac)$ $[2(b^4+5a^2c^2)]$

**168** $\left(\dfrac{x+2}{x^2}-\dfrac{x}{x+2}+\dfrac{x-4}{x-1}+\dfrac{9}{x^2+x-2}\right)\cdot\dfrac{x^2+4x+4}{ax^2-a}-\dfrac{12}{ax^3-ax^2}$ $\left[\dfrac{4}{ax^2}\right]$

**169** $\left[\left(\dfrac{3x-1}{y+2}\right)^3:\dfrac{(9x^2-6x+1)^2}{(y^2+3y+2)^3}+2y^2+2+4y\right]:\dfrac{(y+1)^2(x-1)}{6x-2}-\dfrac{2(6x-1)}{x-1}$ $\left[\dfrac{2y}{x-1}\right]$

**170** $\left[\left(\dfrac{x^2-8x+18}{x^2-6x+8}-\dfrac{1}{x-4}\right):\dfrac{3ax-15a}{xy^2+y}-\dfrac{y\left(\dfrac{1}{2}x+2y\right)}{3ax-6a}\right]\cdot\left(\dfrac{2a}{2y-1}\right)^2-\dfrac{ay}{6y-3}$ $\left[\dfrac{ay}{3(2y-1)}\right]$

**171** $\left(\dfrac{2x}{3x-3}-\dfrac{2x}{3x+3}-\dfrac{1}{x^2-1}\right)\cdot\dfrac{4x^2-4}{16x^2-9}-\dfrac{x}{4x+3}$ $\left[\dfrac{4-3x}{3(4x+3)}\right]$

Cap. 8: *Le frazioni algebriche, equazioni e disequazioni*

**172** $\left[\dfrac{x^2-16}{x+1}-\dfrac{5x^2-4+x^3}{x^2+5x+4}\right]:\left(-\dfrac{2}{x+4}\right)\left(\dfrac{1}{x+6}-\dfrac{2}{x+10}\right)+\dfrac{x}{2x+2}$ $\qquad\left[-\dfrac{1}{x+1}\right]$

**173** $\left[\left(\dfrac{a^2+b^2}{2ab}+1\right)^2:\dfrac{a+b}{a^2-3ab-4b^2}\right]\cdot\left(-\dfrac{2ab}{a+b}\right)^3-2ab(4b-a)(a+b)$ $\qquad[0]$

**174** $\left[\left(1+\dfrac{y}{2x-y}-\dfrac{x}{2x+y}\right)\cdot\dfrac{1}{2x+3y}+\dfrac{x}{4x^2-y^2}\right]\cdot\dfrac{2x-y}{x}$ $\qquad\left[\dfrac{2}{2x+y}\right]$

## LE EQUAZIONI FRAZIONARIE

*teoria a pagina 163*

### Comprensione

**175** Risolvendo un'equazione di dominio $D = R - \{1, 2\}$ si trova che $x = -1 \lor x = 2$; l'insieme delle soluzioni è:

    **a.** $\{-1\}$      **b.** $\{-1, 2\}$      **c.** $\{2\}$      **d.** $\varnothing$

**176** In un'equazione di dominio $Z$ si trova che $2x = 3$; l'insieme delle soluzioni è:

    **a.** $S=\left\{\dfrac{3}{2}\right\}$      **b.** $S=\left\{\dfrac{2}{3}\right\}$      **c.** $S=\varnothing$      **d.** $S=\{1\}$

**177** Indica quale tra i seguenti è il dominio dell'equazione $\dfrac{1}{2x-3}-\dfrac{x-1}{x+1}=0$

    **a.** $R-\left\{\dfrac{3}{2},0\right\}$;      **b.** $R-\left\{\dfrac{3}{2},1\right\}$;      **c.** $R-\left\{\dfrac{2}{3},-1\right\}$;      **d.** $R-\left\{\dfrac{3}{2},-1\right\}$.

**178** L'equazione $\dfrac{1}{x-1}=\dfrac{3x-2}{x^2-x}$, nell'ambito del suo dominio, è equivalente all'equazione intera $-2x = -2$; di essa si può dire che:

    **a.** ha soluzione $x = 1$      **b.** ha soluzione $x = -1$      **c.** è impossibile      **d.** è indeterminata

### Applicazione

Risolvi le seguenti equazioni frazionarie, indicando i sottoinsiemi di R che costituiscono il dominio di ciascuna di esse.

**179** **ESERCIZIO GUIDATO**

$$-\dfrac{1}{x}+\dfrac{2}{x+1}=0 \qquad \text{c.d.e.: } x\neq 0 \land x\neq -1 \quad \rightarrow \quad D=R-\{0,-1\}$$

Eseguiamo le operazioni al primo membro e riduciamo l'equazione in forma normale:

$$[x(x+1)]\cdot\dfrac{-(x+1)+2x}{x(x+1)}=0\cdot[x(x+1)] \quad -x-1+2x=0 \quad \rightarrow \quad x-1=0 \quad \text{cioè} \quad x=1$$

Il valore trovato appartiene all'insieme $D$ (non coincide infatti con nessuno dei valori esclusi), quindi $S = \{1\}$.

**374** Cap. 8: *Le frazioni algebriche, equazioni e disequazioni*

**180** $\dfrac{1}{x+2} = \dfrac{2}{x+3}$; $\qquad$ $\dfrac{1}{x-1} = 1$ $\qquad\qquad$ $[S = \{-1\}; S = \{2\}]$

**181** $3 - \dfrac{1}{x} = 0$; $\qquad$ $\dfrac{2(x-1)}{x+1} = 0$ $\qquad\qquad$ $\left[S = \left\{\dfrac{1}{3}\right\}; S = \{1\}\right]$

**182** $\dfrac{3x+9}{x-3} = 0$; $\qquad$ $\dfrac{4x}{x+1} = \dfrac{3x}{x+1}$ $\qquad\qquad$ $[S = \{-3\}; S = \{0\}]$

**183** $\dfrac{1}{x+2} = 1$; $\qquad$ $\dfrac{-3x}{x-3} = \dfrac{6}{x-3}$ $\qquad\qquad$ $[S = \{-1\}; S = \{-2\}]$

---

**184** **ESERCIZIO GUIDATO**

$\dfrac{-3}{2x-1} = \dfrac{4x+1}{1-2x}$

Poniamo le condizioni di esistenza: $2x - 1 \neq 0 \rightarrow x \neq \dfrac{1}{2}$. Il dominio è quindi $D = \mathbb{R} - \left\{\dfrac{1}{2}\right\}$

Riduciamo l'equazione in forma intera: $\dfrac{-3}{2x-1} = -\dfrac{4x+1}{2x-1} \rightarrow -3 = -4x - 1$

Risolviamo: $4x = 3 - 1 \rightarrow 4x = 2 \rightarrow x = \dfrac{1}{2}$

Il valore trovato per $x$ coincide con quello escluso dal dominio e non può essere accettato; di conseguenza $S = \varnothing$.

---

**185** $\dfrac{1}{x-1} = \dfrac{2}{1-x}$; $\qquad$ $\dfrac{-(x+6)}{x^2-25} = 0$ $\qquad\qquad$ $[S = \varnothing; S = \{-6\}]$

**186** $\dfrac{3}{x-2} = \dfrac{27}{9(x-2)}$; $\qquad$ $\dfrac{2x+4}{x+2} = 0$ $\qquad\qquad$ $[S = \mathbb{R} - \{2\}; S = \varnothing]$

**187** $\dfrac{x+4}{x-3} = \dfrac{7}{x-3}$; $\qquad$ $\dfrac{6x-6}{x-1} = 6$ $\qquad\qquad$ $[S = \varnothing; S = \mathbb{R} - \{1\}]$

**188** $\dfrac{3}{x-2} = -\dfrac{3}{2-x}$; $\qquad$ $\dfrac{3x-1}{x+1} = \dfrac{3x-4}{x-2}$ $\qquad\qquad$ $[S = \mathbb{R} - \{2\}; S = \{1\}]$

**189** $\dfrac{7}{x-8} = 0$; $\qquad$ $\dfrac{4}{x^2-25} = 0$ $\qquad\qquad$ $[S = \varnothing; S = \varnothing]$

**190** $\dfrac{x-5}{x-1} = \dfrac{x-1}{x-5}$; $\qquad$ $\dfrac{3x}{x^2+x} = 0$ $\qquad\qquad$ $[S = \{3\}; S = \varnothing]$

**191** $\dfrac{x-1}{x+1} - \dfrac{x+1}{x-1} = \dfrac{4x}{1-x^2}$; $\qquad$ $\dfrac{1}{x-4} + \dfrac{x-2}{16-x^2} = \dfrac{6}{x^2-16}$ $\qquad$ $[S = \mathbb{R} - \{1, -1\}; S = \mathbb{R} - \{-4, +4\}]$

**192** $\dfrac{x}{x-1} + \dfrac{2}{x} = 1 - \dfrac{2}{x^2-x}$; $\qquad$ $x + 3 - \dfrac{6x}{2x-1} = x - \dfrac{3}{2x-1}$ $\qquad$ $\left[S = \varnothing; S = \mathbb{R} - \left\{\dfrac{1}{2}\right\}\right]$

**193** $\dfrac{1}{3}\left(\dfrac{1}{x} - 1\right) - 3 = -\dfrac{x+2}{x}$; $\qquad$ $\dfrac{x-2}{x} + \dfrac{1}{2x^2} - \dfrac{x+1}{x+2} = \dfrac{1-x^2}{x^3+2x^2}$ $\qquad$ $[S = \{1\}; S = \varnothing]$

**194** $\dfrac{5}{x^2-9} - \dfrac{x-2}{3-x} = \dfrac{x-1}{3+x}$; $\qquad$ $\dfrac{2}{x-5} - \dfrac{1}{x} = \dfrac{2(x-1)^2}{5x-x^2} + 2$ $\qquad$ $\left[S = \left\{\dfrac{4}{5}\right\}; S = \{-1\}\right]$

**195** $\dfrac{1}{x+2} + \dfrac{x}{x^2-4} = \dfrac{3x}{2-x} + 3$; $\qquad$ $\dfrac{x+5}{x^2-25} + \dfrac{4x+5}{x^2-5x} = \dfrac{2}{x}$ $\qquad$ $\left[S = \left\{-\dfrac{5}{4}\right\}; S = \varnothing\right]$

**196** $\dfrac{5}{1-4x^2} + \dfrac{1}{2x-1} = \dfrac{x}{2x^2+x}$;   $\dfrac{1}{3x+1} - \dfrac{2}{3x} = \dfrac{2x^2}{x^2+x-6x^3}$   $[S = \emptyset; S = \{2\}]$

**197** $1 - \dfrac{x-1}{x+2} - \dfrac{1}{x+1} = -\dfrac{1}{x^2+3x+2}$   $[S = \emptyset]$

**198** $2\left(\dfrac{3x-2}{6x}\right) = \dfrac{2x+1}{x} - \left(1 - \dfrac{1}{x}\right)$   $[S = \emptyset]$

**199** $\dfrac{2x}{4x^2-6x+9} + \dfrac{1}{8x^3+27} = \dfrac{1}{2x+3}$   $\left[S = \left\{\dfrac{2}{3}\right\}\right]$

**200** $\dfrac{3x^2}{x^3-8} + \dfrac{x^2+1}{x^2+2x+4} + \dfrac{x-1}{2-x} = \left(1 - \dfrac{8}{8-x^3}\right)\dfrac{1}{x^2}$   $[S = \{1\}]$

**201** $\dfrac{9x^2+2x+1}{x^2-7x} + \dfrac{(x-1)^2}{x} = \dfrac{(x-1)(-1-x)}{7-x}$   $\left[S = \left\{\dfrac{1}{3}\right\}\right]$

**202** $\dfrac{1}{x+2} + \dfrac{2}{3x-2} = \dfrac{1}{3x^2+4x-4}$   $\left[S = \left\{-\dfrac{1}{5}\right\}\right]$

**203** $\dfrac{x+5}{5x-x^2} + \dfrac{x-5}{x^2+5x} = \dfrac{20}{x^3-25x}$   $[S = \{-1\}]$

**204** $\dfrac{1}{x+8} - \left(\dfrac{2}{x+2} - \dfrac{12}{x^2+10x+16}\right) = 0$   $[S = \emptyset]$

**205** $\dfrac{4x^2+1-4x}{2x-1} - \dfrac{4x^2+1+4x}{2x+1} + \dfrac{2+x}{1-x} = 0$   $[S = \{0\}]$

**206** $\dfrac{-3}{x^2+2x} + \dfrac{2}{x^2-2x} - \dfrac{10}{x^2-4} = 0$   $\left[S = \left\{\dfrac{10}{11}\right\}\right]$

**207** $\dfrac{3x}{x^2-9} = \dfrac{5}{9-x^2} - \left(\dfrac{1}{x^2-3x} - \dfrac{3}{3+x}\right)$   $\left[S = \left\{-\dfrac{1}{5}\right\}\right]$

**208** $-\dfrac{8}{x+4} = \dfrac{x}{2+\dfrac{x}{2}} - \left(1 + \dfrac{1}{4}\right) \cdot \dfrac{2^3}{5}$   $[S = \mathbb{R} - \{-4\}]$

**209** $\dfrac{2(1-2x)}{x+1} + 1 = \dfrac{3x+4}{1-x} + \dfrac{2(5x+2)}{x^2-1}$   $[S = \emptyset]$

**210** $\dfrac{x-1}{x+3} - \dfrac{1}{x^2+5x+6} = \dfrac{x^2+x}{(x+2)^2} \cdot \left(1 + \dfrac{2}{x}\right)$   $[S = \emptyset]$

**211** $\dfrac{2}{x} = \dfrac{2}{3x+9} - \left(\dfrac{3-x}{x^2-9} - \dfrac{5}{3x+x^2}\right)$   $[S = \emptyset]$

**212** $\dfrac{2(2x^2-3)}{3x^2+12-12x} = \dfrac{1}{6} - \dfrac{x}{6x-12} + \dfrac{4x}{3x-6}$   $\left[S = \left\{\dfrac{8}{9}\right\}\right]$

**213** $\dfrac{3x-2}{6} + \dfrac{8}{27\left(x-\dfrac{2}{3}\right)} - \dfrac{x}{2} = \dfrac{3x^3}{3x-2} - \dfrac{x(3x+2)}{3}$   $[S = \emptyset]$

**214** $\dfrac{2(x+2)(x-4)}{x^2-5x+6} = \dfrac{x-3}{x-2} + \left(\dfrac{2-x}{3-x} - 1\right)(x-2)$   $\left[S = \left\{\dfrac{29}{6}\right\}\right]$

**215** $\dfrac{1-x}{2-x} - \dfrac{x-2}{x-1} = \dfrac{x^2+x}{x^2-3x+2}\left(\dfrac{1}{x} - \dfrac{1}{x+1}\right)$ $\qquad [S = \varnothing]$

**216** $\dfrac{x+1}{x-1} - \left(\dfrac{6}{x^2+x-2} + \dfrac{x-3}{x+2}\right) = \dfrac{x+1}{x} \cdot \dfrac{x^2-x}{x^2-1}$ $\qquad [S = \{5\}]$

**217** $\dfrac{x}{x^2-2x+1} - \dfrac{1}{4-4x} = \left(\dfrac{6x^2-2x}{x^2} : \dfrac{1-9x^2}{3x+1}\right)\left(-\dfrac{x}{2}\right) - 1$ $\qquad \left[S = \left\{\dfrac{1}{5}\right\}\right]$

**218** $-\left(\dfrac{5-2x}{3x+6} + \dfrac{1}{2}\right) = \dfrac{1}{3(x+2)} - \left(\dfrac{2-x}{6x+12} + \dfrac{8}{3x+6}\right)$ $\qquad [S = \mathbb{R} - \{-2\}]$

**219** $2x - 3 - \dfrac{7}{x^2} - \dfrac{(x-2)^3}{x^2} = x + \dfrac{1}{x^2} + 3\left(\dfrac{x+1}{x}\right)$ $\qquad [S = \varnothing]$

**220** $\dfrac{2x}{3x-5} - \left(\dfrac{x+1}{2} + \dfrac{1}{5-3x}\right) = \dfrac{1-x}{2}\left[\left(\dfrac{1}{x+1} + \dfrac{1}{x-1}\right)\dfrac{x^2-1}{2x}\right]$ $\qquad [S = \{6\}]$

**221** $-\dfrac{5x}{12-6x} - \left(\dfrac{2x}{6-3x} + \dfrac{x}{2x-4}\right) = \left(\dfrac{1}{x-2} + \dfrac{1}{x+2}\right) : \left(\dfrac{x^2-4}{2x} \cdot \dfrac{6x}{12-6x}\right)^{-1}$ $\qquad [S = \varnothing]$

# I SISTEMI FRAZIONARI E LETTERALI

## I sistemi frazionari

*teoria a pagina 165*

### Comprensione

**222** Le condizioni di esistenza di un sistema frazionario richiedono che sia $x + y \neq 0$ e $2x - y \neq 1$. Se il sistema intero ad esso equivalente ha come soluzione una delle coppie $(x, y)$ che seguono, quali non possono essere considerate soluzioni del sistema dato?

    **a.** $(-3, 3)$     **b.** $(4, 7)$     **c.** $(2, 2)$     **d.** $(1, 1)$     **e.** $\left(\dfrac{1}{2}, 0\right)$     **f.** $\left(0, \dfrac{1}{2}\right)$     **g.** $(0, 0)$

**223** Le condizioni di esistenza di un sistema frazionario richiedono che sia $x - 2y \neq 0$ e $y \neq 0$. Delle seguenti coppie $(x, y)$:

    ① $(2, 0)$     ② $\left(\dfrac{2}{5}, -\dfrac{1}{5}\right)$     ③ $(0, 0)$     ④ $(-4, 2)$

possono essere soluzione del sistema dato:

    **a.** solo la ②     **b.** la ① e la ②     **c.** tutte tranne la ③     **d.** la ② e la ④

**224** Le condizioni di esistenza di un sistema frazionario richiedono che sia $x \neq 2y \ \land \ y \neq 2$. Se risolvendo il sistema intero equivalente si trova che:

    **a.** $x = 1 \land y = \dfrac{1}{2}$ allora il sistema è:

        ① determinato con soluzione $\left(1, \dfrac{1}{2}\right)$     ② indeterminato     ③ impossibile

    **b.** $x = 3 \land y = 2$ allora il sistema è:

        ① determinato con soluzione $(3, 2)$     ② indeterminato     ③ impossibile

**c.** $x = 0 \wedge y = 0$ allora il sistema è:
① determinato con soluzione $(0, 0)$   ② indeterminato   ③ impossibile

**d.** $x = -2 \wedge y = 1$ allora il sistema è:
① determinato con soluzione $(-2, 1)$   ② indeterminato   ③ impossibile

## Applicazione

**225** **ESERCIZIO GUIDATO**

$$\begin{cases} \dfrac{3}{x-y} = 1 \\ 1 + \dfrac{y(y-x) - 1}{(x+1)(y+1)} = \dfrac{y-1}{x+1} \end{cases}$$

Il sistema è frazionario, dobbiamo quindi porre $x \neq y \wedge x \neq -1 \wedge y \neq -1$.

Liberando le equazioni dai denominatori otteniamo:

$$\begin{cases} 3 = x - y \\ (x+1)(y+1) + y(y-x) - 1 = (y-1)(y+1) \end{cases}$$

e svolgendo i calcoli: $\begin{cases} x - y = 3 \\ x + y = -1 \end{cases}$ da cui ricaviamo che $\begin{cases} x = 1 \\ y = -2 \end{cases}$

Poiché la soluzione trovata non contrasta con le condizioni poste, $S = \{(1, -2)\}$.

**226** **ESERCIZIO GUIDATO**

$$\begin{cases} \dfrac{x}{y} = \dfrac{x+3}{y+1} \\ \dfrac{5(x-3)}{x+y-4} = 1 \end{cases}$$

Affinché il sistema abbia significato deve essere $y \neq 0 \wedge y \neq -1 \wedge x + y \neq 4$.

Liberando le equazioni dai denominatori e sviluppando il calcolo si ottiene

$\begin{cases} xy + x = xy + 3y \\ 5x - 15 = x + y - 4 \end{cases}$ → $\begin{cases} x = 3y \\ 4x - y = 11 \end{cases}$ → $\begin{cases} x = 3y \\ 12y - y = 11 \end{cases}$ → $\begin{cases} x = 3 \\ y = 1 \end{cases}$

La soluzione non è però accettabile perchè nelle condizioni iniziali abbiamo posto $x + y \neq 4$; il sistema è quindi impossibile e $S = \varnothing$.

**227** $\begin{cases} \dfrac{3x-1}{y} = 5 \\ \dfrac{2+y}{x} = 6 \end{cases}$   $\begin{cases} \dfrac{3(x-y)}{1+x} + \dfrac{1}{x+1} = 2 \\ 3x - 3y = 5 \end{cases}$   $\left[ S = \varnothing; S = \left\{ \left(2, \dfrac{1}{3}\right) \right\} \right]$

**228** $\begin{cases} \dfrac{1}{x} - \dfrac{1}{y} = 0 \\ x - 2(y+1) = 3y + 6(x-1) \end{cases}$   $\begin{cases} \dfrac{2x-3}{x+y} = 1 \\ \dfrac{x-6}{2} - y = 0 \end{cases}$   $\left[ S = \left\{ \left(\dfrac{2}{5}, \dfrac{2}{5}\right) \right\}; S = \{(0, -3)\} \right]$

Cap. 8: *Le frazioni algebriche, equazioni e disequazioni*

**229** $\begin{cases} -\dfrac{2}{x-2} = 1 + \dfrac{x+3y}{2-x} \\ \dfrac{1-x}{2} = \dfrac{3(x-2y)}{4} + (y-x) \end{cases}$ $\begin{cases} 3 - \dfrac{4}{y-1} = \dfrac{x-2y}{1-y} \\ 3(2x-y) = 1 - 2(x-2y) \end{cases}$ $\left[S = \varnothing;\ S = \left\{\left(\dfrac{10}{3}, \dfrac{11}{3}\right)\right\}\right]$

**230** $\begin{cases} \dfrac{x+y-1}{x-1} + \dfrac{2x}{x+1} = \dfrac{x(3x+y)}{x^2-1} \\ \dfrac{2x}{2-y} + \dfrac{y(2x+y)}{y^2-4} = \dfrac{y+3}{y+2} \end{cases}$ $\begin{cases} \dfrac{2}{x-y} = \dfrac{3}{x+y} \\ \dfrac{1}{2x-3} = \dfrac{2}{1-y} \end{cases}$ $\left[S = \left\{\left(\dfrac{5}{6}, \dfrac{8}{3}\right)\right\};\ S = \left\{\left(\dfrac{5}{3}, \dfrac{1}{3}\right)\right\}\right]$

**231** $\begin{cases} \dfrac{x+12}{4} + \dfrac{x-2}{y} = \dfrac{1}{4}x \\ 2x - y = 6 \end{cases}$ $\begin{cases} \dfrac{x+2y-1}{3x-4} = 1 \\ \dfrac{x+2y}{x-y-2} = \dfrac{3}{2} \end{cases}$ $\left[S = \left\{\left(\dfrac{20}{7}, -\dfrac{2}{7}\right)\right\};\ S = \left\{\left(\dfrac{3}{4}, -\dfrac{3}{4}\right)\right\}\right]$

**232** $\begin{cases} \dfrac{x}{x+3} = \dfrac{y}{y+2} \\ \dfrac{xy-23}{x-5} = y-3 \end{cases}$ $\begin{cases} \dfrac{x+2}{y-3} = \dfrac{1}{2} \\ \dfrac{3-y}{x+2} = -2 \end{cases}$ $[S = \{(6, 4)\};\ \text{indeterminato con } x \neq -2 \land y \neq 3]$

**233** $\begin{cases} \dfrac{x+1}{x-3} + \dfrac{y+13}{y+1} = 2 \\ \dfrac{3x-2}{x-4} = \dfrac{3(y+8)}{y-2} \end{cases}$ $\begin{cases} \dfrac{2x-y+3}{x+y-1} = \dfrac{1}{2} \\ \dfrac{1}{2}(x-2) = \dfrac{3}{4}(y+1) - x \end{cases}$ $\left[S = \varnothing;\ S = \left\{\left(\dfrac{14}{3}, 7\right)\right\}\right]$

**234** $\begin{cases} \dfrac{2x-4}{x-y} = 1 \\ 2x - \dfrac{y}{2} = 3 \end{cases}$ $\begin{cases} \dfrac{5}{3-x} = \dfrac{2}{y-2} \\ \dfrac{x-1}{y} + \dfrac{y-2}{x} - \dfrac{x^2+y^2}{xy} = 0 \end{cases}$ $[S = \varnothing;\ S = \{(-32, 16)\}]$

**235** $\begin{cases} \dfrac{3x+y}{2x-1} = \dfrac{1}{4} \\ \dfrac{3x+y}{3y+2} = 1 - \dfrac{1}{18y+12} \end{cases}$ $\begin{cases} 3 = \dfrac{1-x+4y}{x} \\ \dfrac{2x-7}{3y-1} - 2 = \dfrac{x}{2-6y} \end{cases}$ $\left[S = \varnothing;\ S = \left\{\left(-1, -\dfrac{5}{4}\right)\right\}\right]$

**236** $\begin{cases} \dfrac{2x-y+1}{x-2} = 1 \\ \dfrac{x}{x-2} + \dfrac{y}{x+1} = \dfrac{x^2+xy}{x^2-x-2} \end{cases}$ $\begin{cases} 1 - \dfrac{x^2-y}{y} = -\dfrac{(x-1)^2}{y} \\ \dfrac{2-x}{1-y} = 1 \end{cases}$ $[S = \{(-6, -3)\};\ S = \varnothing]$

**237** $\begin{cases} \dfrac{x-y}{x-2} = \dfrac{3(x-y)+2}{3x-1} \\ \dfrac{1}{x-2} - \dfrac{1}{y} = 0 \end{cases}$ $\begin{cases} \dfrac{x+y-2}{x+1} = \dfrac{1}{2} \\ \dfrac{x-y+2}{y+1} - \dfrac{1}{3} = 0 \end{cases}$ $[S = \{(7, 5)\};\ S = \{(1, 2)\}]$

**238** $\begin{cases} \dfrac{8x^2-y}{4x-1} = 2x \\ \dfrac{3}{x+y} - \dfrac{4}{x^2-y^2} = \dfrac{5}{y-x} \end{cases}$ $\begin{cases} 5\left(\dfrac{1}{y} - \dfrac{1}{x}\right) = \dfrac{1}{x} + \dfrac{1}{y} \\ \dfrac{3x-2y}{x+1} = \dfrac{5}{4} \end{cases}$ $\left[S = \left\{\left(\dfrac{1}{3}, \dfrac{2}{3}\right)\right\};\ S = \{(3, 2)\}\right]$

Cap. 8: *Le frazioni algebriche, equazioni e disequazioni*   **379**

**239** $\begin{cases} \dfrac{x}{x-3} + \dfrac{1}{y} = 1 \\ (3 - y + x)(x - y - 3) - (x - y)^2 = 3x - y - 3 \end{cases}$  $\left[ S = \left\{ \left( -\dfrac{3}{2}, \dfrac{3}{2} \right) \right\} \right]$

**240** $\begin{cases} \dfrac{x-2}{y} + \dfrac{y+2}{x} = \dfrac{x^2 + y^2 + 2}{xy} \\ \dfrac{x+2}{x+1} - 1 = \dfrac{1}{y} \end{cases}$  [indeterminato con $x \neq 0 \wedge y \neq 0 \wedge x \neq -1$]

**241** $\begin{cases} (x - y - 2)^2 - 1 = (y - x)^2 + y - x \\ \dfrac{x+1}{x+2} - \dfrac{y-2}{y-1} = \dfrac{3x + 2y + 6}{xy + 2y - x - 2} \end{cases}$  $[S = \{(0, -1)\}]$

**242** $\begin{cases} \dfrac{y(x+2)}{2xy - 4y + 2x - 4} + \dfrac{1}{2-x} = \dfrac{y-2}{2y+2} \\ \dfrac{2}{x} + \dfrac{1}{y} = \dfrac{4}{xy} \end{cases}$  $[S = \emptyset]$

**243** $\begin{cases} \dfrac{x-3}{x-1} - \dfrac{x^2 - xy + 2}{x^2 - x} = \dfrac{y}{x} \\ \dfrac{(x-1)^2 - (x+2)^2}{y} = -1 \end{cases}$  $\left[ S = \left\{ \left( -\dfrac{1}{3}, 1 \right) \right\} \right]$

**244** $\begin{cases} \dfrac{x-1}{x-y} = \dfrac{y-2}{x+y} + 1 - \dfrac{2y^2}{y^2 - x^2} \\ \dfrac{1}{9} + \dfrac{1}{6} y = 1 \end{cases}$  $[S = \{(6, 2)\}]$

**245** $\begin{cases} \dfrac{x}{x-2} - \dfrac{y-1}{y+1} = \dfrac{1}{2-x} \\ \dfrac{2}{x+1} + \dfrac{1}{y-2} = \dfrac{-\left(2 + \dfrac{1}{2}\right)}{xy - 2x + y - 2} \end{cases}$  $\left[ S = \left\{ \left( \dfrac{1}{2}, 0 \right) \right\} \right]$

**246** $\begin{cases} \dfrac{y-1}{x+1} + \dfrac{4}{2x+1} = \dfrac{2xy - 2}{2x^2 + 3x + 1} \\ \dfrac{x-2}{x} - \dfrac{y-2}{y} = \dfrac{1-y}{xy} \end{cases}$  $[S = \emptyset]$

**247** $\begin{cases} \dfrac{x-y}{(x+y)(x-2)} = \dfrac{x-1}{x^2 + xy - 2x - 2y} - \dfrac{y-2}{x^2 + xy + 2x + 2y} \\ \dfrac{x-3}{x-2} - \dfrac{x+3}{x+2} = \dfrac{3y-2}{x^2 - 4} \end{cases}$  $[S = \emptyset]$

**248** $\begin{cases} \dfrac{x+2y}{x} - \dfrac{2y-x}{x+3} = \dfrac{2x^2 + 5x + 1}{x^2 + 3x} \\ \dfrac{6x + 2y - 9}{(y-1)^2} = 2\left(1 - \dfrac{y+1}{y-1}\right) \end{cases}$  $\left[ S = \left\{ \left( \dfrac{3}{2}, \dfrac{2}{3} \right) \right\} \right]$

Cap. 8: *Le frazioni algebriche, equazioni e disequazioni*

**249** $\begin{cases} \dfrac{5y-7}{2y} + \dfrac{x+5}{y} = \dfrac{1}{2} \\ \dfrac{4}{x-1} + \dfrac{2}{y+2} = \dfrac{-3}{(1-x)(y+2)} \end{cases}$  [indeterminato con $y \neq 0 \wedge y \neq -2 \wedge x \neq 1$]

**250** $\begin{cases} \dfrac{3}{2x+2y} - \dfrac{4}{2x^2+2xy} = \dfrac{1}{2x} \\ \dfrac{1}{x} + \dfrac{1}{y+4} = \dfrac{2(x+y+4)}{xy+4x} \end{cases}$  $[S = \varnothing]$

**251** $\begin{cases} \dfrac{(5x-4)(y-1)}{5x^2-5y^2} + \dfrac{x-y}{4x+4y} = \dfrac{x+y}{4x-4y} \\ \dfrac{x+y}{y} = \dfrac{3}{x-y} - \dfrac{(x+y)(x-y+3)}{y^2-xy} \end{cases}$  $\left[S = \left\{\left(\dfrac{4}{3}, -\dfrac{2}{3}\right)\right\}\right]$

**252** $\begin{cases} \dfrac{3y+1+4x}{x+y-1} = 2 \\ \dfrac{x-1}{x+y-1} - \dfrac{y+1}{x+y+1} = \dfrac{(x+y)(x-y)-1}{x^2+y^2+2xy-1} \end{cases}$  $[S = \varnothing]$

# I sistemi letterali

teoria a pagina 167

## Comprensione

**253** Riferendoti al sistema $\begin{cases} 2ax - y = a \\ (a-1)x + ay = 2a-1 \end{cases}$ completa inserendo quanto richiesto:

$\Delta = \begin{vmatrix} \cdots & \cdots \\ \cdots & \cdots \end{vmatrix}$  $\Delta x = \begin{vmatrix} \cdots & \cdots \\ \cdots & \cdots \end{vmatrix}$  $\Delta y = \begin{vmatrix} \cdots & \cdots \\ \cdots & \cdots \end{vmatrix}$

**254** Considerando ancora il precedente sistema e i valori trovati per $\Delta$, $\Delta x$ e $\Delta y$, si può dire che:
  a. è determinato se $a = 0$  V F
  b. è indeterminato se $a = -1$  V F
  c. è impossibile se $a = \dfrac{1}{2}$  V F
  d. è determinato se $a = \dfrac{1}{3}$  V F

**255** Se risolvendo un sistema letterale con il metodo di Cramer si trova che
  $\Delta = a - 2$  $\Delta x = 2 - a$  $\Delta y = a(2-a)$  puoi dire che il sistema è:
  a. sempre determinato  V F
  b. impossibile se $a = 2$  V F
  c. indeterminato se $a = 0$  V F
  d. determinato se $a \neq 2$ e indeterminato se $a = 2$.  V F

**256** Risolvendo il sistema $\begin{cases} ax - (a-1)y = a \\ 2ax - ay = 1 \end{cases}$ si trova che:

Cap. 8: *Le frazioni algebriche, equazioni e disequazioni*

**a.** è determinato con soluzione $\left(-\dfrac{a^2-a+1}{a(a-2)},\ \dfrac{1-2a}{a-2}\right)$ se $a\neq 0 \wedge a\neq 2$ □V □F
**b.** è indeterminato se $a=2$ □V □F
**c.** è impossibile se $a=0$ □V □F
**d.** è determinato con soluzione $(1, 1)$ se $a=1$. □V □F

**257** Risolvendo un sistema con il metodo di Cramer si ottiene: $\Delta = a$, $\Delta x = a+1$, $\Delta y = a^2$; si può dire che:
**a.** il sistema è determinato ed ha per soluzione la coppia $\left(\dfrac{a+1}{a},\ a\right)$ se $a\neq 0$ □V □F
**b.** il sistema è indeterminato se $a=0$ □V □F
**c.** il sistema è impossibile se $a=0$ □V □F
**d.** il sistema è determinato ed ha per soluzione la coppia $(0, -1)$ se $a=-1$ □V □F
**e.** il sistema è impossibile se $a=-1$ □V □F
**f.** il sistema è determinato ed ha per soluzione la coppia $(2, 1)$ se $a=1$. □V □F

**258** Il dominio di un sistema prevede che sia $x\neq 2 \wedge y\neq 0$, mentre le condizioni sul parametro impongono che sia $a\neq 0 \wedge a\neq 1$. Il sistema ammette come soluzione la coppia $(a, a-2)$ se:
**a.** $a\neq 0 \wedge a\neq 1$ **b.** $a\neq 0 \wedge a\neq 1 \wedge a\neq 2$ **c.** $a\neq 2$ **d.** $a\neq 0$

**259** Il sistema $\begin{cases} 3x+y=2a \\ x-2y=a \end{cases}$ è determinato:
**a.** solo se $a\neq 0$ **b.** $\forall a \in R$ **c.** per nessun valore di $a$ **d.** solo se $a\neq 1$

## Applicazione

*Risolvi e discuti i seguenti sistemi letterali interi.*

**260** **ESERCIZIO GUIDATO**

$$\begin{cases} ax+(a^2-2)y=a^2-4 \\ x+(a-1)y=a-2 \end{cases}$$

Il sistema appare già in forma normale; risolviamolo applicando la regola di Cramer:

$$\Delta = \begin{vmatrix} a & a^2-2 \\ 1 & a-1 \end{vmatrix} = a(a-1)-(a^2-2) = 2-a$$

$$\Delta x = \begin{vmatrix} a^2-4 & a^2-2 \\ a-2 & a-1 \end{vmatrix} = (a^2-4)(a-1)-(a^2-2)(a-2) = a(a-2)$$

$$\Delta y = \begin{vmatrix} a & a^2-4 \\ 1 & a-2 \end{vmatrix} = a(a-2)-(a^2-4) = 2(2-a)$$

Affinché il sistema sia determinato deve essere $\Delta \neq 0$; nel nostro caso: $2-a \neq 0$ cioè $a \neq 2$.

- Se $a \neq 2$  $\begin{cases} x = \dfrac{a(a-2)}{2-a} \\ y = \dfrac{2(2-a)}{2-a} \end{cases} \rightarrow \begin{cases} x=-a \\ y=2 \end{cases}$ e pertanto $S = \{(-a, 2)\}$.

- Se $a=2$  poiché $\Delta x = 0 \wedge \Delta y = 0$, il sistema è indeterminato.

**382** Cap. 8: *Le frazioni algebriche, equazioni e disequazioni*

**261** $\begin{cases} ax - ay = a + 1 \\ (a+1)x - (a-1)y = a \end{cases}$
$\left[\begin{array}{l}\text{se } a \neq 0 : S = \left\{\left(\dfrac{1}{2a}, -\dfrac{2a+1}{2a}\right)\right\}; \\ \text{se } a = 0 : S = \varnothing\end{array}\right]$

**262** $\begin{cases} (a+2)x + ay = 2(a^2 - 2) \\ ax + (a-1)y = a(2a - 3) \end{cases}$
$\left[\begin{array}{l}\text{se } a \neq 2 : S = \{(a-2, a)\}; \\ \text{se } a = 2 : \text{sistema indeterminato}\end{array}\right]$

**263** ## ESERCIZIO GUIDATO

$\begin{cases} x + ay = a - 1 \\ ax + (2a - 1)y = 2a \end{cases}$

Usiamo il metodo di sostituzione, ricaviamo la variabile $x$ dalla prima equazione e sostituiamo:

$\begin{cases} x = -ay + a - 1 \\ a(-ay + a - 1) + (2a - 1)y = 2a \end{cases}$

Sviluppando i calcoli si ottiene $\begin{cases} x = -ay + a - 1 \\ (\ldots\ldots\ldots)y = \ldots\ldots\ldots \end{cases}$

Per ricavare la variabile $y$ devi adesso porre la condizione $a \neq \ldots\ldots$

Il sistema ha quindi soluzione $\begin{cases} y = \ldots\ldots\ldots \\ x = \ldots\ldots\ldots \end{cases}$

Se invece $a = \ldots\ldots$ il sistema è $\ldots\ldots\ldots$
$\left[\begin{array}{l}\text{se } a \neq 1 : S = \left\{\left(\dfrac{3a-1}{(a-1)^2}; \dfrac{a(a-3)}{(a-1)^2}\right)\right\}; \\ \text{se } a = 1 : S = \varnothing\end{array}\right]$

**264** $\begin{cases} (1-a)x - y = 1 - a^2 \\ x - y = 1 \end{cases}$
$\left[\begin{array}{l}\text{se } a \neq 0 : S = \{(a, a-1)\}; \\ \text{se } a = 0 : \text{sistema indeterminato}\end{array}\right]$

**265** $\begin{cases} ay - x = a + 2 \\ 2x - (a-2)y = 0 \end{cases}$
$\left[\begin{array}{l}\text{se } a \neq -2 : S = \{(a-2, 2)\}; \\ \text{se } a = -2 : \text{sistema indeterminato}\end{array}\right]$

**266** $\begin{cases} ax - (a-1)y + a - 1 = 0 \\ x - ay + a^2 + 1 = 0 \end{cases}$
$[\forall a \in R : S = \{(a-1, a+1)\}]$

**267** $\begin{cases} 2x + y = 3a - 1 \\ ax - (a+1)y = 1 \end{cases}$
$\left[\begin{array}{l}\text{se } a \neq -\dfrac{2}{3} : S = \{(a, a-1)\}; \\ \text{se } a = -\dfrac{2}{3} : \text{sistema indeterminato}\end{array}\right]$

**268** $\begin{cases} x + y = 5a - 4 \\ (a-2)x + (a+1)y = 5a^2 - 5a + 8 \end{cases}$
$[\forall a \in R : S = \{(2a-4, 3a)\}]$

**269** $\begin{cases} 2x + (1-k)y = k - 1 \\ 2x(k-1) + (k^2 - 1)y = k^2 + 1 \end{cases}$
$\left[\begin{array}{l}\text{se } k \neq 0 \wedge k \neq 1 : S = \left\{\left(\dfrac{1}{2}k, \dfrac{1}{k-1}\right)\right\}; \\ \text{se } k = 0 : \text{sistema indeterminato}; \\ \text{se } k = 1 : S = \varnothing\end{array}\right]$

**270** $\begin{cases} 2ax + 3y = 4a \\ 4(a+1)x - 2y = 2 \end{cases}$
$\left[\begin{array}{l}\text{se } a \neq -\dfrac{3}{4} : S = \left\{\left(\dfrac{1}{2}, a\right)\right\}; \\ \text{se } a = -\dfrac{3}{4} : \text{sistema indeterminato}\end{array}\right]$

Cap. 8: *Le frazioni algebriche, equazioni e disequazioni*

**271** $\begin{cases} (a+1)x + ay = a \\ (a-1)x + ay = -1 \end{cases}$
$\left[ \text{se } a \neq 0 : S = \left\{ \left( \dfrac{a+1}{2}, -\dfrac{a^2+1}{2a} \right) \right\}; \quad \text{se } a = 0 : S = \varnothing \right]$

**272** $\begin{cases} (2a-1)x + (a-3)y = a^2 + 2a \\ (a+1)(x+y) = a^2 + a - 2 \end{cases}$
$\left[ \text{se } a \neq -2 \wedge a \neq -1 : S = \left\{ \left( \dfrac{5a-3}{a+1}, \dfrac{a^2-4a+1}{a+1} \right) \right\}; \quad \text{se } a = -2 : \text{sistema indeterminato}; \quad \text{se } a = -1 : S = \varnothing \right]$

**273** $\begin{cases} (2a-1)x - 1 = (a^2 - a)y \\ x + ay = 2a - 1 \end{cases}$
$\left[ \text{se } a \neq 0 \wedge a \neq \dfrac{2}{3} : S = \left\{ \left( \dfrac{2a^2 - 3a + 2}{3a - 2}, \dfrac{4a - 4}{3a - 2} \right) \right\}; \quad \text{se } a = 0 : \text{sistema indeterminato}; \quad \text{se } a = \dfrac{2}{3} : S = \varnothing \right]$

**274** $\begin{cases} bx + (b-1)y = b \\ (b-1)x + by = b \end{cases}$
$\left[ \text{se } b \neq \dfrac{1}{2} : S = \left\{ \left( \dfrac{b}{2b-1}, \dfrac{b}{2b-1} \right) \right\}; \quad \text{se } b = \dfrac{1}{2} : S = \varnothing \right]$

**275** $\begin{cases} (b+1)x - by + b(b+1) = 0 \\ bx + b(b+4) = by + 2y \end{cases}$
$\left[ \text{se } b \neq 2 : S = \{(b, 2b)\}; \quad \text{se } b = 2 : \text{sistema indeterminato} \right]$

**276** **ESERCIZIO GUIDATO**

$\begin{cases} \dfrac{x}{b} = \dfrac{1-y}{b+3} \\ \dfrac{x-1}{3-b} = \dfrac{y}{b+1} \end{cases}$

Per l'esistenza di ciascuna equazione deve essere: $b \neq 0 \wedge b \neq -3 \wedge b \neq 3 \wedge b \neq -1$

In queste ipotesi puoi svolgere i calcoli fino a scrivere il sistema in forma normale:

$\begin{cases} (3+b)x + by = b \\ (b+1)x + (b-3)y = b+1 \end{cases}$

Conviene proseguire applicando il metodo di Cramer.

$\left[ \text{se } b \neq 0 \wedge b \neq \pm 3 \wedge b \neq -1 \wedge b \neq -9 : S = \left\{ \left( \dfrac{4b}{b+9}, -\dfrac{3(b+1)}{b+9} \right) \right\}; \quad \text{se } b = 0 \vee b = \pm 3 \vee b = -1 : \text{il sistema perde significato}; \quad \text{se } b = -9 : S = \varnothing \right]$

**277** $\begin{cases} \dfrac{x+k}{k-2} + y = 0 \\ \dfrac{2y-k}{1-k} = x \end{cases}$
$\left[ \text{se } k \neq 2 \wedge k \neq 1 \wedge k \neq 3 \wedge k \neq 0 : S = \left\{ \left( \dfrac{k}{k-3}, \dfrac{k}{3-k} \right) \right\}; \quad \text{se } k = 2 \vee k = 1 : \text{il sistema perde significato}; \quad \text{se } k = 3 : S = \varnothing; \quad \text{se } k = 0 : \text{sistema indeterminato} \right]$

**278** $\begin{cases} \dfrac{x}{a-1} - \dfrac{y}{a+1} = 1 \\ \dfrac{x}{a+1} - \dfrac{y}{a-1} = -1 \end{cases}$
$\left[ \text{se } a \neq \pm 1 \wedge a \neq 0 : S = \left\{ \left( \dfrac{a^2-1}{2}, \dfrac{a^2-1}{2} \right) \right\}; \quad \text{se } a = 0 : \text{sistema indeterminato}; \quad \text{se } a = \pm 1 : \text{il sistema perde significato} \right]$

Cap. 8: *Le frazioni algebriche, equazioni e disequazioni*

**279** $\begin{cases} \dfrac{x}{a} + \dfrac{y}{a-2} = 1 \\ \dfrac{x}{a+1} + \dfrac{y}{a} = 1 \end{cases}$
$\left[\begin{array}{l} \text{se } a \neq 0 \;\wedge\; a \neq -1 \;\wedge\; a \neq \pm 2 : S = \left\{\left(\dfrac{2a(a+1)}{a+2}, \dfrac{2a-a^2}{a+2}\right)\right\}; \\ \text{se } a = -2 : S = \varnothing; \\ \text{se } a = 0 \;\vee\; a = -1 \;\vee\; a = 2 : \text{il sistema perde significato} \end{array}\right]$

**280** $\begin{cases} x + \dfrac{y}{a} = a + 1 - \dfrac{1}{a} \\ x + ay = a^2 \end{cases}$
$\left[\begin{array}{l} \text{se } a \neq \pm 1 \;\wedge\; a \neq 0 : S = \{(a, a-1)\}; \\ \text{se } a = \pm 1 : \text{sistema indeterminato}; \\ \text{se } a = 0 : \text{il sistema perde significato} \end{array}\right]$

**281** $\begin{cases} \dfrac{x}{m+2} + \dfrac{y}{m} = \dfrac{1}{m^2+2m} \\ \dfrac{x}{m} + \dfrac{y}{m-1} = \dfrac{1}{m^2-m} \end{cases}$
$\left[\begin{array}{l} \text{se } m \neq \pm 2 \;\wedge\; m \neq 0 \;\wedge\; m \neq 1 : S = \left\{\left(\dfrac{2}{m-2}, \dfrac{1}{2-m}\right)\right\}; \\ \text{se } m = 2 : S = \varnothing; \\ \text{se } m = 0 \;\vee\; m = -2 \;\vee\; m = 1 : \text{il sistema perde significato} \end{array}\right]$

**282** $\begin{cases} \dfrac{mx}{m^2-1} + \dfrac{y}{m+1} = \dfrac{1}{m-1} \\ 1 + (m+1)y = m(1-x) \end{cases}$
$\left[\begin{array}{l} \text{se } m \neq \pm 1 \;\wedge\; m \neq 0 : S = \{(2, -1)\}; \\ \text{se } m = \pm 1 : \text{il sistema perde significato}; \\ \text{se } m = 0 : \text{sistema indeterminato} \end{array}\right]$

**283** $\begin{cases} \dfrac{x}{b^2-2b+1} - 1 = \dfrac{y(b-2)}{(1-b)^2} \\ \dfrac{x-1+b}{1-b} = \dfrac{y}{b-1} \end{cases}$
$\left[\begin{array}{l} \text{se } b \neq 1 : S = \{(1, -b)\}; \\ \text{se } b = 1 : \text{il sistema perde significato} \end{array}\right]$

**284** $\begin{cases} \dfrac{1-x}{a} = y \\ \dfrac{1+y}{a} = x + 2y \end{cases}$
$\left[\begin{array}{l} \text{se } a \neq 0 \;\wedge\; a \neq 1 : S = \left\{\left(\dfrac{1}{1-a}, \dfrac{1}{a-1}\right)\right\}; \\ \text{se } a = 0 : \text{il sistema perde significato}; \\ \text{se } a = 1 : \text{sistema indeterminato} \end{array}\right]$

**285** $\begin{cases} \dfrac{x}{a-2} - \dfrac{y}{a+1} = \dfrac{3x}{a^2-a-2} \\ x = \dfrac{a^2-a-y}{a-2} \end{cases}$
$\left[\begin{array}{l} \text{se } a \neq 2 \;\wedge\; a \neq \pm 1 : S = \{(a, a)\}; \\ \text{se } a = 2 \;\vee\; a = -1 : \text{il sistema perde significato}; \\ \text{se } a = 1 : \text{sistema indeterminato} \end{array}\right]$

**286** $\begin{cases} \dfrac{x}{b+1} + \dfrac{by}{b^2-1} = \dfrac{1}{b-1} \\ b(x+y-1) = 2y-1 \end{cases}$
$\left[\begin{array}{l} \text{se } b \neq \pm 1 \;\wedge\; b \neq \dfrac{2}{3} : S = \left\{\left(\dfrac{2}{3b-2}, \dfrac{3b-1}{3b-2}\right)\right\}; \\ \text{se } b = \pm 1 : \text{il sistema perde significato}; \\ \text{se } b = \dfrac{2}{3} : S = \varnothing \end{array}\right]$

**287** $\begin{cases} mx - 2my = 2(1-m) \\ 3x + (m+1)y = \dfrac{m^2+m+6}{m} \end{cases}$
$\left[\begin{array}{l} \text{se } m \neq 0 \;\wedge\; m \neq -7 : S = \left\{\left(\dfrac{2}{m}, 1\right)\right\}; \\ \text{se } m = 0 : \text{il sistema perde significato}; \\ \text{se } m = -7 : \text{sistema indeterminato} \end{array}\right]$

**288** $\begin{cases} \dfrac{x}{a-2} + \dfrac{y}{a+2} = 2 \\ \dfrac{x+1}{a-1} + y - a = 3 \end{cases}$
$\left[\begin{array}{l} \text{se } a \neq \pm 2 \;\wedge\; a \neq 1 \;\wedge\; a \neq 0 : S = \{(a-2, a+2)\}; \\ \text{se } a = \pm 2 \;\vee\; a = 1 : \text{il sistema perde significato}; \\ \text{se } a = 0 : \text{sistema indeterminato} \end{array}\right]$

**289** $\begin{cases} \dfrac{x}{b+2} = \dfrac{1}{b^2+5b+6} - \dfrac{y}{b+3} \\ (b+1)(x+y) = 1 \end{cases}$
$\left[\begin{array}{l} \text{se } b \neq -2 \;\wedge\; b \neq -3 \;\wedge\; b \neq -1 : S = \left\{\left(-\dfrac{1}{b+1}, \dfrac{2}{b+1}\right)\right\}; \\ \text{se } b = -2 \;\vee\; b = -3 : \text{il sistema perde significato}; \\ \text{se } b = -1 : S = \varnothing \end{array}\right]$

**Cap. 8**: *Le frazioni algebriche, equazioni e disequazioni*

**290** $\begin{cases} \dfrac{a}{a+1}x + y = \dfrac{2}{a+1} \\ (a+1)(x-y) = \dfrac{1}{a} \end{cases}$
$\left[\begin{array}{l} \text{se } a \neq -1 \wedge a \neq 0 \wedge a \neq -\dfrac{1}{2} : S = \left\{\left(\dfrac{1}{a}, \dfrac{1}{a+1}\right)\right\}; \\ \text{se } a = -1 \vee a = 0 : \text{il sistema perde significato}; \\ \text{se } a = -\dfrac{1}{2} : \text{sistema indeterminato} \end{array}\right]$

**291** $\begin{cases} \dfrac{2(2a-x)}{a^2-1} + \dfrac{y}{a+1} - \dfrac{2}{a-1} = -\dfrac{x+y+2}{1-a^2} \\ \dfrac{2(x+1)}{a-1} + y = -\dfrac{3a-3}{1-a} \end{cases}$
$\left[\begin{array}{l} \text{se } a \neq \pm 1 \wedge a \neq \dfrac{7}{5} : S = \{(a-2, 1)\}; \\ \text{se } a = \pm 1 : \text{il sistema perde significato}; \\ \text{se } a = \dfrac{7}{5} : \text{sistema indeterminato} \end{array}\right]$

*Risolvi e discuti i seguenti sistemi letterali frazionari.*

**292 ESERCIZIO GUIDATO**

$\begin{cases} \dfrac{a}{x-y} - \dfrac{1}{x+y} = \dfrac{2(a^2+1)}{x^2-y^2} \\ \dfrac{x}{a-1} + \dfrac{y}{a+1} = 2 \end{cases}$

Il sistema è frazionario e letterale:
- determiniamo il dominio:       $x \neq y \wedge x \neq -y$
- condizioni iniziali sul parametro:   $a \neq 1 \wedge a \neq -1$

Liberando le equazioni dai denominatori e svolgendo i calcoli si ottiene il sistema equivalente:

$$\begin{cases} x(a-1) + y(a+1) = 2(a^2+1) \\ x(a+1) + y(a-1) = 2(a^2-1) \end{cases}$$

Applicando il metodo di Cramer si ottiene:

$$\Delta = -4a \qquad \Delta x = -4a(a-1) \qquad \Delta y = -4a(a+1)$$

Affinché il sistema sia determinato deve essere $\Delta \neq 0$, cioè nel nostro caso $a \neq 0$:

- se $a \neq 0$: $\begin{cases} x = a-1 \\ y = a+1 \end{cases} \rightarrow S = \{(a-1, a+1)\}$

  Confrontiamo la soluzione con i valori esclusi dal dominio
  - $x \neq y \rightarrow a-1 \neq a+1 \rightarrow \forall a$
  - $x \neq -y \rightarrow a-1 \neq -a-1 \rightarrow a \neq 0$

  La soluzione trovata è dunque sempre accettabile nell'ipotesi in cui $a \neq 0 \wedge a \neq \pm 1$.

- se $a = 0$, $\Delta x = 0 \wedge \Delta y = 0$, il sistema è quindi indeterminato
- se $a = 1 \vee a = -1$, il sistema non ha significato.

**293 ESERCIZIO GUIDATO**

$\begin{cases} \dfrac{a}{a-x} = \dfrac{1}{y+4} \\ \dfrac{a}{3x+a} = \dfrac{1}{5y} \end{cases}$   Il dominio del sistema è ................
Non ci sono condizioni iniziali sul parametro $a$.

**386**  Cap. 8: *Le frazioni algebriche, equazioni e disequazioni*

Liberando le equazioni dai denominatori e svolgendo i calcoli si ottiene il sistema $\begin{cases} x + ay = -3a \\ 3x - 5ay = -a \end{cases}$

**Completa adesso i vari passaggi:**

$$\Delta = \begin{vmatrix} \ldots & \ldots \\ \ldots & \ldots \end{vmatrix} = \ldots \qquad \Delta x = \begin{vmatrix} \ldots & \ldots \\ \ldots & \ldots \end{vmatrix} = \ldots \qquad \Delta y = \begin{vmatrix} \ldots & \ldots \\ \ldots & \ldots \end{vmatrix} = \ldots$$

**Procedi alla discussione:**

- se $a \neq \ldots$ risolvendo il sistema si ottiene $\begin{cases} x = \ldots \\ y = \ldots \end{cases}$

  e dal confronto con il dominio si deduce che ............

- se $a = \ldots$ il sistema è ............

$\left[\begin{array}{l} \text{se } a \neq 0 : S = \{(-2a, -1)\}; \\ \text{se } a = 0 : \text{sistema indeterminato} \end{array}\right]$

**294** $\begin{cases} \dfrac{a(x-1)}{2(x+y)} = \dfrac{a-1}{2} \\ \dfrac{x}{2x-y} = \dfrac{a}{2a+1} \end{cases}$

$\left[\begin{array}{l} \text{se } a \neq \pm\dfrac{1}{2} \wedge a \neq 0 \wedge a \neq 1 : S = \left\{\left(\dfrac{a^2}{2a-1}, \dfrac{a}{1-2a}\right)\right\}; \\ \text{se } a = -\dfrac{1}{2} : \text{il sistema perde significato}; \\ \text{se } a = 0 \vee a = 1 \vee a = \dfrac{1}{2} : S = \varnothing \end{array}\right]$

**295** $\begin{cases} (a-1)(a+1)x - (a+1)^2 = (1-a)(1+a)y \\ \dfrac{x}{y} + \dfrac{2a+1}{a-1} = \dfrac{a+1}{y(a-1)} \end{cases}$

$\left[\begin{array}{l} \text{se } a \neq \pm 1 \wedge a \neq -2 : S = \varnothing; \\ \text{se } a = 1 : \text{il sistema perde significato}; \\ \text{se } a = -1 \vee a = -2 : \text{sistema indeterminato} \end{array}\right]$

**296** $\begin{cases} \dfrac{4}{ax+y} = \dfrac{12}{y-ax} \\ \dfrac{ax+y-3}{y-ax} = \dfrac{2}{ax-y} \end{cases}$

$\left[\begin{array}{l} \text{se } a \neq 0 : S = \left\{\left(-\dfrac{1}{a}, 2\right)\right\}; \\ \text{se } a = 0 : S = \varnothing \end{array}\right]$

**297** $\begin{cases} \dfrac{3}{ax-1} = \dfrac{1}{3-2ay} \\ \dfrac{1}{ax+2ay-3} + \dfrac{3}{ax-2ay-1} = 0 \end{cases}$

$[S = \varnothing]$

**298** $\begin{cases} \dfrac{x-1}{a+3} + \dfrac{y-1}{2-a} = \dfrac{5}{a^2+a-6} \\ \dfrac{2a+1}{x+y} = 1 \end{cases}$

$\left[\begin{array}{l} \text{se } a \neq 2 \wedge a \neq -\dfrac{1}{2} \wedge a \neq -3 : S = \{(a+3, a-2)\}; \\ \text{se } a = 2 \vee a = -3 : \text{il sistema perde significato}; \\ \text{se } a = -\dfrac{1}{2} : \text{sistema indeterminato} \end{array}\right]$

**299** $\begin{cases} (x-a)^2 - (x+y)(x-y-2a) - (y+a)^2 = x-y-3a \\ \dfrac{x}{x-a} - \dfrac{y}{x+a} = \dfrac{x^2-xy+a^2}{x^2-a^2} \end{cases}$

$\left[\begin{array}{l} \text{se } a \neq 0 : S = \{(2a, -a)\}; \\ \text{se } a = 0 : S = \varnothing \end{array}\right]$

**300** $\begin{cases} \dfrac{1}{x-2a} = \dfrac{a}{a-y} \\ \dfrac{y}{a} = 1 \end{cases}$

$\left[\begin{array}{l} \text{se } a \neq 0 : S = \varnothing; \\ \text{se } a = 0 : \text{il sistema perde significato} \end{array}\right]$

**Cap. 8:** *Le frazioni algebriche, equazioni e disequazioni*

# LE DISEQUAZIONI FRAZIONARIE

teoria a pagina 168

## Comprensione

**301** La disequazione $\dfrac{3x-1}{x} + \dfrac{2}{x} - 5 > 0$ è equivalente a:

   **a.** $2x - 1 < 0$     **b.** $2x - 1 > 0$     **c.** $\dfrac{2x-1}{x} > 0$     **d.** $\dfrac{2x-1}{x} < 0$

**302** La disequazione $\dfrac{3}{x+1} > 2$ è equivalente a:

   **a.** $3 > 2(x+1)$     **b.** $2(x+1) > 3$     **c.** $\dfrac{3}{x+1} > \dfrac{2}{x+1}$     **d.** $\dfrac{2x-1}{x+1} < 0$

**303** Spiega perché le seguenti disequazioni sono tutte equivalenti fra loro:

$\dfrac{7-4x}{2x-3} < 0$      $\dfrac{4x-7}{3-2x} < 0$      $\dfrac{4x-7}{2x-3} > 0$      $\dfrac{7-4x}{3-2x} > 0$

**304** La soluzione della disequazione $\dfrac{3x-4}{x+1} > 1$

   **a.** si ottiene costruendo la tabella dei segni delle seguenti disequazioni:

     ① $3x - 4 > 1$ e $x + 1 > 1$     ② $3x - 4 > 1$ e $x + 1 > 0$     ③ $2x - 5 > 0$ e $x + 1 > 0$

   **b.** è verificata se:

     ① $x > \dfrac{4}{3} \vee x > -1$     ② $x < -1 \vee x > \dfrac{5}{2}$     ③ $x > \dfrac{5}{2} \vee x > -1$     ④ $x < 0 \vee x > \dfrac{4}{3}$

**305** La disequazione $2x - 1 < 0$ ha le stesse soluzioni della disequazione (sono possibili più risposte):

   **a.** $\dfrac{1}{2x-1} < 0$     **b.** $\dfrac{1}{2x-1} > 0$     **c.** $\dfrac{1}{1-2x} > 0$     **d.** $1 - 2x < 0$

## Applicazione

**306** ### ESERCIZIO GUIDATO

$\dfrac{3x+1}{2x} > \dfrac{4}{x} + 1$

La disequazione ha dominio $R - \{0\}$.

Trasportiamo tutti i termini al primo membro: $\dfrac{3x+1}{2x} - \dfrac{4}{x} - 1 > 0$

Facciamo il denominatore comune ed eseguiamo i calcoli indicati ricordando che non possiamo eliminare i denominatori:

$$\dfrac{3x+1-8-2x}{2x} > 0 \quad \to \quad \dfrac{x-7}{2x} > 0$$

Studiamo il segno del numeratore e del denominatore ponendo ciascuno di essi maggiore di zero:

- $x - 7 > 0 \quad \to \quad x > 7$
- $2x > 0 \quad \to \quad x > 0$

**388**    **Cap. 8**: *Le frazioni algebriche, equazioni e disequazioni*

Tabella dei segni (ricordiamo di mettere una linea doppia in corrispondenza dello zero che è escluso dal dominio):

|  | 0 | 7 | R |
|---|---|---|---|
| Numeratore | – | – | + |
| Denominatore | – | + | + |
| Frazione | + | – | + |

Poiché stiamo ricercando i valori di $x$ che rendono positiva la frazione, dobbiamo concludere che la soluzione è individuata dagli intervalli:

$$x < 0 \quad \vee \quad x > 7$$

**307** $\dfrac{2x-3}{x+1} < \dfrac{1}{2}$ $\qquad \dfrac{x-1}{x} > 0$ $\qquad \left[-1 < x < \dfrac{7}{3}; x < 0 \vee x > 1\right]$

**308** $\dfrac{x+2}{x-1} < 0$ $\qquad \dfrac{x-3}{x+1} \geq 0$ $\qquad [-2 < x < 1; x < -1 \vee x \geq 3]$

**309** $\dfrac{3x-1}{x-7} > 3$ $\qquad \dfrac{x-2}{x+5} - 1 > 0$ $\qquad [x > 7; x < -5]$

**310** $\dfrac{x+3}{x-1} > 4$ $\qquad \dfrac{x+5}{2-2x} \geq 1$ $\qquad \left[1 < x < \dfrac{7}{3}; -1 \leq x < 1\right]$

**311** $\dfrac{x}{x+1} - \dfrac{1}{4} \leq \dfrac{2x-1}{x+1}$ $\qquad \dfrac{1}{4} - \dfrac{1}{x-1} < \dfrac{2}{1-x}$ $\qquad \left[x < -1 \vee x \geq \dfrac{3}{5}; -3 < x < 1\right]$

**312** $\dfrac{x(x-1)}{x+1} - 2 \geq \dfrac{3+x^2}{x+1}$ $\qquad \dfrac{x(2x+3)}{2x-1} - x < \dfrac{5}{1-2x}$ $\qquad \left[-\dfrac{5}{3} \leq x < -1; -\dfrac{5}{4} < x < \dfrac{1}{2}\right]$

**313** $2x + 3 > \dfrac{1+2x^2}{x-1}$ $\qquad \dfrac{2x-1}{3} + \dfrac{1}{x+1} < \dfrac{2(x^2+1)}{3(x+1)}$ $\qquad [x < 1 \vee x > 4; -1 < x < 0]$

**314** $\dfrac{1}{x+2} \geq x - 2 - \dfrac{x^2-3}{x+2}$ $\qquad \dfrac{2}{5(x+1)} - \dfrac{3}{4} > \dfrac{x}{2(x+1)}$ $\qquad \left[x > -2; -1 < x < -\dfrac{7}{25}\right]$

**315** $\dfrac{(x+2)^2}{x} - 4 - \dfrac{1}{x} \geq x + 1$ $\qquad \dfrac{4x}{x-1} - 2 \leq \dfrac{x-3}{2-2x}$ $\qquad \left[0 < x \leq 3; -\dfrac{1}{5} \leq x < 1\right]$

**316** $\dfrac{3x-1}{2x+1} + 5 \geq \dfrac{x-1}{2x+1}$ $\qquad \dfrac{6x-3}{x+1} - \dfrac{x}{2} \leq \dfrac{1-2x}{4}$ $\qquad \left[x < -\dfrac{1}{2} \vee x \geq -\dfrac{5}{12}; -1 < x \leq \dfrac{13}{23}\right]$

**317** $1 + \dfrac{3x^2-4}{x+2} < 3x + \dfrac{3}{x+2}$ $\qquad [x < -2 \vee x > -1]$

**318** $\dfrac{x-3}{2x} + \dfrac{2x-2}{3x} > \dfrac{6x-1}{4x} - \dfrac{2+4x}{12x}$ $\qquad [x < 0]$

**319** $\dfrac{5x^2+3x+1}{x} - 2x \geq 3x + \dfrac{1}{2x}$ $\qquad \left[x \leq -\dfrac{1}{6} \vee x > 0\right]$

**320** $\dfrac{1-x}{3-2x} \geq 1 - \dfrac{4-2x}{2x-3}$ $\qquad \left[\dfrac{3}{2} < x \leq 2\right]$

**321** $\dfrac{4x^2-4x+1}{x} - x \geq 3x + \dfrac{1}{x}$ $\qquad [S = \varnothing]$

Cap. 8: Le frazioni algebriche, equazioni e disequazioni

**322** $\dfrac{x^2 - 3x - 4}{x^2 - 7x + 12} - \dfrac{2}{2x - 6} \geq 2$   $[3 < x < 4 \lor 4 < x \leq 6]$

(Suggerimento: semplifica la prima frazione)

**323** $\dfrac{x + 3}{x + 1} < 5 + \dfrac{x}{x + 1} - \dfrac{x - 1}{x^2 - 1}$   $\left[ x < -1 \lor x > -\dfrac{1}{5} \land x \neq 1 \right]$

**324** $\dfrac{x + 3}{x + 2} - \dfrac{x - 2}{x^2 - 4} + 3 > \dfrac{2x}{x + 2}$   $[x < -4 \lor x > -2]$

**325** $\dfrac{3x - 7}{2x - 1} \leq \dfrac{2x - 3}{2x - 1} - \left( \dfrac{3 + x}{2x - 1} - 1 \right)$   $\left[ S = R - \left\{ \dfrac{1}{2} \right\} \right]$

**326** $\dfrac{2(1 - 13x)}{5x - 5} - \dfrac{4}{5} \geq \dfrac{2x}{x - 1} - 8$   $[x < 1]$

**327** $x - 1 < \dfrac{(x - 2)(x + 2)}{x - 1} - 5$   $[0 < x < 1]$

**328** $\dfrac{x - 1}{x + 1} - \dfrac{1}{2}(x - 2) < - \left( \dfrac{8}{2x + 2} + \dfrac{x}{2} \right)$   $[-2 < x < -1]$

**329** $2x - 5 + \dfrac{6x^2}{5 - 2x} < -x - \left( 5 + \dfrac{2}{2x - 5} \right)$   $\left[ x < \dfrac{2}{15} \lor x > \dfrac{5}{2} \right]$

**330** $\dfrac{1}{x - 1} - \left( \dfrac{3x - 3}{1 - x} + \dfrac{6x - 2}{x - 1} \right) > \dfrac{x + 4}{x - 1}$   $[-1 < x < 1]$

**331** $\dfrac{x - 1}{x^2 - 1} > 3 - \left( \dfrac{x - 2}{x^2 - x - 2} - \dfrac{x}{x + 1} \right)$   $\left[ -1 < x < -\dfrac{1}{4} \right]$

**332** $1 + \dfrac{x^2}{x^2 - 4x} - \dfrac{1}{x - 4} \leq \dfrac{x + 1}{x^2 - 3x - 4} - \left( \dfrac{x}{x - 4} + 1 \right)$   $\left[ \dfrac{5}{2} \leq x < 4 \right]$

**333** $\dfrac{x + 1}{x^2 - x - 2} + \dfrac{x}{x - 2} > - \left[ \dfrac{3}{2x - 4} - \left( 1 + \dfrac{x}{x - 2} \right) \right]$   $\left[ 2 < x < \dfrac{9}{2} \right]$

**334** $\dfrac{3}{x - 1} + \left( \dfrac{x}{1 - x^2} - \dfrac{3}{1 + x} \right) \left( \dfrac{x + 3}{2} - 1 \right) > \dfrac{2x + 3}{1 - x}$   $[x > 1]$

**335** $\dfrac{1}{2}(3x - 4) - \dfrac{1}{3}\left( 1 - \dfrac{1}{x} \right) < \dfrac{(3x - 1)}{6}\left( 3 + \dfrac{1}{x} \right) - \dfrac{2x + 1}{x}$   $\left[ x < 0 \lor x > \dfrac{9}{2} \right]$

# Esercizi per lo sviluppo delle competenze

**1** Considerata la frazione algebrica $\dfrac{x^2 - 3x + 5}{kx^2 - 2kx + 1}$ con $k \in R$, determina sotto quali condizioni si verifica che:

    **a.** il valore $x = 1$ non appartiene al dominio della frazione;   $[k = 1]$
    **b.** il valore $x = 0$ appartiene al dominio della frazione;   $[k \in R]$
    **c.** il valore $x = -2$ appartiene al dominio della frazione.   $[8k + 1 \neq 0]$

**2** Dopo aver semplificato la frazione $A = \dfrac{4x^2 - 9y^2}{16x - 24y}$:

   **a.** calcola $A$ per $x = 10^{-2}$ e $y = 10^{-3}$                                         $\left[\dfrac{23}{8000}\right]$

   **b.** scrivi il risultato in notazione scientifica                      $[2{,}875 \cdot 10^{-3}]$

   **c.** determina l'ordine di grandezza.                                            $[10^{-3}]$

**3** Una frazione algebrica ha per numeratore $x$ mentre il denominatore è uguale al numeratore aumentato di 7; quale deve essere il valore di $x$ se aggiungendo 3 a tale frazione di ottiene $\dfrac{7}{2}$?      $[x = 7]$

**4** Dopo aver determinato la soluzione dell'equazione $(2a - 1)x = a + 1$, stabilisci per quali valori del parametro $a$ tale soluzione è:

   **a.** maggiore di 1
   **b.** positiva e minore di 2
   **c.** negativa e maggiore di $-1$.           $\left[\textbf{a.}\ \dfrac{1}{2} < a < 2;\ \textbf{b.}\ a < -1 \vee a > 1;\ \textbf{c.}\ -1 < a < 0\right]$

**5** Considerata l'equazione letterale $(a^2 - 4)x = a - 2$, determina per quali valore del parametro $a$ essa risulta determinata e trovane le soluzioni. Stabilisci poi per quali valori di $a$ tale soluzione è:

   **a.** uguale al doppio della soluzione dell'equazione $(a + 1)x = -1$
   **b.** uguale a $-2$
   **c.** minore di 1.           $\left[a \neq \pm 2 : x = \dfrac{1}{a+2};\ \textbf{a.}\ a = -\dfrac{5}{3};\ \textbf{b.}\ a = -\dfrac{5}{2};\ \textbf{c.}\ a < -2 \vee a > -1\right]$

---

**6 ESERCIZIO GUIDATO**

Trova i valori dei parametri $a$, $b$, $c$ in modo che l'espressione

$$\dfrac{a}{x^2 + 3x - 4} + \dfrac{b(x+1)}{x^2 - 3x + 2} + \dfrac{c(x-1)}{x^2 + 2x - 8} \quad \text{abbia risultato} \quad \dfrac{17}{(x+4)(x-1)(x-2)}$$

Riscriviamo l'espressione in questo modo: $\dfrac{a}{(x+4)(x-1)} + \dfrac{b(x+1)}{(x-2)(x-1)} + \dfrac{c(x-1)}{(x+4)(x-2)}$

Calcoliamo il m.c.m.: $\dfrac{a(x-2) + b(x+1)(x+4) + c(x-1)^2}{(x+4)(x-1)(x-2)}$

Svolgiamo i calcoli al numeratore: $\dfrac{x^2(b+c) + x(a + 5b - 2c) + (-2a + 4b + c)}{(x+4)(x-1)(x-2)}$

Affinché il risultato sia quello voluto, occorre che il numeratore sia uguale a 17; quindi i coefficienti di $x^2$ e di $x$ devono essere uguali a zero e il termine noto deve essere uguale a 17:

$$\begin{cases} b + c = 0 \\ a + 5b - 2c = 0 \\ -2a + 4b + c = 17 \end{cases} \quad \text{da cui si ottiene} \quad \begin{cases} a = -7 \\ b = 1 \\ c = -1 \end{cases}$$

---

**7** Determina i valori dei parametri $a$ e $b$ in modo che sia: $\dfrac{3x}{(x-1)(x+2)} = \dfrac{a}{x-1} + \dfrac{b}{x+2}$.    $[a = 1,\ b = 2]$

---

**IL CAPITOLO SI COMPLETA CON:**

**Cap. 8:** *Le frazioni algebriche, equazioni e disequazioni*

# Test Finale

**1** Dopo aver scomposto i denominatori delle seguenti frazioni algebriche, scrivi le condizioni di esistenza di ciascuna di esse:

a. $-\dfrac{7}{8x}$     b. $\dfrac{2x}{x^2 - 25}$     c. $\dfrac{b+1}{2b^3 + 2b + 4b^2}$     d. $\dfrac{m-4}{m^2 + m}$

*0,25 punti per ogni esercizio*

**2** Semplifica le seguenti frazioni:

a. $\dfrac{x^3 - 2x^2 - 3x}{x^3 - 3x^2}$     b. $\dfrac{3b - 2a + 2ab - 3b^2}{ab - 4b - a + 4b^2}$

*0,5 punti per ogni esercizio*

**3** Semplifica le seguenti espressioni:

a. $\left(1 - y + \dfrac{y^2}{y+1}\right) : \left(y^2 - y + 1 - \dfrac{y^3 - 2}{y+1}\right) \cdot \dfrac{3y+6}{y}$

*0,75 punti*

b. $\left(\dfrac{4x+1}{2x-2} - \dfrac{4x+3}{x+3} + \dfrac{2x^2 - 7x}{x^2 + 2x - 3}\right) : \dfrac{x^2 + 8x - 9}{2x+6}$

*0,75 punti*

c. $\left\{\left[\left(\dfrac{4}{x-2} + \dfrac{1}{1-x} - \dfrac{5x-4}{x^2 - 3x + 2}\right) : \dfrac{2x-3}{x^2 - 5x + 6}\right] : (x^2 - 2x - 3) - \dfrac{x}{3-2x}\right\} \cdot \dfrac{x+1}{x-1}$

*1 punto*

**4** Risolvi le seguenti equazioni:

a. $\dfrac{3+4x}{2x+2} - \dfrac{5x}{x-2} = -3$

b. $\dfrac{x+2}{x^2 - 2x} - \dfrac{2x}{x^2 - 4} + \dfrac{x-2}{x^2 + 2x} - \dfrac{4}{x^2 - 4} = 0$

*0,75 punti per ogni esercizio*

**5** Risolvi i seguenti sistemi:

a. $\begin{cases} 2(x+y) = 3(2-y) \\ \dfrac{3}{x} = \dfrac{1}{x+xy} + \dfrac{2}{y+1} \end{cases}$     b. $\begin{cases} \dfrac{x-2}{a-1} - \dfrac{y+1}{a+2} = \dfrac{a(y-x)}{2-a^2-a} \\ \dfrac{x-1}{a+1} + \dfrac{y+1}{a} = 2 \end{cases}$

*1 punto per ogni esercizio*

**6** Risolvi le seguenti disequazioni:

a. $\dfrac{x}{1-2x} + \dfrac{3}{2x-1} \geq \dfrac{x-1}{4x-2}$

b. $\dfrac{x^2 - 1}{x^2 - 2x + 1} < \dfrac{2x+1}{4 - 4x} - \dfrac{1 - 6x}{x - 1}$

*1 punto per ogni esercizio*

Cap. 8: *Le frazioni algebriche, equazioni e disequazioni*

# Soluzioni

**1** **a.** $x \neq 0$; **b.** $x \neq 5 \wedge x \neq -5$; **c.** $b \neq 0 \wedge b \neq -1$; **d.** $m \neq 0 \wedge m \neq -1$

**2** **a.** $\dfrac{x+1}{x}$; **b.** $\dfrac{2a-3b}{a+4b}$

**3** **a.** $\dfrac{y+2}{y}$; **b.** $\dfrac{1}{x^2-2x+1}$; **c.** $\dfrac{x+2}{2x-3}$

**4** **a.** $S = \left\{-\dfrac{6}{7}\right\}$; **b.** $x = 2$ non accettabile: $S = \varnothing$

**5** **a.** $S = \left\{\left(\dfrac{7}{4}, \dfrac{1}{2}\right)\right\}$; **b.** se $a \neq \pm 1 \wedge a \neq -2 \wedge a \neq 0$: $S = \{(a+2, a-1)\}$; se $a = \pm 1 \vee a = -2 \vee a = 0$: il sistema perde significato

**6** **a.** $\dfrac{1}{2} < x \leq \dfrac{7}{3}$; **b.** $x < \dfrac{1}{2} \vee x > 1$

| Esercizio | 1 | 2 | 3 | 4 | 5 | 6 | |
|---|---|---|---|---|---|---|---|
| Punteggio | | | | | | | |

Valutazione in decimi

**Cap. 8:** *Le frazioni algebriche, equazioni e disequazioni*

# MATEMATICA DELLA VITA QUOTIDIANA

## Risparmi e investimenti: un po' di economia

Un promotore finanziario propone a un amico di investire una piccola somma di denaro con la speranza di avere un ritorno economico maggiore di quello che potrebbe dare un deposito in un conto corrente bancario o in un libretto di risparmio.

Tutte le banche hanno oggi dei libretti informativi che danno chiarimenti sui termini più importanti che un investitore dovrebbe conoscere. L'amico si reca quindi in una banca e dalla lettura di questi documenti ricava parecchie informazioni con le quali si costruisce un suo piccolo vocabolario; ecco in sintesi che cosa ha imparato.

Un'*obbligazione* è un titolo emesso da uno Stato come per esempio Btp, Cct, Bot, da una banca o da un'azienda, i quali si impegnano a:

- restituire il capitale a una certa scadenza (un'obbligazione ha una durata che è compresa fra 2 e 10 anni)
- pagare le *cedole*, cioè gli interessi periodici sul valore dell'obbligazione.

Ogni titolo ha un *rendimento* che è sostanzialmente la somma che chi ha emesso il titolo deve pagare per compensare l'investitore di avergli dato il suo denaro; deriva dalle cedole, che vengono pagate ogni sei mesi o una volta all'anno, e vengono calcolate sul *valore nominale* del titolo stesso, cioè sul valore che dovrà essere rimborsato alla scadenza.

Tutti gli investimenti presentano sempre un *rischio*, più o meno elevato, dovuto al fatto che esiste la possibilità che il valore del titolo diminuisca nel tempo. Il rischio è legato al rendimento; di solito un debitore poco affidabile deve offrire all'investitore un titolo con un alto rendimento al fine di compensare il rischio elevato di mancato rimborso; un debitore affidabile non ha invece bisogno di offrire rendimenti elevati perché l'investitore sa che il suo capitale ha un'ottima probabilità di essere restituito. Occorre poi distinguere tra *titoli a tasso fisso*, come i Btp (Buoni del Tesoro poliennali) che staccano una cedola fissa per tutta la loro durata, e *titoli a tasso variabile*, come i Cct (Certificati di credito del Tesoro) che hanno un tasso di rendimento variabile, di solito legato all'andamento del mercato dei Bot (Buoni ordinari del Tesoro). L'andamento del mercato, inoltre, fa sì che il valore del titolo possa non essere costante nel tempo; se si deve vendere prima della scadenza occorre prestare attenzione alle oscillazioni del suo valore. Il rischio di mancato rimborso dell'investimento viene misurato con un indicatore accettato in tutto il mondo che si chiama *rating*. Il rating è costituito da una serie di lettere a partire dalla A fino alla D ciascuna delle quali ha un significato particolare; nella tabella che segue abbiamo rappresentato solo i primi livelli (prima colonna) e il corrispondente significato in termini di rischio (seconda colonna). Abbiamo poi affiancato una terza colonna nella quale abbiamo dato, in modo del tutto arbitrario, un significato numerico al rating; tale numero è necessariamente compreso fra 0 (nessun rischio) e 1 (rischio massimo).

| Rating | Giudizio sintetico del titolo | Valore del rischio |
|---|---|---|
| AAA | probabilità di rimborso estremamente elevate | 0,02 |
| AA | probabilità di rimborso molto elevate | 0,10 |
| A | probabilità di rimborso elevate | 0,17 |
| BBB | titolo che presenta caratteristiche adeguate, ma che può deteriorarsi in caso di circostanze avverse | 0,25 |
| BB | titolo con possibili incertezze nella capacità di rimborso, specie in circostanze avverse | 0,30 |
| B | titolo con elementi di possibile vulnerabilità | 0,35 |

Online trovi alcuni esercizi su questo argomento.

 **gare di matematica**

**1** Se $a$, $b$, $c$ sono tre numeri tali che $\frac{b}{a} = 2$ e $\frac{c}{b} = 3$, quanto vale $\frac{a+b}{b+c}$?

    **a.** $\frac{3}{8}$      **b.** $\frac{3}{5}$      **c.** $\frac{3}{4}$      **d.** $\frac{1}{3}$      **e.** $\frac{2}{3}$      [a.]

**2** Per quanti interi positivi $a$, $b$, $c$, $d$ si può avere che $\frac{a}{b} + \frac{c}{d} = \frac{a+c}{b+d}$?

    **a.** Quando $\frac{a}{b} = \frac{c}{d}$      **b.** Quando $ad^2 = cb^2$

    **c.** Quando $bd = b+d$      **d.** Mai      **e.** Sempre.      [d.]

**3** Dimostrare che se $x$, $y$, $z$ sono tre numeri tali che $\frac{x-y}{1+xy} + \frac{y-z}{1+yz} + \frac{z-x}{1+xz} = 0$ allora almeno due tra i numeri $x$, $y$, $z$ sono uguali.

$$\left[ \frac{(x-y)(x-z)(z-y)}{(xy+1)(yz+1)(xz+1)} \right]$$

**4** Un numero di due cifre viene sommato al numero ottenuto invertendo le sue cifre. Si divide quindi la somma ottenuta per la somma delle cifre del numero dato e si eleva al quadrato il risultato. Che numero si ottiene?

    **a.** 36      **b.** 49      **c.** 100      **d.** 121      **e.** dipende dalle cifre del numero dato

     [d.]

 **Math in English**    *Theory on page 172*   

**1** Simplify the rational expression: $\frac{x^3 + 3x^2 - 9x - 27}{x^2 + 6x + 9}$

    **a.** $(x+3)(x-3)$      **b.** $x-3$      **c.** $x+3$      **d.** $3-x$      **e.** $(x+3)(x+3)$    [b.]

**2** Perform the indicated operation and simplify: $\frac{x^3 - 27}{x^2 - 9} : \frac{x^2 + 3x + 9}{x^2 + 8x + 15}$

    **a.** $\frac{(x-3)(x-3)}{x^2 + 3x + 9}$      **b.** $\frac{x+5}{x-3}$      **c.** $\frac{(x-3)(x+3)}{x^2 + 3x + 9}$      **d.** $x+5$      **e.** none of these    [d.]

**3** Simplify and express the result with positive exponents only: $(2y^3)^4 \cdot (-4y^2)^{-2}$

    **a.** $y^8$      **b.** $64y^7$      **c.** $y^3$      **d.** $64y^8$      **e.** none of these    [a.]

**4** Simplify the fraction: $\frac{a^{-1}b^{-1}}{a^{-1} + b^{-1}}$

    **a.** $\frac{1}{a+b}$      **b.** $\frac{1}{ab}$      **c.** $\frac{1}{2}$      **d.** $a+b$      **e.** none of these    [a.]

*Cap. 8: Le frazioni algebriche, equazioni e disequazioni*

# GLOSSARIO ALGEBRA

**addendo:** termine di un'addizione.

**algoritmo:** sequenza ordinata e finita delle operazioni da compiere per raggiungere un obiettivo.

**annullamento (legge di):** legge in base alla quale un prodotto è zero se e solo se uno dei suoi fattori è nullo.

**approssimazione:** sostituzione di un valore numerico, non noto o non trattabile con uno strumento di calcolo, con un altro valore; i metodi di approssimazione sono i seguenti:
- per difetto: si eliminano le cifre decimali da un certo posto in poi lasciando invariate quelle precedenti
- per eccesso: si eliminano le cifre decimali da un certo posto in poi aumentando di una cifra l'ultima cifra decimale considerata
- per intervallo: indica due valori entro i quali è compreso il valore numerico dato.

Un numero si approssima per troncamento a una certa cifra decimale quando si considera sempre il suo valore approssimato per difetto; si approssima per arrotondamento quando si considera la sua approssimazione per difetto quando la cifra decimale successiva è minore di 5, per eccesso quando è maggiore o uguale a 5.

**ascissa:** in un riferimento cartesiano ortogonale nel piano è il primo numero della coppia che individua un punto; si indica con la lettera $x$ e rappresenta la distanza (con segno) del punto dall'asse delle ordinate.

**coefficiente angolare:** definito in un sistema di riferimento cartesiano per una retta non parallela all'asse $y$, è il rapporto tra la differenza tra le ordinate e la differenza tra le ascisse di due punti sulla retta; il coefficiente angolare indica la pendenza della retta.

**commutativa:** proprietà delle operazioni; un'operazione $*$ si dice commutativa in un insieme $A$ se per ogni coppia di elementi di $A$ l'ordine degli operandi non cambia il risultato dell'operazione: $a * b = b * a$.

**concordi:** numeri che hanno lo stesso segno.

**coordinate:** coppia (o terna) ordinata di numeri che in un sistema di riferimento nel piano (o nello spazio) individua uno e un solo punto.

**corrispondenza univoca:** corrispondenza che si esprime mediante una legge che ad ogni elemento di un insieme $A$ associa uno ed un solo elemento di un insieme $B$.

**corrispondenza biunivoca:** corrispondenza che si esprime mediante una legge che che ad ogni elemento di un insieme $A$ associa uno ed un solo elemento di un insieme $B$ e viceversa; si tratta di una corrispondenza $1 \leftrightarrow 1$.

**diagramma cartesiano:** rappresentazione grafica nel piano che esprime il legame tra due variabili.

**dimostrazione:** ragionamento che, a partire da alcune premesse supposte vere (le ipotesi), consente di accertare la verità di un'affermazione (tesi).

**discordi:** numeri che hanno segni opposti.

**disequazione:** espressione riconducibile alla forma $f(x) \gtreqless 0$; risolvere una disequazione significa determinare l'insieme dei valori di $x$ che rendono vera la disuguaglianza ottenuta.

**divisione intera:** si esegue tra due numeri interi $a$ e $b$; in informatica il quoziente intero di $a : b$ si indica con il simbolo *DIV*; il resto della divisione con il simbolo *MOD*. Per esempio: $17\ DIV\ 5 = 3$ e $17\ MOD\ 5 = 2$.

**dominio:** detto di una espressione algebrica, sottoinsieme di $R$ nel quale è possibile eseguire tutte le operazioni indicate.

**equazione:** uguaglianza tra due espressioni, funzioni delle stesse variabili; risolvere un'equazione significa trovare i valori delle incognite che rendono uguali le due espressioni.

**equivalenti:** si dice di due equazioni o disequazioni che hanno le stesse soluzioni.

**esperimento aleatorio:** fenomeno del mondo reale al quale è associata una situazione di incertezza.

**espressione:** insieme di lettere o numeri legati tra loro da simboli di operazione.

**evento:** proposizione alla quale si può attribuire il valore di Vero oppure di Falso; *evento aleatorio* è il termine usato nel calcolo delle probabilità per esprimere un possibile esito di un esperimento aleatorio.

**fattore:** termine di una moltiplicazione.

**funzione:** legge che ad ogni elemento di un insieme $A$ fa corrispondere uno e un solo elemento di un insieme $B$.

**geometria analitica:** ramo della Matematica, dovuto a Cartesio e Fermat, in cui ad ogni punto $P$ del piano viene associata una coppia ordinata $(x, y)$ di numeri reali che rappresentano le *coordinate* del punto $P$. Ogni luogo di punti del piano ha come rappresentazione analitica un'equazione nelle variabili $x$ e $y$.

**identità:** uguaglianza vera per ogni valore del dominio attribuito alle variabili che in essa compaiono.

**intervallo:** sottoinsieme non vuoto dei numeri reali che assume la forma $a < x < b$, $x > a$, $x < b$; se gli estremi sono esclusi l'intervallo si dice aperto, se sono inclusi si dice chiuso.

**modello:** rappresentazione semplificata di una situazione reale che tiene conto di tutti e soli gli elementi che sono utili a descrivere il problema.

**modulo:** in questo testo si considera sinonimo di *valore assoluto*.

**monomio:** espressione algebrica in cui non compaiono operazioni di addizione e sottrazione e gli esponenti delle lettere sono numeri naturali.

**notazione scientifica:** scrittura di un numero in forma sintetica $a \cdot 10^k$, dove $1 \leq a < 10$ (in pratica $a$ ha una sola cifra non nulla prima della virgola).

**ordinata:** in un riferimento cartesiano ortogonale nel piano è il secondo numero della coppia che individua un punto; si indica con la lettera $y$ e rappresenta la distanza (con segno) del punto dall'asse delle ascisse.

**parametro:** in un'espressione, una lettera che ha un valore fisso, anche se non noto a priori.

**polinomio:** somma algebrica di monomi.

**primo:** un numero che è divisibile solo per sé stesso e l'unità; due numeri si dicono **primi tra loro** se il loro *M.C.D.* è uguale a 1.

**principio di identità dei polinomi:** principio secondo il quale due polinomi, funzioni delle stesse variabili, si considerano identici se assumono valori uguali per gli stessi valori attribuiti alle variabili.

**probabilità:** numero reale $p$ che misura il grado di aspettativa che si attribuisce al verificarsi di un evento aleatorio; è $0 \leq p \leq 1$.

**problema deterministico:** un problema che, se ha soluzione, è certa.

**problema non deterministico:** un problema la cui soluzione può essere data certa solo in termini probabilistici.

**proporzione:** uguaglianza tra due rapporti.

**razionalizzare:** rendere razionale; di solito riferito ad una frazione avente al denominatore un radicale, significa rendere razionale il denominatore moltiplicando numeratore e denominatore per uno stesso opportuno *fattore razionalizzante*.

**riferimento cartesiano ortogonale:** sistema di riferimento nel piano (o nello spazio) costituito da due (o tre) rette orientate mutuamente perpendicolari, sulle quali è stato fissato un sistema di ascisse; ogni punto viene individuato da una coppia (o da una terna) ordinata di numeri reali.

**spazio campionario:** insieme dei possibili esiti di un esperimento aleatorio.

**tesi:** in un teorema, ciò che si vuole dimostrare essere vero.

**trinomio:** un polinomio formato da tre monomi.

**univoca:** sinonimo di *a un solo valore* (vedi *corrispondenza univoca*).

**valore assoluto:** valore assoluto di un numero $x$ è il numero stesso se questo è positivo o nullo, il suo opposto se è negativo: $|x| = \begin{cases} x & \text{se } x \geq 0 \\ -x & \text{se } x < 0 \end{cases}$.

**variabile:** quantità non nota che può assumere tutti i valori appartenenti a un certo insieme.

**zero:** elemento neutro dell'addizione; relativo ad una funzione, valore dell'ascissa del punto di intersezione del suo grafico con l'asse delle $x$.

# GLOSSARIO GEOMETRIA

**adiacenti (detto di segmenti):** segmenti che appartengono alla stessa retta e hanno solo un vertice in comune.

**adiacenti (detto di angoli):** angoli che hanno il vertice e un lato in comune e gli altri due lati che sono uno il prolungamento dell'altro; due angoli adiacenti sono supplementari.

**angolo:** ciascuna delle due parti nelle quali un piano viene diviso da due semirette aventi la stessa origine.

**angolo acuto:** angolo minore di un angolo retto.

**angolo ottuso:** angolo maggiore di un angolo retto e minore di un angolo piatto.

**angoli complementari:** angoli la cui somma è un angolo retto.

**angoli supplementari:** angoli la cui somma è un angolo piatto.

**angoli esplementari:** angoli la cui somma è un angolo giro.

**asse (di un segmento):** retta perpendicolare al segmento che passa per il suo punto medio; la sua caratteristica è che i suoi punti sono equidistanti dagli estremi del segmento.

**assioma:** proposizione che si ammette come vera a priori.

**baricentro (di un triangolo):** punto di intersezione delle mediane.

**bisettrice (di un angolo):** semiretta, con origine nel vertice di un angolo, che lo divide in due parti congruenti.

**commensurabili:** grandezze che hanno un sottomultiplo comune.

**congruenti:** detto di figure che sono sovrapponibili con un movimento rigido.

**consecutivi (detto di segmenti):** segmenti che hanno un estremo in comune e nessun altro punto.

**consecutivi (detto di angoli):** angoli che hanno un lato e il vertice in comune e nessun altro punto.

**concavo (detto di un angolo):** che contiene il prolungamento dei lati; un angolo concavo è maggiore di un angolo piatto e minore di un angolo giro.

**convesso (detto di un angolo):** che non contiene il prolungamento dei lati; un angolo convesso è minore di un angolo piatto.

**distanza:** tra due punti è il segmento che ha per estremi i due punti; di un punto da una retta è il segmento di perpendicolare condotto dal punto alla retta.

**equiscomponibili:** detto di due poligoni che si possono scomporre in poligoni a due a due congruenti.

**equivalenti:** detto di due poligoni che hanno la stessa area.

**fascio (di rette):** insieme di tutte le rette che passano per un punto fisso (fascio *proprio*) oppure di tutte le rette che sono parallele a una retta data (fascio *improprio*).

**grandezze omogenee:** insieme di grandezze per le quali è possibile stabilire un criterio di confronto e di somma.

**incidenti:** due figure la cui intersezione non è vuota; rette incidenti sono due rette che si intersecano in un punto.

| | |
|---|---|
| **incommensurabili:** | grandezze che non hanno un sottomultiplo comune. |
| **ipotesi (di un teorema):** | ciò che si suppone essere vero e che non può essere negato. |
| **ipotenusa (di un triangolo rettangolo):** | il lato opposto all'angolo retto. |
| **isoscele:** | detto di un triangolo che ha due lati conguenti o di un trapezio che ha i lati obliqui congruenti. |
| **luogo di punti:** | insieme di tutti e soli i punti (di un piano o dello spazio) che godono di una medesima proprietà (per esempio: asse di un segmento = luogo dei punti equidistanti dagli estremi del segmento). |
| **mediana:** | in un triangolo, il segmento che ha per estremi un vertice e il punto medio del lato opposto. |
| **misura:** | di una grandezza $G$ è il numero reale che esprime il rapporto tra $G$ e una grandezza campione $U$, omogenea con $G$, scelta come unità. |
| **normale:** | sinonimo di *perpendicolare*. |
| **ortocentro:** | punto di intersezione delle altezze di un triangolo. |
| **ortogonale:** | sinonimo di *perpendicolare*. |
| **parallelogramma:** | quadrilatero con un centro di simmetria; ha lati opposti che sono paralleli. |
| **perimetro:** | somma delle lunghezze dei lati di un poligono. |
| **poligonale:** | figura costituita da due o più segmenti consecutivi; la poligonale si dice *chiusa* se il primo estremo del primo segmento coincide con il secondo estremo dell'ultimo segmento, *aperta* in caso contrario. |
| **poligono:** | parte di piano delimitata da una poligonale chiusa non intrecciata e dalla poligonale stessa. |
| **postulato:** | sinomimo di *assioma*. |
| **proporzionalità diretta:** | tra due insiemi di grandezze $x$ e $y$ sussiste quando esiste un numero $k$ non nullo tale che $y = kx$. |
| **proporzionalità inversa:** | tra due insiemi di grandezze $x$ e $y$ sussiste quando esiste un numero $k$ non nullo tale che $xy = k$. |
| **quadrilatero:** | poligono con quattro lati. |
| **quadrato:** | parallelogramma con due lati consecutivi congruenti e un angolo retto; di conseguenza sono congruenti i quattro lati e sono retti tutti gli angoli. |
| **regolare:** | detto di un poligono i cui lati sono congruenti e i cui angoli sono congruenti. |
| **rombo:** | parallelogramma con due lati consecutivi congruenti; di conseguenza sono congruenti i quattro lati. |
| **scaleno:** | detto di un triangolo che ha tutti i lati diseguali. |
| **segmento:** | parte di retta delimitata da due punti, chiamati estremi del segmento. |
| **simili:** | detto di due figure che mantengono costante il rapporto tra elementi corrispondenti. |
| **teorema:** | proposizione della forma: se $A$ allora $B$ che necessita di dimostrazione. |
| **trapezio:** | quadrilatero che ha una coppia di lati opposti paralleli. |
| **triangolo:** | poligono di tre lati. |